0 40 80 120 160 200 km
KIEN
ODRYSEN
Bosporus
Byzanz
Kalchedon
Doriskos
PROPONTIS
THRAKISCHER
CHERSONES
Kardia
Aigos-
potamoi
Hellespont
Lampsakos
Kyzikos
Daskyleion
Samothrake
Sestos
Imbros
Abydos
Kynossema
Troja
Sigeion
Tenedos
Antandros
Adramyttion
Methymna
Lesbos
Eresos
Mytilene
Arginusen
Kyme
Phokaia
Hermos
LYDIEN
Sardes
Chios
Klazomenai
Erythrai
Teos
Mäander
Notion
Ephesos
ÄGÄIS
Samos
Mykale
Priene
Lade
Mykonos
Milet
Didyma
Patmos
KARER
Naxos
Leros
Halikarnass
Triopion
Kos
Knidos
Phasel
Thera
LYKIEN
Rhodos
Chelidonisch
Inse

# Christian Meier Athen

Christian Meier

# Athen

## Ein Neubeginn der Weltgeschichte

Siedler Verlag

*pour comprendre*
*il faut aimer*

# Inhalt

# I. Nadelöhr bei Salamis
# Oder: Der Aufbruch eines Kantons in die Weltpolitik

Die halben Gemüter haben in solchen Zeiten die umgekehrte Ansicht ganzer Feldherrn. Sie glauben durch Verminderung der Streitkräfte den Schaden wiederherstellen zu können, durch Zersplitterung, durch einen Friedenstraktat mit den realen Bedürfnissen, während Themistokles, als Athen Verwüstung drohte, die Athener bewog, es vollends zu verlassen und zur See, auf einem anderen Elemente, ein neues Athen zu gründen.

Karl Marx

Wo sich im Principe (Machiavellis) ein ehrlicher Affekt verrät, ist es Haß und Verachtung für den Dilettanten, den Stümper des politischen Lebens, der eine Sache halb macht, mit halben Grausamkeiten und halben Tugenden.

Carl Schmitt

Im Spätsommer 480, wohl Ende September, vollzog sich an den Küsten Attikas ein verzweifeltes, trauriges und doch auch imposantes Schauspiel. Ganz Athen begab sich auf die Flucht vor der heranrückenden persischen Armee; Männer, Frauen, Kinder, Sklaven – nur wenige, zumal Alte, Gebrechliche und einige Priester blieben zurück. Die Athener verließen die Gräber ihrer Vorfahren, die Heiligtümer, die Häuser, Felder, Plantagen und stellten sie dem Schutz ihrer Göttin anheim. Pferde, Esel und Hunde mögen ihnen, bis sie die Häfen erreicht hatten, gedient haben; dann mußten vermutlich auch sie zurückbleiben. Denn es gab schwerlich genügend Schiffsraum, um auch nur die mehr als hunderttausend Menschen zu transportieren.

Indes nahm man die Götterbilder, zumindest das hölzerne der Stadtgöttin Athene mit; um es zu schützen, aber wohl auch um seines Beistands willen.

Die Kriegsschiffe waren so gebaut, daß sie kaum jemand außer der Besatzung aufnehmen konnten, sie hatten zudem anderes zu tun. Höchstens daß sie ein paar tausend Menschen nach Salamis mitnahmen. So war man vornehmlich auf Handelsschiffe, Fischkutter und alle möglichen andern Kähne angewiesen. Manche von ihnen werden die Strecke mehrfach durchmessen haben. Denn die Fahrt ging außer auf die vor Attika gelegene Insel Salamis nur nach Ägina sowie nach Troizen, drüben auf der Peloponnes.

Es war nicht das erste Mal bei den Griechen, daß eine ganze Bürgerschaft ihr Land verließ. Die Bürger von Phokaia und die von Teos in Kleinasien hatten es zum Beispiel zwei Generationen zuvor getan, auch sie, weil sie sich nicht den Persern unterwerfen wollten. Doch waren sie viel weniger zahlreich gewesen, Athen hingegen war mit Abstand die größte Bürgerschaft ganz Griechenlands. Sie waren zudem viel weltläufiger, die Phokaier zumindest hatten zahlreiche Kolonien gegründet und weite Handelsbeziehungen bis zu den Säulen des Herakles, der Meerenge von Gibraltar, unterhalten, während die Athener bis dahin Landratten gewesen waren; ihr Horizont war jedenfalls, aufs Ganze gesehen, eher beschränkt. Schließlich waren Phokaier und Teer aufgebrochen, um neue Städte zu gründen, wie die Griechen es schon so oft getan hatten; freilich sonst immer nur für Teile ihrer Bürgerschaften, wenn die Heimat zu eng geworden war.

Vielleicht hätten die Athener ihrerseits besser daran getan, sich im westlichen Mittelmeer neue Plätze zu suchen. Denn der Perserfeldzug richtete sich vor allem darauf, Rache an ihnen zu nehmen. Doch hatten sie sich anders entschlossen. Sie räumten Attika, und zwar um den Krieg gegen die Perser fortsetzen zu können, zusammen mit ihren griechischen Verbündeten und – indem sie diesen eine äußerst gewagte, hochrational und gegen alles Gewohnte kalkulierte Strategie aufzwingen wollten, die in dieser verzweifelten Lage allein Aussicht auf den Sieg bot.

Sie wollten alles auf eine Karte setzen. Ihre Flucht war Teil eines Abenteuers. Es war, wie sich später herausstellte, das Abenteuer nicht nur des Kriegs eines David gegen einen Goliath, sondern des fünften Jahrhunderts vor Christus überhaupt, des Jahrhunderts Athens, eines der kühnsten, unwahrscheinlichsten und folgenreichsten der Weltgeschichte.

*Antike Ansicht einer Triëre (Fragment). Relief Lenormant. Athen, Akropolis-Museum.*

Auch die andern Bürgerschaften nördlich der Peloponnes, die sich auf die griechische Seite geschlagen hatten, ergriffen die Flucht. Teils versteckten oder verschanzten sie sich im Gebirge, teils suchten sie die Peloponnes zu erreichen. Aber es ist nicht nur ein Unterschied, ob das einige Tausend oder ob Hunderttausend es machen, sondern es ist auch etwas anderes, ob man den Persern nur ausweicht – und sei es, damit die Männer weiter gegen sie kämpfen können –, oder ob man einen großen, kühn konzipierten Plan dabei verfolgt; ob die Flucht bewußter Einsatz in einem hochgewagten Spiel ist; ob eine Stadt in solcher Lage nur an sich oder auch an Griechenland denkt.

Die Athener schlugen damals einen Weg ein, der sie in der Folge sehr rasch und konsequent weit vom Überkommenen sich entfernen ließ und auf dem sie sich immer tiefer in die Affären verstrickten, die sich ergaben, sobald die Verhältnisse zwischen Ost und West einmal so sehr in Bewegung geraten waren. Naturgemäß hatten sie stets Naheliegendes im Sinn, in jenen Septembertagen von 480 nicht anders als in den folgenden Jahrzehnten. Nur daß es eigenartigerweise zuweilen höchst Unerhörtes war, was sich ihnen nahelegte, und daß zwar die Aufgaben immer wieder vor ihren Füßen lagen, aber nicht unbedingt auch die Lösungen, zu denen sie dann fanden.

So strebten denn nicht nur die Kähne mit den Flüchtenden auf die Inseln sowie nach Troizen. Vielmehr legten auch die Schiffe der neugebauten attischen Kriegsflotte vom Piräus ab, um sich im schmalen Sund nördlich Salamis zu den Verbündeten zu gesellen. Es waren durchweg Triëren; höchst raffiniert gebaute Schiffe eines schon früher entwickelten Typs, in dem die Ruderer in je drei Sitzreihen halb über-, halb nebeneinander angeordnet waren.

Wo die einen über den Verlust des Landes getrauert haben werden, von Ungewißheit und Angst benommen, müssen die andern unter den lauten Kommandos, mit den vielen im gleichen Takt einschlagenden Riemen mindestens den Eindruck der Entschlossenheit vermittelt haben; vielleicht auch eines verzweifelten Muts.

Neben einer der Triëren schwamm ein Hund. Er gehörte Xanthippos aus dem großen, reichen Haus der Alkmeoniden, dem Vater des Perikles. Der war in der Verbannung gewesen, aber die Athener hatten ihm wie allen andern, die sie aus politischen Gründen des Landes verwiesen hatten, die Heimkehr gestattet. Bis Salamis sei der Hund gekommen, dann vor Erschöpfung tot umgesunken.

Eine Riesenstreitmacht war es, mit der die Perser zu Lande wie zur See nach Griechenland gezogen waren; in Kürze mußte sie da sein. Jahrelang hatte der neue Großkönig Xerxes den Feldzug vorbereitet, auf dem er ganz Griechenland seiner Herrschaft unterwerfen, besonders aber eben die Athener dafür bestrafen wollte, daß sie sich zwanzig Jahre zuvor, 500 vor Christus, an einem Aufstand jener Griechen beteiligt hatten, die an den Küsten Kleinasiens oder auf den Inseln davor wohnten und schon seit gut einer Generation den Persern unterworfen waren. Eine persische Strafexpedition war zehn Jahre zuvor fehlgeschlagen. Die Athener hatten die Perser bei Marathon besiegt (490). Jetzt sollten die Griechen sehen, mit wem sie es zu tun hatten. Xerxes wollte die ganze Überlegenheit seines Weltreichs ausspielen. Kein

Risiko wollte er eingehen, es sollte ein todsicherer Feldzug werden.

Da Griechenland eng und obendrein arm war, hatte der Großkönig zur Sicherung des Nachschubs schon seit Jahren im Norden der Ägäis Magazine anlegen und füllen lassen. Um jedes Risiko für die Flotte zu vermeiden, hatte er während dreier Jahre durch die Landenge, die die Halbinsel Athos mit dem Festland verband, einen Kanal stechen lassen, so breit, daß ihn zwei Kriegsschiffe nebeneinander unter voller Benutzung ihrer Riemen passieren konnten. Das machte etwa 30, in der Länge gut 2200 Meter. Herodot, unser wichtigster Gewährsmann für diese Zeit, merkt an, daß das ambitiöse Unternehmen überflüssig gewesen sei, da man die Schiffe mit viel weniger Kraftaufwand über Land hätte ziehen können. Aber das wäre wohl nicht im Sinne des Großkönigs gewesen. Er wollte sich auch in der Landschaft verewigen. Überhaupt liebte er die imponierenden Demonstrationen der Macht und der Möglichkeiten seines Reichs.

Daher ließ er auch über den Hellespont zwei Schiffsbrücken bauen, zwischen Abydos und Sestos etwa, auf 360 und 340 Schiffen, mit weitgespannten, untereinander verflochtenen Tauen aus weißem Flachs und dem Bast der Papyros-Staude – schön soll das ausgesehen haben –, darauf unzählige Baumstämme vertäut, auf denen wiederum eine Lage Bretter angebracht wurde, dazu noch ein Geländer, damit die Pferde nicht scheuten. Den Griechen ist das immer als besondere Hybris erschienen; selbst das Meer dem Joch zu unterwerfen, das hieß, die Götter herausfordern.

Das persische Landheer hatte sich im Herbst 481 bei Sardes, drei Tagemärsche landeinwärts von Ephesos, gesammelt. Ein recht buntes, weit sich hinziehendes Feldlager muß es gewesen sein. Aus allen Teilen des Reichs, das sich immerhin von der Ägäis bis an den Indus und von Ägypten bis ans Kaspische Meer erstreckte, zogen die Aufgebote heran, vermutlich mehr als hunderttausend Mann. An der Küste wurde aus phönizischen und griechischen Schiffen die Flotte zusammengestellt. Über 1200 Schiffe. Die Kundschafter, die die Griechen ausgesandt hatten, wurden aufgegriffen, doch wollte Xerxes sie nicht bestrafen, denn sie kamen ihm ja gelegen. Er ließ sie also großzügig, vielleicht mit einigem Hohn, wieder laufen, damit sie zu Hause meldeten, welche Übermacht sich da zum Krieg bereitete.

Der Großkönig hatte ohnehin seine Schwierigkeiten damit, zu verstehen, wieso die paar Griechen auf der andern Seite der Ägäis auf den vermessenen Gedanken kamen, ihm Widerstand zu leisten; sie mußten von allen guten Geistern verlassen sein. Übrigens war es auch nur eine Minderheit der Griechenstädte, die sich zur Wehr setzte; mehrere Gemeinwesen hatten den vom Großkönig ausgeschickten Gesandten zum Zeichen der Unterwerfung schon Erde und Wasser gegeben. Und viele Poleis, die schwankten, taten es wohl nur zum Schein. Lediglich Sparta und Athen, dazu Spartas Bundesgenossen auf der Peloponnes und wenige Städte nördlich davon sowie auf den Inseln waren zum Kampf entschlossen. Zusammen etwa dreißig Gemeinwesen, die meisten von ihnen klein und unbedeutend. Wenn sie einige zehntausend Mann ins Feld schicken konnten, war es viel. Auch an Schiffen waren sie weit unterlegen.

Im Frühjahr 480 war die persische Streitmacht von Kleinasien aufgebrochen und hatte sich über die Dardanellen und Makedonien nach Griechenland gewälzt. Ein erster Plan der Griechen, im Norden Thessaliens einen Paß zu besetzen, war rasch fallengelassen worden. Man hatte statt dessen ein kleines Kontingent an den Engpaß der Thermopylen gesandt; flankierend dazu bezog der größte Teil der griechischen Flotte bei Artemision, an der Nordwestküste Euböas, Stellung. Dann hatte das persische Landheer die von den Spartanern unter Leonidas verteidigten Thermopylen umgangen und die letzten griechischen Truppen dort nach heftigem Kampf aufgerieben. Die Treffen der beiden Flotten waren wenigstens unentschieden ausgegangen, was schon viel war, denn das Kräfteverhältnis stand mindestens zwei zu eins zugunsten der Perser.

Die griechischen Schiffe waren nach der Niederlage zu Lande eiligst nach Süden aufgebrochen; die Verbündeten hielten unmittelbar auf den Sund zwischen Salamis und dem Festland zu, während das attische Geschwader zunächst Kurs auf den Piräus nahm, denn die Männer mußten in aller Eile dafür sorgen, daß ihre Familien das Land verließen.

Ob man in Athen wirklich gemeint hatte, das Heer und die Flotte der Perser könnten vor Attika zum Stehen gebracht werden? Angeblich hatte es die Erwartung gegeben, die Spartaner und ihre Verbündeten von der Peloponnes würden nach Böotien ausrücken, um sich dort zur Schlacht zu stellen. Die jedoch waren fieberhaft dabei, über den Isthmos von Korinth einen Wall zu ziehen, hinter dem sie sich verteidigen wollten. Bei den Thermopylen hatte nur Zeit gewonnen, vielleicht für Wankelmütige nördlich der Peloponnes ein illusionäres Zeichen gesetzt werden sollen. In Wirklichkeit hatte man Attika längst aufgegeben. Die Athener mögen allerdings später für günstig gehalten haben, es so darzustellen, wie wenn sie davon überrascht worden wären.

Jedenfalls spricht alle Wahrscheinlichkeit dafür, daß auch sie schon vor der Schlacht bei den Thermopylen damit gerechnet hatten, das Land räumen zu müssen. Vermutlich hatten sie darüber bereits im Juni einen Beschluß gefaßt. Sie hatten gewiß auch Vorkehrungen getroffen. Man mußte mit Troizen und Ägina über die Aufnahme der so zahlreichen Flüchtlinge verhandeln, wird Verpflegung dorthin geschafft, sich auch zusätzliche Transportkapazität gesichert haben. Vorsichtige haben die Ihren, einige Wertgegenstände und das Vieh wohl rechtzeitig abtransportiert.

Zuständigkeiten, so sollte man denken, waren verteilt, Eventualitäten besprochen, manch alter Kahn auch wieder flottgemacht worden, denn es war ja nicht leicht, eine so große Bürgerschaft über See zu evakuieren. Doch das Gros scheint abgewartet zu haben; warum sollte man sich auch zu früh all den Mißlichkeiten des Aufenthalts in der Fremde aussetzen?

Während der langen Debatten darüber, was zu tun sei, hatte man sich nach einer Entscheidungshilfe umgesehen, und zwar beim Orakel in Delphi. Dort war schließlich der Rat ergangen, die Stadt hinter einer »Mauer aus Holz« zu verteidigen. Die einen – es waren zumal die Älteren – hatten es so gedeutet, als ob damit die Akropolis gemeint sei; die war nämlich von Dornenhecken umgeben. Andere hingegen fanden, der Spruch müsse auf die Flotte gehen, und diese Meinung hatte sich schließlich durchgesetzt, so daß die Räumung beschlossen wurde – und der Versuch, den Persern zur See zu begegnen.

Themistokles, der Sohn des Neokles, heißt es, habe den Beschluß beantragt. Ein damals gut vierzigjähriger, ganz außerordentlicher Mann von scharf kalkulierender, kühn sich auf sich selbst verlassender, einsamer Intelligenz, rätselhafter Klarheit des Blicks und geradezu einer Leidenschaft der Vorausberechnung; kaum leicht sich erschließend. Aber er hatte die Athener vor drei Jahren (483) dazu gebracht, eine große Flotte zu bauen, wie es bei den Griechen im Mutterland noch keine gegeben hatte. Er muß ihnen auch zu verstehen gegeben haben, daß es eine Strategie gab, mit der man den Persern erfolgreich begegnen konnte. Es scheint etwas Unheimliches an ihm gewesen zu sein, das aber in der Not durchaus faszinieren konnte. Keineswegs alle ließen sich davon beeindrucken, wir haben vielmehr Anhaltspunkte dafür, daß er für viele Athener der bestgehaßte Politiker war. Doch die Mehrheit hatte ihm vertraut, am Ende vermutlich wie Ertrinkende dem Strohhalm. Zunächst freilich war es nur darum gegangen, über einen Antrag abzustimmen.

Nun aber war es ernst geworden. Herolde verkündeten, jeder möge die Seinen retten, wie er nur könne. Die Flotte legte an, die Männer eilten zu ihren Familien. Jetzt handelte es sich darum, Haus und Habe wirklich aufzugeben. Da mußte sich vieles sträuben. Was immer man – Themistokles folgend – kalkuliert haben mochte, sobald man sich der Konsequenz, die Anwesen, das Land zu räumen, gegenüber fand, sahen sich die Dinge anders an. Man pflegt ja doch, auch wenn man sich etwas Bedrohliches ausrechnet, stillschweigend anzunehmen, daß die Suppe nicht so heiß gegessen wird wie gekocht. Und zu allem andern – gab es überhaupt eine Aussicht, die Riesenstreitmacht der Perser zu besiegen? Sollte man nicht doch lieber dableiben oder gleich eine neue Heimat suchen? Was sollte das Wagnis einer Schlacht, wieso setzte man die unter solchen Mühen gebauten Schiffe, Athens letzte Hoffnung, auf ein, wie es jetzt scheinen mußte, doch recht ungewisses Spiel?

Es ist auch zu berücksichtigen, wie ungewohnt, wie unheimlich den damaligen Athenern der Gedanke an eine Seeschlacht sein mußte. Herkömmlich und ehrenhaft war der Kampf zu Lande, Schlachtreihe gegen Schlachtreihe, auf festem Boden, wie man 490 den Persern bei Marathon entgegengetreten war und sie mit Hilfe der Götter besiegt hatte. War es wirklich ausgemacht, daß die neue, noch gar nicht erprobte, beispiellose, nur vorausdenkend entworfene Strategie Erfolg versprach? Hatte man recht

*Rekonstruktion der Triëre, fertiggestellt 1987, auf den Namen Olympias getauft. Vorne der Rammsporn, deutlich sichtbar die drei Reihen der Riemen. Die mittlere Reihe der Ruderer sitzt halb seitlich, halb ober- respektive unterhalb der andern. So wurde viel Ruderkraft entfaltet, ohne daß das Schiff allzu lang geworden wäre. Die Triëre mißt normalerweise 37 Meter (mit Rammsporn). Die Manövrierfähigkeit der Schiffe hing von der Exaktheit der Ruderbewegungen und die wiederum von den Befehlen der Maate ab. Ihre Stimmen – oder ihre Pfeifen – müssen sehr durchdringend gewesen sein, denn bei der Bewegung entstand viel Geräusch. In ruhiger Fahrt, bei günstigem Wind wurden die Segel aufgezogen. Die gleich hinter dem Bug angebrachten »Ohren« saßen auf einem Querbalken, in den beiderseits jene Balken verfugt waren, auf denen die Ruder der oberen Reihe bewegt wurden. Sie schützten sie im Fall des Aufpralls feindlicher Schiffe und dienten zugleich als Ankerbefestigung. Die Triëre ragte keine 3 Meter über den Wasserspiegel hinaus, die Riemen der obersten Reihe waren etwa 4 Meter lang, der Tiefgang relativ gering.*

getan, dem ungewöhnlichen Manne zu folgen, der in Athen alles auf den Kopf stellte? Der den Flottenbau geplant und ausgeführt und auf dessen Rat dann die Männer alle herangezogen worden waren, um wochen-, ja monatelang auf den Schiffen zu dienen, damit sie das Rudern, das Manövrieren lernten? Und nun sollten sich die Athener auf dem fremden Element zur Schlacht stellen.

Kaum auszudenken, was alles in solch einer Situation hochkam. Auf den Straßen, auf dem Markt gab es zu reden, zu besorgen, zu lamentieren genug. Themistokles und seine Strategie können keinen leichten Stand gehabt haben, was immer man den Männern, als sie im Piräus an Land gingen, eingeschärft hatte.

Eine kleine, uns zufällig überlieferte Szene, wirft ein Licht auf jene Tage. Ein gut gewachsener junger Herr »von schöner Gestalt, volles gelocktes Haar auf dem Kopf«, habe damals Aufsehen erregt, indem er mit seinen Gefährten hochgemut durch das Töpferviertel, den Kerameikos über den Markt auf die Akropolis gezogen sei. Beim Tempel der Stadtgöttin Athene weihte er sein Zaumzeug, nahm einen der dort aufgehängten Beute-Schilde, verrichtete ein Gebet und stieg wieder herab, um sich geradewegs nach dem Piräus zu begeben.

Seine Demonstration war so bedeutsam, weil es sich um Kimon, den Sohn des Miltiades, des Siegers von Marathon handelte. Politisch war er bis dahin kaum hervorgetreten, bekannter war er schon durch sein leichtfertiges Leben. Aber sein Vater war beim letzten Perserzug, 490, der gewichtigste Verfechter der konventionellen Kampfesweise gewesen, auf ihn und seinen Sieg konnte sich jetzt berufen, wem es unheimlich war, daß die ganze Stadt sich den Planken anvertrauen sollte. Kimons Zug auf die Akropolis war also ein grandioser symbolischer Akt: Miltiades' Sohn, Abkömmling einer der vornehmsten Familien der Stadt, zeigte, daß Marathon überholt war. Das Opfer des ritterlichen Zaumzeugs, der Tausch mit dem Schild des Schwerbewaffneten, des Bauernkriegers, die Wendung zu den Schiffen, auf denen es jetzt zu kämpfen galt – da waren die drei Waffengattungen der Griechen geradezu in eine geraffte Folge gebracht, zu deren letzter Stufe der Segen der Gottheit erfleht wurde. Ihr sollte nun gehören, was schön, aber im Moment nicht brauchbar war. Sie sollte dafür den Schild geben, mit dem Kimon zu Schiff kämpfen wollte. Denn der Seekrieg bestand nicht nur in den Manövern der Schiffe, sondern auch im Kampf zwischen Schwerbewaffneten (und Bogenschützen) auf den Decks.

Wir wissen, daß man Waffen damals nicht einfach als Instrumente verstand. Man verband bestimmte Typen von ihnen mit Völkern, aber auch mit Teilen der Gesellschaft. Man sah in ihnen Kennzeichen des Mannes, ja Stücke von ihm. Helm, Schild und Speer gehörten zum Griechen, wie unzählige Denkmäler uns lehren; oft genug stellen sie gar nackte Männer mit ihnen dar. Mithin hat Kimon einen Wechsel sichtbar gemacht und bekräftigt, der sich nicht auf das Militärische beschränkte: Die ganze Bürgerschaft ging in einen andern Zustand über.

Noch bei Marathon hatten die Athener nur Hopliten ins Feld

geschickt, Männer, deren Vermögen sie instand setzte, sich mit der nötigen Rüstung zu equipieren; ganze 9 000 von gut 35 000 Bürgern. Daß man noch einige Sklaven dazunahm, änderte daran wenig. Kein Gedanke oder mindestens keine Möglichkeit offenbar, das Gros der ärmeren Bürger heranzuziehen.

Inzwischen aber war alles anders. 200 Schiffe waren zu bemannen, jedes vermutlich mit 170 Ruderern (das war zumindest später die Normalzahl). Dazu kamen Offiziere und Maate sowie einige Schwerbewaffnete und Bogenschützen. Das machte pro Schiff etwa 200 Mann, zusammen also 40 000, mehr als Athen Bürger hatte (zumal ja auch nicht alle Männer voll wehrdienstfähig waren). So waren Nicht-Bürger mit anzuheuern, einige Schiffe gab man, wie wir hören, auch an andere Städte zur Bemannung. Jedenfalls hatten jetzt alle Athener, die Geringsten eingeschlossen, zu dienen. Auch die meisten der Schwerbewaffneten, die etwas Besseres waren als das Gros, Männer von Rang, mußten an die Riemen, in die drückende Enge der dicht an dicht gruppierten Sitze im Bauch der Schiffe. Sie mußten sich »umschulen« lassen. Es kann ihnen nicht leichtgefallen sein, von gleich zu gleich neben den Geringsten zu sitzen. Statt Mann für Mann offen gegen den Feind zu kämpfen, hatte man nun unter Aufbietung aller Kräfte, mit dem Rücken nach vorn ein Fahrzeug zu bewegen. Die Ratio, der simple Nutzen mußte über wichtige, zentrale Gewohnheiten siegen. Es war ein Sieg der Athener über sich selbst.

Herodot hat später formuliert, Themistokles habe die Athener zu »Seemännern« (*thalássioi*) gemacht. In der Tat sollte sich bald herausstellen, daß die neue Waffengattung nicht so sehr Ergänzung der alten wie Alternative dazu war – und daß ihre starke Ausbildung das Wesen der Stadt ganz neu bestimmte.

Kimons Demonstration war vielleicht nur die eindrücklichste von vielen. Doch wie immer sich ihre Entschlossenheit äußerte, der Zeitdruck gab den Drängenden zusätzliches Gewicht. So waren die Athener schließlich zur Räumung von Stadt und Land bereit.

Selbst Athene war auf ihrer Seite. Ihre heilige Schlange schien nämlich auf einmal aus dem Gehege auf der Akropolis verschwunden zu sein: jedenfalls fand die Priesterin den Honigkuchen, den sie ihr wie üblich hingestellt hatte, unberührt. Auch die

Göttin fügte sich also, indem sie die Stadt verließ, dem Rat des Themistokles; vielleicht nicht ohne sein Zutun.

Schwierigkeiten gab es noch, als einige Männer nicht wieder auf die Ruderbänke zurückwollten, ohne im voraus ausreichende Löhnung zu erhalten. Sie brauchten das Geld für ihre Familien, welche jetzt ohne sie, ja fast ohne alles zu leben hatten. Da sollen die Mitglieder des Adelsrats den Tempelschatz genommen, vermutlich aus Eigenem zugeschossen haben, um zahlen zu können.

So gehorchte das Geschehen in Athen und Attika am Ende einer einzigen Vernunft. Von überall her war man auf dem Weg zu den Häfen, kleine oder größere Gruppen, sie reihten sich zu immer länger werdenden Zügen zusammen. An den Schiffen mag es noch einmal zum Streit gekommen sein; falls nämlich dieser oder jener doch mehr mitnehmen wollte, als zugestanden war. Und es gab den Abschied von den Männern, die sich bei den Triëren einzufinden hatten.

Die ganze Stadt fuhr auf den Saronischen Golf hinaus. Hunderte von Schiffen, große und kleine, überladen mit Menschenfracht, in schneller oder langsamer Fahrt, ungeordnet und melancholisch; keiner wußte, wie es weiterging. Das verzweifelte, traurige und doch auch imposante Schauspiel, das sich dem historischen Betrachter in seiner nachträglichen Vorstellung bietet, konnte keiner wahrnehmen, weil alle darin befangen waren.

Übrigens konnte man nicht nur die attische Kriegsflotte nach Salamis rudern sehen. Vielmehr begegnete den Flüchtenden auch ein alliiertes Geschwader von Süden, von Troizen her: Denn dort hatten sich weitere Schiffe gesammelt, die nun zu den andern stoßen sollten. Auch viele der Athener, die den Transport über den Golf bewerkstelligt hatten, mußten nachher in Eile nach Salamis übersetzen, um am Kampf teilzunehmen.

Je folgenreicher ein Ereignis ist, je tiefer und endgültiger sich seine Konsequenzen in die Wirklichkeit eingraben, um so schwieriger wird es, sich vorzustellen, es könnte nicht stattgefunden (oder einen andern Ausgang gehabt) haben. Es geht dann von ihm leicht eine solche Suggestion aus, daß man es nicht nur für wahr, sondern auch für wahrscheinlich hält. So verliert es nachträglich seine Offenheit.

Nun haben die Griechen zwar bei Salamis noch nicht den Krieg gewonnen, aber es fiel dort dessen wichtigste Entscheidung. Und das Scheitern der persischen Invasion schuf die Voraussetzungen für die weitere Geschichte Griechenlands, für den Aufstieg Athens und für all das, was damit verbunden war.

Insofern ist Salamis aus der griechischen Geschichte nicht wegzudenken. Doch war der militärische Sieg über die Perser deswegen noch nicht wahrscheinlich, jedenfalls nicht nach den herkömmlichen Maßstäben. Und es ist sehr fraglich, ob damals wirklich viele Griechen ihn dafür hielten.

Als die delphische Priesterin die attische Gesandtschaft wahrnahm, jagte sie sie aus dem Heiligtum: »Bejammernswerte, was sitzt ihr noch hier? Flieht bis ans Ende der Welt...!« Es bedurfte einiger Diplomatie und vielleicht auch einiger Stücke Gold, bis die Gesandten dem Orakel jenen Spruch entlockten, der wenigstens die Möglichkeit eines Siegs hinter der »Mauer aus Holz« andeutete. Vielleicht hat man ihn gar erfunden, und das Orakel hat sich das nachträglich gefallen lassen?

Keine Frage, daß man unter den Griechen auch sonst weithin jeden Widerstand für zwecklos hielt. Selbst in Athen waren jene Politiker, die eine Verständigung mit dem Großkönig vermitteln wollten, zunächst auf viel Sympathie gestoßen. Themistokles scheint Jahre gebraucht zu haben, bis er sich durchsetzte. Und was immer Einzelne, Gruppen und Städte für Gründe hatten, sich den Persern zu unterwerfen, sie erhielten zusätzliches Gewicht durch die allem Anschein nach geringen Aussichten des Widerstands. Man wußte sehr wohl, über welche Macht der Großkönig verfügte und daß er sie einzusetzen willens war.

So wollten sich auch die Männer von Argos, von Achaia im Norden der Peloponnes, von Kreta sowie der mächtige Tyrann von Syrakus der griechischen Sache nicht anschließen. Zum Teil konnten sie sich dabei auf Orakel stützen. Die Männer von Kerkyra (Korfu) fanden einen besonders eleganten Ausweg: Sie entsandten ein Flottengeschwader, gaben dem Kommandeur aber die Weisung, nicht bis Salamis zu fahren, sondern in einiger Entfernung abzuwarten, um sich schließlich entweder zu den Persern zu schlagen oder aber den Griechen gegenüber damit herauszureden, daß Stürme die Fahrt behindert hätten.

Ob die Spartaner sich wirklich Chancen ausrechneten, die

Perser abzuwehren, ist fraglich. Allerdings waren sie es auch nicht gewohnt, sich vor einer drohenden Gefahr zu ducken. Allesamt waren sie vielmehr dazu erzogen, standzuhalten und eher zu fallen als zu weichen. Sie waren nur zu brechen, nicht zu biegen. Mit dem Schild oder auf dem Schild sollte der spartanische Krieger aus der Schlacht heimkehren. Er hatte allen Grund, das Urteil der Mitbürger mehr zu fürchten als die Feinde. Und da in dieser Haltung das ganze Gemeinwesen ruhte, blieb den Spartanern 480 nichts übrig als der Kampf. Außerdem hielten sie sich für unbesiegbar, und ihre Verbündeten auf der Peloponnes konnten, was immer sie sich dachten, kaum anders, als ihnen folgen.

Daß sich andere nördlich der Halbinsel zu ihnen schlugen, mag verschiedene Gründe gehabt haben. Etwa solche der Nachbarschaft: wo der Rivale sich den Persern unterwarf, neigte man eher dazu, die griechische Seite zu wählen. Oder der Innenpolitik: wo die breiten Schichten politische Mitsprache erlangt hatten, fürchteten sie, daß die Perser den Adligen oder einem Tyrannen wieder zur Macht verhülfen. Doch kam der Wunsch, die eigene Unabhängigkeit und die des griechischen Landes westlich der Ägäis zu bewahren, dazu – und die Scham, sich als feige zu erweisen. Wo einige entschlossen waren, fiel es andern schwer, es nicht zu sein. In manchen Städten hatten diejenigen rasch gesiegt, die jedenfalls Widerstand leisten wollten. Sie hatten ihre Mitbürger hier und da festgelegt, indem sie durchsetzten, daß den persischen Gesandten, welche Erde und Wasser forderten, eine Absage erteilt wurde. Die Freiheit der Griechen wurde beschworen, »das gleiche Blut, die gleiche Sprache, die gemeinsamen Heiligtümer und Opfer, die gleiche Lebensweise«; was übrigens für die Griechen besonders starke Argumente waren.

Motive verschiedenster Art pflegen sich in solchen Fällen gern zu allgemeinen, hohen Zielsetzungen zu verketten. Das muß keineswegs, zumal angesichts solcher Bedrohung, unehrlich sein, keineswegs hohl klingen – auch wenn es wahr ist, daß sich manch besonderes, auch eigennütziges Motiv unter dem Dach des Allgemeinen zu verbergen liebt. Die Sache gewinnt dadurch an moralischer Kraft; wer sich ihr entzieht, wird zum Verräter.

Im Jahre 481 gründeten die zum Kampf bereiten, insgesamt etwa dreißig Städte, wohl in Sparta, eine Eidgenossenschaft. Alle Fehden und Feindschaften sollten beendet sein. Wer von den

Griechen sich den Persern ohne Not ergäbe, sollte verpflichtet werden, dem delphischen Orakel den Zehnten zu zahlen. So wollten sie auch Apollon für ihre Sache gewinnen.

Sie sandten die Kundschafter nach Sardes aus und wollten im folgenden Jahr am Isthmos von Korinth über die gemeinsame Strategie beraten. Im übrigen beschlossen sie, weitere Bundesgenossen zu werben, womit sie freilich keinen Erfolg hatten.

Im Gegenteil, es fielen sogar noch verschiedene Städte nachträglich zu den Persern ab, sobald sich erwies, daß die Front nördlich der Peloponnes nicht zu halten war. Hatten sie wirklich nicht gewußt, wie groß die Überlegenheit der Perser war? Oder hatten sie es sich nur in der allgemeinen Stimmung nicht anmerken lassen wollen?

Worauf aber mögen die, die dem Bündnis treu blieben, gerechnet haben? Oder wollten sie vielleicht nur nichts unversucht lassen? Zählten sie auf den Zufall, auf die Hilfe der Götter? Waren sie zu sehr im Gewohnten befangen, um die Gefahr, die auf sie zukam, recht einzuschätzen? Hielten sie sich gar alle zusammen für stark genug, den Persern zu begegnen? Einen Zusammenschluß von dreißig Städten zu gemeinsamer Abwehr einer äußeren Gefahr hatte es ja noch nie gegeben; man hatte auch keinen Anlaß dazu gehabt. Oder bauten sie auf die kühnen Kalkulationen des Themistokles?

Wir können nur feststellen, daß es offenbar eine Minderheit war, die sich wirklich dem Krieg stellen wollte. Auch in den Städten, die mitmachten, werden starke Gruppen dagegen gewesen sein. Als die Perser näher rückten, breitete sich sogar in Sparta Angst aus. Allem Anschein nach war sie berechtigt.

Das eigentliche Problem liegt darin, daß und wie die Athener sich rüsteten und daß und wie sie bereit waren, alles auf eine Karte zu setzen. Heftige innere Auseinandersetzungen hatten dort um die Mitte der achtziger Jahre dazu geführt, daß einige Adlige in die Verbannung gehen mußten, teilweise weil sie im Verdacht standen, gute Beziehungen zu den Persern zu unterhalten.

Am Ende hatte die Richtung gesiegt, die Athens politische und militärische Macht stärker und selbstbewußter zur Geltung zu bringen suchte. Themistokles war ihr Motor. 483 konnte der Flottenbau beginnen. Die Mittel dazu stammten aus Einnahmen, die die Athener dank der Erschließung neuer Adern in den Silberbergwerken von Laureion erzielten.

Mit dem Bau der Trieren entschieden sich die Athener zum Kampf. Hätten sie nämlich eine Flucht ins westliche Mittelmeer ins Auge gefaßt, so hätten sie vor allem viele Transportschiffe auf Kiel legen müssen.

Der Flottenbau sodann stellte eine nahezu unglaubliche Leistung dar. Zwar hatte Themistokles schon vorher für einen Ausbau von Häfen am Piräus gesorgt. Doch fehlte es an Werften, an Schiffshäusern. Man mußte ungeheure Mengen Holz, aber auch Pech und Teer beischaffen. Es gab kaum genug Sachverständige für den komplizierten Trieren-Bau und bei weitem nicht genug Handwerker. In größter Eile mußten also Menschen und Material von nah und fern zusammengebracht werden. Schiffbauholz mochte man aus dem Innern Attikas beziehen, doch war der Transport der großen Stämme über Land mühselig, und das Holz, das dort wuchs, war nicht gut. Das beste kam aus Makedonien, die dortigen Wälder scheinen auch näher zur Küste oder zu Flüssen gelegen zu haben. Aber die Wahrscheinlichkeit spricht dafür, daß das Gebiet nördlich der Ägäis bereits unter persischer Kontrolle stand. So haben wir die Wahl anzunehmen, daß die Perser nichts merkten oder daß man das Holz vorwiegend aus Italien holte; wenn nicht eben doch aus dem Innern Attikas, vielleicht auch aus Euböa.

Vermutlich hat Themistokles damals jene Steuerfreiheit beschließen lassen, mit der man Handwerker aus der Fremde herbeizulocken suchte. Vielerlei Helfer waren anzulernen, es gab unendlich viel zu arbeiten; an Schiffsrümpfen, Streben und Rudersitzen, Riemen, Takelagen, Aufbauten. Ein Wettlauf mit der Zeit hob an. Eine kaum vorstellbare Aufwendung von Organisation, Kunstfertigkeit, Kraft, Phantasie und Mitteln. Athen muß von regster Tätigkeit erfüllt gewesen sein. Was übrigens auch sein Gutes darin hatte, daß wenig Zeit zum Nachdenken blieb.

Weiterhin waren die Sachverständigen für Navigation, für die Ausbildung der Seeleute anzuwerben und heranzubilden. Die Taktik, auf die man setzte, erforderte hohes Können. Der Gegner sollte ja vornehmlich durch geschicktes Manövrieren geschlagen werden. Eine halbe Generation zuvor, als sich die jonischen Griechen auf die entscheidende Seeschlacht gegen die Perser rüsteten, hatte sie Dionysios, der Befehlshaber der drei Schiffe, welche Phokaia stellte, überredet, daß sie um der zukünftigen Freiheit willen gegenwärtig aufs angestrengteste zu üben hätten. Er ließ zwei Reihen von Schiffen stets neu parallel zueinander in Kiellinie auslaufen, dann wenden und zwischeneinander durchfahren. So sollte ihnen das rasche Manövrieren, die genaue Einhaltung des Kurses, vermutlich auch das Beschleunigen zum Stoß mit dem Rammsporn eingeschliffen werden. Auch die Männer an Deck hatten die volle Rüstung zu tragen, und so ging es in der Hitze des Sommers, in der äußerst gedrängten Enge der Schiffe Tag für Tag – bis die Mannschaften sich dem am siebten Tag entzogen, weil es eine unzumutbare Knechtschaft sei. Die Schlacht ging verloren.

Die Athener scheinen eifriger bei der Sache gewesen zu sein. Sie müssen sich große Anstrengungen zugemutet haben. Von keiner andern Stadt hören wir, daß sie damals Kriegsschiffe gebaut hätte. In kleinem Rahmen mag es geschehen sein; für mehr werden sonst schon die Mittel, wird aber auch der rechtzeitige Entschluß gefehlt haben. So war es das Verdienst des Themistokles und seiner Mitbürger, daß sich die Machtverhältnisse zur See so weit veränderten, daß die Griechen wenigstens einige Aussicht hatten, es mit dem Feind aufzunehmen.

Daß die Athener sich aber so entschlossen auf den Krieg gegen die Perser festlegten, ergab sich einerseits aus der Gefahr, die ihnen drohte. Sie mußten fürchten, daß die Perser sie nicht nur unterwarfen, sondern ihre Stadt zerstörten, ja viele ihrer Bürger versklavten und verschleppten.

Vielleicht wäre das Gros der Athener trotzdem glimpflich davongekommen, wenn sie die Stadt rechtzeitig ausgeliefert hätten. Es hätten sich dafür am Perserhof wohl athenische Verbannte als Vermittler gefunden (denen an der Herrschaft über die Stadt gelegen war). Und der Großkönig mochte angesichts der Bedeutung Athens zu Zugeständnissen bereit sein. Andererseits konnten sich die Athener den Erwartungen der zum Widerstand entschlossenen Griechen am allerwenigsten entziehen. Denn obgleich die Absichten der Perser längst auf die Eroberung Griechenlands zielten, so war es doch Athen gewesen, das sie zuerst ins Land gezogen hatte. Daher wäre eine Kapitulation oder gar ein Übergang ins gegnerische Lager für die Stadt besonders schmachvoll gewesen, und eine Flucht genauso. Also versuchten sie, mit Ehre zu bestehen.

Doch nicht nur das, sondern es scheint in Athen auch sehr gut kalkuliert worden zu sein, und darin liegt das eigentliche, besonders schwer aufzulösende Rätsel. Denn es sieht so aus, wie wenn Themistokles den ganzen Krieg geradezu geplant, das heißt die Strategie des Feindes berechnet und die eigenen Pläne so darauf eingerichtet hätte, daß ein griechischer Sieg als möglich, ja vielleicht gar als wahrscheinlich erscheinen konnte; allem Anschein zum Trotz.

Der Spruch, den die Athener schließlich aus Delphi mitgebracht hatten, riet ihnen nicht nur zur Verteidigung hinter einer Mauer aus Holz, sondern er enthielt am Ende auch einen Hinweis auf Salamis: »Glückliches Salamis, du vertilgst die Kinder der Frauen, sei es zu Demeters Saat, sei es zur Zeit der Ernte«. Wie immer Themistokles dabei seine Hand im Spiel gehabt haben mag, dieses Orakel stellte in den Strategiediskussionen der ersten Monate von 480 ein wichtiges Argument dar. Und es ist ebenso deutlich, daß man, wenn es denn – wie wahrscheinlich – nicht möglich war, die Perser bei den Thermopylen zurückzuschlagen, versuchen mußte, ihre Flotte bei Salamis zu stellen.

Dies war der einzige Punkt, an dem sich ihre Überlegenheit nicht entfalten konnte. Die spätere Einsicht, daß gerade der Unterlegene, wenn er nur die besseren Schiffe hatte, Raum zum Operieren brauchte, galt hier nicht. Denn bei der haushohen Überlegenheit der Perser war damit zu rechnen, daß sie die griechische Flotte einkreisten, wie sie es schon bei Artemision versucht hatten. Zudem stand zu befürchten, daß manche der Verbündeten die Flucht ergriffen. Folglich mußte man alles tun, damit es im engen Sund von Salamis zum Kampf käme. Gelang es nicht, die Perser dort zu schlagen, so war auch der Wall über den Isthmos von Korinth nutzlos. Denn er war allzu leicht mit der Flotte zu umgehen.

Daher hatte Themistokles den Plan, den Persern bei Salamis zu begegnen, vermutlich schon von langer Hand gefaßt. Die Frage war nur, wie man sie bewegen konnte, dort die Schlacht anzunehmen. Aber auch da gab es ein Argument, das sich in den Kriegsplan einsetzen ließ: Sie konnten, solange die griechische Flotte dort stand, kaum größere Operationen an den Küsten der Peloponnes beginnen. Da sie aber auch nicht lange warten konnten, mußten sie zum Kampf drängen. Oder sie hätten die Griechen bei Salamis einschließen müssen; doch wäre es dann vermutlich dabei zur Schlacht gekommen.

Trotzdem gab es eine Schwierigkeit, und an der wäre der Plan fast gescheitert: Den Griechen wurde in der Enge von Salamis rasch unwohl zumute. Wenn die Perser die Ausgänge beiderseits der Insel sperrten, saß die gesamte griechische Flotte in der Falle. Die Einnahme Attikas, der Brand der Akropolis, der ihr folgte, das Auftauchen der weit überlegenen persischen Seemacht, welche nur wenige Meilen entfernt bei Phaleron vor Anker ging, hatte etwas Deprimierendes. Einige Griechen-Schiffe machten sich sogleich davon. Aber auch den andern mußten ihre Sinne raten, den gefährlichen Platz zu verlassen; sie werden das je länger um so weniger verhehlt haben.

Was sollten strategische Argumente dagegen ausrichten? Die Vorräte waren begrenzt, und wenn die Griechen erst eingeschlossen waren, bestand keine Hoffnung auf Entsatz, da sich nur wenige griechische Kriegsschiffe außerhalb befanden. Ohnehin zog es die Männer von der Peloponnes nach Hause. Genau das, was der scharfen Planung des Themistokles als Gunst erschien, verstanden sie als Nachteil. So waren neben den Athenern nur die Männer von Megara und Ägina gewillt, bei Salamis auszuharren; ihr Land nämlich wäre den Persern bei einem Abzug der Flotte sogleich in die Hand gefallen.

Den Oberbefehl hatte der Spartaner Eurybiades. Die Athener hatten dareingewilligt, obwohl sie das Gros der Schiffe stellten. Denn ein Spartaner konnte am ehesten auf allgemeinen Respekt rechnen, und sie selbst weckten mit ihrem ungewöhnlichen Denken, ihrer beispiellos kühnen, so nervös erregten wie fordernden, anstrengenden Weise, die Dinge anzupacken, schon Unbehagen, wenn nicht Mißtrauen genug. Außerdem waren die Männer von Ägina (die ein großes Kontingent stellten) kurz zuvor noch mit Athen im Krieg gewesen. Da war voraussichtlich mehr zu bewirken, wenn die Athener die Führung beeinflußten, als wenn sie sie innehatten. Bei einem spartanischen Kommandeur konnten sie wenigstens an Mut und Entschlossenheit appellieren; und Eurybiades ließ sich auch von Themistokles überzeugen. Freilich konnte er nicht gegen die Mehrheit im Kriegsrat befehlen.

Dort aber wurde mit der Zeit die Meinung immer stärker, man sollte zum Isthmos aufbrechen. Die Überlieferung über die Beratungen ist weder klar noch zuverlässig. Wahrscheinlich haben sich verschiedene nachträgliche Vorwürfe und Eifersüchte unter den griechischen Poleis in der mündlichen Überlieferung niedergeschlagen. Aber der Kern dessen, was wir hören, ist glaubwürdig: Es war ungeheuer aufreibend, beängstigend und erforderte, je länger es dauerte, ein Unmaß an Disziplin, Einsicht oder Vertrauen in die über alles herkömmliche Denken und Vorstellen hinausgehende Strategie, wenn man in der engen Bucht, weit vor den griechischen Linien und angesichts des nahen, überlegenen Feindes einfach liegen blieb. Denn das dauerte ja, entgegen Herodots Bericht, eine ganze Reihe von Tagen.

So gut Themistokles' Plan also war, er mußte mit der Zeit an Überzeugungskraft verlieren. Auch seine Drohung, die Athener würden, falls man Salamis preisgäbe, mitsamt ihren Familien davonfahren, um sich in Italien eine neue Stätte zu begründen, zog am Ende nicht mehr.

Man fragt sich, ob er die Möglichkeit, daß in der Flotte das Drängen auf Abfahrt übermächtig würde, wirklich nicht bedacht, also nur mit strategischer Einsicht und Gehorsam, nicht mit Menschensinnen gerechnet hat. Wie konnte er das unerhörte Risiko eines Kriegsplans eingehen, der die Griechen gleichsam mit dem Rücken zur Wand aufstellte, der alles auf eine Karte setzte? Die Antwort kann nur sein, daß er darin die einzige Chance für sie sah, und wohl auch, daß er diese Chance für recht gut hielt; wenn er vorausgesetzt haben sollte, was ihm so klar war, müsse es auch den andern sein, so liefe das aufs Gleiche hinaus.

Immer neu also hatte Themistokles seinen Plan vor den Flottenführern zu behaupten, welche ihrerseits in engem Kontakt mit ihren Mannschaften lebten. Herkömmlich gehörte es zur griechischen Kriegführung, daß sie relativ einfach und für jeden vergleichsweise gut zu beurteilen war. Wie sollte man da nicht meinen, man sehe, wie es stünde? Wie sollte man sich so schnell

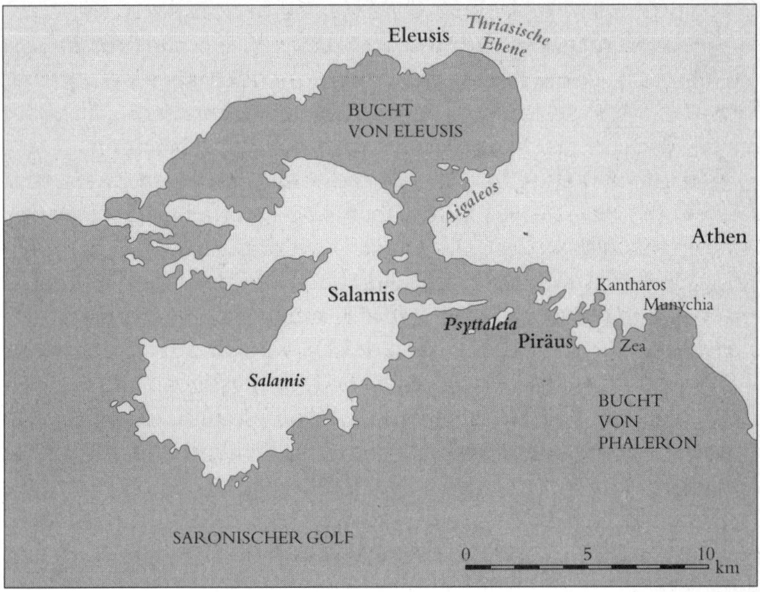


*Salamis*

umgewöhnen? Nicht nur, daß man – anders als sonst – mit dem Rücken zum Feind kämpfen mußte, daß man auf den Schiffen zum Instrument einer Führung wurde, der man sich einfach anzuvertrauen hatte, vor allem verlangte die Strategie im ganzen vom Gros der Beteiligten zu viel Absehen von dem, was auf der Hand zu liegen schien. So hat schließlich eine Mehrheit im Kriegsrat beschlossen, den Platz bei Salamis zu räumen. Der ganze Plan wurde in den Wind geschlagen.

Themistokles hat sich aber, so hören wir, zu helfen gewußt, indem er insgeheim einen Boten zum Perserkönig sandte, der ihm die Lage genau so darstellen sollte, wie sie war: Die Griechen wollten in der nächsten Nacht davonfahren. Offensichtlich wollte er Xerxes bedeuten, daß damit die letzte Möglichkeit zu einem einzigen und dann wohl kriegsentscheidenden großen Seesieg zu verstreichen drohte. Hätte sich die Flotte erst zurückgezogen und aufgelöst, so blieb den Persern nichts übrig, als die verschiedenen Griechenstädte nacheinander zu erobern; das mußte langwierig und mühselig sein.

Diese List ist relativ gut bezeugt. Xerxes wird die Nachricht glaubwürdig gefunden haben, und das war sie ja auch. Vor allem paßte sie ihm. Denn es lag ihm dringend an einem raschen, möglichst spektakulären Sieg, und er zweifelte nicht daran, daß er ihn erringen würde. Der Großkönig und Themistokles teilten das Interesse an der Schlacht, nur daß sie eben mit verschiedenen Ausgängen rechneten.

Merkwürdig und schwer erklärbar ist allerdings, warum der Perser sich nicht darauf beschränkte, die Ausgänge des Sundes zu sperren. Er scheint es zwar bei der westlichen Durchfahrt zwischen Salamis und dem Festland getan zu haben, in die östliche aber ließ er seine Schiffe hineinrudern. Dies wäre wesentlich leichter zu erklären, wenn er nicht mit einer Flucht der Griechen gerechnet, sondern von sich aus die Schlacht im Sund gesucht hätte; die Zeit drängte ja. Er hatte seine Schiffe auch tags zuvor schon einmal in Schlachtordnung südlich der Insel auffahren lassen. Dann hätte Themistokles seine List nachträglich erfunden; was freilich nur möglich war, wenn sich die griechische Flotte in der Tat kurz vor dem Aufbruch befunden hat. Doch könnte die Erklärung einfach darin liegen, daß Xerxes in der Tat schon auf die Schlacht aus war und sie nun nur rascher, als eigentlich gewollt, herbeiführte.

Zu sonderlicher Vorsicht hat er wohl ohnehin nicht geneigt: Was sollten die Griechen schon gegen seine Macht wollen? Und war nicht der Sieg in offener Schlacht der beste?

In drei langen Reihen ruderte die persische Kriegsflotte also im Schutze der Nacht, freilich bei Vollmond, nach Nordwest, um dann nach Westen einzuschwenken, bis sie schließlich in voller Breite nach Süd oder Südwest beidrehen konnte. Das Manöver war schwierig und zeitraubend. Man mußte höchst diszipliniert, unter genauer Wahrung der Abstände fahren.

Die ganze Nacht über blieben die Seeleute an den Riemen; bei Morgengrauen sollten sie angreifen. Doch konnten sie die Griechen nicht überraschen. Denn die waren rechtzeitig gewarnt worden. Gegen Morgen stießen die Perser daher auf eine zur Schlacht bereite Flotte.

So hatte der rätselhafte Athener am Ende noch den Großkönig in seine Kalkulation einzusetzen vermocht. Womit er im griechischen Kriegsrat nicht mehr durchzudringen vermochte, das erreichte er mit Hilfe des Feindes, wie immer es um seine List bestellt gewesen sein mag. Durch alle Zweifel hindurch, gegen allen Augenschein und alle Gewohnheiten bisherigen Denkens hielt er an seinem kühnen Plan fest. Keine Spur einer Bereitschaft zum Aufgeben. Im Gegenteil: mit unerhörter, einsamer Sicherheit scheint er jeden Schritt gegangen zu sein, der ihn seinem Ziel näherbrachte. Auf fast übermenschliche Weise behielt er die Nerven, bis Xerxes losschlug.

Der Kampf wird sowohl bei Herodot wie in den, wenige Jahre nach dem Krieg aufgeführten, »Persern« des Aischylos geschildert. Ob die Griechen noch Zeit gefunden hatten, den Göttern zu opfern, wissen wir nicht. Eine Quelle berichtet zwar, Themistokles sei vom Kriegsvolk genötigt worden, drei vornehme persische Kriegsgefangene von großer Schönheit, Neffen des Königs, als Opfer darzubringen. Aber das könnte schon vorher geschehen sein. Die Perser sollen ihrerseits den schönsten unter den zuvor gefangenen Griechen geopfert haben. Angesichts eines so außerordentlichen Kampfes schienen beiden Seiten äußerste Mittel angezeigt.

Die Griechen hatten außerdem von Ägina und Salamis die Gebeine der dort verehrten mythischen Heroen herbeigeschafft, um sich ihres Beistands zu versichern. Die aus Ägina kamen unmittelbar vor der Schlacht an.

Als die Perser in den Sund einfuhren, hörten sie lautes Rufen. »Ihr Söhne der Griechen, auf, befreit das Vaterland, befreit die Kinder, die Frauen, die Sitze der angestammten Götter, die Gräber der Ahnen; um all dies geht jetzt der Kampf«, so faßt Aischylos die Mahnungen der Schiffsführer zusammen. Sie sprachen die Gebete, die Mannschaften gaben den Refrain dazu. Lauter Gesang wurde angestimmt, ein Paian zu Ehren der Götter. Von den Felsen, die den Sund umgaben, kam er als Echo zurück. Aischylos spricht auch vom Schall der Blasinstrumente. Wie die Angst begleitete die Musik den Aufbruch zur Schlacht. Dazwischen erklangen die Kommandos der Steuerleute und Bootsmaate.

Die Schiffe scheinen sichelförmig aufgefahren zu sein. Die Griechen hatten den Vorteil des frischen Angreifers, während die Gegner schon die Nacht über auf ihren Ruderbänken gesessen und vor allem viel gewartet hatten. Angeblich soll ihren höher aufragenden Schiffen auch eine Brise zu schaffen gemacht haben.

Gleichwohl hat, als sich die persische Flotte unter Kriegsgeschrei ebenfalls in Bewegung setzte, ein Zögern unter den Griechen Platz gegriffen. Sie wollten sich schon zur Flucht wenden. Da aber sei das erste ihrer Schiffe in ein persisches gestoßen, und der entbrennende Kampf habe die andern in sich hineingezogen.

Zunächst griff der rechte Flügel der Griechen an, auf dem vor allem die Schiffe aus Ägina standen. Doch setzte sich die Schlacht rasch nach links hinüber fort. Der Großkönig hatte eigens einen Sitz am Berg oberhalb des Sundes eingenommen, um das Geschehen zu verfolgen. Keiner durfte es unter seinen Augen an Einsatz fehlen lassen. Wie sich die Schlacht weiter vollzog, wird nicht recht deutlich. Vielleicht kam den Griechen die Schwere ihrer Schiffe zustatten, vielleicht operierten sie auch einfach besser. Offenbar standen die persischen Schiffe viel zu eng; jedenfalls scheinen sie sich auf die Dauer gegenseitig behindert zu haben.

So sah die Königin Artemisia von Halikarnass, als sie in Bedrängnis geriet, keinen andern Weg, als ein verbündetes Schiff zu rammen. Es brachte ihr, nebenbei gesagt, doppeltes Glück, denn das attische Schiff, das das ihre verfolgt hatte, ließ von ihr ab, weil der Kommandant meinte, sie gehöre zur eigenen Flotte, während man in Xerxes' Stab glaubte, sie habe ein feindliches Schiff versenkt. Übrigens hatten die Athener eine hohe Belohnung für den ausgesetzt, der die Fürstin gefangennähme. »Denn sie hielten es für ungeheuerlich, daß eine Frau gegen Athen in den Krieg zöge« (Herodot). Es mag sie an den im Mythos überlieferten Angriff der Amazonen auf ihre Stadt erinnert haben. Xerxes nannte Artemisia den einzigen Mann in seiner Flotte. Sie selbst soll ihm erklärt haben, zur See seien die Perser den Griechen sowenig gewachsen wie Frauen den Männern. Da Herodot aus Halikarnass stammte, war er über die Königin vermutlich gut unterrichtet; und er verhehlt nicht, daß er sie bewundert. Aber Zahl und Inhalt seiner Nachrichten über sie spiegeln zugleich etwas von griechischer Männlichkeit und den Irritationen, denen sie angesichts dieser Königin ausgesetzt war.

In das auf persischer Seite sich entwickelnde Chaos fuhren die Griechen vergleichsweise geordnet hinein, trafen mit ihren

Rammspornen viele der feindlichen Schiffe, ihre Bewaffneten drangen auf deren Decks vor. Ein griechisches Kommando besetzte Psyttaleia, die kleine Insel am Ausgang des Sundes. Die Perser verloren unzählige Schiffe und große Teile ihrer Mannschaft, zumal viele nicht schwimmen konnten und die Griechen die Schiffbrüchigen zumeist gnadenlos erschlugen, im Wasser oder an der Küste der Insel.

Am Abend jenes nicht genauer datierbaren Septembertags hatte sich schließlich, was von der persischen Flotte noch übrig war, in die Bucht von Phaleron geflüchtet. Die Griechen waren zu erschöpft, um sie zu verfolgen. So kehrten sie gleichfalls an ihren Ausgangspunkt zurück, nur eben als Sieger.

Auf dem Wasser schwammen die Schiffstrümmer, Masten, Balken, Planken, Riemen, Fetzen der Takelagen, dazwischen kieloben viele Schiffsrümpfe – und die Toten. Das alles trieb hin und her, zum Teil aus der Bucht hinaus bis hinter Phaleron an der attischen Küste entlang; manch einer suchte sich noch zu retten. Die griechischen Verluste waren nicht so hoch wie die persischen, aber schmerzlich genug. Nach und nach wurde es wieder still. Die Schlacht hatte sich im »klugbeherrschten Getümmel vertobt«; so hat es wenigstens Hölderlin im Hyperion formuliert.

SEHR BALD danach verließ Xerxes mit kleinem Gefolge Attika. Er mußte aufs schnellste zurück, da die Nachricht von seiner Niederlage mancherorts zum Aufruhr reizen mochte. In der Tat fielen nicht nur einige Städte im Norden Griechenlands ab, sondern es scheint auch, mindestens in Babylon, zu Unruhen gekommen zu sein.

Den kurzen Weg über die Ägäis wagte der Großkönig nicht zu nehmen, wohl aus Furcht vor den griechischen Schiffen. Und er hatte es auch deswegen eilig, weil er befürchtete, daß sie ihm am Hellespont den Landweg abschnitten.

Den größten Teil des Heeres ließ er zurück, der sollte im befreundeten Thessalien überwintern und im folgenden Sommer den Krieg von neuem aufnehmen. Die Griechen haben ihn dann bei Platäa (479) vernichtend geschlagen. Erst damit war Xerxes' Kriegszug endgültig gescheitert, übrigens vornehmlich aufgrund der Tapferkeit, überhaupt der kriegerischen Vorzüge der Spartaner. Aber daß die Griechen sich den Persern 479 so geschlossen und in so großer Zahl entgegenstellten, wäre ohne den Sieg bei Salamis kaum möglich gewesen. Sonst wäre Xerxes' Armee ja schon im Herbst 480 auf die Peloponnes vorgedrungen (wohin sie schon unterwegs war), hätte vermutlich verschiedene Städte rasch eingenommen oder belagert. Was hätten die Griechen dann noch machen wollen? Grob gesagt, wenn sie die Schlacht bei Platäa verloren hätten, hätten sie in einer andern Schlacht siegen können. Salamis aber durften sie nicht verlieren, wenn sie denn die Perser abwehren wollten.

UNGEHEUERLICH MUTET das an, kaum glaublich, daß am Ende alles so auskam, wie Themistokles es geplant hatte. Und doch scheint es sich so herauszustellen. Seine Strategie war in geradezu unwahrscheinlichem Ausmaß richtig, und erstaunlicherweise hatte er es fertiggebracht, sie durchzusetzen. Ohne sie wäre vermutlich alle griechische Tapferkeit vergebens gewesen. Selbst wer mit guten Gründen zögert, die Rolle der Persönlichkeit in der Geschichte hoch zu veranschlagen, muß hier ein Beispiel dafür sehen, daß es auch anders sein kann.

Thukydides hat Themistokles später attestiert, er habe zumeist, noch wenn die Dinge unsichtbar, unter jener Ungewißheit verborgen lagen, die sich über alles Zukünftige breitet, im voraus gewußt, was besser und was schlechter zu tun war. Neidlos haben auch die Spartaner anerkannt, wie sehr der Sieg bei Salamis einem neuen Faktor, eben der Planung und Findigkeit eines Mannes zuzuschreiben war: Sie verliehen diesmal nicht nur, wie üblich, einen Preis für Tapferkeit – der ging an ihren Oberbefehlshaber Eurybiades –, sondern zugleich einen für Klugheit an Themistokles. Es war jeweils ein Kranz aus Ölzweigen.

Übrigens veranstalteten die Feldherrn der griechischen Städte eine Abstimmung darüber, wem der Preis des Sieges gebühre. Aufs intimste vertraut mit allen Subtilitäten von Ehrgeiz und Neid, wie die Griechen es waren, zugleich Meister in der institutionellen Bewältigung solcher Probleme, richteten sie es so ein, daß jeder zwei Stimmen bekam. Da konnten sie sich alle an erster Stelle nennen. Da sie aber die zweite Stimme einem anderen geben mußten, fiel die Mehrheit dann doch demjenigen zu, der wirklich den Preis verdiente. Weil allerdings viele, wenn Herodot es uns richtig berichtet, dieses Ergebnis nicht anerkennen wollten, fuhren sie uneins auseinander.

Selten in der Geschichte, so könnte man feststellen, hat in einer Schlacht so viel auf dem Spiel gestanden. Die Enge von Salamis bildete gleichsam ein Nadelöhr, durch das die Weltgeschichte hindurch mußte, wenn in ihr statt großer, monarchisch regierter Reiche jenes eigenartige, vom Osten her exotisch anmutende Volk eine entscheidende Rolle spielen sollte, das in lauter kleinen selbständigen Städten, fast überall ohne Monarchen und vielfach schon bei weitgehender politischer Mitsprache breiter Schichten lebte. So hat John Stuart Mill behauptet, daß Salamis für die englische Geschichte wichtiger gewesen sei als die Schlacht bei Hastings.

Allerdings ist kaum abzuschätzen, was bei einem Verlust der Schlacht und des Krieges durch die Griechen geschehen wäre. Modernes Geschichtsverständnis denkt ohnehin lieber in Prozessen. Es tut sich schwer damit, anzuerkennen, daß Ereignisse stark genug sind, um große, breite Prozesse wie den der Ausbildung einer Kultur abzublocken.

Dies freilich sollte auch nicht behauptet werden. Natürlich wäre bei einem Verlust des Krieges die griechische Geschichte nicht zu Ende gewesen. Anaximander, Heraklit und der große Gelehrte Hekataios hatten ihre Philosophie und Wissenschaft schon zuvor in den kleinasiatischen Griechenstädten unter persischer Herrschaft betrieben. Und so hatten Kunst und Architektur unter ihr geblüht. Die Perser waren durchaus tolerant, vermochten auch, erweiterte Oligarchien hinzunehmen. Und die Städte im griechischen Westen, von Syrakus bis Marseille, wären gewiß von ihrer Herrschaft freigeblieben.

Die Frage ist nur, ob die griechische Kultur ohne den Sieg bei Salamis in jene Richtung sich fortgebildet hätte, die sie dann genommen hat. Ob es zur Demokratie gekommen wäre (was ohne Athens Seeherrschaft schwer denkbar ist), ob all die ungeheuerlichen Erschütterungen eingetreten wären, die Athen durch den inneren Umsturz und die alle herkömmlichen Horizonte sprengende äußere Erfolgsgeschichte erfuhr, anders gesagt: ob all die

Herausforderungen sich eingestellt hätten, dank welcher etwa die Geschichtsschreibung entstand, auf welche hin vor allem Politik, Tragödie, Sophistik, klassische Kunst und Architektur zu dem wurden, was sie dann geworden sind; auf die schließlich Sokrates und die platonische Philosophie antworteten. Ob also all die Antriebe zu einer so erstaunlichen Rationalisierung entstanden wären, ob jene völlig neuen Notwendigkeiten und Dimensionen sich aufgetan hätten, die die griechische Kultur in der Folge bestimmten.

So wie die Dinge liefen, ist dies alles jedenfalls aufs stärkste von der Dynamik dieser Stadt bestimmt worden; von ihren so sehr sich überstürzenden Veränderungen, ihren Entdeckungen und Erfahrungen, ihren Erfolgen, Infragestellungen und Leiden; kurz: von all dem, was in ihr, von ihr und auf sie hin, allen Regeln der Geschichte spottend, im fünften Jahrhundert geschah. Es lief außerordentlich »ereignisnah«, das heißt in dichtester Beziehung zum Politischen, in dem sich damals alles Leben konzentrierte. Und eben damit erlangte die griechische Kultur nicht nur ein ganz neues Tempo, sondern auch die Chance, ihre Potenzen ganz anders, viel umfassender, viel ausgiebiger zu entwickeln.

Für uns sieht es so aus, wie wenn sich in den Jahrhunderten der archaischen und klassischen Geschichte eins aus dem andern ergeben hätte. Aber richtig ist daran zunächst nur, daß das Spätere an das Frühere anknüpfte. Deswegen muß das Frühere noch nicht das Spätere einfach hervorgebracht haben. Jedenfalls spricht vieles dafür, in dem, was in Athen und von ihm und auf es hin im fünften Jahrhundert geschah, nicht nur eine ganz neue Stufe, sondern auch einen neuen, keineswegs zwangsläufigen Anfang zu sehen. Wenn die Griechen das Römische Reich und die christliche Theologie, das Mittelalter wie die Neuzeit direkt und vor allem indirekt so ungemein nachhaltig beeinflussen konnten, so war dies insbesondere die Nachwirkung des Athens dieser Jahrzehnte.

Solche »kontrafaktischen« Überlegungen sind notwendig hypothetisch. Je weiter sie über begrenzte Zeiträume hinausreichen, um so mehr wäre zu beherzigen, daß gerade weil die Griechen damals bestimmte Dinge hervorbrachten, andere später davon abgehalten worden sein könnten, es mutatis mutandis in anderen Situationen zu tun: Es war dann ja jeweils schon da und mußte nur rezipiert werden. Insofern hätte es vielleicht auch andere Möglichkeiten gegeben, in der Antike Voraussetzungen für die Geschichte des Abendlandes zu schaffen.

Und selbst innerhalb der griechischen Geschichte könnte man, was Salamis angeht, überlegen, ob nicht eine persische Herrschaft über Griechenland auch nachträglich, durch einen Aufstand etwa, hätte gestürzt werden können, so daß sich dann den Griechen neue Spielräume erschlossen hätten.

Da jedoch all das, was hätte – oder nicht hätte – sein können, ungewiß ist, empfiehlt es sich, solche Überlegungen im Hintergrund zu belassen. Sie sind nur notwendig, um das, was sich weiter vorn, dichter nämlich an den tatsächlichen Abläufen feststellen läßt, zu relativieren.

Mit der Einschränkung also des »so wie die Dinge liefen« wird sich feststellen lassen, daß bei Salamis der Sonderweg, den die Griechen längst eingeschlagen hatten, approbiert wurde. Wo man sich in den östlichen Reichen auf Machtbildung großen Stils konzentriert hatte, hatten die Griechen in ihren kleinen, eher schwachen Städten vor allem besondere Formen des Lebens unter Gleichen herausgebildet. Hier nun erwies sich, daß sie nicht nur eine eigene Welt und nicht nur ein eigenes Selbstbewußtsein hatten, sondern daß sie sogar dem persischen Weltreich militärisch Paroli bieten konnten.

So etablierten sich in der Folge neben den Kontinentalreichen (samt den Fürstentümern in ihrem Umkreis) kleine Städte als mächtige Teilhaber der Weltpolitik.Nachdem sich alle Weltpolitik und alle Kultur viele Jahrhunderte lang in und zwischen den großen Reichen Ägyptens und des Vorderen Orients vollzogen hatte, wurde jetzt das Mittelmeer, das im Ganzen wie in seinen Teilen die griechischen Städte ebenso voneinander trennte, wie es sie verband, stark in diese Sphäre miteinbezogen. Wo das Land ständig dazu provoziert hatte, den eigenen Machtbereich zu vergrößern, war das Meer, mindestens zum größten Teil, ein neutrales, weithin nicht zu beherrschendes, zu eroberndes, zu umstreitendes Element. Und mit diesen Veränderungen gingen unendlich viele andere einher – auch wenn das so bald nicht klar wurde.

Was an »westlicher« Art längst angelegt war, bildete sich in der Folge stark und entschieden aus. Mit großen Spielräumen, in unerhörter Freiheit, selbst die Bedingungen des politischen Lebens zu gestalten; einer Freiheit, die – wie üblich – sowohl zum Guten wie zum Bösen genutzt werden konnte; und zwar je größer sie war, um so mehr. »Das Ich trat hervor, trat nieder«, heißt es bei Gottfried Benn. Aber es war ja viel mehr noch als das im Spiel. Kurz: Ost und West waren jetzt und fortan nicht mehr bloß verschiedene Himmelsrichtungen.

INDES, JE mehr vom Ausgang der Schlacht bei Salamis abgehangen haben soll, um so mehr stellt sich die Frage, ob er wirklich derart weitgehend zufällig gewesen ist. Geht so Weltgeschichte vor sich? Daß da ein Mann von ungewöhnlicher Begabung zur rechten Zeit am rechten Ort bereitstand, um jenen Plan zu entwerfen und durchzusetzen, nach dem dann tatsächlich so vieles verlief, kann kaum anders denn als Zufall verstanden werden. Und kann man es in irgendeinem, und sei es statistischen Sinne als wahrscheinlich ansehen, daß eine Stadt dazu disponiert war, ihm nicht nur im Krieg zu folgen, sondern zuvor schon größte Anstrengungen ins Werk zu setzen, um zu einer Militärmacht völlig neuen, ganz unkonventionellen Zuschnitts zu werden? Und war schließlich nicht die ganze Konstellation zufällig? Daß die Perser in einem Moment heranrückten, da die Spartaner noch so angesehen waren, daß ihnen die Führung mit allgemeiner Zustimmung anvertraut werden konnte, und die Athener schon so weit, daß sie die Vorformen demokratischer Ordnung ausgebildet hatten – was gewiß eine wesentliche Voraussetzung ihrer Politik und Rüstung sowie ihrer Bereitschaft zu so außerordentlichem Einsatz, bis hin zur Räumung von Stadt und Land, gewesen ist.

Oder will man annehmen, daß das, was letztlich den Sieg davontrug, mit einem Schlagwort gesagt: Europa, in Form einer geheimen Überlegenheit, einer Qualität, die es mit der Quantität der Perser hätte aufnehmen können, schon präsent war?

Die Griechen führten später ihre Tapferkeit als Erklärung an; aber waren sie den Persern darin wirklich so weit voraus? Herodot fand das nicht. Andere unterschieden in diesem Punkt zwischen den Persern und ihren Verbündeten. Und hätte den Griechen ihre Tapferkeit viel genützt, wenn die Bedingungen der Schlacht nicht so günstig gewesen wären? Offensichtlich war ihre Seekriegstaktik besser; vielleicht waren sie geschulter als die phönizischen und jonischen Schiffsführer, vielleicht freier im Reagieren, besser auf eigene Entscheidungen vorbereitet, war auch die Führung im Ganzen bei ihnen souveräner und eher von sachgerechter Großzügigkeit als unter Xerxes. Aber war der Erfolg damit schon sicher?

Vielleicht lag ein Sinn in der griechischen Behauptung, wonach es nicht der Wille der Götter sei, daß Europa und Asien einem einzigen Herrn unterworfen seien. Denn das Perserreich mußte ja irgendwo an die Grenzen seiner Ausdehnung stoßen. Sieben Jahrzehnte war es alt, seine Könige hatten mit erstaunlicher Tatkraft in kürzester Zeit alle Reiche des Vorderen Orients erobert; das Medische wie das Neubabylonische, das Lydische wie das Ägyptische, und sie hatten nach Norden hin sogar weit über den Umkreis der bisherigen Politik ausgegriffen.

Noch nie hatte es dort ein so riesiges Imperium gegeben. Die Perserkönige hatten es umsichtig, großzügig und mit gutem Organisationsgeschick geordnet. Ihre Dynamik war noch frisch. Irgendwo aber mußte sie sich natürlich totlaufen. Und in Griechenland begegneten sie nicht nur sehr andern Menschen (und politischen Einheiten), sondern sie hatten auch noch Land und Meer gegen sich.

Allerdings, warum sollten sie, bei etwas glücklicherer Kriegführung, nicht trotzdem Erfolg haben? Und die unglückliche Strategie war mindestens zum Teil doch wohl durch den König Xerxes bedingt; selbst wenn er nicht ganz so verblendet, so eingenommen von der eigenen Übermacht gewesen wäre, unfähig, die Möglichkeiten der Griechen wahrzunehmen, wie die griechischen Quellen ihn schildern. Was bedeuten würde, daß der Zufall die persönliche Konstellation unter den Feldherrn gleich doppelt bestimmt hätte; zugunsten der Griechen wie zu Ungunsten der Perser.

Zufälle, also jene Konstellationen, in denen verschiedene Personen, Personengruppen oder auch in sich zusammenhängende Handlungsketten aufeinanderstoßen oder sich kreuzen, haben in der Geschichte ganz verschiedene Formen und Funktionen. Sie können, aufs Ganze einer Auseinandersetzung gesehen, relativ gleichgültig sein. Zwar gilt in ihnen Murphy's Law, wonach, was schiefgehen kann, schiefgeht. Mindestens muß man damit rechnen. Aber wenn die eine Seite dieser Auseinandersetzung so stark ist, daß sie die andere auch bei vielen widrigen Umständen zu überwältigen imstande ist, können die Zufälle vernachlässigt werden.

So hat später Perikles den Peloponnesischen Krieg planen wollen: Athens Macht war so groß, daß ihm, auch wenn vieles Unvorhergesehene passierte, der Sieg sicher sein sollte. Und ähnlich können mächtige Prozesse historischen Wandels, die von unendlich vielen Impulsen angetrieben werden, eine gewisse Notwendigkeit annehmen, also durch vielerlei Zufälle hindurch sich relativ unbeirrt weiter vollziehen.

So konnten wechselreiche, stark von persönlichen Konstellationen bestimmte Kämpfe zwischen adligen Gruppen, wie sie im archaischen Griechentum so häufig stattfanden, zwar an der Oberfläche vieles verändern (und für viele Biographien tief einschneidend sein); ihre hauptsächliche Nachwirkung jedoch konnte einfach darin bestehen, daß sie das Aufkommen einer dritten Kraft, nämlich der Bauern, förderten. So mochte auch, was diese oder jene Philosophen »zufällig« erkannten, sich im Ganzen zu einer Geschichte des Denkens zusammenschließen, die sich vielleicht gar mit einer gewissen Folgerichtigkeit vollzog. All dies und Weiteres ergibt einen Prozeß innergriechischer Veränderung, der von seinen »zufälligen« Windungen wenig beeinflußt ist.

Allein, wenn ein solcher Prozeß insgesamt oder jedenfalls in seiner Richtung und seinen Konsequenzen in einem Ereignis auf dem Spiel steht, dann werden Konstellation und Ablauf enorm wichtig. Weil eben das Ereignis selbst entscheidend ist. Oder man müßte annehmen können, daß, wo nicht Themistokles, so jedenfalls ein anderer eine ganz ähnliche Rolle hätte spielen müssen. Was bei einer so umfassenden politischen und militärischen Leistung wohl schwierig würde. Oder man müßte mit einer sehr starken Superiorität griechischer Denk- und Kampfesweise überhaupt rechnen, womit man fürs Erste zögert.

Wenn die Griechen also nach irgendwelchen dem Durchschnittsdenken der Zeit noch nicht durchschaubaren Kriterien den Persern überlegen gewesen sein sollten, so können sie dies doch wohl kaum in einem solchen Ausmaß gewesen sein, daß ihr Sieg sicher oder auch nur wahrscheinlich gewesen wäre.

Jedenfalls mußte jemand wie Themistokles zur Verfügung stehen, um (soweit es sich denn darum handelte) die Scheinwirklichkeit der persischen Überlegenheit als Schein zu erkennen – und zugleich in der Undeutlichkeit der Machtverhältnisse die griechischen Vorteile als real auszumachen.

Und es mußte auch sonst noch einiges gutgehen. Denn wie soll der beste Plan funktionieren, wo so viel auf Wind und Strömung und auf die Zufälle des Aufeinandertreffens ankommt; wo die Umstände eines Augenblicks Stärken zu Schwächen und Schwächen zu Stärken machen können; wo so viel davon abhängt, daß die einen im rechten Moment vorpreschen, daß Gelegenheiten aus dem Stand heraus beherzt genutzt werden, während beim Gegner vielleicht geringe, aber an empfindlichen Stellen unterlaufende Unachtsamkeiten die Lage schwierig machen – bis sich dann alles zum Sieg der einen zu fügen scheint, falls jedenfalls die andern das Geschick nicht mehr wenden können?

WENN DER Sieg bei Salamis jedoch nicht einfach auf eine geheime Überlegenheit der Griechen zurückzuführen ist, so könnte er – samt seiner welthistorischen Bedeutung – doch mindestens insofern halbwegs sinnvoll sein, als es nicht nur das Feldherrn- und das Schlachtenglück waren, die ihn entschieden, sondern als in seine Voraussetzungen eine Reihe struktureller Vorteile der Griechen eingegangen sein könnten.

Ohnehin kann man doch wohl nicht annehmen, daß Themistokles' Klugheit, sein weit über alles Konventionelle hinausplanender Verstand nur durch die besondere Begabung eines einzigartigen Individuums samt dessen »zufälliger«, das heißt bloß biographischer Ausbildung bedingt war. Zwar wird ausdrücklich für ihn bezeugt, daß er keinen Lehrer in politicis gehabt habe. Wozu auch? Damit ist aber noch nicht gesagt, daß Themistokles nicht, wie es nur natürlich ist, von Ansätzen, Gepflogenheiten des Denkens seines Volkes bestimmt gewesen wäre – und insbesondere: daß die gesellschaftlichen Positionen, die die griechische Polis-Welt eröffnete, ihm nicht besondere Perspektiven des Denkens erschlossen hätten.

Nicht, daß die Griechen unbedingt besser zu denken vermocht hätten als andere, und schon gar nicht, daß ein genetisches Erbe sie dazu befähigt hätte. Aber sie mußten einfach anders denken als andere. Es stellten sich ihnen ja auch grundlegend andere

Probleme, sie sahen sich andern Herausforderungen gegenüber, die sie veranlaßten, abstrakter zu denken, weiter über die gegebene Wirklichkeit hinaus. Sie hatten sich schon vor Themistokles in einem hochinteressanten Projekt niedergeschlagen.

Als nämlich die Jonier im Jahre 500 den Aufstand planten, hatte ihnen der Weise Hekataios schon eine Strategie entworfen, die auf den Bau einer Flotte und die Ausnutzung der maritimen Möglichkeiten zum Kampf gegen eine Landmacht gerichtet war. Sie hatten das freilich nicht verstanden. Zu sehr dachten sie nur an Einzelunternehmen zu Lande und zur See, wie sie das gewohnt waren, nicht an eine große umfassende Strategie. Sie bewegten sich noch ganz in der Wirklichkeit, die sie mit den Persern gemein hatten – und in der jene so unendlich viel stärker waren.

Doch sind die Erfahrungen aus diesem Krieg sicher unter den Griechen aufs lebhafteste diskutiert worden. Zwar lag die Lösung, zu der Themistokles dann kam, nicht unbedingt nahe, sonst hätte er sie ja auch nicht so mühsam – und erst nach langen Kämpfen – durchsetzen müssen. Aber sie war vorbereitet. Daß man sich also der vorgegebenen Wirklichkeit nicht einfach anheimgab; daß man nicht nur diese oder jene Verbesserung plante, sondern zugleich im Denken freier mit den Dingen umging; daß man nicht nur innerhalb der einzelnen Situation, wo es gar nicht mehr anders ging, aus der eigenen Unterlegenheit eine Stärke zu machen suchte, sondern in der Planung eines ganzen großen Feldzugs, Jahre im voraus, während noch Unterwerfung und Flucht möglich gewesen wären – war das vielleicht nur die, freilich geniale, Anwendung griechischen Denkens auf die Strategie? Sie hätte sich verbunden mit jener Entschiedenheit, mit der Themistokles auf die Richtigkeit seiner Erkenntnisse setzte.

Auch die Bereitschaft der attischen Bürgerschaft, sich von so weit über alles Gewohnte hinauszielenden Vorschlägen überzeugen zu lassen – sollte die ihre Gründe nur in den Zufälligkeiten eines wie immer entstandenen Bedürfnisses gehabt haben, nach Themistokles' Plänen wie der Ertrinkende nach dem Strohhalm zu greifen? Könnte sie nicht ebenfalls aus griechischen Besonderheiten hervorgegangen sein; und vielleicht speziell aus athenischen? Allgemein aus der Gewöhnung, politischen Argumenten zuzuhören und zu folgen, sich auf rationale Lösungen zu verlassen, auch wenn sie kühn waren? Und im besonderen aus dem

Selbstbewußtsein der Stadt Athen, das ganz frisch entstanden war dank einer kühnen Reform, welche breiten Bürgerkreisen politische Mitsprache ermöglicht und die Stadt zugleich zu einer ganz ungewohnten Machtentfaltung geführt hatte? Es hatte sich ihnen daraus eine gewisse Waghalsigkeit, vielleicht gar eine Verantwortung für ganz Griechenland entwickelt. Später meinten sie, »mehr durch Verstand als durch Glück, mehr durch Verwegenheit als durch Macht« gesiegt zu haben.

Es bliebe dann zufällig, daß die Perser erst kamen, als das griechische Denken, als die Stadt Athen schon soweit gediehen war. Aber es wäre nicht ganz zufällig, wie die Griechen ihnen damals begegneten – obwohl nicht gleich ihre höchsten erreichbaren Möglichkeiten hier hätten aktualisiert werden müssen. So wäre der Schritt, den die Weltgeschichte bei Salamis tat, zwar keineswegs notwendig, im Gegenteil recht erstaunlich, aber doch sinnvoll; aus der griechischen Geschichte heraus. Nur – kann man damit wirklich rechnen?

Jedenfalls sollte man das nicht so ohne weiteres tun; sollte den Griechen nicht bereitwillig alles mögliche Großartige zutrauen, ohne sich vergewissert zu haben, wer sie überhaupt waren; wie es zu ihnen gekommen ist.

Zuvörderst aber stellt sich diese Frage für die Athener, von deren Rüstung, von deren Räumung Attikas, von deren Engagement der Sieg in erster Linie abgehangen hat und die damals zu jenem Abenteuer aufbrachen, durch das, wie sich im weiteren herausstellte, die Weltgeschichte einen neuen Anfang nahm.

Wir wissen nicht, wann die Athener ihren Sieg offiziell feierten; gleich nach ihrer ersten Heimkehr oder erst nach der Schlacht bei Platäa. Denn sie hatten im Frühjahr 479 ihr Land noch einmal verlassen müssen, da die persische Armee von ihrem Winterlager her wiederum gegen Attika heranrückte.

Bei der Siegesfeier soll der fünfzehnjährige Sophokles nackt und gesalbt mit der Lyra, einem Saiteninstrument, den Reigen eröffnet haben. Aischylos hatte mitgekämpft, Euripides soll in jenen Jahren geboren worden sein.

Als die Perser die Tempel auf der Akropolis zerstört hatten, war auch der Ölbaum niedergebrannt, der dort gestanden hatte.

Poseidon und Athene hatten sich, einer alten Sage zufolge, um den Besitz Attikas gestritten, jener stiftete einen Brunnen, diese den Ölbaum. Daran sollte der Baum erinnern. Am zweiten Tag aber nach dem Brand soll, so erzählten die Athener später, aus seinem Stumpf ein ellenlanger neuer Schößling entsprossen sein. So drückten sie aus, daß sie fanden, Athen sei unverwüstlich.

## II. Athens später Aufschwung

> In der Führung der Geschäfte der bürgerlichen Gesellschaft finden die Menschen Gelegenheit zur Betätigung ihrer besten Fähigkeiten, wie den Gegenstand ihrer besten Regungen. Erst wenn man die Kriegskunst auf die gedeihlichen Zustände der bürgerlichen Gesellschaft pfropft, wird sie zur Vollendung gebracht, und man lernt die Hilfsquellen des Heerwesens und die komplizierten Triebfedern kennen, die bei seiner Leitung berührt werden müssen. Die berühmtesten Krieger waren auch Staatsbürger.
>
> ADAM FERGUSON

ATHEN KAM verhältnismäßig spät zu Bedeutung. Im achten und siebten Jahrhundert kann es keine wichtige Rolle gespielt haben, obwohl es damals schon mit weitem Abstand das größte, auch an Bürgern stärkste Gemeinwesen des Mutterlands war; von Sparta abgesehen, für das ja aber besondere Bedingungen galten. Man hört für jene Zeit auch so gut wie nichts von Athen.

Wenn die Nachrichten über die Stadt für das sechste Jahrhundert sehr viel dichter fließen, so könnte das seinen Grund in dem Interesse gehabt haben, das sie seit dem fünften genoß. Doch haben sich damals in ihr auch neue Kräfte geregt. Solons und Kleisthenes' Reformen und die milde, nützliche Tyrannis des Peisistratos könnten schon damals für allgemeineres Aufsehen gesorgt haben. Indes ist erst gegen Ende jenes Jahrhunderts die Basis entstanden, auf der die Athener es dann vermochten, ihre Kraft in größerem Stile zusammenzufassen.

Am großen Krieg, den Chalkis und Eretria im siebten Jahrhundert unter Zuzug zahlreicher Verbündeter aus dem ganzen

Ägäisraum über viele Jahre hin austrugen, war Athen nicht beteiligt, obwohl die beiden euböischen Städte Attikas Nordküste fast genau gegenüberlagen. Im Streit, den es mit dem viel kleineren benachbarten Megara um die Insel Salamis austrug, scheint Athen mehrfach unterlegen zu sein – bis es schließlich im sechsten Jahrhundert endgültig siegte. Und die kleine Insel Ägina hat ihm die größten Schwierigkeiten bereitet, ohne daß es sich recht hätte wehren können. Was freilich auch damit zusammenhing, daß Athen keine ausreichend große Kriegsflotte besaß; Themistokles gab seine Rüstung dann ja auch als gegen Ägina gerichtet aus. Immerhin entsandte die Stadt ein Heer zum Heiligen Krieg, der Anfang des sechsten Jahrhunderts zur Sicherung Delphis gegen auswärtige Herrschaftsansprüche geführt wurde.

Auch an der um 750 einsetzenden großen Kolonisationsbewegung der archaischen Zeit, in deren Verlauf so viele Städte in Italien, Sizilien, Südfrankreich, im Norden der Ägäis, am Schwarzen Meer und anderswo gegründet wurden, hatte Athen keinen Anteil. Vielleicht weil eine Epidemie seine Bevölkerung um 700 dezimierte; so könnte man wenigstens die starke Zunahme der Bestattungen, die die Archäologie für jene Zeit feststellt, interpretieren. Natürlich werden sich manche oder gar viele Athener einem der Züge angeschlossen haben, die von Chalkis und Eretria, auch von Megara aus organisiert wurden; die eigenen Adligen aber unternahmen dergleichen nicht. Nur einmal, und erst gegen Ende des siebten Jahrhunderts, fuhr ein attisches Kontingent aus, um die Stadt Sigeion am Eingang der Dardanellen in Besitz zu nehmen. Der Vorstoß stand unter Führung des Olympiasiegers Phrynon; er wird einer vereinzelten Initiative entsprungen sein, Schule hat er jedenfalls nicht gemacht.

So scheint auch die große wirtschaftliche, soziale und bald auch politische Krise der archaischen Zeit Athen so schnell nicht erreicht zu haben. Als jedenfalls der Olympiasieger Kylon in den dreißiger Jahren des siebten Jahrhunderts versuchte, eine Tyrannis zu errichten, scheiterte er, da seine Gegner attische Bauern zuhauf gegen ihn ins Feld führen konnten. Zu dieser Zeit waren Korinth, Megara und verschiedene andere Städte längst in der Hand von Tyrannen, Theagenes von Megara war Kylons Schwiegervater. Vielleicht also darf man daraus schließen, daß in Athen damals die Welt noch in Ordnung war? Erst um 560, an die drei

Generationen nach dem ersten Aufkommen einer Tyrannis in Griechenland, konnte Peisistratos dort seine Alleinherrschaft begründen. War das damalige Athen also nicht nur relativ machtlos, sondern auch in der inneren »Entwicklung« verspätet?

Man fragt sich, wie das eigenartige Auseinanderklaffen der Potenzen, die die Stadt besaß, und der Macht, die sie übte, wie ihr später Aufschwung zu erklären ist.

## 1. Lage, Größe und frühe Bedeutungslosigkeit der Polis Athen

Hält man sich nur an die Luftlinien, so befand sich Attika ziemlich genau in der Mitte des griechischen Siedlungsgebiets, wie es sich auf dem südlichen Balkan und an der Ägäis erstreckte. Etwa gleich weit entfernt vom westlichen Ausgang des Korinthischen Golfs wie von den jonischen Städten in Kleinasien, von Korfu wie von Rhodos, von der makedonischen Küste wie von Kreta. Nur zum Marmarameer und nach Byzanz war die Strecke gut doppelt so lang wie zur südwestlichen Spitze der Peloponnes.

Doch bedeutete diese Lage nicht viel. Politisch gab es zunächst nur ein großes Spannungsfeld: das war die Peloponnes. Athen hatte daran keinen Teil, solange es nicht mächtig war. Und was den Verkehr anging, so lag Attika zwar an den wichtigsten Seewegen. Die Durchfahrt zwischen Euböa und dem Festland, die an seiner Ostküste entlangführte, war wegen der ruhigen See beliebt. Im Saronischen Golf traf sich ein Großteil des gesamten griechischen Handels zwischen Ost und West, weil die Seefahrt um das Kap Malea, die Südostspitze der Peloponnes, als sehr gefährlich galt. »Hüte dich vor Malea«, sagte das Sprichwort. Doch wer diese Wege befuhr, machte für gewöhnlich in attischen Häfen höchstens Station. Es sammelte sich dort nichts und es wurde auch nichts vermittelt. Oder doch nur wenig. Man importierte, was gebraucht wurde, und exportierte dies und jenes, und Beides hat im sechsten Jahrhundert zugenommen. Zum Mittelpunkt des gesamten Ägäishandels aber wurde Athen erst, als es sich militärisch und politisch zur Vormacht der Griechen gemacht hatte. Da erwies sich seine Lage zugleich als praktisch.

Attika umfasste rund 2 500 Quadratkilometer, etwa so viel wie heute das Großherzogtum Luxemburg. Das nächstgroße Polisgebiet, das von Argos, maß nur halb so viel (1 400 Quadratkilometer). Schon so bedeutende Städte wie Korinth, Chios, Samos kamen mit ihrem Umland nur auf ein Drittel oder ein Fünftel von Attika (880, 826, 468 Quadratkilometer) und lagen damit noch ein gutes Stück über dem Durchschnitt. Böotien, das Attika an Größe fast gleichkam, zerfiel in zehn selbständige Poleis, auf Kreta sollen es gar hundert gewesen sein, von denen sich annähernd fünfzig nachweisen lassen. Auch mittelgroße Inseln, ja selbst kleine bildeten nicht unbedingt politische Einheiten; Lesbos zum Beispiel und Rhodos taten es nicht, nicht einmal das kleine bergige Keos. Größer als Attika waren außer Sparta – das mit dem von ihm unterworfenen Messenien auf gut 8 000 Quadratkilometer kam – nur einige Kolonien auf Sizilien. Normalerweise konnte man das Gebiet der griechischen Poleis zu Fuß oder auf dem Esel in wenigen Stunden durchqueren. Innerhalb Attikas dagegen hatte man nach Athen bis zu 70 Kilometer, unter Umständen also eine lange Tagereise zurückzulegen.

Auch an Bürgern waren die Athener den andern weit überlegen. Auf etwa 35 000 werden sie um 500 gekommen sein. Argos zählte ungefähr 15 000, Korinth um die 10 000, viele überhaupt nur einige Hundert; jeweils nur die männlichen, erwachsenen Bürger gerechnet, wie unter Griechen üblich. Die Zahl der Einwohner Attikas im ganzen wird um 500 an die 200 000 betragen haben. In der Zahl der Bürger war übrigens auch Sparta Athen deutlich unterlegen. Seine Vollbürger, die Spartiaten, bildeten nämlich nur eine kleine Elite innerhalb des Kreises der freien Landbesitzer.

Aristoteles hat später geschrieben, eine Stadt dürfe nicht größer sein, als daß die Stimme des Herolds alle Bürger erreiche, und die Bürger sollten sich nach Möglichkeit kennen. Eben davon war Athen weit entfernt.

Die Überlieferung führt die Größe der politischen Einheit Athen auf einen Zusammenschluß verschiedener Gemeinden zurück, den der mythische König Theseus bewirkt haben soll. Damals habe der attische Adel in der Stadt seinen Wohnsitz genommen. Vermutlich leitete sich diese Einheit aus der mykeni-

*Akropolis von Südwesten.*

schen Zeit her, in der die Könige über größere Gebiete herrschten. Die meisten dieser Reiche fielen, schwach wie sie aufgrund eines merkwürdigen Zerfallsprozesses schon gewesen waren, vor der Jahrtausendwende Einwanderern aus dem Norden zum Opfer. Attika aber blieb davon verschont.

Daher beriefen sich die Athener gern darauf, daß sie schon immer in ihrem Land gesessen hätten; sie hätten es keinem weggenommen, seien autochthon. In den Jahrzehnten der Einwanderung aus dem Norden diente Attika vielen von der Vorbevölkerung als Zuflucht. Die Kolonistenzüge vor der großen Griechischen Kolonisation, die der Flüchtlinge des mykenischen Griechenlands, welche um 1000 vor Christus an der Westküste Kleinasiens neues Land suchten und die dortigen Griechenstädte gründeten, sollen vornehmlich von Athen ausgefahren sein. Die Stadt betrachtete sich später als »älteste Stadt Joniens«, ja als Mutterstadt der jonischen Städte.

Wenn freilich die politische Einheit Attikas aus der mykenischen Zeit überkommen war, so muß sie nicht kontinuierlich bestanden haben. Mindestens scheinen Eleusis und die sogenannte »Vierstadt« (Tetrapolis) in der Ebene von Marathon zeitweise selbständig gewesen zu sein. Die Athener hätten sie dann spätestens im achten Jahrhundert zurückgewonnen. Doch wie immer das gelaufen sein mag: Wenn Athen damals größere Aktivität entfaltete, so scheint es mit ihr bald sein Bewenden gehabt zu haben. Warum die politische Einheit erhalten blieb, ist schwer zu sagen. Auf die Geographie kann es jedenfalls nicht zurückgeführt werden.

Attikas Küstenlinie betrug mehr als 170 Kilometer; was heikel war in einer Zeit, da viel Raub von See her getrieben wurde. Nach Westen und Norden war das Land durch schwer passierbare Gebirgszüge abgeschlossen; lediglich ein Stück weit, dort, wo es an den östlichen – und wenig bedrohlichen – Teil Böotiens stieß, verlief die Grenze über eine sanftere Hügelwelle. Der Landweg zwischen Mittelgriechenland und der Peloponnes führte weiter westlich durch das Kithairon-Gebirge; für viele wird es bequemer gewesen sein, direkt über den Golf von Korinth zu setzen.

Im Innern Attikas erhoben sich die Bergzüge des Parnes, des Pentelikon (der später den Marmor für die Bauten auf der Akropolis lieferte), des damals noch bewaldeten, quellenreichen, für seinen Honig berühmten Hymettos sowie des Aigaleos. Sie umgrenzten die zentrale Ebene, die von der Akropolis beherrscht war, und trennten sie von derjenigen um Eleusis, der um Marathon sowie von dem Hügelland östlich und südlich Athens, dem sogenannten Mesogeion. Da hätten gut mehrere Poleis nebeneinander existieren können. Immerhin war Athen durch die Senken zwischen den Bergzügen mit allen Teilen Attikas verbunden.

Auf dem attischen Boden gediehen Wein, Feigen und Oliven vergleichsweise gut, streckenweise auch Gemüse und vielfach Getreide. Zum Teil freilich reichte es nur für Weidewirtschaft.

Im Zuge innerer Kolonisation hatte man eine Zeitlang die Anbauflächen durch Anlegung von Terrassen die Hügel hinauf erweitert. Spätestens seit dem ausgehenden siebten Jahrhundert aber konnte das Land seine Einwohner nicht mehr hinreichend ernähren. Seitdem brauchte es stets und zunehmend große Einfuhren von Getreide. Im sechsten, vielleicht schon früher, begann man im Süden, in der Gegend von Laureion, Silber sowie Zink und Blei abzubauen, übrigens in fürchterlich engen Stollen, in denen die Sklaven oft nur liegend arbeiten konnten. Die Bergwerke trugen wesentlich zur Finanzierung des Gemeinwesens bei.

Athen selbst war bis gegen Ende des siebten Jahrhunderts eher eine Gruppe von Dörfern denn eine Stadt. Erst danach begann man mit der Anlage einer größeren Agora, mit der Errichtung öffentlicher Gebäude an deren West- und Südseite, und baute Brunnen und Wasserleitungen. Die Stadt war nicht die einzige größere Siedlung in Attika. In den andern Städten sowie den zahlreichen Dörfern wohnten noch um die Mitte des fünften Jahrhunderts etwa zwei Drittel der Athener.

Die Adligen scheinen vornehmlich in der »Stadt« Athen gelebt zu haben, neben ihnen zunehmend Handwerker und Händler, die nur zum Teil das Bürgerrecht besaßen; dazu muß eine, freilich erst allmählich, wachsende Menge von Sklaven gekommen sein. Das Gros der Bürger ernährte sich von der Landwirtschaft, nicht wenige wohl auch vom Fischfang.

Es gab einige natürliche Häfen, sowohl an der Ostküste wie vor allem südwestlich Athens. Soweit wir wissen, hat man aber die besten von ihnen, die am Piräus gelegenen, vor dem fünften Jahrhundert nicht ausgebaut. Man brauchte sie nicht, sah wohl auch keinen Anlaß für größere Zurichtungen. Es genügte den Athenern, daß die Schiffe in der flachen Bucht von Phaleron vor Reede gehen konnten. Von dort war es am nächsten zur Stadt Athen, beim damaligen Küstenverlauf gut vier Kilometer weit.

Die Landschaft Attikas war in jener Zeit weit mehr als heute von großem Reiz. Ihre vielfältigen Formationen waren für den, der sie von höher gelegenen Punkten, etwa der Akropolis, aus betrachtete, faszinierend zugleich durch die Weise, in der Land und Meer miteinander verfugt waren, wozu die nahezu greifbare Klarheit der Luft, die die Konturen schärfte – Euripides sprach vom »strahlenden Äther ihres Himmels« –, erheblich beitrug. Nur – daß die Athener zumeist weiter unten lebten und mit ihren Feldern, den Weiden, dem Vieh (oder auch dem Handwerk) und auf verschiedene Weise auch miteinander alle Hände voll zu tun hatten. Wer nicht an der Küste wohnte oder am Handel beteiligt war, hatte auch mit der See wenig zu tun. Attika war eher ein ländliches Gemeinwesen.

Die relative Größe des Landes aber, die Größe der Bürgerschaft – kann es vielleicht sein, daß sie unter den Umständen jener frühen Zeit dem Vermögen der Stadt gar nicht förderlich waren? Vielleicht stellten sie gar eher eine Belastung, eine Schwäche, ein Handlungshindernis dar? Jedenfalls ist nicht von vornherein ausgemacht, worauf es damals beruhte, daß eine Polis Besonderes auszurichten, etwas in Bewegung zu setzen fähig war, um Respekt und Ansehen über die andern hinaus, vielleicht gar Macht zu erlangen.

Wohl gab es damals zwei Städte, die aufgrund ihrer Größe Macht und hohen Ehrgeiz entfalteten. Das waren Sparta und dessen Rivalin auf der Peloponnes: Argos.

Die Spartaner waren ebenso mächtig wie empfindlich, und das nötigte sie zu einer für damalige Verhältnisse ungemein intensiven, ausgreifenden Außenpolitik. Wie immer es von ihrer früheren Geschichte her bedingt gewesen sein mag, entscheidend dafür war, daß sie Ende des achten Jahrhunderts das durch die steile Gebirgsmauer des Taÿgetos von ihnen getrennte Messenien erobert hatten. Nirgends sonst bei den Griechen jener Zeit kennen wir eine auf die Dauer erfolgreiche Expansion dieses Ausmaßes. Spartas Gebiet wurde verdoppelt, während andere Städte in der Ferne Kolonien gründeten (was Sparta wiederum nur in einem, ganz besonders gelagerten Fall, in Tarent, tat).

Diese Eroberung aber kostete etwas; und der Preis erhöhte sich, als Messenien in der zweiten Hälfte des siebten Jahrhunderts von Sparta abfiel und nur in einem langen, bitteren, verlustreichen Krieg neuerdings unterworfen werden konnte: Da die Gruppe der spartanischen Vollbürger klein war und da sie sowohl in Lakonien wie in Messenien die Vorbewohner einfach unterworfen hatten, damit diese für sie das Land bebauten, mußten sie ihre Herrschaft nicht nur nach Innen – mit äußerster Disziplin und nervöser, raffinierter Wachsamkeit –, sondern auch nach Außen sichern. Denn eifersüchtige Nachbarn konnten sich mit den Unterworfenen, den Heloten gegen sie verbünden. So kam es zu verschiedenen Kriegen, schließlich entstand im sechsten Jahrhundert ein ganzes Bündnissystem, das sich über weite Teile der Halbinsel erstreckte, der sogenannte Peloponnesische Bund. Und machtvoll wie Sparta einmal geworden war, intervenierte es gelegentlich auch außerhalb der Peloponnes.

Dank seiner mit Abstand am besten gedrillten, von hohem Ethos beseelten Armee, dank aber auch des geschickten, zurückhaltenden Gebrauchs, den es von seiner Überlegenheit machte, gewann Sparta hohe Autorität. Im sechsten Jahrhundert war es unbezweifelt die angesehenste Polis unter den Griechen, der *prostátes tès Helládos*.

Seine Rivalin Argos allerdings, neben Mykene die Stadt Agamemnons, des mythischen Oberfeldherrn der Griechen gegen Troja, die unter ihrem König Pheidon im siebten Jahrhundert größere Teile der Halbinsel beherrschte, sah nie recht ein, daß sie hinter Sparta zurückstehen sollte. Speziell ein Landstrich, den die Spartaner den Argivern entrissen hatten, die Thyreatis, blieb immer zwischen ihnen umstritten. Zwar pflegten die Argiver in den periodisch wiederaufgenommenen Kriegen den Kürzeren zu ziehen. Da sie aber relativ stark waren und jedenfalls der gegebene Verbündete all derer, die der mächtigen Stadt im Süden der Halbinsel widerstehen wollten, gehörten sie offensichtlich zu denjenigen Städten der archaischen Zeit, die über die eigene Region hinaus etwas bedeuteten.

Man kann sich fragen, ob es notwendig war, daß sich die Griechen auf der Peloponnes (mit Ausnahme der Korinther) so sehr auf das Land – und über Land aufeinander – bezogen, ihre Verbindungen knüpften und ihre Konflikte austrugen. Vermutlich war es die einfache Konsequenz der Intensität, mit der Sparta seine Selbstbehauptung betreiben mußte. Jedenfalls ergab sich damit ein bedeutender Unterschied zu den übrigen Griechen.

Denn alle andern Städte, deren Bürger in der archaischen Zeit Nennenswertes leisteten, die also besonderes Ansehen genossen, waren der See zugewandt. In ihnen konzentrierte sich der damals stark zunehmende Handel, überhaupt die Aktivität über See (die ja auch in Seeraub, nicht zuletzt in der Plünderung fremder Küsten bestehen konnte). Nachdem einmal die Kaufleute, die weit ins westliche Mittelmeer hinausfuhren, darauf gekommen waren, daß sich ihre Stützpunkte günstig mit griechischen Ansiedlungen verbinden (und sichern) ließen, legte es sich nahe, in solchen Städten Kolonistenzüge zu organisieren. Das geschah nicht immer, zum Beispiel nicht in Ägina, aber in der Regel.

Der Umfang dieses Handels war, von heute, auch vom Mittelalter aus gesehen, gering. Seine Gegenstände waren vor allem Rohstoffe, vielfach für die Anfertigung von Waffen, und geringe Mengen handwerklicher Produkte. Erst allmählich traten Nahrungsmittel dazu. Auch im Vergleich zur Landwirtschaft, von der das Gros der Bevölkerung lebte und aus der wohl die meisten Einnahmen kamen, war der Handel unbedeutend. Trotzdem war er ungemein wichtig: Herkömmliche Begrenzungen wurden durchbrochen, Beweglichkeit wurde modern. Die Zentren des Handels zogen aufgeschlossene Männer, Abenteurer, Handwerker, Künstler (gerade auch aus dem Orient) an; Reichtum, Erfahrung und vielerlei Kenntnisse sammelten sich – und damit steigerte sich zugleich der Anreiz zu größeren Unternehmungen. Hier also wurden die neuen Spielräume erstmals ausgemacht, hier kamen die Mittel zusammen – und die Menschen, derer es bedurfte, um sie zu nutzen. Es waren zunächst die Phönizier gewesen, die in der Ägäis Handel trieben, doch bald taten die Griechen es ihnen gleich.

Die Chance, zu einem Zentrum solch neuer Tätigkeiten zu werden, konnte sich einfach aus der Lage an natürlichen Knotenpunkten des Verkehrs ergeben. Chalkis zum Beispiel kontrollierte den beliebten Seeweg zwischen Euböa und dem Festland. Wegen der komplizierten Strömungsverhältnisse, die dort, an der engsten Stelle der Durchfahrt, die Schiffe lange aufhalten konnten, war sein Hafen viel besucht. Schon Agamemnon hatte sich dort, dem Mythos zufolge, lange aufhalten müssen, hatte den günstigen Fahrtwind aufgrund eines Vorzeichens erst bekommen, als er seine Tochter Iphigenie in Aulis opferte. Chalkis' Nachbarstadt Eretria scheint durch Rivalität stark angespornt gewesen zu sein.

Korinth beherrschte den Isthmos, über den der Landweg vom Festland zur Peloponnes führte und wo zugleich gern die Waren zwischen dem Saronischen und dem Korinthischen Golf umgeschlagen wurden. Später baute man dort auch jene, noch heute in Resten erhaltene steinerne Straße, über die Schiffe, auf Wagen verladen, von der einen zur andern Seite gezogen werden konnten. Denn, wie gesagt, das Umschiffen der Peloponnes war gefährlich und zeitraubend obendrein.

Andere Städte mögen sich teils aus der Not, teils aus irgendwelchen persönlichen Konstellationen heraus eher zufällig in den wachsenden Seeverkehr eingeschaltet haben. Während etwa in Milet eine alte Karawanenstraße vom Innern Anatoliens an die Küste gelangt zu sein scheint, wird das sehr viel kleinere, außerordentlich agile, weiträumig planende Phokaia, die Mutterstadt Marseilles und anderer Kolonien in jener Gegend, den Handel wohl eher künstlich an sich gezogen haben.

Chalkis und Eretria, die sich schon sehr früh im Handel hervorgetan hatten, waren die ersten, die Kolonien gründeten, Korinth zog sogleich nach, die Städte in Kleinasien kamen etwas später dazu. Als die Kolonisation einmal im Gange war, konnten auch andere, die als Handelsstädte kaum eine Rolle gespielt hatten, mit großem Einsatz daran teilnehmen, etwa Megara.

Im sechsten Jahrhundert kam man in der wichtigsten, reichsten und beweglichsten der kleinasiatischen Städte, in Milet, darauf, die Welt neu zu deuten: Thales, Anaximander und Anaximenes entwickelten die Anfänge griechischer Philosophie.

Von keiner der damals herausragenden Städte (abgesehen von Sparta und Argos) hören wir, daß sie in größerem Stil Krieg oder gar – über die engste Nachbarschaft hinaus – eine Expansionspolitik geführt hätte.

Von keiner ist auch bekannt, daß sie politisch besonders gut und stabil organisiert gewesen wäre. Im Gegenteil scheinen gerade sie von schweren Fehden erschüttert worden zu sein. Das geschah um so mehr, je mehr breitere Schichten daran teilhatten. Milet soll im sechsten Jahrhundert zwei Generationen lang von *stásis*, also von schweren, tiefgreifenden Parteiungen und Fehden erschüttert worden sein. Wie es da zugehen konnte, illustriert eine Nachricht: Als die aufständische Unterschicht einmal die Oberhand gewonnen hatte, vertrieb sie die Reichen und ließ deren Kinder auf den Tennen durch Rinder zertrampeln. Nachdem die Reichen ihre Rückkehr erzwungen hatten, bestrichen sie alle Gegner, derer sie habhaft werden konnten, samt den Kindern mit Pech und zündeten sie an.

In Korinth wurde erstmals eine Tyrannis errichtet, und es ist wohl kein Zufall, wenn wir für die Poleis am Isthmos sowie für Milet und andere Handelsstädte am meisten von dieser Herrschaftsform hören (um von Sizilien abzusehen).

Offenbar war es wirklich der Handel, überhaupt die weit ausgreifende Aktivität über See mit all ihren Folgen, die damals die griechischen Städte in Bewegung versetzte und bedeutend machte. Nicht Politik oder Krieg (außerhalb der Peloponnes). Und es war auch nicht einfach Macht, die sich in ihnen konzentrierte. Gewiß, sie waren den andern überlegen. Aber das war mehr eine Sache des Ranges als des Einflusses.

Die Kolonien, deren Gründung die wichtigste Form gemeinsamen Handelns bildete, befanden sich in weiter Ferne; ließen sich also nicht beherrschen. Man legte sie in aller Regel als selbständige Städte an. Die Form der Polis, des »Stadtstaats«, wie man sie nennen könnte, wenn man dabei nicht vergißt, daß die Stadt nur der Mittelpunkt eines gleichermaßen aus Stadt und Land sich zusammensetzenden Gebiets war, daß Landbesitzer in ihr dominierten (und daß das Wort »Staat« für die ganze Antike unangebracht ist) – diese Form war schon etabliert, als die ersten Kolonien ausgesandt wurden.

Durch die Anlage von Kolonien wuchs also zwar das Ansehen der Mutterstädte; die Töchter erwiesen ihnen Ehren, leisteten hier und dort wohl auch Hilfe, sie konnten den Handel erleichtern. Einzelne Städte, wie etwa Milet und Phokaia, scheinen (im späten siebten und im sechsten Jahrhundert) ihre Kolonien sogar ziemlich systematisch in der Absicht angelegt zu haben, sich bestimmte Küstenstriche – und Monopole – zu sichern; wobei sich ihre Interessen mit denen ihrer Kolonien treffen mochten. Auch in der Anlage von Naukratis, einer griechischen Faktorei in Ägypten, bezeugt sich eine solche Planung von Poliswegen. In diesem Fall wirkten sogar mehrere Städte im Interesse des Handels ihrer Angehörigen zusammen. Aber eine »Machtpolitik« trieben sie nicht.

Gar kein Vergleich mit Rom, das entschieden (wenn auch nicht in der Absicht zu erobern, sondern in der, zu verteidigen und zu sichern) immer weiter ausgriff, das Gewonnene Schritt für Schritt durch Kolonien befestigte, das den Raum, in dem es sich bewegte, erst in kleinerem, dann in immer größerem Rahmen als strategische Einheit wahrnahm und – zu beherrschen suchte. Die griechischen Städte dagegen wollten nur ihren Platz. Sie saßen, wie Platon sagt, um das Meer wie die Frösche um den Teich. Und dieses Meer bildete einen Raum, der sie zugleich trennte und verband, es war ein gemeinsames, freies, höchstens im nächsten Umkreis zu beherrschendes Element. Eben dies scheint die Stellung der Griechen, ihren Ort in der Welt bestimmt zu haben; bis in vielerlei Konsequenzen hinein.

Übrigens waren auch die andern Plätze, die sich seit dem achten Jahrhundert zunehmend zu Zentren der griechischen Welt heranbildeten, die großen Heiligtümer, die Stätten des sportlichen Wettbewerbs, Delphi etwa und Olympia, nicht Sammelpunkte von Macht. Bei allen Einflüssen, die von Delphi ausgingen. Denn die waren vor allem intellektuell; Stadt und Heiligtum dienten vornehmlich als Umschlagsplatz von Gedanken und Problemen.

So muß es sich denn wohl auch erklären, daß Athen, obwohl es im geographischen Zentrum der griechischen Welt lag, politisch lange mehr oder weniger für sich blieb. Das versteht sich ja nicht von selbst. Denn erfahrungsgemäß befindet sich im Zentrum eines politischen Raums entweder eine starke ausgreifende Macht, oder es ist aufs vielfältigste den politischen Einwirkungen anderer ausgesetzt. Aber ein solches Feld, in dem verschiedene Mächte ständig aufeinander einzuwirken pflegen, in dem jedes Machtvakuum rasch andere anzieht und jede Machtkonzentration überallhin sich auswirkt, gab es eben außerhalb der Peloponnes nicht. Man lebte eher nebeneinander her. Die Politik erstreckte sich lange nicht so weit wie Kenntnisse und Verkehr.

Wenn von Athen also in dieser Zeit wenig die Rede ist, so könnte dies dadurch bedingt gewesen sein, daß es weder von Natur zum Knotenpunkt des Ägäis-Verkehrs bestimmt war noch durch irgendwelche besonderen Aktivitäten dazu wurde. Mag sein, daß die attischen Adligen in dem großen Gemeinwesen zuviel mit sich selbst zu tun hatten. Die besonders Ehrgeizigen unter ihnen könnten dadurch absorbiert gewesen sein; und die, die wirklich etwas über See unternahmen, mögen zu gering an Zahl gewesen sein, um im großen Kreis der andern auch nur einen Ausbau des Hafens durchzusetzen.

Daß Athens Größe sich andererseits politisch so wenig im Sinne einer Machtentfaltung auswirkte, muß damit zusammengehangen haben, daß die Griechen damals ihre Schwierigkeiten mit der politischen Zusammenfassung ihrer Kräfte hatten.

## 2. Die »politische Schwäche« der archaischen Griechen.

Als politische Einheiten waren die griechischen Poleis jener Zeit vergleichsweise recht schwach, will sagen: sie hatten nicht viel eigenes Gewicht. Die Macht, über die sie an sich hätten verfügen können, war wenig zusammengefaßt. Das Ganze, das sie bildeten, war eher weniger denn mehr als die Summe seiner Teile. Die Ausnahme unter ihnen, Sparta, bestätigt die Regel.

Das war mit Eigenheiten der griechischen Kulturbildung gegeben; mit eben den höchst merkwürdigen, gemessen an der Regel der Weltgeschichte geradezu absonderlichen Konstellationen, aus denen heraus sich die Griechen ihren Weg bahnten, jenen folgenreichen Sonderweg abseits des Üblichen; in denen sie so wurden, wie sie dann waren. Denn ihr »Charakter« ergab sich ja aus ihrer frühen Geschichte. Wie das geschah, wird nur im Zusammenhang deutlich. Jedenfalls war es damit gegeben, daß Macht, Eroberung, Indienstnahme für das Gemeinwesen eine auffällig geringe Bedeutung hatten.

Die Könige, die in der archaischen Zeit zunächst noch die Poleis geführt hatten, waren eher primi inter pares. Was sie bedeuteten, hing weitgehend von ihrer Person ab. Ihre institutionelle Macht und ihr traditionelles Ansehen reichten nicht weit. Vermutlich waren die Poleis zu klein, als daß ein einzelnes Haus weit über die andern hätte hinausragen können. Sie boten auch zu wenig Materie, an welcher Herrschaft sich hätte befestigen können. Vor allem vermochten die Monarchen die neuen Mittel und Energien nicht für sich fruchtbar zu machen, welche der Ausbruch der Griechen aus den herkömmlich beengten Verhältnissen an der Ägäis im achten Jahrhundert freisetzte. Wer damit zunächst vielleicht Erfolg hatte, konnte ihn nicht behaupten. So fielen diese Herrschaften im achten und frühen siebten Jahrhundert fast überall ziemlich sang- und klanglos in sich zusammen. Ihre Inhaber traten zumeist ohne große Komplikationen in die Reihe der Adligen zurück.

Schwach, wie diese Monarchien gewesen waren, hatten sie die Poleis also kaum prägen, kaum auf sich selbst – und auf ein zumindest prätendiertes Allgemeininteresse – ausrichten können.

Daher fehlte es den Aristokratien, als sie die Gemeinwesen neu zu organisieren hatten, an Ansatzpunkten für die Schaffung eines kräftigen politischen Führungszentrums. Es gab keine machtvolle Position, in die die adligen Beamten einfach hätten einrücken, nicht die Selbstverständlichkeit des allgemeinen Rechnens mit einer überlegenen Führung, die sie sich hätten zunutze machen können; wie es etwa in Rom nach dem Sturz der Monarchie der Fall gewesen zu sein scheint.

Teilweise schon unter den Königen hatte man für gewisse Funktionen Jahresämter eingerichtet. In der Folge wurden sie weiter ausgebaut. Das oberste war das der neun Archonten, dazu kamen verschiedene andere. Die Zahl der Beamten war frühzeitig vergleichsweise groß. Zusammen mit den Adelsräten (und gelegentlich, etwa bei der Entscheidung über Krieg und Frieden, auch mit der Volksversammlung) verwalteten sie die Gemeinwesen.

Aber sie erhielten wenig Macht. Und es war die geringe politische Zentralisierung der Polis, die sich darin ausdrückte. Wobei sich freilich nicht von selbst versteht, was das heißen soll.

Die griechischen Adligen waren sehr entschieden auf Autarkie, auf Eigenständigkeit bedacht, und sie waren, im Ganzen, erfolgreich damit. Sie wollten – gestützt auf ihre mehr oder weniger reichen Häuser – möglichst selbst für alles aufkommen. Gerade wie es, in nicht zufälliger Übereinstimmung, auch die Polis wollte; damals sowohl wie später. Man wollte von keinem abhängen, über den man nicht verfügen konnte.

Dieses Bestreben läßt sich wirtschaftlich verstehen, und so war es primär gemeint. Aber Selbständigkeit bedeutete auch, daß man sich möglichst wenig in seine Angelegenheiten dreinreden ließ. Daß man sie möglichst selbst betrieb. Und sei es auf dem Wege der bewaffneten Selbsthilfe, der Rache. Man behielt also auch die Macht, die man hatte, gern bei sich, wollte sie nicht abgeben an höhere Instanzen. So wirkte dort eine Pluralität eigenständiger Interessen. Sie war so leicht nicht einzugrenzen oder wenigstens derart zu relativieren, daß das Allgemeine ihnen gegenüber einen starken Halt gewonnen hätte.

Das schloß keineswegs aus, daß mehrere Herren gemeinsam etwas unternahmen, seien es Raubzüge, Handelsfahrten oder auch die Gründung von Kolonien. So etwas konnte in vorübergehenden Verbindungen geschehen; sofern Gewinn entstand, konnte man den aufteilen. Aber natürlich schloß man sich auch zur Erreichung politischer Ziele zusammen.

Man konnte auch als Polis gemeinsame Werke verrichten. Im Krieg etwa, beim Bau von Stadtmauern. Auch bei der Anlage von Plätzen, Tempeln, Wasserleitungen und Brunnen, Häfen oder, selten genug, öffentlichen Gebäuden, – sofern da nicht Einzelne als Stifter fungierten.

Die starke Ausbildung eines politischen Zentrums aber hätte anderes verlangt. Eine Möglichkeit dazu schied offenbar von vornherein aus. Das war der Aufbau eines speziellen Herrschaftsapparats durch Zusammenfassung von Mitteln, durch Schaffung von Verwaltungs- und Erzwingungsstäben. Die hätte nur von der Monarchie aus erfolgen können.

Dadurch fehlte den antiken Gemeinwesen ein ganz wesentliches Element, mit dem wir heute nahezu selbstverständlich rechnen: Monarchische und – für die Neuzeit: – staatliche Zentren dieser Art pflegen ja vielerlei an sich zu ziehen und zu vermitteln. Nicht nur Steuern, sondern auch Denken, Fühlen und Handeln nehmen sie in Anspruch, ziehen es in gewissem Umfang von den Einzelnen ab, um sich selbst damit anzufüllen und das Ganze von sich abhängig zu machen. Das gilt unabhängig davon, ob die Bürger diese Zentren – demokratisch – in Besitz nehmen. Sie behalten gleichwohl ein beachtliches Eigengewicht, etwa als Regierung, Beamtenapparat, Polizei.

Max Weber spricht vom »steigenden Bedürfnis einer an feste absolute Befriedung gewöhnten Gesellschaft nach Ordnung und Schutz (›Polizei‹) auf allen Gebieten«. Doch darauf beschränkt es sich ja nicht, vielmehr tut sich eine Menge Regelungsbedarf auf und wird oft über Bedarf hinaus erfüllt. Einerseits zum Zweck der Herrschaftssicherung und -legitimierung, andererseits als Folge der weitgehenden Spezialisierung der Gesellschaft, die sich in der Neuzeit aufs vielfältigste steigert, bis hin zur Scheidung von Staat und Gesellschaft, die man verringern, aber nicht so leicht abbauen kann. Übrigens muß die politische Zentralisierung ja nicht unbedingt mit einer kräftigen Politik dieses Zentrums nach außen verknüpft sein.

Eine solche Spezialisierung, mithin Vereinseitigung, ja »Aufhebung« der Individuen in weit über sie hinausgehende Zusammenhänge, einen solchen Regelungsbedarf, von einer Scheidung von Staat und Gesellschaft zu schweigen, hat die Antike nicht gekannt, auch später nicht. Damit sind so radikale Unterschiede gegeben, daß sich die Vertrautheit, in der die Griechen uns so gern erscheinen, auf mannigfaltige Weise als veritables Hindernis beim Versuch, sie zu verstehen, erweist.

Was freilich die starke Ausbildung eines politischen Zentrums angeht, so bot sich dazu auch in der Antike grundsätzlich eine zweite Möglichkeit: daß sich nämlich – wie in Rom, wie in Sparta und später, nach grundlegenden Veränderungen, auch in

Athen und anderswo – der Adel oder die Bürgerschaft insgesamt stark auf das Ganze orientiert und dieses damit gleichsam aus ihrer Mitte heraus mit großem Gewicht versehen hätte.

In Rom konzentrierte sich diese Macht in Senat und Magistraten. Sie konnte es nur, weil die Willensbildung im Senat hierarchisch strukturiert war: Wie der Rang aus der Leistung für die res publica resultierte, so wuchs man, indem man ihn erwarb, in die Wahrnehmung von deren Interessen hinein. So mächtig der Ehrgeiz der Einzelnen und der Geschlechter war, er richtete sich wesentlich auf die Republik; er durfte sich bei Konflikten nur bis zu bestimmten, sehr genau und geschickt gesicherten Grenzen austoben. So kam es zu einer relativ sehr geschlossenen Senatspolitik.

Andererseits hatten die Magistrate eine hohe Amtsautorität. Man erwies ihnen nicht nur äußerlich viel Respekt, sondern überließ vieles ihrer Verantwortung. Der Senat brauchte die Magistrate, er stärkte sie also – und beschnitt zugleich die Freiheit ihrer Zielsetzungen. So gewannen sie eigenes Gewicht, relativ unabhängig von den Personen, die sie bekleideten, sowie von den Umständen der Amtsausübung.

Das ganze System lebte aus der Eindeutigkeit und Kraft einer Reihe von Maximen. Sie banden Magistrate und Senat, machten sie mächtig und wurden von ihnen her zugleich eingeschärft. Man fügte sich so gut in dieses System, daß man kaum bemerkt haben kann, wie viele andere Möglichkeiten des Lebens damit abgeschnitten wurden. Politik (und Kriegführung) wurden der wesentliche, der wichtigste Lebensinhalt der Angehörigen des Senatsadels. Insofern waren sie – und indirekt die ganze Bürgerschaft – weitgehend politisiert. Da sie zusammen stark auf das Ganze des Gemeinwesens ausgerichtet waren, konnte dessen politisches Zentrum so mächtig sein.

Natürlich spielte es bei all dem eine große Rolle, daß Rom als politische Handlungseinheit in ein ganzes Feld intensiver Außenbeziehungen eingebunden war, das sich schließlich über die ganze Mittelmeerwelt erstreckte. Nur dank der Zusammenfassung so vieler Kräfte konnte es auch in seinen Kriegen immer neue Eroberungen machen und vor allem: sie behaupten.

Die Weise, in der die Spartaner sich auf ihre politische Einheit bezogen, ist uns nicht so genau bekannt. Wir wissen nicht, wie stark dort Könige, Beamte und Adel waren. Jedenfalls war bei ihnen bis in den Alltag hinein alles darauf ausgerichtet, sie einerseits aufs beste körperlich, militärisch zu schulen, andererseits ständig in Bereitschaft zu halten. Auch die Aufzucht der Kinder geschah frühzeitig in »Herden«, unter Führung älterer Jugendlicher, sie war ebenso in den Dienst der Vaterstadt gestellt wie die Knabenliebe; wie eigentlich fast alles. Die Bürgerschaft war gleichsam total darauf abgerichtet, sich zur Einheit zu fügen; was nicht ausschließt, daß sie darauf stolz war und sich dabei wohl fühlte. Ganz Sparta war ein Heerlager im Frieden. Und es war ebenfalls eingespannt in ein außenpolitisches System. Womit sich erweist, daß die Griechen grundsätzlich in der Lage waren, die Polis als starke Handlungseinheit auszubilden. Aber der Preis, den das gekostet hätte, war den allermeisten von ihnen viel zu hoch.

Ihre Adligen liebten es eher, privaten Interessen nachzugehen, und die bestimmten sie bis weit in die Öffentlichkeit hinein. Sie wollten deswegen die Politik nicht aus der Hand geben, wollten die Ämter bekleiden, die sie als Ehren auffaßten. Ließen sich das auch etwas kosten, denn für den Verwaltungsaufwand sowie für mancherlei Spenden hatten sie selbst aufzukommen. So kämpften sie um die Ämter, und seit 650 strebten verschiedene von ihnen ja auch nach Alleinherrschaft. Aber in der ständigen Mühewaltung, die der Erwerb, die Sicherung und Ausübung von Macht erforderten, in der dazu nötigen Disziplinierung von sich und andern, waren sie eher nachlässig. Sie wollten nicht alles unter dem Gesichtspunkt der Macht betrachten und in Anspruch nehmen. Es wäre ihnen auch zu anstrengend gewesen. Jedenfalls hätte es ihrem Streben nach Eigenständigkeit widersprochen.

Sie lebten auch viel zu sehr über die Polis hinaus, in einer gemeingriechischen Öffentlichkeit, um in der Polis so ganz aufzugehen. Trotz aller politischen Verbindungen, die sie außerhalb der Stadt knüpfen konnten: Vor dieser Öffentlichkeit galten andere Werte als die politischen, wie sich noch zeigen wird.

Jeder Versuch, solche Besonderheiten wie die, die hier zur Rede stehen, zu fassen, leidet notwendig darunter, daß er über viele Einzelheiten, die in andere Richtung weisen, hinweg generalisieren muß. Das dient dem Verständnis. Allein, in solchen Vergröberungen kann auch ein Stück historischer Wahrheit stecken. Denn wo Wertschätzungen sich bei einer großen Zahl »maßgeblicher« Menschen ausprägen, wo Meinungen sich derart verfestigen, daß sie sich objektivieren, wo Mentalitäten in größerem Stile Platz greifen, aufgrund struktureller Gegebenheiten, da wirken sie potentiell weit über den Kreis derer hinaus, in dem sie dies ursprünglich tun. Jedenfalls dann, wenn ihnen keine kräftigen Gegenwirkungen im Wege stehen. Bestimmte Beobachtungen, bestimmte Tendenzen erhalten gleichsam den Bonus der Verallgemeinerung. Obwohl, wie gesagt, die Übergänge fließend und Umschläge möglich sind.

So schwierig es also ist, genauere Festlegungen zu treffen: Die Mitglieder dieser Gemeinwesen blieben gleichsam zu konkret sie selbst, als daß sie sich im emphatischen Sinne als Teile eines – wie die römische res publica abstrakt zu verstehenden – Ganzen hätten empfinden können. Vielleicht, daß sie es bei Festen, großen Opfern und im Krieg taten. Vielleicht auch, daß sie sich gemeinsam einmal über Mißstände empören konnten; aber das war nicht die Regel. Diese Männer waren also zwar die Stadt, aber das hieß damals nur, daß die Stadt nicht mehr sein sollte als sie. Eher weniger, da sie eben mehr sie selbst als die Stadt sein wollten.

Demgemäß waren die Beamten, die sie jährlich bestellten, im wesentlichen Träger einer – mit Max Weber zu sprechen – »herrschaftsfreien Verbandsverwaltung«. Sie wurden gebraucht, man mußte ihnen Vollmachten geben, allein, es wird nicht mehr als das notwendige Minimum gewesen sein. Sie hatten ihre Verantwortung, waren damit aber kaum aus dem Kreis ihrer Standesgenossen herausgehoben. Daß sie jenen Bonus erhalten hätten, aus dem die römischen Obermagistrate ihre relativ eigenständige Position aufbauten, ist sehr zweifelhaft. Man wollte von ihnen vermutlich gar nicht sehr viel erwarten.

Denn wo die Römer sich auf die Einhaltung einer recht genau bestimmten Ordnung einschworen, hatte die nachmonarchische Geschichte der Griechen mit dem Aufbrechen der herkömmlichen Horizonte und der Erschließung ungeheurer Möglichkeiten begonnen. Und was immer in Reaktion darauf an Disziplinierung eingetreten sein mochte, die Gefahr des Machtmißbrauchs blieb bei den Griechen stets sehr groß. Auch ihre Adelsräte können kaum auch nur entfernt die Geschlossenheit des römischen Senats erreicht haben. Das aber wäre eine Bedingung dafür gewesen, daß sie den Beamten größere Freiräume hätten konzedieren können. Sie zerfielen eher in Faktionen, als daß sie im letzten einmütig hätten sein können. Es war kein Zufall, daß die Römer risikolos einzelnen Männern als »Dictatoren« sehr umfassende Vollmachten verleihen konnten, ohne das Risiko des Mißbrauchs zu laufen, während es bei den Griechen immer wieder zur Tyrannis kam. Kein Zufall auch, daß sie in vielerlei blutige Fehden gerieten.

Selbstverständlich mußten die Griechen vielerlei unternehmen, um die eigene Ordnung auszubauen. Besonders wichtig die Sicherung des inneren Friedens, die Einschränkung der Rache – indem man sie etwa an die Entscheidung städtischer Organe band oder überhaupt gerichtliche Verfahren an ihre Stelle setzte. Es mußte ein gewisses Zusammenspiel der Institutionen geschaffen werden, man brauchte Regeln der Entscheidungsfindung. Eine Zeitrechnung war nötig, sie wurde in der Benennung der Jahre nach »eponymen« Beamten gefunden. Das Recht wurde schriftlich festgestellt, und es waren ja auch manche Vorkehrungen zur Verteidigung, zum Ausbau der Stadt und des Hafens, zur Regelung des Marktverkehrs und der Zölle sowie zum Schutz der Küsten gegen Seeräuber zu treffen. Das Hoplitenheer war zu organisieren. Allmählich verfeinerten sich zudem die Formen der Außenpolitik und der Diplomatie (vor allem vermittels adliger Gastfreundschaften). Man begann eine Schiedsgerichtsbarkeit zwischen Städten zu etablieren, es kam zu Verboten gewisser extremer Kriegspraktiken, etwa des Abgrabens von Trinkwasser oder des Aushungerns, die zumindest im Mutterland weithin wirksam wurden. Nicht zu vergessen der Ausbau der Kulte und der Feste.

Dies alles wurde offensichtlich geleistet. Doch wie immer die Anteile dabei verteilt gewesen sein mögen – und es muß ja wohl vieles von den Beamten zumindest ausgeführt, vielleicht auch angestoßen worden sein –, sie kamen der Exekutive nur insofern zugute, als deren Kompetenzen sich allmählich ausweiteten, die Zahl der Amtsinhaber und die Differenzierung zwischen ihren Aufgaben wuchs.

Es blieb gleichsam bei einer Addition von Funktionen, kam

nicht zur Kumulation von Macht. Es entstand kein politischer Mehrwert, der die Amtsinhaber gegenüber der Bürgerschaft nennenswert gestärkt hätte. Es kristallisierten sich keine mächtigen Erwartungen in ihnen. Übrigens wurden viele Aufgaben ja auch von den Bürgern selbst erledigt; in den Unterabteilungen wurden etwa die Bürgerlisten geführt, Rechte und Pflichten verteilt, auch das militärische Aufgebot bestritten.

Und in kritischen Situationen vermochten die Beamten auch nicht weiterzuhelfen. Zur Rechtsfeststellung (Gesetzgebung) mußte man außerordentliche Persönlichkeiten heranziehen (oder deren Werk übernehmen), bei Fehden waren die Beamten selbst oft involviert, größeren Konflikten kam man nur mit Sonderbevollmächtigten bei. Sonst wäre es ja auch nicht mehrfach zur Tyrannis gekommen. Sonst hätten, um das vorwegzunehmen, die Tyrannen auch bessere Anknüpfungsmöglichkeiten zur Befestigung ihrer Macht gehabt.

Interessant ist, daß die griechischen Adligen auch die Potenzen, die aus der Vermittlung zwischen Menschen und Göttern politisch erwachsen können, weitgehend ungenutzt ließen. Die Vorsteher der Gemeinwesen waren zwar zuständig für Opfer, aber daraus erwuchs ihnen kein Amtscharisma. Wenn die Adligen in den Unterabteilungen Altäre und Opfertiere stifteten sowie Feste organisierten, so war das nur eine Äußerung ihrer Überlegenheit neben anderen, keine spezifische Quelle von größerem Einfluß. Die Priester waren kaum mehr als Opferer, wofür sie Ehren (und Anteile) bekamen, sie waren zudem in ihren Funktionen vereinzelt. Es bildete sich keine Priesterschaft mit eigener Autorität, überlegenem Wissen; es entstand kein Monopol der Deutungskompetenz etwa für Vorzeichen, für religiöse Ursachen von Krisen beim Adel oder bei adligen Gremien. Vielmehr griff man bei allen Problemen dieser Art auf Sachverständige zurück, Opferdeuter, Seher oder auch Orakel. Gegebenenfalls auch auf Entsühner, die übrigens vielfach aus dem Osten kamen. Da ging es also eher um Fachwissen als um Machtausübung.

Entsprechend konnte sich in den Poleis auch kein machtpolitischer Ehrgeiz verselbständigen. Sie konnten nach Außen bestimmte Ziele verfolgen, etwa die Sicherung gegen Übergriffe, gelegentlich auch die Unterwerfung von Plätzen in ihrer Umgebung. Das konnte geschehen, wie es sich gerade gab, mitunter aus dem Ehrgeiz einzelner Männer heraus. So unterhielten sie auch vielerlei Beziehungen zu andern Städten.

Allein, daraus baute sich keine anspruchsvolle Politik auf, indem die Poleis sich stärker aufeinander bezogen hätten, um dann ein Mächtekonzert mit all seinen politischen Notwendigkeiten zwischen sich zu konstituieren.

Deshalb stellten die griechischen Poleis der archaischen Zeit eher Rahmen dar für vielerlei Tätigkeiten ihrer Adligen, als daß sie diese weitgehend bestimmt hätten. Ihre Bürger konnten durchaus stolz auf sie sein. Sie konnten sich veranlaßt sehen, sie zu schmücken, pflegten ja auch, wenn es sein mußte, für sie zu sterben. Und es steigerte ihr Ansehen, wenn sie aus einer großen Stadt kamen.

Aber der eigentliche Ehrgeiz ihrer »Politik« bestand – wenn er über das unmittelbar Anliegende hinauszielte – vor allem in der Verrichtung glänzender Taten, und deren Feld lag oft genug in der Ferne. Das war weitgehend agonal gedacht, als Wettstreit vor der Griechenheit als Publikum, nicht so sehr als Politik im Interesse der Stadt.

So eigenartig es klingt, aber wenn die Griechen als erste in der Weltgeschichte Demokratien entwickeln sollten, so durften sich wahrscheinlich in ihrer Frühzeit die Führungsschichten nicht allzuviel auf Macht, das heißt auf ihren disziplinierten – und disziplinierenden – Gebrauch ausrichten. Das Politische konnte sich bei ihnen so zukunftsträchtig nur ausbilden, wenn in ihrer Frühzeit Politik relativ kleingeschrieben wurde. Was auch hieß: wenn die Griechen damals die Gelegenheit hatten, sich sehr reich und vielfältig zu entfalten – wie es zu einer Kulturbildung gehörte; nur anders als sonst. Die ersten Demokratien der Weltgeschichte kompensierten einen Mangel – und sie wuchsen zugleich aus einer Fülle von Fähigkeiten, Ansprüchen, ja Vorstellungen und Bildern hervor, welche in einer primär unpolitischen Öffentlichkeit entstanden waren.

Wo die Einzelnen aber eher nebeneinanderher lebten, als daß sie sich auf das gemeinsame Ganze bezogen hätten, spielte es keine Rolle, was eine Stadt aufbieten konnte. So bedeutete Athens Größe damals nicht viel. Sie machte vermutlich sogar die Reibungsverluste der Adelsherrschaft besonders groß. Stärkere Vorkehrungen zur Verteidigung waren nicht nötig, abgesehen vom Schutz der sehr langen Küsten, für den Gruppen von wohlhabenden Männern, die sogenannten Naukrarien, offenbar je ein Schiff und zwei Reiter zu stellen hatten, die Reiter wohl zur Überwachung der Küste und um gegebenenfalls Unterstützung heranzuführen. Die Niederlagen gegen Megara scheinen die herrschenden Adligen nicht nachhaltig geschmerzt zu haben.

Wo die Organe der Polis insgesamt wenig zu bedeuten hatten, mußten sie es in Attika besonders schwer haben. Übrigens wissen wir gar nicht, wie die Siedlungen außerhalb Athens das unerläßliche Minimum an Verwaltung aufbrachten und wieweit der Arm der attischen Beamten – und Gerichte – sie überhaupt erreichte. Vielleicht standen sie vor allem unter dem Einfluß lokal dominierender Adelsgeschlechter? Mag sein, daß die ihre Bereiche gegenseitig respektierten und nur im Fall von Kollisionen darüber in Streit gerieten.

Jedenfalls kann die Intensität der politischen – und gerichtlichen – Macht, auf die Größe des Territoriums gesehen, nicht nennenswert gewesen sein. Daran konnte auch der Adelsrat nichts ändern.

Die Zugehörigkeit zum Gemeinwesen Athen wird von den meisten kaum stark empfunden worden sein. Sie hatten ja auch relativ wenig miteinander zu tun. Das änderte sich im Verlauf der großen Krise, die Athen – wie zuvor schon andere Teile der griechischen Welt – um 600 zu erschüttern begann.

## 3. Die Krise der archaischen Zeit

Es konnte nicht ausbleiben, daß die großen Bewegungen der Kolonisationszeit auch im Mutterland Veränderungen hervorriefen. Sosehr die Ausfuhr vieler Menschen zu Anfang in der Heimat Erleichterung brachte, mußte die Erschließung so weiter neuer Horizonte und Handlungsspielräume über kurz oder lang dorthin zurückwirken. Die Ambitionen mußten wachsen. Die Begegnung mit dem Luxus der östlichen Hochkulturen weckte neue Bedürfnisse. Dank der Gewinne der Erfolgreichen erhöhten sich die Standards. Unendlich vieles erschien als möglich, und die Bereitschaft zu Wagnissen wuchs. Ungewohnt vieles galt als erstrebenswert, so daß die Ansprüche stiegen, und zwar wesentlich schneller als die Mittel, sie zu befriedigen. So tat sich eine Schere zwischen Ansprüchen und Möglichkeiten auf. Man muß weithin über die eigenen Verhältnisse gelebt haben.

Wegen der hohen Risiken der Seefahrt konnten die auswärtigen Unternehmen ebensosehr große Einkünfte wie große Verluste zur Folge haben. Durch den Auf- und Abstieg von Familien wurde nicht nur die soziale Differenzierung erheblich gesteigert, sondern es entstand mannigfacher Konfliktstoff.

Den Veränderungen in der Oberschicht liefen solche unter den Bauern teils parallel, teils wurden sie von ihnen hervorgerufen. Es gehörte zu den neuen Handlungsmöglichkeiten – und ergab sich zugleich unter dem Einfluß östlicher Weisheitslehren –, daß auch in der Landwirtschaft vieles neu versucht wurde, etwa die Verbesserung der Erträge durch Investitionen in Wein- und Olivenanbau, vielleicht auch in der Viehzucht. Zumal die Olivenbäume erst nach zehn Jahren tragen, war das mit hohen Kosten verbunden. Dazu gesellten sich die stets vorhandenen Risiken von Ernte und Viehhaltung. Oft konnte das Saatgut nur über Darlehen beschafft werden. Die Probleme konnten sich kumulieren mit denen, die aus der Erbteilung erwuchsen: wenn die Besitzungen zu klein wurden, um ausreichend Unterhalt zu bieten.

So kam es in vielen Fällen zu Verschuldung, dann zum Verlust des Hofes, schließlich der persönlichen Freiheit. Denn man hatte mitsamt der Familie, schließlich mit dem eigenen Leibe zu haften.

Zusätzlich wurde die Lage der Bauern dadurch erschwert, daß ehrgeizige Adlige versuchten, die Nutzung von öffentlichem und sakralem Besitz, etwa der gemeinen Weiden, für sich zu reservieren; daß sie übrigens auch nach allen Regeln der Kunst Ausbeutung betrieben. Da die Gerichte in der Hand des Adels waren, waren die Bauern solchen Übergriffen anfangs zumeist wehrlos preisgegeben.

Mit der Zeit aber formierte sich Widerstand. Man war nicht gesonnen, alles hinzunehmen. Hier und da empörten sich die Notleidenden, auch die vom gleichen Schicksal schon Bedrohten, und das machte Schule. Es kam zu blutigen Kämpfen, zu Bürgerkriegen. Im Adel fanden sich Ehrgeizige genug, die sich an die Spitze der Aufständischen stellten, die Unruhe wohl auch schürten. Seit der Mitte des siebten Jahrhunderts kam es auf diese und andere Weisen zur Usurpation der Herrschaft durch Einzelne, also zur Tyrannis.

Die Basis, auf der man bisher hatte zusammenleben können, war zunehmend brüchig geworden. Die Wirklichkeit hatte an Eindeutigkeit verloren. Es war nicht mehr recht klar, was verlangt, was gewagt, was getan werden konnte. Die Phantasie der Möglichkeiten wurde auch in den breiten Schichten stark angeregt durch die Erfahrungen aus den Kolonien. Denn dort geschah, was im Mutterland kaum denkbar gewesen war: Landlose wurden mit Land versorgt, ja die Niederen erhielten zum Teil gleich große Landstücke wie die Höheren. Das war zwar nicht einfach auf das Mutterland zu übertragen, doch mußte es dort beunruhigend und zugleich anstachelnd wirken.

Das vielfache Unrecht, unter dem zunächst nur die häuslichen Verhältnisse der Bauern und die Beziehungen zwischen ihnen und ihren Gläubigern, also vor allem den Adligen in ihrem näheren Umkreis gelitten hatten, weitete sich aus zu einer gesellschaftlichen, politischen, schließlich auch moralischen Krise. Schon bei Hesiod, dem Epiker, der bald nach Homer, zu Anfang des siebten Jahrhunderts gedichtet hatte, hatte es geheißen, in schlecht verwalteten Städten glichen die Kinder nicht mehr den Eltern. Dort war die erziehende, prägende Kraft der älteren Generation also offenbar zu gering. Im eisernen Geschlecht, demjenigen, dem Hesiod seine Zeit zurechnete, sei der Vater den Kindern fremd und die Kinder dem Vater, übrigens auch nicht lieb der Gast dem Wirt, der Freund dem Freund.

Diese Krise hatte sich inzwischen weiter verschärft. Sie hätte sich, selbst wenn die Adligen über ihren Schatten zu springen bereit gewesen wären, im herkömmlichen System nicht lösen lassen. Zu tief waren die Herrschaftsverhältnisse gestört. Eine Umwertung der Werte kündigte sich an. Es bedurfte einer neuen Basis des Zusammenlebens.

Nur, daß die so schnell nicht entstehen konnte. Denn die Alternative zum Überkommenen mußte erst allmählich heranwachsen. Immerhin begann sich das politische, auf die Polis bezogene, bewußt auf sie einwirkende Handeln zu intensivieren. Da das weitgehende Nebeneinanderherleben der Bürger nicht mehr funktionierte, mußte ihr Miteinanderleben, mußte die Polis im ganzen zum Problem werden. Dieser Prozeß ist uns am besten aus Athen bekannt.

Die Stadt wurde zu Beginn des sechsten Jahrhunderts zum Schauplatz eines ganz erstaunlichen Vorgangs. Die Verspätung, mit der die Krise in ihr zum Ausbruch kam, brachte es mit sich, daß die Athener aus den Geschehnissen in andern, fortgeschritteneren Städten lernen konnten. Mag sein, daß unter den attischen Adligen keiner war, der das Zeug hatte, eine persönliche Herrschaft zu errichten. Oder der eine oder andere ist dabei gescheitert. Wegen der Größe des Landes wäre es wohl auch besonders schwierig gewesen, die Machtmittel, deren es dazu bedurft hätte, aufzubringen. Jedenfalls versuchte man es mit einer Reform. So konnte man am ehesten dem drohenden Bürgerkrieg zuvorkommen.

Was dann geschah, scheint ähnlich schwer zu verstehen zu sein wie der Sieg bei Salamis: Das überlegene Eingreifen eines Mannes, der weit aus den Verstrickungen der Situation herausragte, der auch weit über das unmittelbar Sich-Aufdrängende hinaus etwas Neues ins Werk zu setzen suchte. Souverän im Entwurf einer neuen Ordnung, obendrein – was ihn von Themistokles unterschied – von großer Uneigennützigkeit.

Es ist – unbeschadet der Begrenztheit des Erfolges – fast wie im Bilderbuch und deswegen so unglaublich. Die Schwierigkeit liegt wohl vor allem darin, daß die Konstellation uns so fremd ist, aus der damals gehandelt werden konnte und mußte. Jene Konstellation, in der sich ein solcher Weg anbot, der zwar nur eine Teillösung brachte, aber immerhin ganz neue Möglichkeiten eröffnete. Er wurde gefunden, nicht weil Solon oder die Griechen überhaupt so begabt gewesen wären, sondern weil die Wirklichkeit damals besonders strukturiert war; in Athen, unter den Griechen wie in der Mittelmeerwelt. Die Entstehung des Politischen bei den Griechen wurde akut.

## 4. Solons Reform

Um 620, ein gutes Jahrzehnt nach Kylons Usurpationsversuch, hatte Drakon den Athenern das Recht schriftlich fixiert. Bekannt ist er vor allem durch die »drakonischen« Strafen, die er – etwa für Diebstahl und Landstreicherei – festsetzte. Aber er hat auch die wichtige Unterscheidung zwischen vorsätzlicher und unvorsätzlicher Tötung getroffen. Wer ohne Vorsatz getötet hatte, sollte nurmehr ins Exil geschickt werden – falls er bei den Hinterbliebenen keine Verzeihung fand. Während die übrigen Anordnungen nach einer Generation ersetzt wurden, blieb seine Mordgesetzgebung sehr lange in Kraft.

Eine politische Einordnung Drakons ist nicht möglich. Seine Gesetze weisen zwar auf einen erhöhten Normierungsbedarf hin, einerseits das Bedürfnis, gegen kleine Leute hart durchzugreifen, andererseits den Wunsch, die blutige, oft weite Kreise ziehende Rache einzuschränken, was eher den Adel betraf; aber ob damit schon eine kritische Zuspitzung der Verhältnisse angezeigt ist?

Wenn dem so sein sollte, so war sie damals noch harmlos. In der Folge kam es jedenfalls zu ganz andern Gegensätzen und Konflikten. Die notleidenden Bauern gewannen zunehmend Kontakt zueinander. Aus Ärger und Wut drohte offene Empörung zu werden, zumal auch die Adligen nicht so leicht bereit waren, nachzugeben.

In dieser Situation versuchte Solon, der Sohn des Exekestides, seinen Mitbürgern beizubringen, es sei nicht dies und jenes bei ihnen im Argen, sondern sie lebten insgesamt in einer »Mißordnung« (*dysnomía*). Ja, sie steuerten auf eine Katastrophe zu. Doch seien sie nicht wehrlos. Solon muß ihnen einen Ausweg gewiesen haben. Offensichtlich sollten sie sich darauf einigen, die Stadt einem weisen Mann anzuvertrauen, damit er sie wieder in Ordnung brächte.

Für die Ausdrücke, mit denen man damals einen derart Bevollmächtigten bezeichnete (*katartistér*, *euthyntér* zum Beispiel), gibt es im Deutschen keine Entsprechung. Das Wort »Schlichter« könnte es sein, wenn es nicht so sehr auf Vermittlung festgelegt wäre. Hier dagegen war Vermittlung bestenfalls eine Nebenwirkung, denn es ging um die Herstellung einer Rechten Ordnung, nicht einfach um Ausgleich zwischen divergierenden Interessen;

offenbar wurde schon die Tatsache, daß sie sich überschnitten, als unrechtmäßig angesehen. Umständlich, dafür einigermaßen genau ist die Übersetzung mit »Wieder-ins-Lot-Bringer«.

Solon war willens, sich dieser Aufgabe zu unterziehen. Er muß das, wie vermittelt auch immer, zu verstehen gegeben haben. Und er hat ein regelrechtes Programm vorgetragen, von dem er später beteuert, er hätte es ausgeführt. Wie lange diese Agitation gebraucht hat, wissen wir nicht. Schließlich wurde Solon gewählt – möglicherweise zugleich zum Archon (dem Amt des Oberbeamten), das wäre 594/3 gewesen, vielleicht aber auch erst um 575 – und mit großen, kaum begrenzten Vollmachten ausgestattet. Doch muß man ihm auch beträchtliche Finanzmittel zur Verfügung gestellt haben, die kaum anders als durch Umlagen unter den Reichen zusammenzubringen waren. Und er bekam wohl Hilfskräfte, vielleicht sogar Söldner bewilligt.

Damit begann etwas ganz Neues in der attischen Geschichte. Was immer zuvor dort im Sinne eines besser und vielleicht gar gerechter geordneten Zusammenlebens bewirkt worden war, das waren eher Einzelheiten. Jetzt hingegen wurde erstmals das Ganze der Polis-Ordnung zum Gegenstand des Handelns.

Das war auch welthistorisch ohne Beispiel: ein tiefer Eingriff in die bestehenden Verhältnisse, der nicht von einem Monarchen oder einem, der eine Monarchie einrichten wollte, ausging, sondern vom Beauftragten einer Bürgerschaft. Er nahm den Bürgern nicht die Verantwortung ab; vielmehr nur die Ausführung dessen, was sie zu gebieten schien. Es mutet wie ein Versuch an, sich am eigenen Schopf aus dem Sumpf zu ziehen.

Man war bereit, sich ganz in die Hand des Beauftragten zu geben. Vermutlich ließ die Not, die Angst vor Mord und Totschlag keine andere Wahl: Jedenfalls war es ein Akt großen, vielleicht verzweifelten Vertrauens.

Mag sein, daß es ähnliche Versuche, im Auftrag des Gemeinwesens die Dinge wieder ins Lot zu bringen, in andern Städten schon gegeben hatte. Dann bleibt jedenfalls bestehen, daß in Athen sowohl die Problematik wie der Aufwand zu ihrer Lösung besonders groß gewesen sein müssen. Und es kostete schon einen Kampf, die Bürger überhaupt dazu zu bewegen, Solon zu beauftragen. Er brauchte wohl auch eine große Mehrheit.

Solon stammte aus vornehmer Familie; sie führte sich auf das attische Königshaus zurück. Er war um 630 geboren, in Griechenland viel herumgekommen und stand in enger Verbindung mit andern, die sich wie er den Kopf darüber zerbrachen, wie man den vielfältigen Schwierigkeiten der griechischen Poleis begegnen könne. Ihr Kreis muß relativ groß gewesen sein. Und sie wurden vielfältig beansprucht.

Denn es gab Anlässe genug. Die Adligen waren den Bauern durch Wissen, Vermögen, Beziehungen in der Regel überlegen, hatten freilich weder Militär noch Polizei, höchstens ihre eigenen Gefolgsleute zur Verfügung. Und es herrschte unter ihnen kaum Corpsgeist, da wirkte sich die Schwäche des politischen Zentrums der Poleis aus. Deswegen waren mindestens in kritischen Momenten auch die Angehörigen der Mittel- und Unterschichten stark; wenn sie sich nämlich empörten. Dann hatte keiner so leicht gute Aussicht auf den Sieg. Und wenn man es in solcher Zuspitzung nicht auf Bürgerkrieg und/oder die Usurpation einer Tyrannis ankommen lassen wollte, mußte man nach Vermittlung, das hieß nach vermittelnder Intelligenz suchen.

So kam es zu jener eigenartigen Strömung politischen Denkens, die weniger im Dienst einzelner Machthaber als in dem eines – wie immer zu interpretierenden – Gemeininteresses der Polis wirkte. Die Vielzahl und Kleinheit der Städte, die Unmöglichkeit monarchischer Herrschaft und das Vorhandensein einer relativ autonomen Intelligenz bedingten sich auf die Dauer gegenseitig. Das wird erst im Zusammenhang des griechischen Sonderwegs ganz deutlich.

Der Kreis der Weisen konnte demjenigen Rückhalt geben, der seine Unabhängigkeit gegenüber mächtigen, mitunter drohend artikulierten Interessen behaupten wollte. Seine Maßstäbe und sein Urteil mochten aber auch eine gewisse Gewähr dafür bieten, daß ein Wieder-ins-Lot-Bringer sich des Vertrauens würdig erwies, das man ihm entgegenbringen mußte. Solons Einsetzung mag von diesen Männern her nahegelegt und unterstützt worden sein. Sein Werk vollzog sich unter ihrer Aufmerksamkeit.

In den gegenseitigen Vergewisserungen dieser Männer gründete die intellektuelle Distanz gegenüber dem Status quo. In ihm bereiteten sich auch Überzeugungen davon vor (und wurden intellektuell untermauert), wie Rechte Ordnung beschaffen sein sollte. Wie das im einzelnen lief, ist unbekannt. Die Auswirkungen dieser intellektuellen Konstellationen aber sind gerade in Solons Werk greifbar. Denn was immer daran originell war, es muß in das Denken der Zeit ziemlich tief eingebettet gewesen sein.

Wenn Solon meinte, die Athener steuerten auf eine Katastrophe zu, so konnte er an einen alten griechischen Glauben anknüpfen, der ähnlich auch im Orient verbreitet war. Zeus bestraft die Städte für das ungerechte Tun ihrer Führer. Man konnte sich das zunächst allerdings nicht anders vorstellen, als daß er Unwetter sandte, Mißernten verursachte; selbst die Eiche auf dem Berg, so heißt es einmal, trage dann keine Eicheln, und die See biete keine Fische zum Fang. Die der Herrschaft Unterworfenen hatten also gleich doppelt zu leiden: unter dem Unrecht ihrer Führer wie unter der Strafe, die Zeus deswegen über die Stadt brachte. Es blieb ihnen nichts, als den Adligen das Recht vorzuhalten (und das Gegenbild der recht verwalteten Stadt aufzurichten, in der alles zum Besten stand). Das war zwar tröstlich, aber nicht gerade ermutigend; kaum Ansporn zum Handeln. Bestenfalls ein verzweifelter Glaube an die Gerechtigkeit.

Solon hingegen war einen entscheidenden Schritt weitergekommen, möglicherweise in Anknüpfung an verbreitete Einsichten und Diskussionen: Er fand, daß sich die Strafe des Zeus immanent, innerhalb des Gemeinwesens vollziehe. Aufgrund des vielfältigen Unrechts falle die Stadt in schlimme Knechtschaft, welche sie spalte und den schlafenden Krieg wecke, der vielen das Leben koste. Die Unterdrückung, Ausbeutung und Versklavung so vieler Bauern erscheint also als Knechtschaft der ganzen Stadt. Sie ist die Betroffene – nicht erst der Folgen, der drohenden Empörung, sondern schon der Spaltung selbst. Den Weg von der Knechtschaft zum Bürgerkrieg begreift Solon als gesetzmäßig. So nähere sich der Stadt eine »unentrinnbare Krankheit«.

Indem diese Gesetzmäßigkeit aber erkennbar war, konnte man – das muß er zu verstehen gegeben haben – handeln. Offensichtlich war die Krankheit, die, wenn sie voll ausgebrochen, unentrinnbar war, noch nicht an dem Punkt angelangt, an dem die Athener ihr hilflos ausgeliefert gewesen wären. Die Stadt als Ganzes konnte gerettet werden, wenn man rechtzeitig eingriff.

In diesen Gedanken vollzieht sich ein gutes Stück Polis-Bildung, und zwar unter theologischem Vorzeichen. Denn Solon teilt ja den Glauben an die Strafe des Zeus. Er wird aus ihm gerade die Richtigkeit seiner Beobachtung der irdischen Zusammenhänge abgeleitet haben: In ihnen wird erkennbar, was vorher nur geglaubt worden war. Gleichzeitig aber nimmt Solon den Bezirk des Politischen heraus aus der ihn umgebenden Natur, in der Zeus jetzt nach andern Gesetzen Wetter macht. Was, nebenbei gesagt, nicht nur eine analytische Leistung, sondern auch eine der Abstraktion war: man mußte nicht mehr alles Geschehen auf sich und seine Stadt beziehen, sah sich nicht mehr naiv als Mitte der Welt (so daß selbst die Unwetter einem zugedacht gewesen wären). Was in politicis verursacht wurde, hatte vielmehr eben dort, und nur dort, auch seine Konsequenzen – und umgekehrt.

Damit wurde die Veränderung der Verhältnisse selbst, in denen man lebte, an wesentlichen Stellen möglich. Insbesondere wurde es leichter, von der Notwendigkeit der Veränderung zu überzeugen, wenn das Eintreten der Strafe als rein politisch-sozialer Vorgang nachvollziehbar wurde.

So konnte die Stadt ganz neu als Einheit begriffen werden: Bei einem bestimmten Ausmaß der Ungerechtigkeit wird das Unglück der Notleidenden zum Unglück aller. Zuvor schon hatte sich der magische Glaube verbreitet, daß ungesühnter Mord durch die bloße Anwesenheit des Mörders die ganze Stadt beflecke und ins Unglück stürze. Jetzt fand Solon, in Athen sei nicht einmal die Erde frei, sondern sie fröne unter Hypothekensteinen. Da droht der Bürgerkrieg. Alle sitzen sie in einem Boot; sie rücken in der Konsequenz dieser Gedanken sehr viel dichter zusammen.

So wendet sich Solon besonders an diejenigen, die meinen, das Ganze gehe sie nichts an. Im Gegenteil, sagt er, wird jeder vom »öffentlichen Übel« getroffen; keine Hoftore werden es aufhalten, es springt über die höchsten Einzäunungen und findet jeden, und sei es im hintersten Winkel seines Hauses. Wenn man ihm nicht rechtzeitig entgegentritt.

So begegnet hier erstmals der Gedanke der Verantwortung der Bürger für die Stadt. Nicht Götter, nicht Könige, auch nicht die aristokratische Führungsschicht, sondern alle zusammen tragen die Schuld, wenn die Verhältnisse im Argen liegen. Vielleicht nicht alle in gleichem Ausmaß, und gewiß kann man nichts machen ohne den Wieder-ins-Lot-Bringer. Aber mit seiner Hilfe zeichnet sich immerhin ein Weg ab. Der Verantwortung entsprach die Möglichkeit, etwas zu tun. Heute klingt das wie eine Trivialität. Damals aber war es neu und aufregend. Wenn es zu vielen Gedanken des politischen Denkens der Griechen auch anderswo, zumal in China, Parallelen gibt, so findet sich dieser nirgends sonst. Hier beginnt ein spezifisch europäisches politisches Denken.

Solon dividiert damit den undurchdringlichen Wust von Not und Ausweglosigkeit, der nurmehr Resignation oder Aufstand zuzulassen scheint, auseinander zu einem verständlichen Vorgang, dem mit geordneten Verfahren beizukommen ist. Die Stadt kann Herr über ihre Ordnung werden; ohne Monarchen.

Das Geschehen bekommt Sinn, auch die Gerechtigkeit sowohl des Ablaufenden wie des Drohenden wird evident. Wenn die Bürger (unter Solons Anleitung) die »unentrinnbare Krankheit« aufhalten, trifft die Strafe nur die Schuldigen. Tun sie es aber nicht (obwohl sie es besser wissen können), so haben sie selbst Schuld.

Übrigens wirkt da eine schon in der Odyssee begegnende, eine bei Lichte besehen unerhörte Auffassung. Telemachos wirft dort dem Volk von Ithaka vor, daß es das unrechte Treiben der Freier dulde: »Schämen solltet Ihr Euch vor den andern, ringssiedelnden Menschen... und solltet den Zorn der Götter fürchten«. In irgendeiner Weise also sucht man die Bürger in ihrer Gesamtheit schon länger verantwortlich zu machen für das, was in ihrer Stadt geschieht. Wie es wohl auch angesichts des Fehlens einer institutionalisierten Monarchie oder eines überzeugend regierenden Adels nicht anders sein kann. An wen sonst soll man sich da denn wenden?

Nur geht es inzwischen nicht mehr nur um einzelnes Unrecht, sondern der Zustand der Stadt im Ganzen ist der Gesamtheit der Bürger aufgegeben. Und die Erkenntnis der politischen Zusammenhänge auch. Eben damit mußte die Stadt im Denken der Bürger zunehmend wichtig werden. Dem Adel, jedenfalls denjenigen seiner Mitglieder, die bisher den Ton angegeben hatten, zum Trotz.

Dem entsprach es, daß Solon nicht nur von der inneren Not Athens, sondern auch von dessen Versagen nach außen stark berührt war. Daß seine Vaterstadt die Insel Salamis aufgegeben hatte, verletzte ihn »tief im Herzen«, denn lebhaft empfand er ihre Größe, ihren Ruhm als »älteste Stadt Joniens«. Man müsse sich ja in Griechenland schämen, fand er, die Leute zeigten auf einen, indem sie sagten: Das ist ein Mann aus Athen, einer von denen, die Salamis verloren und aufgegeben haben. So drängte er, den Krieg gegen Megara neu zu eröffnen. Und er soll für die Teilnahme Athens am »Heiligen Krieg« gesorgt haben. Indem man für die Ordnung der Stadt war, mußte man sich stärker mit ihr identifizieren, und das wirkte unweigerlich auch nach Außen; es wirkte im Sinne einer Stärkung ihrer politischen Einheit.

Freilich war Solons Konzeption so zukunftsweisend wie konservativ. Man kann schlecht zwei Schritte auf einmal tun. Er muß überzeugt gewesen sein, daß es die immer rechte Ordnung war, die er herstellte. Indem sie von der Zeit unabhängig war, wollte er bewahren. Aber wenn solch eine Ordnung einmal empfindlich gestört ist, so geht der Versuch, die Dinge wieder ins Lot zu bringen, nicht ohne Veränderung ab. Darin lag das Neue, das er einführte, begründet.

Solon stellte der Mißordnung in einem langen Gedicht die Eunomia, die Wohlordnung, entgegen. Worin sie bestand, sagt er nicht, sondern nur, daß in ihr alles recht sei, ja daß sie alle Beteiligten dazu bringe, sich so zu verhalten, wie sie es müßten. »Sie glättet das Rauhe, beschwichtigt die juckende Übersättigung, kappt Überhebung.« Dem lag die Überzeugung zugrunde, daß es sich mit den Menschendingen wie mit der See verhalte, die, wenn nicht Stürme sie peitschen, die »gerechteste von allen ist«. Man mußte also nur den Anlaß der Störungen beseitigen (und dem Aufkommen neuer vorbeugen), dann war alles in Ordnung. Entsprechend gewann Solon offenbar die Vorstellung von der Eunomie dadurch, daß er all das, was er am gegenwärtigen Zustand als mißbräuchlich erkannte, abzog, um auf die zugrundeliegende Rechte Ordnung zurückzukommen. Es ging um Wiederherstellung; die Wiederherstellung einer Bürgerschaft. Athen sollte nicht zu einer Gesellschaft von Herren und Sklaven werden.

Praktisch sah das so aus, daß er »Gewalt und Recht zusammenfügend« tief in die attische Gesellschaft eingriff. Er befreite die verpfändeten Höfe, indem er einen Schuldenerlaß dekretierte. Die Gläubiger verloren ihre Darlehen, gleichgültig, wie begründet ihre Ansprüche nach bis dahin geltender Satzung gewesen sein mochten. Nicht alle können sich das durch Ausbeutung als gerechte Strafe verdient haben. Indes empfand Solon es offenbar als recht, daß die attischen Bauern (mindestens sofern sie noch auf ihren Höfen saßen) wieder in ihren Status vor der großen Verschuldung eingesetzt wurden. Wobei übrigens die – bei den Griechen verbreitete – Sorge um das Vorhandensein einer genügenden Anzahl von »Häusern« mitgesprochen haben wird, also von selbständigen Höfen, deren Eigentümer in der Lage waren, sich als Schwerbewaffnete, als Hopliten auszurüsten. Durch die Entschuldung wurde »die Erde frei«. Und Solon fügte hinzu, man hätte anders das Volk nicht im Zaum halten können. Es wäre zu Blutvergießen gekommen, die Stadt wäre leer und öde geworden.

Weiterhin holte Solon aber auch aus der ganzen griechischen Welt die teils zu Recht, teils zu Unrecht verkauften, aber auch diejenigen Athener zurück, die sich durch Flucht ihren Zahlungspflichten entzogen hatten. Dazu erließ er eine Amnestie. Sie galt übrigens für alle außer denen, die wegen Strebens nach Tyrannis verurteilt worden waren (sei es, daß es um überlebende Anhänger Kylons ging, obwohl die unmittelbar Beteiligten alle hingeschlachtet worden waren, sei es, daß es inzwischen weitere, ebenfalls gescheiterte Versuche gegeben hatte). Das Geld zum Rückkauf der Sklaven muß Solon bei den Wohlhabenden eingezogen haben. Ob die Heimkehrer obendrein ihre alten Höfe wiederbekamen, wissen wir nicht.

Wenn sich der Schuldenerlaß in Athen um des inneren Friedens willen aufgedrängt haben mag, so ist die Rückführung der – zum Teil schon viele Jahre – außer Landes Befindlichen erstaunlich. Mag sein, daß es eine Solidarität der Ausgebeuteten gab, mag sein eine Verantwortung für alle, die einmal Athener gewesen waren; Verwandt- und Freundschaften mochten sich zur Geltung bringen. Genügt das aber zur Erklärung? Mußte nicht mindestens hinzukommen, daß Solon alle Folgen der großen Krise, der »Mißordnung«, beseitigen, also insgesamt an die Zeit davor anknüpfen wollte? Man muß anscheinend damit rechnen – und in dieser Einzelheit nicht das schlechteste Argument dafür sehen, daß er sein Ziel nicht für willkürlich, sondern für vorgegeben, ja von den Göttern gesetzt hielt. Denn die Eunomie muß für ihn in deren Sinne gewesen sein.

Das heißt aber auch, daß die Bauern, aufs ganze Griechenland gesehen, schon oder noch so mächtig waren, daß man sie brauchte; und sei es, weil es sich hier und dort schon so eingespielt hatte, daß sie einen großen Teil der Phalanx bildeten, so daß auch andere nicht auf sie verzichten konnten. Daher gehörten sie zur Rechten Ordnung; und auch das war ein Grund dafür, daß diese konservativ konzipiert wurde – so daß alle Herrschaft, die die Bauern hätte unterdrücken oder in Besitz nehmen wollen, als mißbräuchlich erscheinen mußte.

Wiederherstellung war genau im Interesse der Notleidenden. Konsequenterweise fand Solon aber auch, daß die politische Ordnung im ganzen bleiben müsse, wie sie von alters her angelegt war: Der Adel müsse führen und das Volk, das heißt die Volksversammlung, die Rechte behalten, die es hatte. Gewisse Modifikationen der Ordnung waren damit nicht ausgeschlossen. Zum Beispiel sollte die Bewerbung um die Ämter künftig an einen Zensus gebunden sein, nicht an die Zugehörigkeit zu bestimmten Familien. Es ist freilich unklar, ob der Kreis der Berechtigten dadurch stark verändert wurde.

Vermutlich änderte Solon auch die Zensus-Einteilung. Herkömmlich gab es die Klassen der Ritter (grob gesagt: Adligen), der Zeugiten (Bauern) und der Theten (Kleinbauern, Tagelöhner). Künftig wurde ein weit überdurchschnittlich wohlhabender Kreis, die »Fünfhundertscheffler« aus den Rittern als erste Klasse herausgehoben. Die andern sollten mindestens 300, 200 respektive 100 Scheffel Ertrag an Getreide oder Öl haben. Wie Händler und Handwerker in dieser Ordnung Platz fanden, ist unbekannt. Sie diente offenbar der Lastenverteilung, der Steuererhebung (im Falle des Bedarfs; denn regelmäßig wurden Steuern nicht erhoben), aber auch der Regulierung des Zugangs zu gewissen Ämtern, vor allem der Finanzverwaltung.

Zudem scheint Solon einen Rat der Vierhundert geschaffen zu haben, der in irgendeiner Weise den Angehörigen der breiteren Schichten eine Vertretung bieten sollte. Er richtete ferner ein Volksgericht für bestimmte Fälle ein. Und er kodifizierte das gesamte

Recht neu, schränkte übrigens auch den bei Begräbnissen üblichen Luxus gesetzlich ein.

Interessant ist die Einführung der Popularklage: Die Verfolgung vieler Verbrechen (außer Mord und Tötung) sollte künftig nicht mehr nur, wie es hergebracht war, von den Geschädigten, sondern von jedermann wahrgenommen werden können. Wo jene von den Tätern unter Druck gesetzt wurden, sollten jetzt andere für sie eintreten können. Es gab ja keinen Staatsanwalt. Andererseits mußte dafür gesorgt werden, daß wirklich das Recht zur Geltung kam. Auf die gleiche Weise, durch jedermann, sollten auch Delikte gegen die Gemeinde insgesamt verfolgt werden. Auch hier ein Stück Bürgerverantwortung.

Schließlich hat Solon einiges getan, um die wirtschaftliche Struktur Athens langfristig zu verbessern. Er verbot die Ausfuhr sämtlicher Nahrungsmittel außer Oliven; sie sollten nicht knapper und teurer sein als ohnehin schon. Begrenzte den Grunderwerb. Versuchte, Handwerker ins Land zu holen, indem er ihnen für den Fall der Niederlassung das Bürgerrecht anbot, und verfügte zugleich, daß Eltern ihre Kinder, sofern sie nicht oder nicht genügend Land zu vererben hatten, ein Handwerk lernen lassen sollten; andernfalls sollten diese nicht verpflichtet sein, sie im Alter zu unterhalten. Auch hat er Maße und Gewichte neu geordnet.

Solons Gesetze waren so umfangreich, daß kein Gebäude die hölzernen Tafeln, auf die sie zu schreiben waren, auf seinen Wänden hätte aufnehmen können. So wurden diese auf mehreren drehbaren viereckigen »Axones« angebracht.

Die Bürger mußten einen Eid auf die Gesetze leisten. Hundert Jahre sollten sie, so heißt es, gelten. Damit keiner ihn bedrängte, selber Änderungen vorzunehmen, ging Solon für zehn Jahre auf Reisen, zu Studienzwecken. Wieviel Zeit er für seine Tätigkeit gebraucht hat, wissen wir nicht. Mit einem Jahr wird er kaum ausgekommen sein.

Seine Gesetze blieben zum großen Teil noch lange in Geltung. Sie bildeten die Grundlage des attischen Rechts. Doch scheinen die Athener damals nicht viel Interesse dafür gezeigt zu haben. Für sie drehte sich alles um seine Schuldenreform, die sogenannte Lastenabschüttlung (*seisáchtheia*).

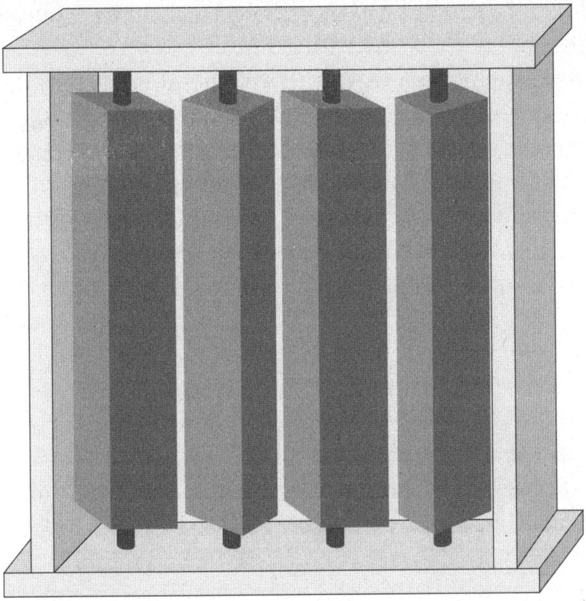

*Axones. Die solonischen Gesetze wurden auf Holztafeln eingeschnitzt, die Buchstaben vermutlich ausgemalt. Um das Holz vor der Witterung zu schützen, mußten sie in einem überdachten Raum aufgestellt werden. Da die Texte aber sehr umfangreich waren, brachte man die Tafeln auf mehreren drehbaren »Wagenachsen« (das die ursprüngliche Bedeutung des Wortes) an. Hier der Versuch einer Veranschaulichung.*

DIE ANORDNUNGEN hatten heftigen Widerspruch erregt. Viele der Besitzenden hatten Solon attackiert; sie waren enttäuscht, hatten nämlich nicht geglaubt, daß er mit seinen Ankündigungen ernst machte; hielten seine Grundsätze für Vorwände. Aber auch von der Gegenseite sah er sich scharfer Kritik ausgesetzt. Man verlangte von ihm, daß er den gesamten Boden Attikas einziehen und zu gleichen Teilen neu an die Bürger ausgeben sollte. Das war das Programm der »Isomoiria«. Die Agitation scheint von einigen besonders machtlüsternen Adligen ausgegangen zu sein, hatte aber viel Anklang gefunden. Denn der Ärger über die Gläubiger, die Ausbeuter, über all die unrechtmäßigen Praktiken vieler Adliger war immer noch frisch.

So viel Beifall also Solon gezollt werden mochte, in Hinsicht auf die lautstarken, die rührigen und wohl auch einflußreichen Gruppen war er bald zwischen die Fronten geraten. Beide Seiten habe er mit seinem Schild gedeckt, hat er später in seinen Rechtfertigungsgedichten gesagt. Wie ein Grenzstein habe er mitten auf dem Schlachtfeld (das ist die übliche Bedeutung des Wortes, das er gebraucht) oder: auf dem umstrittenen Feld zwischen ihnen gestanden; nach allen Seiten habe er sich selber schützen müssen wie ein von Hunden eingekreister Wolf.

Mit der Forderung auf völlige Neuverteilung des Bodens hatte sich der dringende Rat an Solon verbunden, seine außerordentlichen Vollmachten zu behalten, sich also zum Herrn der Stadt aufzuschwingen. Anders wären so tiefe Eingriffe wohl auch nicht zu verteidigen gewesen. Die breite Menge war im ganzen nur an ihrer wirtschaftlichen Lage interessiert. Sowohl gegen die Großgrundbesitzer wie gegen auswärtige Freunde, die sie mobilisieren mochten, half nur tyrannische Gewalt. Solon jedoch wollte alles andere als das. Und er fand, was die Bauern von ihm bekommen hätten, hätten sie, bevor er sein Amt antrat, nicht im Traum zu hoffen gewagt.

Es ist nicht einfach zu verstehen, daß Solon den Gedanken an ein Weiterwirken als Tyrann so weit von sich wies. Nicht der verschmähten persönlichen Vorteile wegen, obwohl die vielen Griechen der Zeit über die Maßen erstrebenswert erschienen. Er war überzeugt, daß auf unrecht Gut kein Segen lag, und diese Überzeugung war offenbar stärker als alle Versuchungen. Er wollte sich gerade dadurch von seinen Standesgenossen unterscheiden, daß er nicht wie sie hemmungslos nach Reichtum gierte. Er wollte seine Rechtlichkeit nicht hergeben für materielle Güter (obwohl er sie gerne besaß).

Wo er den Adligen vorwirft, wie sehr sie die Stadt zugrunde richteten, fügt er hinzu, sie wüßten ihre Unersättlichkeit nicht zu zügeln, »nicht die sich bietenden Freuden zu genießen in der Sorglosigkeit des Gastmahls«. Das klingt wie ein Programm, und es war dies wohl auch. Ja, er kehrte die gängigen Anschauungen geradezu um: Er wollte das, was so viele Adlige wollten, mit einer anderen Zielsetzung; wohl alle übertreffen, aber eben dadurch, daß er die Tyrannis ablehnte. Vermutlich hatte er auch nur, weil er so anders war als die andern, das Vertrauen der breiteren Schichten gewinnen können.

Indes hätte er seiner Vaterstadt als Tyrann durchaus nützen können. Die Tyrannis war damals keineswegs allgemein verfemt. Die ihr eigene Willkür konnte so stark gar nicht empfunden werden, da man rechtlich geordnete Verhältnisse noch kaum gewohnt war. Verschiedene der Sieben Weisen waren Tyrannen gewesen. Periander von Korinth und Thrasybul von Milet zum Beispiel. Pittakos von Mytilene war wie Solon in seiner Vaterstadt als Wieder-ins-Lot-Bringer eingesetzt worden und gründete dann auf seinen Vollmachten eine eigene Herrschaft.

Die Tyrannen haben tatsächlich vielen Nöten ihrer Städte abgeholfen. Vielfach haben sie neue Fähigkeiten zu methodischem Handeln entwickelt. Sie konnten stark zur Verbesserung der wirtschaftlichen Lage in den Poleis, konnten auch insofern zur Konsolidierung beitragen, als sie über viele Jahre und Jahrzehnte hinweg den Ehrgeiz ihrer adligen Standesgenossen eingrenzten, so daß sich bei denen Ansprüche und Möglichkeiten näher kamen. Insofern hätte sich die Tyrannis in Athen damals durchaus empfehlen können.

Doch finden wir in den Quellen, zu denen eine ganze Reihe solonischer Gedichte zählen, nicht die Spur einer Erwägung, daß Solon die Tyrannis als Mittel zum Zweck hätte dienlich erscheinen können. Auch die Vorwürfe, die ihm gemacht wurden, zielen nicht auf seine mangelnde Bereitschaft, sich für die Stadt zu opfern, sondern auf die »Dummheit«, die ihn hindere, das Netz, in dem er die Athener mit des Gottes Hilfe schon gefangen hatte, einfach zuzuziehen.

Es ist, wie wenn es nur um Solons Vorteil respektive seinen Ruhm gegangen wäre. Insoweit ganz, wie es dem Denken der archaischen griechischen Helden entsprach, jeder darauf bedacht, alle andern zu übertreffen. Und das ist auch durchaus der Fall: Auch Solon ging es um Ruhm und Ehre, allerdings wollte er dem Wettstreit andere Inhalte geben. Wie er sich auch im alten Sinne nach Freund und Feind orientierte, den einen lieb, den andern bitter sein und Furcht erregen wollte.

Offenbar waren die Mannes-Ideale das eine, die Polis-Ordnung das andere. Für Solon jedoch konnte es einen Widerspruch nicht geben, da seine Maßstäbe im Sinne der Polis waren und da deren Ordnung offenbar nur richtig oder falsch sein konnte. War die richtige hergestellt, mußte Tyrannis ausgeschlossen sein. Nur für den Übergang konnte es außerordentliche Vollmachten geben. Sie müssen Solon auch der Zeit nach genügt haben.

Solon steht an einem Wendepunkt. Irgendwann in jenen Jahren muß nämlich ein Umschlag im politischen Denken der Griechen erfolgt sein. Nachdem es zunächst darum gegangen war, vielerlei Vorschläge zur praktischen Regelung einzelner Probleme zu produzieren, mußte sich mit der Zeit die Frage stellen, wie überhaupt die Polis-Ordnung im Ganzen vernünftiger- und gerechterweise beschaffen sein sollte. Je länger die Krise dauerte, je tiefer die Ratschläge und oft auch die Tätigkeiten weiser Männer in die Verhältnisse eingriffen, um so dringender brauchten sie Maßstäbe allgemeinerer Verbindlichkeit, was etwa die Eigentumsordnung, die Schuldenprobleme, aber auch die Verteilung politischer Rechte, das Verhältnis zwischen Adel und Volk anging.

Da es bei allem Streit noch kaum grundsätzliche Gegensätze gab, mußte alles Denken dicht an der Wirklichkeit ansetzen. Damit wäre die Anerkennung eines monarchischen Regimes zwar noch nicht ausgeschlossen gewesen. Wenn sie aber nicht erfolgte – oder sich nicht durchsetzte –, so vermutlich deswegen, weil ein so frühes Denken zu sehr ans Herkömmliche gebunden ist, als daß ihm Effizienz so leicht zum wichtigsten Kriterium der Rechten Ordnung hätte werden können. Solche Tendenzen hätten gebrochen werden können, wenn es den Tyrannen wirklich gelungen wäre, an vielen Orten stark und vor allem weit über die unmittelbare Herrschaft hinaus für das ganze Leben, das Weltbild maßgebend zu werden. Was ja aber nicht der Fall sein sollte.

So waren die Suggestionen der Macht vergleichsweise schwach. Und so konnte sich später die Überzeugung ausbreiten, daß Tyrannis unrechtmäßig (und nicht nur den Konkurrenten der Tyrannen unlieb) ist. Denn an diesem Punkt konnte es, bei allen Konzessionen im Einzelfall, im Grundsätzlichen keine Neutralität geben. Es entstand offenbar eine intellektuelle Verbindlichkeit, an die im Folgenden angeknüpft werden konnte.

Die neuentdeckten Erkenntnis-, die Handlungsmöglichkeiten, der Gedanke der Bürger-Verantwortung und die Tatsache, daß er weithin Resonanz fand, wirkten im gleichen Sinn. Schließlich kam noch die Erfahrung hinzu, daß die göttliche Gerechtigkeit, an die viele Griechen, machtlos wie sie waren, zuvor so verzweifelt geglaubt hatten, sich wirklich zeigte: Da die Unterschichten in Bewegung geraten waren, rief Unrecht Strafe hervor, wenn diese auch nicht unbedingt genau traf; aber das hatte die des Zeus ja auch nicht getan.

Aus all diesen Gründen hatte Solon nicht nur die wirtschaftliche Not und die sozialen und politischen Spannungen (um derentwillen vielleicht die Mittel der Tyrannis hätten angeraten sein können) im Auge, sondern zugleich die Polis, wie sie sein sollte. Auch wenn dabei die wirtschaftlichen Probleme im Vordergrund standen.

Und wie sein kühnes, einschneidendes Handeln kaum möglich gewesen wäre ohne die genaue Beachtung seines Auftrags, seiner Vollmacht, so war die Sicherheit seines über den Status quo hinauszielenden Denkens vermutlich bedingt durch die Orientierung an einem allgemeinen Maßstab Rechter Ordnung. Dieses intellektuelle Fundament mußte ihm den Rückhalt geben, den die Reformer der Neuzeit am Monarchen und dann zunehmend am Staat fanden. Seine Bedeutung kann also gar nicht überschätzt werden.

Wie immer es sich erklärt – danach kann nur im Zusammenhang des griechischen Sonderwegs gefragt werden –, hier zeigt sich jedenfalls ein erster großer Niederschlag jenes relativ unabhängigen, freien, auch phantasievollen Denkens, das für die Griechen so eigentümlich wurde.

Der unmittelbare Erfolg Solons war begrenzt. Wohl konnte er vielen helfen; konnte eine Menge sozialen Zündstoff entschärfen und den Grund für weitere wirtschaftliche Verbesserungen legen. Aber indem er tief in das Bestehende eingriff, setzte er Unzufriedenheit frei und beflügelte die Phantasie der Möglichkeiten. Die Streitenden gaben so bald keine Ruhe. Und wenn es auch künftig nicht mehr so leicht war, die Bauern auszubeuten, so änderte dies nichts am ausgeuferten adligen Machtstreben. Der Ehrgeiz vieler zielte auch nach Solon weit über die legitimen Möglichkeiten hinaus. Solons Weise, das Ganze des Gemeinwesens ins Spiel zu bringen, mag beispielgebend gewesen sein; Folgen hatte sie so bald nicht.

Für den von heute zurückblickenden Betrachter ist es eindeutig, daß er sich in einer Aporie befand. Einerseits konnte er die Stadt nicht einfach dem Adel überlassen, andererseits waren die breiten Schichten der Bauern zwar fähig zu Aufständen, nicht aber dazu, auf die Dauer, das heißt regelmäßig politischen Einfluß zu üben.

Damit aber bringt man aus dem Nachhinein etwas hinzu, was Solon noch nicht wissen konnte. Für ihn waren die Adligen, besser gesagt: die Wohlhabenden kraft Reichtum und Bildung die einzigen, die die Stadt führen konnten. Und er muß angenommen haben, daß sie, wenn erst Eunomie hergestellt sei, wieder ordnungsgemäß regierten. Hier lag sein »Fehler«.

Aber was hätte er sonst machen sollen? Was immer damals für die Mitspracherechte des Volkes zu tun war, sie konnten nicht weit reichen, am wenigsten in Athen mit seinen großen Entfernungen.

Dieses Manko seiner Konzeption jedoch schränkte nur deren unmittelbaren Erfolg ein. Denn mittelbar hat sie fortgewirkt, indem sie es erlaubte, klar zwischen Status quo und Rechter Ordnung zu unterscheiden, also Distanz zu gewinnen zum Bestehenden, das sich so gern mit dem Schein des Rechts ausstattet. Auch Solons Vorbild muß lebendig geblieben sein. Wäre er Tyrann geworden, hätte er seiner Vaterstadt vielleicht im Moment mehr helfen können. Aber indem er es ablehnte, bekräftigte er seine Lehre von der bürgerlichen Verantwortung, bewährte er sein neues Mannes-Ideal. Man hat seine Gedichte noch lange auswendig gelernt.

In gewissem Sinne war Solon der erste uns bekannte Bürger: Er wollte zwar mehr leisten, aber nichts anderes, nichts Besseres sein als die andern.

All dies muß in das Gedächtnis, in die Vorstellungswelt der Athener und schließlich in jene Kraft eingegangen sein, die die Alternative zum Herkömmlichen wurde. Damit sie sich bildete, bedurfte es freilich einer Inkubationsphase.

Je nachdem, wie Solons Gesetzgebung zu datieren ist, folgte ihr eine kürzere oder längere Periode neuer adliger Auseinandersetzungen, um 560 dann die erste Tyrannis des Peisistratos, wenig später die zweite; endgültig hat er seine Herrschaft erst etwa 547 begründet. Peisistratos starb 528, es folgte ihm sein Sohn Hippias, der 510 gestürzt wurde.

Kurz vor der Tyrannis, 566/5 wurde das große Fest der Athene, die Panathenäen, gestiftet, ungefähr gleichzeitig wohl der erste Tempel für die Göttin auf der Akropolis gebaut. Offenbar war es trotz aller Kämpfe möglich, auch größere Anstrengungen im Sinne der Stadt zu unternehmen.

In diesen Jahrzehnten konnten die Angehörigen der Mittel- und Unterschichten in der Politik höchstens als Gefolgsleute von Adligen figurieren. Und die waren damals nicht nur in die üblichen Kämpfe um ihre meist recht egoistischen Interessen verstrickt, sondern es hatten sich zwei große Faktionen gebildet. Letztlich ging es ihnen um die Herrschaft in Athen, die Tyrannis ihrer Führer. Doch brachten sie es nicht dazu; wohl weil sie sich gegenseitig in Schach hielten. Erst als ein dritter auf dem Feld erschien, veränderte sich die Lage.

## 5. Athen unter der Tyrannis

Peisistratos, der Sohn des Hippokrates, stammte aus der Küstenstadt Brauron, welche etwa in der Mitte der attischen Ostküste gelegen ist, und fand seine Verbündeten vor allem in der Tetrapolis, der Gegend um Marathon. Es könnte sich zum Teil um Familien gehandelt haben, die in Athen bis dahin wenig zu sagen hatten. Daneben werden speziell die armen Bauern im Hügel- und Bergland nordöstlich Athens (Hyperakrier) als seine Anhänger genannt. Einige durch Solons Reformen Benachteiligte sollen hinzugestoßen sein.

Die wenigen Aufschlüsse, die uns die Quellen ermöglichen, sprechen dafür, daß dieser Mann einen ganz anderen Typus verkörperte als seine Rivalen: entschiedener, zupackender und bereit, alles auf eine Karte zu setzen. Er hatte sich als Heerführer in einem neuerlichen Krieg gegen Megara hervorgetan, und das Ansehen, das ihm von daher zuwuchs, kam ihm um so mehr zugute, als es sich mit einigem Glanz des Auftretens, mit Großzügigkeit und Liebenswürdigkeit verquickte; mit jenen Gesten, mit denen man auch beim breiten Volk Zulauf gewinnen kann. Darüber hinaus wird Peisistratos eine handfeste Agitation betrieben haben; ob auch für eine Neuverteilung des Landes, ist unbekannt. Bedenkenlos, wie er war, wird er nicht nur jede Situation ausgenutzt, sondern auch weithin imponiert haben.

Die Erzählung, wie er es zur Tyrannis brachte, vor allem bei den ersten beiden Anläufen, stellt der politischen Vernunft und der institutionellen Ausstattung der Athener nicht gerade das beste Zeugnis aus. Aber es besteht kein Grund, sie für falsch zu halten.

Peisistratos habe sich eines Tages, so heißt es, nachdem er sich selber eine Wunde beigebracht hatte, vor der Volksversammlung beklagt, die Gegner trachteten ihm nach dem Leben. Es sei ihm daraufhin eine Leibwache bewilligt worden, fünfzig Mann mit Keulen ausgestattet. Mit denen habe er bald danach die Akropolis und damit die Herrschaft über Athen in Besitz genommen.

Gewiß hätte er fünfzig Mann auch auf andere Weise zusammenbekommen. So war das wichtigste an ihnen der offizielle Charakter: Sie waren das lebende Zeichen dafür, wie sehr »das Volk« diesen Herrn zu privilegieren bereit war. Wer immer nun beim Beschluß anwesend war, denn es konnte in Athen ja viel geschehen, ohne daß das Gros der Bürger überhaupt ins Spiel gekommen wäre. Überraschungseffekte hatten beste Aussichten, man mußte nur darauf sehen, daß man nicht nachträglich Schwierigkeiten bekam. Aber wie sollte das bei der Uneinigkeit der Gegner so leicht geschehen?

Der damals schon um die achtzig Jahre alte Solon hat heftig dagegen polemisiert. Es sind mehrere Gedichte von ihm auf uns gekommen, die sich auf jene Jahre beziehen müssen. Er erteilte den Athenern eine Lektion in politischen Zusammenhängen: Wie aus der Wolke der Regen, aus dem Blitz der Donner kommt, so wird die Stadt von den großen Männern zugrunde gerichtet: »Das Volk stürzt in die Knechtschaft unter einem Alleinherrscher«, und zwar »aus Unwissenheit«.

In der Menschenwelt geht es anders zu als in der Natur. Wieder verbindet sich ihm die Beobachtung einer Gesetzmäßigkeit mit der Behauptung der Möglichkeit, ihrem Eintreten zu wehren; wenn man nur eben nicht, weil man es nicht besser wußte, das Falsche tat. Denn einen Machthaber, der zu hoch kommt, kann man später nicht mehr leicht in Grenzen halten: »Man muß rechtzeitig an alles denken«, so schließt er. Die Einsichten, die es zu verbreiten galt, waren teilweise sehr einfach: Mit dem rechten Wissen lassen sich Prozesse, fast möchte man sagen: läßt sich die Kausalität unterbrechen.

An anderer Stelle schließt Solon an seine Warnungen den bitteren Ausdruck der Erfahrung an, die derjenige zu machen pflegt, der seinen Zeitgenossen im Denken ein wenig voraus ist: Wie verrückt er sei, das werde sich schon bald zeigen, wenn nämlich die Wahrheit unter sie träte.

Den Beschluß über die Leibwache scheint ein drittes Gedicht ziemlich genau aufs Korn zu nehmen, in dem Solon den Athenern vorhält, nicht die Götter, sondern sie selbst seien daran schuld, daß sie ins Unglück geraten seien, da sie »diese da groß gemacht haben«; gaben sie ihnen doch »Stützen«. Er schließt daran die Feststellung, für sich allein gehe jeder von ihnen auf Fuchses Pfad, wenn sie aber zusammen (und für die Allgemeinheit) Beschlüsse faßten, zeigten sie nur »hohlen Verstand«. Sie sähen nämlich nur auf die Worte des ehrgeizigen Mannes: was er ins Werk setze, beachteten sie nicht. Nebenbei gesagt ist das eine ganz frühe Äußerung der Erkenntnis, daß es in der Politik auch »Gemeinverstand« (der zugleich ein Verstand für das allen Gemeine sein muß) braucht. Später sollte Aristoteles die umgekehrte Feststellung treffen: daß im Gros des Volkes, auch wenn die Einzelnen nicht so viel davon hatten, die Einsicht der vielen zu vieler Einsicht sich summiere.

Übrigens soll Solon nach dem Beschluß seine Waffen vor sein Haus gestellt haben. Er war zu alt, sie zu gebrauchen. Aber es sollte deutlich sein, daß man sich gegen den Usurpator zu wehren hätte.

Peisistratos' Tyrannis dauerte nicht lange, denn seine Gegner verbanden sich zu seinem Sturz. Doch verfielen sie bald darauf von neuem ihrer Rivalität; da sie sich gegenseitig in Schach hielten, versprach sich der eine von ihnen etwas von einer Allianz mit dem Herrn aus Brauron. Es war Megakles aus dem Haus der Alkmeoniden, Schwiegersohn des Kleisthenes, Tyrannen von Sikyon, und Vater des gleichnamigen attischen Reformers. Man besiegelte den Pakt mit einer Hochzeit: Peisistratos nahm Megakles' Tochter zur Frau. Der Handel war es dem Vater wert, sich sogar mit den eigenen Leuten zu überwerfen.

Diesmal erfolgte die Rückkehr des Tyrannen auf eine Weise, die nach Herodot der Griechen (die doch behaupteten, klüger als die Barbaren zu sein) und schon gar der Athener unwürdig war, hätten sie doch für die Klügsten der Griechen gegolten (man weiß freilich nicht, ob das damals schon der Fall war). Die Verbündeten staffierten nämlich ein stattliches Mädchen aus einem Dorf mitten in Attika als Athene aus und ließen Peisistratos unter ihrem Schutz in die Stadt fahren; Herolde eilten vorweg, um auszustreuen, die Göttin selbst bringe ihn zurück. Die Athener ließen es sich gefallen; angeblich hätten sie sich gar vor der Gottheit verbeugt; und Peisistratos nahm die Akropolis wieder in Besitz.

Auch diesmal nicht für lange; denn nachdem Megakles sich mit seinen Freunden wieder ausgesöhnt hatte, zwangen sie ihn gemeinsam zur Flucht. Zehn Jahre dauerte das Exil. Dann kehrte Peisistratos als Eroberer mit einer Armee zurück. Er hatte an der Nordküste der Ägäis, in Thrakien, einige Silberbergwerke in Besitz genommen, vermutlich gepachtet, und gehörig ausgebeutet.

Er könnte sich dort geradezu eine eigene Herrschaft aufgebaut haben, wie es unter griechischen Adligen der Zeit beliebt war. Sie eroberten Land oder verbanden sich mit Einheimischen, um ein eigenes Fürstentum zu begründen, siedelten Gefolgsleute als Kolonisten an, trieben ziemlich ungestört Raub über See und führten das Leben »fürstlicher Herren«. Aus Unternehmergeist, im Genuß einer Freiheit, die sie zu Hause nicht hatten, oft in enger, auch verwandtschaftlicher Verbindung mit den Königen der Gegend; denn die hatten durchaus Sinn für die gewandten, verschlagenen, kultivierten Griechen, welche ihnen zudem durch ihre Methoden der Ausnutzung von Gegebenheiten imponieren konnten. Auch Miltiades, ein Onkel des Siegers von Marathon, hat sich an der thrakischen Chersones solch ein kleines Fürstentum geschaffen, übrigens unter anderm, vielleicht gar wesentlich, um der Tyrannis in Athen auszuweichen. Es lag fast gegenüber dem attischen Stützpunkt Sigeion.

Doch Peisistratos konnte das nicht genügen. Er wollte nicht abenteuern, sein Ehrgeiz kreiste um Athen. Die Mittel, die er sammelte, dienten ihm dazu, thrakische Söldner anzuwerben, überdies knüpfte oder vertiefte er Beziehungen zu adligen Familien anderer Städte; am Ende hatte er eine ganze Koalition zusammen. Die Führungsschicht des euböischen Eretria nahm ihn auf, damit er dort aus nächster Nähe mit seinen attischen Freunden in Kontakt treten und die Landung vorbereiten könnte. Verschiedene Städte, die ihm verpflichtet waren, in erster Linie Theben, unterstützten ihn materiell, aus Argos führte ihm einer seiner Söhne tausend Mann zu, die er in Sold genommen hatte. Und es kam auch noch der reiche Lygdamis aus Naxos mit Geld und Leuten. Aus der späteren Zeit wissen wir, daß Peisistratos mit den führenden Geschlechtern der Thessaler sowie mit dem König von Makedonien verbündet war; möglicherweise war das damals schon der Fall.

Auch dies war typisch für die Zeit, daß verschiedene Adlige sich verbanden, um zusammen einen »privaten« Heereszug zu unternehmen. Einige konnten, da sie mächtig genug waren, ihre Stadt mit ins Spiel bringen, andere kamen nur mit Freunden oder steuerten Mittel bei. Erst allmählich, weil nämlich die Städte nicht für die kriegerischen Abenteuer ihrer Angehörigen haftbar gemacht werden wollten, wurde dies Treiben unter Kontrolle gebracht. Doch in der Mitte des sechsten Jahrhunderts war das bestenfalls unzulänglich der Fall. Höchst ungewöhnlich an Peisistratos' Unternehmen war nur, daß es der Eroberung einer großen, ja der größten Polis des Mutterlandes (außer Sparta) galt. Doch diese Stadt erwies sich neuerdings als äußerst schwach. Schon darin, daß man sich an Peisistratos' Vorbereitungen, die doch kaum verborgen bleiben konnten, offenbar nicht weiter störte.

Seine Landung bei Marathon ging jedenfalls mühelos vonstatten; seine Anhänger sammelten sich, und er hatte schon zwei Drittel des Wegs zur Stadt zurückgelegt, ehe die Phalanx des großen Athen ihm beim Athene-Heiligtum in Pallene entgegentrat. Vielleicht daß sie schlecht gerüstet, halbherzig geführt war und daß sich viele dem Dienst entzogen hatten, jedenfalls vermochte sie dem Aufgebot dieser Privatarmee nicht standzuhalten. Seitdem war Peisistratos' Herrschaft über Athen fest etabliert.

Seine Gegner flohen oder wurden verbannt. Verschiedene Familien, die im Lande blieben, hatten Söhne als Geiseln zu stellen. Lygdamis, dem Peisistratos inzwischen zur Herrschaft über Naxos verholfen hatte, sollte sie bei sich verwahren. Den attischen Bürgern wurden ihre Waffen abgenommen. Der Tyrann erklärte, sie sollten sich ihren häuslichen Angelegenheiten widmen, um die öffentlichen werde er sich künftig selber kümmern.

Peisistratos' Regime ist, aufs ganze gesehen, den Athenern sehr zugute gekommen, vor allem den breiten Schichten. Der Tyrann sorgte relativ gut für Rechtssicherheit gegen adlige Willkür. Dazu richtete er unter anderm das Institut der »Demenrichter« ein, die über Land reisten, um in den verschiedenen Siedlungen (Demen) Recht zu sprechen; gewiß nicht nur, damit den Bauern die Reise, sondern auch damit ihnen all das erspart werde, was die ungewohnte Atmosphäre der Stadt ihnen und ihren Zeugen an Einschüchterungen bereiten konnte. Speziell wenn es gegen Adlige ging, hätte das sehr nachteilhaft sein können. Vielleicht erleichterte der lokale Augenschein auch die rechte Entscheidung.

Der Tyrann kümmerte sich zudem persönlich um das Gedeihen der Wirtschaft im ganzen Land, gab auch Darlehen, weniger wohl, um unmittelbare Not zu lindern als um Investitionen zu ermöglichen. Wie andere Tyrannen wird er Müßiggang bekämpft haben, wohl auch gegen Verschwendung eingeschritten sein. Kriege führte er mit seinen Söldnern. Wir wissen nur von einem einzigen, der der Wiedereroberung von Sigeion galt: die Herrschaft dort wurde einem seiner Söhne übergeben – sie blieb in der Familie.

Peisistratos und seine Söhne entfalteten auch eine rege Bautätigkeit, errichteten Tempel auf der Akropolis und anderswo, verbesserten die Wasserversorgung, auch die Entsorgung, durch Anlegung neuer, unterirdischer Leitungen. Südlich der Akropolis am Ilissos, an der Quelle Kallirrhoë, entstand ein stattliches Brunnenhaus (Enneakrounos), in dem das Wasser aus neun Mündungen entnommen werden konnte.

Die Wege zwischen Athen und den Siedlungen in Attika wurden neu vermessen, vielfach wohl auch ausgebaut. Zentraler Meilenstein war der von einem Neffen des Hippias gestiftete Zwölfgötteraltar an der Nordwestecke der Agora. Genau auf der Mitte jedes Wegs von dort zu den Demen ließ Hippias' Bruder Hipparchos Hermen aufstellen, vierkantige Pfeiler, aus denen ein bärtiger Kopf und ein männliches Glied herausragten. Die Form wurde damals neu konzipiert, sie knüpfte an alte Markierungen und Revierabgrenzungen an; Steinhaufen, auf denen imponierend abschreckende Phallos-Darstellungen angebracht sein konnten. Daher war das männliche Glied der Hermen ursprünglich aufgerichtet. Hermes war der Gott dieser Steinhaufen (*her-*

*Brunnenhaus mit mehreren Ausflüssen. Schwarzfigurige Hydria, um 520. Boston, Museum of Fine Arts.*

*mai*), zugleich der Wege, des Handels, des Diebstahls wie der Erziehung. Ihn stellten die Hermen ursprünglich dar. Hipparchos brachte auf ihnen Inschriften mit ganz kurzen Maximen an. Sie sollten der Bildung der Bauern dienen; sofern diese sie lesen konnten, mochten sie sich ihnen um so mehr einprägen, als ihre Lektüre sich mit dem angenehmen Gefühl verband, die Hälfte des Weges geschafft zu haben. Ähnliche Hermen wurden dann gern auch vor Häusern und auf Straßen aufgestellt, um Schlimmes abzuwehren.

Damals ging es den Athenern, vor allem den breiten Schichten so gut, daß sie sich lange an diese Jahre wie an ein goldenes Zeitalter erinnerten. Offensichtlich kamen sehr viele zum ersten Mal dazu, ihre Höfe und Werkstätten so weit auszubauen, daß sie auskömmlich davon leben, vermutlich auch Sklaven halten konnten. Sie konnten sich künftig um mehr und anderes kümmern. Und das in breiteren Kreisen.

Wie sehr das Handwerk aufblühte, kann man noch heute nicht nur an seinen Produkten, zumal der wundervollen attischen Keramik der Zeit und deren Verbreitung im Mittelmeerraum, sondern auch an vielen Weihungen ablesen, mit denen Handwerker den Göttern Dank für ihren Erfolg abstatteten. Naturgemäß nahm auch der Handel zu.

Besondere Aufmerksamkeit wandten Peisistratos und seine Söhne auf die gemeinsamen religiösen Feste der Athener, insbesondere das große Fest der Athene, die Panathenäen, zu dem der prächtige Zug auf die Akropolis gehörte, dessen spätere Form auf dem Parthenonfries dargestellt ist. Es wurde alle vier Jahre besonders groß gefeiert, mit sportlichen Wettkämpfen, zu denen auch Nicht-Athener eingeladen waren. Außerdem ließ Peisistratos dort die homerischen Epen (die zu diesem Zweck neu herausgegeben wurden) vortragen. Der Tyrann hatte ein besonderes Verhältnis zur Göttin seiner Stadt. Und es scheint ihm auch wichtig gewesen zu sein, sich mit den Athenern in der Verehrung der Götter zu solidarisieren. Das schuf eine Gemeinsamkeit, ein Gegengewicht gegen viele von der Aristokratie beherrschte Lokalkulte.

Weiterhin scheint der Tyrann das Fest der Großen Dionysien ausgebaut zu haben. Der Wettbewerb von Tragödiendichtern geht vermutlich auf ihn zurück. Um 535 soll Thespis den ersten Sieg im tragischen Agon errungen haben. Wir hören von der Einrichtung einer Bibliothek. Peisistratos und seine Söhne zogen verschiedene Dichter an ihren Hof, Anakreon etwa, Simonides und Lasos. Onomakritos legte ihnen eine große Orakelsammlung an. Er verbreitete auch orphische Lehren, Anschauungen jener auf den mythischen Sänger Orpheus sich zurückführenden religiösen Bewegung, die sich unter anderm mit der Entstehung der Welt, der Erschaffung des Menschen und seinem Leben nach dem Tode befaßte.

Als besondere Manifestation der Polis Athen sind zugleich die Münzen zu verstehen, die Peisistratos seit etwa 525 prägen ließ: sie trugen das Bild der Athene und, auf der Rückseite, dasjenige ihrer Eule, Symbole der Stadt. Es könnte sein, daß die Hinzufügung der ersten drei Buchstaben von deren Namen eine Neuigkeit darstellte. Wir wissen jedenfalls von keiner andern Stadt, die damals

*Kurz vor der Vollendung einer hölzernen Herme. An der Wand, etwas klein geraten, der »Bürgerstock«, auf den man sich damals gerne stützte (man legte ihn unter die Achsel), wenn man sich unterhielt oder irgendwem bei der Arbeit zusah. Oberhalb eine Kalos-Inschrift (hier: Hiparchos kalos, »Hipparchos ist schön«). Auf vielen Vasen waren solche Inschriften angebracht. Die allgemeine Bewunderung der Schönsten unter den heranwachsenden Jungen machte auch vor den Vasenmalern nicht halt: Sie gaben ihr gern Ausdruck, ohne daß in der Regel eine Beziehung zwischen Bild und Inschrift bestanden hätte. So auch dieser Vasenmaler, Epiktetos, wie so viele andere. Rotfigurig um 515. Kopenhagen, Ny Carlsberg Glyptotek.*

*Tetradrachme (4 Drachmen wert) mit dem Bild der Athene auf der Vorder- und mit ihrer Eule sowie den drei ersten Buchstaben des Namens Athen auf der Rückseite. Um 525.*

ihren Namen oder Teile davon auf Münzen gesetzt hätte. Übrigens hatte Peisistratos zuvor, schon in Thrakien, Münzen mit verschiedenen Zeichen prägen lassen, welche schwer zu deuten sind, die sogenannten Wappenmünzen. Da in Attika sehr viel Silber zur Verfügung stand, verbreiteten sich Athens Drachmen in großen Mengen weit über den Mittelmeerraum. Sie dienten zunächst weniger der Erleichterung des Handels in der Stadt als der Bezahlung fremder Güter (oder Dienste); waren nur geprägtes Silber. Auch waren die Werte, die geprägt wurden, zu groß für den Alltag des Marktes.

So gewaltsam Peisistratos Athen erobert hatte, so großzügig übten er und zunächst auch seine Söhne ihr Regiment. Da sie weder besonderen Luxus trieben noch nennenswerten Herrscherlaunen sich hingaben, sondern wirklich für die Stadt sorgten, hatte es seinen guten Sinn, wenn spätere Quellen ihnen ein »politisches«, das heißt der Polis gemäßes, nicht despotisches Regime nachrühmten. Thukydides lobte ihren Verstand und ihre Rechtschaffenheit (*areté*). Wahrscheinlich wußten sie, nachdem fast überall sonst im Mutterland die Tyrannen gestürzt waren, sehr gut, wie schwierig solch eine Herrschaft sich behaupten ließ.

Allein, was immer sie Gutes taten, eines konnten sie nicht, und das war entscheidend: mit dem Allgemeinen, dem Ganzen der Stadt gab es für sie keine Identifikation. Weil sich eben dieses Ganze noch kaum ausgebildet hatte, weil es eine solche Abstraktion von der konkreten Bürgerschaft nicht gab. So viele Forderungen der Zeit sie erfüllen mochten, sie konnten sich selbst und ihre Stellung doch nicht als von der Zeit gefordert erweisen. Es gab nur praktische Gründe für ihre Herrschaft. Daher untergruben sie, je besser sie für die Bürger sorgten, um so mehr die Grundlagen ihrer eigenen Macht. Mit der Zeit bröckelte also die Unterstützung ab.

514 SOLL sich das Regiment sichtlich verschärft haben, nachdem der junge Harmodios und sein Freund Aristogeiton Hipparchos, den jüngeren Bruder des inzwischen regierenden Hippias, ermordet hatten. Den Anlaß dazu hatten Liebesgründe gegeben, denn Hipparchos hatte ein Auge auf Harmodios geworfen, sie fürchteten, daß er ihn mit Gewalt an sich ziehe; es sprachen auch

Gesichtspunkte der Ehre mit. Weil Hipparchos nämlich über Harmodios' Weigerung erzürnt war, hatte er dessen Schwester in aller Öffentlichkeit brüskiert. Im Hintergrund aber standen politische Motive: Die Tyrannis sollte beseitigt werden. Denn die beiden und ihre Mitverschworenen wollten vor allem Hippias töten; wurden davon nur abgelenkt. Es war wie so oft damals: die mögliche Willkür der Herrscher wurde wirklich unerträglich erst, wo sie tief in das Leben und nicht zuletzt in die Liebe eingriff.

Die Verschwörer rechneten auf breitere Unterstützung, wenn die Tat erst vollbracht war. Und es ist nicht gesagt, daß sie das zu Unrecht taten. Da das Attentat aber mißlang, führte es zur Verschärfung des Regimes.

Auch die nächsten Befreiungsversuche scheiterten, unter anderm der Einfall einiger Verbannter nach Attika, der zur Einnahme von Leipsydrion führte, einer kleinen Ortschaft am südwestlichen Abhang des Parnes, gute drei Stunden von Athen entfernt. Sie hatten auf Zuzug aus der Stadt gehofft. Möglicherweise war ihr Mißerfolg dadurch bedingt, daß sie ihr Unternehmen gar zu sehr im alten Adelsstil aufzogen.

Denn man hat den Eindruck, daß sich die Tyrannis in Athen inzwischen überlebt hatte. Die Bürgerschaft war nicht mehr einfach bereit, sie auszuhalten. Nur fehlte zunächst der rechte Anstoß zu ihrem Sturz. Er kam schließlich von Kleisthenes, dem Sohn des Megakles und der Agariste, der Tochter des Tyrannen Kleisthenes von Sikyon. Dieser Kleisthenes hatte einst eine der denkwürdigsten Freierversammlungen veranstaltet. Nach einem Sieg mit dem Viergespann ließ er bei den Olympischen Spielen verkünden, welcher Grieche sich für würdig halte, sein Schwiegersohn zu werden, solle spätestens nach Ablauf von sechzig Tagen sich einfinden, da er von diesem Tag an in einem Jahr die Hochzeit seiner Tochter feiern wollte. Aus den verschiedensten Städten kamen sie zusammen, ein Jahr lang behielt er sie bei sich und prüfte sie auf Bildung und Charakter, im Sport und, »was das Wichtigste war«, beim gemeinsamen Mahl. Megakles wurde Sieger, die andern erhielten zum Trost fürstliche Geschenke.

Der Athener Kleisthenes, der Enkel des Tyrannen, muß ein außerordentlich kluger Mann gewesen sein. Er war relativ jung in die Verbannung geschickt worden, hatte dort aber offenbar nicht – oder jedenfalls nicht vornehmlich – Ressentiments gepflegt. Er war herumgereist. Die Herkunft aus dem reichen Geschlecht der Alkmeoniden wird seinen Ehrgeiz begünstigt, vielleicht auch einen Hang zum Außenseitertum erzeugt haben. Seine Stärke lag in seiner Wendigkeit, seinem Vermögen, sich verschiedenster Register zu bedienen. Er war ein guter Berechner politischer Realität, nicht bloß Taktiker, sondern auch ein Stratege mit scharfen, weitblickenden Augen. Und er war mit den neuesten intellektuellen Möglichkeiten vertraut.

Damals war er schon zum zweiten Mal während der Tyrannis im Exil. Stets hatte er auf seine Rückkehr nach Athen hingearbeitet. Inzwischen war er überzeugt, daß er sie nur militärisch, und zwar mit einem starken Verbündeten bewerkstelligen konnte.

Es kam ihm dabei ein großes Verdienst zugute. Denn er hatte den Wiederaufbau des einige Jahre zuvor abgebrannten delphischen Apollontempels unternommen. Jahrelang hatte Delphi in der ganzen Mittelmeerwelt Gelder gesammelt, endlich war der Auftrag verpachtet worden, eben an Kleisthenes. Er soll die Säulen der Vorderfront, über den Vertrag hinausgehend, aus Marmor haben anfertigen lassen. Auf diese Weise – vielleicht aber auch durch bares Gold – brachte er es dazu, daß die Pythia den Spartanern wiederholt den Rat gab, Athen zu befreien. Obwohl sie mit den Peisistratiden durch Gastfreundschaft verbunden waren, gehorchten sie schließlich. Vermutlich aus religiösen Gründen, doch könnten auch die Verbindungen der Tyrannen nach Argos sie gestört haben.

Ein erstes Kontingent, das die Spartaner über See sandten, scheiterte allerdings unter den Attacken zumal thessalischer Reiter, die Hippias zu Hilfe gerufen hatte. Er hatte die Ebene bei Phaleron kahlschlagen lassen, damit sie dort operieren konnten. Verärgert schickte Sparta ein größeres Heer unter dem König Kleomenes. Jetzt wurden zwar die Reiter besiegt, doch konnte man Hippias und seine Familie zunächst nur auf der Akropolis einschließen. Und da hätten sie sich lange zu halten vermocht, wenn es ihren Gegnern nicht gelungen wäre, ihre Kinder, die sie gerade in Sicherheit zu bringen suchten, abzufangen. Hippias kapitulierte daraufhin auf freien Abzug, er bekam fünf Tage Zeit, um sein bewegliches Eigentum mitzunehmen.

Man datiert die Befreiung Athens auf das Jahr 510. Die Athener sollten sich daran auf die Dauer sehr viel weniger erinnern als an die »Tyrannenmörder« von 514, Harmodios und Aristogeiton. Denen stellten sie mitten auf der Agora Statuen auf. Und sie feierten sie in Liedern. Sie hatten es ungern, ihre Freiheit den Spartanern zu verdanken. Noch hundert Jahre später führt Thukydides ihre in kritischen Situationen aufflammende hysterische Tyrannenfurcht auf das allgemeine Wissen davon zurück, daß sie sich nicht selbst hatten befreien können. In der Tat, in Gedächtnis und Vorstellungswelt eines Volkes, das in einer so riskanten Form wie der Demokratie lebt, könnte die Erinnerung an den freiheitsbegründenden Akt etwas ausmachen; zumindest bei Zuspitzungen, wenn es auf den mentalen Fundus ankommt.

## 6. Athens neue Macht

In den neu aufflammenden Adelskämpfen ist Kleisthenes bald darauf bei den Wahlen zum Archontat von 508/7 einem andern Adligen namens Isagoras unterlegen. Da hat er kurz entschlossen einen sehr kühnen Versuch gemacht, das Volk auf seine Seite zu ziehen, genauer gesagt: es erstmals nachhaltig für die Politik zu mobilisieren. Er schlug seine berühmte Phylenreform vor; vermutlich auf gute Ratgeber gestützt, die ihm schon vorher ihre Pläne unterbreitet hatten. Denn was nun ins Werk gesetzt werden sollte, war nicht aus dem Ärmel geschüttelt. Die Reform bewirkte zwar letztlich, was in einigen anderen Städten schon erreicht war; auch in Korinth und Argos etwa war die regelmäßige Mitsprache eines breiteren Kreises von Bürgern schon institutionell gesichert. Doch stellten sich die Probleme im großen Athen wesentlich schwieriger. Und so trug auch ihre Lösung viel weiter.

Es handelte sich, dem unmittelbaren Tatbestand nach, nur um eine neue Einteilung der attischen Bürgerschaft in Untergruppen. Aber die war so gestaltet, daß sie es – zumal dank der Einrichtung eines neuen Rats der Fünfhundert – ermöglichte, den Willen der Bürgerschaft in Athen präsent zu machen, ja diese Bürgerschaft als politische Einheit überhaupt erst zu konstituieren: daß breite Kreise ihrer Mitglieder nicht mehr nur als Hopliten und schon gar nicht als Anhänger von Adligen, sondern eben als Bürger fungieren konnten. Voraussetzung dafür war freilich, daß es den Willen dazu schon gab.

Indizien, die kaum zu mißdeuten sind, weisen auch darauf hin, daß sich die attische Bürgerschaft inzwischen verwandelt hatte. Es regte sich in ihr ein kräftiges politisches Interesse. Mitsprachewille und Verantwortung für die Polis, ja ein Anspruch auf politische Gleichheit hatten Wurzeln geschlagen. Wer mit Hilfe des Volkes überlegene Macht begründen wollte, konnte ihm jetzt nicht mehr, wie es Usurpatoren so oft und erfolgreich getan hatten, mit wirtschaftlichen Versprechungen kommen, um dann den politischen Gewinn in Form der Tyrannis für sich selbst einzustreichen. Dankbarkeit, Ansehen und besonderer Einfluß waren nurmehr dadurch zu erlangen, daß man nicht sich, sondern die Bürgerschaft stark machte, um dann gestützt auf sie Politik treiben zu können. Was Kleisthenes offenbar begriffen hat.

Was mit den attischen Bürgern in der Zeit seit Solon vor sich gegangen war, ist schwer zu sagen. Doch mag das fürs Erste auf sich beruhen; ebenso der Inhalt der Reform. Seine Behandlung setzt die des griechischen Sonderwegs voraus. Jedenfalls wurde die attische Bürgerschaft aufgrund der Reform zu einem neuen Machtfaktor.

Bevor noch Kleisthenes', wie sich bei näherem Zusehen ergibt, ingeniöse Reform ausgeführt werden konnte, erkannten seine Gegner, welche Gefahren für sie daraus erwuchsen. Den bisherigen Möglichkeiten aristokratischer Politik wurden weitgehend die Grundlagen entzogen. Aber die Herren waren noch zu sehr in den alten Denkformen befangen, als daß sie so schnell begriffen hätten, daß sie gegenstandslos geworden waren.

Es war wie ja auch sonst verschiedentlich in der Geschichte: die Anhänger des Überkommenen sehen die Gefahr, die von einer Neuerung droht, sehr genau. Sie schätzen sie sogar hoch ein und sind doch ihrer eigenen Sache noch zu sicher, als daß sie schon wahrnehmen könnten, daß das Neue so leicht nicht mehr zu unterdrücken ist. Vielleicht haben sie sogar ein Stück weit recht, schließlich fehlt es ihm noch an Befestigung, wie erst die Bewährung sie zu schaffen vermag. Aber indem sie zum Gegenangriff ansetzen, verändern sie die Lage derart, daß sie evident ins Unrecht geraten und das Neue seine erste Probe besteht.

Kleisthenes' Rivale Isagoras rief den König Kleomenes von

Sparta erneut herbei. Er war sein Gastfreund geworden; nun kam er mit einem kleinen Kontingent, auf eigene Faust, nicht in offiziellem Auftrag, und nahm die Stadt ohne Schwierigkeiten ein. Kleisthenes floh, 700 seiner Anhänger wurden samt ihren Familien verbannt. 300 Aristokraten sollten, in der Form einer engen Oligarchie, die Herrschaft übernehmen.

Mit größeren Schwierigkeiten scheint man nicht gerechnet zu haben, so daß es eine bittere Überraschung gab, als sich herausstellte, daß die Angehörigen der breiten Schichten trotz Abwesenheit des Kleisthenes und seiner engeren Verbündeten zu handeln vermochten. »Volk« rangierte in den Köpfen dieser Adligen offenbar immer noch in der Form von Gefolgschaften. Deswegen hatte Kleomenes sich auch nicht richtig gerüstet.

Als die Herren daran gingen, den Rat – wohl den, an sich eher unbedeutenden, der Vierhundert – aufzulösen, widersetzte er sich, und eine große Zahl von Bürgern strömte zusammen. Wie wenige Jahre zuvor der Tyrann mußten sich jetzt Kleomenes und seine Freunde auf die Akropolis zurückziehen. Diesmal war dort aber nichts vorbereitet, so daß sie sich nicht lange halten konnten. Vielleicht sahen sie auch ein, daß die Hoffnung auf Entsatz vergebens war. Nach zwei Tagen nahmen die Spartaner jedenfalls unter schmählichen Bedingungen den freien Abzug an. Der König mußte seine attischen Freunde zurücklassen, mit Ausnahme des Isagoras; denn der konnte entweichen. Die andern wurden in Ketten gelegt und schließlich getötet.

Die Erhebung des attischen Volkes war so spontan, wie eine Volkserhebung es nur sein kann. Eine bessere Bestätigung hätte Kleisthenes gar nicht erhalten können. Diese Bürgerschaft war bereit, die neuen Formen politischer Mitsprache auszufüllen, deren Herstellung Kleisthenes bald nach der Rückkehr in Angriff nahm.

Ob man es aber in diesem Moment schon wußte oder nicht, die kleisthenische Reform veränderte nicht nur Athen, sondern ganz Griechenland. Und mindestens an der Stelle, an der man seit langem schon das Geschehen in ganz Griechenland mit wacher Empfindlichkeit beobachtete, muß man das bald bemerkt haben: Die Spartaner fanden das bisherige außenpolitische System entschieden gestört und versuchten nun im großen, womit Isagoras im kleinen gescheitert war.

Denn doch nicht einfach weil Kleomenes sich nicht geschlagen geben wollte, sah sich Sparta jetzt mitsamt seinen Bundesgenossen veranlaßt, gegen Athen zu ziehen. Die Vorsicht, mit der dort Außenpolitik gemacht wurde, übrigens keineswegs allein von den Königen, aber auch die Tatsache, daß die Bundesgenossen durchaus nicht alle zu automatischem Gehorsam verpflichtet waren, spricht vielmehr dafür, daß man auf der Peloponnes wirklich von der Notwendigkeit des Krieges überzeugt war; Isagoras sollte nach Athen zurückgeführt werden, und zwar nun, um dort eine Tyrannis zu begründen. Zwei Nachbarn Athens, die Böoter und die Männer von Chalkis, schlossen sich an, die Ägineten machten zur gleichen Zeit die attischen Küsten unsicher.

Die Armee der Peloponnesier drang in die Ebene von Eleusis ein, gleichzeitig besetzten die Böoter die Grenzdörfer Oinoë und Hysiai, und die Chalkidier begannen, Attika von der See her zu plündern. Doch dann geschah etwas Merkwürdiges: Als das attische Aufgebot gegen die Spartaner ausrückte, traf es sie nicht mehr an. Denn die Korinther hatten sich inzwischen geweigert, den Feldzug weiter mitzumachen; auch der zweite spartanische König, der dem Herkommen gemäß am Feldzug beteiligt war, war nach Sparta zurückgekehrt, so daß sich Kleomenes zum Abzug gezwungen gesehen hatte.

Den Böotern und Chalkidiern konnten die Athener darauf schwere, verlustreiche Niederlagen beibringen. Allein von den Böotern gerieten 700 Männer in Gefangenschaft, sie wurden später gegen hohes Lösegeld freigelassen. Den Adligen von Chalkis nahm man ihr Land weg und teilte es unter 4 000 Athener auf. Der Krieg gegen Ägina scheint sich mit Unterbrechungen fortgesetzt zu haben.

Herodot bemerkt dazu, die Athener seien damals stark geworden. »Es zeigt sich darin, daß die durch Bürgergleichheit bestimmte Ordnung in jeder Hinsicht eine nützliche Sache ist.« Während der Tyrannis seien sie keinem ihrer Nachbarn im Krieg überlegen gewesen, nachdem sie sich davon befreit hätten aber, seien sie mit Abstand die ersten geworden. Sie kämpften jetzt für sich selbst. Übrigens gehörte zu Kleisthenes' Reform auch eine neue militärische Organisation.

Einige Zeit später haben die Spartaner noch einmal einen Feldzug geplant, diesmal war es Hippias, dem sie wieder zur Herrschaft verhelfen wollten. Die Furcht, daß die Athener in ihrer neuen Ordnung ihnen ebenbürtig werden könnten, trieb sie weiter um. Außerdem sollen sie zu ihrem Ärger von der Beeinflussung – oder Bestechung – des Orakels erfahren haben. Jetzt aber verweigerten sich die Korinther sofort, ihr Gesandter erklärte in der Bundesversammlung mit beredten Worten, man dürfe unter keinen Umständen irgendwo eine Tyrannis einsetzen. Damals haben die Thessaler Hippias die Stadt Iolkos und der Makedonenkönig die Stadt Anthemus zum Besitz angeboten. Er schlug beides aus und zog sich nach Sigeion zurück.

Offenkundig also hat man Athen als Störenfried empfunden. Ob mehr, weil man – außenpolitisch – seine Macht oder mehr, weil man – innenpolitisch – sein Vorbild fürchtete, ist nicht so wichtig. Denn das eine war vom andern gar nicht zu trennen. Sowohl in den Poleis wie zwischen ihnen hatte es sich ja so eingespielt, daß man eher nebeneinanderher lebte, daß sich zwischen den Adligen und den Städten vieles die Waage hielt (und die Ausschläge sich insgesamt neutralisierten). Sparta hatte das, gestützt auf vielerlei Verbindungen auf der Peloponnes und zum Teil darüber hinaus, garantiert.

Jetzt erhielt die alte, anerkannte, saturierte Vormacht Konkurrenz, ein neues politisches Zentrum entstand, nahe genug an der Peloponnes, um stark dorthin wirken zu können, zugleich an einer Stelle, von der aus es auch anderswohin ausstrahlen konnte, nach Mittelgriechenland etwa. Keiner wußte, was diese neue Macht wollte; sie selbst eingeschlossen.

Und auch in diesem Punkt war es wie beim Gegenangriff der attischen Aristokraten: Indem Sparta die Gefahr der neuen Macht empfand und sich gegen sie zur Wehr setzte, gab es ihr Gelegenheit, sich zu beweisen, ja vermutlich sich ihrer Möglichkeiten überhaupt erst bewußt zu werden. Denn es war den attischen Bürgern doch wohl zunächst nur um die eigene, innere Ordnung gegangen. Statt dessen wurden sie gleich in Außenpolitik und Krieg verwickelt. Nicht lange, und sie trauten es sich sogar zu, im jonischen Aufstand gegen Persien mitzuspielen.

Es ist bezeichnend, daß Sparta sich nicht einmal davor scheute, zu versuchen, was es noch nie versucht hatte, nämlich eine Tyrannis zu etablieren. Zur Bewahrung des Guten Alten setzte es ein Mittel ein, das den vorherrschenden Auffassungen von der Rechten Ordnung so gar nicht entsprach.

Die Korinther aber mögen wirklich eine gewisse Solidarität mit Athen in der Verfechtung innerer Freiheit gespürt haben, auch bei ihnen hatten die breiten Schichten schon Mitspracherechte. Wahrscheinlich fanden sie es aber auch nicht schlecht, daß ein Gegengewicht gegen Sparta entstand. Es erwuchs ihnen daraus größere Bedeutung, wohl auch mehr Handlungsspielraum. Jedenfalls sollte Kleomenes in Athen kein Regiment von seinen Gnaden einrichten. Wenn sie beim ersten Feldzug zunächst mitzogen, so mag es deswegen gewesen sein, weil ihnen die Absicht der Spartaner nicht ganz klar wurde, bevor Isagoras auf attischem Gebiet seine ersten Verfügungen traf.

Zum Schluss des Jahrhunderts hatte sich in Athen also endlich und mit unverhofften Konsequenzen gebildet, was Solon nicht hatte herstellen können: eine Ordnung, in der man der Willkür und Selbstbezogenheit der Adligen steuern konnte. Sie hatte ihr Schwergewicht in den breiten Schichten der Bürgerschaft.

Insofern war es nicht jene Eunomie, an die der große Gesetzgeber gedacht hatte, so sehr der Gedanke daran den Prozeß befördert hat. Man nannte die neue Ordnung, wenn nicht damals schon, so bald darauf, Isonomie, Gleichheitsordnung. Ihr Konzept widersprach nicht einfach dem solonischen, aber es fügte ihm als entscheidenden Akzent die Gleichheit der politischen Anteile hinzu: Wobei man weniger die formalen Berechtigungen als die Praxis der Mitsprache im Auge gehabt hat. Denn jetzt sollten die Bürger ihre Verantwortung für die Stadt nicht nur im Ausnahmefall, sondern in der Regel üben. Und dabei sollte es bleiben.

Von der weiteren Geschichte her gesehen, bezeichnet der Isonomiebegriff die Vorstufe der Demokratie. Was die beiden Begriffe meinen, geht ineinander über. Doch muß man historisch deutlich trennen: In den frühen Isonomien ging es nicht schon um die Herrschaft des Volkes.

Da unter den Griechen nennenswerte politische Einheit – für die Neuzeit würde man sagen: Staatlichkeit – und Bürgergleichheit nur zusammen zu erlangen waren, konnten in Athen erst die breiteren Schichten die potentielle Macht der Polis nach außen herausarbeiten.

Im Kern waren es die Bauern, wobei sich eine Schicht besonders hervortat, die der von Chester Starr sogenannten Semiaristokraten, eine Art Honoratioren zweiten Ranges. Sie waren nicht wirklich reich, konnten mit den Adligen als Einzelne kaum konkurrieren. Aber sie waren wohlhabend genug, um einigermaßen abkömmlich zu sein für die Politik, und ihr Ehrgeiz ging dahin, es mit jenen aufzunehmen. Was sie konnten, wenn sie untereinander solidarisch waren.

Und das wiederum konnten sie, weil sie ein gemeinsames Interesse an Rechtssicherheit, an Mitsprache, an Gleichheit der politischen Rechte hatten. Da sie aber sogleich in die Außenpolitik verwickelt wurden, verband sich damit sehr rasch ein gemeinsames Interesse auch nach außen.

Erstmals also eine Stadt in Griechenland, die politisch weit über sich selbst und ihre engere Umgebung hinauszuwirken vermochte, ohne – wie Sparta – ein Feldlager im Frieden zu sein. Was andernfalls aus den Griechen geworden wäre, wenn sie, als die Perser kamen, an der Stelle des potentiell stärksten Gemeinwesens ein politisches Vakuum gehabt hätten, ist gänzlich unklar. Und angesichts des Selbstvertrauens dieser sich selbst so neu, so mächtig erfahrenden Stadt mag die Bereitschaft zu ungewöhnlichen, ja riskanten Handlungen wie dem Entschluß zum Flottenbau, zur Räumung Attikas und dazu, bei Salamis alles auf eine Karte zu setzen, erklärbar sein. Wo Städte ihre Einheit in den breiten Bürgerschaften fanden, mochte gerade ein so großes Gemeinwesen mit solchen Distanzen in seinem Innern eine Kraft und einen Schwung erzeugen, die leicht überschossen; jedenfalls solange sie neu waren.

Politische Geschichte hat etwas Verführerisches. Folgt man der Reihe der Ereignisse, scheint sich zumeist eins aus dem andern zu ergeben. Naheliegende Bedingungen sind rasch beigebracht; Gründe werden oft einfach dem Ablauf entnommen; selbst für ungewöhnliche Einschnitte scheinen Teilerklärungen auszureichen. Ist sie einmal in Gang gekommen, so waltet in ihr

»das Gesetz der erzählerischen Ordnung«, nach Musil, wie man weiß, »die bewährteste perspektivische Verkürzung des Verstandes«.

Es entsteht allzu leicht eine Illusion des Verstehens. Nicht daß solche Geschichte illegitim, unangemessen oder gar daß sie unnütz wäre. Aber es verliert sich in ihr leicht das Erstaunliche, das Rätselhafte, und schon das bedeutet eine Verfälschung durch »diesen ewigen Kunstgriff der Epik, mit dem schon die Kinderfrauen ihre Kleinen beruhigen«.

Wohl kann mit politischer Geschichte eine Schneise in zunächst unbekanntes Gelände geschlagen werden. Ihrem Faden entlang gewinnen die Dinge eine erste Ordnung und Bedeutung. Doch schon dabei müssen überall Fragen offenbleiben.

Wenn etwa die griechischen Adligen in der Frühzeit so wenig Energie auf die Polis konzentrierten, wenn sie sich relativ stark auf eine weitere, gemeingriechische Öffentlichkeit bezogen, so mag das mit der eigenartigen Dialektik zusammenhängen, die sich unter den Griechen zwischen der Kleinheit ihrer politischen Einheiten und der Weite ihrer gemeinsamen Kultur einstellte. Allein, sobald man das formuliert, hat man die Griechen schon der Erzählung vorausgesetzt. Sollte man nicht zunächst einmal fragen, wie das denn eigentlich kam, daß diese kuriose Kultur in und zwischen vielen selbständigen politischen Einheiten entstand? Anders gesagt, ohne ein politisches Zentrum, für lange Zeit eher am Politischen vorbei?

Warum vermochten die Griechen die Kleinheit ihrer politischen Verbände nicht zu überwinden? Sperrten sich da irgendwelche Kräfte? Oder lag es eher daran, daß bestimmte Kräfte sich nicht bildeten? Daß die Energien anders verteilt waren, daß die Kanäle der Aufmerksamkeit, der Wertschätzung, des Ehrgeizes, in die ihre Energien strömten, anders geschnitten waren als anderswo? Daß Monarchie sich nicht entfalten konnte? Was dann ja aber auch der Erklärung bedürfte.

Mit einer Formel wie der, daß alles mit allem zusammenhänge, ist nicht viel auszurichten. Jedoch, wie bei den Griechen Freiheiten sich mit Grenzziehungen bedingten, wie Handlungsspielräume bestimmte Identitäten, verfügungsresistente Bereiche also, teils voraussetzten, teils befestigten (und umgekehrt die Identitäten Spielräume eröffneten) – könnte sich darin vielleicht ein Zusammenhang etwa zwischen Knabenliebe und den Voraussetzungen der Demokratie andeuten? Könnten etwa die Festkultur der Griechen, ihr Degout gegenüber dem Altwerden, das ihnen eigene Gemisch von Lebensfreude und Trauer wesentlich in jener Inkubationsphase zwischen Solon und Kleisthenes mitgespielt haben, über die man so wenig weiß?

Und könnte die so ungewöhnliche, für uns kaum verständliche Bereitschaft der breiten Schichten, sich regelmäßig aktiv und stark in der Politik zu engagieren, ohne die Kleisthenes' Reform nicht zu erklären ist, mit dem für uns ebenso mysteriösen Verhältnis zwischen den Geschlechtern oder auch mit dem spezifischen Bedürfnis der Griechen nach Schönheit zu tun haben?

Solche Zusammenhänge mögen weit hergeholt erscheinen. Naturgemäß können sie so direkt nicht bestanden haben, wie diese Fragen es suggerieren. Indes könnten sie vermittelt, innerhalb der weiteren Komplexe, denen sie zugehörten, durchaus mitgespielt haben. Sie könnten nicht nur zur Eigenart der Griechen, sondern gerade auch zu ihrer Befähigung zur Demokratie etwas beigetragen haben. Wie so vieles andere noch.

Denn auch bei der Erkenntnis des Politischen bei den Griechen geht es nicht nur um Adelsschwächen und Herausforderungen an die breiten Schichten, um Machtkonstellationen und politisches Denken, um die Antworten gleichsam, die die Quellen geben, wenn wir sie mit den uns gewohnten Kategorien befragen – sondern es geht vermutlich um einen ganz besonderen Zusammenhang verschiedenster Faktoren, um die ganz besondere Eigenart eines Volkes, von der das Politische nur eine Seite darstellt.

Je näher man an das klassische Jahrhundert der Griechen kommt, je erstaunlicher es wird, was sie leisten und hervorbringen, um so dringender wird es, der Frage nachzugehen, wie es überhaupt zu den Griechen kam, die uns so vertraut anmuten und, genau besehen, so ungeheuer fremd sind; so sehr, daß der Versuch, sie zu verstehen, damit beginnen muß, daß man sich diese Fremdheit eingesteht und für sie offen ist. Auch hier gilt es, Ethnologie zu treiben.

Immer wieder verfängt sich unser Blick an ihren Lichtseiten. Die Schatten dagegen stören nur gelegentlich das Bild. Aber man sollte nicht damit rechnen, daß sie besonders einseitig Licht und besonders wenig Schatten produzierten. Indes muß es eine spezifische Verteilung zwischen Licht und Schatten bei ihnen sehr wohl gegeben haben, und zwischen Alltag und Fest, zwischen Gesellschaft und Außenseitern, zwischen Mythos und Ritus, dem Empfinden der Schwere des Lebens und der Fähigkeit, es sich leicht zu machen.

Vielleicht also auch bestimmte Weisen zu denken, zu planen und zu kämpfen – eben die, die ihre Unterlegenheit bei Salamis ein gutes Stück weit aufwogen? Die ihnen die Kleinheit ihrer Städte geradezu zum Vorzug machten? »Eine kleine Stadt auf dem Felsen gelegen, in der nach rechter Ordnung gelebt wird, ist besser als das törichte Ninive«, heißt es bei Phokylides und was hier als »besser« wiedergegeben ist, kann auch »stärker« meinen.

Diese Stärken aber, worin immer sie genau bestanden haben mögen, dürfen nicht unglaublich sein. Wie es übrigens auch die Tatsache – nicht daß Kleisthenes eine großartige Reform entwarf, aber: – daß die attische Bürgerschaft sich durch sie auf die Dauer völlig verändern ließ, nicht sein darf. Wer also waren die Griechen? Und wie kam es zu ihnen?

# III. Der Beginn des griechischen Sonderwegs Oder: Die politische Revolution der Weltgeschichte

> Große Wälder wachsen einmal
> und dann, ausgerottet, nie wieder:
> Menschen und Volk besitzen
> oder erwerben gewisse Dinge in
> der Jugend oder nie.
>
> JACOB BURCKHARDT

WIE WAR es möglich, daß eine Gesellschaft von lauter kleinen Poleis die Weltgeschichte revolutionierte? Denn genau das ist in Griechenland doch geschehen. Es hat nicht nur die Neolithische und die Industrielle Revolution, nicht nur die der Gründung früher Hochkulturen mit ihren Großreichen, sondern insbesondere auch die Politische Revolution der Griechen stattgefunden. Sofern man als Revolutionen einmal nur die langgestreckten unter den welthistorisch entscheidenden Umwälzungsprozessen nimmt.

Wenn bei den Orientalen – nach Hegel – nur Einer frei und »darum nur ein Despot, nicht ein freier Mann, ein Mensch« war, so waren es bei den Griechen immerhin Einige. Und wenn sie auch Sklaven brauchten und ihre Freiheit daher eine »zufällige, unausgearbeitete, vergängliche und beschränkte Blume« gewesen sein sollte, so war diese Freiheit doch nur zu sichern durch eine Ordnung ohne Obrigkeit, ja durch die Fähigkeit ganzer Bürgerschaften, sich ziemlich buchstäblich selbst zu regieren. Denn erstmals bei den Griechen stellte sich nicht nur – höchstens – die Frage, ob der oder jener oder allenfalls gar einer oder mehrere regieren, sondern die, ob es nicht alle Bürger, einschließlich der Armen sollten; als Bürger, also ohne daß sie sich auf Politik hätten spezialisieren können. Das heißt: ob die Regierten selbst regelmäßig aktiv und wirksam an der Politik teilhaben sollten.

Dadurch erschlossen sich ihnen völlig neue Dimensionen menschlicher Existenz, ganz eigentümliche Verhältnisse, ungeheure Handlungs-, Gestaltungs-, Denkmöglichkeiten. Riskiertheiten also, Bodenlosigkeiten zugleich, mit der dazugehörigen Trauer, der Heiterkeit, der Philosophie, der Kunst und vielem andern, was so schnell nicht aufzuzählen ist. Und das alles war stark vom Politischen her bestimmt.

## 1. Die »Initialzündung«

Dass die Griechen, abweichend von aller Regel der Weltgeschichte, ihre Kultur nicht von monarchischen Zentren, sondern im Widerspiel verschiedenster Kräfte bildeten, daß sie insgesamt so andere Wege gingen, so anders waren als alle andern, kann sich nicht aus irgendwelchen Eigenschaften ergeben haben, mit denen sie von vornherein begabt gewesen wären. Was sie waren, sind sie vielmehr geworden. Ihre Eigenart ist um nichts weniger als ihre Kultur ein Produkt ihrer frühen Geschichte.

Die Vorstellung, die Griechen hätten ihre Kultur geschaffen, kann also Sinn nur haben, wenn man sowohl »die Griechen« wie »ihre Kultur« in eine unendliche Vielzahl von Elementen zerlegt denkt, die in einem langen Prozeß immer wieder eins das andere geformt und verändert haben. Kleider machen Leute, und solche Leute machen dann wieder solche Kleider, heißt es bei Musil.

Wobei es – nebenher gesagt – ein recht heikles Unterfangen ist, zu bestimmen, wer die Griechen überhaupt gewesen sind. Denn die schöne, die rationale, die klare Seite, die sie uns in den weitaus meisten erhaltenen Zeugnissen zuwenden, kann nicht für das Ganze stehen. Sie waren vielmehr anders auch als die, als die sie uns erscheinen; und als die wir sie uns so gerne vorstellen.

Alle Berufung auf einen ursprünglichen Volkscharakter ist nach Max Weber nur ein »Bekenntnis des Nichtwissens«. Über Erbqualitäten, die ein Volk in die Geschichte mitbrächte, läßt sich nichts ausmachen. Daß ihm etwas im Blut läge, ist nur eine Metapher, welche biologisch ausdrückt, was vermutlich nur »die Gesamtheit der Rückwirkungen ist, welche der Mensch von dem erfährt, was er geschaffen hat«, um noch einmal Musil zu zitieren. Man kann bestenfalls beobachten, wie ein Volk in Reaktion auf

Umwelt und historische Herausforderungen dies ausbildet, jenes vernachlässigt, wieder anderes mit Sanktionen belegt; wie gewisse Handlungen sich bewähren, während andere fehlgehen, so daß bestimmte Wertschätzungen sich schließlich zu allgemeinen Gesinnungen verschränken; kurz, wie bestimmte Formen des Sich-Verhaltens, der Gesellung, des Welt- und des Götterverständnisses, überhaupt des Lebens sich einspielen und in gewissem Maße objektivieren – um eben das zu schaffen, was dann auf die Eigenart der Menschen rückwirkt, sie prägt und darin zugleich sich reproduziert. Keineswegs überall gleichmäßig, sondern etwa nach Schichten verschieden, und unter Umständen geradezu spezifische Arbeitsteilungen zwischen dem Gros und den davon sich absetzenden Außenseitern erzeugend, welche für die Fruchtbarkeit und das Veränderungs-Potential der Gesellschaft entscheidend sein können.

Wenn in der Weltgeschichte eine Kultur entstehen soll, so geht es offenbar darum, daß an die Stelle einfacher, eingespielter, stets tradierter Selbstverständlichkeiten eine gründlich und umfassend neue Ordnung tritt, und zwar normalerweise mindestens auf längere Strecken aufgrund bewußten, planenden Handelns. Vorausgegangen muß dann eine Periode sein, in der diese Selbstverständlichkeiten, sei es eher von Innen, sei es eher von Außen her, als unzulänglich erwiesen werden; während derer also die überkommene mentale und intellektuelle Ausstattung, aber auch die Fähigkeit, Problemen allgemeiner Art durch gemeinsames Handeln beizukommen, nicht mehr ausreichen.

Jedenfalls muß normalerweise eine Erschütterung eingetreten sein, die so tief geht, daß nicht nur neue politische – und religiöse – Zentren, ein neuer Gesellschaftsaufbau, neue Techniken und Wirtschaftsformen notwendig werden, sondern auch neue Legitimationen und Riten, eine neue Weltsicht in Mythen und Dichtung, Bildender Kunst und Architektur. In ihnen schlägt sich die neue Ordnung nieder, drückt sie sich aus und – befestigt sie sich. Denn nicht zuletzt das unbefriedigte Sinnbedürfnis ist es, was unter Erschütterungen leidet und worauf die Machthaber schließlich Antworten zu geben haben; Antworten, die so umfassend ansetzen, wie die Welt es ist, die sie schaffen, jenes Ganze mithin, in das ihr Reich eingebettet ist. Um von den gemeinsamen Werken der Arbeit, aber auch des Krieges, zu denen eine solche Kultur befähigt, zu schweigen.

Solche Kulturbildungen sind, abhängig und vor allem unabhängig voneinander, verschiedentlich in der Weltgeschichte vorgekommen; in großem Stil in Ägypten, Mesopotamien, Indien, China und Mittelamerika. Jeweils mußte offenbar das Ganze verändert oder eher: neu geschaffen werden. In dem Chaos, in dem diese Prozesse ihren Anfang nahmen, müssen sich vor allem Chancen für unternehmende, tüchtige, willensstarke Männer geboten haben. Vielleicht auch, daß sie irgendwo schon Herrschaften besaßen und diese dann zugleich ausweiteten und tiefer einfurchten. Jedenfalls wird es in der Regel zu Ausscheidungskämpfen gekommen sein, bis am Ende mächtige Monarchien (und zumeist auch Priesterschaften) begründet wurden und – bis es vor allem gelang, deren Macht derart auch in das Wissen, in das Denken und Vorstellen der Beherrschten einzulagern, daß eine andere als die monarchische Ordnung gar nicht mehr denkbar war. Die Alternative zu ihr konnte dann nurmehr Auflösung und Anarchie sein.

Die absolutistischen Monarchien der Neuzeit sind die einzigen, welche die Denkbarkeit anderer Ordnungen nicht dauerhaft ausschlossen; welche Staaten errichteten, nämlich solche politischen Einheiten, die zu Republiken, schließlich zu Demokratien umgebildet werden konnten. Es liegt sehr nahe, dies auf den nachwirkenden, sich immer neu reproduzierenden und weithin alles Folgende prägenden Einfluß der christlichen, der römischen und daneben und darin zugleich der griechischen Antike zurückzuführen, einen Einfluß, der bereits in die Entstehung der Staaten, in die Konstellation zwischen geistlicher und weltlicher Gewalt eingegangen war.

Wie also konnte es bei den Griechen so anders laufen? Wie vermochten sie ihre Kultur ohne nennenswerten Anteil von Monarchen aufzubauen, so daß sie die Weltgeschichte revolutionierten?

Entscheidend dafür muß die besondere Weise gewesen sein, auf die dieses Volk aus den einfachen Lebensverhältnissen seiner frühen Zeit sich herausreißen ließ; großen, nur durch gründlichen Wandel zu meisternden Anforderungen begegnend, um auf sie mit höchst eigentümlichen Erfolgen und Resultaten zu antworten. Die Eigenart, die es bis dahin ausgebildet hatte, hat naturgemäß dazu beigetragen. Aber sie hätte sich in sehr verschiedene Richtungen entwickeln können.

Eine Bevölkerung griechischer Zunge gab es im Ägäisraum seit der Mitte, vielleicht gar schon vor dem Anfang des zweiten Jahrtausends vor Christus. Sie brachte jene Kultur hervor, die wir nach ihrem Hauptort die mykenische nennen. Warum sie nach einigen Jahrhunderten der Blüte in die Agonie geriet, wissen wir nicht. Invasionen von »Seevölkern«, Kriege zwischen den Fürsten, Epidemien mit verheerenden Wirkungen der Art, wie sie etwa die Schwarze Pest von 1348 gehabt hat, auch Klimaveränderungen sind erwogen worden. Vielleicht war die zivilisatorische Kapazität der mykenischen Herren irgendwann erlahmt.

Am Ende war diese Kultur jedenfalls so gründlich zerstört, daß ihre ganze spezifische Lebensform verlorenging; selbst die Schrift, die man künftig nicht mehr brauchte (außer in einem Außenposten auf Zypern, der sich offenbar aus dem Untergang heraushalten konnte). Die Bevölkerung wurde aufs stärkste dezimiert, viele Landstriche waren nurmehr dünn besiedelt.

Ebenso wenig wie über die Gründe des Niedergangs Mykenes wissen wir über die Bevölkerungsbewegungen der Jahrzehnte um das Jahr 1000. Nichts spricht für eine große »Dorische Wanderung«, der auch die alten Fürstentümer auf griechischem Boden zum Opfer gefallen wären. Immerhin gab es offenbar eine Fluchtbewegung in östlicher Richtung, die unter anderm für die Gründung der Griechenstädte in Kleinasien verantwortlich war. Sie scheint in der Hauptsache über Attika gelaufen zu sein. Zudem lassen sich Einwanderungen von Norden erschließen, die in verschiedenen Schüben zumal aus den unmittelbar angrenzenden Gebieten herankamen, eben die Dorer, welche künftig weite Teile der Peloponnes, Böotien und dann auch die südlichen Ägäis-Inseln in Besitz nahmen. Um von andern Einwanderern abzusehen.

Was danach, seit etwa 1000 vor Christus, die Griechen waren, hatte mit Mykene fast nichts mehr zu tun. Es war ein neues Volk, das sich aus den Nachkommen der Voreinwohner so gut wie aus den Neuhinzugekommenen zusammensetzte. Es hegte allerdings einige Erinnerungen an die glanzvolle Vergangenheit. Und zwar waren es die Sänger, welche sie tradierten und dabei immer weiter verwandelten, indem sie sie mit vielerlei Anschauungen aus den folgenden Gegenwarten verflochten. So daß schließlich ein Bild entstand, das kurios aus den Kämpfen großer Helden, den Spuren einer reichen Kultur, aber auch der Darstellung relativ einfacher, zum Teil gar bäuerlicher Verhältnisse (und der Schicksale griechischer Seefahrer) gemischt war. Ausschnitte daraus sind uns aus der schriftlichen Redaktion der homerischen Epen bekannt.

Schwer zu sagen, wie diese Erinnerungen fortwirkten, wieweit sie etwa geheime Ehrgeize in den Nachkommen wachhielten, wieweit überhaupt das Erbteil Mykenes speziell unter den Äolern und Joniern, wie sie dann hießen, lebendig blieb. Gewiß waren die Sänger an der kleinasiatischen Westküste zu Hause. Und es gab Unterschiede in den Dialekten, auch in der Kunst. Sie sind noch in späterer Zeit greifbar etwa in der Eigenheit, die der jonische Tempel gegenüber dem dorischen ausbildete. Hier werden zugleich innergriechische Abgrenzungsbedürfnisse am Werk gewesen sein. Die Jonier waren auch leichter dazu bereit, zur See zu fahren, sie hatten bessere Verbindungen, waren im ganzen gewandter.

Doch neben solchen und andern Besonderheiten läßt sich eine Angleichung in den Lebensverhältnissen beobachten. Sie waren überall eher karg, bestimmt durch den Zwang, sich mit dem Nötigen zu versehen (wozu für Ehrgeizige mit der Zeit freilich ein gewisser Reichtum zählte). Die Zuwanderer verstanden sich mit der Zeit kaum weniger als Nachfahren der homerischen Helden denn die Alteingesessenen. Und entsprechend werden diese auch bestimmte Eigenarten von jenen übernommen haben.

Auch die politischen Verhältnisse scheinen auf Angleichung tendiert zu haben. Die größeren Zusammenhänge, die die Einwanderer anfangs noch unterhalten haben mögen, gerieten in Konkurrenz zu den Erfordernissen des unmittelbaren Zusammenlebens in den einzelnen Siedlungen und Siedlungskomplexen, und je mehr diese sich verstärkten – und das geschah mit der Zeit vor allem in den der See zugewandten, allerhand Beunruhigungen am ehesten ausgesetzten Gemeinden –, um so mehr wurden die »Poleis« selbständig. Es war eine Funktion vor allem der Lage; der Herkunft jedenfalls nur insofern, als die Nachfahren der mykenischen Griechen sich besonders an Hafenplätzen niedergelassen hätten. Wobei sich die Dinge für das große Athen noch einmal besonders fügten. Die Kulturbildung hat sich dann vornehmlich in den »Seestädten« konzentriert, die Kluft zu den andern Orten wurde mit der Zeit tiefer.

Indes war die Selbständigkeit der kleinen griechischen Siedlungen oder Siedlungskomplexe – für die der Ausdruck »Stadt« ziemlich hochgegriffen ist – nicht unbedingt auf längere Sicht gewährleistet; sie muß auch keineswegs als spezifisch griechisch angesehen werden. Solch ursprüngliches Auf-sich-Gestelltsein von Siedlungen könnte vielmehr einfach zur Anfänglichkeit der Verhältnisse gehört haben. Das Gleiche gilt von der Schwäche der Monarchien, die wir bei Homer greifen. Auch die frühen Volksversammlungen, von denen die Epen berichten, sind keine Zeugnisse für eine besondere griechische Disposition zur Demokratie. Schließlich sind solche Volksversammlungen auch für die Frühzeit der Inder, Mesopotamier und anderer teils bezeugt, teils zu erschließen.

Die Frage ist vielmehr, ob sich die Griechen nicht überhaupt viel eher dadurch vor andern auszeichneten, daß sie viel Ursprüngliches im Laufe ihrer Kulturbildung *bewahren* konnten, nicht aber – oder jedenfalls nicht so sehr – dadurch, daß sie es ursprünglich *besaßen*; und daß sie die Monarchien abschafften, statt sie zu stärken. Anders gesagt: die Kulturbildung scheint bei ihnen nicht über einen Bruch und die Neugründung von einer einzigen zentralen Instanz her verlaufen zu sein, sondern eher in Form einer volleren, weiteren Ausbildung der ursprünglichen Eigenart. Wenn in der Folgezeit gewisse »Brüche« erfolgten, so betrafen sie eher das Verhältnis zwischen den Schichten, auch dasjenige zwischen den Einzelnen und dem Ganzen, nicht aber die grundlegenden Wertschätzungen, die Ideale, die Lebensformen, worin die Griechen vielmehr ihren Anfängen ziemlich weitgehend treu blieben, sosehr sie sie fortentwickelten.

Dabei deuten sich im frühen Griechentum auch Züge an, für die sich, wenn überhaupt, so doch nicht so leicht Parallelen an anderer Stelle finden lassen: das eigentümliche Autarkiestreben der Adligen etwa, das eng verknüpft ist mit dem Fehlen oder zumindest der bemerkenswerten Schwäche von Verwandtschaftsstrukturen und Klientelverhältnissen, der individuelle Besitz nicht nur von großen Herden, sondern auch von Land. Die Tatsache, daß jeder sein eigenes Haus (Familie, Gesinde, Hof) hatte. Vielleicht resultierte sie daraus, daß sich die Verbände der Einwanderer im wesentlichen aus für sich stehenden Einzelnen, nicht aus ganzen Geschlechtern zusammensetzten, vielleicht auch daraus, daß die mykenische Palast-Organisation keine Geschlechterverbände zugelassen hatte?

Jedenfalls war ein gewisser »Individualismus«, eine beachtliche Selbstbezogenheit großer Haus-Herren bei den Griechen frühzeitig ausgebildet und hat sich eigentümlicherweise im Laufe der Kulturbildung bewahrt und befestigt. Auch dies freilich ergab sich vermutlich nicht so sehr aus dem eigenen Gewicht spezifisch griechischer Faktoren, sondern weil die weiteren Umstände dafür günstig waren.

Auch kann die geographische Beschaffenheit des Ägäisraums die griechische Geschichte nicht determiniert haben. Wohl begünstigte sie die Kleinheit der Gemeinwesen, die eine conditio sine qua non für den griechischen Sonderweg war: Vielfach reichten die Bergzüge dicht ans Meer heran und ließen nur mehr oder weniger kleine, gegeneinander ziemlich abgeschirmte fruchtbare Ebenen zwischen sich frei. Indes war das keineswegs überall der Fall. Nichts an der Landschaft hätte dazu genötigt, daß in Böotien zeitweise zehn verschiedene selbständige Städte, nur locker verbunden, nebeneinander existierten. Wenn einige Inseln ein einziges Gemeinwesen, andere dagegen mehrere nebeneinander beherbergten, so ergab sich das weit eher aus Zufällen der Besiedlung oder aus Geschehnissen und Tendenzen der Folgezeit als aus der Geographie. Entsprechend hat es das sehr hohe, steile und unwegsame Massiv des Taÿgetos auch nicht verhindert, daß Sparta die dahinter liegende Landschaft Messenien eroberte und dauerhaft unterwarf. Der Raum hätte die Bildung größerer politischer Einheiten also gewiß nicht ausgeschlossen. Er hatte dies schon in mykenischer Zeit nicht getan (in der es dort vielmehr größere Fürstentümer gab).

Freilich mag es eine Rolle gespielt haben, daß die Gebirge im Innern der Halbinsel der Entwicklung mächtiger Bergstämme ungünstig waren. Sonst wäre es dort bei zunehmender Kultur vermutlich wie in Italien dazu gekommen, daß sich die Küstenstädte mit großem Aufwand gegen solche Stämme hätten verteidigen müssen; und das hätte sehr wohl zu umfassenderen Machtkonzentrationen, auch zu stärkerer Hinwendung auf das Land herausfordern können, wie es in gewissem Sinne auf der Peloponnes geschah.

Allein, damit entfiel nur einer der möglichen Anlässe dazu. Denn andere hätten von außerhalb des Ägäisraums kommen können. Soweit die Geographie den griechischen Sonderweg beeinflußte, geschah dies jedenfalls nur im Ensemble einer umfassenderen politischen Konstellation, dank der Umstände, in denen sich die Griechen in einem bestimmten Zeitpunkt ihrer Geschichte befanden – um sich in ihnen dann höchst rasch und folgenreich weiterzubilden.

Die Konstellation, unter der der griechische Sonderweg im achten Jahrhundert begann, war dadurch bestimmt, daß – erstens – der Ägäisraum ein weltpolitisches Vakuum darstellte, daß die Griechen – zweitens – über See in enge Beziehung zu den östlichen Hochkulturen treten konnten und daß sie – drittens – große Teile des Mittelmeers westlich ihres Landes sowie das Marmara- und das Schwarze Meer als Feld ziemlich freizügiger Betätigung, als Entlastungsraum zur Verfügung hatten.

Keines der östlichen Reiche interessierte sich für diese Weltgegend. Nicht Ägypten, auch nicht das Assyrerreich, obwohl es gerade damals am Mittelmeer Fuß faßte. Die kleinasiatischen Königtümer der Phryger und Lyder hatten zwar einiges Augenmerk dorthin, aber sie waren zu sehr mit sich und ihren östlichen Grenzen beschäftigt, zu sehr Landmächte, auch unter dem Druck Assyriens, als daß sie den Griechen hätten gefährlich werden können. Als die Lyder sich schließlich die Städte an der Westküste Kleinasiens unterwarfen, war die Polis dort und anderswo schon so weit gediehen, daß sie deren Entfaltung kaum mehr stören konnten. Übrigens drohte auch vom Balkan keine Gefahr. Der Einfall der Kimmerier vom Kaukasus her (um 675) berührte die Griechen nur am Rande und vorübergehend.

Anders aber als mit der Politik stand es mit dem Handel. Wir hören jedenfalls, daß die Phönizier in der Ägäis präsent waren.

Damit ist der zweite Punkt berührt. Sie brachten nicht nur Güter, sondern auch Kenntnisse und Beziehungen, vor allem reizten sie zur Nachahmung.

Ohnehin gab es sich mit der Natur des Ägäisraums von selbst, daß die Griechen zunehmend die See befuhren. Ihr Leben war von Anfang an darauf orientiert. Südlich von Thessalien ist kein Ort mehr als sechzig Kilometer von der Küste entfernt, auch im Landesinnern eröffnen sich vielerlei Ausblicke dorthin. Von der Athener Akropolis aus sieht man nicht nur Salamis und Ägina, sondern auch die nordöstliche Küste der Peloponnes. In Sunion hat man außer längeren Küstenstrichen am Saronischen Golf einen ganzen Kreis von Inseln vor sich: Keos und Kythnos sowie Andros, Tenos, Seriphos, bei guter Sicht gar Melos. Wo immer man an der Ägäis aufs Meer blickt, drängt sich jenseits des Wassers Land ins Auge. Die Sicht ist zumeist ausgezeichnet. Die Passate pflegen die unteren Luftschichten fortzuwehen und sie durch frische, kühlere Luft zu ersetzen, die, indem sie sich erwärmt, wieder das verdampfende Wasser in sich auflöst. Und die See ist zwischen Ende März und Ende Oktober fast immer gut befahrbar.

Die vielen Inseln bilden gleichsam die Pfeiler einer imaginären Brücke von Griechenland nach Kleinasien. Anders – oder jedenfalls viel mehr – als in mykenischer Zeit war jetzt die ganze Ägäis von griechischen Siedlungen umrahmt. Sosehr ihnen das Land gegeneinander Grenzen setzen mochte, so sehr regte das Meer zur Offenheit nach außen an. Übrigens mußte man ja auch, je stärker die Bevölkerung wuchs – und das scheint sie getan zu haben –, auf Fischfang fahren.

Da die Griechen also mit der See vertraut waren, kann es nicht allzu fern gelegen haben, daß sie es den phönizischen Händlern mit der Zeit nachtaten, sich also ihrerseits auf weite Fahrten wagten, nicht nur um des Handels willen, sondern auch um Beute und Entdeckungen zu machen. Sie mußten nur bessere Schiffe bauen. Ebenfalls nach dem Vorbild der Phönizier.

Wohl schon im neunten Jahrhundert begründeten Männer von Euböa einen Handelsstützpunkt an der Orontes-Mündung im heutigen Syrien (Al Mina). Seitdem bezogen sie von dort wie aus Zypern und bald auch aus Ägypten nicht nur Waren, sondern auch vielerlei Kenntnisse sowie Handwerker und Sachverständige verschiedener Art. Man kann sich kaum ein übertriebenes Bild der Einflüsse machen, denen die Griechen, zumal im achten und siebten Jahrhundert, von den orientalischen Kulturen her ausgesetzt waren. Und sie waren gelehrige Schüler. Natürlich wuchsen damit ihre Ansprüche auf Lebensstandard, auf Reichtum beträchtlich.

Nicht zuletzt lernten sie von den Phöniziern die Buchstaben-Schrift, welche sie sogleich eigenartig modifizierten, indem sie einige Zeichen, die sie nicht brauchten, umwidmeten. Denn sie wollten nicht nur wie jene die Konsonanten, sondern auch die Vokale schreiben; schufen also ein System, das mit äußerster Geschmeidigkeit beliebige Lautformen zu transskribieren erlaubte – vielleicht weil sie es so für die Poesie praktisch fanden. Was wiederum zu den erstaunlichen Zügen dieses Volkes gehören könnte; fast sieht es ja so aus, wie wenn sie mit der neuen Technik nichts Eiligeres zu tun gehabt hätten, als große Dichtung zu fixieren. Jedenfalls stehen ziemlich am Anfang ihres Schriftgebrauchs Ilias und Odyssee, jedes von ihnen mehr als fünfzehntausend Verse lang. Es ist vermutlich das einzige Mal in der Geschichte, daß eine so umfangreiche Dichtung fast unvermittelt den Übergang von der Mündlichkeit in die Schriftform nahm. Beweis für eine lange Tradition gewiß, aber zugleich für eine großartige neue Formung und Komposition. Was jedenfalls den Rang, den die Poesie, den geistige Bedürfnisse und Fähigkeiten in der Frühzeit dieses Volkes einnahmen, gut bezeichnen würde.

Als sich die Griechen aber einmal daran gewöhnt hatten, weite Fahrten zu wagen, kamen sie über kurz oder lang dazu, auch nach Westen zu segeln. Schon deswegen, weil sie dort wichtige Rohstoffe beziehen konnten. Auch dorthin waren ihnen die Phönizier vorangegangen. Sie teilten sich in der Folge mit ihnen die Einflußsphären. Die einen bewegten sich eher im Süden (wie sie auch gern an der afrikanischen Küste entlangfuhren), die andern im Norden, ebenfalls entsprechend der ihnen nächstliegenden Route (die über Korfu nach Süditalien führte).

Die Erschließung der westlicher gelegenen Teile des Mittelmeers wurde für die griechische Geschichte äußerst folgenreich. Seit der Mitte des achten Jahrhunderts wurden dort die ersten Kolonien gegründet, Kyme, Syrakus, später Neapel, Tarent, Marseille und viele andere. Man fand einen Ausweg aus der Not des

Bevölkerungsdrucks; in vielen, kühnen, anstrengenden Fahrten über Hunderte von Meilen, voller Hoffnungen und Gefahren, zumeist auf Nimmerwiedersehen; unter vielerlei Scheitern dies und jenes versuchend, bis man es einigermaßen zu organisieren vermochte. Schließlich waren weite Teile des Mittel-, des Marmara- und des Schwarzen Meeres mit griechischen Städten gesäumt.

Das achte Jahrhundert muß für die Griechen eine äußerst spannende, höchst fruchtbare Zeit gewesen sein. Vielfältigste Tätigkeit, Entdeckung, Anregung und Bewegung. Und alles vollzog sich in großer Geschwindigkeit, streckenweise gar Beschleunigung. Vieles wurde neu begonnen oder neu gegründet: die ersten großen Tempel, verschiedene Heiligtümer, die Olympischen Spiele, welche zwar schon älter waren, aber 776 reorganisiert wurden, dann seit etwa 750 die vielen Kolonien. Auch im gigantischen Werk der homerischen Epen ist dieser Gründergeist zu spüren. Zugleich fiel eine erste große Entscheidung über den griechischen, den europäischen Sonderweg.

In dieser Konstellation vermochten die Griechen nämlich die entwickelten Güter und Kenntnisse einer hohen Kultur zu übernehmen, ohne den Preis erlegen zu müssen, der normalerweise denen abverlangt wird, die in den Bann überlegener Reiche geraten: Weder mußten sie sich gegen sie zur Wehr setzen noch ihrer direkten oder indirekten Herrschaft sich unterwerfen (so daß sie sich ihnen in ihrer Organisation anzupassen gehabt hätten). Trotz aller möglichen Anregungen blieben sie im ganzen politisch unbeeinflußt. Anders etwa als ihre Vorgänger in mykenischer Zeit, die sich im unmittelbaren Einflußbereich der Kreter befanden, als sie ihre Kultur entwickelten.

Andererseits konnten die Ansprüche und Anstachelungen, die die Griechen aus der vielfältigen Durchbrechung ihrer herkömmlichen Horizonte empfingen, konnten auch die potentiell explosiven Energien, die sich bei ihnen damals aufluden, die Lage in ihren Gemeinwesen zunächst nicht nachhaltig schwierig machen. Denn all diese Antriebe und Energien wurden ja nach außen abgelenkt, nicht nur, aber wesentlich in die Kolonien. Hätte dieser Entlastungsraum im Westen und Norden nicht bestanden, so hätten sich die Ambitionen vieler Adliger und die

Unzufriedenheit der notleidenden Teile des Volkes innerhalb des Mutterlands austoben müssen. Dann wäre es vermutlich zu jenen Ausscheidungskämpfen gekommen, die in der Geschichte der Kulturbildungen sonst eine so große Rolle spielen: Zur strengen Organisation der Kräfte und zur militärischen Machtentfaltung, das heißt zu Eroberungskriegen und eventuell Reichsbildungen.

Es hat damals solche Kriege gegeben; nicht nur denjenigen Spartas gegen Messenien. Aber sie blieben die Ausnahme. Zu viel Ehrgeiz, zu viel Kraft fanden in der Ferne ihr Feld.

Die Griechen gerieten also, anders gesagt, in jene Bewegung, die Ansporn zu Kulturbildung sein kann, ohne daß sich zugleich jenes Chaos herausgebildet hätte, aus dem Herrschaftsgründungen so oft hervorgehen. Daher kam es, daß trotz vielfältiger Durchbrechung ihrer herkömmlichen Horizonte kein Bruch in ihren Lebensverhältnissen eintrat. Sie wurden zwar andere, aber es war keiner da, der sie in seinem, in herrschaftlichem Sinne hätte ummodeln können.

Damals wurden den Griechen bestimmte Wege eröffnet und andere verbaut. Die neuen Spielräume lenkten die Ausbildung der Ambitionen. Vielleicht nicht gleich unwiderruflich, indes dergestalt, daß nun gewisse Ausgangspositionen sich zu befestigen begannen. Unternehmer, nicht Usurpatoren und Machthaber waren gefragt – und wurden folglich zunächst zum maßgebenden Typus. Die Gelegenheiten, die ja nicht nur im Moment Diebe machen, sondern, auf einige Dauer angelegt, auch disponieren können, förderten in dieser anfänglichen, weichen, bildsamen Lage die Freizügigkeit, das Ausschweifen, den Genuß eines selbständigen Handelns in großem Stile. Organisation gehörte dazu, das Zusammenwirken mit vielen andern von Fall zu Fall, gerade wie es die Unternehmen, der Beutezug etwa, die Errichtung eines Tempels oder die Gründung einer neuen Stadt erforderten.

Wie für die Raubzüge, so brauchte man für die Koloniegründung einen Anführer; die Kolonisten erwiesen ihrem Gründer (*oikistés*) über seinen Tod hinaus besondere Ehren. Doch herrschte unter den Teilhabern im übrigen Gleichberechtigung; war es jeweils ein Kreis von »Gleichen«, welcher ausfuhr (auch wenn sie abhängiges Personal als Diener, Landarbeiter und Matrosen dabeihatten). Das dokumentierte sich in den gleichen Anteilen am Boden, die die Kolonisten erhielten.

Um all dies ins Werk zu setzen, brauchte man sich selbst und andere nicht auf neue Weise, etwa in dauerhaften Über- und Unterordnungen zu disziplinieren. Dazu bestand weder Zeit noch Kraft noch Anlaß. Wo man so viel nach außen, in die Ferne handeln konnte, konnte man die Dinge im Innern und in der Nachbarschaft weithin sich selbst überlassen. Auch die Kleinheit der Poleis störte nicht: mehr oder weniger, wie sie waren, genügten sie allen Bedürfnissen, zumal sie im Mutterland nur an Ihresgleichen grenzten. Überspitzt gesagt, brauchte man das Überkommene kaum zu verändern, um neuen Anforderungen zu genügen, sondern man schuf anderswo Neues: das übrigens dem Alten sehr ähnlich war.

Denn die Griechen fuhren aus, um sich als die, die sie waren, neue Möglichkeiten zu erschließen; Leute, die auf eigenen Landbesitz Wert legten, die in kleinen Polis-Verbänden zusammenleben wollten, denen ihre Eigenständigkeit viel bedeutete. Was ihnen zu Hause daran fehlte, wollten sie sich draußen schaffen. Ihre Kolonien ähnelten folglich weithin den Städten der Heimat (auf die Dauer auch in der sozialen Schichtung). Selbst deren Plätze waren zumeist so ausgesucht, daß sie an die mutterländischen erinnerten. So wurde, was ursprünglich an der Ägäis üblich gewesen war, nun in einem weiten Kreis von Städten rings um große Teile des Mittel-, des Marmara- und bald auch des Schwarzen Meeres zur Regel.

Das bedeutete nicht nur, daß sich dieses Volk in der Mittelmeerwelt ausbreitete, sondern auch, daß die Grundelemente seiner Eigenart sich tiefer einwurzelten, da sie um so mehr als normal erschienen, je mehr man sich in dieser Eigenart bewährte, je mehr man aber auch das Bedürfnis hatte, darin seine Gemeinsamkeit zu empfinden.

So ergab sich ein »Diaspora-Effekt«: Die Griechen saßen künftig an den verschiedensten Küsten, grenzten an sehr unterschiedliche Völker. Da sie fast allerwärts die Überlegenen waren, brauchten sie keine Heiligen Bücher, keine starke Überlieferung, um ihren Zusammenhang, um die Unterscheidung von den Barbaren zu festigen. Dazu reichte vielmehr schon die Gemeinsamkeit der Götter, der Sprache, der Poesie, der Lebensformen und jenes Selbstverständnis, in dem sie bestimmte Vorstellungen entwickelten von dem, was sie, als Griechen, waren und sein wollten. Eben dies aber war ihnen ungemein wichtig. Sie erfuhren es übrigens dadurch um so stärker, daß in den Kolonien oft Männer aus verschiedenen Städten zusammen Bürger wurden. Griechische Eigenart stabilisierte sich also, wo immer Griechen wohnten.

In dieser Diaspora-Konstellation wurden neben Sprache und Göttern die Lebensformen, von der politischen Form der Polis über deren Anlage mit Markt und Tempel, die Menschendarstellung bis zum Tanz, zum wesentlichen Teil griechischer Identität. Es waren vor allem kulturelle Formen, während die politischen nur die Identität der einzelnen Städte bestimmten: Ein wesentlicher Faktor, der die Bedeutung der Kultur für die Griechen vergleichsweise sehr wichtig machte. Da sie bei ihnen nicht Niederschlag von Reichsbildung oder priesterlicher Weltdeutung war, brauchte sie andere Ansporne. Hier, im Nebeneinander der verschiedensten Bestrebungen fand sie sie.

Als Teil dieser Identität befestigten sich aber auch die Ideale, ja die ganze Seinsweise ihrer maßgeblichen, »besten« Männer, der Aristokraten, deren ungebrochener »Individualismus«, das Bemühen, die Lust, zu sein, wie sie wollten; zusammen – und gelegentlich im Konflikt – mit andern, die das gleiche wollten. Sie hatten eine gute Chance, als Einzelne relativ großes Format zu entwickeln, und nutzten sie nach Kräften. So widerstanden sie jeder Einordnung, die ihnen mehr als die Beachtung einiger Regeln abverlangt hätte. Kein Gedanke daran, daß sie sich in höheren Zusammenhängen hätten »aufheben« lassen, daß jemand sie dauerhaft auf seinen Dienst zugeschnitten, also gleichsam den künstlichen Boden etwa eines Staates eingezogen hätte, auf dem sie nurmehr vermittelt sie selbst hätten sein können; so daß sie Teil eines unüberschaubaren Ganzen geworden wären. Zu ihrer Eigenständigkeit gehörte vielmehr die Kleinheit ihrer Poleis, die Tatsache, daß sie sie ganz konkret und unvermittelt zusammen mit ihresgleichen ausmachen konnten. Übrigens darf man ja auch nicht vergessen, daß an der Ausbreitung der Griechen über das Mittelmeer, die sich auf der Landkarte so imposant ausnimmt, ursprünglich nur wenige tausend Männer beteiligt waren.

Da der Besitz von Schiffen unter den Griechen weit verbreitet war, hatten die Monarchen schon die vielfältigen frühen Unternehmungen über See nicht kontrollieren können. Inzwischen waren die Adligen immer stärker geworden. Den neuen Aufgaben und Möglichkeiten waren sie gewachsen, so daß die Könige abtreten konnten oder mußten.

Was man sich genau unter dem damaligen Adel vorzustellen hat, wissen wir nicht. Die überkommenen Oberschichten müssen sich in jenem Jahrhundert dank der außerordentlichen neuen Möglichkeiten differenziert, vermutlich auch durch Aufsteiger ergänzt haben. Doch blieb im ganzen die Schicht stabil; die Schwierigkeiten des Erbrechts (das jedem Sohn gleichen Anteil einräumte), werden eine Zeitlang durch innere Kolonisation sowie durch Raubfahrten ausgeglichen worden sein, bevor dann die Aussendung von Kolonien weitere Abhilfe schuf; zunächst wohl vor allem für die Söhne der Oberschicht.

Freilich war der Übergang zu den mittleren Bauern fließend. Die Unterschiede des Vermögens können in den beengten Verhältnissen nicht groß gewesen sein. Der Adel hat sich aus dem Gros der Zugehörigen nicht weit genug herausgehoben, hat seine Macht wohl auch nicht genügend organisiert, als daß die überkommenen genossenschaftlichen Zusammenhänge der Polis hätten bedeutungslos werden können. Selbständigkeit galt vermutlich auch unter den Bauern als Ideal, jedenfalls fanden sie, so eindeutig die Überlegenheit der Adligen war, kaum, daß diese etwas ganz anderes waren als sie. Bis freilich der Gedanke an politische Gleichheit aufkam, sollte es noch lange dauern, sosehr die neuen Spielräume die Phantasie beflügeln mochten.

Insgesamt ergab sich eine breite Lagerung der Macht; kaum Zusammenfassung, also Konzentration in den Händen von Persönlichkeiten oder Institutionen. Kein Bedürfnis, keine Herausforderung so bald, daran etwas zu ändern. Womit die »politische Schwäche« der archaischen Griechen bedingt war.

Sind die Ausgangspositionen für die Entfaltung einer Gesellschaft einmal festgelegt und in die Realität eingerastet, so fördern alle Veränderungen zugleich deren Verwurzelung. Was gedacht, getan und bewirkt wird, wie man sich bewegt und arrangiert, ist dann schon derart gelenkt, daß sich darin die Verhältnisse teils reproduzieren, teils fortbilden und jedenfalls befestigen – samt Idealen, Lebensformen, Mentalitäten, also jener in wenig differenzierten Gesellschaften ziemlich eindeutigen anthropologischen Orientierung, die, indem sie vielleicht nicht zu Bewußtsein, aber zu Gefühl kommt, zu einer durchaus sperrigen Größe werden kann. So scheint die Konstellation, in der sich die griechischen Adligen so großartig entfaltet hatten, fortgewirkt zu haben – in die weitere Gesellschaft, indem sich andere ihre Ideale aneigneten (und wieder andere dagegen nichts vermochten), wie in die weitere Zeit.

Das geschah im Modus eines breit angelegten Prozesses. Denn alle Planungen, alle Anordnungen betrafen Einzelnes, erfolgten meist nur ad hoc. Unzählige Subjekte waren es, die diesen Prozeß einfach dadurch unterhielten, daß sie ihre eigenen Interessen, diejenigen kleiner Gruppen, im Höchstfall von Städten wahrnahmen. Nicht mehr. Keiner wollte, keiner wußte auch nur, was im Ganzen vor sich ging. Und wenn dieser oder jener daran gedacht haben sollte, durch Gewinnung einer Herrschaft mindestens über größere Gegenden hin die Dinge einer bewußten Veränderung zuzuführen, so ist er jedenfalls nicht weit gekommen.

Allerdings pflegt Geschichte, auf langfristige Veränderungen gesehen, immer prozessual vor sich zu gehen. Wer hätte sie je planen können? Und doch ist dort, wo Macht in wenigen Händen zusammengefaßt wird, der Anteil der Planung, sind jedenfalls die Strecken, über die hin die Verhältnisse bewußt gestaltet werden können, sehr viel größer. Was immer sich dem noch entziehen und wohin immer die Heterogonie der Zwecke führen mag.

Bei den Griechen aber herrschte das Gegenteil vor. Da war der Anteil des bewußt Geformten denkbar gering. Deswegen konnten bei ihnen ja auch aus den mehr oder weniger gleichen Ausgangspositionen mehr oder weniger gleiche Lebensformen sich ergeben und sich befestigen; über tausende von Meilen hinweg.

So merkwürdig es klingt, aber die Anfänge der griechischen Kultur bestanden darin, daß die damaligen Aristokraten, samt denen, die es ihnen gleichtaten, ihre Eigenart ziemlich frei und ungezwungen auszufalten wußten und – lernten. Die Comments, die sie dazu brauchten, resultierten aus der einfachen Weiterbildung derer, die sie schon hatten.

Bei dieser Art Wandel kann es keine tiefen Einschnitte, sondern nur Fortbildungen geben. Die Durchbrechung der Horizonte konnte nur zur freieren, großzügigeren Reproduktion der überkommenen Lebensformen führen. Das muß letztlich der Grund dafür gewesen sein, daß trotz aller Bewegung und trotz der Entfesselung ungekannter Energien sehr vieles von den alten Grundlagen der Ordnung bewahrt statt zerstört wurde; nicht nur das Eigenständigkeitsstreben und die genossenschaftlichen Elemente, sondern auch die Kleinheit der Poleis, der nicht durch mächtige Instanzen vermittelte Zugang zu den Göttern. Sie gingen gleichsam in den Kern griechischer Identität ein, jenen Bereich, an dem man kaum Veränderungen zu dulden pflegt.

Mit der Zeit sollten daraus große Widersprüche resultieren: Wo so wenig verändert und gleichwohl so vieles anders (großzügiger, ehrgeiziger, beweglicher) wurde, mußte die politische Gestaltungsfähigkeit des Adels hinter dem prozessualen Wandel der Verhältnisse weit zurückbleiben.

Im Zusammenhang dieses Prozesses erklärt es sich auch, daß der orientalische Einfluß auf die Griechen, so vielfältig und nachhaltig er war, und trotz aller orientalisierenden Moden, im ganzen katalysatorisch blieb.

Die Griechen wären gewiß ohne die intensiven Berührungen mit dem Orient nicht zu den Griechen geworden. Das ist kein Paradox, denn es bedurfte ja großer Wandlungen, damit aus dem »anfänglichen« griechisch sprechenden Volk an der Ägäis diejenigen wurden, als die sie dann in die Geschichte eingingen.

Ohne den Orient hätten sie weder während des achten Jahrhunderts die Ansporne zu ihrer stürmischen Entfaltung samt vielen Antworten auf viele Fragen gehabt noch wesentliche Voraussetzungen für ihre weitere Ausbildung. Die Buchstaben-Schrift ist nur ein Beispiel: Sie ermöglichte nicht nur die Komposition der großen Epen, sondern auch die Fixierung und Verbreitung von vielerlei Gedanken, wie sie gerade die griechischen Außenseiter so reich produzierten. Denn es stand ja jedem frei, von diesem Mittel Gebrauch zu machen. Auf diese so leicht zu erlernende Schrift gab es keine Monopole, und außerdem war keine Instanz da, die darüber hätte befinden können, was zu veröffentlichen war und was nicht: Womit nicht nur der Verbreitung von Gedanken, sondern dem ganzen Aufbau einer geistigen Welt ungeahnte Spielräume sich erschlossen; auch der Infragestellung von Gegebenem, der Vorbereitung von Veränderung.

Was die Griechen damals vom Orient aufnahmen, reichte von Fertigkeiten und Techniken des Handwerks über vielerlei Kenntnisse, Worte, Vorstellungen bis zu den orientalischen Weisheitslehren, ja bis zu verschiedenen Mythen, mit deren Hilfe Hesiod, der jüngere Zeitgenosse Homers, um 700 seinen Landsleuten die Welt verständlich machen wollte. Dazu gehörten auch die Gerechtigkeitsvorstellungen, die bei den Griechen wirksam werden konnten, da sie sich mit der aufstrebenden Macht mittlerer und unterer Schichten verbanden. Nicht zu vergessen schließlich gewisse Standards des Lebens, auch des Luxus, die sie vom Osten übernahmen. Doch wählten die Griechen aus. Die Astronomie des Orients eigneten sie sich an, die Astrologie interessierte sie nicht. Und sie richteten Vieles auf ihre Bedürfnisse hin ein. Wenn ihre Adligen aus dem Orient die Sitte importierten, beim Symposion zu liegen, verwandelten sie sie sogleich insofern, als nicht nur einer, sondern alle Teilhaber es durften – und als sie dabei einen Wettbewerb in den musischen Künsten zu praktizieren begannen.

Nur die Begegnung mit dem Orient konnte es diesem Volk ermöglichen, gleichsam unvermittelt, unter weitgehender Bewahrung seiner anfänglichen, offenen Eigenart zur Höhe einer beachtlichen Kultur emporzusteigen. Denn überall verbindet sich hier ja, um es zeitlich auszudrücken, Frühes mit Spätem, Eigenheiten anfänglicher Kulturen mit solchen einer Hochkultur.

Vielleicht verdankten die Griechen dem Orient gar, daß sie weiterhin so eng zusammenhingen: wenn das nämlich eben dadurch befördert wurde, daß die Formen und Inhalte, die sie von dort beziehen konnten, auch den Verkehr und den Austausch zwischen ihnen, ja ihr Selbstbewußtsein und ihr Bedürfnis nach Eigenheit stark anregten. Die Weise, in der der Orient die Griechen befruchtete, scheint seine Vorbildwirkung im ganzen paralysiert zu haben. Nichts stand dieser Wirkung so entgegen wie ihre Erfolge, ihre Ausdehnung und die in der Diaspora sich befestigende griechische Eigenart. Daher blieben die Griechen »nicht lange die überhäuften Erben und Epigonen des ganzen Orients« (Nietzsche).

Unbeschadet der Möglichkeit, daß vergleichende Forschungen Genaueres über solche Initialzündungen zutage fördern, und was immer eine ursprüngliche Eigenart dazu beigetragen haben mag, wird man fürs Erste wohl feststellen können, daß es die Konstellation zwischen dem Orient und den Spielräumen in weiten Teilen des Mittelmeers war, die die ausnahmsartige Kulturbildung der Griechen in Gang setzte. Niemand konnte dieses Volk – oder wenigstens größere Teile davon – während seiner formativen Phase in seinen Dienst nehmen, um zugleich seine Lebensform, seine Kunst, seine Weltbilder neu zu bestimmen; so daß die Griechen mitsamt ihren ursprünglichen Freiheiten in die neuen Möglichkeiten gleichsam hineinwachsen konnten. Was alles andere als ein reines Glück war – aber die Voraussetzung für ihren so eigenen Weg.

Das Ergebnis ist schwer zu beschreiben. Denn worin bestand die griechische Kultur? Jeder kann sich darunter etwas vorstellen. Altes Bildungsgut wie Museen, Theater, Präsenz der Mythen, Lektüre und Reisen garantieren noch heute, daß bei dem Namen Griechen etwas aufleuchtet. Womit ja aber noch nichts verstanden ist. Auch die Wissenschaft hilft hier nicht weiter. Fachleute wissen zwar von ihrem Fach mehr als Laien, doch ist ihnen, was an den Griechen unendlich fremd ist, selbstverständlich. Der systematische Vergleich mit andern Kulturen ist schwierig und nicht in Mode. Daher bleibt die Frage nach der Eigenart griechischer Kultur gemeinhin links liegen.

Sie zielt auf jenes Geflecht, zu dem verschiedenste Faktoren zusammenkamen und sich gegenseitig hielten; wie in einem Mobile, könnte man sagen, wenn sich das ganze System nicht ständig in Veränderung befunden hätte. Alle Einzelheiten, für sich genommen, trügen. Denn eine der ersten Beobachtungen, die man an den Griechen machen kann, ist, wie stark sie in fast jeder Hinsicht Extreme ausbildeten, wie selten aber beide Extreme zugleich in den Quellen hervortreten. Als Hesiod bezeugt, man solle möglichst nicht zur See fahren, das sei zu gefährlich, sind Hunderte von Schiffen unterwegs, zu Raub und Handel und nicht zuletzt, um Siedler in die Kolonien zu transportieren. Als die Lyriker bekunden, wie unsicher, wie wechselhaft die Menschendinge sind, werden an vielen Orten Alleinherrschaften begründet, deren Inhaber sich durch große Bauten zu verewigen suchen. Wo man den Eindruck hat, jeder Grieche strebe zumindest im Stillen nach der Tyrannis, entsteht eine ganze Bewegung, die auf striktes Maßhalten drängt. Und jenes Volk, dem in einem wesentlichen Sinne des Wortes die Entdeckung des Politischen verdankt wird, erweist sich in der Frühzeit gerade im Politischen als schwach und ungeschickt.

Dialektik könnte man das nennen. Fraglos bedingt sich jeweils das eine mit dem andern; respektive das Spätere ist die Antwort auf das Frühere. Keines der Extreme darf man isolieren. Zu den überlieferten Zeugnissen muß man oft genug die, mit besten Gründen zu erschließenden, Gegenpole mit in die Rechnung nehmen.

Der Zusammenhang, der sich dadurch, zu ergeben scheint, ist hier zu rekonstruieren. Sonst bliebe Athen mit seiner Geschichte und seinen Hervorbringungen unverständlich, könnte seine welthistorische Bedeutung höchstens deklariert werden.

## 2. Herausbildung der Polisgesellschaft

Bei der Ablenkung der Energien nach Außen konnte es nicht bleiben. Die Erfahrung der neuen Möglichkeiten, die grandiosen Ambitionen mußten ins Mutterland zurückwirken. Wenn trotzdem die wichtigsten Elemente der überkommenen Struktur bewahrt wurden, muß einiges geschehen sein, um sie zu sichern.

Dieser Vorgang war wesentlich dadurch bestimmt, daß auf der Basis einiger Grundtatsachen die aufkommenden Energien teils begrenzt, teils angeregt, teils auch abgelenkt wurden auf Felder, die sich damals ausbildeten.

Grundtatsachen waren der politische Verband der Polis, das Autarkiestreben der Einzelnen, die breite Streuung des Grundeigentums, der Widerstand gegen die Stärkung politischer Instanzen, gewisse Elemente grundlegender Gleichheit, aber auch bestimmte Weisen der Zugehörigkeit zu Gemeinwesen und Griechentum. Und was sich ausbildete und verfeinerte, war, um es auf eine Formel zu bringen, vor allem gesellschaftliche Form und Kultur; in den einzelnen Städten und in der gemeingriechischen Öffentlichkeit. Hier lag der eigentliche Anteil der aristokratischen Epoche an der griechischen Geschichte.

Die politische Komponente griechischer Kultur dagegen war viel stärker das Werk der breiteren Schichten. Aber zu deren Vorbereitung gehörte eben das, was in der aristokratischen Zeit nicht nur an politischem Denken, sondern auch an kultureller Grundlegung, an Formen, an Lebensorganisation und nicht zuletzt an Mentalität entstand. Es waren eben nicht nur die – politischen – Schwächen, sondern insbesondere die – kulturellen – Stärken der Aristokratie conditiones sine quibus non der griechischen Demokratie. Das macht die vor allem gesellschaftliche und kulturelle Geschichte dieser Jahrhunderte so wichtig. Angesichts der hohen Riskiertheit von Demokratien, die ohne den Rahmen einer Staatlichkeit auszukommen hatten, brauchten deren tragende Schichten eine gute Basis – in sich.

Gewiß, die Griechen jener Zeit, allen voran die Adligen, waren höchst eigensüchtig, strebten auch nach Reichtum und Macht. Es spielte sich eine ereignisreiche politische Geschichte ab; die Konflikte konnten sich zu heftigen, auch grausamen Bürgerkriegen steigern. Schon Solons Klage, daß die Aristokraten seiner Zeit nicht mit den Freuden der Mahlzeit, übrigens auch der Liebe, des Sports und der Jagd sich begnügten, sondern so stark auf unrechtmäßigen Gewinn, auf Ausbeutung und dergleichen aus waren, bezeugt, wie sehr materielle und politische Ambitionen sie beherrschen konnten. Trotzdem ist es richtig, daß sie insgesamt in einem außerordentlichen Ausmaß andere, unpolitische, »unwirtschaftliche« Sphären pflegten und ausbauten. Eben damit waren auch dem Ehrgeiz Ziele gesetzt, wurden bestimmte Weisen des Lebens, auch der Verfolgung von Zielen prämiert, andere dagegen verpönt.

In der starken Bewegung jener Zeit ab 750 hätte sich die Polis als allgemeine Form griechischen Lebens rings um die Ägäis kaum halten können, wenn sich die verschiedenen Poleis nicht gegenseitig in ihrer Existenz respektiert hätten. Keiner konnte sie dazu verpflichten; sie werden sich darauf ja auch nicht geeinigt haben. Es hat sich vielmehr so eingespielt.

Nach den Eroberungsfeldzügen der Spartaner und anderer,

die im wesentlichen in die Zeit bis zur Mitte des siebten Jahrhunderts gehörten, wurden zwar noch viele Kriege geführt, aber sie dienten nur mehr in seltenen Fällen der Einverleibung fremder Städte.

Um 650 wurde jene eigentümliche, für die Griechen typische Form des Hoplitenkrieges üblich, Phalanx gegen Phalanx auf ebenem Feld; Reiter und Leichtbewaffnete (zumal Bogenschützen) spielten nur am Rande eine Rolle. Wer das Feld behauptete, war Sieger, ihm fiel die Beute zu, eine Verfolgung des Gegners über das Schlachtfeld hinaus fand nicht statt, und in diesem einen Treffen bestand in der Regel schon der ganze Krieg. Andere Formen bewaffneter Auseinandersetzung, etwa die Eroberung einer Stadt, zumeist aufgrund einer Belagerung, bildeten dagegen zunehmend die Ausnahme. Sie konnten mit besonderer Härte geführt werden; das Delphische Orakel war bestrebt, die schlimmsten Praktiken auszuschließen. Auch die großen Raubzüge müssen, zumindest im Mutterland, bald eingeschränkt worden sein.

Bezeichnend war, daß zur Phalanx nicht nur Adlige, in deren Händen bisher der Krieg vor allem gelegen hatte, sondern auch Bauern herangezogen wurden. Es äußerte sich darin wiederum eine gewisse Gleichheit dieses Bürgerkreises, auch wenn sie so rasch nicht zu politischen Konsequenzen führte.

Man kann nicht mehr feststellen, wie häufig es in der archaischen Zeit zum Krieg gekommen ist. Jacob Burckhardt rechnet mit der »Wenigkeit der Kriege« und nennt sie das »schönste Distinguente« dieser Zeit. Man brauchte die Kriege jedenfalls von Zeit zu Zeit, um sich aneinander zu messen. Es waren Entscheidungen zu treffen, Positionen zu behaupten. Es mochte um Landstriche gehen, um die Abwehr von Übergriffen, um Beute, auch darum, ein Gemeinwesen in Abhängigkeit zu bringen. Möglicherweise ist gar mit einem immer wieder durchbrechenden Drang zu rechnen, sich mit Waffen zu schlagen, vielleicht auch die Polis-Gemeinschaft nach außen zu manifestieren. Er hätte sich gut mit den andern Motiven verbinden lassen. Nicht zuletzt stellte sich mehr oder weniger dringend das Problem des Ranges. Denn es konnte für die Griechen von großer Wichtigkeit sein, wer jeweils die erste von zwei oder mehreren Poleis war.

So blutig diese Kämpfe sein mochten, der Funktion nach

waren es vor allem Turnierkriege. Bis auf kleine Verschiebungen veränderten sie nichts. Vermutlich sind die Entwicklung des Phalanx-Krieges und die Konsolidierung der Poleis nur zwei Seiten einer Medaille.

Eine solche Kriegsform kann vorherrschend nur werden, wo nicht Eroberungen das Ziel sind, wo man den Aufwand scheut, den es braucht, sie zu behaupten. Doch ist nicht einzusehen, daß diese oder jene Stadt es nicht doch immer wieder versucht hätte, wenn nicht andere Motive sie davon abgehalten hätten. Die Kolonisation bot nur zeitweise Entlastung, später wird die Zahl der Landsuchenden wieder angewachsen sein. Warum also wurde so selten versucht, sie auf Nachbarland zu versorgen?

Offensichtlich muß dies einem damals sich bildenden Comment widersprochen haben. Ihm zugrunde lag keine politische Moral, sondern das Bedürfnis der Polisgesellschaften, mit sich allein zu bleiben. Jedenfalls waren sie ja recht exklusiv; sie neigten ganz und gar nicht dazu, andere in sich aufzunehmen. Im Falle der Eroberung aber hätten sie das gemußt – falls sie die Besiegten nicht töten, vertreiben oder in die Sklaverei verkaufen wollten. Was möglich war, als Siegerrecht galt, aber offenbar zumindest im Zentrum der griechischen Welt nur mehr selten vorkam.

Wohl mochten einzelne Gemeinden aus irgendwelchen Gründen ihre Exklusivität überwinden und sich mit andern zu einem größeren Verband zusammentun; das ergab dann die verschiedenen Synoikismoi, teils wirkliche Zusammensiedlungen, teils bloß Zusammenschlüsse zwischen verschiedenen Gemeinden, die ihre getrennten Siedlungen beibehielten. Doch blieben sie die Ausnahme.

Die Exklusivität der Polis-Gesellschaften aber war Niederschlag und Bestandteil einer ganz eigenen anthropologischen Struktur. Zum einen war es das starke Streben der griechischen Adligen nach Eigenständigkeit, das sich gegen größere Zusammenschlüsse, wohl auch gegen langfristige Kraftanstrengungen sperrte. Zum andern das familienartige Verständnis der Polis, welches ihm korrespondierte. Wo sonst oft ein starker Zusammenhalt der Geschlechter und klientelförmige Abhängigkeitsverhältnisse die Einzelnen einbinden, standen sie hier eher für sich und brauchten folglich als Komplement den Rahmen des Kultverbandes, den ihnen die Polis und deren Unterabteilungen boten. Zusammen mit der starken Erfüllung der gemeinsamen Öffentlichkeit erzeugte das einen ganzen Zusammenhang, in dem die Selbstgenügsamkeit jener Polisgesellschaften gegründet zu haben scheint. Eine spezifische Weise, sich aufeinander zu beziehen, kam hinzu, das war der Wettbewerb, das Agonale.

Wären Städte in größerem Stile mächtig und machthungrig gewesen, so hätte sich das System nicht halten können. Aber dazu kam es eben gar nicht erst, jedenfalls nicht in der Regel. So blieb das griechische Leben von Politik ein gutes Stück weit entlastet, und es konnte sich zugleich jene gemeingriechische Öffentlichkeit bilden, auf die sich die Adligen künftig so stark bezogen.

Sie konstituierte sich aus vielerlei Beziehungen von Einzelnen wie von Städten, sowohl in Teilbereichen wie über das ganze Gebiet griechischer Siedlung hinweg. Man reiste und unterhielt Gastfreundschafen, heiratete gern Töchter aus fremden Adelsfamilien, traf sich bei verschiedensten Gelegenheiten, in größerem Stil bei den Panhellenischen Festen. Wichtige Sammelpunkte griechischen Lebens wie Milet, Korinth, besonders auch Delphi vermittelten Vieles. Und auch ohne daß man sich bewegte, hörte man voneinander durch Freunde, fahrende Sänger und Kaufleute.

Vor diesem größeren Kreis mußte, wer etwas Besonderes gelten wollte, imponieren. Sei es, weil er reich oder auch schön war, sei es, weil er eine glanzvolle Partie gemacht, eine großartige Hochzeit ausgerichtet hatte, sei es durch besondere Taten, reich belohnte Abenteuer, Siege im Sport, durch Prachtentfaltung, mit der Zeit auch die Erlangung von Herrschaft (Tyrannis), durch schlaue Listen, vielleicht gar durch Weisheit. Vieles konnte in dieser Öffentlichkeit vermerkt werden; nur mußte es auffallen, sollte nicht alltäglich, sollte auch nicht zu sehr nur auf die eigene Stadt bezogen sein. Es war folgenreich für die Zukunft des griechischen Adels, daß das allgemeine, das prominente Publikum, vor dem seine Angehörigen glänzen wollten, keine politische Einheit darstellte. Sofern man durch politische und Kriegstaten imponieren wollte, mußten sie vor allem spektakulär, nicht unbedingt auch nützlich sein.

Die Weite dieser Öffentlichkeit stand in einem Verhältnis wechselseitiger Bedingung zur Exklusivität der Städte. Offenbar konnte das eine nicht ohne das andere sein. Jedenfalls war es ja sehr bemerkenswert, daß die Griechen sich einerseits in den Poleis wie in deren Unterabteilungen gegeneinander abschotteten, daß sie diese als Kultverbände auffaßten und in ihnen die gemeinsamen Götter je für sich verehrten; daß sie andererseits aber gar keine Probleme damit hatten, über die Grenzen ihrer Zugehörigkeiten hinweg miteinander zu essen, zu feiern, zu heiraten, kurz: sich aufs Vielfältigste auszutauschen. Wie wenn die kaum übersteigbaren Grenzen, die sie um ihre Verbände zogen, nur gleichsam für den Hausgebrauch galten.

Das Verhältnis zwischen Abgeschlossenheit engerer Bezirke und Zugänglichkeit eines größeren gemeinsamen Raums relativer Freiheit wiederholte sich innerhalb der Polis. Einerseits waren da die Häuser, in denen das Lebensnotwendige besorgt wurde, in denen klare Über- und Unterordnung herrschte, die zugleich die bevorzugte Sphäre der Frau darstellten. Andererseits die Öffentlichkeit der Stadt, der Bereich der Männer, in welchem sie, von den Notwendigkeiten weitgehend entlastet, mit ihresgleichen umgingen.

Die Griechen jener Zeit scheinen die Häuser wie die Städte mit ihrer Exklusivität als Basis ihres Lebens, als feste, gesicherte Stützpunkte gebraucht zu haben – um sich im übrigen relativ frei zu bewegen. In diesen Bezirken war ihnen entsprechend stark an Bewahrung gelegen, und sei es, weil das der kleinste gemeinsame Nenner war, auf dem sie sich finden konnten. Nur sehr allmählich, in größerem Stile erst, als die breiten Schichten sich wirksame Mitsprache erkämpften, konnten sie die städtische Ordnung wenigstens mancherorts stärker verändern.

Dem familienartigen Charakter der Polis korrespondierte die große Bedeutung, welche der Gliederung in Unterabteilungen zukam. Sie diente keineswegs nur Verwaltungszwecken oder, sofern sie das tat, erfüllte sie doch zugleich Aufgaben, die weit über diesen Zweck hinausreichten. Die attischen Phratrien hatten etwa die Bürgerlisten zu führen; die Aufnahme der Neugeborenen nahmen sie im Rahmen eines Festes vor, durch das sie zugleich ihren Zusammenhalt stärkten. Platon schreibt später, die Versammlungen der Unterabteilungen böten für vielerlei Nöte Erleichterung, man gewänne in ihren Opferfeiern gegenseitiges Wohlwollen, Bekanntschaft und Vertrautheit. »Ein größeres Gut gibt es aber für die Bürger einer Polis nicht als die Bekanntschaft untereinander.« Hier lag also eine Basis der Zusammengehörigkeit, der Solidarität, oft gestützt durch eine fingierte Abstammungsgemeinschaft, die gemeinsame Verehrung der eigenen Götter und Heroen. Bei allem Streit, wie er ja aber in Familien nicht unüblich ist. Eben darin ersetzten diese Gliederungen andere Formen des Zusammenhalts, etwa in Adelsgeschlechtern oder Klientelen.

Übrigens tut sich hier ein bemerkenswerter Unterschied zu den Römern auf, für die dann auch ihre Unterabteilungen sehr bald nurmehr von organisatorischer Bedeutung waren. Wo von Familien und Geschlechtern her weite, vielfältige Verknüpfungen gegeben waren, war der familienartige Zusammenhalt solcher Unterabteilungen nicht wichtig. Das bedeutete aber auch, daß in Rom vertikale Bindungen an den Adel vorherrschend blieben, während sich den Griechen – für später – die Möglichkeit zur Begründung anhaltender »horizontaler Solidarität« unter den mittleren und unteren Schichten eröffnete.

Anders als die Römer pflegten sich die Griechen in ihren Familien kaum auf ihre Ahnen zu beziehen. Vor allem ihrer Väter wollten sie würdig sein. In der Zeit wie im Raum standen diese Individuen ziemlich vereinzelt da.

So taten es ja auch die Poleis. Sie hatten gleichsam eine punktuelle Existenz, wohingegen Rom sich immer in weiten Beziehungssystemen befand. Während die Römer als Landmacht einen starken Sinn für den Raum und seine Beherrschung entwickelten, orientierten sich die Griechen vor allem auf die weite – und nicht zu beherrschende – See, die sich zwischen ihnen wie der Marktplatz, die Agora, zwischen ihren Häusern erstreckte. Der Perserkönig Kyros wunderte sich, was das für eigenartige Leute seien, die mitten in ihrer Stadt einen Platz hätten, auf dem sie sich gegenseitig übervorteilten. Er hätte sich ebenso darüber wundern können, wie sie um die weite See herumsaßen.

Individuelle Eigenständigkeit und die besondere Hegung kleiner Verbände gehörten mithin gerade, als es unter den Griechen zu großer Beweglichkeit kam, zusammen. Enge und Weite ergänzten sich wie Land und Meer, wie der Winter, in dem man zu Haus blieb, mit dem Sommer, während dessen man ausfahren konnte, wie Abgrenzung und Freiheit.

Die weitgehende Selbständigkeit, der Mangel an Einbindung

in Abhängigkeitsverhältnisse, die Tatsache, daß sich Abhängigkeiten am ehesten in Unterabteilungen knüpften, welche man reformieren, ja ablösen konnte, sollte eine wesentliche Voraussetzung für die Demokratie werden – wie die Kleinheit, Eigenständigkeit und gegenseitige Respektierung der Städte.

Zu dieser Konstellation gehörte eine bestimmte Weise, sich von gleich zu gleich aufeinander zu beziehen: Vor der unpolitischen Öffentlichkeit mußte man weniger Macht denn Rang und Namen anstreben, weniger herrschen als hervorragen. »Viel Glanzvolles leisten und Erster sein vor allen« wollten diese Adligen, wie es bei Homer formuliert ist. So hatte ja auch der weise Solon sein Persönlichkeitsideal trotz aller Verschiebungen im Inhalt formuliert.

Daß mit der Zeit trotzdem schwere Kämpfe um die Macht entbrannten und viele Griechen nach der Tyrannis strebten, widerspricht dieser Feststellung nicht. Denn zum einen gilt sie nur relativ, zum andern lehrt gerade die Geschichte der Tyrannen, welche Schwierigkeiten die Griechen mit der Macht hatten. Sie wollten sie schon besitzen; aber sie wollten dafür nicht jenen Dienst leisten, nicht sich selbst jenen Zwang auferlegen, »womit man Zwang zu kaufen sich bequemen muß«, um es mit Schiller zu sagen. »Die sittliche Energie, welche die Welt beherrscht, weil sie sich selbst zu beherrschen weiß«, von der Theodor Mommsen einmal spricht, haben die griechischen Adligen nicht aufgebracht. Weder als Schicht noch als Einzelne; wobei wiederum Sparta eine Ausnahme bildet.

Daß es aber mehr um Rang als um Macht ging, war die Bedingung für den Aufbau der so imposanten, vielfältigen Wettbewerbskultur der Griechen, des Agonalen. Es wurden Formen des Kampfes entwickelt, die zumeist auf friedliche, wenn auch keineswegs faire Weise auszutragen waren. Überall fühlten sich die Griechen in Konkurrenz mit andern.

Nicht nur nämlich beim Sport, mit dessen starker Ausübung sie zwar keineswegs so allein standen, wie oft angenommen wird, den sie aber auf besondere Weise in den Mittelpunkt ihres Lebens rückten, innerhalb der Poleis wie insbesondere auf den Panhellenischen Spielen. Kennzeichnender war, daß sie in ihren Symposien Wettkämpfe zur Regel machten und auf ihren großen religiösen Festen verschiedene Chöre konkurrieren ließen, mit immer neuen Texten.

Die wohl 535 eingerichteten Wettkämpfe zwischen tragischen Dichtern auf dem athenischen Dionysosfest bildeten nur ein besonders prominentes Beispiel dafür. Selbst die Kriege hatten ja stark agonale Züge; die Tyrannen wetteiferten um den Glanz ihrer Herrschaft. Herodot versäumt es nicht, bei einer der großen Schlachten des Perserkriegs zu berichten, wer der schönste Mitkämpfer gewesen sei. Auch der Streit um die Feststellung, wem der Ruhm des Siegs bei Salamis gebühre, gehört in diese Reihe. Das dabei verwandte Verfahren findet sich wieder bei der Entscheidung darüber, wer der beste Bildhauer sei; sogar das wollte man ermitteln.

Wie immer diese Mentalität entstanden ist, die Wettbewerbskultur war offenbar geeignet, einen Großteil der entfesselten Energien zu binden, neue freizusetzen und wiederum zu binden – und das Zusammenleben im Großen wie vor allem im Kleinen mit Inhalten zu erfüllen, es zu intensivieren und nach außen zu öffnen. Daß menschliche Bewährung so stark im Vergleich mit andern, nicht zuletzt in physischer, intellektueller und künstlerischer Leistung gesucht wurde, trug entscheidend zur Ausbildung jener Kultur bei, die, was ihr an materiellen Mitteln fehlte, durch immer weiter verfeinertes menschliches Können ersetzen mußte.

Gewiß haben auch andere frühe Kulturen verschiedene Formen des Wettkampfs sowohl im Sport wie im Gesang oder in Form von Rededuellen ausgebildet, um Energien und Gegensätze zu kanalisieren. Das eigenartig Griechische ist darin zu suchen, daß sich diese Formen in einer raschen, umfassenden, vom Orient wie von den Herausforderungen im Mittelmeerraum immer neu veranlaßten Entfaltung bewahrten und damit in ganz neue Zusammenhänge gerieten.

Übrigens waren es fast immer Einzelne, die gegeneinander antraten. Nur bei Chorgesang und Tragödie sowie bei Staffelläufen war es notwendig anders. Auch das entsprach dem griechischen Individualismus. Am Ruhm des Sieges nahm freilich die ganze Stadt teil: Kaum jemand haben griechische Poleis so verehrt wie ihre Sieger in den großen Wettkämpfen, die sie für Lieblinge der Götter hielten. Dieses Ansehen konnte ihnen sogar politisch zugute kommen. Es konnte den Herren auch zu Kopfe steigen, wie wohl das Beispiel des Olympiasiegers Kylon und seines Usurpationsversuchs zeigt.

Dank dieser und anderer Veränderungen konnte es die mutterländische Gesellschaft gut mit den Herausforderungen der neuen Spielräume im Mittelmeer aufnehmen. Sie wirkten, aber man federte sie ab. Als die Kolonisation versiegte, die reizvollen Plätze besetzt waren, war die Poliswelt äußerlich fertig. Im Innern freilich tauchten dann die Probleme auf, die zu Tyrannis und Gesetzgebung führten.

DIE GRIECHISCHE Gesellschaft jener Zeit ist mit unseren Begriffen kaum zu fassen. Sie bildete in gewissem Sinne eine Einheit, indem sie sich deutlich von den »Barbaren« (wie man die Nicht-Griechen ihrer unverständlichen Sprache wegen nannte) abgrenzte, indem sie sich aber auch ihrer Zusammengehörigkeit aufgrund der Gemeinsamkeit nicht nur der Sprache, sondern der ganzen Kultur bewußt war; des Lebensstils wie der Stadtanlage, der Agora, des Sports, der Tempel. Von der Krim bis Afrika, von Marseille bis Zypern war es ein Volk. Und wie fein es sich von andern abgrenzte, zeigt sich besonders schön darin, daß man in Olympia den – griechisch sprechenden, aber so anders organisierten – Makedonen die Teilnahme an den Spielen versagte: weil sie eben keine (richtigen) Griechen waren, mit Ausnahme der herrschenden Dynastie.

Zu dieser Gemeinsamkeit gehörten auch die Götter. Man verehrte sie zwar in eigenen, zumeist exklusiven Kulten. Es waren neben den Einzelnen die Unterabteilungen, die Städte, die zu ihnen beteten, ihnen opferten. Und sie betrachteten sich keineswegs als Gemeinden einer gemeinsamen Religion. Sie wollten die Götter ja für sich – und oft genug gegen andere – einnehmen. In Opferfeier und -mahl erlebten und bestärkten die Unterabteilungen und Städte ihre Solidarität, im Rhythmus von Todesbegegnung und Lebensbejahung angesichts der Unsterblichen. Die Poleis hatten auch jeweils ihre eigenen Festkalender. Trotzdem trugen diese Götter überall die gleichen Namen. Auch wenn sie von Ort zu Ort verschiedene Zuständigkeiten haben mochten, formte sich in der Poesie ihr Bild für alle in ganz ähnlicher Weise.

Und auch hier bewährte sich die Korrespondenz zwischen Enge und Weite: Wo im Ritus zumal der kleineren Kultverbände sehr vieles treu bewahrt wurde, wurden die Vorstellungen von den Göttern zur Sache von Dichtern. In deren Kreis, der nach außen – übrigens auch zum Orient hin – offen für vielerlei Anregungen war und der ganzen Griechenheit zugehörte, wurde relativ frei am Mythos gearbeitet.

Und mit der Zeit bemächtigte sich auch das griechische Denken der Götter. In den obersten Gott Zeus dachte man etwa die Forderung nach Gerechtigkeit hinein, verband mit seinem Namen Ordnungsvorstellungen; der Apoll des Delphischen Orakels wirkte im Sinne eines bestimmten Programms maßgebend auf die Griechen ein. Besonders bezeichnend ist, daß selbst eine durch ethisch ausstrahlende Instanzen nicht beanspruchte Gottheit wie Artemis nicht nur Gefallen hatte am »Bogen, in Bergen Tiere zu töten, an Saiteninstrumenten und Tänzen, durchdringenden Jubelschreien sowie schattigen Hainen«, sondern auch an »der Stadt gerechter Menschen«. Es waren also mehrere Götter, die auf Gerechtigkeit Wert legten. Auch dies trug zur Zusammengehörigkeit bei: Gerade auch in ihren gemeinsamen Rechtsauffassungen unterschieden sich die Griechen immer stärker von den Barbaren.

Doch unter ihren Gemeinsamkeiten war eine der wichtigsten eben die, daß sie in lauter politisch selbständigen Poleis lebten und es sich anders gar nicht denken konnten. Ihre Gesellschaft wurde so sehr von Poleis wie von unendlich vielen Einzelnen gebildet, die sich in überlokalen Öffentlichkeiten bewegten. Und eines hing aufs dichteste mit dem andern zusammen.

In den einzelnen Poleis aber war die Gesellschaft bestimmt sowohl durch vertikale wie durch horizontale Unterscheidungen. Aus der Gesamtheit der Polisbewohner hob sich die Bürgerschaft, im wesentlichen der Kreis der männlichen, selbständigen Grundeigentümer heraus. Er grenzte sich deutlich von den Frauen ab, von den Nicht-Bürgern, schließlich von den Sklaven. Die nicht (oder wenig) grundbesitzenden Mitglieder der Bürgerschaft, die etwa als Handwerker und Tagelöhner ihren Lebensunterhalt verdienten, zählten in irgendeiner Weise zu den Bürgern, ohne daß sie zunächst viel bedeutet hätten.

Die Abgrenzung von den Frauen ergab sich aus dem männerbündischen Charakter, die gegen die Nicht-Bürger aus der Exklusivität des Bürgerverbands. Die Scheidung von den Sklaven, deren Zahl mit der Zeit größer wurde, war nur deswegen so klar, weil der Status der Freien frühzeitig so bedeutungsvoll war. Dank der starken Akzentuierung ihrer Selbständigkeit. Selbst abhängige Arbeit war in dieser Gesellschaft schlecht angesehen, wie ja auch Klientelbindungen zwischen Hoch und Niedrig unter den Freien keine nennenswerte Rolle spielten. Nie sind die Bauern gegenüber den Adligen abgabepflichtig geworden; nur die Tyrannen erlegten ihnen – wie den Adligen – Ertragssteuern auf. Nur de facto, nicht rechtlich und nicht im Sinne starker Bindungen gab es Abhängigkeiten vom Adel, abgesehen von dem Verhältnis zwischen Gläubigern und Schuldnern, das zeitweilig sehr drückend war. Ob keiner auf die Idee kam, die Bauern stärker zu binden? Weil das Selbständigkeitsstreben die Adligen unfähig dazu und die Bauern resistent dagegen machte? Wahrscheinlich muß die Lösung etwa so formuliert werden.

Die horizontale Schichtung ist schwierig zu fassen. Dem Ansehen nach standen herkömmlich die »Adligen« vor den Bauern, und unterhalb davon befanden sich die Besitzer kleiner Grundstücke, Handwerker, Händler und Tagelöhner. Die grobe Unterscheidung nach dem Vermögen in Reiche, Mittlere und Arme lief nicht genau parallel dazu, da Handwerker und Händler in dieser Beziehung den Bauern, ja, wenn auch selten, den Adligen gleichkommen konnten. Nie waren die Grenzen klar zu bestimmen. So empfiehlt es sich, praktisch nur grob zwischen oberen, mittleren und unteren Schichten zu unterscheiden, wobei im ganzen offenbleiben muß, wieweit den mittleren neben den Besitzern mittelgroßer und größerer Bauernhöfe auch wohlhabende Handwerker und Händler angehörten. Im Vergleich zum Adel bildeten sowohl die mittleren wie die unteren »breitere Schichten«, nach dem Aufstieg einer Reihe von Mittleren in die Funktionen der Stadt muß dieser Kreis etwas anders bemessen werden.

Die Trennlinien *innerhalb* der Bürgerschaften waren nach dem Bewußtsein der Zeit die entscheidenden. Sie stehen im Vordergrund unserer Überlieferung. Um sie kristallisierten sich Gegensätze und Konflikte bis hin zum Bürgerkrieg. Andererseits waren diese Trennlinien, sosehr die horizontale Schichtung in der griechischen Geschichte stets bestehen blieb, für die Einzelnen durchaus zu überqueren, und es konnten schließlich die Mittel- und sogar die Unterschichten zu politischer Gleichberechtigung aufsteigen.

Die vertikalen Scheidungen hingegen waren nicht nur in aller Regel unüberwindbar, sondern sie behielten auch im ganzen ihre Bedeutung. Aus historischer Distanz erscheinen sie als die elementareren.

Nur dank ihrer konnte die Gemeinsamkeit der Kultverbände so wichtig werden, die innerhalb dieses Kreises die Niedrigen mit den Hohen, die Armen mit den Reichen über alle sozialen Klüfte hinweg vereinte. Sie scheint die Adligen auch davon abgehalten zu haben, die eigene Macht durch Aufnahme von Neubürgern zu mehren, wie das in Rom so oft geschah. Derartiges vermochten in Griechenland bestenfalls Tyrannen oder Wieder-ins-Lot-Bringer.

Die Armen und Niedrigen unter den griechischen Bürgern hatten zwar wenig zu sagen, sie konnten unterdrückt und ausgebeutet, ja sogar, wenn sie ihre Schulden nicht zu zahlen vermochten, als Sklaven ins Ausland verkauft werden. Aber sie gehörten, mindestens solange sie Freie waren, zum privilegierten Kreis der Zugehörigen. Es bestand ein genossenschaftlicher Zusammenhang zwischen ihnen und den Adligen, der sich, so wenig er zeitweilig bedeuten mochte, aktivieren ließ. Dadurch konnten die Gegensätze, die sich unter den Bürgern bildeten, so ungemein explosiv werden.

Nur indem man die vertikalen wie die horizontalen Scheidungen berücksichtigt, erhält man das Muster des griechischen Gesellschaftsaufbaus. Nur in seinem Rahmen wird auch die ungeheure Bedeutung der familienartigen Unterabteilungen der Poleis deutlich, in denen sich jene Gemeinsamkeit am stärksten manifestierte. In diesen Männergesellschaften waren einer hierarchischen Gliederung enge Grenzen gesetzt.

Die vertikalen Trennlinien schufen aber zugleich, zunächst im Adel, später in wachsenden Kreisen, eine beachtliche Homogenität. Denn je deutlicher die Scheidungen waren, um so stärker bildeten die Privilegierten innerhalb dieser asymmetrischen Gruppierung jene Merkmale aus, die für sie bestimmend waren. Als Männer, als Freie, als Bürger hatten sie das meiste gemeinsam, und eben darin hatten sie sich auszuzeichnen. Hier stärkten sich die griechischen Tugenden. Tapferkeit, Besonnenheit, mit der Zeit auch Gerechtigkeit – nicht zuletzt die Rationalität. Durch all dies meinten die griechischen Männer sich von den Frauen deutlich zu unterscheiden. All dies mußten sie also in besonderer Weise ausbilden und betonen. So ganz selbstverständlich war die Sonderrolle, die sie für sich in Anspruch nahmen, ja nicht. Und wenn die weniger Bemittelten und gar die Armen daran zunächst kaum teilhaben konnten, so schwebten diese Ideale doch auch ihnen vor.

Gewiß gibt es männerbündische Gesellschaften auch sonst vielfach in der Geschichte. Die besondere Auswirkung der griechischen lag in den besonderen Herausforderungen begründet, denen sie dort in der Kulturbildung ausgesetzt waren und genügten.

Homogenität und Abgrenzung übten eine verbindende Kraft aus. Darin lag – bewußt oder nicht – eine weitere Funktion der Scheidung der Geschlechter. So waren auch die Sklaven nicht nur wegen der Arbeit wichtig, die sie taten, sondern zugleich weil ihre Existenz, ihr grundsätzlich anderer Status auf die Bedeutung der Freiheit und den Zusammenhalt derer, die daran teilhatten, hinwirkte. Wobei noch hinzukam, daß die Bürger, wie es später bei Xenophon heißt, einer des andern unbesoldeter Wächter waren, gegen die Sklaven (wie gegen Verbrecher).

Die Homogenität dieser Gesellschaften setzte aber, zumal angesichts so vieler Unterschiede zwischen Hoch und Niedrig, voraus, daß deren agrarischer Charakter bewahrt wurde.

Man hielt am hohen Wert des Landeigentums fest; im wesentlichen blieb es dabei, daß der Besitz eines Hofes und die volle Zugehörigkeit zum Gemeinwesen einander bedingten. Kaufmännische – auch handwerkliche – Tätigkeiten mochten nützlich sein, Reichtümer bringen, die man zu schätzen wußte, aber sie lagen abseits des Comments. Zum Teil setzten die Griechen mit diesen Anschauungen nur fort, was sich aufgrund ihres Autarkie-Ideals ohnehin von selbst verstehen mußte. Doch angesichts der vielfältigen Einkünfte aus den Unternehmungen über See wäre es ja immerhin denkbar, daß diese Arten der Tätigkeit zu höherem Ansehen gelangt wären.

Vielleicht waren sie das zunächst sogar; dann hätte man mit einer nachträglichen Gegenreaktion zu rechnen. Einerseits weil überhaupt so viel Bewegung einen gewissen Widerhalt braucht, ihn also notfalls hervorruft; weil sich aus aller Neuerung zugleich Prozente zugunsten des Alten abzuzweigen pflegen, die irgendwann zu einer ganzen Summe auflaufen. Andererseits weil solch herkömmliche Grundsätze auf die Emporkömmlinge eine gewisse Bremswirkung ausüben. Man verband sich zwar ganz gern mit ihnen, auch durch Heiraten. Aber man wollte sie die Unterschiede spüren lassen, die man selber empfand. Übrigens können die Aufsteiger nicht sehr zahlreich gewesen sein. Schließlich waren sie ihrerseits nach Möglichkeit bestrebt, sich anzueignen, was ihnen an Landbesitz fehlte. Er war um so begehrter, je mehr man die Risiken und Wechselfälle der großen Unternehmungen erfuhr.

Gewiß, der Handel über See mochte sehr verlockend sein. Die Grenzen zum – gut angesehenen – Raub waren fließend; schließlich mußte die Beute abgesetzt werden. Auch die Not mochte zu solchen Fahrten treiben, wenn Adlige etwa Verluste ausgleichen oder den drohenden Abstieg abwenden wollten. Ja, es waren ganze Städte durch Erfolge im Handel reich geworden und waren weiter darauf angewiesen, wie etwa das kleine, wenig fruchtbare Ägina, wo die Oberschicht sich an vielerlei Geschäften beteiligte. »Schiffsberühmt« nannte Pindar die Insel. Wir können uns die damalige Adelswelt gar nicht bunt genug vorstellen.

Gelegentlich konnten Rücksichten auf den Handel auch die Politik großer Städte bestimmen – wie beim Ausbau der Häfen, bei Koloniegründungen oder auch bei der Anlage der Faktorei Naukratis in Ägypten, zu der sich mehrere Städte zusammentaten. Nicht zuletzt dank Handel und Seeraub erlangten die wichtigsten Städte jener Zeit ihre Bedeutung. Trotzdem war keine Polis auf die Dauer wirklich als Handelsstadt zu verstehen. So wichtig, so unentbehrlich die Gewinne daraus sein mochten, der allgemeingriechische Comment war stärker. Was immer tatsächlich von den Adligen, vielleicht jeweils in jüngeren Jahren, und ihren Beauftragten an Handel getrieben wurde, zumindest mit der Zeit spielte es sich so ein, daß man davon kein Aufhebens machte. Das hätte auch der »Nonchalance in Geschäftsangelegenheiten« widersprochen, die nach Max Weber solchen Herrenschichten eignet. Nach außen hatte man den ständischen Idealen gemäß zu leben, in der Stadt sowie vor dem gesamtgriechischen Publikum.

Zum Selbständigkeitsstreben gehörte zudem, daß man sich nicht mit Haut und Haaren einer Sache, etwa den »Sachzwängen« eines Betriebs unterwarf. Was die Landwirtschaft forderte, war naturgegeben. Was eine Kaufmannsfirma hätte fordern können, nicht.

Und dabei konnte es bleiben, weil der Umfang des Handels insgesamt gering blieb, weil die gewerbliche Produktion sich nicht so stark spezialisierte, weil auch die materiellen Bedürfnisse, die man zu befriedigen hatte, nicht so groß und vielfältig waren, daß sich ein Austausch größeren Stils nahegelegt hätte. Vor allem aber scheint in diesem Zusammenhang eine Eigenart der Griechen zu Buche geschlagen zu sein: Ihre Städte grenzten sich nicht gegen das Umland ab, sie blieben Grundbesitzer-Gesellschaften; sie hatten nicht wie etwa die des europäischen Mittelalters die Möglichkeit und den Anlaß, städtische Wirtschaftstätigkeit zur Basis eines eigenen Bewertungssystems für eine ganze Gesellschaft zu machen. Denn man sollte vermuten, daß Handel und Handwerk, anders gesagt: Spezialisierung auf Berufe nur dort, wo zugleich eine Spezialisierung zwischen Stadt und Land stattfindet, eine allgemein geachtete, gesellschaftliche (und eventuell auch politische) Stellung begründen – und folglich so viel Energie auf sich ziehen können, daß sie nennenswert auch die Maßstäbe des Urteilens bestimmen. Es sei denn, eine alles durchdringende Monarchie verschaffte, ihren Bedürfnissen entsprechend, den Spezialistentätigkeiten besonderen Respekt.

Ob es andernfalls möglich gewesen wäre, die verarmten Teile des Bauerntums rascher in Handel und Gewerbe zu beschäftigen, ist schwer zu sagen. Jedenfalls stieß der archaische Adel hier an eine Grenze.

Sosehr also die See das verbindende Element unter den Griechen war, sosehr deren Aktivitäten über See am Anfang ihrer Kulturbildung gestanden und den Rang vieler Familien begründet hatten, so lebhaft sie weiterhin waren – das alles stand in einem Verhältnis wechselseitiger Bedingung mit dem agrarischen Charakter der Polisbürgerschaften. Wiederum also eine Dialektik (oder gegenseitige Ergänzung) von Extremen.

Insoweit schält sich schon eine erste Reihe bemerkenswerter Züge heraus, die für die weitere Geschichte der Griechen, die Ausbildung ihrer Eigenart, auch der Demokratie maßgebend wurden. Die Bewahrung der persönlichen Eigenständigkeit und der Kleinheit der Städte; der Aufbau der Wettbewerbskultur; eine Gesellschaft, die offenbar Gebundenheit im engeren Bereich brauchte, um im weiteren frei zu sein, die diese Gebundenheit zunächst aber nur als gegeben nahm, nicht ausbaute im Sinn einer Disziplinierung.

Zugleich waren die klare Herausstellung des Männerbundes im Adel, die zum Komplement die Beibehaltung des genossenschaftlichen Zusammenhalts zwischen Hoch und Niedrig hatte – und man kann hinzufügen: die fast konkurrenzlose Schätzung des Landbesitzes – Ansatzpunkte für die Gleichheit der Zugehörigkeit der Bauern zum Gemeinwesen; die Voraussetzung für ihren politischen Aufstieg. Auch sie hatten, wenn auch eingeschränkt, Teil an der Eigenständigkeit griechischer Polis-Zugehöriger. Indes waren es auch verschiedene Eigentümlichkeiten der aristokratischen Kultur, wie sie sich damals bildete, die die weitere Geschichte in Richtung auf die Demokratie hin entscheidend bestimmten.

## 3. Kultur der archaischen Zeit

Wohl seit dem siebten Jahrhundert begann man dem Ideal der Muße zu leben. Das war eine glanzvolle Verschwendung mit dem Gegenstand Zeit, keineswegs einfach auf Inaktivität, vielmehr auf ein zumindest scheinbares Sich-Fernhalten von den Notwendigkeiten der Arbeit hinauslaufend; und sie verband sich mit andern Äußerungen des Luxus, soweit die engen Dimensionen dieser Gemeinwesen sie zuließen, etwa in Kleidung und Haartracht (auch bei Männern!). Solch Luxus ist ja nichts Überflüssiges, sondern eine Manifestation der Überlegenheit, ein Mittel gesellschaftlicher Selbstbehauptung. Nicht nur gegen Emporkömmlinge, sondern in diesem Falle auch, weil allzu viel Bewegung und Tätigkeit innerhalb der kleinen Poleis sehr störend hätte sein müssen; man mußte sich also kultivieren, mußte das Leben in diesem engen Rahmen möglichst intensiv gestalten.

Da Muße, wenn sie zum Lebensinhalt einer ganzen Schicht wird, eines Terrains bedarf, auf dem sie sich manifestiert, weitete sich zugleich der Bereich der Öffentlichkeit außerordentlich aus und gewann stark an Bedeutung. Öffentlichkeit aber war unter griechischen Umständen damals nicht in einer Welt von Palästen zu haben, sondern ganz konkret auf der Agora, dem Platz in der Mitte der Stadt, der zu Versammlung und Gericht, zu kultischem Tanz wie zu Sport diente; auch zu Festen sowie Opferfeiern und -mählern, denn es pflegten dort die wichtigsten Altäre und Tempel zu stehen. In dieser Öffentlichkeit wurden die Angelegenheiten der Stadt besprochen. Hier traten die Sänger auf. Hier traf, zeigte, beobachtete, unterhielt man sich, verliebte sich auch (zum Beispiel in die sporttreibenden Jungen). Jacob Burckhardt spricht von dem »aus Geschäft, Gespräch und holdem Müßiggang gemischten Zusammenstehn und Schlendern«. Alles habe sich dahin gedrängt, wo gesprochen wurde. Der Vormittag war charakterisiert als »die Zeit, da die Agora voller Leute ist«. In größeren Gemeinwesen wie Athen gab es diese Öffentlichkeit sowohl im Zentrum wie in den einzelnen Orten draußen.

Burckhardt spricht davon, daß »die Geselligkeit dem Griechen inhärent« gewesen sei, es habe ihn alles dazu eingeladen. All die Gelegenheiten, bei denen griechische Adlige (und auch andere) zusammenkamen, waren Teile einer einzigen Öffentlichkeit; weil sie sich in diesen kleinen Gesellschaften überall aufeinander bezogen und aneinander maßen, eher als selbständige Einzelne, denn als Mitwirkende an einer gemeinsamen Sache, seien es Bauten, seien es Eroberungen, und schon gar nicht in den Sachzwängen intensiver privater Geschäfte. Öffentlichkeit reichte also weit über das Politische hinaus.

Worin immer die Zugehörigkeit zur Stadt formal gründete, sie mußte sich in unmittelbarer Teilhabe manifestieren, auch in den Anteilen, etwa an Opferfleisch, Wein oder Beute, die man dabei verdiente.

Das Privateigentum am Boden, die betonte Eigenständigkeit der Häuser stand in einem Verhältnis wechselseitiger Ergänzung mit dem Wettkampf um die Anteile am Allgemeinen, die gleichsam besondere Prämien, besondere Dokumentationen des Ranges darstellten. In diesem ständigen Rivalisieren schulte sich die Beweglichkeit, die Freiheit der Griechen.

Das aber bedeutete zugleich, daß diese Stadtgesellschaften durch ein ungeheures Maß an Gegenwärtigkeit ausgezeichnet waren: im Raum wie in der Zeit, in der Gemeinsamkeit sehr vieler Erfahrungen – womit vielerlei Gegensätze freilich keineswegs ausgeschlossen waren.

Bei Homer rühmt König Alkinoos seine Phäaken: »Nicht sind wir als Faustkämpfer ohne Tadel und auch im Ringen nicht, doch laufen wir schnell mit den Füßen und sind zu Schiff die besten, und immer sind uns lieb Gelage und Saitenspiel und Reigentänze...«. Er fordert sie zu einem Spiel auf, damit sein Gast, wenn er heimgekehrt ist, den Seinen davon berichte. Odysseus findet, es gäbe »keine lieblichere Erfüllung, als wenn Frohsinn im ganzen Volk herrscht und Schmausende durch den Saal hin auf den Sänger hören, in Reihen sitzend, und daneben die Tische sind voll von Brot und Fleisch, und es schöpft den Wein der Weinschenk aus dem Mischkrug und bringt ihn herbei und füllt ihn in die Becher: Das scheint mir das Schönste zu sein in meinem Sinne.«

Die Geselligkeit erstreckte sich freilich – mit der Zeit – auch in die Häuser, jene Räume nämlich, in denen kleinere Gesellschaften zum Symposion zusammenkamen; nach dem Essen (das zumeist im Kreis der Familie eingenommen wurde), nur zum Trinken gemischten Weines – und zugleich zum Wettbewerb in allerhand Künsten, einschließlich des Singens von Liedern. Hier wurde im Kleinen unglaublich viel Leben und Fähigkeit entfaltet.

Es ist sehr auffällig, wie dabei die Familie von den Freunden, das Essen vom Trinken, das Notwendige vom Unbelasteten geschieden wurde; wie man durch den Raum, der erst der Mahlzeit, dann dem Symposion diente, eine zeitliche Grenze zog, die zugleich die Geschlechter trennte. Denn Ehefrau und Töchter hatten auf dem Symposion nichts zu suchen. Nur Hetären, jene auf musische (und geistige) wie auf körperliche Unterhaltung spezialisierten Damen, die sich deutlich von den direkteren Bedienerinnen männlicher Lust unterschieden, durften dabei sein, neben den hübschen Jungen natürlich, die wohlhabende Gastgeber als Mundschenke holten. Vermutlich übernahm man dies alles so aus dem Orient.

Doch ist anzunehmen, daß Frauen auch in der Öffentlichkeit schon damals wenig zu suchen hatten; wie es später jedenfalls für Athen und andere Städte bezeugt ist. Natürlich waren sie nie einfach eingesperrt. Sie hatten eigene Kulte. Sie konnten die Straßen und Plätze der Stadt zu verschiedenen Zielen passieren, und soweit sie dem Adel angehörten, werden sie sich gerade in der archaischen Zeit in auffallender Kleidung und Schmuck nur ungern zurückgehalten haben; auch wenn es Bestrebungen gab, sie dazu zu nötigen. Übrigens unterhielten sie mancherorts auch Schönheitswettbewerbe. Frauen aus den ärmeren Kreisen mußten am Markt kaufen und verkaufen.

Und es gab vermutlich nicht nur in Lesbos Damen wie Sappho, Andromeda und Gorgo, die junge Mädchen um sich versammelten, um sie einzuführen in die hohen Formen weiblicher Kultur; Tanz, Spiel, Gesang, in feines Sich-Kleiden, elegantes Auftreten und anderes; bei denen sie in inniger Freundschaft, im gemeinsamen Dienst an Göttinnen wie Aphrodite jene Anmut lernten, die sie auch in der Abgeschlossenheit ihrer Häuser zu kultivieren hatten und in die sie einen guten Teil ihres Stolzes legten. Göttergleich schien Sappho der Mann, den das anmutige Lachen einer ihrer ehemaligen Genossinnen erfreute – und wie betäubt ist sie, wenn sie daran denkt, wie sehr sie ihr fehlt. In Sybaris wurde sogar ein Gesetz erlassen, wonach die Frauen zu Opferfeiern einzuladen seien, und zwar ein Jahr im voraus, damit sie für Kleidung und Schmuck angemessen Vorsorge treffen könnten.

Da es die Männer waren, die in der Öffentlichkeit zusammenkamen, um zu beraten, Sport zu treiben und sich zu unter-

*Symposiasten am Mischkrug. Rotfigurig. Um 480. Karlsruhe, Badisches Landesmuseum.*

*»Nicht versteht sie, den Saum bis zu den Fußknöcheln emporzuziehen«, heißt es bei Sappho von einem bäurischen Mädchen. Auch das war eine Kunst, die, wie so viele andere, gelernt sein wollte. Kore von der Akropolis um 520.*

halten, waren sie braun gebrannt, während die Frauen von Stand auf den bleichen Teint hielten.

Je deutlicher die Scheidung zwischen Haus und Öffentlichkeit wurde, um so mehr werden auch Unterschiede zwischen Männern und Frauen herausgestrichen worden sein. Indem hier eine Sphäre so scharf von der andern getrennt wurde, wurde zugleich eine Voraussetzung dafür geschaffen, daß später eine eigene politische Sphäre entstand, in der Gleichheit herrschte trotz gesellschaftlicher Ungleichheit.

Zu dieser Männergesellschaft gehörte die offen, wenn auch in geregelten Bahnen sich gebende Knabenliebe, aber auch eine eigenartig intensive Pflege der Schönheit und des Stils. Gerade die Jungen sollten sich dadurch auszeichnen. Sie bewegten sich unter vielfacher Aufmerksamkeit, nicht zuletzt bei den sportlichen Übungen, denen sich alle unbekleidet zu widmen pflegten.

Kleidung, Haartracht, Gang, Auftreten, alles hatte zu gefallen, und auf alles wurde große Mühe verwandt. »Unsterblichen gleich und alterslos auf ewig« wirkten die Jonier, wenn sie Apollons »in Reigentanz und Gesang voll Freuden gedachten.« »Alle Anmut glaubte man in ihnen vereint.« Homer spricht von einem Mann »unansehnlich an Aussehen, doch gibt der Gott seinen Worten Gestalt, und man blickt auf ihn mit Ergötzen. In der Versammlung spricht er... mit einnehmender Rücksicht und Respekt... Und geht er durch die Stadt, so blicken sie auf ihn wie auf einen Gott«.

Nicht zufällig finden sich in der bildenden Kunst der Zeit vor allem nackte junge Männer, wohltrainiert und anmutig, die Kouroi, dargestellt – neben den ähnlich anmutigen, aber züchtig gekleideten jungen Frauen, den Koren.

Wenn die griechischen Adligen *kaloikagathoi*, also schön/gut sein wollten, so war im Schönen durchaus der ästhetische Sinn des Wortes mitgemeint, also jene Art von Schönheit, als die Schiller die Anmut faßt, »nicht von der Natur gegeben, sondern von den Subjekten selbst hervorgebracht«. Ihr wohnte, wie es heißt, hohe Überzeugungskraft inne, und so gehörte es offenbar zu dem »Mehr an ›Kulturqualität‹«, auf dem nach Max Weber die Qualifikation einer Herrenschicht beruht.

In ganz ungewöhnlichem Ausmaß bestand die damalige griechische Kultur in der Kultivierung ihrer Angehörigen, zumal der Adligen. Wobei es vermutlich besonders um Feinheiten ging, in

Bewegung, Sport, Sprache, Gesang, vielleicht auch in der Liebe; und das konnte im Wettbewerb geschehen, zumal nicht so sehr die Ausprägung weitgetriebener Individualität wie diejenige eines Typus gefragt war.

Vergleichsweise wenig dagegen verwirklichte sich die damalige Kultur im Materiellen. Die Architektur hatte außer den Stadtmauern und sehr wenigen anspruchsvollen Tempeln kaum ins Auge Stechendes zu bieten. Bedeutendere öffentliche Gebäude wurden erst in spätarchaischer Zeit gebaut. Und es waren wenige. Für Kostspieliges hätten auch die Mittel kaum gereicht. Die Tempelbauten hatten – nach einigen gigantischen Projekten – nicht die Größe, sondern die rechten Maße zum Ziel. Gewiß gab es Bildhauerei, vielerlei Kleinkunst und vor allem Poesie. Aber auch die hatten weitgehend nicht nur den Menschen zum Thema – wobei das Götterbild keine Ausnahme machte –, sondern suchten zugleich zu fassen, wer er im Grunde war, suchten die Schönheit, die Norm seines Bildes, schufen Vorbilder.

Die Korrespondenz zwischen dem Muße-Ideal und dem sich verfeinernden Sinn für das kunstvoll Schöne war wohl zwangsläufig; zumal eben das Leben in den griechischen Öffentlichkeiten von Politik nicht allzu sehr belastet war. Vermutlich wirkte sich darin die große Neigung und Fähigkeit der griechischen Adligen aus, die Dinge ästhetisch zu nehmen. Gewiß stand auch für sie oft deren ökonomische oder deren politische oder allgemeiner gesagt: ethische Seite im Vordergrund. Das konnte kaum anders sein. Trotzdem scheinen sie verhältnismäßig vieles scheinbar interesselos, von außen, wie nicht beteiligt gesehen zu haben. Und es scheint vor allem der Wunsch nach dem Genuß des Schönen, des Interessanten bei ihnen relativ stark gewesen zu sein. Der Freude daran waren keine engen Grenzen gesetzt, etwa durch politische Interessen oder ethische Rücksichten, wie sie Platon später so bitter anmahnen sollte.

So ließ man sich die schon damals vielfältig geäußerte Adelskritik offenbar gefallen. War sie geistvoll formuliert, konnte die Formulierung wichtiger sein, als daß man sich an der Kritik gestört hätte.

Auch hier kann es nur um Graduelles gehen. Denn natürlich

wird man sich über manches geärgert, gegen manches gewehrt haben. Doch im ganzen war man zuwenig streng, zuwenig diszipliniert und auch nicht involviert genug, um nicht vieles primär ästhetisch zu nehmen. Und jedenfalls gab es kaum grundsätzliche ideologische Anstrengungen zur Befestigung der eigenen Herrschaft. Vielleicht war da gar ein Bedürfnis am Werk, die Dinge distanziert zu sehen, um sich primär an ihnen zu freuen? Vielleicht lag gar ein Interesse an einer politisch und ethisch eher interesselosen Betrachtung vor? Weil man es so brauchte?

Im Symposion muß man sich an den Dichtungen auch der Außenseiter gelabt haben. Archilochos, der erste Lyriker, war der uneheliche Sohn eines Adligen, mußte sich als Söldner verdingen. Er sah die Dinge von außen und aus der Entfernung und war ein Ausbund an Unverschämtheit. Ihm war, wie es in einem seiner Gedichte heißt, ein kleiner, krummbeiniger, aber sicher auf den Füßen stehender, herzhafter Offizier lieber als ein hochgewachsener und gespreizter, der stolz im Schmuck seiner Locken einherging und »unten ausrasiert« war. Für den Krieger, der seine Ehre dareinlegte, entweder mit dem Schild oder auf ihm heimzukehren, hatte er gar keinen Sinn; schließlich konnte man sich einen neuen kaufen. Auch am vielgepriesenen Nachruhm hatte er seine Zweifel, denn »niemand ist nach seinem Tode hochgeehrt und vielgerühmt bei den Bürgern«. Wer auf »der Leute Gerede« etwas gäbe, habe nicht viel, woran er sich erfreuen könne.

Daß viele Söldner, viele kleine Leute es ebenso empfanden, sollte man annehmen. Daß manche es aussprachen, wohl auch. Und wie witzig Archilochos es zu formulieren wußte, war seine Sache. Interessant jedoch ist, daß diese Verse erhalten blieben, also abgeschrieben, also auf den Symposien der Adligen viel gesungen wurden, obwohl Archilochos deren herrschende Comments verspottete. Vielerlei Ärger, wie es ihn immer gibt, konnte dichterisch formuliert werden, so daß er gleichsam Dignität gewann.

Was die hinreißend bitteren, frechen, aggressiven Außenseiter von ihrem Ich zu sagen wußten, ihren Gefühlen, ihrem Haß, gewann Resonanz, indem viele andere es wiederholten. Sie hatten selbst damit zu tun, gingen selbst nicht richtig auf in dieser Gesellschaft und wollten daraus vor allem kein Hehl machen. Vielleicht fühlen sich solche homogenen Männerbünde auch sicher genug, um Kritik zu schätzen. Jedenfalls lernten die Griechen die

Offenheit lieben; zumindest beim Symposion. Die Frage schön oder häßlich konnte es zwar nicht mit Freund oder Feind und gut oder böse aufnehmen, aber einen vergleichsweise sehr hohen Rang gewann sie doch.

Übrigens war auch schon das homerische Epos voll von Adelskritik, sie konnte sich höchst sublim äußern. Es heißt zum Beispiel von einem Sänger, daß er mit einem besonders schönen Vorspiel begann, indem er von der Liebe des Kriegsgottes Ares und der Aphrodite, der Frau des Handwerkergottes Hephaistos, berichtete. Der hinkende, häßliche, den Göttern immer wieder zum Gespött dienende Gatte, den sie betrogen, hatte davon erfahren; der Sonnengott Helios hatte es ihm gesteckt. Und nun fertigte der wundervoll kunstreiche Gott unzerbrechliche, unlösbare Bande, die doch so unsichtbar waren, daß nicht einmal Götter sie zu sehen vermochten. Anschließend brach er scheinbar nach Lemnos auf. Sogleich fand sich Ares ein: »Komm, Liebe, zu Bett! Wir wollen uns legen und uns erfreuen! Denn Hephaistos ist nicht mehr im Lande...«. Kaum aber schliefen sie, da zog Hephaistos das Netz zu.

Und dann nahm der Handwerker am Krieger Rache, ein wilder Zorn ergriff ihn, er rief die Götter herbei: »Hierher! daß ihr Dinge seht zum Lachen und nicht auszustehen: Wie mich, den Lahmen, des Zeus Tochter Aphrodite immer entehrt und liebt den widerwärtigen Ares, weil der schön ist und gerade Füße hat, ich aber bin auf den Füßen schwach geboren!...«. Einzig die weiblichen Gottheiten blieben schamvoll zu Hause.

Ein »unauslöschliches Gelächter erhob sich von den seligen Göttern...«. Und sie waren empört. Nur Hermes antwortete auf die pikierte Frage Apollons, ob er wohl, gezwängt in starke Bande, bei der goldenen Aphrodite schlafen wollte, dies wolle er schon, »da möchten Bande, dreimal soviel, unendliche um mich herum sein und Ihr zuschauen, Götter und Göttinnen alle: gleichviel! ich schliefe bei der goldenen Aphrodite«. Poseidon aber war es so peinlich, daß er der Szene ein rasches Ende bereiten wollte. Er bürgte für Ares. Hephaistos ließ die beiden frei, sie entfernten sich. Aphrodite begab sich nach Paphos: »Dort wuschen sie die Anmutgöttinnen und salbten sie mit dem Öl, dem unsterblichen, wie es glänzt an den Göttern, den Immerseienden, und taten ihr reizende Kleider an, ein Wunder zu schauen.« Nach Rache und

Blamage also lief es auf Anmut hinaus; der Triumph des Handwerkers über den Krieger war errungen und zugleich kunstvoll aufgehoben – zur Freude der Hörer.

Was sich hier auswirkte, war letztlich eine besondere Distanz zur Politik und zum Leben, die Distanz der herrschenden Schicht; man war nicht gar so engagiert. Es war ein Stück Freiheit. Sie sollte sich auf andere Weise in der griechischen Philosophie äußern. Norbert Elias hat auf die großen Hindernisse aufmerksam gemacht, die wir zu überwinden haben, bevor wir statt: Was bedeutet das für uns? fragen können: Wie ist es? Die griechische Gesellschaft, in der für jede Stadt die andere sowohl verwandt wie eben eine andere, von außen zu sehende war, erleichterte die Gewinnung solcher Distanzen – nicht anders als die Entlastungen von Politik, die Schätzung der Außenseiter, die damit verbunden waren. Mit der Freiheit aber wuchsen die Möglichkeiten und – die Schwierigkeiten der Einzelnen.

Was immer sich eine Gesellschaft als Kunst, als Wissen, als Bilderwelt, als Öffentlichkeit, Stil und Umgangsform aufbaut und kultiviert – es kann im ganzen kein Luxus sein. Auch am Schönen, wie immer es gefaßt wird, besteht ein Bedürfnis; ganz abgesehen von dem Recht, das man darauf hat. Und wo das Ästhetische so wichtig ist, ist das vielleicht in besonderem Ausmaß der Fall. Es handelt sich da um Imponderabilien. Aber sie zählen, wenn eine Gesellschaft in großen Schwierigkeiten nicht resignieren oder sich in ihre Bestandteile auflösen soll.

Gewiß haben die Griechen nicht von Poesie und Philosophie gelebt, es ist vielen von ihnen dreckig gegangen, sie sind oft genug nicht satt geworden, und manche, die – wie ein Großteil der Sklaven, auch der Frauen – für die andern zu arbeiten hatten, kamen mit der Kultur der Polis wenig in Berührung. Trotzdem war sie auch in der Frühzeit nicht nur Sache des Adels.

Vielmehr waren damit die Formen dieser Gesellschaft, sich auszudrücken, ihre Welt zu ordnen, sich in ihr zu orientieren, zugleich für die andern, vor allem die Angehörigen der mittleren Schichten angelegt; auch die Verfahren, Wissen zu schaffen und Leben zu schmücken, zwischen Mitteln und Zielen zu unterscheiden und sich zu den Göttern in ein Verhältnis zu setzen; mithin die Weisen, sich auszurichten und zu balancieren, die Weisen, Mensch zu sein.

Später sollte Perikles in der berühmten Rede auf die Gefallenen von 431, die ihm Thukydides in den Mund legt, Athen für all die Einrichtungen, öffentliche wie private, rühmen, »deren tägliche Erfreuung die Trübsal vertreibt«. Was immer damit gemeint sein und wie immer er seine Stadt damit idealisiert haben mag, offenbar war diese Aufgabe damals so wichtig, daß einer Stadt angerechnet wurde, was in ihr zu deren Lösung geschah. Vielleicht wurde das erst später so bewußt. Trotzdem könnte diese unerhörte Befassung der Stadt mit der Trübsal ihrer Bürger den Sinn mancher Einrichtungen auch der früheren Zeit entschlüsseln helfen. Haben die Griechen also das Schöne, die Poesie, die Heiterkeit wie andererseits die Weisheit geradezu gebraucht?

Ein griechisches Volksbuch erzählt, Homer habe auf die Frage, was das Beste für die Menschen sei, geantwortet: Nicht geboren zu werden oder bald zu sterben. Auf die weitere Frage freilich, was das höchste Gut im Menschenleben sei, habe er das festliche Mahl mit viel Speise und Trank und dem Lied des Sängers genannt. Er (oder der, der die Geschichte erfand) wußte, wovon er sprach. Und wir hören dergleichen immer wieder.

Jacob Burckhardt hat die wichtigsten Zeugnisse für den griechischen Pessimismus in seinem berühmten Kapitel »Zur Gesamtbilanz des griechischen Lebens« zusammengestellt. Grausamkeiten, wahre Tücken des Schicksals, der entsetzliche Neid der Götter, schreiende Ungerechtigkeiten die Fülle. Er spricht von dem »Willen zum Düstern«, der wahrlich sehr stark gewesen sein müsse, von der »erfindungsreichen Vergrimmigung der Heroenmythen bei den Tragikern«, aus der sich ergäbe, daß dieser Wille zugleich mit der steigenden hellenischen Bildung noch im Wachsen war. Kein Wunder, daß die Griechen einen gewissen Neid auf die Frühverstorbenen entwickelten.

Allein, wenn solcherart das Schreckliche, Unheimliche, jedem Rechtsgefühl Spottende, auch das Neidige, der hemmungslose Haß und die Rache bei den Griechen ästhetisch in all seiner Ungeheuerlichkeit zum Ausdruck (und oft genug auch zur Tat) kam, sollte das nicht an der besonderen Gewagtheit dieses Lebens ohne ein herausgehobenes politisches Zentrum, ohne die ideologischen Panzerungen, die zu dessen Befestigung und zugleich zur Beruhigung der Untertanen dienen, gelegen haben? Mußte nicht in solchen Verhältnissen die Angst wie die Phantasie auf besondere Weise freigesetzt werden? Und der Sinn für das Leiden?

Wo die Lehre vom Neid der Götter, die Erfahrung also des ständigen Auf und Ab der Menschendinge so mächtig verbreitet war, schloß sich eine theologische Interpretation von Herrschaft aus. Aber heißt das nicht umgekehrt, daß solche Lehren aufkommen konnten – und wohl: mußten –, wo Herrschaft nicht vermochte, sich theologisch zu legitimieren? So konnten sich gerade, als die »hellenische Bildung« stieg, im fünften Jahrhundert, das heißt genau genommen: als man überwältigende Erfolge hatte und alles sich äußerst rasch veränderte, die ungebändigte Phantasie und die schlimme Angst in aller Bedrohlichkeit bemerkbar machen, so daß sie immer neu und tiefer rational durchdrungen werden mußten.

Und war es nicht gerade wegen solcher Unsicherheiten, daß man sich in der Öffentlichkeit, im Symposion, bei Fest und Mahl zu schützen suchte – durch Heiterkeit, jenes Korrelat der Trauer, das man immerhin streckenweise, oder in bestimmten Bereichen, vorherrschen lassen kann. »Mit der Zeit gab es einen ganzen Stil der Heiterkeit und Lachkunst«, meint Burckhardt. Auch die Spiele, für die Alkinoos die Phäaken pries, waren nicht einfach als nettes Beiwerk zu verstehen, sondern sie gehörten ins Zentrum jenes Lebens.

Umgekehrt darf man den Pessimismus auch nicht für sich nehmen. Denn was waren jene Klagen anderes als die Kehrseiten unerhörter Ansprüche? So schlimm kann das Leben, diesseits äußerster Zuspitzungen, doch nur erscheinen, wo man übermäßig viel von ihm erwartet. Was sonst besagt es auch, daß die Griechen den Menschen so sehr als »Sterblichen« verstanden?

Auch ihr Widerwille gegen das Altwerden muß sich daraus ergeben haben, daß ihnen die Fülle des Lebens in der Jugend – samt dem Charme der Möglichkeiten – das Maß abgab. Disziplinierung und Ausbildung können kaum sehr drückend gewesen sein, ein gut Teil davon erfolgte im Spiel, wenn nicht in Liebe, die Gegenstände, die man zu lernen hatte, waren begrenzt, das Ziel, auf das hin man sich bildete, relativ gut erreichbar. Nietzsche schreibt, wahrscheinlich seien junge Leute niemals wieder so aufmerksam, so liebevoll, so durchaus in Hinsicht auf ihr Bestes behandelt worden wie im sechsten und fünften Jahrhundert. Für das siebte sollte nichts anderes gelten. Keine Spur von der Erfahrung, die Nietzsche formulierte: Wir haben an unserer Jugend gelitten wie an einer schweren Krankheit.

In seinen zwanziger Jahren erlebte der Mann nach Solon seine Blüte. Da konnte man wohl wirklich, wenn die Reize dieses Lebensalters und die Fähigkeit, sie zu genießen, nachließen, auch am Leben selbst nicht mehr viel finden. (Obschon Solon selbst dies anders sah). Wieder also war die Klage zugleich das Spiegelbild der Ansprüche.

Und was will es besagen, wenn die Griechen immer neu das Lied intonierten, wonach der Mensch wie das Blatt im Wind sei, bloß eines Schattens Schatten, nicht nur gestimmt, sondern auch gesinnt wie der Tag, den Zeus heraufführt? »Nichts Armseligeres nährt die Erde als den Menschen unter allem, was auf der Erde Atem hat und kriecht«, heißt es in der Odyssee. Auch darin ist Erwartung so sehr enthalten wie Enttäuschung – samt der Weisheit, die es erlaubt, wenigstens zu sagen, was ist. Was immer davon in andern Kulturen bezeugt ist: Bei den Griechen muß es einen besonderen Akzent getragen haben.

Insgesamt liegt es nahe, all diese Klagen, all den Pessimismus für Niederschläge sowohl der Anspruchsfülle wie des Ungefestigten der damaligen griechischen Adelswelt anzusehen. Zeichen der wenig eingeschnürten Freiheit also, der Eigenständigkeit und der damit verbundenen Risiken.

Wo die genauen Regulierungen römischer Religion nicht nur die Bürger auf Riten verpflichteten, sondern auch ihren Gedanken, ihrer Phantasie Grenzen setzten, so daß die Wünsche sich auf den normalen Gang der Dinge konzentrierten, waren die Griechen sehr viel mehr dazu disponiert, ganze Not und ganzes Glück zu erfahren. Man fürchtete die Götter sehr, erhoffte sich aber auch sehr vieles von ihnen. So gehörte es zur Ambivalenz dieser Welterfahrung, die bis in die Sprache, zumal der Tragödie, hinein so bestimmend war.

Wo die Römer wenig Offenheit für die ganze Unsicherheit des Lebens, für den Zusammenhang von Aufstieg und Fall besaßen, standen die Gravitationen der griechischen Weltwahrnehmung ganz auf den Wechsel. Sie hatten das eigene Schicksal mit all seinen Risiken, das der Tyrannen und der östlichen Reiche vor Augen. Und es war keine herrschende Meinung eines mächtigen Gemeinwesens wie Rom und auch keine Herrschaft da, die ihnen eine Deutung des Geschehens abgenommen hätte, um dieses auf einen höheren Sinn zu beziehen, um ihnen die – und sei es noch so trügerische – Sicherheit zu geben, daß alles schon seinen rechten Gang nehme.

Indem sie sich von der Erfahrung des Wechsels geradezu angezogen fühlten, erwiesen sie sich als große Realisten. Gerade die Außenseiter mit ihren Perspektiven haben dazu beigetragen. Es half ja auch nichts. Man tat gut daran, seinen Stolz in die Erkenntnis zu setzen. Wie sehr haben die homerischen Helden, ihre großen Vorbilder, den Krieg verflucht – und dann notgedrungen immer wieder geführt! Anscheinend haben die Griechen, aufs Ganze gesehen, die Fähigkeit, sich etwas vorzumachen, nur mangelhaft ausgebildet. Jedenfalls waren immer genügend Zuschauer da, um wenigstens an ihrem Standort eine Bastion der Illusionslosigkeit aufzubauen, in der, wer zunächst hohen Zielen nachgejagt war, am Ende einkehren konnte.

Zwei Fässer, heißt es bei Homer, sind aufgestellt auf der Schwelle des Zeus, und daraus gibt er dem einen Schlimmes und dem andern Gutes und wieder einem andern gemischt bald dies bald jenes. Wem er aber nur Schlimmes gibt, »den bringt er zu Schanden, und ihn treibt schlimmer Heißhunger über die göttliche Erde, und er kommt und geht, nicht von Göttern geehrt noch Menschen«. »Denn so haben es zugesponnen die Götter den elenden Sterblichen, daß sie leben in Kummer.«

Wenn Arnold Gehlen den Menschen als das instinktarme Tier verstanden hat, das eben deswegen Institutionen braucht, so waren die Griechen jener Zeit die Institutionenarmen unter den Menschen: Es fehlte ihnen an genügend kräftigen primären, »gewachsenen« Institutionen wie an Instanzen, welche ihnen sekundäre, künstliche hätten aufnötigen können. Dadurch war es denn wohl auch bedingt, daß sie sich selbst als Menschen immer mehr zum Problem (und zum Gegenstand ihrer Kunst) wurden – zumal die Institutionen, die sie sich dann schufen, ganz und gar aus rationaler Erwägung, aus breiter Diskussion hervorgingen, so daß die Beteiligten hinter ihnen nicht zurückzustehen hatten.

Daher mußten sie so große Neugier entwickeln. Daher kamen sie zu ihrer »theoria«. So wurden die Griechen in gewissem Sinne zu den *homines maxime humani*, wie Plinius sie genannt hat.

Kulturbildung besteht nicht zuletzt darin, daß bestimmte Affektkontrollen aufgebaut werden. Man muß Formen des Umgangs nicht nur mit andern, sondern auch mit all dem finden, was einen bewegt. Mit Angst wie mit Freude, mit Zorn wie mit Übermut, mit der Lust zu töten wie mit den vielen Anmutungen zur Verzweiflung. Jede Kultur findet dafür ihre eigenen Wege. Norbert Elias war wohl der erste, der darauf aufmerksam gemacht und der gezeigt hat, wie sich Gesellschaftsbildung im ganzen und Affektkontrollen im einzelnen gegenseitig bedingen.

Den Griechen stellte sich auch dies Problem auf sehr besondere Weise. Was sich bei ihnen in der großen Bewegtheit seit dem achten Jahrhundert freigesetzt hatte, Ehrgeiz, Rücksichtslosigkeit, die viel beklagte Hybris und alles, was daraus an Kämpfen, schließlich Bürgerkriegen erwuchs, mußten sie ja unter sich, im gegenseitigen Umgang zu bändigen suchen. So sehr die Tyrannis streckenweise zu einer gewissen Domestizierung beitrug, entscheidend im ganzen war, was die Griechen untereinander bewirkten. Ihre Öffentlichkeit war von keinem Hof bestimmt, sondern lag in ihrer Mitte.

Das hieß einerseits, daß die Energien, die ein Zivilisationsprozeß sowohl freisetzt wie bindet, unter den Beteiligten verblieben, anstatt daß eine höhere Instanz sie teils bei sich versammelt, teils auf sich ausgerichtet, daß sie jedenfalls das Ganze auf sich angewiesen gemacht hätte. Was im Großen gilt, indem man etwa im modernen Staat das Recht auf Selbsthilfe gegen die Zusage von Schutz hergeben muß, gilt doch auch im Kleinen: Der Einzelne verliert (um gewisser Vorteile willen), was höhere Instanzen gewinnen. Daß das bei den Griechen nicht der Fall war, kam ihrer Eigenständigkeit fortwirkend zugute.

Gegenseitiger Respekt (*aidós*) wurde neben Gerechtigkeit zur zentralen Verhaltensnorm. Eine eigene Art von Domestizierung der Affekte fand statt, unzulänglich genug; ganz eigene Bedingungen der Persönlichkeitsbildung waren gegeben, weitaus größere Chancen für eine umfassende, nicht sonderlich »zugespitzte« Selbstentfaltung, eben für Eigenständigkeit, denn für ein Selbstverständnis – und Selbstsein – von einem übergeordneten Ganzen her.

Wie das im einzelnen vor sich gegangen ist, entzieht sich naturgemäß unserer Kenntnis. Aber ein ganz wesentlicher, wohl der zentrale Strang dieses Prozesses zeichnet sich halbwegs klar ab. Die relative Freiheit konnte bewahrt werden, indem sie eingeschränkt wurde durch Selbstbeherrschung. Das Zusammenleben in den engen Städten drängte dazu, auch die bewußte Absetzung der Männer von den Frauen. Aber was mit der Zeit entstand, war mehr. Die maßlosen Griechen wurden, so läßt sich wohl sagen, in einer Art Dialektik zum Volk des Maßes. Sie begannen, sich nach Gesetzmäßigkeiten zu richten, lange bevor sie darangehen konnten, ihre Poleis mit Gesetzen, ja mit einer Art von »Verfassung« zu organisieren.

*Métron áriston*, das Maß ist das beste, hieß es. Wieder klingt es wie Kalenderblattweisheit und ist doch nur der uns erhalten gebliebene Niederschlag einer mächtigen intellektuellen Strömung. Das Delphische Orakel hämmerte seinen Besuchern das *medèn ágan* ein, nichts zu sehr. Auch das *gnôthi sautón*, »Erkenne Dich selbst«, erkenne nämlich, daß du ein Mensch bist, ist nur die griffige Formulierung einer vielfältigen Lehre gewesen; »Sterbliches zu sinnen« ein anderer Ausdruck dafür.

Die griechische Suche nach dem Maß meint zum einen kaum mehr als das Mittlere, das man anstreben soll, das den beiden Extremen des Zuviel und des Zuwenig vorzuziehen ist. Auch von ihm heißt es, es sei das beste, und entsprechend deuten die Griechen ihre Eigenart später von ihrer geographischen Mittellage her: Sie kombinieren die Vorzüge der Völker in den kalten Gegenden Europas (den Mut) mit denen der Völker Asiens (Denkvermögen und Kunstfertigkeit), so daß sie frei und »politisch« zu leben verstehen.

Zum andern jedoch geht es um spezielle Verhältnisse, die als die rechten Maße vermutet und erkannt werden. Das Ergebnis dieser Suche ist erst in spätarchaischer und klassischer Zeit greifbar. Da nimmt der Tempelbau das Joch zwischen zwei Säulen zum Grundmaß, aus dem sich alle weiteren Maße durch Teilung oder Vervielfachung ergeben. Da verstehen die Musiker Oktave, Quint und Quart als Ausdruck bestimmter ausgezeichneter Zahlenrelationen, und Polyklet stellt Messungen an menschlichen Körpern an, um den »Kanon« für dessen Darstellung zu gewinnen. Hippodamos entwirft Städte und Häuserblocks nach ganz bestimmten Relationen.

Aber die Vermutung, daß Maß nicht nur das Ideal des Mittleren ist, sondern wie eine Gesetzmäßigkeit den Erscheinungen zugrunde liegt, daß man es ausmachen kann, muß auch vorher schon gehegt worden sein. Solon rechnet mit einem »unsichtbaren Maß des Erkennens, das die Grenzen aller Dinge hält«; es sei am allerschwersten zu finden. Seine Entdeckung gesetzmäßiger Abläufe in der Polis, seine Eunomie-Konzeption, die mit bestimmten vorgegebenen Relationen der Kräfte in der Stadt rechnet, die Gesetzesvermutungen, mit denen die frühen Philosophen an den Kosmos herangehen – all dies und anderes zeigt, daß die Griechen damals die Ordnung der Welt in bestimmten Maßverhältnissen zu entziffern suchten, um sich danach zu richten.

Das Gesetz, das rechte Maß, das hinter den Dingen wirken mußte, war relativ einfach und relativ abstrakt – wie das Dreieck, das die griechische Mathematik dann entdeckte. Wie übrigens auch die Atome und das Leere, denen gegenüber nach Demokrit Farbe, Süßigkeit und Bitterkeit bloß herkömmlich seien. Indem aber die Suche nach den rechten Maßen die spezifisch griechische Gegenwehr gegen die Bedrohung durch Unordnung und Hybris war, das Mittel, untereinander nicht nur zu Ordnung, sondern auch zu Selbstbeherrschung zu gelangen, erweist sich die Abstraktionsfähigkeit ihres Denkens als Korrelat ihrer Freiheit.

In dem Gesetz, das sie in der Natur wie in ihren Schöpfungen suchten, war das Objektive enthalten, das ihrer Freiheit Halt gab. »Weisheit ist, Wahres zu sagen und zu tun nach der Natur (*physis*), auf sie hinhorchend«, heißt es bei Heraklit. Und er bezog sich damit nicht nur auf die äußere Welt, denn er stellt zugleich fest: »Den Menschen allen wird zuteil, sich selbst zu erkennen und verständig zu denken.«

Fast möchte es scheinen, wie wenn die griechischen Tempel, indem sie – nach gewissen Übertreibungen, zumal durch Tyrannen – weit eher dem Ideal des Maßes als dem der Größe huldigen, eine Manifestation der Selbsterkenntnis der Sterblichen gewesen seien.

Gewiß, was wir in all dem fassen, ist das Werk und das Bewußtsein von Künstlern, Intellektuellen, auch des Delphischen Orakels. Und es ist fraglich, wann sie Erfolg hatten und wieweit. Wirklich zu einer starken Kraft wurde das Drängen auf das Maß wohl erst, als breitere Schichten es sich gegen den Adel zu eigen machten. Aber die Bemühungen darum müssen vorher begonnen haben.

Ein Gesetz entdeckten die Griechen zugleich im viel beobachteten Auf und Ab der Dinge. Und sie legten Wert darauf, es anschaulich, es bekanntzumachen. Der weise Pittakos von Mytilene ließ in den Heiligtümern Leitern aufstellen, um den Gang des Geschicks, bald nach oben, bald nach unten, sinnfällig zu machen. Archilochos von Paros mahnte sein Herz, »von ausweglosen Kümmernissen wirr und wüst«, den Rhythmus zu erkennen, der die Menschen hebt und senkt. So sollte es lernen, allem standzuhalten.

Nichts hat den Griechen so sehr geholfen, sich mit Leid und Unglück abzufinden, wie die klare Erkenntnis einer objektiven Gesetzlichkeit. Das Leid, das zufällig bald dieser bald jener erfuhr, wurde dadurch Ausdruck und Teil eines großen Allgemeinen. Und vor dem Gesetz, das sich darin zeigte, waren alle gleich. Wohl hat man wie im Orient das Unglück zugleich als Strafe für Schuld interpretiert, und treffe sie auch erst im dritten und vierten Glied. Das war eines der Mittel, um die Menschen zu Rechtschaffenheit anzuhalten; auch Angst muß zu seiner Erkenntnis beigetragen haben. Doch suchte man darin zugleich eben das Gesetz, welches, mindestens auf die Dauer, für Recht sorgte.

Das ist kein Trost, es heilt den Schmerz nicht, aber es lindert ihn. Im übrigen muß man sich beherrschen. So lehrt es ein anderes Gedicht des Archilochos. Wieder gibt es großes Leid, ein Schiff mit Männern aus der Stadt ist untergegangen. »Doch es geben die Götter, mein Freund, ein linderndes Mittel für den unheilbaren Schmerz: ihn zu ertragen die Kraft. Bald erfaßt das Leid diesen, bald jenen; nun traf es uns selber. Unter dem blutigen Schlag stöhnen wir auf; andere wird es zu anderer Zeit treffen. Doch rafft euch zusammen, es zu ertragen und wehrt dem weibischen Jammern.«

Ohnehin gehören zu jeder funktionierenden Öffentlichkeit

bestimmte Weisen, sich zu geben, sich darzustellen, auch sich zu entfalten – und andere bleiben nach Möglichkeit ausgespart. In der Enge der Städte scheinen Feinheiten, geistvolle Unterhaltung und Anmut angebracht gewesen zu sein. Könnte es einen Comment gegeben haben, nach dem man die Öffentlichkeit mit Privatem und gerade auch mit dem eigenen Leid nicht allzu sehr behelligen sollte? So daß auf der Basis auch der unterdrückten Schmerzen, der Trauer Heiterkeit und Schönheit zum Stil wurden? Oder besser: eine Tendenz dazu? Sie hätte streckenweise vorgeherrscht – neben und möglichst auch in allem Wettbewerb, neben allem Streit, aller Härte der Auseinandersetzung. Sie würde ein Grund dafür sein, warum und wie die Kunst unter den Griechen eine so große Rolle spielte und über die Zeiten hin so faszinierend ist.

Vermutlich entspricht es so den vielen Scheidungen, die die Griechen getroffen haben. Wie zwischen Haus und Öffentlichkeit, zwischen den Personengruppen, wie zwischen Alltag und Fest, Ritus und Mythos, gewissen altertümlichen Kulten und der Poesie, so wird wohl auch die Sphäre der Geselligkeit, die Heiterkeit relativ klar gegen die des Alleinseins, auch der Trauer abgegrenzt gewesen sein. Und so konnte man vermutlich auch in der Kunst ein Bild von besonderer Klarheit, Heiterkeit, ja Unbeschwertheit des griechischen Lebens zeichnen, etwa auf den Vasenbildern. Denn das alles ist ja keine Sinnestäuschung, indes eine Teilansicht: Die Kunst brachte in dem, was sie darstellte, nicht direkt zum Ausdruck, was sie verarbeitete.

Doch wie immer dem sei, die Griechen müssen, indem sie sich im Umgang untereinander, gegenseitig, zivilisierten, eine sehr hohe Balancierungsfähigkeit, Belastbarkeit und Selbstbeherrschung gelernt haben. Sie brauchten sie ja auch für den Kampf in der Phalanx. Wie immer das im einzelnen geschah. So hatten sie ungemein viel mit sich selbst zu tun. Es war ihnen als Einzelnen weit mehr überlassen, kam mehr auf sie an, es war ihnen durch höhere Instanzen nichts abgenommen. Sie mußten zusammen vieles von dem hervorbringen, was sonst zumeist durch Institutionen vorgegeben wird. So waren sie wohl auch, im Schnitt, einsamer. So müssen sie unter sich und in sich spezielle Mittel erzeugt haben, um es in dieser Einsamkeit auszuhalten.

Nicht umsonst ist der Held des einen ihrer beiden großen

Epen, die all ihrer Bildung und Weltsicht zugrunde lagen, der Dulder Odysseus, der Gegenpol gleichsam des Helden der Ilias, Achill. Er verliert alle seine Gefährten, hat lange ein hündisches Leben zu führen, gerät immer wieder in letzte, in äußerste Not, aus der er freilich, zumeist dank seiner Schutzgöttin Athene, immer wieder Auswege findet. Aber dazwischen muß er lernen, sich unendlich zu gedulden.

Solche Erziehung war die Vorbedingung dazu, daß die griechischen Bürgerschaften sich selbst zu tragen vermochten, da kein Einzelner ihnen das abnahm. Nicht zuletzt darin vollzog sich die Menschenbildung, in der diese Kultur so weitgehend bestand. Nicht zuletzt deshalb ist sie so rätselhaft, scheinbar verständlich und doch auch kaum recht begreiflich für uns.

Daß auch eine solche Zeche bezahlt werden will, versteht sich von selbst. Bei den Kostenträgern ist zunächst gewiß an die Sklaven zu denken, auch an die Frauen, an Ausgebeutete und Schuldner. Aber man sollte nicht vergessen, daß zum begrenzten Bezirk der Öffentlichkeit, wenn er denn so glanzvoll war, wie er in den Zeugnissen der Kunst erscheint, auch die Teilnehmer selbst stark beizusteuern hatten: eben durch Selbstbeherrschung, durch Unterdrückung von vielerlei Affekten, nicht zuletzt dann durch das Leiden am Alter. Und es ist auch die allmählich zunehmende Geschwindigkeit zu vermerken, mit der sich die Grundlagen dieser so anstrengenden Kultur verbrauchten. Burckhardt spricht vom »raschen und schrecklichen Vorwärtsleben der Polis«. Doch seine große Beschleunigung erfuhr dieser Prozeß erst im fünften Jahrhundert, als sich die Möglichkeiten der Griechen im Guten wie im Bösen multiplizierten, als die Alternativen ungeheuerlich wurden, so daß Kräfte, Fragen und Antworten völlig neuer Art hervorgetrieben wurden.

Wie es nachwirkend wichtig ist, ob eine Gesellschaft die Erinnerung an einen ihr selbst gelungenen Tyrannensturz besitzt oder nicht, so hängt vieles auch davon ab, ob sie mit Ängsten und Ansprüchen, mit Feindschaft, Herrschaftstrieb und Eifersucht, vielleicht auch Faulheit, jedenfalls mit vielen anarchischen Elementen nur fertig geworden ist, indem sie von höheren Instanzen Weisung und Sinn erwartete, um diese dann mit eben diesen Erwartungen stark und sich selbst auf sie angewiesen zu machen – oder ob das eher in Freiheit geschah durch gegenseitige Selbstbeschränkung von Gleichen, von der Eigenständigkeit der Beteiligten aus und zu deren Bewahrung; nicht also in Funktion eines letztlich von oben angeleiteten Prozesses der Sozialdisziplinierung innerhalb einer spezialisierten Gesellschaft. In Wenigem sonst wird so sichtbar, wie wichtig es war, daß in der prägenden Phase der Griechen die Monarchie keine Rolle spielte.

Offenbar hingen Knabenliebe und Demokratie also doch zusammen: indem jene zu den genossenschaftlichen Männerbünden gehörte, die diese bedingten. Die Ausbildung der aristokratischen Festkultur trug dazu bei, das öffentliche Leben so anziehend zu machen, daß auch die mittleren Bürger später bereit waren, ihre häuslichen Angelegenheiten so weit zu vernachlässigen, daß sie sich in der Politik engagieren konnten. Die Wettbewerbskultur förderte nicht nur die Ausbildung vieler individueller Fähigkeiten, sondern sie relativierte auch die aristokratische Überlegenheit. So prächtig geschmückt sich die Herren sonst zeigen mochten, beim Sport waren sie so nackt wie alle andern; bei allen Vorzügen dank guten Trainings mochten sie von anderen übertroffen werden, welche gesellschaftlich weniger hoch standen als sie.

Allgemeiner gesagt: Die Weisen, wie die archaischen Griechen sich gegenseitig ausprägten, ihre Mentalität, ihre Lebensformen, ihre Wertschätzungen; wie sie sich organisierten, wie sie sich zur übrigen Welt, auch zu den Göttern in Beziehung setzten und Sinn in ihr Leben zu bringen suchten – all dies und anderes muß einen großen Zusammenhang gebildet haben, in dem eins das andere bedingte und keines ohne das andere sein konnte. Gerade eine so ausnahmsartige Kultur kann nicht nur in diesem und jenem besonders gewesen sein. Nur vom Zusammenhang des Ganzen her wird ihr Weg in Richtung Demokratie begreifbar werden.

Daß dieser Zusammenhang entstand, mag zwar einigermaßen wunderbar erscheinen. Doch ist es grundsätzlich nicht anders als sonst in der Kulturbildung, in der Geschichte überhaupt gelaufen: im Wechsel von Herausforderung und Antwort, Zufall und

Notwendigkeit, Mutation und Stabilisierung des daraus Erwachsenden.

Nur daß eben die Ausgangskonstellationen so sehr ungewöhnlich waren; sowohl die anfängliche Eigenart der Griechen wie insbesondere die Weise, in der ihre frühen Lebensrahmen erschüttert wurden: die Möglichkeiten, die weiten Spielräume, die sich ihnen erschlossen.

Womit, da die Randbedingungen des Prozesses lange stabil blieben, die Entstehung starker Monarchien schon unwahrscheinlich war. Was zugleich bedeutete, daß vieles von der überkommenen Eigenart der Griechen ziemlich bruchlos bewahrt, also in die entstehende Kultur eingebracht und fortgebildet werden konnte. Die Kleinheit, die Vielheit der Poleis etwa. Und sollten damit nicht deren Exklusivität, ihre gegenseitige Respektie-

*»Sind nicht die schönen Knaben auch Götter für uns?« (Anakreon). Homoerotische Werbeszene. Die Knabenliebe unterlag strengen Regeln, der Ältere hatte den Jüngeren zu umwerben, der Jüngere Zurückhaltung zu üben. Von den Liebhabern heißt es bei Platon: »Denn auch sie selbst bekennen, daß sie mehr krank sind als bei voller Besinnung« und: »daß sie bereitwillig alles tun, wodurch sie glauben, ihm gefällig zu sein«. Der Bewerber rechts im Bild, der ein Reh bringt, beweist seine Jägertugend – ein wichtiges Motiv in diesem Zusammenhang. Auf der Schulter des Jungen scheint ein Hase angedeutet zu sein. Der Kranz in seiner Hand könnte für einen Sieg im Sport sprechen. Über die Bedeutung, die die Knabenliebe für die Erziehung hatte, gibt Platon Auskunft: »Denn was diejenigen in ihrem Leben leiten muß, welche schön und recht leben wollen, das vermag weder die Verwandtschaft ihnen vollkommen zu geben noch das Ansehen noch der Reichtum noch sonst irgend etwas – wie die Liebe«. Amphora. Schwarzfigurig. 550/40. München, Antikensammlungen.*

rung, die Turnierkriege auf die Dauer schon vermacht gewesen sein? Auch die spezifische Scheidung zwischen Haus und Polis, die übergreifende gemeingriechische Öffentlichkeit? Dann hätte die stark männerbündische Form der Gesellung oberhalb des Hauses und die kräftige Akzentuierung des Agonalen vielleicht schon im Sinne des Trägheitsgesetzes gelegen.

Es spräche dafür die Art, in der diese und andere Züge sich ausbildeten, wie von selbst, nämlich aus unendlich vielen kleinen Impulsen, die sich zu jenem breitverwurzelten Prozeß kumulierten, in dem alles in eine Richtung drängte, in dessen Sinn sich zuletzt noch die Zufälle arrangiert zu haben scheinen. Die griechischen Aristokraten handelten bloß weiter im Sinne ihres Nutzens und Frommens, nach außen ausgreifend, während sie im Innern damit beschäftigt waren, die unruhige Bewegung abzufedern.

So kam es zur Bewahrung der Orientierung auf das Landeigentum, aber auch zur Verfeinerung des Stils, zur Ausprägung einer aristokratischen Identität, die sich etwa in den Kouroi und Koren handgreiflich präsentierte, Manifestationen einer ganz bestimmten Art von Menschentum, deren Bild sich über Jahrzehnte hin kaum wandelte, derweil alles mögliche wesentlich anders wurde, einschließlich der Grundlagen aristokratischer Existenz.

Das virulente Problem dieser Kultur lag im Politischen. Wettbewerb, Eigenständigkeit, Stil – das alles zielte auf ein relatives Für-sich-Sein der Personen, bei aller Geselligkeit eher auf ein Nebeneinander als auf eine Verknüpfung. Jedenfalls nicht darauf, daß man sich stärker in weitere Zusammenhänge hätte einbinden lassen wollen. Man herrschte, aber ohne großen seelischen Aufwand. Man ließ die Beherrschten von sich abhängig sein, ohne jedoch die feste Überzeugung von der Richtigkeit der eigenen Herrschaft tief in das gesellschaftliche Wissen hineinzubilden.

Die griechischen Adligen waren überlegen dank Reichtum, Erfahrung, Beziehungen, dank auch ihrer feinen Art. Aber sie repräsentierten nichts, was über sie hinaus gewesen wäre. Keinen Stand von altüberlieferter Weisheit und sakraler Auszeichnung, dem vielleicht gar magische Fähigkeiten zugedacht worden wären. Sie hatten ja auch den Zugang zu den Göttern nicht monopolisieren können – oder wollen.

So blieben Elemente genossenschaftlicher Gleichheit zwischen Hoch und Niedrig lebendig. An ihnen hing der männerbündische Zusammenhalt der ganzen Gruppe, der ja gewagt war, also befestigt werden mußte; in der genauen Abgrenzung gegen all das, was der Welt der Poleis fremd war. Es schien sich zu einem einzigen Komplex zusammenzuschließen, dem potentiell Wilden, Dunklen, Triebhaften, Maßlosen, Weiblichen, wogegen man sich um so mehr veranlaßt sah, unter sich das Freie, Männliche, das Maß, die Ratio, Selbstbeherrschung, vielleicht gar Heiterkeit zu kultivieren (und zugleich im Haus streng auf Ordnung zu halten).

Nicht über Klientelen gehörten die mittleren Bürger, die Bauern dem Gemeinwesen an, sondern indem sie mit andern zusammen dessen Unterabteilungen ausmachten; auch wenn sie auf die Adligen noch lange Zeit angewiesen waren. Sie waren mehr Bürger als Anhänger von irgendwem. Sie waren, sobald sie einmal die Köpfe etwas gereckt hatten, unvertretbar.

Das aber bedeutete zugleich, daß sie relativ weitgehend auf sich gestellt waren, im Grunde so vereinzelt wie die Adligen. Und wie sich etwa die politische Ordnung der Polis nach Solon selber tragen mußte, so mußten es die Bürger auch. Sie waren weder eingepaßt und zurechtgeschnitten nach den Maßen einer Monarchie noch in der Abhängigkeit vom Adel wirklich enttäuschungsfest befangen. Weder Herrschaft noch gemeinsame Werke nahmen sie in Anspruch und gaben ihnen Sinn.

Die psychischen Energien dieser Gesellschaft waren nicht in bestimmten Institutionen versammelt, die den Einzelnen vieles abgenommen, manches aber auch zugeteilt hätten, so daß sie aus all ihren Vermittlungen so viel Vermögen in ihre eigenen Netze hätten fangen können, daß sie denen, von denen sie es hatten, relativ selbständig hätten gegenübertreten können.

Vielmehr hatten sie ganz konkret miteinander zu tun und sich gegenseitig die Balance zu halten. Sie waren keine Spezialisten, sondern jeder mußte umfassend annähernd die gleichen Tugenden entwickeln.

Damit waren die politischen Schwächen und die kulturellen Stärken dieser Gesellschaft gegeben, ohne die sich der Weg zur Demokratie und zu den ihr korrespondierenden Formen der Kunst nicht hätte eröffnen können. Eben weil sie so sehr an sich zu arbeiten hatten, mußten sie sich selbst immer mehr zum Problem werden. So daß auch Kunst und Weisheit ohne viele Umschweife immer wieder auf den Menschen, sein Bild, seine Natur, sein Maß kamen. So daß er so stark und so konkret, freilich nicht individuell, auch so nackt zu deren zentralem Gegenstand werden konnte. Und weil er nicht eingebunden war in eine Vielgestaltigkeit von Bildern und Vorstellungen, sondern weil es um sein Maß, um das Gesetz ging, das in der Öffentlichkeit, in der Polis, in ihm selbst walten sollte, waren zugleich die andern Äußerungen der Kunst, von den Ornamenten bis zum Tempelbau auf einfache Linien und Gesetzmäßigkeiten aus. Übrigens ist dieses Interesse an der abstrakten Form schon in der geometrischen Kunst faßbar.

Feste, Sänger, Mythen aber, der Umgang mit all den Ausgeburten der Phantasie, der unter den Griechen ins Öffentliche drängte wie die Gedichte der Außenseiter, waren für die Mittleren und Teile der Unterschicht vermutlich kaum weniger wichtig als für die Adligen. Zugegeben, sie konnten davon nicht leben; aber ohne dies alles hätten sie es auch nicht in der Weise gekonnt, in der es dann folgenreich wurde – für den Weg in Richtung auf Demokratie und zu den Anfängen Europas, welche so archaisch wie modern waren.

Das Bild dieser Kultur nun aber, wie es hier gezeichnet ist, ist notwendig unzulänglich. Es ist zu stark auf den Adel konzentriert, vor allem zu sehr auf die besonderen Charakteristika, die frappierenden Eigentümlichkeiten.

Allein damit der Adel sein glanzvolles, weithin eher müßiges Leben leben konnte, mußte er die Arbeitskraft vieler anderer in Anspruch nehmen. Wie knapp oft die Mittel waren, zeigt Hesiods Ratschlag, den Rindern im Winter die Hälfte zu essen zu geben, dem Knecht etwas mehr; »es hilft einem ja die Länge der Nacht«.

Vor allem kam es dazu, daß mit den wachsenden Ansprüchen und der Erschließung neuer wirtschaftlicher Methoden ein Kampf um die, insgesamt recht begrenzten, Ressourcen anhob, daß viele Bauern sich verschuldeten und ausgebeutet wurden; daß auch im Adel Auf- und Abstieg vieler Familien die herkömmlichen Verhältnisse durcheinanderbrachten. Die Adelskultur war teuer und die Kosten summierten sich.

Der Wechsel von Reichtum zu Armut sei rasch, heißt es. Immer wieder wird geklagt über das greuliche Übel der Armut, die den Mann um seine Ehre, sein Ansehen bringe; sie habe die Ausweglosigkeit zur Schwester. Ohnmächtig geißelt man die Aufsteiger, die einst in lumpigen Fellen gingen und nun reich sind. »Was er besitzt, macht den Mann«, mit den Gütern verliert man die Freunde und: »Reichtum vermischt das Geschlecht.«

Solche Klagen, wie sie damals auf den Symposien ertönten, sind mit Teilen der Lyrik jener Zeit auf uns gekommen, und wenn das Ausmaß des Wechsels in den Verhältnissen auch nicht genauer zu bemessen ist, so kann es jedenfalls nicht gering gewesen sein. Dafür spricht die Summe der Unruhen, von Mord, Verbannung, Empörung, Usurpation, kurz: jene Krise, für die etwa in Athen Solon die Lösung suchte.

Vielerlei Elend, Sorgen und Konflikte dürfen also im Bild der griechischen Kultur nicht fehlen. Vielerlei Politik auch, Ungerechtigkeit und Willkür. Sie müssen die Normalität des alltäglichen – und auch des festlichen – Lebens nicht nur immer wieder durchbrochen, sondern auch vielfältig erschüttert und für viele stark getrübt haben. Manche Anzeichen sprechen dafür, daß die Städte damals ganze Perioden der Angst durchmachten, wie sie oft einer Neuordnung voraufgehen; wie sie Zeiten des Übergangs kennzeichnen. Indem man die besonders auffälligen Kennzeichen der griechischen Adelskultur herausarbeitet, gerät dies alles zu sehr an den Rand des Bildes.

Wichtig ist, daß auch die große Krise der archaischen Zeit durch die Eigenart griechischer Adelskultur bestimmt war: durch die Ansprüche und Freiheiten, die hohen Risiken nämlich, die die Adligen eingingen, und die hohen Verluste, die bei der glanzvollen Verschwendung und der vielfältigen Vernachlässigung der Wirtschaft eintraten, die Orientierung zumal auf Glanz und Hervorragen statt auf Macht und Bindung; aber auch durch die Tatsache, daß es innerhalb der führenden Schicht kein Gegengewicht gab, um sie wirksam in Grenzen zu halten.

So waren sie angesichts der Probleme, die sie in den Bürgerschaften heraufbeschworen, relativ wehrlos. Jedenfalls dort, wo diese besonders heftig aufbrachen. Und das war nicht einfach eine Sache mangelnder Fähigkeiten, sondern des fehlenden Gewichts. Wer, wie etwa Solon, etwas bewirken wollte, brauchte einen Ansatzpunkt außerhalb des Adels. Und der mußte sich erst bilden.

Die Griechen standen beim Versuch, ihre Gemeinwesen zu disziplinieren, vor eigenartigen Schwierigkeiten. Schließlich ist das Ganze einer Ordnung nach tieferen Erschütterungen sehr viel leichter in *einem* Willen zu gründen, als daß viele auf ein Ganzes verpflichtet werden können, das nirgendwo ist als in und zwischen ihnen. Wenn im einen Fall der Monarch als Quelle alles öffentlichen Handelns das System funktionieren läßt, müssen im andern Regeln und Institutionen erdacht und eingeführt werden, die von selbst funktionieren und in gewissem Sinne selbst die Quelle politischen Handelns zu sein haben. Es muß ein irgendwie geartetes Allgemeines in ihnen zum Handeln gebracht werden, ein Drittes, das oberhalb von allen ist, ohne daß es eine Instanz über ihnen gäbe. Und es muß mächtig sein, wenn es die Einheit in der konkreten Vielheit, die sie darstellen, zu schaffen imstande sein soll.

Wie aber fängt man die starke Diskrepanz zwischen den individuellen Interessen und dem Allgemeinen auf, die unter vielen herrschen muß? Wie bringt man sie dazu, in der Konkurrenz, im Konflikt ihrer Interessen jenes, das sie miteinander gemeinsam haben, stark und handlungsfähig zu machen?

Hier lag die Rolle des politischen Denkens, ohne das die griechische Demokratie kaum hätte entstehen können. Die Griechen hatten ja keine Griechen vor sich, von denen sie hätten lernen können, daß so etwas wie Demokratie überhaupt möglich war. Sie kannten keine »bürgerliche Öffentlichkeit«, keine Universitäten. Während der Usurpator eine Stellung zu gewinnen sucht, die es schon gibt, mußte hier allererst die Stellung selbst ausgedacht werden, die das Volk dann einnehmen sollte. Nicht auf einmal, sondern allmählich, aber doch so, daß stets gewisse Antizipationen erfolgten, damit die Ziele einigermaßen klar waren.

In diesem Zusammenhang entstand endlich ein Denken und Handeln, das sich auf die Form der Polis richtete. Hier ging es nicht einfach um Ausleben, Weitermachen und Stabilisieren vorhandener Eigenart, sondern um bewußte, tiefe Eingriffe. Das politische Vakuum sollte sich füllen.

## 4. Intellektuelle Vorbereitung auf die Isonomie

Die ersten Demokratien der Weltgeschichte konnten nur als direkte Demokratien bestehen. Es fehlten noch die Voraussetzungen für den Gedanken und die Wirklichkeit der Repräsentation, auch für den Staat. Es gab kaum geeignete Vertreter für das Volk. Die Adligen, die sich seiner annahmen, befanden sich stets in der Versuchung, Tyrannis zu begründen. Also mußten die breiten Schichten ihre Sache selbst besorgen.

Breite Schichten aber sind, wie schon ihr Name sagt, zahlenmäßig zwar immer überlegen, doch nur selten – und vor den Griechen, soweit wir sehen, nie – haben sie wirklich entscheidende Mitsprache erlangt, ja die Herrschaft ausgeübt. Es ging nur dank institutioneller Sicherungen. Und die mußten vorbereitet werden.

Was in Athen in der »Inkubationsphase« zwischen Solon und Kleisthenes geschah, ist des Näheren nicht zu beobachten. Das Wenige, das für die frühe Zeit bezeugt ist, betrifft vor allem Handlungen und Ereignisse. Gesucht ist hier aber ein breiter Prozeß mentaler Vorbereitung. Auf der Ebene politischen Handelns ist bestenfalls, und selten genug, abzulesen, daß er irgendwann eine bestimmte Stufe erreicht und bestimmte Ergebnisse möglich gemacht hat.

Immerhin lassen sich aus den Umrissen des Ablaufs, vereinzelten Anhaltspunkten sowie vom Ende her gewisse Schlüsse ziehen. Man muß dabei nur voraussetzen, daß auf Erden nichts vom Himmel fällt. Dazu sind Althistoriker in den wichtigen Fragen ihres Faches zwar kaum bereit. Es spricht aber trotzdem vieles dafür. Und es spricht alles dagegen, die Griechen einfach als selbstverständlich zu nehmen. Wir stehen hier also vor dem zweiten Teil des großen Rätsels: nach der Kulturbildung ohne Monarchen nun die politische Konsolidierung von den breiten Schichten her.

Man hat sich das Politische Denken der Griechen als einen immer umfassender werdenden Prozeß vorzustellen. Seinen intellektuellen Kern hatte er in jenem Kreis kluger Männer, als deren prominenteste die sieben Weisen galten (unter welcher Bezeichnung übrigens mehr als sieben überliefert sind) und deren einer Solon war. Aber dieser Prozeß bestand zugleich in Wechselwirkungen zu der sich wandelnden Realität sowie zu denen, die sie ausmachten und die zunehmend an ihm teilhatten.

Daß einige Menschen angesichts anhaltender und sich verschärfender Probleme in intensives Nachdenken geraten, ist nicht spezifisch griechisch. Bemerkenswert war in diesem Fall zunächst nur, daß das Erklärungs- und Anleitungspotential der herkömmlichen Religion gering war, auch nicht ausgebaut wurde und daß die Intellektuellen nicht an Königshöfe oder Tempel gebunden waren, sondern eine relativ freie Position in den Städten und zwischen ihnen einzunehmen vermochten. So wurde ihr Denken nicht zur Sache dienstbarer Spezialisierung, zum Mittel, die Überlegenheit der Herrschenden und die Abhängigkeit der Beherrschten zu steigern. Sie konnten sich nicht nur an die Inhaber der Macht, mußten sich vielmehr oft genug – wie Solon – an alle Bürger einer Stadt wenden. Denn sie wurden wie Ärzte von allen Seiten konsultiert. Ihr Wirken vollzog sich weitgehend in der Öffentlichkeit. Einen gewissen Rückhalt hatten sie bei den Männern von Delphi, wo wie in einem Brennpunkt Kenntnisse von Problemen und Lösungen, aber auch von besonders intelligenten Personen sich sammelten, um dann umgeschlagen zu werden.

Als die Bürger von Kyrene in Nordafrika meinten, einer Neuordnung zu bedürfen, riet ihnen das Delphische Orakel zum Beispiel, im arkadischen Mantinea um einen Wieder-ins-Lot-Bringer nachzusuchen. Die Mantineer sandten ihnen einen Mann namens Demonax, und der trug dann, nachdem er sich dort umgesehen hatte, ein Reformprogramm vor.

Naturgemäß mochte es den einen oder andern dieser Denker reizen, sich mit Machthabern zu verbinden, ja selbst Tyrann zu werden. Wichtig ist, daß das für den Kreis im ganzen offenbar nicht anzunehmen ist. Die Machtverhältnisse waren komplex und labil, oft war mit Macht nichts zu wollen, sondern nur mit Ausgleich. Sachkundige, phantasievolle, angemessene Ratschläge wurden also von den Weisen erwartet. Dafür ernteten sie Ansehen, Ruhm, Autorität, aber wohl auch Prämien und eigene Befriedigung, wie es übrigens auch das Delphische Orakel tat.

Zunächst waren es vielfach technische und wirtschaftliche Probleme, die nach Lösung verlangten; da konnte es um die

Bekämpfung der Arbeitslosigkeit oder die Verbesserung der landwirtschaftlichen Erträge gehen. Hesiod lehrte die Bauern, zu arbeiten und sich nicht um die Dinge auf der Agora zu kümmern. Bemühungen um Rechtssicherheit schlossen sich an, besonders die schriftlichen Fixierungen (und Ergänzungen) des bis dahin nur mündlich überlieferten Rechts. In diesen Punkten konnten sich die Ratschläge, die Gesetzgebung der Weisen mit den Absichten der Tyrannen treffen. Oft genug waren sie von orientalischen Weisheitslehren angeregt.

Mit der Zeit aber schob sich das Politische nach vorn. Man mußte versuchen, den Ursachen von Empörung, Konflikt und Bürgerkrieg durch das Ausklügeln von Institutionen beizukommen. Mit den Erfolgen wuchsen die Ansprüche. Ganz Griechenland wurde zu einem Experimentierfeld. Was hier geschah, wurde dort beobachtet, die gleichen Regeln forderten unterschiedliche Adaptationen; wo die einen gescheitert waren, suchten andere es besser zu machen.

Indes reichte es je länger um so weniger aus, daß man sich auf das Praktische beschränkte, sondern man mußte ein Modell entwickeln, an dem man sich orientieren konnte. Denn es ging ja bald um das Ganze der Polis-Ordnung. Solons Eunomie-Konzeption war nur ein Beispiel. Doch so verschieden die Vorstellungen sein mochten, sie mußten allesamt dicht an der vorhandenen Wirklichkeit ansetzen; wohl war der Status quo von der Norm zu unterscheiden, doch mußten den vorhandenen Kräften, Adel wie Volk, ihre Anteile einigermaßen gerecht zugemessen werden. Über keine Kraft nämlich konnte man so leicht hinweggehen, keine ließ sich unterdrücken. Sie hielten sich in gewissem Sinne die Waage; wo der Adel in der Regel mächtig war, waren es die breiten Schichten im Ausnahmefall, und zwar gewaltsam. Andererseits waren die Machtmittel in dieser Gesellschaft ohne Staatlichkeit nicht an einer Stelle zu konzentrieren. Letztlich war dies alles die Folge davon, daß die Griechen während ihrer Kulturbildung die wesentlichen Züge ihrer ursprünglichen Ordnung bewahrt hatten. Jetzt kamen sie dazu, sie tiefer zu begründen.

Daher konnte man nur nach der Rechten Ordnung suchen, die hinter dem Status quo lag, nicht eine ganz andere entwerfen. Keine Spur also von Geschichtsphilosophie oder Gesellschaftskonstruktion. Vielmehr lag diesen Konzeptionen ja der Glaube zugrunde, daß *eine* rechte Ordnung, von den Göttern her, gesetzt sei. Letztlich aus solchem Glauben, nicht aus Zweckdenken heraus gewannen die politischen Denker ihre Kraft. So ergab es sich vermutlich aus den Bedingungen der frühen Zeit. Die Einsicht in die Gesetzmäßigkeiten, die den Glauben bestätigte, und die Tendenz der griechischen Rechtsauffassungen zu gemeingriechischer Angleichung wirkten in dieselbe Richtung.

In dieser Rechnung mußte auch die Tyrannis, obwohl man sie hier und da für opportun halten mochte, auf die Dauer als zu leicht befunden werden. Sie war nur Ausnahme, aus dem Herkommen kaum zu legitimieren und nicht mächtig genug, um es mit dem Herkommen aufzunehmen.

Da aber das seit alters gut begründete Adelsregiment mindestens in den schwierigeren Poleis nicht leicht von Mißbräuchen abzuhalten war, mußten die politischen Denker über kurz oder lang darauf kommen, daß es durch ein Gegengewicht in Schranken gehalten werden müßte. Nach Lage der Dinge konnten das nur die breiten Schichten sein, vornehmlich die von mittlerem Vermögen.

Es waren die, die schon früh mit den Adligen zusammen in der Phalanx dienen konnten, die, an die Solon appellierte. Doch hatten sie sich politisch zunächst kaum zur Geltung zu bringen vermocht. Die von Aristoteles aufgestellte und viel nachgesprochene Behauptung, wonach politische und militärische Stellung der Bürger einander entsprächen, gilt für diese Zeit nicht. Sonst hätten nicht mehrere Generationen zwischen der Einführung der Phalanx und der Herstellung politischer Mitsprache der Bauern sich folgen müssen.

Die »Mittleren« waren anfangs vielmehr zahlenmäßig eher schwach und insgesamt den Adligen zu sehr unterlegen. Sie ließen sich politisch nicht organisieren, so daß sie vermutlich froh waren, überhaupt am militärischen Dienst teilhaben zu dürfen, denn das wurde mindestens so sehr als Recht wie als Pflicht empfunden; es war schon für sich genommen viel wert.

Doch mit der Zeit verbesserte sich ihre Lage, wenn nicht schon dank Reformen wie derjenigen Solons, so jedenfalls durch die Tyrannis. Die Mittelschichten wurden ansehnlich. Einen gewissen Kreis von Männern, die den Adligen zumindest nahekamen (»Semiaristokraten«), wird es schon länger gegeben haben.

Jetzt erweiterte er sich und fand sich mit vielen anderen, die in ähnlicher Lage waren, in einer Front. Es entstand wohl auch eine gewisse Gemeinsamkeit der Interessen mit den Ärmeren, sobald es einmal um das Politische ging. Problematisch ist nur, wie sie dazu kamen, ihre Interessen im Politischen zu suchen und vor allem sie mit dauerhaftem Erfolg zu verfechten. Denn dazu genügte es ja nicht, daß sie sich empörten.

MAN SCHEINT an dieser Stelle der Lösung des Rätsels ein gut Stück näher zu kommen: Nicht, daß die politischen Denker unbedingt Vorkämpfer der breiten Schichten geworden wären; dafür spricht nichts. Aber wenn ihre Vorschläge, wie es von ihnen erwartet wurde, dazu dienen sollten, das Ganze der Polis in Ordnung zu bringen, dann mußten sie größere Teile der Bürgerschaft, mindestens in einigen wichtigen Städten, dazu drängen, sich an der Sorge darum zu beteiligen.

Sie mußten sie – wie Solon es tat – aufklären, ihnen Axiome politischen Urteilens vermitteln; mußten sie sensibel machen für die Not der Stadt, indem sie ihnen beibrachten, daß sie alle zusammen dafür zu haften hatten. Irrationale Ängste vor Befleckungen durch Anwesenheit von ungesühnten Mördern wirkten in die gleiche Richtung. Vermutlich hat man sie geradezu zum Hebel genommen, um mehr öffentliche Sorgfalt zu erreichen.

Man mußte aber auch Handlungsmöglichkeiten eröffnen, und nicht nur im Ausnahmefall, wie bei der Einsetzung Solons. Also galt es, in diesen Schichten den Anspruch auf politische Rechte zu wecken und zu befestigen. Denn von selbst entsteht der ja wohl nicht, mindestens nicht in einer Situation wie der damaligen. Man mußte sehen, die Unzufriedenheiten in politische Forderungen umzumünzen; die stets vorhandenen Nebeninteressen an Rechtssicherheit und Ordnung zu Hauptinteressen zu bündeln.

Einzelne Zeugnisse belegen die damalige Umwertung der Werte. Es stellte sich die Frage nach dem Kern der Tugend (*pâs' areté*). Sie wurde verschieden beantwortet. In Sparta war es der disziplinierte Kriegsdienst für die Stadt, im übrigen Griechenland scheint Weisheit, vor allem Gerechtigkeit an diese Stelle gesetzt worden zu sein. All die Gerechtigkeitshoffnungen der unterdrückten Bauern gingen darin ein. Die Appelle zu Maßhalten und vernünftiger Lebensführung sekundierten diesen Bemühungen. Die Weisheit hatte ihren Teil an der Durchsetzung der Affektkontrollen. Parallel lief die Entwicklung des Rechtsdenkens. Bei Aischylos schließlich begegnet erstmals der platonische Tugendkanon: »gerecht, besonnen, tapfer, gottesfürcht'gen Sinns«.

Die Versuche, aufzuklären und Verantwortung für die Stadt zu wecken, sind am besten bei Solon zu greifen. Die Arbeit an den Institutionen läßt sich an ihren vielfältigen Niederschlägen in den Ordnungen der verschiedenen Städte studieren. Aus einer vereinzelten Nachricht können wir entnehmen, daß die kleisthenische Phylenreform an ähnliche Überlegungen in Jonien anknüpfen konnte. Schließlich sind die Vorstellungen vom Gleichgewicht in der Stadt, wie es sich, grob gesagt, zwischen Adel und Volk einstellen sollte, im Begriff der Isonomie noch faßbar.

Es ist kaum zu sehen, wie die breiten Schichten ihren politischen Aufstieg hätten bewerkstelligen wollen ohne diese Intellektuellen, die von Haus aus einige Bildung mitbrachten, die reisen konnten, Zeit und Mittel hatten, sich über vieles zu orientieren, also wohl dem Adel angehörten. Sie mußten manches antizipieren, damit eine so erstaunliche Veränderung möglich wurde. Aber sie mußten auch Resonanz finden.

Offensichtlich hat der Kreis der Weisen damals eine eigene Position relativer intellektueller Unabhängigkeit aufgebaut. Denn den verschiedenen Zumutungen, vielleicht gar Drohungen und Versuchungen zur parteilichen Stellungnahme konnten sie mit dem Erfolg, den sie hatten, nur gegenhalten, wenn sie sich untereinander mehr oder weniger auf der Linie hielten, auf der ihre Autorität beruhte; über alle Städte und alle Parteiungen hinweg. Wie politische Ärzte eben.

Ebenso offensichtlich ist, daß sich dabei eine eigene Weise des Denkens ausprägen mußte. Wer ohne vorgegebene Machtbasis, jedoch unter praktischer Zwecksetzung eine Ordnung zu konzipieren hat, muß sich relativ offen der Empirie stellen. Er darf weder ideologisch noch mit eigenen politischen Interessen allzu sehr beteiligt sein. Und wer eine Ordnung herstellen soll, die ohne sein weiteres Zutun hält, muß auch gedanklich anders ansetzen als der Diener einer Instanz, die stets eingreifen kann (und es unter Umständen geradezu will), wie der Monarchie. Er muß die Zusammenhänge und Gesetzmäßigkeiten besser studieren und abstrakter verstehen, muß danach forschen, wie man die Kräfte zur Balance bringt. Wer es mit vielen vergleichbaren Städten zu tun hat, muß sehen, durch die Fülle der Besonderheiten jeweils zum Kern der Sache vorzustoßen, zum Allgemeinen, das sich darin ausdrückt, zur Erkenntnis von Maß und Gesetzmäßigkeit. Und wenn zahlreiche Adlige, ja Angehörige breiter Schichten davon überzeugt werden müssen, muß er die Ergebnisse seines Denkens auch auf allgemeinere Weise zu vermitteln lernen. Jacob Burckhardt nennt das objektive und vergleichende Anschauen der politischen Formen »eines der teuer erkauften Resultate griechischen Lebens und Leidens«.

Kaum zufällig näherten sich die griechischen Philosophen dem Kosmos mit ganz ähnlichen Fragen und Vermutungen wie das politische Denken der Polis-Ordnung. Sowohl die Rechts- wie die Weltvorstellungen der Griechen kamen ohne zentrale Instanzen aus, die, sei es im Himmel, sei es auf Erden, für das Ganze zuständig gewesen wären. Diese Ordnungen standen über allen Mächten; auch über den Göttern. Wenn Zeus zum Hüter der Gerechtigkeit gemacht wurde, so war er nichts als ihr Bürge und Vollstrecker. Vom Sonnengott Helios sagt Heraklit, er werde seine »Maße« nicht überschreiten, sonst würden ihn die Schergen der Gerechtigkeit aufspüren. Die Ordnung bestand und vollzog sich im Aufeinanderwirken der Kräfte, die sie ausmachten. Auch Zeus' Sorge für das Recht war darin immanent.

Die Autonomie der Ordnung im Kosmos (welches Wort, nebenbei gesagt, ursprünglich »Ordnung« heißt) wie in der Polis bildete ein Ganzes zusammen mit dem Fehlen der Monarchie wie mit der Unabhängigkeit der spätarchaischen Intelligenz. Es kristallisierte sich in ihnen gleichsam eine Dritte Position zwischen den Streitenden heraus, in welcher das Ganze der Polis bedacht wurde, bevor eine Kraft da war, die es verfechten konnte.

Wenn das Politische Denken aber sehr früh schon die Angehörigen der breiten Schichten einschloß, nicht nur als Gegenstand, sondern als Fragende und Adressaten, als Nachvollziehende und Anstoßende, so müssen diese mit der Zeit immer stärker darin eingespannt gewesen sein. Insofern bestand die Geschichte dieses Denkens mehr und mehr in seiner Verbreitung.

Was das bedeutete, ist kaum zu ermessen. Jedenfalls sollte man dabei nicht nur an die Zunahme von Kenntnissen und Urteilskraft, die Stärkung des Bewußtseins politischer Verantwortung, die Steigerung der Empfindlichkeit, also der Ansprüche an die politische Ordnung denken. Es mußte sich ja der ganze Radius der Aufmerksamkeit, des Interesses erheblich erweitern. Man mußte Distanz zum Gegebenen gewinnen. Je mehr die Ordnung verfügbar wurde, um so mehr mußte an die Stelle selbstverständlicher Anschauungen intellektuelle Einsicht treten, mußten Fragen wach werden, Unsicherheit aufkommen, geistige Regsamkeit und die Fähigkeit, sich auf Wagnisse einzulassen. Vor allem mußten Bürger, die künftig die Gemeinwesen mittragen sollten (und wollten), sich selbst verändern, also auch die Polis und die Welt neu verstehen, in denen sie eine so neue Position einzunehmen hatten.

Später, als freilich weitere große Veränderungen geschehen waren, läßt sich beobachten, daß die Entstehung der Demokratie im genaueren Sinne des Wortes in einer mehr oder weniger revolutionären Umdeutung des Göttermythos balanciert werden mußte; vor dem Volk, auf der Bühne der Tragödie. Es ist kaum anzunehmen, daß die Herstellung der Isonomien viel billiger zu haben gewesen wäre. Sie waren nicht nur Sache der Organisation und der Bereitschaft zu politischem Engagement.

Heraklit hat um jene Zeit in einem Wortspiel davon gesprochen, daß, wer mit Verstand (*xyn nóoi*) reden will, sich mit dem allen Gemeinen (*xynón*) stark machen müsse wie eine Stadt mit dem Gesetz und noch viel stärker. Denn alle menschlichen Gesetze nähren sich von dem *einen* göttlichen. Verständiges Sprechen und das Allgemeine, Gesetz der Stadt und Gesetz der Welt hängen also aufs allerengste zusammen. Es drückt sich darin philosophisch aus, was auch andere zumindest ahnen konnten. Denn, um nochmal Heraklit zu zitieren: »Allen Menschen ist zuteil geworden, sich selbst zu erkennen und vernünftig zu denken.«

Diese Überlegungen sollten nicht dazu führen, sich die griechischen Bürger als Theoretiker vorzustellen. Sie werden gewöhnlich recht einfach und alltäglich gedacht und geredet haben, primär an Naheliegendem orientiert. Trotzdem muß in ihre Position etwas von dem eingegangen sein, was ihre politischen Weisen erarbeiteten. Das ergibt sich schon daraus, daß der damalige Prozeß politischen Denkens eine beachtliche Resonanz in den breiten Schichten gehabt haben muß. Der Zugänglichkeit und Diskutierbarkeit des Wissens muß die wachsende Bereitschaft entsprochen haben, Wissen für wichtig zu halten und sich nach ihm zu richten. Es sollte dabei nicht bleiben; gegen Ende des fünften Jahrhunderts wurden die Dinge und die Gedanken zu kompliziert dazu. Aber zunächst bewiesen die griechischen Bürgerschaften ein beachtliches Potential des Mitdenkens mit den Klügsten unter ihnen.

Naturgemäss kann man sich, um es zu wiederholen, die griechischen Demokratien auch vom Himmel gefallen oder einfach aus griechischer Begabung erwachsen denken. Wahrscheinlicher jedoch ist es, daß es hier mit rechten, handfesten Dingen zuging, mit Bedürfnissen, die sich innerhalb einer bestimmten Konstellation herausstellten, und mit der grundsätzlich gegebenen Möglichkeit, daß Menschen Fähigkeiten entwickeln, um ihnen zu genügen.

Man kann diesen Vorgang durchaus materialistisch deuten; wenn man nur berücksichtigt, daß auch der Verstand und die Fähigkeit, sich nach ihm zu richten, sowie Vorstellungen und Sehnsüchte zur menschlichen Grundausstattung gehören; daß Menschen zwar nach ihren Interessen handeln, daß aber (gesellschaftlich etablierte) Meinungen darüber entscheiden, was sie dafür ansehen. Daß sie folglich, wenn es sich so gibt, auch ungewöhnliche Interessen, Ziele und Identitäten sich zu eigen machen können.

Übrigens hat Max Weber bemerkt, »stumpf« werde »der Bauer überall erst, wo er in einen ihm fremdartig gegenüberstehenden...Großstaatsmechanismus eingespannt oder grundherrlicher Verknechtung preisgegeben ist«. Auch im alten Israel wirkte eine Intellektuellenschicht mit Bauern zusammen, Weber sieht darin »eines der Geheimnisse der Entfaltung des Jahwismus«. Auch dort eine bemerkenswerte Fähigkeit, mit eigenen Fragen der Welt gegenüberzutreten, die »Fähigkeit des Erstaunens«.

In der Tat könnte die Eigenart der Griechen auch den Sieg bei Salamis mitbedingt haben. Zu ihrer Tapferkeit müssen Disziplin und Corpsgeist beigetragen haben, wie sie sie in der Phalanx üben mußten, und wie sie dann in höherem Maß zu den Isonomien gehörten. Nicht nur die Vorgesetzten, sondern mehr noch die Mitkämpfer übten Druck aus. Und um die Kooperationsfähigkeit muß es gut bestellt gewesen sein.

Jene Ansprüche, die bestimmte Formen des Lebens und der Ordnung besonders wichtig machten, mußten die Bereitschaft steigern, dieses Leben zu wagen. Denn das bloße Überleben konnte unter diesen Umständen nicht leicht zum höchsten Wert werden. Nur die Angst sprach dafür, alles andere dagegen, nicht zuletzt der Ruhm, die Einstellung zum Alter, überhaupt die besondere Weise der Griechen, Leben und Tod zu unterscheiden. Der Perserkönig Xerxes war an den Thermopylen ziemlich erstaunt, als er hörte, daß von den Spartanern, die die Schlacht erwarteten, die einen Gymnastik trieben, die andern ihr Haar pflegten. Denn wenn sie ihr Leben aufs Spiel setzen wollten, so erfuhr er, schmückten sie ihr Haupt. Übrigens waren sie so sehr mit sich beschäftigt, daß sie den persischen Kundschafter gar nicht bemerkten.

Auch der Krieg, auch das Sterben in der Schlacht hatte für sie mit dem Schönen zu tun. Mindestens die Tendenz, die sich darin ausdrückt, braucht nicht auf die Spartaner beschränkt gewesen zu sein.

Und die Räumung Athens muß nicht nur durch die Erinnerung an viele Kolonistenzüge, sondern kann sehr wohl insgesamt durch die besondere Beweglichkeit begünstigt gewesen sein, die den Griechen von der großen Aufbruchsbewegung ihrer Kultur im achten Jahrhundert her eigen gewesen sein muß. Sie muß in ihrem kulturellen Gedächtnis einen wichtigen Platz eingenommen haben.

All die Zufälle, die die engere und weitere Konstellation der Schlacht bestimmten, einmal abgerechnet, könnte sich in deren Ausgang also doch niedergeschlagen haben, daß die Griechen ihre Unterlegenheit der Zahl nach durch Überlegenheiten der Art nach wettmachten.

So wurde die Bahn dafür frei, daß sie die Möglichkeiten, die sich ihnen auf ihrem Sonderweg erschlossen, im Übermaß entfalteten, überall, doch nirgends so sehr wie in Athen, jener Stadt, die nicht nur entscheidend zum Sieg beigetragen hatte, sondern die ihn auch besonders zu nutzen wußte und die sich, ohne es zu wissen, schon Jahrzehnte vorher darauf vorzubereiten begonnen hatte.

# IV. Neugründung der Polis unter Kleisthenes

> Sich derart miteinander »Verbrüdern« aber heißt nicht: daß man sich gegenseitig für konkrete Zwecke nutzbare bestimmte Leistungen gewährt oder in Aussicht stellt..., sondern: daß man etwas qualitativ anderes »wird« als bisher, – denn sonst wäre jenes neue Verhalten gar nicht möglich. Die Beteiligten müssen eine andere »Seele« in sich einziehen lassen.
>
> Max Weber

Die Inkubationszeit war zu Ende. Solons kühne Behauptung, daß die Bürger für die Stadt verantwortlich sind, konnte Wirklichkeit werden, und zwar in der Regel der Politik. Es mußten nur die vielerlei Einsichten, Wünsche, Vorstellungen zu einer politischen Kraft zusammengefaßt und es mußten institutionelle Formen dafür gefunden werden.

Das eine, was Solon angelegt und begonnen hatte, die wirtschaftliche Konsolidierung der mittleren und unteren Schichten, war ironischerweise unter dem Schirm der von ihm verfemten Tyrannis erreicht worden. Das andere, was er hatte herstellen wollen, die Eunomie – die Rechte Ordnung unter Führung des Adels, aber bei gehöriger Berücksichtigung der Rechte auch des Volkes – stand noch aus. Es war nur modifiziert zu realisieren, wenn nämlich die breite Bürgerschaft instand gesetzt wurde, für sich selbst zu sorgen, durch aktive Mitsprache in der Politik.

So ergab es sich aus den Erfahrungen, die man mit Adelsregime und Tyrannis hatte machen können. Darauf liefen die Erwägungen und Vorschläge des Politischen Denkens hinaus. Auch hatte die Tyrannis den Nimbus der adligen Herren stark beschädigt. An verschiedenen anderen Orten gab es für das Volk schon Formen einer institutionell gesicherten politischen Beteiligung.

Nun fanden auch in Athen zumindest die Angehörigen der mittleren Schichten, die Honoratioren zweiten Ranges, daß sie den Adligen weitgehend gleich waren, so sehr jedenfalls, daß sie eine grundlegende Gleichheit der politischen Rechte zu beanspruchen hatten. Sie drängten in die Politik.

Endlich war also eine Alternative zum überkommenen Adelsregime vorhanden, eine Kraft, die eine ganz neue Ordnung tragen konnte. Das war zwar noch nicht die Demokratie, aber sie hatte schon zahlreiche Züge einer Volksherrschaft. Der Name, mit dem sie damals (oder wenig später) benannt wurde, Isonomie, hob als ihren entscheidenden Zug die Gleichheit hervor. Und das war, da es primär um ein neues Verhältnis zwischen den Adligen und breiteren Kreisen der Bürgerschaft ging, nur konsequent: Die Mittleren beanspruchten, »Ebenbürtige« (*hómoioi*) zu sein.

Durch die Herausbildung der Alternative wurde es möglich, daß die Grundlagen der Ordnung zum Gegenstand politischen Handelns, genauer gesagt: eines tiefen institutionellen Eingriffs gemacht wurden. In kleinerem Rahmen war das kurz zuvor schon in andern Griechenstädten der Fall gewesen; was sonst in der Weltgeschichte höchstens Monarchen gekonnt hatten, vermochten jetzt auch Bürger. Sie gewannen Macht über ihre Verhältnisse.

Mit Institutionen verhält es sich wie mit Arzneien. Ob sie Erfolg haben, hängt nicht einfach von ihrer Güte (und Dosierung) ab, sondern zugleich von der Beschaffenheit des Körpers, auf den sie angewandt werden. Der Impuls ihrer Einrichtung kann prägend nur sein, wenn er einzurasten vermag; wenn die »Materie« sich einer solchen Prägung öffnet.

Denn Institutionen können ja auch beliebig und geradezu wohlfeil sein. Ist erstmal ein Vorrat an Möglichkeiten vorhanden, so kann es in Zeiten der Krise für Politiker gar zum Habitus werden, Institutionen vorzuschlagen, die oft genug ins Leere greifen. Denn Krisen sind doch über längere Zeit hinweg dadurch bestimmt, daß sich die Kräfte erst bilden müssen, auf denen eine neue Ordnung aufruhen, auf die hin sie formuliert werden, dank deren eine Institution gelingen kann.

So war es vermutlich auch im sechsten Jahrhundert. Die damaligen Versuche, die Probleme institutionell zu lösen, werden trotz aller Ingeniosität oft genug gescheitert sein. Solon zum Beispiel ersann ein sehr seltsames Mittel, um einer der drängendsten Schwierigkeiten, der Gefahr des Bürgerkriegs vorzubeugen, das sogenannte Stasis-Gesetz: Jeder Athener sollte in einem solchen Fall auf einer der beiden Seiten Partei ergreifen; andernfalls sollte er rechtlos sein, zumindest sein Bürgerrecht verlieren. Offensichtlich hoffte Solon, auf diese Weise die Neutralen ins Spiel zu bringen, so daß sich die Fronten um Männer verlängert hätten, die an der Heftigkeit der Fehde oder der Empörung kein Interesse hatten. Sie hätten, so muß die Rechnung gewesen sein, den Erregten, Hochambitionierten eher in die Arme fallen müssen, als daß sie sie hätten verstärken können. Und sei es, daß sie einfach die Plätze gefüllt hätten, auf denen sonst für die andern freie Bahn gewesen wäre. Die »privaten« Streitigkeiten sollten im Interesse breiter Kreise ersticken. Das war raffiniert gedacht, aber wenig praktisch. Es machte das Problem so deutlich wie die Machtlosigkeit des Reformers ihm gegenüber, das Fehlen einer Alternative.

Als Kleisthenes dagegen das Volk durch das Versprechen einer Reform auf seine Seite zog, mußte das Fundament nur noch verfugt werden, auf dem die Lösung der langen Krise gelingen konnte.

In der Regel der Weltgeschichte können notleidende Schichten höchstens revoltieren, und bestenfalls kommt es daraufhin zu einer Verbesserung der Herrschaftspraxis. Anders in der europäischen Neuzeit, wo sich verschiedentlich »Alternativen« zum Überkommenen bildeten, indem immer breitere Kreise den Staat in die Hand nahmen – oder sich in ihm nachdrücklich und regelmäßig zu Wort meldeten: das liberale Bürgertum und danach auch das Proletariat.

Solche Krisenlösungen durch Eindringen immer breiterer Kreise in die reguläre Politik, durch deren Verankerung im politischen Feld scheinen die europäische Geschichte seit ihren Anfängen zu kennzeichnen. Wie in mittelalterlichen Städten so schon im Rom der Ständekämpfe. Das erste nennenswerte Beispiel bildet das Athen des Kleisthenes.

Freilich litten die Bürger der attischen Mittelschicht keine materielle Not; so wenig wie der Dritte Stand zur Zeit der Französischen Revolution. Aber die Willkür, die sie von den adligen Herren zu gewärtigen hatten, deren Hochmut, deren Bestehen auf Vorrang waren in eine solche Diskrepanz zu ihrem Selbstbewußtsein geraten, daß sie die darin zum Ausdruck kommende Ungleichheit als eine andere Not empfanden: als Ungerechtigkeit.

Eben dort scheint der springende Punkt der europäischen Alternative zu liegen: Immer sind es – nach Aristoteles – die Schwächeren, die nach Gleichheit und Gerechtigkeit streben. Und immer wieder kommen sie institutionell ans Ziel; im Namen der Gerechtigkeit erreichen sie Gleichheit. Damit aber solche Forderung in breiteren Schichten wirkungsvoll genug verfochten wird, muß sie sich tief eingraben in deren Überzeugungen und vor allem in das, was sie diesen Überzeugungen gemäß als ihr Interesse ansehen. Dann entsteht jene Kraft, die zugleich andere, insbesondere ambitionierte Politiker und Intellektuelle dazu bringt, sich an ihr zu orientieren.

Sie hatte sich in Athen zwischen Solon und Kleisthenes herangebildet, intellektuell im Politischen Denken, mental, indem sich vielerlei Ansprüche einer ganzen Schicht zu einer neuen Orientierung verquickten. Der besondere Charakter griechischer Gemeinwesen mußte das begünstigen.

Es ist bezeichnend, daß sich die breiten Schichten in den Poleis offenbar an keinem Aufstand gegen die Tyrannis beteiligt haben, jedenfalls nicht in irgend nennenswertem Ausmaß. Solange es nur auf eine Wiederherstellung des Adelsregimes hinausgelaufen wäre, hätte ihnen das wenig eingeleuchtet. Wenn jedoch ein Politiker wie Kleisthenes eine Reform in ihrem Sinne vorschlug, waren sie dabei – und wie sehr das der Fall war, zeigt ihre spontane Bereitschaft, auch in Abwesenheit des Reformers und seiner Verbündeten gegen die spartanische Intervention, das heißt für die Reform bewaffnet auf die Straße zu gehen. Sie wollten, daß ihnen »die Dinge in die Mitte gelegt« würden, wie es die Griechen gerne nannten.

In erster Linie müssen es die mittleren Bürger gewesen sein, die »Semiaristokraten« und andere, diejenigen, zu deren Gunsten die Reform vor allem ausschlug. Sie müssen die neuen Institutionen mit großem Engagement getragen haben. Es waren vor allem Bauern, vermutlich aber auch einige gutsituierte Handwerker und Händler. Sie waren nicht reich, aber doch wohlhabend genug, um abkömmlich zu sein. Wie sich die Unterschicht verhielt, ist unbekannt.

ZWAR WAREN die meisten der Athener, die damals lebten, unter den Tyrannen aufgewachsen. Wer von der Zeit vor der festen Etablierung der Herrschaft des Peisistratos noch bewußt etwas erlebt hatte, war inzwischen über fünfzig Jahre alt. Und es kann ihm nicht gerade ein geordnetes Gemeinwesen in Erinnerung geblieben sein.

Indes hatte die Tyrannis keine Ideologie. Sofern es überhaupt öffentlich angestellte Lehrer gab, brachten sie ihren Schülern Lesen und Schreiben bei. Die Erziehung lag weitgehend in den Händen der Familien. In den mittleren und oberen Schichten standen ihnen zunächst Ammen zur Seite, von denen wir mehrfach hören, daß sie die kleinen Kinder gern mit Märchen, das heißt aber wohl zugleich: mit Mythen aufzogen. Auch die Lehren und Anschauungen, die die Mütter ihnen vermittelten, werden weitgehend »konservativ« gewesen sein.

Bei den Vätern freilich, bei deren Freunden, bei Musik- und Tanzlehrern, zu denen sie gesandt wurden, bei den älteren männlichen Liebhabern, denen sie sich – wie anderswo, so vermutlich auch in Athen – in einer bestimmten Phase der Adoleszenz anschlossen, wird ihnen etwas von der Politik der Zeit vermittelt worden sein. Und sie begegneten ihr, zusammen mit vielem anderen, auch in den Gesprächen auf den Sportplätzen. Ein sehr großer Teil der »Erziehung« der Jungen geschah im gesellschaftlichen Umgang. Später sollte Protagoras feststellen, daß alle Bürger einander Lehrer seien.

Was aber sollten die, mit denen sie da in der Öffentlichkeit zusammenkamen, ihnen viel von der Tyrannis beibringen, selbst wenn sie ihr freundlich gegenüberstanden? Vielleicht einiges über die Klugheit von deren Inhabern, ihre Leistung, im Höchstfall über ihre gute Gesinnung – insgesamt kann es bestenfalls ein Urteil über Personen gewesen sein, kaum über ein System, und jedenfalls bezog es sich auf das Konkrete, nicht auf Abstraktes.

Und es ließ sich leicht korrigieren, sobald die Tyrannen und ihre Helfer einem anders erschienen oder sobald man sie von einem andern Standpunkt aus betrachtete. Sehr prägend und nachwirkend im Sinne des Regimes kann das alles nicht gewesen sein.

Da es das Prinzip der Tyrannis war, daß der Herrscher die Politik machte, während die Bürger möglichst ungestört ihren häuslichen Geschäften nachgehen sollten, wird deren Eigenständigkeit, ihre Initiative im ganzen eher gefördert worden sein. Die Anregungen des politischen Denkens können ihnen nicht verborgen geblieben sein. Was anderswo geschah, kam auch ihnen zu Ohren. So stand einer selbstbewußten Wahrnehmung politischer Rechte nichts im Wege – außer dem Mangel an Praxis.

Allerdings mögen sich, grob gesagt, Generationen voneinander unterschieden haben. Den Älteren, die noch die Zeit vor der endgültigen Etablierung der Peisistratiden erlebt hatten oder sie aus Erzählungen kannten, werden die Vorzüge der Tyrannis besser vertraut geworden sein; sofern sie jedenfalls nicht zu den Adligen, den geborenen Konkurrenten des Herrschers gehörten. Wirtschaftlich ging es deutlich aufwärts, innerer Frieden kehrte ein, man gewann an Rechtssicherheit. Die Jüngeren hingegen, welche zu Kleisthenes' Zeit etwa zwischen zwanzig und vierzig Jahre alt waren, werden die Vorteile der Tyrannis eher als selbstverständlich, die Nachteile, welche sich mit der Zeit mehrten, als drückend empfunden haben.

Es gibt keinen Anlaß, mit größeren Generationenkonflikten zu rechnen; derart etwa, daß ganze Teile der Jugend sich gegen die Älteren gestellt hätten. Dazu vollzog sich die Geschichte damals nicht schnell genug, gab es zuwenig absolute Bezugspunkte, an denen die Jungen sich gegen die Alten hätten orientieren können; nicht nur keine Geschichtsphilosophie, sondern auch keine von der Wirklichkeit stärker sich abhebenden ethischen Gebote. Alt und Jung lebten in der gleichen Zeit. Für die Erwachsenen galt, daß weder die einen wußten, was die andern erst noch zu lernen hatten, noch die andern zu wissen meinten, worauf die einen nie hätten kommen können. Jedenfalls war das nicht in größerem Stile der Fall. Alt und Jung hatten auch zu konkret miteinander zu tun.

Doch wird man annehmen können, daß es vor allem die Jüngeren waren, die auf das Neue setzten, die Reformen trugen –

und sich dann mit Mut und Zuversicht, vermutlich ohne allzu viel Bedenken und Vorsicht in all die Aufregungen der weiteren attischen Politik stürzten. Unter den Jüngsten, die damals erwachsen wurden, die in dem Moment in die Vollbürgerschaft eintraten, da diese etwas völlig Neues zu sein begann, waren Themistokles und Aischylos.

Kleisthenes' Reform bestand weniger in einer Verfassungsänderung als in einer Neuformierung der Bürgerschaft. Sie bewirkte nicht nur den politischen Aufstieg neuer Schichten, sondern sie verwandelte die Polis Athen von einem politischen Gehäuse zu einem politischen Subjekt.

Nachdem die Angehörigen einer ganzen Schicht vornehmlich Bauern, Handwerker oder Händler gewesen waren, wurden sie jetzt zugleich und ganz wesentlich Bürger. Nachdem sie über lange Zeit hinweg fast nur als Gefolgsleute von Adligen in die Politik gekommen waren, konnten sie es jetzt im eigenen Namen. Nachdem sie zuvor weitgehend in ihren Häusern und Wirtschaften, im Kreis ihrer Nachbarn, in ihren Dörfern und Städten sowie in den Unterabteilungen der Bürgerschaft aufgegangen waren, orientierten sie sich jetzt zugleich auf das Zentrum der Polis. Die Entfernungen dorthin schwanden, da man sie vielfach überwand, die relative Isolierung der einzelnen Regionen Attikas gegeneinander wurde durchbrochen. Und die Einheit der Stadt wurde aufgeladen mit vielerlei Interessen und Kräften ihrer Bürger. Sie kam dadurch in nennenswertem Sinne überhaupt erst zustande.

Daher war Kleisthenes' Reform so sehr ein innen- wie ein außenpolitisches Ereignis. Die große attische Bürgerschaft konnte gar nicht anders, als die bestehende Polis-Welt zu stören. Sparta hat das – sei es aus der Empfindlichkeit der vorherrschenden Macht, sei es aufgrund des Ehrgeizes seines Königs Kleomenes – sogleich bemerkt, wie Versuche, Kleisthenes' Ordnung zu vereiteln, zeigen. Daß Athen sich gleichzeitig des Beistands des persischen Satrapen in Sardes zu versichern suchte, war zwar keine notwendige, aber eine naheliegende Konsequenz dieser Politik. Nie, soweit wir wissen, hatte man die Perser zuvor in die Politik des Mutterlands hineinzuziehen versucht. Zwangsläufig weitete sich mit der Intensität der Politik auch deren Horizont.

Im Jahre 507 wurden die Reformen beschlossen. Wohl 506 folgte der erste Angriff Spartas und seiner Verbündeten gegen Athen, wenige Jahre später kamen die Pläne auf, die Tyrannis des Hippias neu zu begründen. Damals sandten die Athener eine zweite Gesandtschaft zum Satrapen. Es ist keine Frage, daß auch der jonische Aufstand des Jahres 499 zu den Folgen eben der Unruhen gehörte, die durch Kleisthenes' Reformen hervorgerufen wurden. Athens Vorbild wirkte innenpolitisch zugunsten der breiteren Schichten und gab außenpolitisch kühneren Plänen Auftrieb. Nach alldem war der Perserzug gegen Griechenland überfällig.

Es ist, wie wenn mit der tiefgreifenden Veränderung der größten Polis in Griechenland alles im Ägäisraum in Bewegung geraten wäre. Und in allem wirkte der Schwung des Neuanfangs, den Athen in diesen Jahren nahm. Er sollte den Griechen insgesamt gegen die Perser sehr zugute kommen. Es war der Schwung vor allem jener, die die Reformen getragen hatten, die sich ganz neu und intensiv als Bürgerschaft empfanden und genossen, erste große militärische Erfolge errangen und denen sich damit, so kann man wohl ohne Übertreibung sagen, die Welt neu erschloß. Es muß sich unter jenen Altersgruppen der Zusammenhang einer Generation im emphatischen Sinne des Wortes geknüpft haben.

WENN HERODOT berichtet, Kleisthenes habe nach seiner Wahlniederlage »das Volk« zu seiner Anhängerschaft gemacht, so war der Ausdruck altmodisch, die Sache neu. Denn er wollte die Bürgerschaft ja gerade nicht als Gefolgschaft, sondern als eigenständige politische Kraft ins Spiel bringen. Das war, realistischerweise, eine neue Art der Machtsuche durch einen ehrgeizigen Politiker: Nicht mehr das Volk wirtschaftlich zu ködern, um den politischen Gewinn in Form einer Tyrannis selber einzustreichen, sondern ihm bessere politische Rechte zu verschaffen, um dann, auf es gestützt, Politik zu treiben.

Herodot kennzeichnet den Reformer als den, der den Athenern die Phylen und die Demokratie eingerichtet hat. Auch wenn man einschränkt, daß es sich zunächst nur um Isonomie handelte, stehen wir vor dem Rätsel, wie ein so tiefer Einschnitt ausgerechnet mit einer »Phylenreform« bewirkt werden konnte. Die

Sache ist kompliziert, aber je besser man sich dessen bewußt wird, um so verständlicher wird sie. Der Ausdruck Phylenreform ist überdies irreführend. Denn die alten Unterabteilungen der Bürgerschaft blieben bestehen. Kleisthenes setzte die neuen neben sie und übertrug verschiedene Funktionen auf sie.

Von der alten wissen wir, daß die Bürgerschaft in vier Phylen eingeteilt war. Diese wieder setzten sich aus mehreren Phratrien zusammen, und unterhalb derer bestand eine dritte Ebene von relativ kleinen Einheiten, den »Geschlechtern« (*gene*) und Kultvereinen (*orgeones* und *thiasoi*). Unendliche Mühen hat die Forschung darauf verwandt, dieses System genauer zu erfassen; in den meisten Fragen mußte es bei Hypothesen bleiben.

Nur im Prinzipiellen ist wenigstens umrißhaft eine gewisse Klarheit zu gewinnen. Wenn die Zugehörigkeit zum Gemeinwesen bei den Griechen überall durch Unterabteilungen vermittelt, wenn überall der Zusammenhalt unter den Bürgern nicht zuletzt in solchen exklusiven Kultverbänden reproduziert wurde, so war das in einer Polis von der Größe Athens besonders notwendig.

Vor allem die Phratrien, ursprünglich wohl Bruderschaften von Kriegern, die man dann in das Gesamtsystem einbaute, waren wichtig. Die Zahl ihrer Mitglieder wird zumeist mehrere Hundert betragen haben. In ihnen wurden die Bürgerlisten geführt. Wer heiratete, führte die Braut in diesen Kreis ein, vielleicht persönlich, jedenfalls gab er die Ehe dort offiziell bekannt. Wer einen Sohn bekam, trug ihn in der Versammlung um den gemeinsamen Altar, beeidete seine Vaterschaft, und die Genossen entschieden darüber, daß er zu ihnen gehöre; wobei wohl die eheliche Geburt garantiert sein mußte; für Vaterwillkür war kein Raum.

Eins wie das Andere geschah beim jährlichen Hauptfest der Phratrien, den Apaturien. Ehemann respektive Vater hatten durch ein Opfertier zum Gelage beizutragen. Auf dem gleichen Fest brachten die Jungen bei Erreichen der Mannbarkeit ein Haaropfer dar, um als vollgültige Mitglieder einzutreten. Die Phratrie war also der Ort für die »Übergangsriten«. Sie bildete eine kleine, konkrete Teilöffentlichkeit, die für die meisten Bürger viel bedeutsamer war als die große der Stadt. Hier kannten sie sich mehr oder weniger, hier hatte jeder seinen erkennbaren Platz. Umgekehrt stand der, der nicht zu einer Phratrie gehörte, als Recht- und Heimatloser außerhalb der Gemeinschaft.

Nach einer offenbar sehr alten Bestimmung ging auch die Zuständigkeit für die Blutrache, falls keine Angehörigen mehr da waren, auf zehn nach Maßgabe des Adels ausgewählte Phratriegenossen über. Der Schutz durch die Phratrie muß zumal in der frühen Zeit hochbedeutsam gewesen sein; der Einzelne war auf seine Genossen angewiesen. Und die enge Verbundenheit, die nach antiker Erfahrung aus gemeinsamen Opfern (und Opfermahlzeiten) erwuchs, muß diesen Zusammenhalt sehr verstärkt haben. Aristoteles nennt die alten Unterabteilungen einmal »von früher her gewohnte vertraute Zusammenhänge«. Manches spricht dafür, daß die Phratriegenossen ursprünglich auch in zusammenhängenden Gebieten wohnten, wo sich zugleich ihre Altäre befanden.

Mutatis mutandis muß für die Geschlechter und kleinen Kultvereine das Gleiche gegolten haben. Und im großen für die Phylen. Nach Phylen war das Heeresaufgebot gegliedert. Über sie – und wohl auch die Phratrien – wurden Rechte und Pflichten verteilt. Man konnte durch dieses System Differenzen in der Bürgerschaft ausgleichen, indem man etwa Gruppen verschiedener Herkunft in eigenen Phylen zusammenfaßte; womit ihnen ein gewisses Eigenleben ermöglicht und die Zugehörigkeit zum Ganzen erleichtert wurde. Aber natürlich konnten auch Spannungen in diese Abteilungen hineinwirken.

Herkömmlich hatten die Adligen in ihnen die Führung. Aus ihrem Kreis stammten die »Phylenkönige«, aber sie werden auch Altäre und Opfertiere gestiftet haben. Sie nahmen nicht nur die Blutrache wahr, sondern haben die Genossen auch sonst vertreten. Wie vor Gericht so vor Beamten, bei der Aushebung wie bei andern Problemen. So kam es zu einer gewissen Abhängigkeit der Nicht-Adligen von ihnen. Die starken Konflikte, die vor allem in der Zeit der großen Krise zwischen Reichen und Armen aufbrachen, werden nur in ihren äußersten Zuspitzungen in die Unterabteilungen hineingereicht haben. Denn im Kleinen, wo man einander kannte, stand man den Adligen anders gegenüber als in der großen Gruppe Gleichgestellter, in der man sich empörte.

Daher hat das System vermutlich in aller Regel funktioniert. Man brauchte diese Art des Zusammenhalts, brauchte auch das bei aller Ungleichheit genossenschaftliche Gesellungsprinzip (da man nicht die erblichen Klientelbindungen zu Adelsgeschlechtern hatte wie in Rom). Die Beziehungen zwischen den Mitgliedern der Unterabteilungen bildeten gleichsam ein Netz, durch das der nicht-adlige Bürger in das Gemeinwesen eingebunden war. Von daher waren die Wege vorgegeben, auf denen er Zugang zu politischen Instanzen gewann.

Die Abhängigkeit von den Adligen konnte aber auch von all denen, die Wert auf ihre Eigenständigkeit legten, als störend, vielleicht gar unerträglich empfunden werden. Dies mußte besonders dann der Fall sein, wenn sich viele darin bestärkten und wenn sie eine eigene Rolle in der Politik spielen wollten. Insofern leierten die Bindungen innerhalb des alten Netzes allmählich aus. Man konnte sie aber nur erübrigen, wenn man ein neues Netz knüpfte. Denn man zerstört nur, was man ersetzen kann.

Eben das war es, was Kleisthenes tat. Wenn er das alte System nicht auflöste, so vielleicht deswegen, weil es, wenn erst seine Wirkungen zugunsten des Adels gebrochen waren, ihm nutzen konnte. Aber vielleicht war auch der Widerstand zu groß, auch in den breiten Schichten?

Kleisthenes' Neuordnung setzte an zwei Stellen an. Einerseits konstituierte er eine Selbstverwaltung überall in Attika innerhalb kleiner Siedlungseinheiten, und zwar auf der Basis der Gleichberechtigung. Andererseits schuf er ein kompliziertes System, in dem die Bürger verschiedenster Landesteile in Beziehung und Kooperation gebracht wurden und das zugleich dazu diente, den Willen der Bürgerschaft in Athen gegenwärtig zu machen. Er richtete »Demen«, neue Phylen und einen Rat der Fünfhundert ein.

Die Demen bestanden normalerweise aus einem Dorf oder einer kleinen Stadt. Mitunter wurden kleinere Flecken zu einem Demos zusammengefaßt, umgekehrt wurde Athen in mehrere und die Stadt Brauron in zwei Demen unterteilt. So ergab sich eine lokale Gliederung in 139 Einheiten, deren jede zumindest ein knappes Hundert, oft aber auch mehrere hundert, ja gelegentlich über tausend Bürger umfaßte.

Die Demengenossen verwalteten den Gemeinbesitz in ihrem Gebiet, berieten über notwendige Arbeiten, unterhielten eigene Kulte, veranstalteten Feste, hatten Priester und Beamte, vor allem eine Gemeindeversammlung, in der es für die Angehörigen der mittleren Schichten, auch auf dem Lande, leicht gewesen sein muß, wirklich mitzusprechen, sich auch wählen zu lassen. Diese »Demokratie an der Graswurzel« konnte an alteingeführte nachbarschaftliche Solidaritäten anknüpfen.

In den Demen wurde künftig auch die Liste der Bürger geführt. Voraussetzung war die Zugehörigkeit zu einer Phratrie. Die Doppelung der Listenführung erklärt sich offenbar daher, daß man auf die Feststellung der familiären Zugehörigkeit in den alten Körperschaften nicht verzichten konnte, andererseits Verzeichnisse brauchte, aufgrund derer die Rekrutierung künftig erfolgen sollte. Zusätzlich sollte vermutlich die Aufnahme in den Kreis der politisch Berechtigten und Wehrfähigen nach Vollendung des achtzehnten Lebensjahres besonders betont werden. Man gehörte dann eben nicht nur zu den Athenern, sondern war Bürger im politischen Sinn. Von der Art dieser »Initiation« wissen wir freilich nichts. Es war vor allem in diesen kleinen Untereinheiten, daß sich die Mehrheit der Athener künftig als Bürger erfuhr.

Übrigens war die Demenzugehörigkeit erblich, nur zu Beginn der neuen Ordnung also war der Wohnsitz maßgebend. Man mag das für unpraktisch halten, doch scheint eben die Gemeinsamkeit der Zugehörigen über die Generationen hinweg wichtiger gewesen sein. Auch hier sollten sich dauerhafte Zusammenhänge bilden. Die Bürger sollten zudem künftig neben ihrem Eigennamen den des Demos führen; er sollte wohl den Vatersnamen ersetzen. Eine entfernte Parallele zur Bezeichnung der Franzosen als citoyens während der Revolution.

Die Demen bildeten die kleinsten Einheiten des neuen Phylensystems. Es basierte auf einer komplizierten Zusammenfügung und Trennung geographischer Bezirke. Ganz Attika wurde in drei Regionen unterteilt: die Stadt Athen samt ihrer unmittelbaren Umgebung bis hin zur Küste, das Binnen- und das (übrige) Küstenland. In jeder von ihnen wurden die Demen zu zehn, in der Regel geographisch zusammenhängenden Abteilungen gruppiert. Aus den dreißig Demengruppen, die sich so ergaben, bildete Kleisthenes je zehn Phylen, indem er immer eine aus der Stadt, eine von der Küste und eine vom Binnenland zusammenfügte. Die Überlieferung sagt, er habe dabei das Los entscheiden lassen;

doch spricht die Wahrscheinlichkeit dagegen. Die Zahl der Phylen-Zugehörigen hätte dabei allzu ungleich ausfallen können. Die dreißig Abteilungen nannte er, entsprechend ihrem Anteil an den Phylen, Drittel (*trittyes*). Die Phylen umfaßten im Durchschnitt etwa 3 500 Bürger.

Jede Phyle, so kann man resümieren, sollte offenbar einen Querschnitt durch die verschiedenen Regionen darstellen; jede Region in jeder Phyle vertreten sein. Und umgekehrt sollte keine von ihnen besondere lokale Interessen repräsentieren. Jede sollte nichts als ein Zehntel, ein Durchschnitt der Bürgerschaft sein; indem sie in der Phyle vor allem als Bürger vereint waren, sollten die Genossen dann aber einen besonderen Zusammenhang begründen; im Wettstreit mit andern Phylen, in der möglichst guten Erfüllung ihrer Aufgaben, ob das nun im Krieg oder im Agon der Phylenchöre geschah. Und das sollte zugleich zu ihrem Zusammenhalt beitragen.

Dazu mußten die Angehörigen der Phylen dicht zusammengebracht werden. Vielleicht weil es aufgrund des Herkommens selbstverständlich, eher aber, weil Kleisthenes wußte, wie wichtig das war, erhielt jede von ihnen einen Heros als fiktiven Stammvater, nach dem sie zugleich benannt wurde. Jede von ihnen stand somit unter dem Schutz eines jener mächtigen Toten, deren Gräber seit Jahrhunderten in Attika verehrt worden waren, weil man meinte, daß von ihnen besondere Kräfte ausgingen. Auch – und vielleicht gerade – diese so rational, so künstlich geschaffenen Unterabteilungen sollten kultisch untermauert sein. Bei Prozessen konnte der Einzelne künftig den Beistand von zehn Genossen seiner neuen Phyle erbitten.

Die Phylenangehörigen sollten aber auch gemeinsam dienen, denn die Funktion der Heeresgliederung übertrug Kleisthenes vom alten auf das neue System. So war man im Felde mit denen zusammen, mit denen man auch sonst zu tun hatte – und vor denen man sich ungern genierte. Die Strategen, die die Phylenaufgebote befehligten, sollten die wichtigsten Beamten der Polis werden. Auch die Trittyen scheinen militärische Verbände gebildet zu haben, wenn dies auch direkt nur für die Flotte bezeugt ist: Wir kennen zwei Inschriften, die Sammelplätze für Trittys-Aufgebote am Hafen markierten. Immerhin waren die Phylenaufgebote in drei Abteilungen (*lóchoi*) gegliedert.

Selbstverständlich hatten die Trittyen wie die Phylen ihre Vorsteher, Trittyarchen und Phylarchen, welch letztere offenbar zivile Beamte waren – neben den Strategen.

Insbesondere aber sollten die Mitglieder der Phylen politisch zusammenarbeiten, im Rat der Fünfhundert, den Kleisthenes – anknüpfend wohl an den, freilich kaum sehr bedeutsamen, solonischen Rat der Vierhundert – einrichtete. In ihm sollte die Bürgerschaft ihre wichtigste Vertretung finden.

Jede Phyle entsandte dorthin fünfzig Männer. Sie wurden jährlich neu bestellt. Im fünften Jahrhundert durfte keiner in zwei aufeinanderfolgenden Jahren und überhaupt: mehr als zweimal im Leben dem Rat angehören. So rigide kann Kleisthenes kaum gewesen sein, dazu hätte es schon an Personal gefehlt, schließlich bedeutete es, daß zumindest jeder fünfte Athener Ratsmann wurde. Aber es ist durchaus nicht unwahrscheinlich, daß Kleisthenes in bescheidenerem Maße Vorsorge dafür traf, daß möglichst viele Bürger in den Rat kamen und vielleicht auch: daß dessen Personal Jahr für Jahr völlig ausgewechselt wurde. Später finden wir im kleinasiatischen Erythrai die Bestimmung, daß man nur einmal in vier Jahren Ratsmann sein durfte. Vielleicht darf man sich Kleisthenes' Lösung ähnlich vorstellen.

Vermutlich hat er außerdem bestimmt, daß die Sitze proportional auf die Demen verteilt sein sollten. Wenig später ist das als Regel bezeugt. Ob die Bestellung schon damals, wie später, durch das Los oder zunächst in Wahlen geschah, ist unbekannt. Jedenfalls spricht alles dafür, daß in diesem Rat alle Landesteile, ja alle Siedlungseinheiten repräsentiert sein sollten. Keine Bevorzugung für die Bürger aus der Stadt!

Als Aufgabe des Rats ist überliefert, daß er die Gegenstände der Volksversammlung vorberaten (und Beschlußvorlagen präparieren) sollte. Das wäre wichtig genug gewesen, da die Versammlung erst dadurch wirklich handlungsfähig wurde. Wahrscheinlich aber sollte er überhaupt den Willen der Bürgerschaft in Athen gegenwärtig machen. Aristoteles schreibt, daß, wo die Volksversammlungen selten zusammentreten konnten, der Rat das wichtigste demokratische Organ war.

Kleisthenes wird auch die eigenartige Arbeitsweise des Rats der Fünfhundert eingeführt haben, daß nämlich ein Zehntel der Ratsmänner, und zwar diejenigen einer Phyle, für ein Zehntel des

Jahres ständig in Athen präsent sein sollten, während der Rat im ganzen sich seltener versammelte. Entsprechend wurde das Jahr künstlich in Zehntel eingeteilt. Später fanden in jedem Zehntel mindestens drei Volksversammlungen statt; das freilich muß nicht schon damals angeordnet worden sein. Durch die ständige Präsenz der fünfzig Ratsmänner (*Prytanen*) wäre ein Höchstmaß an politischer Gegenwärtigkeit der Bürgerschaft in Athen erreicht worden. Und es würde ein zusätzlicher Sinn der eigenartigen Zusammensetzung der Phylen deutlich: Alle Landesteile wären dort stets vertreten gewesen.

Jedenfalls ergab sich durch die Reform die Möglichkeit, gegen alle Übergriffe relativ rasch zu protestieren, überhaupt die Gelegenheit zu aufmerksamer Beobachtung von Politik und Amtsführung der Adligen; die Bürgerschaft konnte regelmäßig ins Spiel gebracht werden (zumal wenn auch die Einberufung und Leitung der Volksversammlung schon von Kleisthenes an Ratsmitglieder übergeben worden wäre). Denn gerade daran hatten doch die Nicht-Adligen der vorangegangenen Zeit gelitten: daß sie keine eigene Führungsschicht hatten, daß sie selten zusammenkamen und dann zumeist zur Passivität verurteilt waren oder doch nur gutheißen konnten, was ohnehin so oder so geschah.

Ein Ratsmann kam künftig auf sechzig Bürger, schon mittelgroße Dörfer schickten drei oder vier, und wenn dann noch alle Jahre neue bestellt wurden, so ergab sich ein außerordentlich hohes Maß an Verbindung zwischen Zentrum und Peripherie. Sicher konnte Ratsmann nur werden, wer nicht dem alten Adelsrat auf dem Areopag angehörte. Nicht also die Einflußreichsten, die Mächtigsten, dafür eben die Angehörigen der mittleren Schicht, denen vermutlich manch einer aus vornehmer Familie zuzurechnen war, der sich in die Solidarität der übrigen fand.

Wegen ihrer Unterlegenheit gegenüber den Adligen brauchten die Ratsmänner die Abstützung in der gesamten Bürgerschaft, aus der sie kamen. Und das heißt vor allem: unter den Bauern. Etwa zwei Drittel der attischen Bürgerschaft wohnten ja noch außerhalb der Stadt Athen.

Platon wie Aristoteles haben eindrucksvoll dargelegt, wie ungemein wichtig die direkte Bekanntschaft der Bürger für die griechischen Gemeinwesen war. Die gegenseitige Vertrautheit hing davon ab. Gerade in einer Gesellschaft, in der so viel auf die Personen ankam, war es wichtig, daß sie wußten, woran sie miteinander waren. Sie mußten sich aufeinander verlassen können. Nicht zuletzt weil sie sich zuvor kaum gekannt hatten und auf den kleinen Radius der Nachbarschaft beschränkt geblieben waren, waren die Bauern nach Aristoteles »schwach an Organisation und Zusammenhalt« gewesen. Daher pflegten die Tyrannen Wert darauf zu legen, ihre Untertanen gegeneinander zu isolieren und Mißtrauen zwischen ihnen zu säen. So ist es vor allem für Sizilien bezeugt. In Athen wird das kaum der Fall gewesen sein, eine gewisse Isolierung ergab sich dort aber bei der Größe des Landes von selbst.

Auch die Überlegenheit der Adligen hatte weitgehend auf ihren Beziehungen beruht. Nun glich sich das weitgehend aus. Wo in der einen Phyle Bürger verschiedenster Landesteile miteinander vertraut wurden, wurden es ihre Nachbarn aus andern Dörfern mit denen aus andern Phylen. Insofern kamen die Bürger in vielfältigste Kontakte miteinander. Die Bewahrung des alten Systems könnte dazu gedient haben, die schon bestehenden Verbindungen unter neuen Vorzeichen am Leben zu erhalten – um ein Höchstmaß von gegenseitiger Durchdringung und Zusammenhalt der Bürgerschaft zu ermöglichen.

So organisiert und in engen Beziehungen zueinander, waren die attischen Bürger in ihren Privatangelegenheiten kaum mehr angewiesen auf die Hilfe der Adligen, die im Zweifelsfall weiterhin in der alten Nachbarschaft wohnten und diesen oder jenen, aber eben nicht mehr den entscheidenden Einfluß übten. Die Interessen der Nicht-Adligen konnten künftig weithin durch ihresgleichen – oder durch Männer, die sich in ihren Dienst stellten – vertreten werden.

Indes, wie gut immer diese Organisation sein, wie sehr sie in der Ausnahmesituation jedermann einleuchten mochte – wie konnte sie auf Dauer funktionieren?

Jahr für Jahr mußten sich nicht nur genügend Kandidaten für den Rat und für die vielfältigen Aufgaben in den Demen finden, was schon schwierig genug war, zumal die Ratsmänner vielfach lange Wege zur Stadt hatten, wenn sie nicht gar eine Tagereise brauchten. Viele von ihnen mußten dort übernachten (oder während der Nacht dorthin aufbrechen), da die Sitzungen beim Morgengrauen begannen. Aber es mußten auch die Volksversammlungen in der Regel gut besucht werden, denn sonst hätte der Rat auf längere Sicht nicht viel vermocht. Hier mußte vor allem auf Männer aus der Stadt und deren näherer Umgebung gezählt werden. Auch mußten die Ratsmänner dazu gebracht werden, sich nicht mit bloßen Ehren zufriedenzugeben, sondern sich selbst und das Volk politisch zur Geltung zu bringen, und zwar regelmäßig und immer wieder.

MENSCHEN JEDOCH, so muß es uns zumindest scheinen, sind zwar im ersten oder zweiten Moment zu allem möglichen bereit, aber dann? Tendieren sie dann nicht dazu, sich der gewohnten Routine wieder hinzugeben?

Wie also kann es erklärt werden, daß das Gros der attischen Bürgerschaft nicht mit der Zeit wieder in den Rollen des Bauern, Handwerkers und Händlers aufging? Daß es sich nicht primär um die eigene Wirtschaft kümmerte? Daß es im Gegenteil bereit war, einen großen Teil der eigenen Zeit, der Kraft, der Aufmerksamkeit auf die bürgerlichen Dinge zu verwenden, und zwar oft unter großen Mühen?

Wenn Politik interessant ist, ja, dann mag man sich wohl ihr zu widmen neigen; also wenn große Kämpfe ausgefochten werden, wichtige Entscheidungen anstehen oder Skandale die allgemeine Teilnahme auf sich ziehen.

Allein, wenn eine breite Bürgerschaft sich einen respektierten, maßgeblichen Anteil an der Politik gewinnen will, kann sie sich nicht davon abhängig machen, daß dort etwas zur Debatte steht, was auch die Interessen der Privatleute betrifft. Dann können ihre Mitglieder sich auch nicht von einem zum anderen Tagesordnungspunkt fragen, ob er sie nun angeht oder nicht. Sonst bleiben sie auf ein Pendeln zwischen häufigen Akklamationen und gelegentlichen Protesten beschränkt (wie vermutlich der solonische Rat der Vierhundert), und Spezialisten, das heißt vor allem die Adligen, bekommen oder behalten die Geschäfte in der Hand – samt der Überlegenheit, die aus Beziehungen, Erfahrungen und der Regelmäßigkeit des Dabeiseins zu resultieren pflegt.

Da es dazu nicht gekommen ist, muß man annehmen, daß das Interesse breiter Bürgerkreise an der Politik so groß war, daß es unabhängig wurde von der »Interessantheit« der Gegenstände.

Die Polis mußte also, wie Karl Marx das aus unserer Sicht so Paradoxe ausgedrückt hat, zur »wirklichen Privatangelegenheit«, zum »wirklichen Inhalt der Bürger« werden (und der Privatmensch war Sklave oder Frau). Das erscheint wie ein anthropologisches Kuriosum, ein Rätsel.

Alle historische Anthropologie muß jedoch davon ausgehen, daß eines der hervorstechendsten Merkmale des Menschen seine Bildsamkeit ist. So kann er, je nach Gesellschaftsform, nach Epoche und Lage sehr verschieden ausfallen.

Es wäre nicht sehr einleuchtend, wenn man sagte, das starke, regelmäßige politische Engagement der attischen Bürger sei einfach aus der Einsicht entsprungen, daß anders der herrschenden Willkür nicht beizukommen, eine respektierte Stellung im Gemeinwesen nicht zu erlangen war. Denn wie weit kann solche Einsicht praktisch tragen? Es reicht auch nicht, zusätzlich darauf hinzuweisen, daß es in Gesellschaften Mechanismen gegenseitiger Inanspruchnahme und Bekräftigung gibt; daß etwa starke Erwartungen, die ihre Mitglieder aneinander richten, dazu führen können, daß jeder die Erwartungen der andern schon vorwegnimmt, indem er sie befolgt, bevor er sie erfährt, um dann Dritte dazu zu veranlassen, sich ihrerseits entsprechend zu verhalten – bis solch Verhalten selbstverständlich wird. Denn wenn sich unbequeme Erwartungen in der Regel reproduzieren sollen, müssen die Antriebe, die in ihnen zum Ausdruck kommen, ihrerseits stark sein. Gewiß, Menschen können vieles tun, wenn es ihnen nur sinnvoll erscheint. Doch ist das zumeist der Fall, wenn es sich um sie und ihre Familie handelt, hier aber ging es offenbar um die Politik. Was also trieb die attischen Bürger dazu?

Es kann nur die besondere Ausprägung ihrer Interessen und Wertschätzungen, letzten Endes ihrer gemeinsamen Identität gewesen sein. Maßgebend war offenbar die vom Adel dominierte Öffentlichkeit, der Bereich, in dem sich die führenden Mitglieder des Gemeinwesens in einem Stil relativer Freiheit bewegten; jener Freiheit, die begünstigt wurde durch die klare Scheidung von den Häusern.

Was die »Semiaristokraten« bedeuteten, welches ihr Rang war, mußte sich im Vergleich zu den Adligen entscheiden. Sie waren ihnen in den meisten Hinsichten unterlegen. Nur in einer konnten sie gleich sein; das war die Politik. Deswegen wurde die politische, die einzig mögliche Gleichheit für sie so wichtig. Wobei sie es wiederum als Einzelne mit den Adligen nicht aufnehmen konnten. Aber was ihnen da an Gewicht fehlte, konnten sie ausgleichen, wenn sie zusammenhielten; als Gruppe waren sie sogar die Stärkeren.

Und so fremd es anmuten mag, die Attraktivität der Öffentlichkeit und die Tatsache, daß ihnen nichts so sehr wie die Politik zu Rang und Selbstgefühl verhalf, bilden offenbar die Erklärung für das weitgehende politische Engagement dieser Männer.

Die attischen Bürger waren ja keine »Bourgeoisie«, keine Schicht mit eigener Lebenssphäre, hoher Schätzung der Arbeit, eigenen Leistungen und großen Reichtümern, mit speziellen, seit Jahrhunderten erprobten bürgerlichen Lebensformen, mit einem weiten Kreis von Gebildeten, von glänzend geschulten Absolventen der Universitäten, sie beherrschten nicht ganze Städte – und waren nicht eine vom Staat geschiedene Gesellschaft, deren Angehörige folglich primär Privatleute sind und deren Ambitionen sich mehr ins Wirtschaftliche, Gesellschaftliche und in den stark verfeinerten Raum ihres privaten Lebens richten können. Sie kannten nicht die Vermittlungen und Abstraktionen, durch die sich die neuzeitliche Persönlichkeit in Beziehung zum Ganzen setzt; auch nicht die Aufteilung der Gesellschaft in Sektoren, die Spezialisierung, die so viele partikulare Räume der Bewährung und des Prestiges schafft.

Vielmehr waren sie nur die Minderwohlhabenden innerhalb einer im ganzen agrarischen Gesellschaft (und innerhalb eines Männerbundes, der andere Teile der Gesellschaft draußen ließ). Die Alternative zum Überkommenen, die sie ausmachten, war durchaus begrenzt. Es war ein und dieselbe Allgemeinheit, innerhalb derer sie und die Adligen ihre Anteile beanspruchten, ganz konkret. Deswegen hatten sie den adligen Idealen nichts entgegenzusetzen – außer daß sie das Politische besonders ernst nahmen und sich ihm besonders widmen wollten.

Die Lehre von der Verantwortung der Bürger für die Stadt bot ihnen eine Legitimation. Andererseits war die Unterscheidung von Hoch und Niedrig unter diesen Verhältnissen so klar, daß die politische Gleichheit nie als universales Recht, sondern stets als

Privileg erschien. Daher wurde die Teilnahme an der Politik zum Zweck. Es ging den Mittleren mehr um das, was sie als Bürger waren, als um das, was sie durch politische Macht für ihre häusliche Existenz vielleicht hätten erreichen können. Sie wurden so sehr Bürger (und das heißt Teile des Polis-Ganzen), daß sie ihre häuslichen Interessen als Bauern, Handwerker, Händler so gut wie nie in die Politik einbrachten.

Man kann das praktisch begründen: An der Lage der Bauern ließ sich politisch nichts verbessern, Handwerker und Händler aber waren zu schwach, um viel von sich hermachen zu können. Der Anspruch einer legitimierungsbedürftigen Schicht legte Zurückhaltung in Hinsicht auf private Interessen nahe. Auch konnten sie gegenüber den Adligen, die weiterhin nicht nur in den politischen Funktionen unentbehrlich, sondern potentiell auch mächtig waren, ihre Stellung nur behaupten, wenn sie im wesentlichen untereinander Solidarität übten; was übrigens sowohl von Herodot wie von Aristoteles bezeugt wird. Das bedeutete auch, daß keine Gegensätze zwischen den Bürgern in der Stadt samt ihrer direkten Umgebung und denen weiter draußen aufkommen durften. Die weit besseren Möglichkeiten der einen zum Besuch der Volksversammlungen durften nicht die andern in Nachteil bringen. Doch sind das nur Teilerklärungen.

Entscheidend war vermutlich, daß sich die Mittleren – und gerade sie – stark als Bürger empfanden und die politische Sphäre ziemlich scharf von der häuslichen trennten –, während die Adligen herkömmlich und selbstverständlich ihre persönlichen Ansprüche einschließlich ihrer Freund/Feindorientierungen dort zur Geltung zu bringen pflegten; aber gerade das wollte man ja bekämpfen. Die Mittleren bestimmten ihr Bürgersein gleichsam von der Sache der Stadt her. Sie mußten herauskehren und betonen, was sie zusammen waren, worin sie künftig ihren ebenbürtigen Rang sehen und behaupten wollten.

Die Offenkundigkeit, in der die Bedeutung des Politischen den Griechen damals erschien – denn es kam ja nicht immer nur durch die Hintertür ins Leben der Einzelnen –, erleichterte ihnen das Engagement. Und die Größe und außenpolitische Bedeutung der Stadt tat es auch. Denn sie machte die künftige Teilhabe an der Politik bedeutungsvoller, als sie in einer kleineren Stadt gewesen wäre.

Letztlich war es wohl eine Konsequenz griechischer Anthropologie, das heißt der besonderen Weise der Einbindung der Griechen in Zusammenhänge: Wären sie weniger eigenständig, mehr in Bindungen untereinander verflochten gewesen, in Verhältnisse der Patronage und Klientel, hätten die Adligen wohl das Feld behaupten können; indem sie sich zugleich für ihre Anhänger einsetzten. Allenfalls hätten diese sich zusätzliche Möglichkeiten gelegentlichen Protests und der Sicherung gewisser Grundrechte geschaffen, wie die römische Plebs.

Allein, die Griechen standen ja eher für sich, sie wollten nicht in Zusammenhängen aufgehen; es wirkte sich aus, daß sie die adlige und dann auch: bäuerliche Autarkie hochhielten. Nie, außer unter den Tyrannen, waren die Bauern abgaben-, nie dienstpflichtig, nie war ihr Privateigentum prekär gewesen (außer im Einzelfall bei Verschuldung). Unselbständige Arbeit, überhaupt persönliche Abhängigkeit verachteten sie. Was nicht zuletzt eine Ursache und Folge der Kolonisation wie der Sklaverei war; eine Folge auch davon, daß Monarchen keine prägende Rolle in der Gesellschaftsbildung gespielt hatten, jene Instanzen, die den Einzelnen so vieles »abnehmen« und sie so vielfältig »aufheben«, die sie lehren, sich einzufügen und einseitig zu sein. So konnte ein vom modernen gründlich verschiedenes Persönlichkeitsideal entstehen, ganz andere Fähigkeiten auch, wie man sie im Aufbau von Affektkontrollen trainiert hatte. Die adlige Überlegenheit blieb dagegen gering, zumal sie vor allem nur auf Reichtum und Muße, Bildung und Beziehungen beruhte, auf dem Auftreten; zumal das grundlegend Gemeinsame der genossenschaftlichen Zugehörigkeit stets bestehengeblieben war.

Daher brauchten die Griechen wohl die vergleichsweise unmittelbare Zugehörigkeit zum Ganzen, das sie miteinander ausmachten: die Bürgerschaft und ihre Unterabteilungen, vor allem die des Kleisthenes, in denen sie nichts als Bürger waren. Sie konnten und mußten eine Gemeinsamkeit unter sich, eine »horizontale Solidarität« entwickeln, da sie die vertikalen zwischen Patronen und Klienten kaum kannten und da sie sie nicht dulden konnten.

Es bestand ein Verhältnis wechselseitiger Ergänzung zwischen dem Eigenständigkeitsstreben und dem Bedürfnis, den eigenen Rang im Wettkampf und also auch in den Anteilen am Allgemeinen zu suchen, die sie errangen. Eines konnte nicht ohne das andere sein. Jede intensivere Konzentration auf Macht wäre auf Bindung hinausgelaufen, auf Hierarchie, dauerhafte Vertretung, Spezialisierung weniger Männer auf die Politik. Demokratie aber setzte nicht nur Selbständigkeit, sondern eben auch unvermittelte Zugehörigkeit zum Ganzen voraus.

Gesellschaften sind nicht zuletzt durch die ihnen spezifischen Zugehörigkeitsstrukturen, insbesondere durch ihre kollektive Identität charakterisiert. Die Gleichheit aber mit sich selbst, auf die der Begriff der Identität zielt, besteht nicht nur im Verhältnis zur Vergangenheit, sondern, sofern es sich jedenfalls um kollektive Identität handelt, zugleich in dem der Bürger untereinander.

In Athen wirkte dabei ein starker Konformitätsdruck. Was der Mann zu sein und zu leisten hatte, war relativ leicht zu erreichen. Zwar hat Pittakos, einer der Sieben Weisen, gesagt: »Es ist schwer, gut zu sein«, doch das ist hier nicht gemeint. Hier geht es vielmehr um den Unterschied der Griechen von andern. Der Mann war bei ihnen in der Regel Grundbesitzer, mußte sein Gut besorgen, als Hoplit dienen, politisch urteilen, zumindest in kleinerem Kreise auch reden können, sich auf Geselligkeit und Sport verstehen und musisch möglichst so weit gebildet sein, daß er an Chören und Tänzen teilnehmen konnte. Gewiß waren die Fähigkeiten bei den Einzelnen verschieden ausgeprägt, aber, aufs Ganze gesehen, hatten sie mehr oder weniger alle das gleiche Ideal und konnten ihm zumindest nahekommen.

Unter solchen Umständen ergibt es sich vermutlich von selbst, daß nicht das Besondere, das Spezielle, das der Art nach Individuelle gewollt und geachtet wird, sondern das Allgemeine. Vermutlich liegt darin auch der Grund dafür, daß die griechische Plastik in ihrem Menschenbild so sehr das Allgemeine, das Typische und das heißt auf griechisch: den Bürger sucht.

Da die ersten Demokratien der Weltgeschichte nur als direkte Demokratien entstehen konnten, brauchten sie solche unspezialisierten Bürger. Anders gesagt: Die Griechen konnten citoyens nur werden, weil sie keine bourgeois waren.

Die kollektive Identität der Athener war künftig eine Bürger-Identität. Weder wirtschaftliche noch konfessionelle Gemeinsamkeiten, weder Parteien noch Weltanschauungen konnten unter ihnen nennenswerte Zugehörigkeiten stiften. Entsprechend brauchten sie auch nicht die nationale Zugehörigkeit, die solche Vielfalt überwölben kann. Oberhalb von Haus, Verwandt- und Nachbarschaft kannten die Griechen nur die Zugehörigkeit zur Polis und zu deren Unterabteilungen. Auch die Kultverbände waren ja mit wenigen Ausnahmen entweder Teile der Bürgerschaft oder deren Gesamtheit. Daher konnte sich dieses, wie Jacob Burckhardt es genannt hat, »vehementeste Bürgerthum, wo man nur Bürger ist« bilden. Es übte einen solchen Druck auf Teilhabe aus, daß nach Demokrits späterem Zeugnis die Honoratioren, die sich dem entzogen, davon geradezu krank werden konnten.

Burckhardt spricht vom »völligen Egoismus des jetzigen Privatmenschen, welcher als Individuum existieren will, von der Allgemeinheit nur möglichste Sicherung für seine Person und Habe verlangt«. »In der jetzigen Manier des Verbandes zwischen dem Einzelnen und dem Staat« habe man keine Ahnung davon, in welchem Grade das »vollendete Individuum im Altertum« vor allem Bürger sein wollte. Wo heute die Bürger ihre wirtschaftlichen und andern Interessen in die Politik hineintragen, politisierten die Bürger zur Zeit des Kleisthenes sich selbst.

Deswegen waren die Mittleren damals bereit, die häusliche Sphäre, ihre Höfe, ihre Werkstätten, ihre Familien wenn nicht zu vernachlässigen, so doch mit weniger Kraft und Aufmerksamkeit zu besorgen. Vermutlich haben sie auch ihren Frauen und ihren Sklaven mehr überlassen. Es blieb ihnen keine andere Wahl, wenn Politik für sie einmal zu einer existentiellen Angelegenheit geworden war. Gewiß, manch einer widmete sich sehr stark dem Erwerb, und Reichtum hätten sie alle zu schätzen gewußt. Aber die Politik war letztlich wichtiger als privat erwirtschaftete Güter und Luxus. Der Preis, den man dafür zu zahlen gehabt hätte, die weitgehende Absentierung von der gemeinsam erlebten Gegenwärtigkeit, war hoch, für viele zu hoch.

Einer der griechischen Weisen, Xenophanes von Kolophon, hatte sich darüber beklagt, daß sportliche Sieger in den Städten hohen Respekt genössen, die Weisen hingegen nicht. Dabei könnten die Läufer und Fünfkämpfer die Kammern der Stadt nicht fett machen, nicht bewirken, daß die Stadt in bessere Ordnung komme. In bitteren Worten hatte er den Dienst für die Stadt über die andern, die gängigen Ideale gestellt. Das Selbstbewußtsein des Intellektuellen hatte sich darin geäußert.

Wenn jetzt in Athen große Teile der Bürgerschaft bereit waren, für die Stadt zu sorgen, so bedeutete ihnen das nicht so sehr Verpflichtung, vielmehr bewegte sie vor allem der Anspruch auf den eigenen Rang, die eigene politische Rolle. Nur daß beides im Effekt aufs gleiche, aufs politische Engagement hinauslief. Sie werden grundsätzlich nicht anders gedacht haben als der weise Solon, der sich ja auch nach dem aristokratischen Wettbewerbsethos gerichtet hatte, alle andern übertreffen wollte, nur eben nach neuen Maßstäben.

Daher galt ihr Engagement für das Gemeinwesen ihren eigenen Interessen. Was sie für die Polis taten, taten sie für sich selbst. Und die persönlichen Interessen der Einzelnen waren mit dem gemeinsamen aller untrennbar verbunden. Wie ja auch die Unterschiede zwischen ihnen unwichtig wurden gegenüber ihrer Gleichheit.

Um noch eine Formulierung Jacob Burckhardts zu benutzen: Leben war für sie Dasein, nicht Geschäft. Das ergab eine spezifische Scheidung zwischen Haupt- und Nebensachen, ein Dasein vor allem in der Polis.

Die Bürger-Identität war akzentuiert in den mittleren Schichten. Sie muß die unteren in irgendeiner Weise eingeschlossen haben, aber auch den Adel; nur daß die meisten der Adligen wohl noch eine Weile lang darin nicht aufgehen mochten.

So SCHEINT das anthropologische Kuriosum erklärlich zu werden. Es wirkten sich hier die Stärken der aristokratischen Epoche aus – unter den Verhältnissen der kleinen Poleis, mit all den komplizierten Stabilisierungen ihrer Welt, den Comments, dem Stil, den männerbündischen Zugehörigkeiten, der Unterscheidung zwischen Haus und Öffentlichkeit; samt den besonderen Verteilungen von Freiheit und Notwendigkeit, Heiterkeit und Trauer auf die beiden Sphären.

Es wird deutlich, warum Kleisthenes' einschneidende Reform

nicht bei den Kompetenzen der Volksversammlung ansetzte, sondern an den elementaren Gliederungen der Gesellschaft – weil es vor allem galt, das Verhältnis unter den Bürgern dauerhaft neu zu gestalten.

Es wird auch deutlich, warum hier eine so ungeheure Intensität des Zusammenlebens entstand. Sie muß Züge von Militanz getragen haben, und es liegt in ihr ein Stück der Erklärung für die Gegenwehr der Athener gegen die Perser – und für ihre Siege.

So schwer freilich die Besonderheit dieser Bürgerschaft, aus der dann die Demokratie erwuchs, zu verstehen ist, so zugänglich ist uns das, was sie dann getan, gelitten, erfahren hat und wie sie dies alles verarbeitete. Denn gerade weil sie so frei, so wenig festgelegt, so demokratisch und eben dadurch den schwierigsten Problemen ausgesetzt war, konnte sie in Fragen und Antworten, Kunst und Philosophie, Politik, Krieg und Geschichtsschreibung so vieles exemplarisch durchleben.

Erstmals wurde damit im Politischen eine Ordnung geschaffen, die nicht mehr der gesellschaftlichen entsprach. Denn die gesellschaftliche Hierarchie, die bestehenblieb, galt künftig in der politischen Sphäre nurmehr bedingt. Die so künstliche, weitgehende Trennung der Öffentlichkeit vom Haus war eine Voraussetzung dafür. Die Solidarität der Mittelschichten eine andere. Beides hing aufs engste zusammen, denn die horizontale Solidarität der Gleichen wurde ja dadurch ermöglicht, daß die Öffentlichkeit bei den Griechen so sehr von den Häusern getrennt gehalten wurde (und daß sie ursprünglich wenig politisch war). Nachdem die wirtschaftliche Konsolidierung erfolgt war, konzentrierte sich das Problem der Ordnung in der Politik.

Der Begriff, mit dem die neue Ordnung damals oder doch bald danach bezeichnet wurde, war Isonomie, Gleichheitsordnung. Er nahm Bezug auf die Eunomie, die Wohlordnung, die er zuspitzte, indem er das »Wohl« durch Gleichheit (*isótes*) bestimmte. Es war die Gleichheit der Bürger, und zwar nicht vor dem Recht, denn die war grundsätzlich wohl schon immer, spätestens aber seit Solon gegeben; sie war auch gar nicht so sehr das Problem, wie es von der Neuzeit her erscheinen mag, in der die Stände sich Privilegien als Freiheiten bewilligen ließen. Entsprechend spielte Freiheit damals keine besondere Rolle, denn es waren nicht einer Staatsmacht Grenzen zu setzen (wozu auch die juristischen Voraussetzungen gefehlt hätten), sondern es sollte nur das Gros einer Bürgerschaft gleiche Anteile mit den Adligen haben.

Es war ja auch kein Staat da, der etwa von einem Herrscher hätte repräsentiert werden können. Tyrannen und Adlige hatten vielmehr Herrschaft lediglich auszuüben vermocht. Die Polis als Ganzes dagegen war nur konkret, also von ihren Bürgern her auszumachen. Statt Repräsentation brauchte sie Identität, und die hatte sie zuvor bestenfalls in den Ausnahmefällen des Krieges gefunden.

Der Isonomie-Begriff hat bei den Griechen stets einen guten Klang behalten; wie wenn die Erinnerung an diese Jahre, in denen er aufkam, stets lebendig geblieben wäre. Wenn er später die Demokratie bezeichnete, wurde in ihm deren Ideal, der Maßstab, an dem Ordnungen gemessen werden müssen, mitgehört.

Gleichheit und Recht waren hier eine Verbindung eingegangen, die sich so leicht nicht auflösen ließ. Wahrscheinlich spielte auch mit, daß die Gleichheit der ursprünglichen Isonomie die Gleichheit derer war, die stets als die eigentlichen Bürger gegolten haben: der Mittleren, der Hopliten, derer, die im wesentlichen aus eigenen Mitteln lebten und nicht, wie die Unteren, leicht in den Verdacht gerieten, andern etwas wegnehmen zu wollen.

Aber es klangen in dem Wort unüberhörbar auch gewisse Vorstellungen vom Gleichgewicht mit. Sie erklären sich vermutlich daraus, daß die breite Bürgerschaft damals auch als Ganze dem Adel, der nach wie vor so vieles in der Hand behielt, ungefähr gleich wurde. Lange war darum gekämpft worden, das Volk gegen den Adel aufzuwerten. Jetzt schien es erreicht. Vielleicht ließ sich sogar die neue Ordnung am ehesten im Sinne dieses Gleichgewichts begreifen, denn an die Herrschaft eines Teils – oder gar des Volkes – war noch gar nicht zu denken. So weit konnte sich noch keiner von den herkömmlichen Verhältnissen entfernen. Es bestand wohl auch noch keine Möglichkeit, die Vorstellung von Herrschaft derart umzumünzen, daß sie mehr als die Herrschaft eines Monarchen oder der Inhaber von Ämtern hätte bezeichnen können.

Einer der »Vorsokratiker«, der Philosophen vor Sokrates, Alkmaion von Kroton, setzte die Gleichgewichtsvorstellung der Isonomie in medizinische Erkenntnis um. Die Isonomie des Feuchten und des Trockenen, des Kalten und des Warmen, des Bitteren und des Süßen erhalte die Gesundheit, die Alleinherrschaft jeweils des einen dagegen errege Krankheit.

Die institutionelle Struktur Athens wurde infolge von Kleisthenes' Reform zwar modifiziert, doch verlautet nichts davon, daß er an Kompetenzen etwas geändert hätte.

Nach wie vor wurde die Stadt von neun Archonten regiert. Der erste, der auch dem Jahr den Namen gab, hatte die Leitung des Gemeinwesens. Er veranstaltete die jüngeren unter den Festen der Stadt, unter andern die Panathenäen und die Großen Dionysien, und war zugleich für familien- und erbrechtliche Fragen zuständig, also für die familiäre Infrastruktur des Gemeinwesens – Dinge, die erst mit der Zeit wichtig geworden waren. Der zweite, der den Königstitel des Basileus geerbt hatte, hatte die althergebrachten Feste sowie die heiligen Bezirke der Stadt zu besorgen. Er stand dem Adelsrat auf dem Areopag vor, während der dritte, der Polemarchos, militärische Funktionen hatte. Bei ihm lag die Führung des Aufgebots, zudem die Fremdengerichtsbarkeit. Die sechs übrigen, die Thesmotheten, sollten sich speziell um die Rechtsprechung kümmern. Die Bekleidung des Archontats setzte die Zugehörigkeit zu einer der beiden obersten Zensusklassen voraus, die für die Finanzen Zuständigen, etwa die Schatzmeister der Göttin, wurden nur aus der höchsten genommen.

Als neues Amt kam bald das der zehn Strategen hinzu, der Kommandeure, die für die Phylen-Aufgebote gewählt wurden. Sie hatten wohl die gleichen Zensusvoraussetzungen zu erfüllen wie die Archonten. Es ist ferner bezeugt, daß die Strategen Kinder aus rechtmäßiger Ehe und Grundbesitz innerhalb Attikas haben mußten; aber auch das könnte für andere Ämter gegolten haben.

Neben und potentiell über ihnen stand der Rat auf dem Areopag, ungefähr dreihundert Mitglieder stark, der sich aus den ehemaligen Archonten zusammensetzte, also den einflußreichsten Adligen. Ihm schuldeten die Beamten Rechenschaft, mit ihm werden sie sich in den wichtigeren Angelegenheiten beraten haben. Er konnte, sofern er nicht durch innere Konflikte gelähmt wurde, wesentlich zur Festlegung der attischen Politik beitragen.

Damit besaß der Adel, wie immer sich die Verhältnisse zwischen Beamten und Areopag gestalteten, eindeutig die politische Führung. Und eigentümlicherweise blieb, auch in der Demokratie, auch als die Angehörigen der mittleren Schichten längst den Zugang zum Archontat erkämpft hatten, eine schwer übersteigbare Grenze zwischen Adligen und Nicht-Adligen lange bestehen: Die maßgebenden Politiker, diejenigen, von denen die wichtigsten Initiativen ausgingen, deren Stimme am meisten galt, die die Heere führten und auf diplomatische Missionen gesandt wurden, waren noch über Generationen hinweg Männer aus den alten Familien.

Offenbar waren die Vorzüge, die den Angehörigen dieser Schicht dank Erziehung, Ansehen, Auftreten, dank ihres ganzen Stils, aber auch dank ihrer Verbindungen eigneten, so groß, daß sie so leicht nicht wettgemacht werden konnten. Andere mochten reich werden, aber sie konnten für sich und auch für ihre Kinder so bald nicht aufholen, was die Adligen ihnen voraus hatten. Vermutlich ging es nicht zuletzt um Feinheiten, wie sie Monsieur Jourdain nicht zu lernen vermag.

Umgekehrt war für die Grobheit, das Zupackende des tatkräftigen Agitators, des Rebellen offenbar kein Platz mehr. Solche Männer hatten seinerzeit eine Tyrannis usurpieren können; da war die Not so groß gewesen, daß sie Gefolgschaft gefunden hatten. Inzwischen aber wußten zumindest die Maßgebenden aus den mittleren Schichten, was sie wert waren, als Teilhaber an den Ehren. Bei aller potentiellen Gegensätzlichkeit zu den Adligen scheinen sie ihrerseits einen Sinn für Stil entwickelt zu haben. Erst später, als sich die adlige Überlieferung abschliff, als neue, effiziente Erziehungsmethoden aufkamen und ein Bedarf an energischen Männern, konnten die Aufsteiger mit den Adligen gleichziehen.

Das alles bedeutet nicht, daß die Angehörigen der mittleren Schichten damals nicht in der Lage gewesen wären, sich zu Wort zu melden; daß sie nicht hätten verstehen, verständig beraten und beurteilen können, was in der Politik geschah und geschehen sollte; daß sie sich nicht einigermaßen sicher gewesen wären über das, was sie anstrebten. Nur im öffentlichen Auftreten als Einzelne hatten sie Nachteile, und die haben sich vermutlich weniger im Rat der Fünfhundert – und schon gar nicht in den Demen –, aber wohl doch vor der Volksversammlung ausgewirkt. Vielleicht muß man einschränken: Sie mögen sich auch damals schon hervorgetan haben, nur in die vorderste Reihe konnten sie nicht gelangen; denn nur die wird uns sichtbar, wir kennen pro Generation nur jeweils die Namen der prominentesten Politiker.

Aufs Ganze gesehen hat der politische Einfluß der mittleren Schichten damals jedenfalls in der Macht der Gruppe gelegen; sie wirkten durch ihre Mehrheiten.

Indes war es eine offene Frage, welche Rolle Volksversammlung und Rat der Fünfhundert in der politischen Ordnung Athens künftig spielen konnten. Gewiß mußte die Volksversammlung mehr eigenes Gewicht erhalten. Dadurch, daß der Rat alle dort einzubringenden Anträge vorberiet und Vorlagen erarbeitete, waren ihre Beschlüsse künftig nicht mehr so leicht zu manipulieren. Sie konnte sich zu verschiedenen Fragen äußern, zu denen sie vorher gar nicht erst einberufen worden wäre. Wir wissen nur nicht, wieweit das der Fall war, auch nicht, wer ihr vorsaß.

Um von den Wahlen abzusehen, war die Volksversammlung außer für Entscheidungen über Krieg und Frieden sowie über Bündnisse für die Gesetzgebung zuständig. Sie war im Zweifel das ausschlaggebende Organ der Stadt. Nur hing ihre faktische Bedeutung davon ab, wie stark sie ins Spiel gebracht wurde. Wie oft wurden Gesetzesanträge dazu gestellt? Wieweit wurde das Volk mit auswärtigen Gesandtschaften befaßt? Gelegentlich hören wir davon, aber ist es die Ausnahme oder die Regel?

Mag sein, daß die adligen Beamten vieles weiterhin für sich zu entscheiden pflegten, vielleicht nach Beratung mit dem Areopag. Mag sein, daß der Rat der Fünfhundert sich selbst und die Volksversammlung verschiedentlich in die Affairen hineindrängte. Vielleicht konnte man aber auch versuchen, gestützt auf die Autorität des Areopags das Volk zu beeinflussen. Oder Politiker, die im Areopag keinen Erfolg hatten, versuchten, bei der Volksversammlung Beschlüsse in ihrem Sinne zu erwirken. Sie war ja das oberste Entscheidungsorgan.

Nur eines scheint festzustehen: Sehr ausgewogen kann das Verhältnis zwischen den politischen Organen nach Kleisthenes nicht gewesen sein. Und es war gewiß im Laufe der Zeit verschiedenen Wechseln unterworfen. Zuweilen mag der Rat der Fünfhundert eher als wirksame Opposition, als Gegengewicht gegen Beamte und Areopag gedient haben. Jedenfalls war es schwer, gegen seinen erklärten Willen etwas durchzusetzen. Aber möglicherweise gab es gar nicht so viele Differenzen zwischen ihm und den meisten Adligen, weil vieles am Herkommen noch selbstverständlich war, weil sich die Ratsmänner den Adligen unterlegen fühlten und weil die Mitsprachemöglichkeit als solche für viele von ihnen schon das Wichtigste war; weil es ihnen vielleicht genügte, daß sie respektiert wurden. Platon spricht davon, daß damals noch gegenseitiger Respekt und Befreundung unter den Athenern geherrscht habe.

Die Adligen können zumeist erst mit der Zeit gelernt haben, mit den neuen Möglichkeiten umzugehen. Viele Mitglieder der alten Führungsschicht haben zunächst sicher abseits gestanden. Einige der entschiedensten Gegner der Reform waren im Zusammenhang mit dem Versuch, eine Oligarchie zu errichten, nach Kleomenes' Abzug hingerichtet worden. Ihre Häuser wurden zerstört, ihre Vermögen eingezogen. Die meisten freilich werden bald getan haben, was für die Angehörigen einer Führungsschicht, die man weiterhin braucht, nach einem Umsturz naheliegt: Sie haben sich arrangiert. Es gab ja auch eine Menge zu tun.

Für die Zukunft hing alles davon ab, wieweit Volksversammlung und Rat eigenes politisches Gewicht erhalten konnten. Gewiß waren sie nicht mehr leicht zu übergehen. Die Politiker mußten lernen, sie rhetorisch zu überzeugen. Die Zahl der Anhänger, über die mächtige Adlige verfügten, mußte schrumpfen, sowohl absolut wie vor allem relativ. Alle Wahrscheinlichkeit spricht auch dafür, daß sich einzelne von ihnen verstärkt auf die Volksversammlung stützten, wie Kleisthenes es getan hatte, wie Themistokles es tun sollte.

Konnte die Volksversammlung dann aber mehr sein als ein Instrument adliger Politiker? Konnte sie dafür sorgen, daß ihre Interessen maßgebend wurden? Konnte sie die üblichen Ambitionen und Verfahrensweisen der Adligen, etwa die Orientierung auf Freund/Feindverhältnisse eindämmen?

Das Gleichgewicht der Isonomie war jedenfalls nicht einfach. Die Polis war künftig weit über den Streit von Adligen hinaus von verschiedenen potentiell gegensätzlichen Kräften bestimmt. Übrigens entsprach der neuen Polis-Erfahrung in eigenartiger Weise eine Neuerung in der plastischen Darstellung des Menschen, die nur wenige Jahre später in der Statue des Kritios-Knaben zutage treten sollte.

In den Jahren nach Kleisthenes wird es in Attika wie auf einer großen Baustelle zugegangen sein. Die Ausführung der Reform mußte im großen und im kleinen zugleich angepackt werden. Die Einteilung in die Demen kann keineswegs immer einfach gewesen sein. Ihre Gruppierung zu Trittyen und deren Zusammenstellung zu Phylen setzte umständliche Berechnungen voraus.

Vielleicht, daß Kleisthenes selbst zusammen mit einigen prominenten Athenern die Arbeiten zentral geleitet hat. Berater aus anderen Städten mögen ihm zur Hand gegangen sein. Jedenfalls brauchte man überall im Lande Helfer, mußten hier und dort die Mächtigen erst gewonnen oder beiseite gedrängt werden, vielerlei lokale Eigentümlichkeiten, Wünsche, Gegensätze waren zu berücksichtigen.

In den Demen mußten die ersten Verzeichnisse aufgestellt, die ersten Beamten gewählt, die Verwaltung aufgebaut werden. Das Gemeindeeigentum war zu erfassen, eventuell waren auch Feste neu zu organisieren. Kommissarische Beauftragte für die Trittyen und die Phylen waren zu bestellen. Die Bürger hatten sich neu, in neuen Rollen, neuen Zusammenhängen kennenzulernen, vielerorts vermutlich auch gegen adlige Einflüsse zu behaupten.

Offenbar hat es Diskussionen um das Bürgerrecht gegeben, denn Kleisthenes scheint eine Reihe von Einwohnern zu Bürgern gemacht zu haben; vermutlich solche, die schon zuvor als Bürger gegolten hatten, aufgrund eines solonischen Gesetzes oder Verfügungen des Tyrannen, deren Recht nur strittig gewesen (oder geworden) war.

Wann die Neugliederung abgeschlossen war, ist unklar. Den Feldzug gegen die Böoter und die Männer von Chalkis (506) werden die Athener kaum schon in den neuen Phylenregimentern geführt haben, wenngleich sie nach Herodot der neue Bürgergeist schon beseelte. Ob der Rat der Fünfhundert schon normal arbeitete, als Athen erstmals beschloß, Gesandte an den Satrapen von Sardes zu senden, ist zweifelhaft. Freilich sollte man angesichts des hohen Mobilisierungsgrades der attischen Bürgerschaft jener Jahre annehmen, daß die Volksversammlung damals gut besucht war.

Vielleicht schon um 500 richtete man ihr einen neuen Platz oberhalb der Agora ein, die Pnyx. Die Bürger fanden dort in einem leicht ansteigenden Halbrund Platz, zur Agora hin baute man eine Stützmauer und füllte das Gelände auf, an den Rand baute man die Rednertribüne. Für den Rat konnte man vielleicht ein schon vorhandenes Gebäude übernehmen, für die Speisungen der Prytanen mag man sich mit einem andern beholfen haben; ob man ihnen Möglichkeiten für die Übernachtung schuf, wissen wir nicht.

Wie lange Kleisthenes, der zur Zeit der Reform etwa sechzig Jahre alt gewesen sein muß, noch lebte, ist unklar. Ebenso, wieweit er und seine Verbündeten in den nächsten Jahren das Heft in der Hand hatten.

Immerhin ist deutlich, daß die neue Ordnung in der Folgezeit weiter ausgebaut wurde. Auf das Jahr 503/2 ist die Einführung des Eides datiert, den die Ratsmänner künftig zu schwören hatten. Er wird nicht zuletzt die Sicherung der neuen Ordnung zum Gegenstand gehabt haben. 501/0 wurden zum ersten Mal Strategen gewählt. Erst mit diesen beiden Akten war die Phylen- und Ratsreform abgeschlossen.

501/0 soll Kleisthenes auch den Ostrakismos eingeführt haben, jene bedeutsame Institution, durch die man mächtige Politiker für eine Zeit aus der Stadt entfernen konnte. Eigenartigerweise aber hat man sie erst 487 zum ersten Mal angewandt. Es ist zweifelhaft, ob die Athener eine solche Waffe geschmiedet haben, um sie dann gleichsam in den Schrank zu stellen. Doch sind viele Gründe denkbar, warum so lange kein Gebrauch von ihr gemacht wurde.

Nach neuer Datierung stammen aus dieser Zeit auch die über mehrere Kilometer sich erstreckenden tönernen Leitungen, in denen das Wasser aus Quellen am Hymettos und/oder am Pentelikon nach Athen geführt wurde; östlich der Akropolis gabelten sie sich, um dann verschiedene Brunnen zu speisen.

Es WIRD einige Zeit gedauert haben, bis sich die Bürger in den neuen Verhältnissen zurechtfanden. Wollen und Können mußten ganz neu aufeinander abgestimmt werden. Immer wieder wird das Pendel zwischen Hoffnung und Angst ziemlich weit ausgeschlagen haben. Und der Eifer, mit dem die neu in die Politik hineinstoßenden Bürger sich dort umtaten, wird den Geschäften nicht immer dienlich gewesen sein. Adlige Politiker könnten versucht haben, das Rad noch einmal zurückzudrehen, zumindest die Auswirkungen des Umsturzes zu beschneiden.

Außenpolitik und Krieg boten Ablenkung. Nach dem Sieg über Chalkis hatten die Athener den dortigen Adligen den besten Boden weggenommen und ihn an 4000 attische Bürger verteilt. Die Kriegsgefangenen gaben sie gegen hohes Lösegeld zurück. Ihre Fesseln hängten sie an der Akropolismauer auf. Für den Zehnten des Lösegelds stifteten sie der Athene ein Viergespann aus Erz, das sie gleich hinter dem Eingang zur Akropolis aufstellten.

506 oder bald danach hatte eine Serie von Raubfahrten der Ägineten begonnen; und es könnte durchaus sein, daß man damals die Verteidigung der Küsten neu organisierte oder die Zuständigkeiten dafür neu auf die Demen verteilte.

Auf verschiedenen Feldern waren Konsequenzen aus der neuen Ordnung zu ziehen. Damals wurden die Großen Dionysien mindestens insoweit neu organisiert, als man die Choregie einführte: Nachdem der Archon zusammen mit seinen Ratgebern die eingereichten Tragödientexte geprüft hatte, sollte er künftig den drei Dichtern, die zur Aufführung ausgewählt worden waren, einen Chor zuteilen, das heißt einen wohlhabenden Mann damit betrauen, für die Finanzierung von Engagements, Proben, Kostümen aufzukommen. Ursprünglich geschah dies vermutlich aufgrund freiwilliger Meldungen, denn die Pflicht zu solchen pekuniären Leistungen (Leiturgien) für das Gemeinwesen verstand sich von selbst, ihre Erfüllung wurde von der führenden Schicht allgemein erwartet, mit einigem Recht, da keiner im damaligen Athen direkte Steuern zahlte. Man konnte Ansehen gewinnen; ein neuer Wettkampf begann. Vielleicht daß gleichzeitig die Zahl der aufzuführenden Tragödien erhöht wurde.

Der neue Modus der Finanzierung war notwendig, seitdem die Schauspielertruppen nicht mehr von den Tyrannen ausgehal-

*Zyklus der Taten des Theseus. In der Mitte: Th. und der Minotauros. Ringsherum die Begegnungen mit Sinis, dem Stier, Skiron, der Sau, Kerkyon und Prokrustes. Rotfigurig. Um 480. London, British Museum.*

ten werden konnten (was bis zu deren Sturz der Fall gewesen sein wird).

Schon bald nach dem Sturz der Tyrannen hatte man beschlossen, auf den Großen Dionysien auch Dithyramben, Kultlieder zu Ehren des Dionysos aufzuführen. Sie wurden im Wettbewerb von Männerchören dargeboten, nicht mehr-, sondern einstimmig, mit Musikbegleitung, wohl auch in tänzerischer Bewegung. Zunächst mögen die vier alten Phylen die Chöre gestellt haben. In Zukunft jedenfalls traten zehn Chöre gegeneinander an; ob jeder von ihnen schon damals fünfzig Mitglieder umfaßte, ist nicht auszumachen; ebensowenig, wann die Unterscheidung zwischen Jungen- und Männerchören eingeführt wurde. Die Mittleren legten Wert darauf, den Adligen auch auf dem Feld der so hoch geschätzten Musik als Gleiche gegenüberzutreten; das war der tiefere Grund der Neuerung. Vermutlich wollten sie zugleich die

Gemeinsamkeit in den Phylen beleben; im wetteifernden Dienst für die Stadt, in der Aufführung von »Dionysos' schönem Lied«.

Man könnte sich fragen, ob die Athener damals wirklich keine anderen Sorgen hatten. Aber es war genau umgekehrt: Die Sorge um die neue Ordnung der Stadt war zu einem wesentlichen Teil auch die Sorge um die Feste. Sie waren bedeutende Manifestationen der Bürgerschaft. Wie hätte man sie also nach einem solchen Umsturz lassen können, wie sie waren – oder sich mit Improvisationen behelfen? Und außerdem: je mehr die Stadt die Bürger beanspruchte, um so mehr brauchte sie die Feste; einfach weil das eine nicht ohne das andere ging. Vielleicht hat man damals auch weitere Feste reorganisiert oder ausgebaut, etwa dasjenige der Panathenäen zu Ehren der Stadtgöttin.

Mit der Bürger-Identität ergab sich zudem das Bedürfnis, die neue Gemeinsamkeit auch in der Vergangenheit stärker zu verankern. So ist es kaum ein Zufall, daß in jener Zeit die Figur des mythischen Königs Theseus ziemlich plötzlich eine sehr große Rolle zu spielen begann; für uns faßbar vor allem in Darstellungen auf Vasen, wenig später auf dem Giebel des Athener Schatzhauses in Delphi. Auch Theseus, so stellte es sich jetzt dar, hatte sich wie Herakles durch die Beseitigung von Ungeheuern verdient gemacht, war ein starker Mann gewesen. Und er hatte zusätzlich dafür gesorgt, daß Attika zu einer politischen Einheit wurde – was Kleisthenes neuerdings, gleichsam in einer zweiten Gründung der Stadt, tat. Je mehr die Athener ihre Einheit empfanden, um so tiefer mußte sie in der Vergangenheit verankert werden.

Aller Wahrscheinlichkeit nach beschloß man um 500 auch, daß der glanzvolle Grabluxus der Aristokraten aufhören müsse. Die überkommene Grabkunst bricht auf ihrem Höhepunkt plötzlich ab, die Reihe der Kouroi ist zu Ende. Indem eine der wichtigsten Demonstrationen adliger Überlegenheit ausgeschlossen wird, verwirklicht man ein weiteres Stück Gleichheit.

Bald nach der Vertreibung der Tyrannen hatte man beschlossen, Söhne und Enkel des Peisistratos zu ächten und ihr Vermögen einzuziehen. Der Beschluß wurde auf der Akropolis aufgestellt. Damit nie wieder Tyrannis möglich werde, mußten die Ratsmänner sich in ihrem Eid verpflichten, jeden zu töten, der danach strebte oder solchem Streben Vorschub leistete. Das Vermögen des Usurpators sollte eingezogen werden; die Hälfte davon sollte dem, der ihn erschlug, zufallen.

»WAHRLICH EIN großes Leuchten entstand in Athen, als Aristogeiton und Harmodios Hippias töteten«, hat Simonides von Keos, einer der großen Lyriker des fünften Jahrhunderts, gesungen. An den Tyrannenmördern konnte man sich offenbar ganz anders erfreuen als an Kleisthenes.

Gleich nach der Befreiung ließen die Athener auch das erzene Standbild von Harmodios und Aristogeiton auf der Agora aufstellen. Antenor, einer der bedeutendsten Bildhauer der Zeit, fertigte es an. Er scheint die beiden ruhig nebeneinander stehend dargestellt zu haben. Es war das erste Mal, daß man verdienter Persönlichkeiten durch ein öffentlich aufgestelltes Denkmal gedachte; die archaische Zeit hatte Standbilder nur als Kultbild, Weihgabe oder Grabstatue gekannt. Jetzt löste man sich aus dem religiösen Rahmen, das Politische erwies sich als Bereich sui generis – und es fiel doch etwas von der alten religiösen Bedeutung der Standbilder auch auf die Tyrannenmörder: Ihre Plazierung auf dem Markt machte sie zu so etwas wie Gründerheroen der athenischen Freiheit. Als Xerxes Athen erobert hatte, befahl er, das Standbild nach Susa zu schaffen. Unmittelbar nach ihrer Rückkehr in die Stadt gaben die Athener ein neues in Auftrag.

In Symposien besangen sie die Tat, wobei sie die beiden auch dafür rühmten, daß sie die Athener »isonom gemacht« hätten. Immer mehr sah man offenbar die mannhafte Tat zugleich als erfolgreich an: Die Tyrannenmörder erschienen als Befreier. Die Athener wollten auch ihre neue Ordnung ihren eigenen Leuten verdanken.

Jedoch wäre die Freiheit, selbst wenn sie sie durch Hippias' Ermordung errungen hätten, nichts gewesen ohne die politische Form, in die Kleisthenes Athen dann brachte. Nur dank Kleisthenes hatten die Athener Grund, Harmodios und Aristogeiton zu feiern.

Warum sie seiner weniger gedachten, läßt sich nur vermuten. Weil er nicht als Märtyrer starb? Weil er die Befreiung der Stadt mit spartanischer Hilfe erreichte? Weil er nur ein Politiker war, der Anträge stellte, kein überlegener Weiser wie etwa Solon? Gewiß hat auch Solon kein Denkmal erhalten, das war damals nicht üblich (es wurde später nachgeholt). Immerhin aber hatte er seine ganze Reform mit außerordentlichen Vollmachten ins Werk gesetzt. Kleisthenes' Reform war die erste, von der wir wissen, daß sie der Volksversammlung zu Beratung und Beschluß vorgelegt worden ist.

Freilich könnte es auch sein, daß Kleisthenes' Wirken im einzelnen umstritten war. Man meint heute, daß er bei der Einteilung Attikas teilweise eigene Interessen und solche seiner Familie im Auge gehabt habe. Gewisse Anzeichen könnten dafür sprechen. Aber es wären nur zusätzliche Vorteile gewesen, mit abgefallen bei einem Werk, das im wesentlichen weit darüber hinausging – auch in dem, womit es zu Kleisthenes' Vorteil gereichte.

Man sollte nicht annehmen, daß er selbstlos handelte. Was er ins Werk setzte, stand unverkennbar im Dienst der Machtgewinnung. Aber das Mittel dazu war eben die Neugliederung der athenischen Bürgerschaft.

Indem er die mittleren Schichten der Bürgerschaft überhaupt erst zu einer politischen Kraft machte, wurde Athen damals neu gegründet. Mit Max Weber könnte man von einer »Verbrüderung« sprechen. Damit war für Athen der politische Teil der Kulturbildung im wesentlichen abgeschlossen.

# V. Athen angesichts der Persergefahr

Darin nämlich darf man eine Gunst des Schicksals sehen, daß Namen wie Marathon, Salamis usw. ewig in dem Andenken der Menschen leben werden. ... Der Ruhm entscheidet nach der Natur der Sache, – nicht nach dem moralischen, subjektiven Wert, sondern nach dem objektiven. Es lag hier das Interesse des Weltgeistes auf der Waagschale; alle anderen Interessen, die mit irgendeinem Vaterlande zusammenhingen, sind beschränkter gewesen.

Georg Wilhelm Friedrich Hegel

Was Athen, was auf andere Weise auch andere Städte in der zweiten Hälfte des sechsten Jahrhunderts aufgebaut hatten, verdankte sich einem langgestreckten Prozeß, der zuletzt mit einer gewissen Zwangsläufigkeit ablief. Von irgendeinem Zeitpunkt an konnten die Griechen angesichts der Schwäche des Adels kaum umhin, die Erkenntnis des Politischen Schritt für Schritt weiterzutreiben und Ansprüche entstehen zu lassen, die auf starke Beteiligung der Mittleren an der Politik zielten. Wie es geht in einem gleichsam autonomen Prozeß, der die Antriebe, aus denen er sich speist, unter denen, die an ihm beteiligt sind, selbst erzeugt. So drängte zuletzt eine gewisse innergriechische Dynamik zur Ausbildung der Isonomien in verschiedenen Städten.

Daß es aber gut fünfzig Jahre nach Kleisthenes in Athen, zunächst nur dort, zur Demokratie kam, ergab sich eher aus einer Kette von Ereignissen, zum Teil sehr zufälligen Verknüpfungen. Es folgte aus der Begegnung der Griechen mit der östlichen Großmacht.

Ein eigentümlicher Rhythmus zeichnet sich da ab: Auf die Phase intensiver Befruchtung und Anregung der Griechen durch die östlichen Hochkulturen folgte eine andere, in der Ost und West eher nebeneinanderher lebten; auch wenn man sich austauschte, auch wenn erst die lydische, dann die persische Monarchie die kleinasiatischen Griechenstädte in Besitz nahmen. Die nächste Periode, ab etwa 500, bringt schließlich die politisch-militärischen Auseinandersetzungen, von den Griechen her gesehen: die Perserkriege. Und sie setzt genau in dem Moment ein, da die Griechen darauf vorbereitet sind, diesen Kampf auch zu bestehen. Daß es aber so kommt, wird nicht von den Persern, sondern vom Westen, von den Griechen und wesentlich von den Athenern veranlaßt; durch die Neugründung ihrer Polis, dadurch, daß sich die ganze Welt der Griechen stärker politisiert.

Die innergriechische Reaktion auf Kleisthenes' Reform, der Versuch Spartas, den potentiellen Rivalen, bevor er sich entfalten konnte, unter Kontrolle zu bringen, führte zur ersten athenischen Gesandtschaft an den persischen Satrapen. Allgemeiner gesagt: sobald sich in Griechenland ein Mächte-Antagonismus ausbildete, wurde Persien in dessen Affären hineingezogen. Und zugleich mußte das attische Beispiel, die Reform, der Aufstieg breiter Schichten, die Macht der Stadt, die daraus erwuchs, mehr als frühere Isonomiegründungen auf die jonischen Griechen wirken. So daß sich erstmals ein spannungsgeladenes Feld politischer Wirkungen und Gegenwirkungen über die Ägäis hin erstreckte. Ost und West begannen zu kollidieren.

Wo im Mutterland zuvor vermutlich ein lockeres Nebeneinander der griechischen Städte vorgeherrscht hatte, mit mancherlei privaten, aber wenig intensiven politischen Beziehungen, wenigen Konflikten auch, schälte sich jetzt eine neue Form der Machtpolitik heraus, indem neben die behutsam sich sichernde Vormacht Sparta eine Rivalin trat. Vielleicht hat erst damals das Bündnis Spartas mit verschiedenen Städten auf der Peloponnes festere Form angenommen. Korinth scheint die Gelegenheit genutzt zu haben, seinen Spielraum, wohl auch die Mitspracherechte im Peloponnesischen Bund zu erweitern. Schon wenn man nur die Gewichte neu austarieren wollte, mußte jedenfalls vieles geschehen. Mit einem Schlag wurde alles verwandelt. Politik erhielt eine andere Qualität. Das noch junge politische Interesse der Bür-

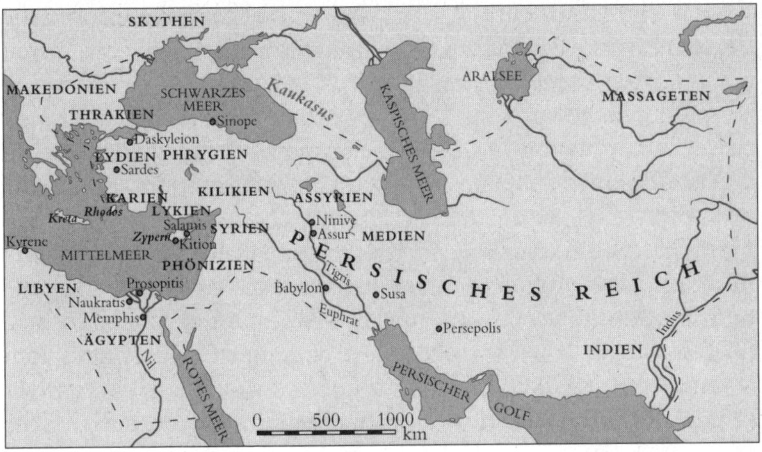


*Persisches Reich*

ger wurde unterfangen, indem sie in ein größeres Geschehen verwickelt wurden.

Wenig später, im Jahre 500, suchten die Perser erstmals eine Insel zu erobern, die näher an der griechischen Halbinsel als an Kleinasien lag. Warum sie das, obwohl sie es seit Jahrzehnten hätten tun können, erst jetzt taten, ist fraglich. Gewiß, die persische Politik wurde in Susa oder Babylon gemacht. Die Ägäis lag weit an der Peripherie ihrer Interessen, sie bildete für eine Landmacht eine natürliche Grenze; auch konnte die kleingeschachtelte griechische Landschaft für sie nur wenig einladend sein. Aber die Großkönige erhoben doch den Anspruch auf die Weltherrschaft, und zwar nicht nur rhetorisch. Die Dynamik ihres Reiches war keineswegs schon gebrochen. Wenige Jahre zuvor hatte einer ihrer Feldherrn Byzanz erobert, auch die vor der Einfahrt zum Hellespont gelegenen Inseln Lemnos und Imbros.

Die einen gruppierten sich um die See, so daß für sie die West- und die Ostküste der Ägäis zusammengehörten, die andern kamen vom Land und mußten Kleinasien bis zu den Stränden und den vorgelagerten Inseln für sich beanspruchen. Notwendig also überschnitten sich die beiden Bereiche. Nur daß sich eben eine regelrechte Kollision erst ergab, als die Griechen unruhig wurden, als die größte Bürgerschaft mobil machte. Denn das scheint doch wohl der tiefere Grund für das persische Ausgreifen gewesen zu sein. Griechenland wurde interessant.

Ob die Athener bei Aussendung der ersten Gesandtschaft an die Perser gewußt haben, daß deren Unterstützung nur zu gewinnen war, wenn sie deren Oberhoheit anerkannten – der Sitte gemäß also Erde und Wasser darbrachten –, ist nicht mehr zu ermitteln. Doch muß nicht nur unzureichende Kenntnis, mangelnde Sorgfalt bei der Formulierung des Auftrags oder das nachträgliche Erschrecken über unbedachte Konsequenzen schuld daran gewesen sein, daß die Gesandten die Unterwerfung versprachen und die Volksversammlung sie anschließend ablehnte. Vielmehr mögen auch innenpolitische Differenzen oder ein Wechsel der politischen Lage dafür verantwortlich gewesen sein. Vielleicht auch das Interesse der Gesandten an einer Verbindung mit Persien; denn man wählte dazu in der Regel Persönlichkeiten, die Beziehungen zu denen unterhielten, mit denen sie verhandeln sollten.

Jedenfalls muß sehr bald deutlich geworden sein, daß die Gefahr der Tyrannis zunächst weniger von Innen – und von Sparta – als von den Persern drohte: falls nämlich der persische Satrap, der einen Tagesritt von Ephesos entfernt in Sardes residierte, dem ehemaligen Tyrannen Hippias die Unterstützung lieh, die er brauchte, wenn er seine Herrschaft wieder begründen wollte. Der gegenwärtige Inhaber des Amtes, Artaphernes, war ein Stiefbruder des Dareios, und er war ehrgeizig. Man mußte damit rechnen, daß er auf das Mutterland übergriff. Hippias mochte sich dafür als Anlaß und geeignetes Werkzeug anbieten.

Im Jahre 500 versammelte sich dann bei Milet jene Flotte, die die Insel Naxos für den Perserkönig erobern sollte. Naxos war, wie es heißt, reich an Gold und Sklaven; es beherrschte die umliegenden Inseln, unter anderm Paros und das vor Euböa gelegene Andros. Wenn die Perser Erfolg hatten, saßen sie also nicht mehr weit von der attischen Küste entfernt; man munkelte schon, auch Euböa wollten sie erobern.

Was von Athen aus begonnen worden war, wurde vom Osten

her fortgesetzt: Die beiden Seiten der Ägäis verwickelten sich. Unaufhaltsam schienen die Dinge auf einen Zusammenstoß zuzurücken. Athen mußte aufs äußerste besorgt sein.

Freilich scheiterte das Unternehmen. Die Naxier waren gewarnt worden, hatten sich, mit Vorräten versehen, in die Stadt zurückgezogen, die Mauern ausgebessert und konnten der Belagerung vier Monate lang trotzen, bis die Sache den Persern zu teuer wurde, so daß sie aufgaben.

Das schmachvolle Ende der Expedition aber war nur der Auftakt zur nächsten Verwicklung. Die Perser hatten nicht umsonst mobilisiert. Und die Griechen, welche sie in die Affäre hineingezogen hatten, wollten (oder konnten) die Gelder, die sie für das Unternehmen zugesagt hatten, nicht zahlen. So gab eins das andere, bis der Aufstand der jonischen Griechen losbrach. Offensichtlich war in der Ägäis schon zuviel ins Rollen geraten.

Die Expedition nach Naxos war durch Aristagoras, den Sohn des Molpagoras, Tyrann des reichen Milet, der prominentesten Stadt an der kleinasiatischen Westküste, veranlaßt worden. In Naxos hatte man, so scheint es, eine Isonomie eingeführt, wohl angeregt durch die Ereignisse in Athen. Einige Mitglieder des bis dahin regierenden Adelsregimes waren verbannt worden und hatten sich nach Milet geflüchtet. Nun wollten sie ihre Rückkehr militärisch erzwingen.

Aristagoras hätte ihnen gern geholfen, denn er sah darin die Chance eigenen Machtgewinns. Doch Naxos war gut gerüstet, vor allem zur See, und Milet war es nicht, es hätte wohl auch ohne persische Einwilligung keinen solchen Kriegszug unternehmen können. Warum also nicht die Expedition größer aufziehen, die Perser beteiligen und sich zugleich in deren Gunst verbessern? Der Tyrann stellte Artaphernes also die Aussichten in leuchtenden Farben dar und versprach, sich an den Kosten zu beteiligen. Da der Großkönig zustimmte, wurden zweihundert Schiffe und ein nicht geringes Aufgebot an Landtruppen ausgesandt.

Nach dem Scheitern jedoch hatte Aristagoras zu befürchten, daß ihm nicht nur die Rechnung präsentiert würde, sondern daß es ihn auch die Herrschaft koste. Wie die Dinge standen, blieb ihm nur die Flucht. Statt dessen suchte er sich den Konsequenzen dadurch zu entziehen, daß er sich offen gegen die Perser empörte. Er fand Verbündete in Milet und andern Städten.

Was sie planten, war das reine Abenteuer. Wenn man Herodot Glauben schenken darf, und es spricht eigentlich nichts dagegen, so hatten sie nur die Gewinne vor Augen, die sie erzielen konnten, vielleicht gar die Herrschaft über ganz Asien. Ihre Einschätzung der Perser bezog sich allein darauf, daß sie ihnen in Rüstung und Kampfesweise unterlegen schienen. »Die Barbaren sind schlechte Soldaten...Sie kämpfen mit Bogen und kurzen Lanzen; ziehen in Hosen und mit spitzen Turbanen auf dem Kopf in die Schlacht«, erklärte Aristagoras. Wie wenn es, nach griechischem Muster, nur um eine einzelne Schlacht gegangen wäre, in der so etwas gegen sie zu Buche schlagen mochte – und nicht um einen ganzen Krieg mit vielen Treffen, in denen sich wenn nichts sonst, so doch zumindest die ungeheure zahlenmäßige Überlegenheit der Perser auswirken mußte. Oder ob man diese oder jene Äußerung von Unzufriedenheit mit deren Herrschaft, der man auch an andern Stellen des Reiches begegnen mochte, als Indiz für die Bereitschaft vieler zum Abfall mißverstanden haben sollte?

Der greise Gelehrte, Geograph, Ethnograph und Polyhistor Hekataios von Milet war bei zumindest einer der Beratungen vor dem Abfall dabei. Er rechnete vor, über wie viele Völker und Streitkräfte die Perser verfügten. Er könnte es ihnen auf einer Landkarte demonstriert haben. Zumindest hatte Aristagoras bald darauf, als er Verbündete zu werben fuhr, eine eherne Tafel zur Hand, auf der »der ganze Erdkreis, alle Meere und Flüsse eingeritzt waren«.

Doch so sehr den Joniern die Landkarte und die Kenntnisse über das persische Aufgebot imponiert haben mögen, ja vielleicht gerade weil sie das taten und weil sie daraus ein Hochgefühl eigener Möglichkeiten ableiteten, so wenig leuchtete ihnen Hekataios' Rat ein, lieber die Finger von dem Unternehmen zu lassen. Er schlug ihnen deswegen einen Weg vor, der noch am ehesten Erfolg versprach. Sie sollten Schiffe bauen und die Seeherrschaft anstreben. Dazu sollten sie die kostbaren Weihgeschenke aus dem Heiligtum in Didyma zu Geld machen; die wären sonst ohnehin verloren. Auf diese Weise hätten sie mindestens die Möglichkeit, sich in den eigenen Städten zu verschanzen, die Zufuhr über See zu sichern und plündernd an andern Küsten Raubzüge zu unternehmen. Sie könnten sich eine ganze Zeit lang behaupten. Und derweil wäre es vielleicht wirklich dazu gekommen, daß andere Teile des Reiches in Kleinasien, auf Zypern und in Ägypten sich der Bewegung angeschlossen hätten. Eventuell wären sogar die Babylonier dazu bereit gewesen. So festgefügt war das Perserreich ja nicht, daß man es nicht durch kräftiges Rütteln an Teilen seines Baus ernsthaft hätte erschüttern können.

Es zeigte sich in diesen Vorschlägen eine erstaunliche Fähigkeit, die Lage umfassend zu erkennen, in großen Dimensionen und vor allem: unter voller Einbeziehung der maritimen Möglichkeiten zu denken; einen Kriegsplan zu entwerfen, der von der – nach herkömmlichen Maßen beachtlichen – Unterlegenheit der eigenen Seite ausging. Gedanken dieser Art müssen zur Vorgeschichte der Strategie des Themistokles gehört haben.

Doch die Jonier in der Umgebung des Aristagoras konnten mit dem Vorschlag nichts anfangen. Sie wollten die militärischen Kräfte einsetzen, die sie hatten. Sie dachten in den gewohnten Bahnen. Vielleicht meinten sie auch, für einen Flottenbau keine Zeit zu haben. Er ließ sich nicht von heute auf morgen ins Werk setzen. Der Abfall aber sollte sofort beginnen. Aristagoras drängte, bei ihm lag die Initiative, durch ihn hatten sie das mächtige Milet in der Hand.

So machten sie sich rasch ans Werk. Sie beschlossen, in den verschiedenen Städten die Tyrannen zu stürzen. Auf denen basierte die persische Herrschaft, sie zogen die Gelder für die Zahlung der Tribute ein, ihr Regime war das eigentlich, das unmittelbar Drückende, da man die Perser, die noch dazu nach Möglichkeit großzügig und tolerant waren, in den Griechenstädten kaum zu Gesicht bekam. Aristagoras selber legte seine Tyrannis nieder. Man wollte weithin Isonomien einrichten.

Die griechische Flotte, die gegen Naxos gefahren war, war noch beisammen. Indem man die Befehlshaber absetzte, konnte man sich der Schiffe in einem Handstreich bemächtigen, gleich darauf der Städte. Was die Perser, denen dies alles kaum entgehen konnte, derweil taten, bleibt ungewiß. Möglicherweise wollten sie zunächst abwarten; der Größe des Reiches muß ein gewisses Phlegma des Reagierens entsprochen haben. Aristagoras jedenfalls ging auf Reisen, um im Mutterland Verbündete zu werben.

In Sparta trug er König Kleomenes vor, die Spartaner könnten sich zu Herren Asiens machen. Und er verlegte sich darauf, ihnen die Reichtümer, die als Beute zu gewinnen waren, auszumalen. Auf die naheliegende Frage, wie weit es von der Ägäis bis nach Susa, zur Perserhauptstadt sei, antwortete er wahrheitsgemäß: drei Monate, worauf der König ihn aufforderte, noch vor Sonnenuntergang Sparta zu verlassen. Vor solchen Plänen kann es ihm bei aller Unternehmungslust, für die er bekannt ist, nur geschaudert haben.

In Athen dagegen hatte der Jonier mehr Glück. Anscheinend kann man viele leichter täuschen als einen, bemerkt Herodot. Man verhandelte vor der Volksversammlung. Aristagoras entfaltete seine ganze Beredsamkeit. Die Athener beschlossen, ihn mit zwanzig Kriegsschiffen zu unterstützen. Die Stadt Eretria sandte fünf Schiffe, aufgrund einer alten Waffenbrüderschaft, die inzwischen mehr als hundert Jahre zurücklag.

Dieser Beschluss der Athener, nicht schon der Abfall der Jonier von Persien, war nach Herodot der Anfang von viel Unglück für Griechen und Barbaren. Hätten die Athener sich herausgehalten, so meinte er wohl, wäre dieser Jonische Aufstand nichts anderes gewesen und geblieben als so viele andere Empörungen, wie sie im Perserreich immer wieder aufflammten, um dann über kurz oder lang niedergeworfen zu werden; ein Ereignis ohne weitere Folgen über die unmittelbar Beteiligten hinaus. Statt dessen wurde es – der Athener wegen – zum Beginn der Perserkriege.

Daran ist viel Wahres, und sicherlich hat Herodot auch recht, wenn er den Leichtsinn, mit dem die Athener sich engagierten, mit Spott und Kritik bedenkt und zugleich auf all das Unglück verweist, das die Perserkriege mit sich brachten. Doch vermutlich hätten sich über kurz oder lang Auseinandersetzungen zwischen den Griechen des Mutterlands und den Persern ohnehin kaum vermeiden lassen. Sie hatten sich ja längst angebahnt.

Gewiß, der Anfang, den dieser Aufstand genommen hatte, war höchst banal. Persönlicher Ehrgeiz, Ärger, Befürchtungen, wie so oft in solchen Fällen. Offenbar auch lebhafte Wünsche breiterer Schichten nach Teilhabe an der Politik, wie in Athen und in Naxos. Die Geschichte des politischen Denkens, der zunehmenden politischen Ansprüche konnte an den jonischen Städten kaum spurlos vorübergehen. Man wollte auch die Tyrannen loswerden. Gelegentlich wird heute zugleich auf wirtschaftliche Beschwernisse hingewiesen. In der griechischen Faktorei Naukratis in Ägypten versiegen die Funde jedenfalls um 525, was dafür sprechen könnte, daß der Handel der jonischen Städte, der sich dort konzentrierte, behindert wurde. Doch gleichgültig, wie man das deutet, so unmittelbar können Motive dieser Art ein knappes Menschenalter nach ihrer Entstehung kaum mehr gewirkt haben.

Insgesamt ist der Ärger jedenfalls mehr aus gestiegenen Ansprüchen der Griechen als aus einer Verschärfung der bald fünfzigjährigen Herrschaft der Perser erwachsen, die ihrerseits an eine jahrzehntelange Beherrschung durch die Lyder sich anschloß. Er mag in eine gewisse Aufbruchsstimmung eingegangen sein. Der neue Möglichkeitshorizont war noch nicht abgetastet.

Wahrscheinlich ist es deshalb falsch, lange nach Kalkulationen zu suchen, die den Aufstand so, wie er begonnen wurde, als erfolgversprechend hätten erscheinen lassen können. Man findet so leicht keine Gründe, die für einen Erfolg hätten sprechen können. Offensichtlich waren die Antriebe stärker als die Berechnungen. Was an Aussichten fehlte, ersetzte die Hoffnung, der sich, nach Thukydides, Menschen, wo sie etwas begehren, so gern überlassen, »unumsichtig«, wie sie ist.

Aristagoras und seine Freunde werden sich gegenseitig bestärkt haben. Sie waren schon bei der Sache, ehe sie sich recht versehen hatten. »Wenn die Menschen in den Krieg hineingehen, so pflegen sie an die Tat zuerst Hand anzulegen, was man hernach tun müßte; erst wenn ihnen Schlimmes widerfährt, dann greifen sie zu vernünftigen Erwägungen«, heißt es später bei Thukydides. So war es auch hier. Der Horizont des Aristagoras und der Seinen verengte sich also in dem Maße, wie sie zu planen und zu handeln begannen. Und es machte sich bemerkbar, daß für die Griechen das riesige Perserreich letztlich eine unbekannte Größe war, die sie bald über-, bald unterschätzten und für die in ihren politischen Überlegungen im Grunde – noch – kein Platz war.

Daß Hekataios mit seinem besseren Wissen nicht überzeugte, ist nur eines in der unendlich langen Reihe der Beispiele, die die

Weltgeschichte dafür bietet, daß es, wenn falsche (oder nicht die notwendigen) Entschlüsse gefaßt werden, zumeist nicht an Wissen, sondern an der Fähigkeit, es zu beherzigen, also an Urteilskraft fehlt. Wenn man die Frage, was einer sich bei etwas gedacht hat, stellt, ist die falsche Antwort oft schon vorgegeben. Auch wäre die Weltgeschichte sehr viel ärmer an Ereignissen, wenn die Akteure immer gut kalkulierten.

So ist es auch keineswegs gesagt, daß sich die Jonier bei Hekataios' Kriegsplan an der Aufgeklärtheit gestört hätten, mit der er über die Weihgeschenke verfügte, die eigentlich dem Gott gehörten. Zumindest später hat man gern bei Heiligtümern Anleihen aufgenommen. Theoretisch konnte man sie ja zurückzahlen. Wir wissen nur nicht, wieweit solch Verfahren damals schon in Übung war. Auf jeden Fall mußten die Griechen die Überlegenheit der Perser erst noch einmal am eigenen Leibe spüren, bevor sie sie wirklich einschätzen konnten.

Entsprechend scheint auch den Athenern keineswegs klar gewesen zu sein, mit wem sie es zu tun hatten. Sie wollten die Gelegenheit nutzen, den Satrapen zu schwächen oder zu vertreiben. Obwohl ihre Verbundenheit mit den Joniern, deren Städte sie als attische Kolonien ansahen, mitgesprochen haben mag. Der Entschluß, die zwanzig Schiffe zu entsenden, war für sie ein Schritt in einem langen Lernprozeß. Man wüßte gerne, welche Meinungen im Areopag damals geäußert wurden. In der Volksversammlung könnte vieles Stimmungssache gewesen sein.

Der Einsatz, den Athen riskierte, war gemessen an der Größe des Unternehmens gering. 353 Triëren konnten die jonischen Städte einige Jahre später für die entscheidende Seeschlacht aufbieten. Wir wissen auch nicht, ob die zwanzig athenischen Schiffe wirklich Kriegsschiffe dieses modernen Typs waren. Gleichwohl: sie mußten finanziert, mußten vermutlich auch dem Küstenschutz entzogen werden, was ein Risiko darstellte.

Ein Aufstand muß vor allem zünden. Denn die, die ihn beginnen, sind in der Regel zu schwach, um ihn allein zum Erfolg führen zu können. Und ob sie es nun wissen oder nicht, sobald sie einmal die Schwelle zu Abfall und Empörung überschritten haben, streben sie nach einer spektakulären Tat. So ist es wohl zu verstehen, daß die jonischen Griechen beschlossen, auf ihren Schiffen nach Ephesos zu fahren, um von dort nach Sardes zu marschieren, zum Sitz des Satrapen. Athener und Eretrier schlossen sich an. Leute von Ephesos hätten den Weg gezeigt, heißt es. Da es sich um eine bekannte Route handelte, kann das nur bedeutet haben, daß sie als Kundschafter dienten, um das Aufgebot gegen überraschende Angriffe zu sichern.

Eigenartigerweise stellte sich den Griechen aber kein persisches Militär in den Weg. Nach drei Tagesmärschen werden sie am Ziel gewesen sein, konnten die Stadt erobern; der Satrap hielt nur die befestigte Burg, mit einer Mannschaft, die zwar nicht gering war, den offenen Kampf jedoch scheute.

Gleich darauf geriet die Stadt in Brand; da die meisten Häuser aus Schilf waren und die übrigen Schilfdächer hatten, verbreitete er sich in Windeseile durch die Außenbezirke; als Zuflucht bot sich vor allem der Marktplatz an, der günstigerweise an den Ufern des Flusses Paktolos gelegen war. Dort sollen die Einwohner der Stadt, Perser und Lyder zusammengeströmt sein und sich zur Gegenwehr ermannt haben. Wie auch immer es gelaufen ist, die Eroberer verließen fluchtartig die Stadt, und da keiner gesonnen oder in der Lage war, sie aufzuhalten, zogen sie sich eilends nach Ephesos zurück. Vielleicht meinten sie auch, ihr Ziel erreicht zu haben.

Nicht lange danach hatten auch die Perser eine Streitmacht mobilisiert, vor allem ihre Reiterei. Sie soll die Griechen sogar eingeholt haben. Jedenfalls kam es bei Ephesos zu einer Schlacht, die das Heer der Aufständischen unter großen Opfern verlor. Sie hatten die Perser zu Unrecht gering eingeschätzt.

Nach Herodot, genauer wohl: nach seinem Gewährsmann, entstand das Feuer gleichsam aus Versehen. Es habe nämlich ein Soldat ein Haus angezündet. Herodot erklärt damit, daß Sardes nicht geplündert werden konnte. Die griechische Führung soll damit nichts zu tun gehabt haben. Jedenfalls aber war das brennende Sardes ein Fanal, die Kühnheit, mit der die Jonier dorthin gezogen waren, steckte mehr an, als daß ihre Niederlage abgeschreckt hätte. Die persische Herrschaft hatte sich als verletzlich erwiesen, der Abfall griff um sich.

Die Athener allerdings kehrten nach der Niederlage in ihre Heimat zurück. Sie waren nicht gewillt, sich weiter am Aufstand zu beteiligen. Vermutlich waren sie über den eigenen Leichtsinn erschrocken. Sie dachten nicht so sehr daran, was sie gewollt, sondern was sie wahrgenommen hatten, und das war die Macht der Perser und die Schwäche ihrer jonischen Verwandten, vielleicht auch deren Uneinigkeit, ihre Unentschlossenheit, den Persern mit aller Macht entgegenzutreten.

Die kleinasiatischen Griechen dagegen verlegten sich auf die See, brachten im Norden verschiedene Städte am Hellespont, am Marmarameer sowie Byzanz und das vor der Einfahrt zum Bosporus gelegene Kalchedon auf ihre Seite. Und mehr oder weniger gleichzeitig brachen ihre Schiffe zu den Karern und nach Zypern auf und vermochten auch dort mit Erfolg Verbündete zu werben. Der ganze Küstensaum des westlichen und südwestlichen Kleinasiens ging den Persern fürs erste verloren, auf Zypern verquickte sich der Aufstand mit lokalen Feindschaften. Welche Motive immer dabei am Werke waren, in irgendeiner Weise muß bei Griechen wie Karern ein Bedürfnis nach Freiheit erwacht sein.

Erst mit einiger Verzögerung kam die persische Kriegsmaschine in Gang. Sie wandte sich zunächst gegen die Griechen, auch um die Verbindung nach Thrakien wiederherzustellen, dann gegen die Karer. Auf Zypern landete eine phönizische Flotte mit einem großen Heer an Bord, es kam zu einer Land- und Seeschlacht. Zur See siegten die jonischen Griechen, zu Land unterlagen die Zyprioten, da einige ihrer Kontingente vor Beginn der Schlacht zum Feind übergelaufen waren. So ging die Insel verloren.

Schließlich konzentrierte sich der Krieg auf Milet, das von der Landseite belagert wurde, während eine persische Flotte die Versorgung von der See her abschneiden wollte. Noch einmal versammelten sich die aufständischen Griechen zum Kampf, bei der Insel Lade, unmittelbar vor Milet. Chios hatte hundert Schiffe geschickt, Milet stellte achtzig, Lesbos siebzig, Samos sechzig. Der Wohlstand, den die verschiedenen Städte an der kleinasiatischen Küste inzwischen angesammelt hatten, kam noch einmal in ihrer Seemacht voll zum Ausdruck. Das einstmals stolze Phokaia dagegen konnte nur drei Schiffe entsenden; die Stadt war klein und unbedeutend geworden, da das Gros der Bürgerschaft sie schon, als die Perser erstmals das Land besetzten, verlassen hatte, um im westlichen Mittelmeer eine Kolonie zu gründen und in Freiheit weiterzuleben. Doch der phokäische Befehlshaber, Dionysios, war ein kluger, unabhängig denkender Mann, er erklärte im Kriegsrat, man müsse Tag für Tag üben, nur dann – und dann allerdings – könne man die fast doppelt so starke persische Flotte besiegen; wenn jedenfalls die Götter beiden Seiten die gleiche Chance einräumten. Man übergab ihm das Kommando.

Damals war es, daß die Griechen sieben Tage lang in Kiellinie ausfuhren, um das Wenden und Zwischeneinander-Durchfahren zu üben – bis sie fanden, das wäre zu anstrengend. Wie ein Landheer, wird uns berichtet, hätten sie dann in den Zelten, die sie auf der Insel aufgeschlagen hatten, abgewartet.

Die Schlacht ging wenige Tage später trotz tapferen Kampfes verloren. Freilich hat wesentlich dazu beigetragen, daß, bevor sie noch begann, die meisten samischen Schiffe den Schauplatz verließen. Die Perser hatten durch die abgesetzten Tyrannen, die sie in ihrem Lager versammelten, insgeheim Boten an die griechischen Kontingente aussenden lassen, um ihnen zuzusagen, sie würden für ihren Abfall nicht bestraft, falls sie sich dem Kampf fernhielten. Einzig die Samier, und auch die nicht insgesamt, ließen sich überreden.

Milet erlag bald darauf der Belagerung. Es wurde geplündert und zerstört, seine Bürger wurden nach Susa deportiert; der Großkönig wies ihnen eine Stadt an der Tigris-Mündung zum Wohnsitz an. Ihr Land wurde teils an eine karische Nachbarstadt gegeben, teils behielten es die Perser.

Aristagoras übrigens hatte die Stadt schon Jahre zuvor verlassen. Als die persische Gegenoffensive die ersten größeren Erfolge zeitigte, gab er den Aufstand verloren. Er wollte an der ägäischen Nordküste eine Kolonie gründen.

Warum er das ausgerechnet im persischen Machtbereich vorhatte, ist unerfindlich, auch wenn man bedenkt, daß er dort größere Ländereien besaß. Aber er war ja wohl kaum mehr als ein Abenteurer. Wie er seine Macht gerade, wie es jeweils kam, auf diese oder auf jene Weise zu mehren und zu erhalten suchte, das Steuer bald hier-, bald dorthin werfend, auch vor völligen Kehrtwendungen nicht zurückscheuend, so versuchte er auch hier, was sich ihm gerade anzubieten schien. Kurzsichtig, ohne Verantwortung für alle die, die er in den Aufstand mit hineingerissen hatte; oder ob er die Stadt von sich befreien wollte? Jedenfalls gab er auf, was nicht ging, um sofort das nächste zu versuchen, was freilich ebensowenig gehen sollte. Er ist von den Stämmen der Gegend, in der er sich ansiedeln wollte, rasch besiegt worden und dabei zu Tode gekommen.

Sechs Jahre nach seinem Beginn also brach der jonische Aufstand im Jahre 494 zusammen. Im folgenden Jahr nahm die persische Flotte auch die Inseln Chios, Lesbos, Tenedos ein. Auf Samos war der Tyrann zurückgekehrt.

Außer auf Samos sei auf den Inseln, schreibt Herodot, eine regelrechte Menschenjagd veranstaltet worden. Von einer Küste zur andern spannte sich, Hand an Hand, eine Menschenkette und trieb offenbar die Einwohner vor sich her. Ähnlich verfuhren die Perser auf dem Festland, nur daß es dort eher ein Ausweichen gab. Die schönsten Jungen machten sie zu Eunuchen, die schönsten Mädchen sandten sie in den Harem des Großkönigs. Die Städte selbst samt den Heiligtümern brannten sie nieder. Danach aber scheinen sie den Übriggebliebenen, vermutlich nachdem sie, von den alten Tyrannen beraten, einige prominente Gegner beseitigt hatten, den Wiederaufbau gestattet zu haben. Offensichtlich übernahmen die alten Tyrannen, und hier und dort vielleicht auch ein neuer, die Macht. Aber nur für kurz.

Denn gleich darauf änderten die Perser ihre Politik, setzten überall die Tyrannen ab und richteten Isonomien ein. Sie fanden es besser, den Griechen in die Innenpolitik nicht dreinzureden. Warum sollten sie die breiten Schichten gegen sich aufbringen? Offenbar verstanden sich nicht wenige von ihnen inzwischen sehr gut auf die griechischen Verhältnisse. Übrigens hatte der Satrap schon vorher die Abgaben neu geordnet und neue Verfahren etabliert, um Streitigkeiten zwischen verschiedenen Städten rechtlich zu regeln. Spätestens um 480 waren allerdings vielerorts wieder Tyrannen an der Herrschaft.

Die Einführung der Isonomien war Teil einer größeren umfassenden Offensive. Dareios hatte im Jahre 492 einen seiner Schwiegersöhne, Mardonios, beauftragt, im Westen des Reiches Ordnung zu schaffen. Nachdem er die inneren Verhältnisse in den Griechenstädten neu geregelt hatte, brach er mit starken See- und Landstreitkräften über den Hellespont in Thrakien ein. Dort hatten die Perser schon um 510 mehrere Stämme unterworfen, vermutlich auch die Makedonen, so daß ihr Herrschaftsbereich in Form verschiedener Abhängigkeitsverhältnisse bis an den Olymp reichte. Die vor der Küste gelegene griechische Insel Thasos hatte aber wohl nicht dazugehört. Sie ergab sich jetzt. Anschließend sollten offenbar die Städte auf der Chalkidike unterworfen werden. Doch beim Versuch, den Athos zu umsegeln, zerschellten die meisten Schiffe während eines heftigen Sturms an den Felsen. Da auch das Landheer große Verluste erlitt, mußte der Kriegszug abgebrochen werden.

Man weiß nicht, wie weit die Perser kommen wollten. Vermutlich hatten sie zunächst nur vorgehabt, die Nordküste der Ägäis zu sichern. Griechische Städte waren oft befestigt, die Belagerung nahm Zeit in Anspruch. Trotzdem scheint der Großkönig entschlossen gewesen zu sein, sich auch die griechische Halbinsel zu unterwerfen. Die Expedition des Mardonios bildete nur den Auftakt. Die Zeit der gelegentlichen Berührungen und vereinzelten Übergriffe war abgelaufen, das friedliche Nebeneinander von Griechen und Persern fürs erste vorbei.

Bei dem Feuer in Sardes war auch der große Tempel der Kybebe abgebrannt, was den Persern zur Rechtfertigung dafür diente, griechische Heiligtümer zu vernichten, unter anderem die glanzvolle Orakelstätte in Didyma bei Milet. Vielleicht haben die Griechen deswegen später behauptet, das Feuer in Sardes nicht gelegt zu haben. Denn in Wirklichkeit hatte Sardes doch wohl brennen sollen. Jedenfalls ging es künftig zugleich um einen Kampf der Rechtfertigungen für Angriff und Gegenangriff. Man glaubte, daß Niederlagen durch die Zerstörung von Heiligtümern verursacht seien. Noch in Euripides' »Troerinnen« von 415 ist davon die Rede. Auch der Götter mußte man sich vergewissern.

Die Athener müssen die Vorgänge im Osten höchst aufmerksam verfolgt haben. Wenn sie nach ihren ersten Erfahrungen auf die jonische Sache nicht viel gegeben hatten, konnten sie sich bestätigt sehen – und mußten sich doch mit ihren Hoffnungen gegen das Geschehende stemmen. Daß sie der Niederlage der, wie sie meinten, einst von ihnen aus gegründeten reichen und prächtigen Städte tatenlos zusehen mußten, war bitter. Als die Flotte des Mardonios in der Ägäis auftauchte, konnte man nicht wissen, ob sie nicht früher oder später nach Athen weiterfuhr.

Irgendwann in jenen Jahren brachte der prominenteste Tragiker der Zeit, Phrynichos, bei den Großen Dionysien die Einnahme Milets auf die Bühne. Sie ging den Zuschauern unter die Haut, Trauer und Wut waren nachhaltig und beunruhigend aufgerührt. Die Stadt scheint gleichsam in einen emotionalen Ausnahmezustand geraten zu sein. So sehr, daß man es für gut hielt, eine hohe Geldstrafe gegen den Dichter zu verhängen, weil er häusliches Unglück präsentiert, wörtlich heißt es: »erinnert« hätte. Man verbot auch, das Stück anderswo, also in einem der Theater im übrigen Attika, noch einmal aufzuführen.

Die Affaire stellt ein schönes Zeugnis nicht nur für die mögliche Wirkung der Tragödie, sondern auch für das Bemühen dar, die Öffentlichkeit von bestimmten emotionalen Erschütterungen freizuhalten; sie waren zutiefst unheimlich; mußten es sein, wo man so dicht miteinander lebte, zivilisiert zwar, doch unter der ständigen Gefahr, daß Affekte sich wie Wellen ausbreiteten und dann so leicht nicht begrenzen, ablenken oder eindämmen ließen; wo das Volk und seine Versammlung so mächtig war, unter Umständen den Leidenschaften ausgeliefert. Vermutlich wären solche emotionalen Erschütterungen schon für den Adel unheimlich gewesen, hätten den Stil seiner Öffentlichkeit gestört. Mechanismen jenes angestrengten Vergessens, das wir Verdrängen nennen, waren durch Phrynichos gestört worden.

Ohnehin war die Lage Athens in jenen Jahren angespannt. Um 494 hatten die Spartaner die Männer von Argos besiegt. Deren Verluste waren so groß, daß die Stadt militärisch fürs erste handlungsunfähig wurde. Spartas Einfluß im Norden der Peloponnes wuchs. Zudem drohten den Athenern weiterhin die Überfälle der Ägineten zur See; vielleicht waren sie gar an der Tagesordnung, und man war ziemlich wehrlos dagegen.

Doch wissen wir von der Politik Athens in diesen Jahren nichts. Für 496/5 wurde Hipparchos, Sohn des Charmos, zum Archon gewählt, ein Angehöriger des Peisistratidenhauses. Aber es ist nicht gesagt, daß seine Wähler es darauf angelegt hätten, mit seiner Hilfe die Beziehungen zum vertriebenen Tyrannen und zu den Persern zu verbessern. Denn über seine politischen Tendenzen ist nichts bekannt.

*Themistokles. Kopie eines zeitgenössischen Originals, vermutlich des Portraits (auf einer Statue), das von Themistokles oder dessen Nachkommen in dem von ihm gestifteten Tempel der Artemis Aristobule aufgestellt wurde. Ostia, Museum.*

493/2 wurde Themistokles Archon. Und er empfahl seinen Mitbürgern, den Piräus zu befestigen. Statt der offenen Reede von Phaleron sollte ein geschützter Hafen dem Handel wie der attischen Kriegsflotte dienen. Das hatte seinen guten Sinn angesichts der wiederholten Überraschungsangriffe von Ägina aus. Wieweit Themistokles schon einen Seekrieg gegen die Perser im Auge hatte, weiß man nicht. Unbekannt sind auch alle Einzelheiten. Welchen der drei Häfen wollte man zunächst sichern? Oder war es mehr als einer? Befestigte man zunächst nur die Einfahrt? Oder baute man schon Landestege und Schiffshäuser? Wurden die Arbeiten aus einer öffentlichen Kasse finanziert oder auf dem Wege der Leiturgie von reichen Leuten übernommen? Sicher ist nur, daß Athen sich gegen See besser schützte, und wahrscheinlich ist, daß es sich der See auch militärisch stärker zuwenden wollte.

Themistokles, Sohn des Neokles, stammte aus dem Geschlecht der Lykomiden, keiner sehr vornehmen Familie, die freilich eher den Adligen als den Mittleren zuzurechnen war. In Phrearrhioi, einem kleinen Demos im Süden Attikas, in der Gegend von Laureion, war er zu Hause. Seine Mutter stammte nicht aus Athen, ob sie Griechin war, ist ungewiß.

Als Kind sei er sehr eigenbrötlerisch gewesen, wenig aufgelegt für das, was seine Kameraden ausfüllte, Sport und Spiel und daneben den Unterricht, der der Bildung im umfassenden Sinne, speziell im Musischen, der Erziehung zu anmutigem Auftreten galt. Vielmehr habe er sich nach Möglichkeit abseits gehalten, mit sich selbst beschäftigt und irgendwie von der eigenen Größe träumend. Was ihm an adliger Art fehlte, war ihm nicht wichtig. Und was ihm wichtig war, darauf wollte er sich konzentrieren. Sehr früh schon sei es die Politik gewesen.

Es waren die letzten Jahre der Tyrannis, in denen der um 525 Geborene heranwuchs. Er stand etwa am Anfang seines zweiten Jahrzehnts, als Harmodios und Aristogeiton Hipparchos ermordeten, war um die fünfzehn, als die Tyrannen vertrieben wurden. Er erlebte die vibrierende, im Umbau befindliche Polis, die sich sogleich gegen ihre Umwelt zu behaupten hatte. Ganz jung wurden er und seine Altersgenossen unter den ersten gleich in die neuen Unterabteilungen, die neu organisierte Bürgerschaft aufgenommen; die Situation war den älteren nicht weniger neu als ihnen. Die Politik muß für viele, gerade für die Aufgeschlossenen aus dieser Gruppe faszinierend gewesen sein.

Einigen Ehrgeiz vorausgesetzt, Schwierigkeiten mit den Kameraden, den Stolz einer jugendlichen Isolation, kann man sich gut vorstellen, daß der Heranwachsende erklärte, Leierspiel und Saitenzupfen interessierten ihn nicht; daß er unleidlich, vorlaut und von ungebärdigem Temperament war, von einem Extrem ins andere fiel.

Im gleichen Demos lebte einer der führenden Politiker jener Jahre, Mnesiphilos. Er könnte den Jungen in die Politik eingeführt haben. Ob er geradezu sein Lehrer war, wie spätere Quellen behaupten, ist offen. Im wesentlichen ist Themistokles gewiß, wie Thukydides ihm attestiert hat, ohne Lehrer aufgewachsen. Denn das, was er lernen wollte, brachte ihm keiner bei. Es war etwas Neues. Es erwuchs aus intensiver Beobachtung der Politik, aus ersten Erfahrungen mit ihr, und die verschlangen sich, aufgrund seiner hohen Begabung, mit dem alles beherrschenden Ehrgeiz, auf diesem Gebiet Außerordentliches zu leisten. So kannte er kaum Rücksichten, sondern vor allem ein Ziel, ein persönliches, das sich ihm dann aber mit einer Sache verquicken konnte. Und so war er verhältnismäßig frei in der Wahl seiner Mittel. Manches konnte ihm zum Mittel werden, was andern eher Zweck war, über Einiges konnte er verfügen, was andere für unverfügbar hielten. Er entwickelte ein feines Sensorium für Realität, indem er manches, was andere dafür hielten, als Schein durchschaute, manches, was andere nicht sahen, wahrnahm und auch das Unwägbare abzuschätzen lernte.

Das beste Zeichen für seine ganz eigene, unabhängige, auf seine Besonderheit stolze Art ist sein Portrait, das älteste griechische Portrait mit individuellen Zügen überhaupt. Während alle andern sich im Typus des griechischen Adelsideals darstellen ließen, scheint Themistokles daran nichts gelegen zu haben. Auf allen Gebieten wollte er sich von allen andern unterscheiden. So hatte er auch eigene Vorstellungen davon, wie er abgebildet werden wollte: unverwechselbar, in all der willensstarken Vierschrötigkeit, die dem hochgescheiten, listenreichen Mann eigen war.

Damals stellten sich zwar viele Adlige so oder so auf die neue Art der Politik ein, den Umgang mit dem Rat der Fünfhundert und der Volksversammlung. Andere mochten hoffen, die Verhältnisse noch einmal zurückzudrehen. Diese wie jene aber waren zumeist noch den alten, in ganz Griechenland gepflegten Anschauungen und dem herkömmlichen Lebensstil stark verpflichtet.

Es war nicht nur eine Äußerlichkeit, daß sie ihre Söhne noch in der feinen, anmutigen Art ausbilden ließen; daß sie sich noch, wie gewohnt, in ihren alten kostbaren Gewändern kleideten, die Haare aufgesteckt trugen, mit zikadenförmigen goldenen Nadeln befestigt. Dem jungen Perikles sind noch aufs komplizierteste Locken gedreht worden – was wenig später schon als altertümlich erschien.

Bevor es aber soweit war, lebte man in einem eigenartigen

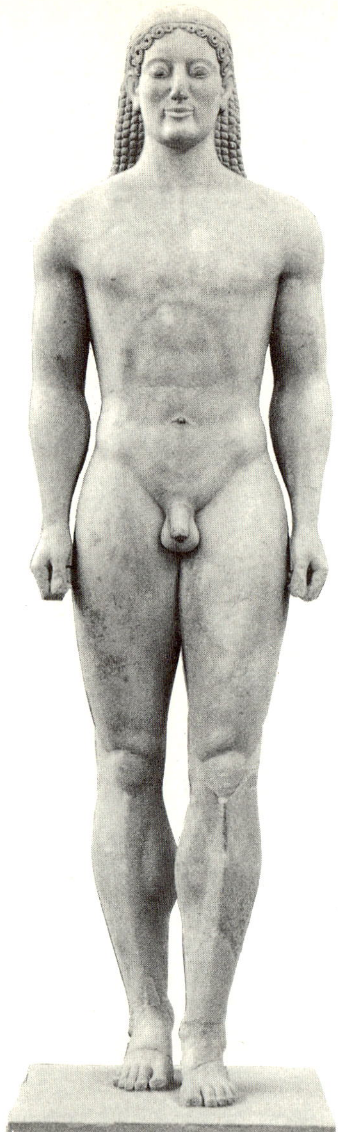

*Kouros von Sunion, etwa 590/80. Athen, Nationalmuseum.*

*Kouros aus Anavyssos (Attika). Auf der Basis steht: »Verweile und trauere am Grabmal des toten Kroisos, den der gewalttätige Ares umbrachte, als er in der vordersten Linie kämpfte«. Um 530; daß der Jüngling den Namen des Lyder-Königs Kroisos (bis 546) trug, könnte auf eine Gastfreundschaft seines Vaters deuten. Athen, Nationalmuseum.*

Zwischenzustand. Noch finden wir, daß die letzten Kouroi gebildet werden, jene großen, oft leicht überlebensgroßen Darstellungen kräftiger junger Männer, nach einem Modell geformt, das seit vielen Jahrzehnten verbindlich war, die Beine gerade nach vorn gerichtet, das eine leicht vor das andere gesetzt, beide aber gleich belastet, die Arme gleichermaßen gesenkt, der Körper gerade aufgerichtet, diszipliniert, das rätselhafte archaische Lächeln im Gesicht, Ausdruck wohl der Überlegenheit eines Stils, der allem gewachsen ist – in den engen Rahmen, in denen man lebte. Die Bildhauer konnten das vorgegebene Modell nur ganz geringfügig variieren.

Doch nur wenig später schon begegnet ein neues Bild des Menschen; wir finden es im sogenannten Kritios-Knaben. Das Gewicht des Körpers auf ein Bein verlegt, das andere entlastet und leicht abgewinkelt, die Hüfte senkt sich schräg, der Körper richtet sich im Gegenschwung auf, die Schultern sind leicht verschoben, der Kopf ein Stück weit zur Seite gewendet. Eine neue Erfahrung menschlicher Kraft, also auch menschlicher Möglichkeiten drückt sich aus. Eine Gelassenheit, die zugleich der Anspannung fähig ist. Anstatt des Lächelns ein verhaltener Ernst. Auch diese Figur steht für sich, aber sie ist nicht so abgehoben von ihrer Umgebung.

Der Kritios-Knabe – und sein Schöpfer – hat sich ein gut Stück freigemacht von langer, verpflichtender Tradition. Der Mensch wird anders gesehen; er ist anders. Auch in seinem Bild verwirklichte sich die Alternative, die sich gerade im Politischen erschlossen hatte. Vielleicht darf man sagen, es sei der isonome Bürger dargestellt, obwohl es nicht so sehr die neue Gleichheit wie die Freiheit war, die Beweglichkeit, der sie entsprang, die in ihm zum Ausdruck kommt. Denn griechische Plastik ist ja regelmäßig auf die Formung des Gleichen, des Typus aus; nur eben jetzt auf neue Weise. Und es ist auch nicht die Besonderheit des isonomen Bürgers (im Unterschied zu andern) gemeint, sondern eben der Mensch, wie er jetzt (im Zeichen der Isonomie) erschien; seinerseits im Aufeinanderwirken gegensätzlicher Kräfte erfahren; wie die isonome Polis.

Wie schnell im damaligen Griechenland der ganze Stil sich wandelte, zeigt sich an einem besonders schönen Beispiel auf Ägina. Kurz vor 500 wurden die beiden Giebelgruppen für den

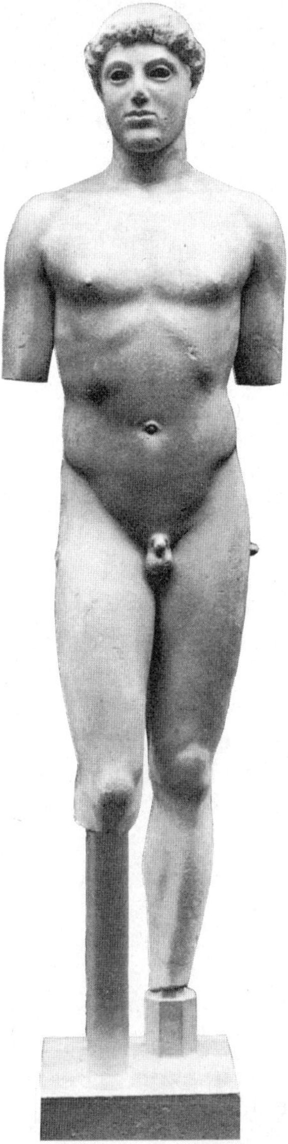

*Kritios-Knabe. Nur wenig ist gegenüber den Kuroi verändert. Das Gewicht des Körpers ruht auf dem linken Bein, folglich ist die rechte Hüfte etwas gesenkt, auch die rechte Schulter, der Kopf wendet sich leicht zur Seite. Aber die wenigen Veränderungen durchbrechen die streng axiale Anordnung der Glieder und machen damit den Weg frei für eine ganz neue Kunst. Der Bildhauer (Kritios) ist aus der Ähnlichkeit des Kopfes mit dem des Harmodios erschlossen. Um 490. Athen, Akropolismuseum.*

*Westgiebel des Aphaia-Tempels in Ägina nach der Rekonstruktion von D. Ohly. Um 500. München, Glyptothek.*

neuen Aphaia-Tempel angefertigt. Der Bau scheint sich aber verzögert zu haben. Als er etwa zehn bis fünfzehn Jahre später soweit war, brachte man zwar am Westgiebel die vorbereitete Gruppe an, diese Front war nicht so wichtig, für den Ostgiebel aber ließ man eine neue herstellen. In kurzer Frist war die alte überholt worden. An die Stelle der spätarchaischen, streng symmetrisch geordneten Komposition, deren Figuren eher für sich sind, in den Bewegungen verhalten und insgesamt eher unangestrengt erscheinen, tritt ein in vielfältigen Bezügen und Überschneidungen lebendes Ganzes; die Körper sind viel stärker bewegt, in kurzen Momenten dargestellt. Sie wenden sich in den Raum; der Raum ist erfüllt, während er in der älteren Gruppe eher leer bleibt. Wo die Sterbenden zuvor ihr archaisches Lächeln hatten, tritt jetzt der Todesschmerz auf die Gesichter der Verwundeten.

Alles also war in Bewegung und mußte neu und in neuen Zusammenhängen gesehen werden. Und das galt auch für das politische Konzert zwischen den griechischen Städten, das sich damals herauszubilden begann. Es war eine großartige Gelegenheit für jemand, der die neuen Verhältnisse so genau und vermutlich auch so frühzeitig zu erkennen begann.

Themistokles ging höchst rational zu Werk. Da er nicht sehr vermögend war, jagte er dem Gelde nach und hütete es knauserig. Da er aber auch auffallen wollte, gab er es gezielt großzügig aus, indem er etwa üppige Feste und Opfergelage veranstaltete. Im einen wie im andern handelte er genau gemäß seinen Zwecken.

Er gab sich Mühe, möglichst viele Bürger namentlich zu kennen. Auch darin lag etwas Neues. Seine Funktionen nahm er gewissenhaft und energisch wahr. Eine Einzelheit ist uns überliefert: Als Aufseher der Wasserleitungen ließ er von den Bußgeldern derer, die beim Ableiten von Wasser ertappt worden waren, eine kleine Wasserträgerin aus Bronze anfertigen und aufstellen. Wir wissen nur nicht, wie typisch oder untypisch das war.

Mit der Volksversammlung konnte er vermutlich gut umgehen. Er verstand sich aufs Reden, aufs Überzeugen – auch wenn er sich, seiner Entschiedenheit wegen, viele Gegner oder gar Feinde schuf. Die Chancen der neuen Ordnung konnte er jedenfalls voll nutzen. Da er über keine nennenswerten Anhängerschaften verfügte, gewann er dadurch vieles.

Und so wird ihm auch der Geist der neuen Ordnung nicht fremd gewesen sein. Was das Gros der Bürger wollte, lag auch ihm am Herzen: die Politik, das Wohl und die Größe der Stadt. Wenn und sofern es darum ging, konnte er glänzen, vielleicht gar der Erste sein. Daraus ergab sich ein gewisses Verantwortungsgefühl. Zwischen ihm und Aristagoras lagen Welten.

Weil es aber die Politik und speziell die Politik der Stadt – nicht so sehr das eigene, im Dienst der eigenen Persönlichkeit stehende Vorteilsstreben – war, was ihn umtrieb, kam er in der damaligen Lage fast von selbst dazu, dies und jenes vorauszuberechnen, sich nicht nur auf das Gegenwärtige, sondern auch auf das Zukünftige einzustellen. Wer nicht nur von sich, sondern von der Polis aus denkt, muß notwendig nicht nur räumlich, sondern auch zeitlich einen größeren Radius entwickeln. Und wenn er dabei nicht in kleinliche Eigensucht oder Parteiinteressen verstrickt ist, reicht sein Blick vermutlich immer ein Stück weit auch nach vorn, zumal in einer Stadt, die einerseits gefährdet ist, andererseits noch nicht recht weiß, wohin sie mit ihrer neugewonnenen Kraft soll. Was er sich im Privaten angeeignet hatte, konnte Themistokles also auf die Polis übertragen. Und das war es, was ihn zu jenem zukunftsweisenden Schritt befähigte, die Befestigung und den Ausbau des Piräus zu betreiben. Es könnte sein, daß der Auftrag, den ihm die Gemeinde erteilte, sich über Jahre erstreckte.

Wenn seine ungewöhnlichen Gedanken, seine kühne Rationalität Themistokles unheimlich erscheinen ließen, so muß doch in der attischen Bürgerschaft damals das Bedürfnis, die eigene Lage zu begreifen, groß gewesen sein; es wäre auch das Bedürfnis gewesen, einen außerordentlichen Mann zu verstehen. Es hätte Themistokles, so wenig integrierend er von Natur aus war, wache Zuhörer und schließlich einen soliden Anhang eingebracht.

Allein, nicht lange nachdem man mit dem Ausbau des Piräus begonnen hatte, veränderte sich die innenpolitische Lage. Ein Gegenspieler trat auf, Miltiades, Sohn des Kimon (und zugleich Vater des jüngeren Kimon), Angehöriger eines alten, wohlhabenden athenischen Adelsgeschlechts. Er war einer jener fürstlichen Herren, die damals an der griechischen Peripherie, bevorzugt im Norden der Ägäis, kleine Herrschaften besaßen. Ein Onkel gleichen Namens hatte die vielleicht interessanteste unter ihnen vor der Mitte des sechsten Jahrhunderts aufgebaut; sie umfaßte große Teile der Halbinsel, die vom Westen her den Hellespont, die Dardanellen eingrenzt; die thrakische Chersones (heute: Gallipoli). Die Dolonker, welche sie bis dahin beherrscht hatten, sollen diesen älteren Miltiades zu Hilfe gerufen haben, denn sie wurden durch Übergriffe eines angrenzenden Stammes bedroht und suchten Unterstützung sowohl durch die Tatkraft und das Organisationstalent eines überlegenen Mannes wie durch griechische Siedler. Miltiades hatte der Tyrannis der Peisistratiden entrinnen wollen; aber es gab auch athenische Interessen in dieser Gegend, so daß die Peisistratiden später dem jüngeren Miltiades halfen, das Erbe der Herrschaft dort anzutreten.

Gegenüber der Südspitze der Chersones lag die Stadt Sigeion, jener Stützpunkt, den ein athenischer Adliger schon im siebten Jahrhundert erobert und den später die Peisistratiden für sich in Besitz genommen hatten. So war die Einfahrt in den Hellespont zu beiden Seiten von Athenern beherrscht. Die Sicherung gegen die nördlich angrenzenden Stämme bewerkstelligte Miltiades, indem er an der engsten Stelle der Chersones eine Mauer von einer zur andern Seite zog. Er und sein unmittelbarer Nachfolger Stesagoras versuchten zusätzlich, Lampsakos zu gewinnen, um auch die Einfahrt vom Marmarameer beiderseits zu kontrollieren. Das freilich ist ihnen mißlungen.

Es ist nicht einfach, den Zusammenhang zwischen den persönlichen Herrschaften attischer Adliger und der Polis Athen zu begreifen. Sigeion scheint die Tyrannenfamilie genau so in Besitz genommen zu haben wie Athen; nur daß Athen dann befreit wurde und Sigeion in der Hand des Hippias blieb. Die Herrschaft auf der thrakischen Chersones dagegen war von vornherein persönlicher Besitz des Miltiades und seiner Erben. Doch scheinen sie gelegentlich auf die Unterstützung ihrer Heimatstadt angewiesen gewesen zu sein. Und offenbar hat man sich relativ gut miteinander arrangiert. Man hatte gemeinsame Interessen. Inwieweit die Perser, als sie die östliche Seite der Durchfahrt in Besitz nahmen (bald nach 546), schließlich die thrakische Chersones von sich abhängig machten (kurz vor 500), die Interessen der athenischen Herren störten, wissen wir nicht. Zumindest der jüngere Miltiades, der seit etwa 520 die Herrschaft innehatte, hätte ihre Oberhoheit lieber abgeworfen. Während des Jonischen Aufstands scheint er ihnen die Inseln Lemnos und Imbros abgenommen zu haben.

Als sie nun, 493, das Gebiet zwischen den Dardanellen und Byzanz neuerdings in Besitz nahmen, lud er seine Schätze auf fünf Schiffe, verlor eines bei der Flucht vor den phönizischen Schiffen und kehrte nach Athen zurück. Die beiden Inseln, die ihm vermutlich schon nicht mehr gehörten, schenkte er seinen Mitbürgern.

Es war sehr merkwürdig und scheint nicht recht zueinander zu passen: Ein fürstlicher Herr, ein Tyrann, der auf großem Fuße gelebt hatte, reich und zu befehlen gewohnt, Schwiegersohn des Thrakerkönigs, taucht in der isonomen Stadt der Bürger auf, die alles mögliche zu schätzen wissen, nur nicht die Tyrannis. Er findet die Stadt gegenüber der Zeit, da er sie verließ, völlig verwandelt vor. Aber es geht gut.

Bestes Indiz dafür, daß Miltiades die Athener für sich einnehmen konnte, ist, daß seine Gegner ihn wegen der Tyrannis vor Gericht zogen. Die juristische Basis dieses Prozesses ist ungewiß, die Absicht deutlich: Seine Rivalen versuchten alles, um ihn loszuwerden. Offenbar hielten sie ihn für gefährlich. Sie könnten sich auch daran gestoßen haben, daß Miltiades ein überzeugender

Verfechter des Krieges gegen die Perser war. Immerhin gab es in Athen eine Strömung, die dazu tendierte, einen Ausgleich mit dem Weltreich zu suchen. Doch sprach das Gericht Miltiades frei, und wenig später wurde er gar zu einem der zehn Strategen für 490/89 gewählt.

Er scheint den Athenern eine Zuflucht gewesen zu sein. Was auf der thrakischen Chersones die herrschaftliche Großzügigkeit, die Weltläufigkeit seines Lebens ausgemacht hatte, wirkte in Athen als Schwung, verlieh Mut und schuf Vertrauen. Was an ihm abenteuerlich und unbekümmert war, war gerade das, was die Athener damals brauchten. Er störte ihre Ordnung nicht, und selbst wenn sie dergleichen von ihm befürchtet hätten, so war ihnen dies im Moment nicht wichtig. Er kannte die Perser, hatte vielleicht auch Erfahrungen mit ihrer Kriegführung, jedenfalls vermittelte er den Athenern das Gefühl, daß sie sie nicht zu fürchten hatten. Und das war für eine Bürgerschaft, deren Mehrheit dazu neigte, nicht den einfachen Weg der Bequemlichkeit, sondern den schwierigen der Behauptung ihrer Freiheit zu gehen, fast so nötig wie das tägliche Brot.

Ob die andern Politiker soweit hinter ihm zurückstanden, wie es in den Quellen erscheint, ist unklar. Themistokles wird sich schwarz geärgert haben, aber er konnte nichts machen. Seine zwar ebenfalls kühne Art, seine Entschlossenheit gegen die Perser hatte nicht das Mitreißende, das Faszinierende des fürstlichen Herrn; vielleicht war er auch noch zu jung, zu wenig bekannt, hatte von sich noch nicht genügend überzeugt. Jedenfalls war der Einfluß des Miltiades in den folgenden Monaten beherrschend. Er vor allem bestimmte die Athener, mit den Persern den offenen Kampf zu wagen; unter seiner Führung haben sie gesiegt.

491, EIN Jahr nachdem die Perser die Nordküste der Ägäis neuerdings in Besitz genommen und ihre Herrschaft dort reorganisiert hatten, schickte der Großkönig Gesandtschaften zu den Poleis im Mutterland, die sie auffordern sollten, ihm Erde und Wasser zu geben. Zumeist hatten sie Erfolg, auch in Ägina, was den Athenern einige Unruhe, aber vor allem wohl Ärger bereitete. Unter den Städten die sich weigerten, waren Eretria, Sparta und Athen.

In Sparta ging man so weit, die Gesandten in eine Schlucht zu stürzen. In Athen wurden sie in einen Brunnen geworfen; dort könnten sie sich Erde und Wasser holen. Themistokles soll sogar bei der Volksversammlung durchgesetzt haben, daß der Dolmetscher hingerichtet wurde, weil er die Unverfrorenheit besessen hätte, die griechische Sprache für die Befehle eines Barbaren zu mißbrauchen. Wenn die Nachricht richtig ist, so ergäbe sich daraus zugleich, daß beim Brunnensturz nicht Eigenmacht von Einzelnen, sondern die Bürgerschaft selbst am Werk war.

Die Spannungen, die am Ende des sechsten Jahrhunderts zwischen Athen und Sparta bestanden hatten, könnten schon länger abgebaut gewesen sein. Jetzt baten die Athener König Kleomenes sogar, ihnen gegen Ägina zu helfen. Sie befürchteten, daß die Ägineten mit den Persern gemeinsame Sache machten. Sparta verlangte daher von ihnen zwölf führende Politiker als Geiseln, um sie den Athenern zu übergeben. Als Antwort darauf brachten die Ägineten ein Schiff mit vornehmen Athenern in ihre Gewalt. Athen, dessen Flotte eher schwach war, lieh sich von den Korinthern zwanzig Schiffe, wofür diese übrigens eine symbolische Mietzahlung verlangten, um von den Ägineten nicht für ihre Hilfe haftbar gemacht zu werden. Außerdem stachelte man einen äginetischen Politiker an, Unruhen zu stiften; auch dort sollte eine Isonomie eingeführt werden. Doch die Abstimmung der Termine funktionierte nicht, so daß der Umsturz und trotz gewisser Erfolge auch der attische Angriff scheiterte. Immerhin gelang es der aus siebzig, zum größten Teil eher veralteten Schiffen bestehenden attischen Flotte, die äginetische zu besiegen, was einigermaßen verwunderlich war. Danach scheint zunächst Frieden geherrscht zu haben.

Zu Anfang des Jahres 490 brach eine neue persische Streitmacht auf. Heer und Flotte wurden wieder in Kilikien gesammelt. Etwa 600 Triëren sollen es gewesen sein, dazu Pferdetransportschiffe. Insgesamt wohl eine Truppe von etwa 800 Reitern mit 1 200 Pferden sowie ungefähr 25 000 Soldaten zu Fuß. Was alles in allem, das Schiffspersonal hinzugerechnet, eine Expedition von um die 90 000 Mann ausmachte. Damit meinte man wohl, gegen Athen und Eretria sowie einige andere Städte hinreichend gewappnet zu sein. Die meisten waren ja schon auf die Seite des Perserkönigs übergewechselt. Das Unternehmen stand unter der Führung des Datis und des Artaphernes.

Auf dem Weg durch die Ägäis nahmen die Perser Naxos und einige weitere Inseln ein; verlangten Truppen und Geiseln, was sie zumeist auch bekamen. Dem Heiligtum in Delos erwiesen sie ihre Reverenz. Die Inseln waren, so schien es, weithin bereit, sich zu unterwerfen. Nur die Stadt Karystos auf Euböa leistete eine Weile Widerstand.

Die Eretrier, gegen die man sich als nächste wandte, verteidigten sich in den Mauern ihrer Stadt, wurden aber nach sechs Tagen erbitterten Kampfes verraten, die Perser zerstörten die Stadt samt den Heiligtümern; wieder, wie zuvor in Jonien, sollen sie eine Menschenkette gebildet haben, um alle Einwohner zusammenzutreiben. Das Ergebnis war jedenfalls, daß ein Teil der Eretrier, wie vier Jahre zuvor die Milesier, verschleppt wurde, zunächst nach Susa, dann siedelte der König sie in Persien an.

Solche Deportationen waren alte orientalische Herrschaftsmittel, die die Assyrer in großem Stile angewandt hatten; die Perser machten sehr sparsamen Gebrauch davon. Aber offenkundig glaubten sie, auf diese Art von Bestrafung und Abschreckung nicht völlig verzichten zu können. Bedenkt man die verschiedentlich angewandte griechische Praxis, die Männer einer eroberten Stadt hinzurichten, Frauen und Kinder in die Sklaverei zu verkaufen, so kann man dem persischen Verfahren eine relative Humanität nicht absprechen. Die Tatsache, daß in ihrem Reich viel Platz vorhanden war, erleichterte ihnen das. Doch sollte man die (relative) Großmütigkeit, auf die die Perserkönige so stolz waren, nicht verkennen. Gleichwohl war auch diese Art der Bestrafung für die Betroffenen hart – und sie machte den Athenern deutlich, was sie zu gewärtigen hatten; 490 sowohl wie beim Xerxes-Zug von 480.

Das persische Aufgebot landete wenige Tage später in der Ebene von Marathon. Der Plan stammte von Hippias. Er wiederholte jetzt mit den persischen Schiffen, was sein Vater Peisistratos knapp zwei Generationen zuvor gemacht hatte, als er, ebenfalls von Eretria aus, in Marathon an Land ging, um von dort aus Athen zu erobern. Es bot sich der großen Flotte dort ein günstiger Anlaufplatz, die Landung konnte ohne Schwierigkeiten vonstatten gehen, zumal die Küste nicht oder bestenfalls ganz unzulänglich bewacht war. Hippias mag gehofft haben, daß viele Athener sich auf die Seite der Perser schlügen. Sie konnten erwarten, so der Deportation zu entgehen. Von Marathon aus war man rasch in Athen, zumal mit der Reiterei. Und nahe der Stadt, am Phaleron, zu landen, empfahl sich nicht, weil die attische Armee das Ufer dort leicht hätte verteidigen können.

Die Nachricht von der Landung wird ziemlich schnell, vermutlich über Feuersignale, in Athen gewesen sein. Sie kam nicht unerwartet. Am nächsten Tag muß die Volksversammlung beraten haben, denn was immer man schon geplant hatte, jetzt war zu beschließen, was geschehen sollte. Das Hoplitenaufgebot war wohl schon vor der Stadt versammelt, die Volksversammlung also gut besucht; diejenigen, die den Krieg zu führen hatten, waren anwesend. Und offenbar gab der Wille ihrer Mehrheit, der Wille der Mittleren den Ausschlag. Was immer diejenigen gedacht haben mögen, die den bequemen, opportunistischen Ausweg vorgezogen hätten, sie waren entweder so weit in der Minderzahl oder sie genierten sich ihrer Absichten so sehr, daß sie nicht durchkamen. Unter den Politikern scheint vor allem Miltiades das Wort geführt zu haben.

Man faßte den Beschluß, in aller Eile einen Boten nach Sparta abzufertigen: Er sollte die Landung melden und zur Eile mahnen. Daß die Spartaner kommen wollten, wird schon beschlossene Sache gewesen sein. Doch gab es Probleme mit dem Termin. Denn sie feierten gerade das Fest der Karneen, es war Spätsommer, und einem alten Brauch zufolge durfte ihr Heer während der Festtage nicht ausrücken. Hippias muß das gewußt haben, und vermutlich hatte er den Termin der Landung entsprechend bestimmt. In Athen dagegen erwartete man offenbar, die Spartaner würden über ihren Schatten springen.

Gleichzeitig beschloß man, auch Sklaven zu den Waffen zu rufen, denen man die Freilassung versprach. Es kann sich nur um einen bestimmten Personenkreis gehandelt haben; vermutlich die, die ihre Herren auch sonst als Träger und Diener in den Krieg mitzunehmen pflegten. Mag sein, daß sie ihrerseits an den Umgang mit Waffen gewohnt waren, jedenfalls war man ihrer Loyalität sicher. Alle übrigen, die Theten, blieben vom Dienst befreit, sofern sie nicht etwa damit beschäftigt wurden, für alle Fälle die Stadtmauern instand zu setzen und gewisse Wachdienste zu verrichten.

Der wichtigste Beschluß aber war, daß das Heer Proviant aufnehmen und ausrücken solle, den Persern entgegen nach Marathon. Die Athener sollten sich nicht hinter ihren Mauern verschanzen. Man scheint die psychologischen Gefahren der Belagerung, scheint auch den Verrat gefürchtet zu haben. Besser, man zog aus, machte sich Mut, die Armee blieb unter sich, ergriff die Initiative, als daß sie abgewartet hätte. Die Stärke des persischen Aufgebots war bekannt. Zusammen mit den Spartanern mußte man die Fußtruppen wohl schlagen können; mit der Reiterei mochte es allerdings Schwierigkeiten geben.

So brach die Armee, neun- oder zehntausend Mann stark, nach Phylen gegliedert, in aller Eile auf; vermutlich noch am gleichen Nachmittag oder frühen Abend; während der »Tagesläufer« Pheidippides über Eleusis, Megara, Korinth auf Sparta zueilte. Solche Eilboten, die am Tag gut hundert Kilometer laufen konnten, wurden damals ausgebildet, man brauchte sie, und sie vermochten Außerordentliches zu leisten. Am zweiten Tage soll Pheidippides schon in Sparta angelangt sein, die Entfernung betrug über 250 Kilometer; die Strecke war nicht gerade eben. In Arkadien soll er, eigener Erzählung nach, dem Gott Pan begegnet sein, der ihn fragte, warum die Athener sich nicht um ihn kümmerten, obwohl er ihnen wohlgesinnt sei. Nach dem Krieg haben sie es nachgeholt.

Nur war alle Eile umsonst. Soviel auf die Spartaner angekommen wäre, so außergewöhnlich die Gefahr war, so wenig wären sie Spartaner gewesen, wenn sie sich nicht strikt an ihre Bräuche gehalten hätten. Einige Tage später dann, bei Vollmond, als das Fest vorbei war, brachen 2 000 Mann unverzüglich auf, doch trotz raschen Marsches trafen sie erst am Tage nach der Schlacht ein.

Die Athener hatten am südlichen Rand der Ebene von Marathon, auf dem Abhang des Agriliki in einem Herakles-Heiligtum ihr Lager aufgeschlagen. Von dort konnten sie den üblichen Weg nach Athen kontrollieren, der zwischen dem Berg und einem sumpfigen Gelände verlief, das sich bis zur See erstreckte. Solange sie dort standen, konnten die Perser die Ebene aber auch auf dem andern, direkt westlich nach Athen führenden Weg kaum zu verlassen wagen. Der Zugang zur griechischen Stellung war so schmal, daß er leicht in voller Breite zu verteidigen war. So waren die Athener wohl sicher vor dem Flankenangriff der persischen Reiterei. Teile des Geländes machten sie durch Verhaue aus Astwerk unpassierbar. Unterdessen trafen noch tausend Mann aus der ihnen eng verbundenen, unter ihrem Schutz stehenden böotischen Grenzstadt Platäa zu ihrer Unterstützung ein.

Angreifen aber konnten Athener und Platäer die Perser so ohne weiteres nicht, denn auf freiem Feld waren sie deren Kavallerie ausgesetzt. So warteten sie ab. Allzu lange konnte es bis zur Ankunft der Spartaner nicht dauern. Wenn sich nicht irgendeine Zufallschance ergab, war es das beste, sich vorher nicht aus der Reserve locken zu lassen. Es wird Mühe gekostet haben, sie bei Laune zu halten. Immerhin war die Stellung gut und, wie man sah, riskierten auch die Perser keinen Angriff.

Da erhielt man im griechischen Lager die Meldung, daß die persische Reiterei »weg« sei. Im Perserheer gab es auch jonische Kontingente. Einige von deren Angehörigen waren bereit, den Athenern Informationen zu liefern. Zeichen waren verabredet. Offenbar konnten die Griechen die Ebene nicht ganz überblicken, sei es weil Bäume ihnen den Blick versperrten, sei es weil es dunkel war.

Nach dem Bericht, der uns vorliegt, ließen die Perser Truppen, vor allem Reiterei, auf die Schiffe verladen. Sie sollten vermutlich aufs schnellste nach Phaleron gesandt werden. Während das Gros des Kontingents die attische Armee bei Marathon festzuhalten suchte, sollten sie sehen, mit Hilfe ihnen freundlich gesinnter Athener die Stadt in Besitz zu nehmen, bevor die Spartaner da waren. Der Bericht hat sehr vieles für sich.

In dieser Situation könnte sich der Streit unter den zehn athenischen Strategen abgespielt haben, von dem uns Herodot berichtet: Die eine Hälfte wollte die Schlacht, die andere opponierte dagegen. Den Ausschlag gab der Polemarch Kallimachos. Man konnte in der Tat schwanken. Sollte man nicht lieber gleich nach Athen ziehen, um die Stadt zu verteidigen? Wenn man die Schlacht wagte, lief man dann nicht, ganz abgesehen vom Risiko ihres Ausgangs, Gefahr, nicht mehr rechtzeitig vor den persischen Detachements dort anzukommen? Miltiades aber fürchtete, daß die geheime Spaltung unter den Athenern sich vertiefe, daß ihr Mut, ihr Schwung zusammenbreche. Noch waren sie mehrheitlich entschlossen. Gäben die Götter beiden Seiten gleiche Chancen, so hätten sie gute Aussichten auf den Sieg. Man konnte, man mußte die Perser bei Marathon schlagen; dazu reiche, so muß er gefunden haben, die Zeit gerade noch aus.

Kallimachos ließ sich überreden, seine Stimme gab den Ausschlag. Es war ein kühner, aber wohl der einzig richtige Entschluß, im militärischen wie im politischen Sinne; daß Miltiades ihn durchsetzte, vielleicht sein größtes Verdienst bei Marathon.

Die Griechen formierten sich also. Die Opfer, die dem Brauch gemäß dargebracht wurden, fielen günstig aus. Gleichzeitig stellten die Perser ihr Heer in der Ebene auf. Dann wurde das Signal gegeben, vielleicht auch ein Schlachtgesang angestimmt, die Phalanx setzte sich in geschlossener Formation, jeder in der Linken den Schild, in der Rechten den langen Speer, streng auf den Gleichschritt achtend, den Abhang hinab in Bewegung.

Etwa 1200 Meter trennten sie vom Schußbereich der persischen Bogenschützen. Sobald sie ihn, nach gut zehnminütigem Marsch, erreicht hatten, verfielen sie für die letzten 200 Meter in Laufschritt – was ganz unüblich und höchst riskant war, da die Linien dadurch sowohl zur Seite wie nach hinten auseinandergezogen wurden. Aber es erschien ihnen so am besten.

Sie hatten die beiden Flügel ihrer Schlachtordnung stark gemacht, dort traten mehrere Reihen von Hopliten hintereinander an. Doch hatten sie nicht genügend Mannschaften, so daß sie im Zentrum nur wenige Reihen bilden konnten. Auf dem rechten Flügel befehligte der athenische Polemarch, auf dem linken standen die Platäer.

Der Anblick der Perser soll den Griechen zuvor Angst und Schrecken eingejagt haben. Wenn das stimmt, muß es wohl das Ungewohnte, Fremde gewesen sein, was sie beunruhigte. Vielleicht war es nur die Vorstellung – Herodot sagt: der »Name« – der Perser, die die Wahrnehmung bestimmte. An Bewaffnung jedenfalls waren sie den Griechen unterlegen. Sie kämpften mit Pfeil und Bogen, zum Teil mit kurzen Lanzen sowie mit dem Krummsäbel. Und sie trugen Lederkleidung, eventuell mit Metallplättchen verstärkt und auf dem Kopf den Turban. Kein Vergleich mit den durch Helm, Brustpanzer und einem unterhalb der Taille ansetzenden »Rock« von Lederlappen sowie mit Beinschienen gepanzerten Griechen mit ihren Schilden, Langspeeren und kräftigen Schwertern. Dafür scheinen die Perser aber wendiger gewesen zu sein, vielleicht auch glänzend ausgebildet und jedenfalls sehr tapfer.

So gelang es den Griechen auf den Flügeln zwar, dort, wo ihre Linien schon mit voller Wucht aufprallten, nach langem Kampf die Perser in die Flucht zu schlagen, doch in der Mitte unterlagen sie. Nur waren die Griechen auf den Flügeln zu diszipliniert und zu gut geführt, um die vor ihnen weichenden Gegner zu verfolgen. Vielmehr schwenkten sie zur Mitte hin ein, so daß sie den Sieg auf der ganzen Linie erfechten konnten.

Anschließend sammelten sie sich und drangen in Richtung auf die Schiffe vor. Ob die persische Reiterei schon vollständig abtransportiert war, ist ungewiß. Es gibt Hinweise, wonach mindestens Teile von ihr in die Schlacht eingegriffen haben. Der Kampf bei den Schiffen war hart und verlustreich. Kallimachos ist dort gefallen, auch ein Bruder des Aischylos. Übrigens war der Dichter selbst am Kampf beteiligt. Die Perser könnten dadurch begünstigt gewesen sein, daß zwischen dem Sumpfgebiet und dem Meer nur eine schmale Nehrung sich erstreckte, vor der ihre Schiffe lagen. Jedenfalls gelang es ihnen erstaunlicherweise, fast ihre ganze Flotte zu retten, nur sieben Schiffe haben die Griechen erobern können.

Die persischen Landtruppen freilich hatten große Verluste erlitten. Insgesamt rund 6400 Mann sollen gefallen sein, zumeist wohl im Nahkampf, zum Teil, weil sie auf der Flucht in die Sümpfe gerieten. Auf griechischer Seite waren es 192. Diese Zahl scheint gesichert, die der Perser wird erschlossen sein, denn eigenartigerweise ist sie so bemessen, daß die griechischen Verluste genau drei Prozent der persischen betragen. Freilich wird man auf griechischer Seite viele Verwundete gehabt haben, zumal aufgrund der Pfeilschüsse.

Man mag, der Sitte gemäß, auf dem Schlachtfeld noch ein Siegesmal aus Waffen errichtet haben. Lange Zeit zum Feiern jedenfalls bestand nicht. Nach kurzer Ruhepause, vielleicht noch in der Nacht, brach die Armee in Richtung Athen auf. Sie mußte vor den Persern dort sein. Die Mannschaft einer Phyle blieb als Wache im persischen Lager zurück.

Die spätere Erzählung von dem Boten, der Athen nach langem »Marathon-Lauf« erreichte und dort, nachdem er den Sieg verkündet, sterbend zusammenbrach, gehört zur Ausschmückung des Ereignisses; sie ist vermutlich nicht historisch.

Einige der persischen Schiffe nahmen die gefangenen Eretrier auf, die sie auf einer Insel gegenüber Marathon abgeladen hatten, das Gros fuhr um das Kap Sunion herum auf den Phaleron zu, den vorausgeschickten Schiffen folgend. Sie sollen durch ein Signal, einen in die Höhe gehaltenen Schild dazu veranlaßt gewesen sein; möglicherweise besagte es, daß die Freunde in Athen bereit waren, ihnen die Stadt zu übergeben. Freilich könnte das Signal, wenn es überhaupt historisch ist, auch schon zuvor gegeben worden sein; so daß dann die ersten Detachements aufbrachen.

Die attisch-platäische Armee zog nicht direkt an die Küste, sie nahm vielmehr im Herakles-Heiligtum in Kynosarges vor der südlichen Stadtmauer Athens Quartier. Von dort konnte sie die Stadt kontrollieren und war zugleich wenig mehr als eine halbe Stunde Fußmarsch vom Strand bei Phaleron entfernt. Die Perser, deren Schiffe dort noch aufkreuzten und vor Anker gingen, zogen sich zurück.

Erstmals hatte eine griechische Armee eine persische in offener Schlacht besiegt. Die Angst, den Truppen des östlichen Weltreichs unterlegen zu sein, war gebrochen. Die Phalanx der schwerbewaffneten Hopliten, jenes Instrument innergriechischer Kriege, gebildet aus einer überschaubaren Zahl gleichberechtigter Bürger, berechnet auf eine Art Turnierkrieg, in dem es auf den frontalen Zusammenstoß ankam, ohne viel Eingreifen von Reiterei und Leichtbewaffneten, hatte sich im Kampf mit dem sieggewohnten, auf großräumige Operationen eingestellten persischen Heer bewährt.

Man kann es pars pro toto nehmen: Was das Heer konnte, konnte von jetzt an auch die Polis; erstmals standen diese kleinen Gebilde von Gleich zu Gleich der kontinentalen Großmacht gegenüber. Es hatte nicht mal die Spartaner gebraucht. Die mußten sich mit der Besichtigung des Schlachtfeldes, auf die sie übrigens Wert legten, begnügen. Sie konnten die Athener nurmehr beglückwünschen.

Abweichend von der späteren, möglicherweise aber schon damals geltenden Sitte wurden die gefallenen Athener nicht in die Stadt überführt. Vielmehr errichtete man, nachdem man ihre Körper verbrannt hatte, über ihnen an Ort und Stelle einen Grabhügel, etwa zehn Meter hoch und fünfzig Meter im Durchmesser. Auf ihm stellte man später Tafeln auf, auf denen ihre Namen, phylenweise, Mann für Mann, verzeichnet waren. Ein anderer Grabhügel barg die Überreste der Platäer sowie der gefallenen Sklaven. Auch Miltiades bekam ein Denkmal, und es wurde ein Siegeszeichen aus hellem, wohl pentelischem Marmor errichtet. Um 460 ließ sein Sohn Kimon ein großes Gemälde der Schlacht in der »Bunten Halle« (Stoa Poikile) am Nordrand der Agora anbringen, was zugleich dem Ruhm seines Vaters diente.

Und noch jahrzehntelang galten die Marathon-Kämpfer als die Verkörperung besten Athenertums: nicht nur tapfer, sondern auch rechtschaffen, genügsam, Bürger im wahren Sinne des Wortes. Ihr Sieg schien noch den bei Salamis zu überstrahlen. Er hatte nichts Technisches, war vielmehr im Nahkampf Mann gegen Mann erfochten, und zwar gemäß der alten Art. Mit den Seesiegen, den Schiffen verknüpfte sich der Gedanke an die Ruderer aus der untersten Schicht, an die Größe, aber auch an die Problematik des groß gewordenen Athen. Marathon hatte dagegen den Reiz des Anfangs. Und es war, so groß auch der persönliche Anteil des Miltiades am Erfolg gewesen ist, in weit höherem Maße als etwa Salamis das Werk aller Beteiligten.

So konnte sich denn auch, als Miltiades sich zum Lohn einen Olivenkranz erbat, Widerspruch nicht nur erheben, sondern bei der Volksversammlung Anklang finden. »Wenn Du einmal allein mit den Barbaren kämpfst und sie besiegst, dann kannst Du auch für Dich allein eine Auszeichnung verlangen«, soll ihm Sophanes, ein Mann, der sich als Soldat besonders ausgezeichnet hatte, entgegnet haben. Seine Meinung könnte vom Neid diktiert gewesen sein; aber die Zustimmung, auf die er stieß, bezeugte gewiß das Selbstbewußtsein der attischen Bürger.

Eine gewisse Schwierigkeit hatten die Athener noch mit Artemis Agrotera. Sie hatten vor der Schlacht versprochen, ihr für jeden gefallenen Perser eine Ziege zu opfern. Nun reichten die Tiere nicht. Sie verfügten daraufhin, es sollten der Göttin jährlich 500 Ziegen dargebracht werden; und daran haben die Athener sehr lange festgehalten. Sie feierten ihr ein Fest in Form eines großen Opfergelages. Selbstverständlich weihten sie zugleich der Athene und andern Göttern einen Teil der Beute. Und dem Pan wurde nicht nur ein Heiligtum in einer Höhle unterhalb der Akropolis geschaffen, sondern auch ein jährlicher Fackellauf gewidmet.

Im Jahr darauf, 489, richtete Miltiades an die Athener die Bitte, ihm siebzig Schiffe sowie Mannschaften und Geld zu geben, damit er einen für sie sehr lukrativen Zug unternehmen könne. Gegen wen es gehen sollte, wollte er ihnen nicht verraten. Das war im Sinne alter Raubzüge gedacht, deren Ziel auch nicht öffentlich bekanntgegeben werden durfte. Wir begegnen solchen Anträgen ohne genauere Zielangabe in jener Zeit auch sonst. Die Athener hatten denn auch nichts dagegen, dem bewährten Mann seinen Wunsch zu erfüllen.

Miltiades fuhr gegen Paros, vielleicht auch gegen andere Inseln, um hohe Strafzahlungen dafür zu verlangen, daß sie sich dem Perserzug angeschlossen hatten. Doch was immer er sonst für Erfolge hatte, die Parier setzten sich zur Wehr. Nach 26 Tagen Belagerung gab Miltiades das Unternehmen auf.

Ein Gerichtsverfahren folgte, wegen Betrugs. Xanthippos, der Sohn des Ariphron, Vater des Perikles, erhob die Anklage. Das Volksgericht fand Miltiades schuldig, war aber im Hinblick auf all das, was er für die Stadt getan hatte, nicht bereit, ihn zum Tode zu verurteilen. Indes verhängte es eine sehr hohe Geldstrafe. Miltiades war schon während des Prozesses schwer erkrankt, er starb bald nach der Verurteilung. Sein Sohn Kimon erlegte die Buße.

Dieses Unternehmen ließ sich insofern durchaus politisch verstehen, als die Athener den Übertritt der Inseln zum Großkönig nicht einfach hinnehmen konnten. Sie mußten mit einem neuen Perserzug rechnen, und es mußte ihnen daran gelegen sein, daß sich die Perser nicht auf die Inseln in ihrem unmittelbaren Vorfeld stützen konnten. Gleichwohl ist Herodots Bericht eindeutig: Der Zug gegen Paros schien ihm von Miltiades um der Bereicherung und Beute willen ins Werk gesetzt zu sein.

Wahrscheinlich war sowohl das eine wie das andere richtig: Es gab politisch-militärische Erwägungen im Interesse Athens. Es gab aber auch den Ehrgeiz des fürstlichen Herrn Miltiades, der sich ein neues Betätigungsfeld suchte.

Man muss hier genauere Unterschiede machen: Liest man Herodot, so hat man zunächst den Eindruck, wie wenn es damals mit der Rationalität politischen und militärischen Berechnens nicht sehr weit her gewesen wäre. Unverhältnismäßig viel Raum nehmen bei ihm Schilderungen ein, die über den irdischen Zusammenhang hinausweisen. So die Begegnung des attischen Eilboten mit dem Gott Pan – in der Überanstrengung seines Laufs, in der »Pansstunde« wohl erklärlich –, oder die Szene, da Hippias bei der Landung vor Marathon erstmals wieder attischen Boden betritt: Er hatte in der Nacht geträumt, bei seiner Mutter zu schlafen; ein Vorzeichen dafür, wie er meinte, daß er »sein« Land zurückbekäme. Dann mußte er niesen, die Zähne des alten Mannes saßen locker, einer von ihnen fiel auf den Sand, und er fand ihn nicht wieder. Da habe er gewußt, daß nicht ihm, sondern nur seinem Zahn attischer Boden zugedacht war.

Und so soll auch Miltiades in Paros gescheitert sein, weil er auf den Rat einer Priesterin illegal in ein Heiligtum eingedrungen war, um dort geheime Verrichtungen zu vollziehen. Als er heraustrat, überfiel ihn ein Schauder. Die Parier glaubten nachher, die Priesterin hätte sie verraten wollen. Aber das Delphische Orakel bedeutete ihnen, sie habe dem Athener den Weg in das Unglück, das ihm bestimmt gewesen sei, gebahnt.

Allein, was in einer Zeit geschieht und wie es nachträglich in Erzählungen gedeutet und das heißt auch: dargestellt wird, ist zweierlei. Die Fähigkeit zu rationalem Nachvollzug, vor allem das Vermögen, sich solchen ins Überirdische weisenden Sinngebungen zu entziehen, muß nicht im gleichen Schritt mit der Fähigkeit, rational zu planen, wachsen. Die intellektuelle Kapazität unseres Deutungsvermögens bleibt vielleicht notwendig hinter unserer Fähigkeit zu handeln zurück – wenn die beiden sich nicht, womit es in Athen aber noch seine Weile haben sollte, auf sehr hoher Ebene einmal begegnen.

So ist aus den Erzählungen, die Herodot bietet, nicht direkt auf das Niveau des Handelns zu schließen. Nicht erst die langfristig angelegte Vorbereitung auf den Xerxes-Feldzug, grob gesagt: auf Salamis, sondern schon die kurzfristige auf die Abwehr des Datis und Artaphernes, auf Marathon also, beruhte auf souveränen Kalkulationen. Und es ist keineswegs gesagt, daß nur einige hervorragende Männer und nicht auch die Volksversammlung ihren vollen Anteil daran hatten. Auch wenn im Hintergrund und vor allem im Feld, in der Situation unmittelbarer, drohender Gefahr religiöse Rücksichten und Aberglauben das ihre forderten.

Eine andere Frage ist, wie sich die Gewichte zwischen den Geboten der Polis-Politik auf der einen und denen des individuellen aristokratischen Ehrgeizes auf der anderen Seite zueinander verhielten. Nie ist bei griechischen Adligen die Selbstherrlichkeit ganz unterdrückt gewesen. Immer war in ihnen etwas von der alten Eigenständigkeit, der unpolitischen Ruhmsucht, der Beziehung auf eine »ästhetisch« die Dinge nehmende Öffentlichkeit angelegt und konnte in Eskapaden ausbrechen. Genauso wie sie ja auch dem Gewinn-, dem Luxusstreben unter Umständen allzu sehr nachgeben konnten. Stets mußte, zumindest im fünften Jahrhundert, die Allgemeinheit den Adelsindividualismen entgegenwirken, um das Interesse der Polis (oder das, was die Allgemeinheit dafür hielt) zur Geltung zu bringen.

Doch gab es gerade auch im Verhältnis zwischen dem großen Einzelnen und dem Volk bemerkenswerte Unterschiede. Sie kamen gerade im Zwischenzustand dieser Jahre, besonders in der Zeit um 490, zum Ausdruck. Miltiades war zwar in der Lage, angesichts der gemeinsamen Gegnerschaft gegen Persien, des gemeinsamen Interesses also zwischen ihm und Athen, auf geradezu ingeniöse, zugleich breithin überzeugende Weise der Stadt zu dienen. Doch der fürstliche Herr, der Tyrann der thrakischen Chersones konnte kaum anders, als sehr stark auch an sich selbst zu denken. In dem Moment, als die Interessengemeinschaft erledigt war, schob sich das wieder in den Vordergrund. Es war auf längere Sicht gesehen die letzte große Eskapade eines führenden attischen Adligen. Bald nach seinem Tod arbeitete sich der Mann in den Vordergrund, der seine Größe, seine Macht gerade darin suchte, daß er ganz und gar dem politischen Interesse Athens diente.

Was von einem einschneidenden Ereignis erwartet wird, gibt es, selbst wenn es wie erhofft ausfällt, anschließend nicht einfach her. Von vorn und von hinten betrachtet erscheint es nicht nur in anderer Beleuchtung, sondern auch in anderm Zusammenhang. Probleme, die einer Gesellschaft bevorstehen – wie ja oft genug auch solche, denen sie schon ausgesetzt ist –, pflegt sie zunächst einmal im gegebenen Horizont unterzubringen. Selbst wenn sie sie ernst nimmt, wenn ihr die befürchteten Gefahren erschreckend groß erscheinen, wenn sie geradezu in deren Schatten gerät, kann sie kaum anders. So wenig wie sich selbst kann sie so leicht in Frage stellen, was sie für ihre, für die normale Wirklichkeit hält. So daß sie zwar mit großen Problemen rechnen mag, aber irgendwie annehmen muß, daß sie die Normalität nur unterbrechen, nicht verändern werden; so daß alles mögliche über eine notwendige, einschneidende Veränderung in ihr vielleicht schon behauptet, aber noch nicht wirklich geglaubt wird. Solche Behauptungen gehören dann eher zu den Wahrheiten, die zunächst, weil paradox, also erwartungswidrig, kaum zu erkennen sind, bevor sie dann wahrgenommen und anschließend, unter Umständen sehr bald, als trivial angesehen werden.

Von vorn gesehen geht es darum, eine Schlacht zu schlagen, von hinten gesehen nimmt man die – unter Umständen – völlig und umfassend verwandelte Lage wahr, die sich daraus ergeben hat.

Im damaligen Athen jedenfalls muß, als die unmittelbare Gefahr abgewandt war, deutlich geworden sein, daß die Perser es dabei nicht bewenden lassen konnten. Nachdem sie einmal dagewesen waren, mußten sie wiederkommen. Der Erfolg, den die Athener errungen hatten, war zwar ungeheuerlich – aber eben deswegen konnte man keineswegs sicher sein, daß er sich wiederholen ließ.

Auch darin könnte ein notwendiger sozialpsychologischer Zusammenhang bestehen, daß sich die Gefahr, welche von Ferne wie ein großes Massiv anmutet, beim Näherrücken kleiner ansieht. Dann verteilen sich die Aufgaben, man hat zu tun, man kommt in diesem und jenem voran. Und wenn es dann den Kampf, die Schlacht selber gilt, ist, was nachträglich und im ganzen als Kühnheit erscheint, im einzelnen eher Sturheit, Pflichterfüllung, Kameradschaft, obzwar auch Tapferkeit gewesen. Wie wollte man es sonst auch schaffen? Kaum daß es dann aber geschehen ist, kommt hinter dem Erleben des Einzelnen das Ganze wieder in den Blick; und wenn die Gefahr handgreiflich und die Gesellschaft aufgeschlossen genug ist, muß sie das wahrnehmen, muß es sie beängstigen. Was bisher war, ist genügend durcheinandergebracht und es liegt zugleich wie hinter einer Schwelle. So scheint nach Marathon ein neuer Ernst und neue Konsequenz in die attische Politik gekommen zu sein.

Einige Wandlungen, die sich in jenen Jahren vollzogen, sind für uns wahrzunehmen, nur leider nicht genauer datierbar. Sie könnten mit Marathon zusammenhängen, obwohl das im Unklaren bleibt.

Noch 490, so ist uns gut bezeugt, trugen die vornehmen Athener ihre alten feinen Kleider und Haartrachten. Irgendwann danach gingen sie zur schlichteren, knapperen Kleidung der Spartaner über. Gewiß nicht schlagartig, auf Vasenbildern findet man die aufgesteckten Haare noch eine Zeitlang, aber der Wechsel mag damals eingesetzt haben.

Etwas eher und wohl aufgrund eines Gesetzes endet in Athen die Aufstellung und Anfertigung der Kouroi, die Grabdenkmäler werden sehr schlicht. Um 490 eröffnet der Kritios-Knabe eine neue Epoche der Statuenkunst.

Schließlich läuft um 490 eine ganze Thematik, vielleicht sollte man sagen: eine Welle in der Vasenmalerei aus. Schon um 530 hatte die attische Vasenmalerei einen tiefgreifenden Wandel erfahren, doch war er primär technischer Natur, der Übergang von der schwarz- zur rotfigurigen Malerei: Künftig war es möglich, die Details der Figuren auf den roten Untergrund zu malen statt sie in den schwarzen einzuritzen.

Seit etwa 520 setzt dann eine lange Reihe äußerst freizügiger Darstellungen von Szenen aus Symposien ein. Drastische Wiedergaben etwa all dessen, was Männer überkommt, wenn sie zu viel getrunken haben, vor allem aber die genaue Zeichnung von vielgestaltigen erotischen Annäherungen, teilweise einem höchst innigen, voyeuristisch beobachteten Zusammensein zwischen Männern und Hetären; zu zweit und zu mehreren; mitunter von großem Charme und eigentümlichem Liebreiz der Darstellung.

*»Bilingue«. Amphora, die auf einer Seite schwarzfigurig, auf der anderen rotfigurig bemalt ist. Man sieht, welchen Gewinn die rotfigurige Technik brachte. Dargestellt ist Herakles als Zecher auf der Liege, den dionysischen »Kantharos« in der Linken, den Weinstock im Rücken. Seine Waffen hängen an der Wand. Links Athene, auf der einen Seite auch Hermes, rechts ein Schenkknabe mit dem Mischkessel. Um 520. München, Antikensammlungen.*

*Zwei Liebespaare beim Symposion. Hydria, rotfigurig. 510/500. Brüssel, Musée Cinquantenaire.*

Wobei es zum Gefälle zwischen Männern und Hetären gehört, daß jene das Geschehen dominieren. Doch muß diese Voraussetzung keineswegs in allem und jedem zum Ausdruck kommen; im Gegenteil.

Wir wissen nicht, ob es in jenen Jahren auf den Symposien besonders ausgelassen, besonders maßlos zuging; ob ein neuer Übermut, ja eine neue Wollust am Werk war, auszumalen, was sonst eher der Diskretion unterlag, oder ob einfach freie Phantasie in die Gemeinsamkeit der Symposien verlegte, was normalerweise so gemeinsam nicht betrieben wurde. Immerhin müssen die Bilder dem Geschmack der Käufer entsprochen haben.

Parallel zu diesen Darstellungen finden sich andere, die um Dionysos und sein Gefolge von Satyrn und Mänaden kreisen. Deren Tänze steigern sich zu Anfang des Jahrhunderts zu wildem Taumel und orgiastischer Selbstvergessenheit. Wir finden Dionysos und die Mänaden Tiere zerreißen, um sie roh zu verschlingen. Das Schicksal des Königs Pentheus wird dargestellt, der von den Mänaden, eventuell sogar schon, wie es wenigstens später dargestellt ist, von der eigenen Mutter und deren Schwestern in Stücke gerissen wurde, weil sie ihn in dionysischer Verzückung für ein wildes Tier hielten; er hatte dem Treiben der Dionysos-Verehrer Einhalt gebieten wollen.

*Symposion-Szene. Das Gelage ist schon recht fortgeschritten, die Teilnehmer haben ihre Liegen verlassen, vermögen sich aber kaum mehr aufrecht zu halten. Der eine wird ein wenig zu spät abtransportiert. Aber noch wird ausgeschenkt. Die Musik wird ausnahmsweise von einem Mann gemacht. Die von Töpfer und Maler signierte schwarzfigurige Kanne aus dem späten 6. Jahrhundert gehört zu einer ganzen Reihe höchst realistischer Darstellungen, welche damals in Mode waren. Athen, Nationalmuseum.*

Waren das Zeichen einer besonderen Ausschweifung, einer, möglicherweise gar etwas angestrengten, Lebensfreude, zuletzt vielleicht gar einer Art Galgenhumor, die jene Jahre zwischen der ausgehenden Tyrannis und Marathon gekennzeichnet hätten? Spiegelt sich darin die trotzige Abwendung von Adligen in den privaten, in den festlichen Bereich? Eine Kompensation für ihre Machteinbußen? Vielleicht aber auch der maßlose Genuß der neuen Möglichkeiten im Kreis der Mittleren? Von denen wir übrigens wissen, daß sie spätestens damals voll an der Symposionskultur teilnahmen.

Nietzsche weist darauf hin, daß es das Volk der tragischen Mysterien war, das die Perserschlachten schlug. So kann sich die Darstellung des Ausschweifenden sehr wohl mit dem Ernst und der Strenge des Lebens vertragen, sie vielleicht gar ergänzt haben. Aber vielleicht lief das eine auch aus, als das andere stärker wurde? Da wir es nicht genauer datieren können, läßt sich darüber nichts sagen.

Übrigens wurden 486 erstmals Komödien mit vom Archon gewährten Chören an den Großen Dionysien aufgeführt. Privat war das schon länger der Fall, wir wissen nur nicht, unter welchen Umständen. Zur Komödie gehörte wohl auch damals schon der Spott gegen prominente Politiker; das könnte ein Grund zur

Übernahme ins offizielle Programm gewesen sein. Es würde bedeuten, daß genau zum Zeitpunkt der Intensivierung der politischen Auseinandersetzungen auch die komische, ja groteske Entlastung von Spannungen als notwendig empfunden worden wäre.

Der politische Wandel wird vor allem im Jahre 487 greifbar. Damals wurde eine interessante Änderung im Bestellungsmodus der Archonten durchgesetzt: Künftig wählte man einen breiteren Kreis von Männern, vermutlich hundert, aus jeder Phyle zehn, um aus ihnen anschließend die neun Archonten zu erlosen. Die Wahrscheinlichkeit spricht dafür, daß der Kreis der Familien, aus denen die Archonten stammten, künftig kein wesentlich anderer war als zuvor. Die Zensus-Voraussetzungen könnten sich insofern geändert haben, als künftig auch Ritter Archonten werden konnten; wenn das nicht schon vorher der Fall gewesen war. Doch während es zuvor in etwa die einflußreichsten Kandidaten gewesen sind, die die neun obersten Positionen der Stadt erlangten, waren jetzt die Chancen innerhalb des in Frage kommenden Kreises viel breiter gestreut. Es war nicht mehr so wichtig, wer das Amt bekleidete; so daß es entwertet wurde.

Umgekehrt könnten die zehn Strategen durch die Reform gewonnen haben. Nicht in den Kompetenzen – die blieben sich, soweit sie festgelegt waren, gleich –, sondern einfach, weil gute Aussicht bestand, daß zumindest einige von ihnen aufgrund ihres Ehrgeizes, ihrer sowohl politischen wie militärischen Befähigung und ihres Einflusses gewählt wurden. Sei es von den einzelnen Phylen, sei es, nach Phylen, von der Volksversammlung. So entstanden Positionen und Gewohnheiten, die dem Amt zugute kamen, welches überdies gegenüber dem Archontat einen großen Vorteil hatte: Man konnte wiedergewählt werden, unter Umständen Jahr für Jahr. Und da die Strategen auch Zugang zum Rat hatten, ergaben sich daraus große Möglichkeiten einer über die Jahre hin sich erstreckenden Politik. Der Strategie haftete nicht die Ehre des alten adligen Führungsamtes und folglich keine strenge zeitliche Begrenzung an. Manches spricht dafür, daß Themistokles hinter der Reform steckte; wenn er sie nicht selbst durchgesetzt hat.

Entsprechendes gilt vom Ostrakismos, der damals wohl eingeführt, jedenfalls erstmals angewandt wurde. Das »Scherbengericht«, so genannt, weil die Abstimmung auf Tonscherben (*ostraka*), dem billigsten Schreibmaterial, vorgenommen wurde, fand statt, wenn zu einem bestimmten Zeitpunkt in der Mitte des attischen Jahres (etwa im Januar unseres Kalenders) die Volksversammlung es beschloß. Das heißt: Jahr für Jahr mußte die Frage gestellt werden, ob sie einen Ostrakismos wünsche.

Sollte die Institution auf Kleisthenes zurückgehen, wäre diese Frage – je nachdem, wann er das Gesetz eingebracht hätte – zuvor mehr als zehn, vielleicht an die zwanzig Mal verneint worden. Übrigens auch in dem Jahr, als sich eine starke Gegnerschaft gegen Miltiades mit dem Vorwurf der Tyrannis regte. Sie wäre

*Symposiast, der sich erleichtert, liebevoll assistiert von einer Hetäre. Sie hat ein Becken aufgestellt, wie es normalerweise für Fußwaschungen vor Beginn des Symposions verwandt wurde. An der Wand wohl ein Flötenfutteral, ein Hinweis auf die musische Beschäftigung der Hetäre.*
*Rotfigurig um 490, Brygosmaler. Rom Villa Giulia.*

also inzwischen kaum mehr als ein Tagesordnungspunkt gewesen, der irgendwann abzuhaken war. Insofern ist für 487 jedenfalls mit einer bedeutenden Neuerung zu rechnen.

Das Gesetz bestimmte, daß gegebenenfalls etwa zwei Monate nach dem Beschluß dem Volk die Frage vorgelegt werden sollte, wer zu ostrakisieren sei. Jeder Anwesende sollte den Namen dessen auf eine Tonscherbe schreiben, von dem er meinte, daß er dem Gemeinwesen zu gefährlich würde. Es war ein Quorum von mindestens 6 000 Anwesenden erforderlich. Die Abstimmung fand auf der Agora statt, der Zugang war genau kontrolliert. Die Archonten und der Rat der Fünfhundert, unter deren Leitung die Abstimmung stand, hatten zunächst die Gesamtstimmenzahl zu ermitteln. Nur wenn es mindestens 6 000 waren, wurden die Scherben nach Namen gezählt. Wer die meisten erhielt, mußte sich binnen zehn Tagen für zehn Jahre außer Landes begeben, ohne Verlust an Ehre und Vermögen, anschließend konnte er heimkehren.

Der Ostrakismos ist das einzige je erfundene legale Mittel, um den Aufstieg eines Usurpators rechtzeitig zu stoppen. Denn gewöhnlich ist ihm seine Absicht ja erst nachzuweisen, wenn er sie schon verwirklicht hat und jeden Versuch, ihn vor Gericht zu ziehen, vereitelt. Hier dagegen genügte der Verdacht. Ostrakisiert zu werden war ein Opfer, das derjenige auf sich zu nehmen hatte, von dem eben die Bürgerschaft meinte, daß er zu mächtig zu werden drohte. In gewissem Sinne scheint der Gedanke des Sündenbocks dieser so rational ausgetüftelten Institution zugrunde gelegen zu haben. Der Nachteil für die Betroffenen war wesentlich geringer als bei einer Bestrafung (und schon gar nicht drohte der Tod, wie gegen den Usurpator), dafür war es ceteris paribus leichter, zu ostrakisieren als zu verurteilen.

Diese Institution hat in der attischen Ordnung zwischen 487 und 417 eine bedeutende Rolle gespielt; sie ist auch anderswo, etwa in Syrakus kopiert worden; wo man freilich auf Olivenblätter (*petala*) schrieb, so daß sie dort Petalismos hieß. Was immer sich die Schöpfer des Ostrakismos gedacht haben mögen, das entscheidende Argument muß die Vorbeugung gegen die Tyrannis gewesen sein. Wie sonst hätte sich die faktische Verbannung unbequemer Politiker zur Institution machen lassen?

Wieweit damals, ob nun zur Zeit des Kleisthenes oder 487,

*Ostraka, die beschriftet sind mit den Namen Kallias, Sohn des Kratios; Hippokrates, Sohn des Anaxileos; Themistokles, Sohn des Neokles; Kimon, Sohn des Miltiades.*

mit der neuerlichen Begründung einer Tyrannis wirklich zu rechnen war, ist unklar. Grundsätzlich konnte man die Gefahr gewiß nicht ausschließen; immer wieder wurden die Athener auch später von panischer Tyrannenfurcht gepeinigt. Trotzdem ging es notwendig um mehr als die Entfernung von Männern, die des Strebens nach der Tyrannis verdächtig waren. Sonst hätte ein geregeltes Verfahren, zu festgelegtem Zeitpunkt nur einmal im Jahr veranstaltet, kaum genügt.

Die Einführung der Möglichkeit dieses vorbeugenden zehnjährigen Zwangsurlaubs von der Politik gehörte vielmehr schon in einen Zustand, da die Ansprüche an Institutionen hoch waren und da man andererseits nicht zu befürchten brauchte, daß die Anhänger des Ostrakisierten in dessen Abwesenheit einen Aufstand machten. Übrigens war es auch nicht gestattet, vor den Abstimmungen zum Ostrakismos, jedenfalls nicht vor der zweiten, zu diskutieren. Man sollte die Volksversammlung nicht aufhetzen können, alle Agitation war ins Vorfeld (Straßen, Plätze, Symposien etc.) verwiesen. Intrigen waren nicht ausgeschlossen; ganze Reihen von Ostraka konnten von ein und derselben Hand beschriftet sein.

Zugleich war es schon mit dem vorbeugenden Charakter gegeben, daß die Schwelle, jenseits derer die Macht eines Einzelnen als gefährlich angesehen wurde, künftig niedriger gelegt wurde.

Man kennt aus der späteren Zeit die Unterscheidung zwischen zwei Formen von Macht. Die eine bewegt sich innerhalb von Gesetz und Recht, sie fügt sich offenbar in die grundlegende Bürgergleichheit, die andere gründet im »Mehrhabenwollen« (*pleonexia*), sie ist maßlos, eigensüchtig und widerspricht der Polis.

Gleichgültig, wieweit eine solche Unterscheidung damals schon getroffen wurde, ein deutliches Gefühl dafür, daß gewisse Formen der Eigenmacht in der Isonomie fehl am Platze waren, sollte schon vorhanden gewesen sein. Man war in solchen Urteilen vermutlich streng.

Ob man jedoch wirklich erwarten konnte, daß der Mächtigste ostrakisiert wurde – und nicht dessen gefährlichster Rivale? Läßt sich annehmen, daß die Machtverhältnisse, die doch zugleich in der Volksversammlung galten, wirklich einen Moment lang, während des Ostrakismos, durchbrochen wurden?

Diese Frage ist für die spätere Zeit berechtigt. Denn damals diente die Institution zumeist, wenn nicht stets, zur Entfernung des Zweitmächtigsten. Und damit zur Einschränkung der Konkurrenz unter den Politikern. Sie stellte insofern ein Mittel zur Beförderung der Einheitlichkeit der attischen Politik dar (entfernt vergleichbar den mehrheitsbegünstigenden Maßregeln moderner Wahlordnungen). Aber dem mußte nicht so sein, und zumindest um 487 wird es sich damit anders verhalten haben.

Zum einen – und das gilt für die ganze Epoche – war die Volksversammlung nicht immer gleich besetzt. Schon das Quorum von 6 000 Anwesenden spricht dafür, daß hier eine besondere Abstimmung stattfand, daß sich für manch einen, der so oft nicht kommen konnte, die Gelegenheit ergab, einem Politiker sein Mißtrauen auszudrücken. Insofern mußte einer, der in der Regel immer wieder Mehrheiten für sich zustande brachte, nicht unbedingt auch in dieser Versammlung den Ausschlag geben. Insofern bildete der Ostrakismos ein Korrektiv gegen Politiker und politische Richtungen, die, obwohl sie vielen nicht paßten, im politischen Alltag doch vorherrschen konnten.

Zum andern ist Macht nicht gleich Macht. Bentley unterscheidet einmal leadership on the organization plane von leadership on the discussion plane. Und wenn auch die kleisthenische Ordnung darauf zielte, daß die Entscheidungen aufgrund von Argumentation, Diskussion und Rhetorik innerhalb der Volksversammlung gefällt wurden, so ist doch keineswegs auszuschließen, daß Politiker damals noch mit Hilfe von Bündnissen und Anhängerschaften vielerlei Einfluß mobilisierten, der im Normalfall groß genug sein konnte, daß sie sich durchsetzten. Auch zum Beispiel – bislang – bei den Archontenwahlen. Gerade die Macht dieser Männer konnte als gefährlich angesehen werden, so daß sie unterlagen. Insofern hätte diese Institution zur Auslese jener Politiker beigetragen, die die attische Politik brauchte.

Der Ostrakismos förderte also den Einfluß des breiten Volkes. Gerade die Mächtigen hatten sich nach ihm zu richten, wenn sie nicht in die Verbannung wollten. Auch die Ersten unter den Politikern wurden dadurch veranlaßt, innerhalb gewisser Grenzen zu verbleiben. Aller Wahrscheinlichkeit nach zeigt sich in der Anwendung des Ostrakismos zugleich, wie sehr die Macht inzwischen schon auf dem guten Verhältnis zwischen Politikern und Volksversammlung beruhte.

Doch ganz gewiß ging es außerdem um persönliche Rivalitäten, um Neid; auch um Richtungskämpfe sowohl innerhalb der Führungsschicht wie in der breiteren Bürgerschaft. Kurzfristige und langfristige Wirkungen mochten sich ergänzen, zeitweise aber auch überschneiden. Und jedenfalls wurde der Ostrakismos 487 sofort als eines der wesentlichen Mittel des politischen Kampfes benutzt.

ZUNÄCHST KAM es Jahr für Jahr zu Ostrakisierungen. Das erste Opfer war Hipparchos, Sohn des Charmos. Er war mit den Peisistratiden verwandt (wohl Schwiegersohn des Hippias). 486 folgte ihm Megakles, Sohn des Hippokrates, ein Mann aus der Familie der Alkmeoniden, Neffe des Kleisthenes. 485 scheint es einen Mann namens Kallias, Sohn des Kratios, getroffen zu haben. Eine Quelle bezeichnet sie als »Freunde der Tyrannen« und behauptet ausdrücklich, daß dies für den nächsten, der namentlich bekannt ist, Xanthippos, den Vater des Perikles, nicht gilt, obwohl er Megakles' Schwager gewesen zu sein scheint.

Vielleicht daß man Hipparchos vor allem wegen seiner Beziehungen zum Tyrannenhaus fürchtete. Bei Megakles und andern Angehörigen seines Hauses, gegen die in den folgenden Jahren Stimmen abgegeben worden sind, mag der Verdacht mitgesprochen haben, daß die Alkmeoniden es waren, die seinerzeit bei Marathon das Zeichen gegeben hätten, aufgrund dessen die Perser nach Athen fuhren. Auf Ostraka mit dem Namen des Kallias finden wir dessen Kennzeichnung als »Meder«, einmal auch eine Karikatur in persischer Tracht.

Doch wissen wir nicht genau, was im einzelnen zu den Ostrakismen geführt hat. Es läßt sich nur feststellen, daß die politischen Auseinandersetzungen sich verschärften und daß es unter den Politikern zu regelrechten Ausscheidungskämpfen kam.

Und jedenfalls hat ein Mann sie alle bestanden, der schon 487 unter den prominenten Politikern war und gegen den nach Ausweis der archäologischen Funde zumindest einmal, wohl 486, so viele Stimmen abgegeben worden sind, daß es ihn wohl fast ereilt hätte. Das war Themistokles, der zwar viele Gegner hatte, von dem man aber nicht annehmen kann, daß er sich auf besondere Anhängerschaften stützte, der vielmehr offen mit der Volksversammlung zusammenzuarbeiten suchte und sich so weitgehend mit dem Interesse der Stadt, wie er es verstand, identifizierte wie kaum ein anderer.

Vermutlich also waren schon damals diejenigen die Mächtigsten in Athen, die es vermochten, das Vertrauen der Volksversammlung, zumal der Mittleren zu gewinnen. Später gehört das Zusammenspiel zwischen hervorragenden Einzelnen und Volk zu den Bedingungen demokratischer Politik. Da es dabei Konkurrenz geben konnte, waren die Ausscheidungskämpfe so bedeutsam.

Sie hatten in den achtziger Jahren, wie auch sonst oft, viel mit der Festlegung der attischen Politik zu tun. Im Vordergrund stand einerseits der unerklärte, immer wieder aufflammende Krieg mit Ägina, andererseits das Problem der Haltung gegenüber Persien. Eins hing mit dem andern zusammen. Denn nachdem die Ägineten den persischen Gesandten Erde und Wasser gegeben hatten, mußte Athen befürchten, daß die Insel zum persischen Stützpunkt wurde.

Ob der Ausbau eines Kriegshafens am Piräus schon abgeschlossen war, ist unbekannt. Sonst könnte seine Fortsetzung strittig gewesen sein. Vor allem aber scheint sich gefragt zu haben, ob Athen einen Ausgleich mit den Persern suchen sollte. Wer den Tyrannen freundlich gesinnt war, hatte vermutlich Beziehungen zu Hippias (falls der noch lebte), jedenfalls zum persischen Satrapen. Er mußte eine Politik der Gegenwehr, der Verteidigung verhindern und für eine Unterwerfung eintreten. Was zugleich den Herrschaftsinteressen mancher Aristokraten gedient hätte.

Dagegen leisteten andere Widerstand. Sie kämpften darum, daß Athen sich für den nächsten Perserkrieg wappne. Wenn die Perser ihre Niederlage rächen wollten, so mußten sie mit einer größeren Streitmacht heranziehen. Dann konnte es kaum reichen, daß die Athener ihnen mit zehntausend Mann entgegentraten. Auch der Beistand der Spartaner konnte kaum hinlangen, zumal dann nicht, wenn die meisten Griechenstädte sich dem Feind anschlossen. Man mußte also vielerlei Verhandlungen pflegen, Bündnisse schließen. Und zusätzlich galt es zu überlegen, ob sich die Athener nicht militärisch besser rüsten sollten. Der Gedanke an den Ausbau der Flotte schloß sich unmittelbar an die Befestigung des Piräus an.

Die Perser hatten bald nach Marathon mit neuen Rüstungen begonnen. Vermutlich wären sie schon Mitte der achtziger Jahre neuerdings in Griechenland eingefallen, wenn sich nicht 486 Ägypten gegen ihre Herrschaft erhoben hätte und König Dareios kurz darauf gestorben wäre. Dadurch gab es einen längeren Aufschub, denn der neue König Xerxes mußte zunächst seine Macht sichern, zumal auch noch in Babylon ein Aufstand losbrach.

Man bezweifelt heute gern, daß den Athenern zu Anfang und in der Mitte der achtziger Jahre die Persergefahr sonderlich präsent gewesen ist. Noch den Flottenbau seit 483/82, als die persischen Rüstungen schon voll im Gange waren, soll Themistokles ja einer Quelle zufolge mit dem Krieg gegen Ägina begründet haben.

In Wirklichkeit muß die Persergefahr wie ein Schatten über der attischen Politik dieser Jahre gelegen haben. Und wie immer sich die Athener dieser Beschwernis zu entziehen versuchten, es ist kaum anzunehmen, daß sie sie aus ihrem Horizont verdrängten. Nur scheint die Vorbereitung schwierig gewesen zu sein; denn sie waren sich offenbar nicht einig; sowenig, wie sie es im Grunde schon bei Marathon gewesen waren. Die Frage Kämpfen oder Sich-Ergeben stellte sich von neuem. Und für beides gab es starke Kräfte. So könnte es wohl wirklich eines langen Ringens bedurft haben, bevor der Flottenbau spät, aber wegen der persischen Verzögerungen nicht zu spät ins Werk gesetzt werden konnte. Vielleicht erhielten dessen Verfechter Oberwasser erst, als unübersehbar geworden war, daß die Perser ernst machten? Oder als man im Bezirk von Laureion, bei Maroneia neue Silberadern erschloß?

Die Nachricht, wonach Themistokles für die Finanzierung diese Silberadern nutzen konnte, ist gut bezeugt. Ob man anders, das heißt von den Bürgern, die Mittel für zweihundert Schiffe nicht hätte aufbringen können? Oder vielleicht nur für ein kleines Kontingent? Immerhin waren es vor allem die Reichen, die Adligen also, die das Geld hätten beisteuern müssen; jedenfalls für die Ausrüstung der Schiffe. Von einem von ihnen, Kleinias, dem Urgroßvater des Alkibiades, ist bekannt, daß er auf eigene Kosten ein ganzes Schiff baute, auch die zweihundert Mann Besatzung unterhielt. Aber das könnte eine Ausnahme gewesen sein. Den meisten wird Ähnliches kaum zuzumuten gewesen sein, zumal eine nicht geringe Zahl unter ihnen gegen Themistokles und dessen Art – und warum nicht überhaupt gegen die Flottenrüstung? – einiges einzuwenden hatten. Vielleicht war das Argument Ägina nicht zuletzt an sie gerichtet. Es ist daher nicht auszuschließen, daß einige Politiker nach solchen Adern haben schürfen lassen.

Dann endlich konnte der Flottenbau vonstatten gehen, samt all den umfangreichen Zurüstungen, dessen er bedurfte, einschließlich der Anwerbung vieler Fachleute und Arbeitskräfte von außerhalb. Die ersten Übungsfahrten, die Mobilisation der ganzen Bürgerschaft für den Dienst auf der Flotte schlossen sich an.

Etwa gleichzeitig, ebenfalls 483/82, hatte Themistokles noch einmal einen Ausscheidungskampf auszutragen, diesmal mit einem Mann namens Aristides. Obwohl der auf einem Ostrakon als Datis' Bruder gegeißelt wird, muß er nicht dagegen opponiert haben, daß sich Athen militärisch gegen die Perser zur Wehr setzte. Eher schon hatte er gegen den Flottenbau Einwände, wenngleich auch das für uns nicht deutlich wird. Jedenfalls störte er sich sehr an den Methoden, mit denen Themistokles vorging, und nicht zuletzt drückte sich in den beiden der Gegensatz zwischen zwei ganz verschiedenen Denkungsarten aus.

Aristides, Sohn des Lysimachos, war nicht nur ein entschiedener Gegenspieler, ja Rivale, sondern geradezu das Gegenbild des Themistokles. Ein Mann aus guter Familie, der sich schon vielfach bewährt hatte. Er hatte Kleisthenes unterstützt. Bei Marathon war er einer der zehn Strategen, und er hat sich wie kein anderer dem Miltiades untergeordnet und zwischen ihm und den Strategen, die seinem Plan mißtrauten, vermittelt. In der Schlacht stand seine Phyle in der Mitte der Front, dort wo die Perser den Griechen überlegen waren. Als das attische Heer nach Athen aufbrach, wurde ihr unter seiner Führung die Bewachung des eroberten Perserlagers anvertraut.

Aristides war vielleicht nicht ganz so uneigennützig, wie er geschildert wird, immerhin unbestechlich und von großer Lauterkeit des Charakters. Er wußte zu überzeugen, konnte argumentieren, hatte Einfluß, indem er Vertrauen einflößte, vor allem und mit gutem Grund im Ruf stand, wie kein anderer gerecht zu sein. Als es später galt, die Beiträge zum Seebund je nach Leistungsfähigkeit der verschiedenen Städte festzusetzen, konnte man dieses Geschäft in allgemeinem Einverständnis dem Aristides übertragen, und er hat es zur Zufriedenheit aller erledigt.

Wo Themistokles listig, schlau, vielleicht gerissen war, war Aristides vermutlich vornehm. Der Wendigkeit des Einen, der zudem jeden seiner Schritte genau plante und nach taktischen Gesichtspunkten vorging, stand die Geradheit des andern gegenüber, welcher nur tat, was er gleichsam der Sache nach für richtig hielt. Ungemein gewissenhaft ging er zu Werke. Vielleicht war er ein wenig hausbacken. Er soll weder Gunst noch Ruhm gesucht haben, was, wenn es auch nur zur Hälfte stimmt, immer noch einen beachtlichen Unterschied zum sichtlich starken, versengenden Ehrgeiz des Themistokles dargestellt hätte. Wo dieser größte Probleme damit hatte, eigene Niederlagen oder den Erfolg anderer zu verschmerzen, nahm Aristides Mißerfolge gelassen hin. Er war sicher in seinen Überzeugungen und scheint nie bis zum äußersten gekämpft zu haben.

Beide waren sie ungefähr gleich alt. Später erzählte man sich, sie hätten schon als Kinder miteinander rivalisiert; auch von eifersüchtiger Liebe zum schönsten Jungen des Athens jener Jahre ist die Rede. Doch sei dem, wie ihm wolle, jedenfalls gerieten sie in der zweiten Hälfte der achtziger Jahre in scharfen Gegensatz zueinander.

Der Ernst und die Energie, womit sie beide zu Werke gingen, ließ ihnen keine andere Wahl. Aristides in seiner Rechtschaffenheit fand Themistokles offenbar so unerträglich wie Themistokles ihn in seiner zögernden, gelassenen, immer wieder sich quer stellenden Art, die ihm als Steifheit erscheinen mußte. Unendlich viel war zu tun, die Fäden liefen vermutlich fast alle in Themistokles' Hand zusammen. Und dann so viel Gewissenhaftigkeit, Umständlichkeit, Bockigkeit; wie es zumindest scheinen mußte. Einer ärgerte den andern. Und jeder scheint sich in seiner Art dabei gesteigert zu haben.

Es kam so weit, daß Aristides, der Pflichtbewußte, der sich bei Marathon dem Miltiades so bereitwillig untergeordnet hatte, Anträge des Themistokles, obwohl er sie für nützlich hielt, bekämpfte, weil er fand, der Gegenspieler würde sonst zu mächtig. Man kann sich Themistokles vorstellen, zumal wenn Aristides seine Meinung auch noch offen dargelegt haben sollte. Alles kam darauf an, daß Athen sich auf den Krieg vorbereitete, und der Gerechte schien von Eifersucht heimgesucht zu sein – und dabei auch noch auf Zustimmung zu stoßen. Einmal soll Aristides einen eigenen Antrag gegen heftigen Widerstand mit Erfolg verfochten haben; unmittelbar vor der Abstimmung aber pochte ihm das Gewissen; er sah – oder gestand sich – endlich ein, daß er Unrecht hatte, und zog ihn zurück.

Es trieb ihn also das Mißtrauen gegen den Mann, der so völlig anders war als er, den er kaum verstehen, mit dessen führender Stellung er sich so gar nicht abfinden konnte. Der ihm einfach zuwider war.

In gewissem Sinne scheint sich in ihm alte, überkommene Griechen-Art aufgebäumt zu haben gegen das so völlig Neue, ganz auf das Notwendige, das Praktische Sich-Orientierende des Themistokles, der alles Herkömmliche mit leichter Handbewegung in den Wind schlug, wenn es ihm im Wege war.

Ob diejenigen, deren Exponent Aristides sein mochte, damals noch daran denken konnten, den Persern auf konventionelle

Weise nur mit der Phalanx entgegenzutreten? Kaum denkbar, daß der Flottenbau noch zu stoppen gewesen wäre. Ob sie befürchteten, daß die attischen Theten, wenn sie auf der Flotte gebraucht wurden, künftig zu einflußreich würden? Man weiß es nicht. Wohin immer ihre Sympathien tendierten, und das war im Zweifel eher das Traditionelle, es wäre allemal, wie schon die Politik des Aristides, auf Halbheiten hinausgelaufen. Offenbar war es für eine Reihe attischer Adliger (aber vielleicht nicht nur für sie) selbst im Angesicht der Gefahr schwer, sich mit aller Entschiedenheit den Notwendigkeiten zu stellen. So konzentrierte sich ihr Ärger auf Themistokles' Art; sie hielten sie nicht für neumodisch, solche zeitlichen Unterscheidungen vermochte man damals nicht zu treffen, aber für neuernd, und das war viel schlimmer, denn es bedeutete eine Bedrohung des Althergebrachten. Und es könnte vor allem Themistokles' kühle, ganz rationale Vorgehensweise, seine Rücksichtslosigkeit gewesen sein, die sie als unheimlich empfanden, an der sie sich stießen.

Doch die Mehrheit der Volksversammlung, die über die Ostrakisierung entschied, ließ sich von den Freunden und Anhängern des Aristides nicht gewinnen. Sie war auf Themistokles' Seite, so daß der Rivale ins Exil mußte. Einer der Teilnehmer der Abstimmung, ein Bauer, bat einen anderen um Hilfe; Aristides' Namen wollte er auf die Scherbe geschrieben haben. Als Aristides, denn er war der andere, fragte, ob der ihm etwas zuleide getan hätte, erhielt er zur Antwort, er kenne ihn gar nicht, aber es ärgere ihn, wenn er immer von »dem Gerechten« reden höre. Vielleicht liegt der tiefere Sinn dieser Äußerung darin, daß sich auch im breiten Volk viele an der Art des Aristides störten. Es wäre ein zusätzliches Argument dafür, daß nur die Bürgerschaft des isonomen Athen die Fähigkeit und Bereitschaft besaß, Themistokles zu folgen und ganz auf jene Effizienz, jene Entschiedenheit zu setzen, die man brauchte, um den Persern mit einiger Aussicht auf Erfolg entgegenzutreten.

Aristides ging nach Ägina. Bei Salamis stellte er sich ohne Zögern vorbehaltlos in den Dienst Athens, unterstützte Themistokles, ohne ihm etwas nachzutragen, was angesichts seines Ansehens von großem Wert gegenüber den Bundesgenossen war. Er war es auch, unter dessen Führung die Insel Psyttaleia besetzt wurde.

Den Freunden und Anhängern blieb nicht viel Zeit, Aristides nachzutrauern. Zu sehr müssen die Vorbereitungen auf den Krieg alles Geschehen bestimmt haben.

Wenn es bei den Griechen um Krieg und Frieden ging, hatten die Verfechter des Krieges im allgemeinen gute Chancen. Man durfte nicht feige sein, keiner wollte sich so leicht blamieren. Wenn sich die Frage Kämpfen oder Kleinbeigeben offen stellte und eine Mehrheit – oder auch nur eine große Minderheit – entschieden für den Krieg eintrat, war wenig zu machen. Da mußten sich die andern fügen. Und doch muß es immer wieder Argumente gegeben haben, die dagegen sprachen. Zumal beim Angriff einer so weit überlegenen Macht.

In Athen lag der Fall in jener Zeit zusätzlich noch besonders: Diesmal ging es nicht wie bei Marathon darum, ob man ins Feld ziehen wollte oder nicht, sondern es waren lange, mühsame Planungen, Vorbereitungen und Rüstungen zu bestehen. Es war vor allem die Bereitschaft zu einer völlig neuen Art der Kriegführung zu erzeugen. Nimmt man hinzu, daß der Hoplitenstatus ein zentraler Teil griechischer Bürger-Identität war, so war auch die Identität der Bürgerschaft berührt.

Wenn sich die Athener trotzdem auf all das eingelassen haben, mit der Entschiedenheit, zu der Themistokles sie, zuletzt ungestört, getrieben hat, so kann das nur geschehen sein, indem sich unter ihnen eine große Schwungkraft entwickelte. Sie wären sonst kaum über die vielen Bedenken und Schwierigkeiten hinweggekommen. Es muß eine Art Ausnahmezustand in Attika geherrscht haben. So engagierten die Athener sich voll für Flottenbau und -übung und waren – trotz vielen Zögerns, als es soweit war – aufs »vorbehaltloseste« bereit, nicht die Sache der Griechen, sondern die eigene Stadt und das Land aufzugeben, um alles auf eine Karte zu setzen: auf den Kampf zur See, »um mehr durch Entschlossenheit als durch Glück, mehr durch Wagemut als durch Macht« (Thukydides) zu siegen.

Denn »jene Ungeneigtheit, an das Schlimmste zu glauben, mit der man immer in Gefahren geht«, von der Musil einmal spricht, wurde nicht allein durch ihre Ratio, durch den Nachvollzug der Entwürfe des Themistokles erzeugt: Es mußte eben die Schwungkraft hinzukommen, die ihnen damals über die Hürden half. So erwuchsen schließlich, um es nochmals mit Musil zu sagen, jene »Überzeugungen und heftigen Einbildungen, von denen die fertige Handlung« – in diesem Fall der fertige Entschluß – »geschützt und gutgeheißen wird«. Es verliert ja manches, was, solange es fern ist, groß und ungeheuerlich aussieht, »das Beunruhigende, sobald es in den Tatkreis unseres Lebens eintritt«.

481 wurde die Eidgenossenschaft abgeschlossen, die auch das Ende der Feindseligkeiten mit Ägina brachte.

Mit dem Sieg bei Salamis war nur die erste Gefahr bestanden. Wohl waren die Befürchtungen der Griechen, Xerxes würde noch eine zweite Schlacht wagen, unbegründet. Obwohl er noch begann, mit Hilfe phönizischer Handelsschiffe einen Damm vom Festland hinüber auf die Insel zu bauen. Aber das wird eher ein Täuschungsmanöver gewesen sein, um den eigenen Abzug zu sichern.

Dann zog sich die persische Flotte nach Osten und die Landstreitmacht nach Norden zurück. In Thessalien blieb Mardonios mit dem Gros des Heeres zurück, während Xerxes selbst mit kleinem Gefolge dem Hellespont zustrebte – in Eile, obwohl er dann doch alles in allem 45 Tage brauchte, aber er bewegte sich auch unter wenig erfreulichen Umständen; die Schiffsbrücke fand er schließlich vom Sturm zerstört vor.

Die griechischen Schiffe hatten die persischen verfolgen wollen, doch vermochten sie sie nicht einzuholen. Themistokles wollte trotzdem zum Hellespont segeln, um den Persern den Rückzug abzuschneiden. Er war, wie stets, für ganze Arbeit. Aber der spartanische Kommandeur Eurybiades widersprach. Er fand, man solle die Perser ziehen lassen; sie kämen so bald nicht wieder. Und die Mehrheit des Kriegsrats stimmte ihm zu. Worauf Themistokles Xerxes einen Boten gesandt haben soll: Er habe die Griechen von der Fahrt abgehalten, damit sich Xerxes in Ruhe zurückziehen könne.

Auf der Rückfahrt forderte Themistokles von einigen Inseln, die sich den Persern unterworfen hatten, Entschädigungen, angeblich für die eigene Tasche, vermutlich als Kriegskontribution.

Endlich galt es die Beute zu verteilen. Der beste Teil ging an die Götter, vor allem an den delphischen Apollon, dem man das Standbild eines Mannes, zwölf Ellen hoch, herstellte; er hielt einen Schiffsschnabel in die Höhe. Auch drei phönizische Triëren wurden den Göttern geweiht, eine für Poseidon an den Isthmos, eine nach Sunion, eine dritte wurde dem Heros Aias auf Salamis aufgestellt.

IRGENDWANN IM Spätherbst oder Winter, während sich die Athener notdürftig in ihrer verwüsteten Heimat wieder einrichteten, traf der Makedonenkönig Alexander, der ihr Gastfreund war, bei ihnen ein, um eine Botschaft des Mardonios zu überbringen. Er ließ sagen, Xerxes sei bereit, ihnen alles zu vergeben. Sie sollten ihr Land behalten, nach ihrer Wahl noch anderes dazubekommen, frei und nach eigenen Gesetzen leben, wenn sie sich mit den Persern verbündeten. Auch Mittel zum Wiederaufbau wollte Xerxes beisteuern. Die führende See- und die stärkste Landmacht zusammen sollten das übrige Griechenland unterwerfen, Athen an der persischen Herrschaft durch eine Vorzugsstellung beteiligt werden.

Die Perser müssen ihr Angebot für verlockend gehalten haben. Und als Herrscher eines die verschiedensten Völker einschließlich der jonischen Griechen umfassenden Reiches konnte Xerxes kaum verstehen, warum die Athener sich darauf nicht einlassen wollten. Hatten sie doch seine Macht gespürt; und Mardonios drohte, daß weitere persische Truppen heranrücken könnten.

Die Athener indes waren empört. Sie sollten ihre Freiheit opfern? Die Griechen verraten? Nie, solange die Sonne ihre jetzige Bahn zieht! Als eine spartanische Gesandtschaft, die in aller Eile angereist war, sie beschwor, den Griechen treu zu bleiben, empfanden sie schon den Gedanken, daß sich daran zweifeln ließe, als ehrenrührig. Später erklärten sie, schon die Scheu vor dem griechischen Zeus hindere sie am Verrat.

Man kann nicht alle Kräfte aufbieten, das eigene Land aufs Spiel setzen, in einer großen Schlacht siegen und dann – die Sache in Frage stellen, um deretwillen das alles geschehen war. Und diese Sache war längst über Athen hinausgewachsen, sie war die der Griechen geworden. Was sie zur Bekundung der Gemeinsamkeit gewiß schon oft genug erklärt hatten, wiederholten sie auch jetzt: Wir alle haben gleiches Blut, gleiche Sprache, gemeinsame Götter und Riten, haben auch Sitten von gleicher Art. Überdies verwiesen sie auf die frevelhafte Zerstörung von Tempeln und Heiligtümern durch den Perserkönig.

Die griechische Gemeinsamkeit wurde damals sehr stark herausgekehrt und empfunden, so daß der Unterschied zwischen Griechen und Barbaren ganz neu bewußt wurde. Es sollte einige Zeit dauern, bis diese Gemeinsamkeit bröckelte. Zumal im isonomen Athen war sie zunächst emotional stark untermauert, viel mehr als im nüchternen Sparta.

Männer wie Themistokles werden zudem gewußt haben, daß die Perser nicht beliebig neue Truppen nach Griechenland zu senden in der Lage waren; der Xerxes-Feldzug ließ sich nach der schweren Niederlage bei Salamis nicht einfach wiederholen. Und dem Heer des Mardonios konnten die Griechen, wenn sie nur gemeinsam handelten, wohl standhalten.

Alexander wurde also aufgefordert, abzureisen. Er möge sich nicht noch einmal mit solchen Zumutungen blicken lassen! Damals soll Aristides veranlaßt haben, daß die Priester jeden, der mit den Persern verhandle oder den Bund der Griechen im Stich ließe, verfluchten.

So rückte die persische Armee wiederum heran, ihr Feldherr war gesonnen, den Ruhm eines großen Sieges zu erringen. Zu Lande, so fand er, waren die Perser jedenfalls überlegen; Salamis besage nichts, denn zur See waren sie abhängig gewesen von den Kontingenten der unterworfenen Völker, von denen er meinte, sie hätten nicht tapfer gekämpft; vielleicht, daß sie es auch gar nicht konnten. Ein Signalsystem war eingerichtet, über das vermittels Feuerzeichen die Siegesmeldung über die Inseln nach Kleinasien hätte gesandt werden sollen. Den guten Rat seiner Freunde in Theben, Gesandte mit reichen Geschenken an die Mächtigen in den verschiedenen Städten abzusenden, um die Griechen zu spalten, schlug er in den Wind.

Die Athener hatten gehofft, hatten gefordert, daß die Spartaner und ihre Verbündeten heranzögen, um dem Feind in Böotien entgegenzutreten. Doch die dachten gar nicht daran. Sie wollten sich hinter der Mauer auf dem Isthmos verteidigen, die kurz vor der Vollendung stand.

Wieder also mußte Attika geräumt werden. Wieder nahm die persische Armee es in Besitz. Noch einmal schickte Mardonios einen Gesandten an die Athener, nach Salamis. Er erneuerte sein Angebot. Einer der Ratsmänner, Lykidas mit Namen, soll dafür gesprochen haben. Da war die Wut der Ratsmänner so groß, daß sie Lykidas umringten und steinigten. Sie werden zuvor, wie es für einen ähnlichen Fall bezeugt ist, die Kränze abgenommen haben, die sie auf dem Kopf zu tragen pflegten. Lykidas' Frau und seine Kinder erlitten das gleiche Geschick unter den Händen der attischen Frauen.

Schließlich begannen sich auch die Spartaner zu bewegen. Eine attische Gesandtschaft, die sie antreiben sollte, hatten sie zunächst von einem zum andern Tag hingehalten, bis ein angesehener Mann aus dem benachbarten Tegea ihnen noch einmal klarmachte, was auf der Hand lag, was sie aber vor ablenkendem Eifer nicht recht im Gesichtsfeld hatten, daß nämlich ihre ganze Mauer nichts wert war, weil man sie von See aus leicht umgehen konnte – wenn nicht die Athener das verhinderten.

So sandte Sparta schließlich seinen Regenten Pausanias, den Vormund des einen, noch minderjährigen Königs, mit einer Armee nach Norden. Verschiedene Verbündete schlossen sich an. Als er davon hörte, räumte Mardonios Attika, um sich nach Böotien zurückzuziehen. Er fürchtete, daß ihm der Rückzug abgeschnitten würde. Er ließ noch manches verwüsten, was bei der ersten Besetzung unversehrt geblieben war.

Pausanias marschierte nach Eleusis, wo das attische Kontingent von Salamis aus dazustieß, das unter dem Befehl des Aristides stand. Ihn hatte man, wie übrigens auch Xanthippos, zum Strategen gewählt; es sieht aus wie eine Wiedergutmachung für die Ostrakisierungen; und war es vermutlich auch. Ob Themistokles noch einmal gewählt wurde, ist unbekannt.

Schließlich (August/September 479) kam es in Böotien zur Schlacht, bei Platäa. Beiderseits waren es große Armeen. Die griechische war so stark, wie es dort noch nie eine gegeben hatte: an die vierzigtausend Hopliten und über sechzigtausend Leichtbewaffnete. Fast alle Städte der Koalition waren mit starken Kontingenten vertreten. Es stellten sich militärisch völlig neue Aufgaben, zunächst der Versorgung mit Lebensmitteln und Wasser, die angesichts der starken persischen Reiterei größte Schwierigkeiten bereitete, sodann der weiträumigen Operation in einem wenig übersichtlichen, von Hügelketten durchzogenen Gelände. Ob Pausanias, der den Oberbefehl hatte, der Lage wirklich gewachsen war, ist zweifelhaft. Sie war jedenfalls viel schwieriger zu berechnen und die Griechen waren darauf viel weniger vorbereitet, als sie es bei Salamis gewesen waren. Die Perser waren zahlenmäßig gewiß nicht so überlegen, wie es von Herodot behauptet wird, aber sie müssen zumindest etwa gleich stark mit den Griechen gewesen sein. Und sie waren großräumige Strategie zu Lande gewohnt.

Wegen des Wassermangels mußten sich die Griechen nach einigen Tagen des Zuwartens und erster Geplänkel zurückziehen. Ihr Heer geriet dabei in solche Unordnung, daß es leicht hätte geschlagen werden können, wenn nicht auch die Perser den Überblick verloren hätten. Ihre Reiterei konnte sich nicht entfalten. Vor allem stieß ihre Hauptmacht an einer für sie ungünstigen Stelle auf die Spartaner. Mardonios fiel, die Perser wurden besiegt; im Nahkampf waren sie waffentechnisch unterlegen; ihre griechischen Hilfstruppen fielen dem athenischen Kontingent zum Opfer. Was als Schlacht von Platäa gilt, war eine Reihe von Einzelgefechten.

Wer von den Persern die Schlacht überlebte, suchte in Richtung auf den Hellespont zu entkommen. Der Krieg im Mutterland war beendet.

Die griechische Flotte war derweil von der Insel Delos, wo sie sich versammelt hatte, nach Samos aufgebrochen. Gesandte von dort (und zuvor schon von Chios) hatten sie dringend darum gebeten, hatten darauf hingewiesen, daß verschiedene jonische Städte zum Abfall bereit waren, hatten sich auf die gemeinsamen Götter berufen und auf Befreiung von der persischen Herrschaft gedrungen. Die persische Flotte, die vor Samos ankerte, wich ans gegenüberliegende Festland aus, ihre Befehlshaber meinten nicht, den Griechen gewachsen zu sein. Sie zogen die Schiffe an Land und errichteten in aller Eile eine Schutzwehr. Das war bei Mykale, wo auch die persische Armee stand, die Jonien sichern sollte. Die Griechen sollen sie dort am Tag der Schlacht bei Platäa besiegt haben.

Sie verbrannten die persischen Schiffe und begaben sich an den Hellespont, um die persische Brücke zu zerstören. Denn sie wußten nicht, daß dies schon von einem Sturm besorgt worden war.

Fürs erste war keine Streitmacht mehr da, gegen die die Griechen sich hätten wenden können. Freilich blieb das Problem der kleinasiatischen Griechen, die jetzt zum zweiten Mal von den Persern abgefallen waren. Die Spartaner schlugen vor, sie umzusiedeln auf die griechische Halbinsel, wobei man den Städten, die auf Seiten der Perser gestanden hatten, Land und Handelsplätze wegnehmen könnte, um sie ihnen anzuweisen. Denn in Kleinasien und auf den davor liegenden Inseln hätten sie sich in Freiheit nur halten können, wenn eine griechische Flotte sie geschützt hätte. Wie aber sollte das geschehen? Sie konnten es sich wohl in der Tat nicht vorstellen. Es widersprach allem, was sie wußten, was sie vermochten.

Die Athener dagegen, die von Xanthippos befehligt wurden, wollten den Kampf fortsetzen. Folglich plädierten sie dafür, die kleinasiatischen Griechenstädte in die Eidgenossenschaft aufzunehmen. Und das geschah. Offenbar mit Einwilligung des spartanischen Feldherrn, der freilich so schnell die heimischen Beamten nicht hatte befragen können.

Wie man indes den Kampf gegen die Perser fortsetzen konnte, das mußte noch offen sein. Die Spartaner jedenfalls kehrten nach Hause zurück, während die Athener sich darauf verlegten, die Stadt Sestos zu belagern, die auf der thrakischen Chersones gelegen war, etwa in der Mitte des Hellesponts.

Herodot erzählt von einem Gastmahl, das der Thebaner Attaginos für 50 Perser und 50 Thebaner gegeben habe. Es fand statt, als Mardonios auf dem Weg von Thessalien nach Athen war. Die Sitzordnung hätte vorgesehen, daß immer ein Perser und ein Thebaner zusammen auf einem Speisesofa zu liegen kamen.

Einer der Perser, der griechisch sprach, hätte seinen Lagergenossen gefragt: »Siehst Du die Perser hier schmausen und auch das Heer, das wir dort im Lager am Fluß zurückgelassen haben? Von all diesen Leuten wirst Du in kurzer Zeit nur noch wenige am Leben sehen.« Und er habe dabei geweint. Als der Grieche fragte, ob man das nicht dem Mardonios ausrichten müsse, soll der Perser geantwortet haben: »Mein Freund, was die Gottheit beschlossen hat, kann der Mensch nicht abwenden. Dem, der die Wahrheit sagt, will sich keiner fügen. Viele Perser wissen es recht gut; wir folgen aber dennoch, der Notwendigkeit gehorchend. Von den Schmerzen, die in den Menschen sind, peinigt am meisten der, daß man bei aller Einsicht über nichts Gewalt hat.«

War es also Zufall, waren es die Schwierigkeiten, die das griechische Land und die See den militärischen Operationen der östlichen Macht entgegensetzten, oder doch eine qualitative Überlegenheit der Griechen, was zu ihrem Sieg über die Perser führte?

Man kann den Zufall und die Schwierigkeiten nicht ausschließen. Und man sollte nicht, jedenfalls nicht ohne Widerstand, mit einem Sinn der Weltgeschichte rechnen. Und doch hatten die Griechen offensichtlich eine ganze Reihe von Eigenschaften, die sie nicht nur zu einer von allen andern abweichenden Kulturbildung, sondern vermutlich auch zum militärischen Kampf besonders befähigten; und es spricht vieles dafür, daß eine Planung wie die des Themistokles, die sich von zahlenmäßiger Überlegenheit nicht schrecken ließ, die bewußt von der eigenen Unterlegenheit ausging und trotzdem den Sieg als möglich, ja als wahrscheinlich erkannte, der besonderen Weise verdankt wurde, in der die Griechen Intelligenz ausbilden mußten; das gleiche gilt für die Bereitschaft der Athener, ihm zu folgen. Außerdem vermochten sowohl die Spartaner wie die neuerdings so mächtig, so zuversichtlich gewordenen Athener mitsamt ihren Verbündeten offenkundig so viel, daß der griechische Sieg, wenn die Götter beiden Seiten das gleiche zuteilten, wohl keineswegs unwahrscheinlich war.

Wenn aber die Perser, nachdem sie gekommen, wieder gegangen waren, war nichts erledigt, der Status quo ante nicht wiederhergestellt. Es konnte nicht wieder werden wie zuvor. Es mußte lange und nachhaltig fortwirken, daß der griechische David den persischen Goliath besiegt hatte. Und die Überschneidung des griechischen und des persischen Bereichs mußte neuerdings virulent werden, jetzt im Osten.

Es war nicht nur der griechische Sonderweg approbiert, sondern die Griechen, die griechische Eigenart, die sich aus ihm herangebildet, wurden einer ungeheuren Herausforderung ausgesetzt.

Keiner aber so sehr wie Athen, die Stadt, die vor einer Generation über ihre Nachbarschaft hinaus kaum viel bedeutet und die jetzt nahezu einen weltpolitischen Rang gewonnen hatte – sofern das jedenfalls auf ein Gemeinwesen zutrifft, das es mit einer Weltmacht aufnehmen kann. Für die Perser war die Ägäis künftig wieder bloß ein Stück ihrer langen Peripherie. Nur deswegen konnten sich die Griechen dort so gut behaupten. Wie sie sich behaupteten, war folglich weniger für die Welt*politik* der Zeit (die es noch kaum gab), um so mehr aber für die Welt*geschichte* von Bedeutung, die während dieser Zeit im Ägäisraum ein großes Stück vorangetrieben wurde.

Nach der Schlacht bei Platäa beschlossen die Griechen, alle heiligen Feuer in den von den Persern besetzten Städten zu löschen – sie seien befleckt – und neue vom Heiligtum von Delphi zu holen. Auf Rat des Orakels wurde bei Platäa ein Altar des Befreiers Zeus (*Eleutherios*) errichtet, die Platäer sollten ihm im Namen der Griechen Opfer darbringen, und es sollten alle vier Jahre Kampfspiele veranstaltet werden.

Die Toten wurden wie bei Marathon auf dem Schlachtfeld begraben, nach Herkunftsstädten getrennt. Von der Beute weihte man den Zehnten nach Delphi. Dort wurde ein eherner Dreifuß aufgestellt, der auf jener dreiköpfigen Schlange ruhte, welche heute noch in Istanbul zu besichtigen ist. Sie enthielt die Namen der Griechenstädte, die am Kampf teilgenommen hatte. Andere Weihungen erhielt Poseidon auf dem Isthmos.

# VI. Von der Rückkehr ins verwüstete Land bis zur Herstellung der Demokratie (479–461)

> Orientalisch oder Modern, Asiatisch oder Europäisch: Im Verhältnis zum Griechischen ist diesem Allem die Massenhaftigkeit und der Genuß an der großen Quantität als der Sprache des Erhabenen zu eigen, während man in Pästum, Pompeji und Athen und vor der ganzen griechischen Architektur so erstaunt darüber wird, mit wie kleinen Massen die Griechen etwas Erhabenes auszusprechen wissen und auszusprechen lieben.
>
> FRIEDRICH NIETZSCHE

WIE ERKENNEN Zeitgenossen, daß eine neue Epoche anbricht? Gar nicht erkennen sie es. Denn auch die, die meinen, sie seien dabeigewesen, erkennen es nicht, sondern vermuten es höchstens. Und selbst wenn sie richtig ausmachen, daß etwas zu Ende geht, so wissen sie noch nicht, wie lange es sich noch hinzieht und vor allem: welches Neue an die Stelle des Alten tritt. Die Unsitte, daß man ständig irgend etwas, was man gerade bewirkt hat, als »historisch« ausgibt, ist ohnehin erst neueren Datums.

In aller Regel lassen sich Epochen auch gar nicht recht voneinander scheiden. Das Alte braucht nicht nur lange, um aufzuhören, sondern das Neue wird zunächst einmal in das Alte eingefügt – gedanklich. Denn das Alte ist das Gewohnte, das Normale, das Wirkliche, weil man einfach darauf »eingestellt« ist. Oft erscheint es im Vergehen sogar in freundlichem Licht. Nur sehr allmählich beginnt in Fällen des Umbruchs zu dämmern, daß es das Ganze ist, das sich verändert hat. Was dann aber bedeutet, daß man sich in unbekanntem Gelände zurecht (und am Ende auch: zu Recht) zu finden hat.

Mit der Erkenntnis von Situationen starker ereignis- oder auch prozeßhafter Veränderung verhält es sich in etwa so, wie es überscharf im Märchen von Rotkäppchen dargestellt ist: Man vermutet das Gewohnte, daß also im Bett der Großmutter eben die Großmutter liegt, so daß einem zunächst nur abweichende Einzelheiten, eine nach der anderen, auffallen, bis man endlich wahrnimmt (und unter Umständen sogleich auch erfährt), daß es sich um etwas ganz anderes handelt, daß es eben der Wolf und nicht die Großmutter ist, mit dem man es zu tun hat.

Gewiß mögen einige auf das, was sich nachträglich wie ein tiefer Einschnitt ausnimmt, rasch reagieren, indem sie anders handeln als gewohnt, ganz wie die Lage es gebietet, und im Bewußtsein, daß es sich um eine grundlegend neue Lage handelt. Wobei die, denen diese Lage zupaß kommt, im Schnitt besser dran sind als die, die durch sie gestört werden. Aber auch jene haben ihre Schwierigkeiten, weniger vielleicht im Einzelnen als im Ganzen, zumal in Demokratien, wo die Meinungen vieler sich ausgleichen müssen. Und allemal leuchtet es normalerweise vielen nicht ein, daß mehr als nur dies und jenes sich verändert hat. Selbst wenn sie das Neue nicht für einen Spuk halten, werden sie nicht dazu neigen, Konsequenzen daraus zu ziehen. Es spricht nichts dafür, daß es sich im damaligen Athen und Griechenland anders verhielt.

Wo man von heute her einen tiefen Einschnitt wahrnimmt, müssen sich damals Auffassungen von einer Rückkehr zur Normalität gemischt haben mit der Wahrnehmung oder zumindest Ahnung neuer Möglichkeiten; Notwendigkeiten, auf die neue Lage zu reagieren, kreuzten sich mit überkommenen und sehr bald als überholt sich erweisenden Denkgepflogenheiten. Man war schon dabei, das Neue zu praktizieren, während man in vielem noch dem Alten verhaftet blieb. Ja, gerade weil man dies und jenes erfolgreich zu regeln vermochte, mag der Eindruck entstanden sein, daß man das Ganze unter Kontrolle habe, obwohl es in tieferen Schichten längst zu arbeiten begonnen hatte, unbewußt.

Wie sollte man auch so bald verstehen, was der Sieg über die Perser bedeutete; für sich genommen und mit all den Folgen, die sich eigentlich schon absehen ließen? Das Ereignis war viel zu groß, um so bald dem eigenen Horizont eingepaßt werden zu können.

So gerieten die Athener, ohne es recht zu wissen, auf einen Weg, auf dem sie sich sehr rasch nicht nur in einer völlig anderen Lage fanden, sondern andere wurden. Sie wußten es wahrscheinlich nicht, aber in gewissem Sinne wurden sie sich, gemessen an dem, was sie gewesen waren, fremd. Ohne genügende Ausstattung, ohne Zeit für eine Gewöhnung zu haben, wurden sie zu einer Großmacht. Die Probleme, die daraus erwuchsen, konnten sie zwar, wie die folgende Geschichte zeigt, bewältigen. Sie leisteten, was ihnen abverlangt wurde, und mehr als das. Aber es ergaben sich ihnen eben damit doch große Aufgaben neuer Balancierung. Als eines der Mittel zu deren Lösung erwies sich die Tragödie; wie überhaupt zu fragen ist, wieweit die Athener gerade angesichts der politischen Erfordernisse, denen sie sich konfrontiert sahen, ihre Kunst brauchten.

Als die Athener im Spätsommer oder Herbst 479 ihre Heimat zum zweiten Mal wieder in Besitz nahmen, werden sie in der großen Mehrzahl gehofft haben oder gar der Meinung gewesen sein, daß endlich Normalität und Ruhe in ihr Leben einkehre. Die Perser waren gekommen und waren zurückgeschlagen worden. Der gewöhnliche Gang der Dinge war unterbrochen, nun schien er sich wieder einzustellen.

Wohl hatte es bittere Verluste gegeben. Väter, Ehemänner, Brüder, Söhne und Freunde waren gefallen. Einbußen an Hab und Gut mußten wettgemacht, Wohnungen und Ställe, öffentliche Bauten und Heiligtümer wiederhergestellt werden. Aber dafür hatten die Athener gesiegt. Und sie müssen das ausgekostet haben; um so mehr, als sie bei Salamis entscheidend und bei Platäa immerhin hervorragend gekämpft hatten, um so mehr auch, als ihnen der Feind so überlegen, so angsteinjagend, so ungeheuerlich erschienen war.

Die Athener vergaßen dabei gern, daß die Ägineten bei Salamis besser gekämpft hatten als sie. Sie behaupteten gar, die Korinther seien vor der Schlacht davongefahren. Was gar nicht stimmte.

Auffälligerweise finden sich auf Trinkgefäßen der folgenden Jahre verschiedene Bilder, die die persischen Feinde ungemein herabwürdigend darstellen; ganz entgegen der in den literarischen Quellen anzutreffenden Gepflogenheit, Freund und Feind, und seien es Griechen und Barbaren, als Parteien gleichen Rechts und gleicher Würde zu nehmen. War die Verachtung Ausdruck der großen Erleichterung nach dem Sieg? Schlug die Befreiung um in ein triumphales Überlegenheitsgefühl? Oder galt im Symposion anderes als in den Epen Homers, auf der Bühne der Tragödie oder in der Geschichtsschreibung Herodots?

Es handelte sich wohl um vorübergehende Äußerungen des Hochmuts der Griechen. Ihr Verhältnis zu den östlichen Hochkulturen hatte viele Facetten. Sie waren ihnen kulturell unterlegen gewesen, hatten es an Macht weder mit Lydern noch gar mit Persern aufnehmen können. Jetzt erstmals schien sich die Waagschale eindeutig zu ihren Gunsten zu neigen. Nach großen Gefahren. Das mußte sich äußern. Naturgemäß mußte etwas von der Erregung, der Alarmierung, dem Ausnahmezustand der Jahre seit Beginn der angestrengten Flottenrüstung nachbeben. Und lange noch kreisten Gespräche, Erinnerungen, Träume um das Geschehen, seine Deutung, um den Sinn des Siegs der Poleis über das Weltreich. »Wer und von wem bist Du unter den Männern? Wie viele Jahre zählst Du, mein Bester? Wie alt warst Du, als der Meder kam?« – das mochte man sich, wie Xenophanes sagt, am Feuer zur Winterszeit beim Wein fragen. Sowohl die erste Ankunft der Perser in Jonien, Mitte des sechsten Jahrhunderts, wie jetzt die zweite in Griechenland selbst waren einschneidend genug, um Biographien danach einzuteilen.

Marathon, Salamis, Platäa traten den mythischen Beispielen großer Heldentaten zur Seite. So wurden in der Stoa Poikile, der um 460 wohl von dem Alkmeoniden Peisianax gestifteten Halle an der Nordseite der Agora, ursprünglich neben dem Bild der Schlacht bei Marathon eins des Trojanischen Kriegs und eins des Abwehrkampfs der Athener gegen die Amazonen angebracht. Miltiades' Sohn Kimon hatte sie in Auftrag gegeben. Er war vermutlich der Schwager des Stifters. Unter den Malern sind zwei namentlich bekannt, Polygnot und Mikon. Die Volksversammlung muß zugestimmt, sie soll sogar bis in Einzelheiten hinein Einfluß genommen haben.

*Perser, der seine Unterwürfigkeit durch die Bereitschaft zu sexuellem Mißbrauch bekundet. Die Beischrift zeigt, daß sich diese Demütigung auf die Niederlage in der Schlacht am Eurymedon bezieht. Kanne, rotfigurig. Hamburg, Museum für Kunst und Gewerbe.*

Die mythischen Kämpfe zwischen Ost und West, zwischen Griechen und Barbaren respektive, noch schlimmer, Amazonen erschienen als Vorgänger der eigenen. Für Kimon lag es nahe, Marathon, nicht Salamis darstellen zu lassen. Aber vielleicht für die Athener auch, da sie nur in Marathon allein gesiegt hatten. Und es war ein Sieg der Hopliten gewesen.

Wenn das Leben aber dazu tendierte, wieder den gewohnten Gang zu gehen, so setzte sich der Krieg freilich fort. Die Eidgenossenschaft hielt zusammen. Samos, Chios, Lesbos und andere Inseln waren in sie aufgenommen worden. Im Mutterland wurde überlegt, ob man die Griechenstädte, die sich den Persern angeschlossen hatten, bestrafen sollte. Vor der kleinasiatischen Küste operierte die Flotte, die Stadt Sestos wurde belagert. Sie beherrschte die Durchfahrt durch den Hellespont, war wichtig für die Verbindung zum Schwarzen Meer, von wo ein Gutteil der griechischen, besonders der athenischen Getreidezufuhren kam.

Nach dem Fall der Stadt erbeutete man dort einen Teil der Taue von Xerxes' Schiffsbrücke, die man mitnahm, um sie in mehrere Tempel zu weihen. Der wegen Schändung eines Heiligtums berüchtigte persische Statthalter der Gegend wurde unter dem Beifall der Griechen ans Kreuz geschlagen.

Was langfristig daraus werden konnte und sollte, wird offen gewesen sein. Themistokles freilich hatte genauere Vorstellungen, und die Spartaner machten sich große Sorgen. Die einen, weil sie betroffen waren, der andere, weil er gewohnt war, zu prognostizieren; durch die Oberfläche der Dinge hindurchzublicken, um die Gesetzmäßigkeiten zu erkennen, denen eine Macht gehorchte. Was die Spartaner zu denken und zu wollen vorgaben, vielleicht wirklich dachten und wollten, war gleichgültig gegenüber der raison d'être ihres Gemeinwesens. Themistokles fand, daß zwischen Athen und Sparta ein Gegensatz sich auftat und daß man aus dieser Erkenntnis heraus zu handeln hätte.

Als die Spartaner beantragten, Theben und Thessalien aus der delphischen Amphiktyonie, jenem Städtebund, der die Unabhängigkeit des Orakels überwachte, auszuschließen, weil sie mit den Persern gezogen waren, legte Themistokles Einspruch ein. Er wollte nicht, daß sie ihre Führungsrolle auf dem Festland weiter befestigten. Auch der Versuch, die Perserfreunde unter den Griechen zu bestrafen, wurde vereitelt. Von Theben verlangte man nicht mehr als die Auslieferung einiger führender Männer. Ein Kriegszug Spartas gegen die Thessaler blieb ohne Erfolg.

Vielleicht haben die Spartaner die Sache auch mit wenig Nachdruck betrieben. Sie waren in ihren militärischen Möglichkeiten begrenzt. Die Zahl der Spartiaten betrug etwa 8 000. Da man sich nicht darauf verstehen wollte (oder konnte), Männer, die kein entsprechendes Vermögen besaßen, in diesen Kreis aufzunehmen, wurde sie mit der Zeit immer kleiner. Zudem mußten die Spartaner ständig darauf achten, daß die Heloten ruhig blieben. Sie hatten ja dereinst die ganze Vorbevölkerung unterworfen, und es hatte sich in deren Reihen ein gewisser Zusammenhalt bewahrt, der es ihr ermöglichte, gemeinsam zu handeln, sobald die Gelegenheit es erlaubte.

So vermochten die Spartaner zwar von Fall zu Fall sehr erfolgreich zu intervenieren, sie mochten versuchen, die Ergebnisse der Interventionen durch Verträge zu stabilisieren, aber eine langfri-

*Akropolis-Mauer, von der Agora gesehen. Unter Verwendung von »Perserschutt« gebaut – eine ständige Mahnung an die Zerstörung der Heiligtümer durch Xerxes. Man sieht deutlich die Säulentrommeln des alten Athena-Tempels.*

stig angelegte, energische Machtpolitik außerhalb der Peloponnes zu treiben, wurde ihnen schwer. Während die Athener, so wurde später bemerkt, meinten, wenn sie fern ihrer Stadt operierten, Gewinne zu machen, fürchteten die Spartaner gern, dadurch auch das zu verlieren, was sie hatten. Doch dies mußte damals so deutlich noch nicht sein. Im Zeichen der Allianz gegen die Perser mochte die Etablierung Spartas als Führungsmacht des ganzen Mutterlands als möglich erscheinen.

BALD NACH ihrer Rückkehr begannen die Athener damit, ihre Stadtmauer wiederherzurichten. Merkwürdigerweise, denn an sich hatten sie ja eine Menge schon damit zu tun, ihre Häuser in winterfesten Zustand zu bringen, ihre Felder zu bestellen, Höfe sowie Werkstätten wieder in Betrieb zu nehmen. Teile der alten Mauer sollen noch gestanden haben, aber man erweiterte den Ring nach verschiedenen Seiten; die Bevölkerung war gewachsen, man hat wohl mit weiterem Wachstum gerechnet.

Nicht lange, und es erschien eine spartanische Gesandtschaft, gewiß noch im Spätherbst 479. Sie forderte die Athener auf, vom Mauerbau abzulassen. Außerhalb der Peloponnes sollte künftig möglichst keine Stadt mehr befestigt sein. Sonst könnten sich die Perser, falls sie wiederkämen, dort verschanzen. Die Spartaner meinten, in solchem Falle böte die Peloponnes für alle Zuflucht genug; von dort sollte dann offenbar der Gegenangriff ausgehen. Thukydides, der über die Affaire berichtet, hält die Begründung für fadenscheinig. Es seien auch nicht so sehr die Spartaner, sondern ihre Verbündeten gewesen, die auf die Entsendung der Gesandtschaft gedrungen hätten. Sie fürchteten, daß die Athener von den andern Griechen ungestört ihre Macht hätten entfalten wollen.

Der Hinweis auf eine weitere persische Invasion war vielleicht nicht ganz so abwegig, wie er erscheint. Immerhin gab es offenbar Pläne für eine künftige gemeinsame Strategie unter Spartas Führung, es war sogar die Rede von der Aufstellung einer gemeingriechischen Brigade. Da mochte es in der Tat als ungünstig erscheinen, wenn die Kräfte bei der Verteidigung einzelner Städte aufgesplittert wurden. Da konnte man daran denken, alle Befestigungen außerhalb der Peloponnes zu schleifen. Doch wie auch immer – das Ansinnen lief jedenfalls darauf hinaus, die Landmacht Sparta zu stärken und die Seemacht Athen zu bevormunden und an die Kette zu legen.

Während sich Spartas Absichten auf diese Weise verstehen lassen, bereitet der weitere Verlauf der Affaire Schwierigkeiten. Warum haben sich die Athener die Einmischung in ihre Angelegenheiten nicht einfach verbeten? Statt dessen beschlossen sie auf Themistokles' Rat, eine Gesandtschaft nach Sparta zu schicken. Themistokles scheint das weitere Vorgehen mit einigen Politikern, darunter Aristides, verabredet zu haben.

Er wollte allein vorausfahren und den Spartanern erklären, daß er vor der Ankunft seiner Mitgesandten nicht verhandeln könne. Diese aber sollten aus Athen erst abreisen, wenn die Mauer eine solche Höhe erreicht hatte, daß man sich dahinter hätte verteidigen können. Genau so wurde es gemacht. Als den Spartanern immer mehr Berichte vom Mauerbau – samt Protesten dagegen – zugingen, riet Themistokles ihnen, ihrerseits Gesandte hinzuschicken, die die Dinge prüfen sollten. Das sei doch allemal besser, als auf das Hörensagen etwas zu geben. Gleichzeitig bat er die Athener, die spartanischen Gesandten festzuhalten, bis die eigenen von Sparta zurück seien. So geriet die Sache nahezu zum Geiseldrama.

Als schließlich die beiden andern attischen Gesandten, neben Aristides war es Habronichos, der Sohn des Lysikles, in Sparta eintrafen, teilte Themistokles mit, die Stadt sei inzwischen so weit befestigt, daß sie ihre Bewohner schützen könne. Und er fuhr fort, die Spartaner möchten sich in Zukunft bitte bewußt sein, daß die Athener sehr wohl beurteilen könnten, was ihnen und der Allgemeinheit nützlich sei. Auch die Räumung der Stadt und den Kampf auf der Flotte hätten sie ohne Spartas Zutun als richtig erkannt und gewagt, wie sie ja auch in den anschließenden Beratungen – sprich: vor der Schlacht bei Salamis – hinter keinem andern zurückgestanden hätten. Jetzt scheine es ihnen geboten, ihre Stadt zu befestigen, und zwar auch im Interesse der Bundesgenossen. Denn man könne nicht eine gleiche Stimme in gemeinsamen Beratungen haben, wenn man nicht über die gleiche Zurüstung verfüge. Entweder müßten alle in offenen Städten wohnen, auch auf der Peloponnes, oder man müsse zugeben, daß der Mauerbau angebracht sei. Gerade wegen der Perser also, so gab er zu verstehen, mußte die Mauer gebaut werden; und zwar nicht so sehr, um Athen gegen die Perser, sondern um es gegenüber den eigenen Verbündeten stark zu machen.

Die Spartaner erwiderten darauf, sie hätten ja nur Ratschläge geben wollen, und unterdrückten ihre Verstimmung, so daß die beiderseitigen Gesandten zurückkehren konnten.

War es also wirklich ernst gewesen? Stand wirklich zu erwarten oder wenigstens zu befürchten, daß die Spartaner, wenn die Athener ihnen nicht zu Willen waren, etwa ein Heer gesandt hätten, um den Mauerbau zu vereiteln, und nur unter der Bedingung, daß er unterbleibe, wieder abzuziehen? Oder daß sie Themistokles als Geisel genommen hätten? War etwa mit einer Panikreaktion zu rechnen?

Man zögert zunächst, das zu glauben. Warum dann aber das ganze Manöver? Ging es vielleicht weniger darum, die Spartaner, als darum, die Athener zu täuschen? Diente die Reise der Beschleunigung des Mauerbaus; etwa weil viele das mühsame Unterfangen sonst ganz gern auf die lange Bank geschoben hätten?

Vielleicht waren auch Gegner einer ehrgeizigen Politik am Werk und suchten, den verständlichen Wunsch nach Ruhe für sich auszunutzen? Jene Adligen also etwa, von denen wir hören, daß sie sich vor der Schlacht bei Platäa gegen die Isonomie hätten verschwören wollen?

Oder scheuten die Athener den offenen Widerspruch gegen die Spartaner? Angesichts des starken diplomatischen Drucks; vielleicht auch aus Angst, nur daß deren Grund nicht unbedingt allein in der Wahrscheinlichkeit bewaffneter Reaktionen gelegen haben müßte; es könnte ja auch die Angst vor der eigenen Courage hinzugekommen sein. Schließlich hatte man Großes vor.

Wie immer man es deuten mag, zumindest mit der Möglichkeit eines Eingreifens der Spartaner mußte man rechnen. Schon zu Kleisthenes' Zeit waren sie zu Felde gezogen, weil Athen ihnen zu mächtig zu werden drohte. Jetzt mußten sie befürchten, daß Athen eine Hegemonie in der Ägäis begründete. Und, wie sich zeigt, hatten die Spartaner gute Argumente im Blick auf eine künftige antipersische Strategie vorzubringen. Sie konnten ihre Eifersucht kaschieren; es konnte ein Druck entstehen, daß keiner sich zu weit aus der Solidarität der Griechen – und dem Einfluß Spartas – entferne. Übrigens sollen sie in der Mitte der siebziger Jahre über die Eröffnung eines Kriegs gegen Athen beraten haben.

Die Affaire beleuchtet die Situation also recht gut. Einen Moment lang mochte angesichts der gerade bestandenen Persergefahr ein Zusammenschluß der Griechen, genauer: eine Fortdauer und Verstärkung ihrer Allianz ernsthaft erwogen worden sein. Sie lag im Interesse der spartanischen Politik. Die Athener aber waren schon dabei, ihre eigenen Wege zu gehen. Vielleicht absehbar für die andern, jedenfalls beunruhigend. So entstand große Unsicherheit. Man lag gegeneinander auf der Lauer. Was sonst eher unwahrscheinlich gewesen wäre, erschien als möglich.

Doch könnte es gut sein, daß die Spartaner nicht entschieden bei der Sache waren; daß sie sich von ihren eigenen Plänen überfordert fühlten, so daß sie sich mit Athens Befestigung abfanden.

Die Athener hatten den Mauerbau unter größtem Einsatz betrieben. Männer, Frauen, Kinder, auch Nicht-Bürger und Sklaven mußten mitarbeiten. Auf nichts wurde Rücksicht genommen; kein Grabstein, keine Mauer oder Säule geschont, was immer zu gebrauchen war, herangeschleppt. Und man wird nach der Räumung und Plünderung des Landes nicht einmal sehr viele Ochsenwagen zur Verfügung gehabt haben.

So war der Mauerbau, mehr als sechs Kilometer lang, und seine rasche Vollendung eine große sowohl organisatorisch, architektonisch und physisch als auch politisch bemerkenswerte Leistung. Auffällig, wenn auch nach Salamis wohl nicht gar so erstaunlich war, daß Themistokles und Aristides zusammenwirkten. Vielleicht zielte die, in einem Wortspiel vorgebrachte, Charakterisierung des Aristides als eines Fuchses gerade auf seine Beteiligung an der Befestigung. Denn sie war als Vorwurf gemeint und kam von seiten der adligen Gegner der Isonomie.

Was seit Kleisthenes längst angelegt war, setzte sich also durch. Jetzt galt in der Tat, wie Themistokles es in Sparta erklärt hatte, keine Autorität mehr für Athen, weder diejenige Spartas noch die der Bundesgenossen gegen Persien. Das bedeutete aber auch: Was der griechischen Sache bei Salamis zum Sieg verholfen hatte, die Rationalität Athens und seine Flotte, war von nun an eher unheimlich. Was die spartanische Landmacht von der See her nur ergänzt zu haben schien, erwies sich als mögliche Bedrohung. Der Raum nicht nur der Politik, sondern potentiell auch der Herrschaft verdoppelte sich für die Griechen. Er umfaßte die ganze Ägäis.

Athen solle sich der See zuwenden, hatte Themistokles wieder und wieder erklärt. Drei Dinge vor allem könnten seine Stärke ausmachen: die Sicherheit gegen Angriffe von Land her, ein ausreichender Schatz und eine große Flotte. Auch am Geld fehlte es bald nicht mehr. Wohin indes sollte das führen? Meinte man wirklich, die Perser so weit zurückschlagen zu können, daß die Freiheit auch der kleinasiatischen Griechen sicher sein konnte? Hieß das nicht, ein Abenteuer sondergleichen vom Zaun zu brechen?

Im folgenden Jahr, 478, nahm die, um weitere Inselpoleis verstärkte, Eidgenossenschaft den Kampf gegen Persien wieder auf. Die Athener und die Griechen im Osten, weil sie es wollten, manche andere, weil sie sich nicht recht entziehen konnten. So auch die Spartaner, die, obwohl sie doch schon gefunden hatten, man solle die Jonier sich selbst überlassen, nicht beiseite stehen, vor allem wohl den Athenern nicht die Führung überlassen wollten. Unter Pausanias' Kommando fuhr also eine griechische Flotte nach Zypern, wo sie offenbar die persische Herrschaft beenden, deren Anhänger einschüchtern und die Griechen stärken wollten. Verschiedene Städte wird man für die eigene Seite gewonnen haben. Anschließend wandten sich die Griechen zum Bosporus und eroberten die Stadt Byzanz, die von einer persischen Garnison gehalten worden war. Nach Norden wie nach Osten sollten die Zugänge zur Ägäis gesichert werden.

Doch die spartanische Führung, die doch gerade hatte behauptet werden sollen, erwies sich als unmöglich. Denn Pausanias machte sich bei den Griechen, vor allem bei denen aus dem Osten, durch Strenge, Hochmut, angeblich auch Gewaltsamkeit derart unbeliebt, daß sich viele von ihnen an die Athener wandten, sie sollten das Kommando übernehmen. Einzig die Kontingente aus der Peloponnes schlossen sich dem nicht an. Athen war in der Tat besser dafür geeignet, aber noch gab den Spartanern ja das Ansehen, das sie allgemein genossen, unabhängig von ihren tatsächlichen Leistungen den Vorrang.

Obwohl Pausanias von der gegen ihn – unter anderm wegen geheimer Verbindung zu den Persern – erhobenen Anklage in der Hauptsache freigesprochen wurde, entsandten die Spartaner im nächsten Frühjahr nicht ihn, sondern nur einen Feldherrn namens Dorkis mit einem kleinen Aufgebot nach Byzanz. Sie waren wohl nurmehr halbherzig bei der Sache. Als die Verbündeten ihm die Führung nicht ohne weiteres überließen, kehrte er nach Hause zurück, und die Spartaner beschlossen nun, am Kriege nicht mehr teilzunehmen. Sie hatten ihn satt, berichtet Thukydides, hätten auch gefürchtet, daß ihre Männer in der Fremde zu vielen Versuchungen ausgesetzt wären. Die Widerspenstigkeit der Athener könnte sie bestärkt haben. Aber vor allem waren sie überfordert.

Schon während des Winters 478/77 müssen Verhandlungen wegen eines neuen Bündnisses verschiedener Griechenstädte unter Athens Führung stattgefunden haben. Dann wurden vermutlich Herolde ausgesandt und die Griechenstädte zu einer Versammlung auf die Insel Delos eingeladen.

Wohl im Frühjahr 477 wurde der heute so genannte Delisch-Attische Seebund abgeschlossen. Welche Poleis ursprünglich daran beteiligt waren, ist unklar. Jedenfalls waren es zahlreiche Inselpoleis, vermutlich einschließlich vieler der Kykladen sowie der drei Städte auf Rhodos. Hinzu kamen die meisten jonischen Städte auf dem kleinasiatischen Festland, wohl auch schon Byzanz sowie einige Städte auf der Chalkidike. Später sind mehr als 100, schließlich weit mehr als 200 Mitglieder der Allianz bezeugt; nur wissen wir von den wenigsten, wann sie sich dem Bund angeschlossen haben.

Die Verträge waren offenbar jeweils zwischen Athen und den einzelnen Städten abgeschlossen worden. Man schwor, auf ewig zusammenzuhalten, versenkte Metallklumpen in die See: Solange sie nicht auftauchten, sollte das Bündnis bestehen. Entsprechend einer vermutlich aus adligen Faktionskämpfen übernommenen Formel leistete man sich den Eid, den gleichen Freund und Feind zu haben.

Für alle gemeinsamen Probleme wurde eine Bundesversammlung eingerichtet, die zumindest einmal im Jahr auf der Insel Delos zusammentreten sollte; vermutlich zum großen Fest des Apollon von Delos, das die Athener, die Jonier und die Inselbewohner schon länger im Frühjahr jeden Jahres feierten. Der delische Apoll war ursprünglich der Gott des Seebunds.

Die Bundesgenossen waren verpflichtet, zu gemeinsamen Unternehmungen sowohl Hopliten zu stellen als auch zur Flotte beizutragen. Dies letztere entweder in Form der Entsendung eigener Schiffe, die offenbar von Fall zu Fall zu erfolgen hatte, oder durch regelmäßige Zahlung von Geldern. Der gemeinsame Schatz sollte in Delos, wohl im Apollon-Tempel aufbewahrt werden. Die zehn Schatzmeister (Hellenotamiai) stellten die Athener. Die Höhe der Beiträge sollte Stadt für Stadt nach einer Schätzung von deren Einnahmen festgesetzt werden; von Aristides, der seinem Ruf Ehre machte. Übrigens lag die Gesamtsumme der Einkünfte des Seebunds ein gutes Stück unter derjenigen, die allein die Griechenstädte Kleinasiens unter der Perserherrschaft zu entrichten gehabt hatten.

Diese Gesamtsumme betrug ursprünglich 460 Talente. Der Sold für einen Ruderer war auf drei Obolen, das heißt eine halbe Drachme festgesetzt. Bei circa 200 Mann Besatzung kostete die Löhnung pro Schiff und Tag rund 100 Drachmen, im Monat 3 000, das war ein halbes Talent. Eine Flotte von hundert Schiffen hatte also, falls sie sechs Monate in Dienst war, Lohnkosten von 300 Talenten. Gelegentlich brauchte man noch mehr Schiffe. Auch wenn man in Rechnung stellt, daß einige dieser Schiffe von Verbündeten ohne Anspruch auf Zahlungen gestellt wurden, erscheint der Beitrag nicht zu hoch, zumal noch weitere Schiffe zu bauen waren. Möglicherweise sind auch die Kosten für Schiffshäuser von Athen mindestens zum Teil der Seebundskasse in Rechnung gestellt worden.

Daß die Athener das Kommando führen und die Hauptlast der Kriege tragen sollten, war klar. Aber finanziell sollten sie dafür entlastet werden.

Ziel des Bündnisses war die Befreiung der kleinasiatischen Griechenstädte von der persischen Herrschaft sowie deren Sicherung für alle Zeit. Zudem wollte man Rache nehmen für das, was man von den Persern erlitten hatte. Schon vorher war die Perserherrschaft als drückend empfunden worden, jetzt kamen Feindschaft und das daraus erwachsende Mißtrauen, der neu empfundene Gegensatz und das frische Freiheitspathos der Griechen hinzu. Daß man die Freiheit ohne Athen nicht erreichen konnte, muß allen bewußt gewesen sein. Und naturgemäß mußte ihre Sicherung als Dauerproblem erscheinen. Die zeitliche Unbegrenztheit des Bündnisses lag deswegen durchaus nicht nur im Interesse der Athener.

Die Formulierung: »den gleichen Freund und Feind haben« bedeutete, insofern der Feind vorgegeben war, etwas Selbstverständliches: die Geschlossenheit griechischen Handelns, Freundschaft untereinander, Feindschaft gegen das östliche Weltreich. Gewiß war solche Freundschaft – nicht nur der Ausschluß von Krieg, sondern auch ein langfristiges Zusammenwirken – unter einer großen Zahl von Griechenstädten etwas radikal Neues. Aber in diesem kurzen, ungeheuren Moment griechischer Geschichte drängte es sich auf. Angesichts der Gefahr von außen fühlte man sich so zusammengehörig, daß Uneinigkeit und Zwist zwischen den Städten sogar schon einmal mit dem Ausdruck für inneren Zwiespalt zwischen Bürgern (*stásis*) bezeichnet und ähnlich scharf wie solcher Zwiespalt verurteilt werden konnten.

Freilich, zu den Städten, die aus diesem Gefühl solche Konsequenzen zogen, gehörten nicht Sparta und dessen Verbündete auf der Peloponnes; ob sich andere Städte der griechischen Eidgenossenschaft (außer Athen) damals anschlossen, ist unbekannt. Es waren vielmehr so gut wie ausschließlich Poleis, die irgendwann von den Persern unterworfen worden waren oder sich ihnen angeschlossen hatten, welche sich jetzt mit Athen verbündeten. Daß sie eine fremde Herrschaft abgeschüttelt hatten, die übrigens den Anspruch auf sie so leicht nicht aufgab, mag es ihnen erleichtert haben, den starken griechischen Verbündeten, den sie brauchten, als Hegemonialmacht anzuerkennen.

Gerade weil sich aber im Seebund nur ein Teil der griechischen Poleis zusammenschloß, konnte die Allgemeinheit der Formel: »den gleichen Freund und Feind haben« auf die Dauer zu schwierigen Konsequenzen führen. Wenn eine Seebundstadt von außen angegriffen worden wäre, mochte sich die Unterstützung der Verbündeten zwar von selbst verstehen, wenngleich zuweilen mit Zähneknirschen; was aber, wenn eine von sich aus eine andere zum Feind erklärte?

Wer also hatte das Recht, den Feind zu bestimmen? Und, um das gleich hinzuzufügen, wer bei Erweiterungen der Allianz den Freund? Bei Verträgen, welche Sparta damals abschloß, war die Sache klar. Da hieß es, die Verbündeten sollten den gleichen Freund und Feind haben wie die Spartaner. Sie mußten der Hegemonialmacht folgen, gegen wen auch immer sie sie führen mochte. Eine Einschränkung erfolgte nur, sofern die Bundesversammlung es anders wollte. Hier wirkte jenes Regulativ des Peloponnesischen Bundes, das vermutlich seit dem Ende des sechsten Jahrhunderts, seit den ersten Konflikten mit Athen, geschaffen worden war. Man sollte annehmen, daß im Seebund von vornherein der Bundesversammlung die Bestimmung über Freund und Feind zugesprochen wurde. Denn obschon zunächst an anderes als den gemeinsamen Kampf gegen Persien nicht zu denken war, mußte man doch wohl Vorsorge gegen mögliche Mißbräuche der Eidesformel treffen.

Ob Athen auf dieser Bundesversammlung die gleiche Stimme wie die andern hatte, ob es vielleicht eher deren Partner als deren Mitglied war, ist offen. Jedenfalls konnte gegen seinen Willen praktisch nichts unternommen werden. Der umgekehrte Fall war wahrscheinlicher: daß es seinen Willen mit Hilfe der großen Zahl kleiner und kleinster Städte der Versammlung aufnötigte. Aber vermutlich blieb kein anderer Weg als die Geschlossenheit des Bundes mit jener Formel zu beschwören. Es war sinnvoll; und die persönliche Konstellation in Athen spricht dafür, daß man dort kaum daran dachte, wie sehr die Seebundsmitglieder dadurch auch in innergriechische Interessen Athens hineingezogen wurden.

Es war auch nicht unbedingt abzusehen, daß aus dem Seebund mit der Zeit eine Herrschaft Athens werden sollte, obwohl sich die Gewichte ständig zu dessen Gunsten verschieben mußten. Sehr viele Städte waren zu klein, um eigene Kriegsschiffe zu bemannen. So gewannen die Athener eine ganz andere Übermacht über ihre Bündner als Sparta über die seinen. Wo der Beitrag zu gemeinsamen Unternehmungen nur in Hopliten bestand, behielten die Städte ihre Macht gleichsam in der Hand. Wo er zugleich in Geld entrichtet wurde, gaben sie ständig einen Teil davon an die Vormacht ab. Sie stärkten sie auf ihre eigenen Kosten.

In einer Quelle heißt es gar, die Bündner Athens seien durch Bequemlichkeit und Unverstand aus tüchtigen Kriegern unkriegerische Bauern und Geschäftsleute geworden. Es mutet wie eine Arbeitsteilung an: Athen führt den Krieg, sammelt die Macht und weitgehend macht es auch die Politik, während die anderen sich mehr der Wirtschaft hingeben. Das war zwar übertrieben, zumal die Bundesgenossen ja Hopliten zu stellen hatten. Trotzdem ist diese Behauptung nicht ganz falsch.

SUCHT MAN die Vorgänge, die zum Abschluß des Seebunds führten, zu rekonstruieren, so scheint sich mit ziemlicher Folgerichtigkeit einer aus dem andern zu ergeben. Am Anfang steht Athen mit dem neuen Bewußtsein eigener Möglichkeiten, mit der Flotte, die ihren ersten Zweck zwar bei Salamis erfüllt hat, die man aber schlecht einfach verrotten lassen kann, und mit den attischen Theten, denen sich jetzt die Aussicht erschließt, als Ruderer gut zu verdienen und eine wichtige Rolle zu spielen. Athen fühlt sich zudem als Mutterstadt der Jonier. Und hinter allem steht die ideologisch überhöhte Anschauung von griechischer Freiheit und vom Gegensatz zwischen Ost und West. Daher hätte es schon fast Bärenkräfte – und große Selbstverleugnung – gebraucht, wenn die Athener sich aus den Verwicklungen hätten heraushalten wollen, in die sie durch die Griechen in Kleinasien hineingezogen wurden. Auch daß ihnen die Führung zukam, verstand sich von selbst. Aber natürlich kam zu allem andern noch der große Ehrgeiz der isonomen Stadt hinzu; die Bürger-Identität erfüllte sich mit militärischen Inhalten, die Solidarität erstreckte sich zunehmend auf die gemeinsame Wahrnehmung der neuen Rolle.

Trotzdem ist, was die Athener beschlossen und taten, erstaunlich. Glaubte man wirklich, den Persern die Griechenstädte Kleinasiens abnehmen zu können? Vermutlich mochte es in den Bahnen des präzisen kühnen Denkens des Themistokles so aussehen, wie wenn man ihnen militärisch gewachsen wäre; man konnte hoffen, daß innere Schwierigkeiten sie behinderten und daß die Lage an ihrer westlichen Peripherie ihnen nicht wichtig genug erschien, als daß sie dort ihre Kräfte neuerdings hätten massieren wollen. Man mag den Schein ihrer großen Macht durchschaut, die Möglichkeiten einer zwar kleinen, aber weithin militarisierbaren Bürgerschaft und eines ganzen Bündnisses hoch veranschlagt, mag sich auch gesagt haben, daß gar keine andere Wahl blieb, wenn man sich vor künftigen Angriffen schützen wollte, als möglichst viele Bundesgenossen an sich zu binden.

Aber zwischen solchen strategischen Kalküls und der Bereitschaft, die Konsequenzen daraus zu ziehen, könnte doch noch eine weite Kluft gelegen haben. Schließlich mußte die attische Volksversammlung entscheiden, in der dieselben Männer ihre Stimme abgaben, die den Krieg auch zu führen hatten. Doch waren sie dazu bereit. Sie müssen wohl eine Verantwortung für die jonischen Griechen empfunden haben; vermutlich aber auch eine Lust an der Macht, die ihnen da zuzuwachsen schien, schließlich mag Leichtsinn im Spiel gewesen sein.

Jedenfalls fiel ihnen das Engagement nicht so schwer wie den Spartanern. Wo denen enge Grenzen gesetzt waren, konnte Athen sich frei entfalten. Große Teile seiner Bürgerschaft konnten die

Kriegführung fast zu ihrem Beruf machen, konnten beliebig ausfahren, ohne daß der attischen Ordnung Gefahr gedroht hätte. Zwar füllte sich die Stadt Athen zunehmend auch mit Sklaven; sie mußten zum Teil die Bürger ersetzen; doch waren es Kaufsklaven, sie kamen aus den verschiedensten Gegenden der Welt und hatten nach griechischer Erfahrung kaum Neigung und jedenfalls keine Möglichkeit zum Aufruhr; sie hatten auch gar keine gemeinsamen Interessen, zumal ihre persönliche Lage höchst unterschiedlich war.

Bevor sich die Athener also an die Wiederkehr der überkommenen Normalität hätten gewöhnen können, begann sich eine andere, neue Normalität anzubahnen: die der großen Politik, der Unermüdlichkeit, der großen Kraftentfaltung. Jene eigentümliche Normalität, welche Thukydides einmal die Korinther charakterisieren läßt und die am Ende den Eindruck erweckte, die Athener seien geradezu von Natur darauf angelegt, weder selbst Ruhe zu halten noch andern ihre Ruhe zu lassen.

Worauf sie sich einließen, können sie kaum gewußt haben. Was für Konsequenzen ihre Politik nach sich zog, gesellschaftlich, innenpolitisch, für die Ordnung der Stadt, das Denken, die Kunst, die ganze Basis, auf der sie bis dahin gelebt hatten – und für die Weltgeschichte –, das konnten sie sich ohnehin nicht ausmalen.

Wer damals die Führung in Athen hatte, ist unklar. Aristides spielte anfangs noch eine Rolle, von Themistokles hört man fast nichts. Es könnte sein, daß Kimon schon den meisten Einfluß ausübte. Zumindest ab 478/7 war er der wichtigste unter den Strategen. Er führte seine Politik in engem Einvernehmen mit Sparta. Wenn die Spartaner sich auch aus den Kämpfen heraushielten, so behielten sie doch das Bündnis bei, und Kimon legte großen Wert auf gutes Einvernehmen mit ihnen. Insofern bestand der von Themistokles prognostizierte Gegensatz zwischen Athen und Sparta damals noch nicht.

Im Jahre 477/6 konnten die Athener schon die neue Tyrannenmörder-Gruppe des Kritios und Nesiotes auf dem Markt aufstellen: Sie müssen sie gleich nach der Rückkehr in Auftrag gegeben haben. Das Bild ihrer Befreier gehörte offenbar zum Wichtigsten, zum Elementaren ihres Neuanfangs. Die Gruppe

*Tyrannenmörder. Harmodios und Aristogeiton. Kopie nach dem Original, das Kritios und Nesiotes fertigten und das 477/6 an der Orchestra auf der Agora aufgestellt wurde. Neapel, Nationalmuseum. Die genaue Zueinanderordnung der Figuren ist umstritten.*

unterschied sich von der ersten dadurch, daß die beiden nicht mehr nebeneinander stehend, sondern im Augenblick der Tat dargestellt waren; Seite an Seite vorwärtsstürmend; zu Hieb und Stich bereit; die Darstellung von Bewegung wird zur Aufgabe der Freiplastik. Fast scheint es, wie wenn sie hätten abschreckend wirken sollen, nachdem alle frühere bildhafte Abschreckung, etwa mit dem Bild der Gorgo, auf Magisches rekurriert hatte.

Im Frühjahr 476, auf dem Fest der Großen Dionysien, wurde die erste der beiden Tragödien aufgeführt, in denen der Perserkrieg das Thema bildete. Phrynichos hatte sie verfaßt, Themistokles diente als Chorege; er hat es selbst auf einer Inschrift festhalten lassen.

Im Sommer 476 fuhr die attische Flotte unter Kimon von Byzanz nach Eïon, dem wichtigsten Stützpunkt der Perser an der Nordküste der Ägäis, Ort großer Magazine, dicht am Übergang über den Strymon. Die Athener schlugen das persische Landheer und belagerten die Stadt. Als Lebensmittelknappheit die Verteidigung aussichtslos machte, ließ Boges, der persische Kommandant, einen großen Scheiterhaufen errichten, auf dem er seine Frau, seine Kinder, die Nebenfrauen und Diener, nachdem er sie hatte töten lassen, verbrannte. Schließlich stürzte er sich selbst ins Feuer. Zuvor hatte er alles Gold und Silber von den Stadtmauern herab in den Strymon geworfen. Herodot schreibt, die Perser hätten ihn noch zu seiner Zeit, und zu Recht, dafür gerühmt. Nach dem Fall der Stadt wurden die Einwohner in die Sklaverei verkauft, Athener und wohl auch andere Griechen angesiedelt. Anschließend mag man noch einige weitere Stützpunkte in der gleichen Gegend ausgehoben haben. Sonst sind Kampfhandlungen gegen die Perser in jenen Jahren nicht bekannt. Die scheinen sich zumeist nahezu kampflos aus dem griechischen Siedlungsgebiet zurückgezogen zu haben. Lediglich Teile der thrakischen Chersones mußte man ihnen mit Gewalt abnehmen.

So konnte sich Kimon anderem zuwenden. Er eroberte etwa die Insel Skyros; angeblich wegen eines Orakels, jedenfalls aber auch, weil ihre Bewohner die Gegend durch Freibeuterei unsicher machten. Skyros lag an der wichtigen Route vom Schwarzen Meer nach Euböa und Athen. Hier Ordnung zu schaffen war wichtig. Auch die Einwohner von Skyros wurden in die Sklaverei verkauft, die Insel neu besiedelt.

Einer alten Sage zufolge war Athens mythischer König Theseus in Skyros ermordet worden. Die Gebeine, welche Kimon nach angestrengter Suche fand, angeblich in einem Steinsarg, der zugleich eine Lanzenspitze und ein Schwert enthielt, führte er auf seinem Admiralsschiff mit. Die Athener holten sie in feierlicher Prozession ein und setzten sie neu bei. Man legte im Süden der Agora einen heiligen Bezirk an, das Theseion, und erwies Theseus fortan Heroenehren; Opfer und Spiele.

Schon seit Kleisthenes hatten sich die Athener ja dieses Gründerheros ihrer Einheit versichert. Jetzt konnten sie auch auf die Kraft zählen, die von seinem Grabe ausging. Für Kimon war es eine gute Gelegenheit, sich mit seinem Namen zu verknüpfen. Etwa fünfzehn Jahre später wird das von ihm in Auftrag gegebene Bild der Schlacht von Marathon in der Stoa Poikile den Heros zeigen, wie er aus dem Boden aufsteigt, um seinen Landsleuten Hilfe zu bringen. Kaum ein Zufall aber auch, daß Athen sich zu Beginn der Epoche, da es weit über seine bisherigen Grenzen hinausgriff, der Gründung von Einheit und Freiheit vergewisserte. Es scheint das gebraucht zu haben.

Übrigens erhielt Kimon zum Dank von der Volksversammlung die Erlaubnis, drei Hermen aufzustellen und mit Inschriften zu versehen. Sein Name durfte darin zwar nicht vorkommen, aber das Gedächtnis hielt ihn fest. Die Inschriften rühmten die Athener und ihre Feldherrn und begründeten zugleich ihren Führungsanspruch unter den Griechen.

Die Athener hatten in diesen Jahren alle Hände voll damit zu tun, den Seebund auszubauen, anders gesagt: den Ägäisraum unter Kontrolle zu bringen. Sie müssen versucht haben, möglichst viele der Städte an den Küsten des Festlands und auf den Inseln für die Mitgliedschaft zu gewinnen; nicht nur um der Beiträge, der Vergrößerung der eigenen Flottenmacht willen, sondern zugleich, um überall auf Verbündete und Stützpunkte rechnen zu können. Viele haben sich vermutlich den Bitten oder dem Druck Athens gefügt. Gelegentlich wandte man Waffengewalt an; vermutlich dort, wo sich eine Stadt vorher mit den Persern verbündet hatte. Das war der Fall bei Karystos auf Euböa, mit dem man sich aber, bevor es zum offenen Kampf kam, gütlich einigte.

Lebhafte Diplomatie muß immer wieder entfaltet, die Flotte auf weite Fahrten gesandt worden sein. Überblick über den ganzen Raum, den zu beherrschen man sich anschickte, war zu gewinnen; ein Netz von Beziehungen zu knüpfen, mit den verschiedenen Städten, mit den Adligen, die in ihnen maßgebend waren. Die gelegentlichen Treffen auf der Bundesversammlung in Delos konnten ja bestenfalls einer allgemeinen Willensbildung dienen.

Die Innenpolitik vieler Städte, von denen man bis dahin so gut wie keine Notiz genommen hatte, wurde jetzt Gegenstand regelmäßigen Interesses, auch die Beziehungen zwischen ihnen. Man hatte Vorkehrungen dafür zu treffen, daß alle möglichen Verbindungen zu den Persern im Seebund wie in seinem Vorfeld rechtzeitig bekannt wurden. Und man hatte wohl auch seine Macht zu demonstrieren.

Es hatte also vielfältige Konsequenzen, daß die Stadt nicht mehr nur für sich – oder ausnahmsweise zusammen mit andern für die Sicherheit des Mutterlandes – sorgen mußte, sondern Hals über Kopf vom Kanton zur Hegemonialmacht in der Ägäis geworden war; daß sie in eine Rolle hineinwuchs, die es dort noch nie gegeben hatte. Wohl hatten Samos und Naxos respektive deren Tyrannen zeitweilig die Inseln in ihrer Umgebung beherrscht. Aber für die ganze Ägäis hatte sich diese Möglichkeit, diese Aufgabe noch nie gestellt. Zwar konnte man im ersten Moment manches sich selbst überlassen; die Bereitschaft, gegen die Perser zusammenzuhalten, war ja weit verbreitet. Aber man mußte doch die eigenen Kenntnisse und Verbindungen aufs schnellste ausweiten und intensivieren. Man war nicht mehr eine Stadt unter anderen. Schließlich war auch die Ägäis nicht mehr das zwischen vielen mehr oder weniger für sich lebenden Städten sich erstreckende Gewässer, sondern ein Feld, auf dem alles miteinander verknüpft zu werden und folglich zusammenzuhängen und sich gegenseitig zu bedingen begann. Alles rückte eng aufeinander.

Außenpolitik im Bündnis und darüber hinaus nahm künftig daher einen zentralen Platz auf der Tagesordnung ein. Und so sehr sich Athen zunächst auf den Seebund konzentrierte, es konnte kaum ganz verborgen bleiben, daß diese Außenpolitik zugleich zwischen dem Seebund und dem Peloponnesischen Bund zu spielen hatte, daß jedenfalls das Verhältnis der beiden großen Hegemonien von allem, was in deren Innern geschah, tangiert wurde.

Freilich war der Mächte-Antagonismus zwischen Athen und Sparta nicht zuletzt dank Kimon einstweilen suspendiert. Im Banne griechischer Freiheitsideologie konnte Sparta gegen Athens Einsatz gegen die Perser, gegen den Seebund und folglich auch gegen manche Eigenmächtigkeiten der Rivalin nach seinem Rückzug nichts machen. So wirkten die Perser passiv noch eine Weile in die griechische Politik hinein. Sie aktiv hineinzuziehen, bestand auf lange keine Möglichkeit mehr.

In der inneren Ordnung Athens hatten die neuen politischen Anforderungen zur Folge, daß dem alten Adelsrat in den siebziger Jahren ganz neue, bedeutsame Funktionen zuwuchsen. In ihm saßen die meisten der Männer, die sich dank Reisen, Beziehungen, Verwandtschafts- und Gastverhältnissen einigermaßen auskannten, die als Gesandte ausgeschickt werden konnten. Unter ihnen – und in ihrem relativ kleinen, höchstens dreihundertköpfigen, Kreis – konnte die ganze komplizierte Materie der attischen Außenpolitik diskutiert und durchdacht werden; quasi hinter verschlossenen Türen.

Man brauchte den Areopag also dringend. Ohne ihn hätte die Stadt ihre Politik kaum sinnvoll festlegen und deren Ausführung bewerkstelligen können.

So ist es vermutlich kein Zufall, daß der Areopag in Quellen über jene Jahre immer noch als »der Rat« firmiert, während man vom andern Rat als von »den Fünfhundert« spricht. Von seinen Kompetenzen sind nur wenige bekannt. Neben bestimmten Formen der Gerichtsbarkeit ist es vor allem die, daß die Beamten ihm rechenschaftspflichtig waren. Einmal heißt es auch, er habe darauf zu sehen gehabt, daß sie die Stadt gemäß den Gesetzen verwalteten. Das mußte es ihnen nahelegen, in schwierigeren Fragen den Areopag zu Rate zu ziehen.

Was er in der Zeit nach den Perserkriegen hinzugewann, war aber keine Sache der Kompetenzen, sondern eine der Praxis. Die führende Stellung, die der Areopag nach allen Zeugnissen und allen möglichen Rückschlüssen in jener Zeit einnahm, hatte gegenüber den Fünfhundert und der Volksversammlung die Form der Autorität (*axioma*). Athen sei unter seinem Einfluß relativ »straff«, man könnte auch »streng« übersetzen, regiert worden, so heißt es – im Rahmen der Isonomie.

Die Größe der Aufgaben, die Erfolge, die Chancen mußten es seinen Mitgliedern erleichtern, sich jeweils zu einigen. Die Konkurrenz zu Volksversammlung und Fünfhundert förderte den Zusammenhalt ebenso wie die Bedingungen der eigenen Autorität. Kaum wahrscheinlich, daß es da viele Gegensätze gegeben hätte. Zudem stützte sich der führende Politiker Kimon auf den Areopag. Das große Ansehen, das er als Feldherr beim breiteren Volk besaß, mochte über manche Schwierigkeit hinweghelfen. Das Übrige tat der Erfolg der attischen Politik, der zu einem gewissen Gleichklang der vorwaltenden Interessen geführt zu haben scheint.

Um 470 ereignete es sich zum ersten Mal, daß eine Stadt vom Seebund abfiel. Den Bürgern der Insel Naxos scheint dessen Sinn nicht mehr eingeleuchtet zu haben. Die Gefahr, zu deren Abwehr man sich zusammengeschlossen hatte, schien gebannt zu sein. Wozu also weiterhin den übernommenen Verpflichtungen nachkommen? Mag sein, daß Naxos nur offen Konsequenzen aus Meinungen zog, die weiter verbreitet waren.

Die Athener belagerten die Stadt und legten ihr, nachdem sie sie besiegt hatten, Bedingungen auf, welche Thukydides als »Unterjochung« bezeichnete, die gegen die Abmachung verstoßen habe. Näheres ist nicht mehr auszumachen. Ob Strafen wegen Verweigerung und Abfall nicht vorgesehen waren? Oder andere, als man sie verhängte? Vermutlich mußten die Mauern geschleift, Kriegskontributionen gezahlt werden, und die Stadt durfte nicht mehr an der Bundesversammlung teilnehmen. Vielleicht verlor sie, mit einem späteren Ausdruck gesagt, ihre »Autonomie«, mußte sich also Eingriffe Athens in ihre innere Ordnung gefallen lassen. Jedenfalls lief es nicht auf eine bloße Wiederherstellung der alten Pflichten hinaus. Später begegnet Naxos wieder unter den Bündnern, aber mit einem Beitrag, welcher zeigt, daß es über seine alten wirtschaftlichen Möglichkeiten nicht mehr verfügte; es scheint sich also um eine sehr empfindliche Bestrafung gehandelt zu haben. Bemerkenswert ist, daß kein anderer zugleich abfiel und – daß sich offenbar die Spartaner für die Sache nicht interessierten.

Bald nach der Ummauerung Athens war auch der Piräus zur Landseite hin durch eine Mauer gesichert worden. Themistokles hatte es angeregt. Diesmal konnte man sich mehr Zeit lassen, verwandte große, sorgfältig behauene Quader, die man ohne Zwischenraum gegeneinander setzte. In den Kriegshäfen Munychia und Zea, an der Südseite der Halbinsel, wird man bald die großen Schiffshäuser errichtet haben; denn die hölzernen Triëren sollten so wenig wie möglich dem Wasser ausgesetzt werden. Themistokles hatte zudem geraten, jährlich zwanzig Schiffe zu bauen; ein bescheidenes Programm – verglichen mit der Leistung vom Ende der achtziger Jahre, aber vermutlich mit sehr viel mehr Sorgfalt als damals ausgeführt.

Übrigens war es ein leicht veränderter Schiffstyp, der jetzt gebaut wurde. Kimon nämlich bevorzugte eine andere Seekriegstaktik, die mehr auf das Entern als auf das Rammen der feindlichen Schiffe angelegt war. Inwieweit das wirklich taktische Vorteile bot, ist offen. Es erhöhte aber die Bedeutung der Hopliten, die auf den Schiffen kämpften, gegenüber den Ruderern. Und zumindest das mag dem mehr dem Herkömmlichen verbundenen, vielleicht innerlich auch noch stärker auf den Landkampf eingestellten Feldherrn diese Kampfesweise empfohlen haben.

All die Arbeiten, die in Athen zu verrichten waren, lockten aus der griechischen und in geringerem Maße bald auch aus der außergriechischen Welt Handwerker, auch Kaufleute und nicht zuletzt Männer herbei, die auf der attischen Kriegsflotte als Ruderer dienen wollten. Ob sie Steuerfreiheit gewährt bekamen, wird nicht klar. Vielleicht zu Anfang, als es noch wenige waren.

Sehr bald aber muß sich der Status des »Metöken« ausgebildet haben, der aus der Folgezeit bekannt ist: Es wurde Fremden die Möglichkeit eingeräumt, dauerhaft Wohnsitz in Attika zu nehmen. Sie brauchten einen Bürger als »Prostates«, der sie etwa vor Gericht vertrat und in dessen Demos sie registriert wurden. Sie hatten jährlich eine Kopfsteuer in Höhe von 12 Drachmen zu zahlen (24 Tagesverdienste eines Ruderers, als Handwerker wird man zumeist mehr verdient haben), durften kein Grundeigentum erwerben, hatten keine politischen Rechte, standen aber unter dem Schutz des Gemeinwesens und seiner Gerichte. Entlastet von politischen und – außer in Zeiten großer Gefahr – militärischen Pflichten konnten sie sich ganz und gar auf ihre wirtschaftlichen Interessen konzentrieren und haben zur Wirtschaft Athens erheblich beigetragen. Ihre Zahl wird zuletzt zehn- bis zwanzigtausend (bei etwa vierzigtausend Bürgern) betragen haben. Neben ihnen dienten übrigens auch Fremde, die nicht nach Athen zogen, auf der Kriegsflotte.

Das Zusammentreffen von Fachleuten aus verschiedensten Gegenden regte den Wettbewerb an, förderte auch die technischen Fertigkeiten, indem sie sich vielfältig befruchten konnten; gerade der intensive Schiffbau forderte zu Neuerungen heraus.

Außerdem mußten die Theten vielfach durch andere Arbeitskräfte ersetzt werden; etwa im Handwerk. Aber dazu dienten auch Sklaven.

Ziemlich rasch muß der Handel aufgeblüht sein. Die Hölzer für den Schiffbau werden spätestens damals aus Makedonien bezogen worden sein. Auch für vielerlei andere Güter ergab sich ein wachsender Bedarf. In perikleïscher Zeit war Athen der wichtigste Handelsplatz ganz Griechenlands. In den siebziger Jahren begann sich das vorzubereiten.

Um dem wachsenden Zustrom von Bevölkerung gewachsen zu sein, legte die Stadt, so scheint es, ein Bauprogramm auf. Gegen Ende der sechziger Jahre hören wir jedenfalls von Häusern in öffentlichem Eigentum, die von Fremden bezogen werden konnten. Sie scheinen Teil eines anspruchsvollen Projekts gewesen zu sein, jenes Ausbaus der Piräus-Halbinsel, der unter der Leitung des Architekten und politischen Theoretikers Hippodamos von Milet wohl damals begonnen hatte. Wahrscheinlich vor allem für Ruderer, aber auch für Handwerker und Kaufleute, für Bürger wie Metöken.

Hippodamos hatte ein neues Muster des Städtebaus ersonnen, das in der Folge auch sonst vielfach übernommen wurde. Es beruhte offenbar auf bestimmten, als verbindlich erkannten

Maßverhältnissen zwischen Länge und Breite der Grundstücke sowie zwischen den Blöcken, zu denen sie zusammengefaßt waren, mit kleinen, schmalen Wegen im Innern und einer bestimmten Anordnung zu Quartieren, zwischen denen breite Straßen verliefen. Für Heiligtümer und Markt waren Plätze an bestimmten Stellen ausgespart.

Das einfache Raster gerader, rechtwinklig sich schneidender Straßen war alt, es hatte sich während der Kolonisation immer wieder bewährt; wobei die Zahl, Größe und Anordnung der Grundstücke offenbar beliebig blieb. Hippodamos' Entwurf dagegen scheint auf das geschlossene Ganze der Siedlung gezielt zu haben – und eben auf die Maßverhältnisse, die anstelle des bloß additiven einen synthetischen Zusammenhang ergaben. Manches könnte dafür sprechen, daß dabei auch der Haustyp vorgeschrieben wurde – innerhalb des Komplexes, um den es gerade ging.

Hippodamos' Stadtplanung, welcher theoretisch eine eigenartige, auf dem Prinzip umfassender Dreiteilung beruhende Planung der Polisgesellschaft entsprach (die aber Utopie blieb), war einer der ersten großen, weit über die Vorgegebenheiten hinausgreifenden Entwürfe des fünften Jahrhunderts; vergleichbar dem dynamisch-synthetischen Zusammenhang, in den etwa eine Generation später Iktinos' Plan für den Parthenon die bis dahin eher statisch-additiv angeordneten Teile des Tempels brachte. Vergleichbar wäre aber auch das im gleichen Jahrzehnt erstmals zu beobachtende neue Konzept der menschlichen Figur – und der Polisordnung.

Hippodamos beanspruchte, ein Kenner der gesamten Natur zu sein. Es war wohl nicht notwendig, andererseits aber auch nicht ganz zufällig, im Gegenteil ein vielleicht gar naheliegender Ausdruck des Bewußtseins der Besonder-, der Herausgehobenheit dieses Mannes über das Herkömmliche – und über die andern, die dem verhaftet waren –, daß er seine Bedeutung auch sichtbar machte, vielleicht nicht so sehr, weil man sie sonst übersehen, als weil man sie sonst unterschätzt hätte: Hippodamos kleidete sich zwar in einfachem, übrigens sommers und winters gleichen, warmen Tuch, aber darüber trug er aufwendigen Schmuck und lange, wallende Haare. Sein Auftreten wirkte, so Aristoteles, auf »einige« geckenhaft. Wenn die Athener ihn mit dem Projekt der Piräus-Besiedlung betrauten, so bewiesen sie viel Mut zum

Neuen und zum Entwurf, zum Ganzen weit über alles Stückwerk hinaus. Es könnte ihnen aber auch der Mann ins Auge gestochen haben; sie waren für dergleichen nicht unempfindlich, außer in der Politik, doch auch da nicht immer streng.

Aktivität, Aufbruchsstimmung, Erfolg jedenfalls scheinen das Leben in Athen damals gekennzeichnet zu haben. Vor allem unter den Bürgern in der Stadt, aber es waren – nicht zuletzt vermittels des Rats der Fünfhundert – in irgendeiner Weise auch die auf dem Lande daran beteiligt. Das alles vollzog sich nicht nur im Politischen und Militärischen, im Wirtschaftlichen und Gesellschaftlichen, sondern auch in der Kunst.

Indes, bei allem Aufbruch – blieb da nicht auch ein Zögern? Bei allen Erfolgen – meldeten sich da nicht auch Bedenken, ob es wohl gutgehen könne? Was machte man mit dem Empfinden der Gefahren, der Unheimlichkeiten, die große Erfolge doch wohl begleiten?

Diese Fragen stellen sich nicht von ungefähr. Sie ergeben sich auch nicht einfach aus der Überlegung, daß Erfolg leicht auch die Unsicherheit hervorruft, über die er streckenweise hinwegzuhelfen scheint. Nicht nur aus dem »Pessimismus der *Stärke*«, den Nietzsche an den Griechen jener Jahrzehnte doch wohl richtig vermutet hat, »einer intellektuellen Vorneigung für das Harte, Schauerliche, Böse, Problematische des Daseins aus Wohlsein, aus überströmender Gesundheit, aus Fülle des Daseins«. Vielmehr ist das Aufkommen solcher Unsicherheiten eben daraus zu schließen, daß damals nachweislich versucht worden ist, auf sie zu antworten; und zwar öffentlich und bei Anlässen, die für die ganze attische Bürgerschaft große Ereignisse darstellten, bei den Tragödienaufführungen nämlich auf dem Fest der Großen Dionysien Ende März jeden Jahres.

Es ging zugleich um Fragen, die von außerhalb an die Athener gerichtet wurden, angesichts ihres binnen weniger Jahre erreichten Aufstiegs zur Großmacht neben und vor Sparta und vor allem neben dem persischen Weltreich.

Noch kann der Sieg der Polis über dieses Reich kaum schon ganz verständlich, ganz eingeordnet gewesen sein in die verschiedenen Bezüge des Denkens und Vorstellens, innerhalb derer ein solches Erleben erst hätte zur Ruhe kommen können. Und schon war Athen dabei, weit über die Grenzen des eigenen Bereichs hinauszugreifen.

Wie war das zu verstehen? Glaubte man nicht an den »Neid der Götter«, der denjenigen trifft, der zu hoch steigt? Bisher waren das Reiche, Könige, Tyrannen, überhaupt große Herren gewesen. Aber sollte es nicht auch für eine Stadt wie Athen gelten? Konnten sich die Götter deren schwindelhaften Aufstieg gefallen lassen? Drohte auch ihr die Verblendung, durch die die Mächtigen ihr eigenes Verderben zu bewirken pflegen?

Und wie stand es um die Gerechtigkeit des Weltgeschehens? Sollte es wahr sein, daß sie es war, die die Griechen über die Perser hatte siegen lassen? Aber warum? Und wenn ja, war es gerecht, daß sich jetzt auch die Griechen, die den Persern unterworfen gewesen waren, von ihnen befreiten?

Solche und ähnliche Ungewißheiten scheinen in der Stadt damals besonders aufdringlich empfunden worden zu sein. Vielleicht, daß sie in mancher Debatte, ja weithin beiseite gewischt wurden. Jedenfalls aber war das Tuch von Gleichgültigkeit, das die Routine darüber breiten mochte, nicht sehr dicht gewebt. Gerade bei »kleinen Leuten«, auch bei den Mittleren kann sich Routine so leicht nicht einstellen, wenn sie von Volksversammlung zu Volksversammlung Entscheidungen über große Politik zu treffen haben; zumal solange das ungewohnterweise geschieht. Wenn sie dabei weitgehend den Empfehlungen des Areopags folgten, kann damit das Problem noch nicht aus der Welt gewesen sein.

Und es konnte ihnen offenbar auch nicht reichen, daß damals tiefere Probleme des Verstehens und des ethischen Urteils in Rat und Volksversammlung gestreift wurden; wenn etwa einer nicht nur seinen Vorschlag vorbrachte, sondern zugleich über die Kriterien sprach, nach denen er sich empfahl. Da waren jeweils Interessen am Werk, jedenfalls perspektivische Verkürzungen.

Wahrscheinlich braucht man für solche tieferen Orientierungsprobleme überhaupt nicht nur Argumente, sondern auch Bilder; nicht nur Verstand, sondern auch Vorstellungen; nicht nur Erörterungen, sondern auch ein intensives emotionales Erleben. Denn es ist eben nicht allein Sache des Intellekts respektive dessen, was Intellekt mehr oder weniger auf Anhieb vermag, sondern des Einfurchens in tiefere und entsprechend mehr auf Langfristigkeit angelegte mentale Schichten, worum es hier geht. Max Weber sprach vom »nomologischen Wissen«, jener Ebene, auf der Menschen zu wissen meinen, was recht und unrecht, gut und böse ist, was der Erfahrung, den Gesetzen oder gar der Weltordnung entspricht und was nicht; jenem Wissensbestand, auf den sie alle Fragen beziehen, um ihre Antworten, ihre Urteile daran abzusichern.

Dieses nomologische Wissen war damals aus den Fugen geraten. Es reichte nicht mehr, was man beigebracht bekommen hatte mit den Ammenmärchen, den einfachen Erzählungen und Deutungen, was man den Mythen entnommen, was man als recht, als Regel, als der Ordnung entsprechend anzusehen gelernt hatte. Hier ging es um mehr als um das, worüber je zu entscheiden war; um den mentalen Grund, auf dem man sich bewegte. Und dieser Grund lag offenbar bloß.

Daß dem so war, mag sich aus der fundamentalen Neuheit der Situation und der Ungewappnetheit der breiten Bürgerschaft ihr gegenüber schon ergeben; wohl auch daraus, daß sie so gar nicht abgebrüht war von langen Enttäuschungen und Frustrationen. Es war ja in der letzten Generation fast immer vorangegangen, gerade im Politischen, in ihrer Mitsprache. Sie hatten sich an »sinnvolles« Geschehen gewöhnt. Doch vor allem sprechen, um es zu wiederholen, die Tragödien selbst dafür, in denen offensichtlich am nomologischen Wissen gearbeitet worden ist.

Es WAR einmalig und, wie die Ergebnisse zeigen, ganz unerhört, wie hier ein Kreis von Dichtern auf einem vom Gemeinwesen organisierten Fest vor versammelter Bürgerschaft es unternahm, die wichtigsten, allgemeinen Probleme der Zeit auf der Bühne durchzuspielen; an mythischen Stoffen – so jedenfalls in aller Regel –, im Heiligtum des Dionysos, von den Stätten der Politik abgeschirmt und doch mitten in Athen, am Südabhang der Akropolis, wo man – wohl seit etwa 500 – in einem knappen Halbkreis Sitze für das Publikum grob aus den Felsen geschlagen hatte; davor der runde Tanzplatz, die Orchestra, sowie – mit der Zeit – eine Bühne, die Szene. Über 10 000 Menschen fanden Platz; ob sie alle hören konnten, was gesagt und gesungen wurde, weiß man nicht.

*Dionysos-Theater in Athen am Südhang der Akropolis. Der Ort ist für Aufführungen wohl seit dem Anfang des 5. Jahrhunderts benutzt worden, die Stufen sowie die Sitze sind aus späterer Zeit. Das Theater muß ursprünglich ziemlich einfach ausgestaltet gewesen sein. Wieweit die entfernter Sitzenden akustisch alles verstehen konnten, ist unklar.*

Jedes Jahr neue Stücke; um diese Zeit von jedem der drei Dichter, die am Wettkampf teilhatten, je drei Tragödien und ein Satyrspiel. Nach langen Proben, die Schauspieler und die Mitglieder der Chöre wohl schon damals vom Militärdienst befreit – was etwas bedeuten wollte! –, gut ausgestattet von ehrgeizigen Choregen, beurteilt von einer nach ausgeklügelten Regeln zusammengesetzten Jury. Über tausend Stücke allein im fünften Jahrhundert (wenn man die erfolglos eingereichten mitzählt), jedes Jahr drei volle Tage Zuschauen, wobei auch die Insassen der Gefängnisse für die Dauer des Festes entlassen wurden.

Ein unglaublicher Luxus, so will es scheinen; und so ist es auch; unglaublich nämlich, wenn es ein Luxus gewesen wäre.

Doch war es das nicht. »Man hat nur«, nach Nietzsche, »was man nötig hat«. Und zwar in einem Sinn, an den man bei Einführung des Tragödien-Agons kaum gedacht haben kann. Damals begegnete man andern, wohl harmloseren Wünschen. Jetzt dagegen gab es hier etwas ganz Dringendes zu tun. Aus welchen Wurzeln immer die Tragödie sich hergeleitet haben mag – ursprünglich war sie jedenfalls nichts spezifisch Athenisches. Dazu ist sie erst im Lauf der Zeit geworden.

Und das kaum, weil die Athener sich zu besonderen Theaterliebhabern entwickelt hätten. Das waren andere auch. Oder weil sie aus irgendwelchen unerfindlichen Gründen dazu neigten, sich das etwas kosten zu lassen. Auch das taten andere. Oder weil zufällig gerade bei ihnen die drei großen, überragenden Tragödiendichter zur Welt gekommen wären.

Sondern weil sie die Tragödie *brauchten.* Weil diese Stadt in bestimmten Phasen ihrer Geschichte – und in wechselndem Sinne – eine unerhörte Herausforderung für Tragiker darstellte. Tyrannen und Könige mochten die attischen Dichter einladen, damit sie bei ihnen inszenierten. Aischylos ging mindestens zweimal nach Sizilien, Euripides am Ende seines Lebens nach Makedonien. Dort waren die Tragödien wohl vor allem ästhetische Prunkstücke. Für die Athener hingegen waren sie existentiell wichtig. Sie brauchten die Tragödien nicht weniger nötig als Rat und Volksversammlung. Und sie brauchten sie vor allem in den Jahren ab 480; angesichts all der Fragen, die ihnen damals zusetzten.

Das Fest, zu dem die Tragödien gehörten, galt dem Dionysos

Eleuthereus, dessen Kult Peisistratos aus dem attischen Grenzort Eleutherai an einen Platz gleich südlich der Akropolis hatte übertragen lassen. Er scheint zu diesem Gott eine engere Beziehung unterhalten zu haben. Daß die Aufführungen zu Ehren des Dionysos geschahen, wird seinen Grund im Charakter des Gottes, vielleicht zugleich in den ihm geweihten Gesängen gehabt haben, aus denen die Tragödie entwickelt worden war. Dionysos war der Gott nicht nur des Weins, sondern vor allem auch der Maske, der Entäußerung von sich selbst, der Identifikation mit andern. Und es gehörte zu ihm eine gewisse Ambivalenz: Er vereinte in sich viele Gegensätze wie die zwischen Leben und Tod, Chaos und Ordnung, Krieg und Frieden, Wahrheit und Trug, wobei er zum Umschlag von einem Extrem ins andere neigte.

Was immer dieser Gott und seine Feste den Athenern ursprünglich wert gewesen waren, indem die Tragödie zu seinem Kult gehörte, gewann sein Fest eine Bedeutung innerhalb des attischen Jahres, die weit über das Ursprüngliche hinausging. Es vermochte etwas zu leisten, was am großen Fest der Athene, den Panathenäen, nicht möglich war.

Die älteste auf uns gekommene Tragödie sind die »Perser« des Aischylos von 472. Sie sind zeitlich fast ebenso weit von den ersten tragischen Wettbewerben unter der Tyrannis (ca. 535) wie von der Aufführung der letzten erhaltenen Tragödie (dem »Ödipus auf Kolonos« des Sophokles, 401) entfernt. Wohl wird die Entwicklung der Gattung zwischen 472 und 405 schneller gelaufen sein als in den vorangegangenen gut sechzig Jahren. Aber man kann sich ausrechnen, daß sie auch in diesen Jahrzehnten eine lange Strecke durchmessen hat.

Übrigens fungierte damals als Chorege ein junger Mann von Anfang zwanzig, der mütterlicherseits von den vornehmen Alkmeoniden, den »berühmtesten Männern Athens« abstammte, Xanthippos' Sohn Perikles. Es war das erste Mal, soweit wir sehen, daß er sich in der Öffentlichkeit hervortat, mit Geld, durch einen Ehrenplatz im Theater, und wohl auch in der Prozession der Dionysien; falls es die Volksversammlung, die zumindest später vor der Aufführung im Theater stattfand, schon gab, auch dort.

Die Perser sind eine der wenigen Ausnahmen, in denen ein

Tragiker einen Stoff aus der Zeitgeschichte wählte. Phrynichos' »Fall Milets« und seine »Phönissen« von 476 sind die bekanntesten andern Fälle dieser Art. Die Phönissen hatten sich ebenfalls mit dem griechischen Sieg über die Perser beschäftigt. Auch sie spielten, naturgemäß, bei den Unterlegenen.

In den Persern tritt ein Chor von alten Männern auf, denen Xerxes beim Abmarsch die Obhut über sein Reich anvertraut hatte. Bange warten sie auf Nachricht, die Königinmutter Atossa berichtet ihnen von einem beängstigenden Traum. Sie will sich gerade entfernen, um den Göttern zu opfern, als der Bote anlangt, der die Meldung von der Niederlage bei Salamis und auch gleich vom schmählichen Rückzug des Königs aus Griechenland bringt. Durch Spenden und Gesänge wird der Geist des toten Königs Dareios heraufgerufen. Schließlich sieht man Xerxes selbst zurückkehren und – auf die Fragen der alten Männer, die gar nicht genug davon bekommen können – das ganze Ausmaß der vernichtenden Niederlage offenlegen. Xerxes »füllte den Hades«.

Die Tragödie rekapituliert den Ablauf der Schlacht bei Salamis, aus persischer Perspektive. Man hört vom Kriegsgesang der Griechen am Anfang, wie er vom gegenüberliegenden Berg widerhallte. Stolz scheint der Anteil der Athener am Kampf hervor. Das Interesse, das Atossa an der Stadt zeigt, bestätigt deren Bedeutung; an Athen hängt es, ob Xerxes Griechenland erobert. Was aber die Athener triumphal erinnern können, wird aufgefangen, indem es als Klage der Besiegten erscheint. Und was weniger wichtig ist, wird breit ausgemalt: das Schicksal einer langen Reihe gefallener Befehlshaber.

Keine Spur findet sich von Verachtung. Chor und Königinmutter sind mit Sympathie gezeichnet. Den Hinterbliebenen der Gefallenen gilt aller Respekt, ja Mitleiden. Nicht als Feinde, sondern als Menschen in Trauer erscheinen sie. Zugleich wird nicht nur die Macht, sondern auch die Tapferkeit der Perser gerühmt. Schließlich erscheinen sie als Verwandte der Griechen. Zwei schöne Schwestern gleichen Stamms, so der Traum der Atossa, die in Streit geraten waren, wollte Xerxes unter ein Joch spannen. Die eine trug persisches, die andere dorisches Gewand. Die eine hatte Griechen-, die andere Barbarenland für sich erlost. Die eine ließ es sich stolz gefallen, die andere bäumte sich auf, so daß das Joch brach und der König stürzte. Nichts Herabwürdigendes lag offenbar im persischen Gehorsam; nur für die Griechen war er nicht das Richtige. Schließlich erscheint Dareios als rechtlich gesinnter König, wie ein guter Hausvater, der sich um sein Erbe, seinen Reichtum Sorgen macht.

Drei Probleme vor allem spielt die Tragödie durch. Zunächst ist es das der persischen Niederlage, die sich so leicht keiner erklären kann. Ein Unheilsgeist (*daimon*) müsse die Hand im Spiel gehabt haben, die Glückslose waren nicht gleich verteilt, meint der Bote; Atossa und der Chor nehmen es auf. Dareios sieht die Wirkung des Daimons darin, daß er Xerxes den Verstand benahm. Und da liegt offenbar die Lösung: Die Quelle allen Übels ist sein Mangel an Einsicht. Der (in Wirklichkeit gar nicht mehr so, wie dargestellt, junge) Xerxes hat, falsch beraten, das ihm gesetzte Maß überschritten. Am Sichtbarsten, indem er versuchte, sogar dem Poseidon seinen Willen aufzuzwingen, das Meer zu unterjochen; darauf kommt die Rede immer wieder zurück. Aber auch der Zerstörung der Tempel wird gedacht. Ja, es ist den Persern offensichtlich von Zeus der Land-, nicht der Seekrieg zugedacht, und der Landkrieg nicht auf einem Terrain, wie Griechenland es bietet, wo sie selbst die Geographie gegen sich haben. Alle Register werden gezogen, um die Hybris, die Verblendung des Perserkönigs sinnfällig zu machen – bis zu seiner tiefen Erniedrigung am Ende. Der griechische Sieg ist gerecht, weil die persische Niederlage es ist.

Damit ist das zweite Problem schon berührt: Wenn Griechen wie Perser als unterschiedliche Gesellschaften je eigenen Rechts, je eigener Würde anerkannt werden, gibt es eine Grenze zwischen ihnen, die zu respektieren ist? Einfach wäre es, wenn es die Ägäis wäre. Einmal heißt es denn auch, daß Zeus ganz Asien der Herrschaft *eines* Mannes zugeteilt habe. Doch läßt sich die Grenze so nicht ziehen. Schließlich gibt es viele Griechenstädte in Asien. Und das Entscheidende ist ja gerade, daß die einen auf das Land gehören und die anderen sich um die See gruppieren. So begnügt sich Aischylos, einfach zwischen Griechen- und Barbarenland zu unterscheiden, zwischen verschiedenen Waffen, von denen die einen den Persern, die andern den Griechen spezifisch sind, ferner zwischen Land und Meer, wobei einer gegen den anderen stets nur auf einem davon Erfolg haben könne, und zwischen Monarchie und Freiheit.

Dies alles teilt die Welt, unabhängig von der Scheidung zwischen Europa und Asien, so deutlich, daß man meint, Xerxes habe durch Überschreitung der Grenze zu den Griechen hin geradezu die Weltordnung verletzt. Sowenig wie das Meer vertragen die Griechen ein Joch. Der Status quo, der inzwischen Griechen und Perser wieder trennt, erhält also ein tiefes und umfassendes Fundament. Er ist, wie er ist, im Sinne des Zeus.

Und so wird auch das dritte Problem gelöst: Die Frage, inwieweit in die Übertretung des Xerxes zugleich das Perserreich miteinbezogen ist. Sonst ist mit der Verblendung eines Herrschers allzu leicht zugleich der Untergang seines Reiches besiegelt. Entsprechend befürchten die Alten, daß die Untertanen nicht mehr gehorchten, und Dareios, daß das Ende schneller käme als gedacht. Nach griechischer Auffassung könnte gerade die Rechtlosigkeit des Despoten der Dauer seiner Herrschaft entgegenwirken.

Allein, indem Aischylos dem Xerxes dessen Vater Dareios gegenüberstellt, indem er ihn ganz für sich dastehen und sich von den rechten Grundsätzen persischer Herrschaft entfernen läßt, rettet er gleichsam das Reich aus Xerxes' Geschichte und zeigt, daß die Perser zwar eine blutige Niederlage erleiden, aber nicht am Ende sind; daß ihr Reich eben ein eigenes, gottgegebenes Recht und Aussicht auf Dauer hat – wenn es nur seine Grenzen respektiert. Das persische Reich wird somit aus dem theologischen Zusammenhang von Übertretung und Strafe herausgelöst. Um das zu können, wird Dareios, zum Teil wider die Wahrheit (auf die freilich beziehungsreich angespielt wird), als geradezu idealer Herrscher, als Gewähr für die rechte Herrschaft gezeichnet.

Freilich, es ist keine Abhandlung, die Aischylos geschrieben hat. Aber gerade dadurch ist sein Stück so aufschlußreich. Die Deutung ist einfach, sie wird immer neu aufgenommen, sie bestimmt die Personen, die Gliederung des Stücks und wird den Zuschauern in Form von Gesang, Tanz, von Bildern in einer Weise »eingebleut«, daß es fast etwas Beschwörendes hat.

Musil spricht einmal von den »Dingen, wo zwischen Erleben und Erfassen diese Unvergleichlichkeit herrscht«; wo, »was wir in einem Augenblick ungeteilt und ohne Fragen erleben, unverständlich und verwirrt wird, wenn wir es mit den Ketten der Gedanken zu unserm bleibenden Besitze fesseln wollen«.

Eben diese Unvergleichlichkeit von Erleben und Erfassen wird in Hinsicht auf den Sieg des griechischen David über den persischen Goliath 472 noch nachgewirkt haben. Wie unwahrscheinlich, aller sinnlichen Erfahrung von Macht spottend, dies Geschehen immer noch (und trotz weiterer großer Erfolge) war, macht ein Erlebnis deutlich, von dem Atossa berichtet: Als sie nach ihrem Traum Phoinix ein Opfer darbringen will, sieht sie einen Adler auf den Altar zufliegen, der sich eigenartigerweise auf der Flucht vor einem Falken befindet und wehrlos zuläßt, daß der ihm den Kopf zerfleischt.

Sollte man nicht annehmen, daß die »Perser« einen wichtigen Schritt zu tun versuchten, damit das Geschehen dieses Krieges auch in den tieferen Schichten des Verstehens angeeignet, damit es einverleibt werden konnte? Es war im Sinne der Götter. Es ließ sich durchaus einem lebhaften, unabgebrühten Sinnverlangen plausibel machen. Wie Xerxes die Weltordnung übertreten hatte, so mußte er, das ist wohl zu ergänzen, jetzt den Gegenschlag hinnehmen, der dem Reich auch die einstmals, wie es heißt, rechtmäßig eroberten Griechenstädte wieder nahm. Und wahrscheinlich hatte es etwas Magisches, wie die Wiederherstellung dieser Weltordnung – in der die Perser durchaus ihren Platz haben, in der aber auch die Griechen künftig neben ihnen bestehen können – hier auf dem Theater zelebriert wurde.

Wir wissen nicht, was alles Athen und der Seebund damals an Plänen hatten. Immerhin galten die Grenzen auch umgekehrt: Dareios' Mahnungen an die Perser, daß der Sterbliche den Sinn nicht übers Maß heben soll, war vermutlich so unaktuell nicht im damaligen Athen. Auch sie sollten nicht, indem sie das Glück, das sie hatten, verachteten und nach den Gütern anderer verlangten, die eigenen verschütten. Es ist schließlich am Ende seines Auftritts, daß Dareios dazu auffordert, »der Seele täglich Freuden zu schaffen«, da der Reichtum nach dem Tode nichts mehr nütze.

Um 470 – das genaue Datum ist unbekannt – wurde Themistokles ostrakisiert. Offenbar war es Kimon, der ihn vor allem bekämpft hatte, und es spricht manches dafür, daß er zugleich im Sinn der Spartaner handelte. Mit dem Instrument, das Themistokles vielleicht erfunden, jedenfalls als erster in großem Stil angewandt hatte, wurde er nun selbst aus der Stadt vertrieben, die ihm so sehr verpflichtet war.

Wieder standen sich zwei grundverschiedene Charaktere gegenüber; die Konstellation war insofern der zwischen Themistokles und Aristides im Jahre 483/82 vergleichbar. Aber wir wissen nicht, wie stark Themistokles damals noch war.

Kimon scheint über viele Jahre hin der mächtigste Politiker Athens gewesen zu sein. Von Xanthippos hört man nach seiner Strategie (479/8) nichts mehr. Von Aristides verlautet nach seiner berühmten Seebundsschatzung (478/7) nurmehr wenig Zuverlässiges, nichts Nennenswertes. Aber auch über Themistokles schweigen unsere Quellen für fast das ganze Jahrzehnt. 476 war er in Olympia noch bejubelt worden, hatte die Aufmerksamkeit von den Sportlern abgezogen. Ob er in Athen nochmals zum Strategen gewählt worden ist? Jedenfalls scheint er an der Kriegführung kaum mehr Anteil gehabt zu haben.

Das heißt aber nicht, daß er sich nicht in der attischen Politik wieder und wieder bemerkbar gemacht hätte. Er wird seiner Leidenschaft für das Vorausberechnen gefrönt und politische Konzeptionen entworfen haben. Seine Einsicht, daß sich Sparta Athens Machtgewinn auf die Dauer nicht gefallen lassen konnte, wird er nach wie vor verfochten haben; auch seine Folgerung, man habe sich auf einen möglichen Konflikt vorzubereiten, indem man sich etwa mit dessen Rivalen verband, und zwar zumal mit Argos. Kein möglicher Vorteil dürfe verschenkt werden. Aber das eröffnete Perspektiven, die man im damaligen Athen so genau lieber nicht wahrnahm. Es war kühn, recht abstrakt gedacht. Nicht nur für die Athener, die in jenen Jahren so weit nicht denken mochten, sondern wohl auch im Hinblick auf die Wirklichkeit jener Jahre, die zu konkret und zu unruhig war, um sich derartigen Betrachtungen zu erschließen, aus denen so leicht keine Konsequenzen gezogen werden konnten.

Den Athenern ging es gut. Wie sollten sie da an einen möglichen Gegensatz zu Sparta denken? Wie sollten sie ihn durchstehen, da sie mit dem Seebund und seiner Erweiterung und Befestigung schon ganz beschäftigt waren? Folgten sie Kimon, so konnten sie auf seine engen, freundschaftlichen Beziehungen zu Sparta zählen, die ihnen den Rücken freihielten. Nicht zuletzt war Kimon wichtig, ja unentbehrlich in der damaligen Situation; als Feldherr wie als Politiker.

Es war also nicht mehr und noch nicht wieder die Zeit für vorausschauende Planungen jenseits des Nächstliegenden. Athen mußte allererst sehen, wie es sich in dem Kostüm, das ihm eigentlich zu groß war, bewegte. Die unverhofften Möglichkeiten, die Veränderungen, auf die man nicht vorbereitet war, schritten schneller voran, als daß viel über die Gegenwart hinauszudenken gewesen wäre.

Die Gabe der politischen Berechnung, der Themistokles seine großen Erfolge, Athen seine Rettung, die Griechen ihre Freiheit verdankten, war also in der neuen Situation eher von Übel. Es bestand kein Bedarf daran. Sie machte ihn unzufrieden, genauer gesagt: unpassend in einer Periode vorwaltender Zufriedenheit, anstrengend in einer Zeit, die sich von Überanstrengungen zu erholen suchte. Und die Weise, in der er recht hatte, konnte ihn nicht volkstümlicher machen.

So geriet Themistokles sehr rasch, mit etwa fünfzig Jahren und aufs beste bei Kräften, gegenüber dem Jüngeren ins Hintertreffen. Und er wird kaum verstanden haben, wie es dazu kam. Jetzt war es der Sohn des Miltiades, über dessen Erfolge er sich schwarz ärgerte – und sie hielten viel länger an.

Die beiden konkurrierten auf den verschiedensten Ebenen. Schon in den achtziger Jahren scheint Themistokles in Olympia versucht zu haben, Kimon, der sich dort einer breiteren Öffentlichkeit bekannt machen wollte, auszustechen. Parvenuhaft suchte er sich durch ein besonders prunkvolles Zelt, großartige Bewirtungen und ein glanzvolles Auftreten hervorzutun. Es soll in der distinguierten Gesellschaft nicht sehr überzeugend gewirkt haben. Wohl als Antwort auf Kimons Stiftung des Theseus-Heiligtums ließ Themistokles nahe seinem Wohnhaus im Stadtteil Melite ein Heiligtum der Artemis Aristobule weihen. Artemis waren die Gewässer bei Salamis heilig, der Beiname Aristobule zielte auf den guten Rat, dank dessen Themistokles die Griechen zum Siege führte. In dem Tempel wurde, vielleicht später, sein Bild aufgestellt. Das Marathon-Gemälde in der Stoa Poikile könnte wiederum Kimons Antwort gewesen sein. Daß freilich Aischylos' Perser mit dem Ruhm von Salamis in Themistokles' Sinne geschrieben wären, kann man kaum annehmen.

Vor allem aber verkörperten sich in Themistokles und Kimon zwei grundverschiedene Möglichkeiten aristokratischer Persönlichkeit im damaligen Athen. Themistokles aus weniger vornehmer, sehr viel weniger wohlhabender Familie, Kimon dagegen aus einem der ersten Häuser der Stadt, den Philaiden; seine Mutter, Hegesipyle, aus thrakischem Königshaus. Trotz der Einbußen durch die hohe Strafsumme, die er 489 für den Vater zu entrichten gehabt hatte, war er weiterhin reich; wobei ihm die Verheiratung seiner Schwester Elpinike mit einem der vermögendsten Athener, Kallias, dem Sohn des Hipponikos, zugute kam. Kimon hatte entsprechend sehr viele gute, zum Teil ererbte Beziehungen, und für ihn schien sich Politik eher darauf zu gründen, während Themistokles sich stärker auf das Argument verlegen mußte.

Wo Themistokles seine, inzwischen stark vermehrten, Gelder genau kalkuliert einsetzte, scheint es Kimon gleichsam am Herzen gelegen zu haben, andere an seinen Gütern teilhaben zu lassen. Seine Obstplantagen standen seinen Demengenossen offen. Wenn er auf der Straße einem älteren Bürger in dürftiger Kleidung begegnete, ließ er einen Jüngeren aus seinem Gefolge mit ihm die Kleider tauschen.

Wo Themistokles diszipliniert war, war Kimon von aristokratischer Nonchalance; hatte viel für die Freuden des Lebens übrig, viel auch für Frauen, und zwar, wie Plutarch in seiner Biographie für griechische Ohren hervorhebt, unter anderm und nicht zuletzt für Isodike, mit der er verheiratet war. Nur in einer Hinsicht ähnelte er Themistokles: Auch er hatte an musischer Ausbildung nicht viel mitbekommen.

Kimon war ein kluger, erfolgreicher, tapferer, wohl auch bei seinen Hopliten und Ruderern beliebter Feldherr. Er muß auch ein kraftvoller Politiker mit viel Sinn für Macht gewesen sein. Gewiß nicht von der überragenden Intelligenz des Themistokles, dafür, solange es gutging, von großer Erfreulichkeit. Und gewinnend obendrein, während Themistokles den Athenern zunehmend auf die Nerven ging. Immer war er kompliziert gewesen. Nur hatte man ihn ja zunächst gebraucht. Dann jedoch wurde seine Kälte, sein sorgenvolles, ostentativ gewichtiges und zugleich verwegenes Vorausdenken strapaziös. Zudem wird er ja wohl aus seiner großartigen Bewährung in Athens Not hohe Ansprüche abgeleitet haben; und je weniger sie auf den ihm angemessen erscheinenden Respekt stießen, um so mehr mußten sie als Eitelkeit anmuten, so daß seine Verdienste vermutlich verblaßten gegenüber denjenigen Kimons.

So aufreizend, so unverständlich es für Themistokles sein mochte, Kimons sehr viel maßvoller zugeschnittener, stärker mit Bürgertugenden garnierter Verstand überzeugte in jener Zeit weit mehr als der seine. Nicht zuletzt weil er sich mehr an das Erscheinungsbild der Dinge hielt (und weil das angenehm war), seinen Sinnen nicht nur nachgab, sondern auch traute. Er scheint für eine gute Weile den Vorteil genossen zu haben, daß die Athener sich in ihm gut repräsentiert sahen. Themistokles mag dadurch zunehmend irritiert gewesen sein. So hatten die Athener, wie es in einer Quelle heißt, irgendwann genug von ihm.

Es war nicht ohne Tragik: Dieser Mann hatte seine großen Stunden gehabt, als er im Aufstieg begriffen war, vor allem als er im Zentrum der Politik stand, als alles von ihm abhing. Sobald dagegen die Beschlüsse an ihm, an seinem Denken vorbei gefaßt wurden, sobald der Alltag einkehrte und er nurmehr einer unter andern – und trotzdem: was für einer! – war, scheint er an Schwung, vielleicht auch an Kraft verloren zu haben. Sein Denken war nicht mehr oder noch nicht wieder vermittelbar an das Gros der Bürger. Vom Areopag ganz zu schweigen, der ganz auf Kimons Wegen ging. Themistokles gehörte ihm zwar an, aber er wird dort nicht viel Einfluß besessen haben. Grundsätzlich hätte er das Zeug gehabt, die Volksversammlung zu überzeugen. Denn er konnte reden, während für Kimon bezeugt ist, er habe nichts von attischer Zungenfertigkeit und Redekraft besessen. Aber die Volksversammlung gab damals wie der Areopag eben gern der Neigung nach, gedanklich und politisch auf den herkömmlichen, inzwischen erfolgsverlängerten Bahnen sich zu bewegen.

Kimons Politik war, so scheint es, vergleichsweise einfach. Er führte den Perserkrieg, soweit sich Gelegenheit dazu ergab. Er verfocht die Interessen des Seebunds und vor allem Athens im Seebund und darüber hinaus. Und er hielt auf ein gutes Verhältnis zu Sparta. Das war einerseits wohl eine Fortsetzung der antipersischen Kriegskoalition, andererseits entsprach es auch seiner

Überzeugung, wonach der griechische Karren nur von zwei Zugtieren, beide unter dem gleichen Joch, gezogen werden konnte.

Man mag das harmoniebedürftig nennen. Jedenfalls knüpfte es an das Herkommen an, an das Normale (so sehr sich dies unter der Hand veränderte), und war irgendwie bodenständig. Es nahm die neuen Möglichkeiten auf, ohne viel danach zu fragen, wie sich nicht nur im einzelnen, sondern auch im ganzen alles veränderte. Kimon fuhr einfach fort, wie er in seiner Jugend begonnen hatte. Und die Allianz mit Sparta war auch vorteilhaft.

Die andere Seite der Medaille, daß gerade die Macht, die Athen aus dem Seebund gewann, eine Rivalität und – da es an Anlässen nicht zu fehlen pflegt – einen Gegensatz, ja vielleicht Feindschaft zu Sparta hervorrufen mußte, lag vermutlich außerhalb der Denkweise dieses Mannes, der Sparta bewunderte, beste Beziehungen dorthin unterhielt und einen seiner Söhne danach benannte: Lakedaimonios. Außerdem entsprach es wohl seinem aristokratischen Denken, daß letztlich Personen die Politik machten, in Athen, in Sparta und zwischen den Gemeinwesen.

Auch innenpolitisch scheinen die Dinge in den siebziger Jahren mehr oder weniger harmonisch gelaufen zu sein. Wo alles gutging, genoß der führende Stratege großes Ansehen, beim Areopag wie beim Volk. Was der Areopag vorschlug, wurde vermutlich in der Volksversammlung mehr oder weniger abgesegnet. Wenn es später heißt, Kimon sei für die »Aristokratie des Kleisthenes« eingetreten, so kann das nur bedeuten, daß er in der damaligen isonomen Ordnung die Führung durch die Besten, also den Areopag, mit Zustimmung durch das breite Volk gewährleistet gesehen hat.

Der kleine Teil der Hopliten und die große Zahl der Theten, die jeweils mit ihm ausfuhren, waren ihm verbunden. Sie wurden an der Beute beteiligt. So ging vermutlich alles gut – bis neue Gegensätze ausbrachen, innen- wie außenpolitisch.

Warum Themistokles ostrakisiert werden mußte, ist unbekannt. Könnte es sein, daß er für Kimon inzwischen eine Gefahr bedeutete? Oder zumindest dessen Politik hätte stören können? Oder war man in Sparta nervös geworden; weil etwa Argos wieder erstarkt war und weil die Bürger der Landschaft Elis, im Westen der Peloponnes, ihr Gemeinwesen damals nach dem Muster der attischen Phylenreform neu organisierten, gewiß um selbständiger, um mächtiger zu werden, vielleicht aber auch aus Sympathie für Spartas potentielle Rivalin Athen? Man hört aber auch, daß Kimon mit seiner Spartafreundlichkeit den Athenern mit der Zeit lästig geworden sei. Ständig bekamen sie von ihm vorgehalten: »So sind (oder so etwas tun oder versäumen) die Spartaner nicht!« Nur kann man das nicht genau datieren.

Kurz, es mag sein, daß Themistokles und seine antispartanische Politik um 470 wieder im Aufstieg begriffen waren. Allerdings noch nicht so weit, daß Kimon beim Ostrakismos nicht hätte siegen können. Immerhin könnte er sich bedroht gefühlt haben. Themistokles begab sich nach Argos, er soll von dort viel auf der Peloponnes gereist sein, wohl auch intrigiert haben. Ob im Einverständnis mit Freunden in Athen?

Bald nach 470 setzten die Perser erstmals zum Gegenschlag gegen die Griechen an. Sie sammelten an der Südküste Kleinasiens, in Pamphylien, eine bedrohlich starke Armee und Flotte. Endlich mußte – und konnte – der Seebund beweisen, wie notwendig er noch war.

Kimon fuhr ihnen mit 300 Schiffen von Knidos und Kap Triopion aus entgegen. Die griechische Stadt Phaselis, bei der er zunächst an Land gehen wollte, wollte ihn nicht aufnehmen; durch einigen Druck wurde sie genötigt, sich dem Bund anzuschließen. An der Mündung des Eurymedon traf man auf die Perser. Sie zögerten, wurden dann aber zur Schlacht gezwungen. Leisteten nicht lange Widerstand, viele Schiffe zogen sich ans Ufer zurück, in den Schutz des dort stehenden Landheers. Der Gefechtseifer der griechischen Hopliten soll so groß gewesen sein, daß Kimon mit seinen schwächeren Kräften die Landung wagte. Dort freilich hielten die Perser lange stand, es gab einen verlustreichen Kampf – bis sie endlich die Flucht ergriffen, sogar das Lager zurückließen.

Über 200 Schiffe wurden in dieser Doppelschlacht (zwischen 469 und 466 zu datieren) erbeutet, zahlreiche Gefangene gemacht, angeblich 20 000, sie könnten auf dem athenischen Sklavenmarkt zum Verkauf feilgeboten worden sein. Obendrein fand man in den Zelten kostbares Gerät und Schmuck. Gleich darauf überraschte Kimon den übrigen Teil der phönizischen Flotte, der nicht rechtzeitig hatte zur Stelle sein können, und besiegte auch ihn.

Die Griechenstädte in Pamphylien schlossen sich dem Seebund an. Der Perserkrieg war damit de facto zu Ende. Die Ägäis war von den Persern befreit – und sollte es für viele Jahrzehnte bleiben.

Reiche Beute floß nach Athen. Mit ihrer Hilfe soll Kimon die Südmauer der Akropolis gebaut, vielleicht auch Vorarbeiten für zwei lange Mauern, die Athens Verbindung zu seinen Häfen sicherten, geleistet haben. In Eleusis ließ er eine größere säulengetragene Halle für den Vollzug der Mysterien errichten, die Athener Agora mit Bäumen bepflanzen, das Gebiet der Akademie, etwa tausend Meter nordwestlich davon, bewässern und mit schattigen Wegen versehen. Unklar ist nur, wann das geschah.

Eine interessante kleine Einzelheit ist aus dem Jahre 468 zu berichten. Damals hatten sich beim Tragödienagon heftige Spannungen ergeben. Die Dichter – oder auch die Ensembles – waren nicht nur eifrig bei der Sache, sondern scheinen sich auch heftig untereinander gestritten zu haben. Die Zuschauer erhitzten sich, der Archon befürchtete Unruhen, falls der Urteilsspruch der Jury die Leidenschaften von neuem aufpeitschen würde. Er wich daher, kurz entschlossen, von der Regel ab und ernannte, statt die Jury auszulosen, Kimon und seine neun Mitfeldherrn, die gerade das übliche Trankopfer im Theater darbrachten, zu Juroren. Sie erkannten Sophokles den Preis zu. Es war der erste, den er errang.

Kurz zuvor, wohl 469, war dem Steinmetzen Sophroniskos aus dem Demos Alopeke und der Hebamme Phainarete ein Sohn geboren worden. Er erhielt den Namen Sokrates.

467 führt Aischylos seine »Sieben gegen Theben« auf: Ödipus' Sohn Eteokles organisiert die Verteidigung der Stadt gegen das mächtige Heer, das sein Bruder Polyneikes heranführt, um sich die Herrschaft zu erobern. Die prahlerische Hybris der Fein-

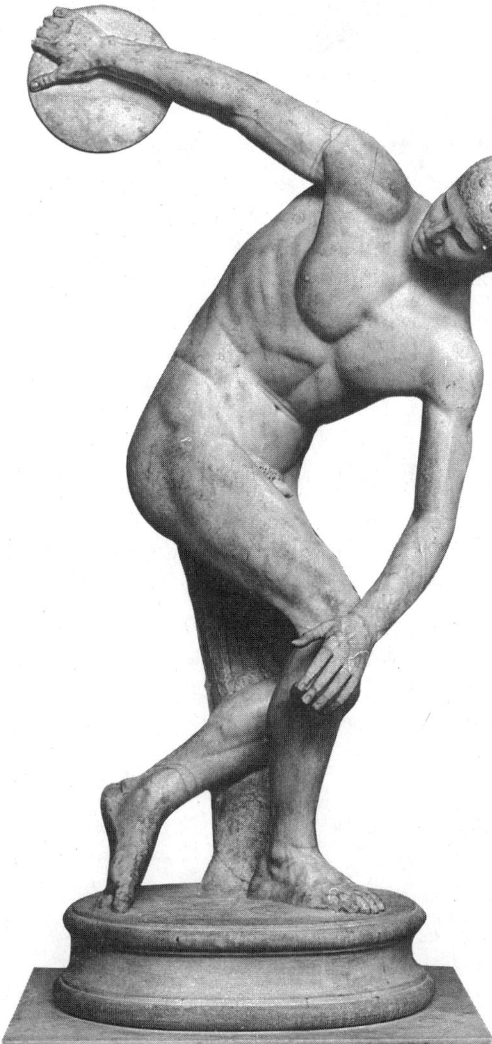

*Diskuswerfer des Myron. Mitte des 5. Jahrhunderts. Kopie. Rom, Thermenmuseum.*

de wird an deren Schildzeichen sinnfällig. Einer wie der andere werden sie den Verteidigern der Stadt, des Rechts, der Freiheit unterliegen. Siegen werden die Hopliten, die es mit allen, und gerade den Großspurigen aufnehmen können: in ihrer Disziplin, ihrem Gehorsam, ihrer Tapferkeit. Als die Frauen Eteokles raten, sich dem Kampf fernzuhalten, weil der Gott auch einen »schlechten Sieg« ehre, antwortet er, einem Mann in Waffen sei solch ein Wort nicht lieb.

Wie schwierig die Lage ist, zeigt sich an der ungemeinen Nervosität des Eteokles, die Aischylos an den Frauen der Stadt, dem Chor, sich austoben läßt. »Unerträgliches Gezücht« schimpft er sie; statt das eingeschlossene Heer zu ermutigen, wehklagen sie laut vor den Altären. Sie scheinen die Stadt von innen stärker zu bedrohen als die Feinde von außen. Ob der Dichter damit auf Aktuelles anspielen wollte, ist unbekannt. Eigenartigerweise werden die Feinde, die allesamt Griechen sind, »anderssprachig« genannt. War es der einfache Stolz der Hoplitenpolis, der herausgestellt, eine große Angst, die gebannt werden sollte?

Doch wie immer es um die Aktualität stand, dieses Stück »voll von Ares«, wie es später heißt, steht in auffälliger Parallele zu einer neuen Strömung in der Plastik der Zeit. Seit den achtziger Jahren arbeitet man dort im »strengen Stil«. Die Menschen werden in eigenartiger Beherrschtheit, Gehaltenheit, konzentriert auf den Körper, sparsam im Ornament geformt. Der Zusammenhang der Figur wird sichtbar gemacht in der Wirkung der einzelnen, gespannten oder gelockerten Glieder aufeinander. Damit wird die Statue als Ganzes komponierbar. Wo vorher nur ein vorgegebener Typus im einzelnen variiert werden konnte, hat der Künstler jetzt verschiedene Möglichkeiten, ganz nach seiner persönlichen Wahl. Die Figuren sind so individuell konzipiert, daß sie nicht mehr variiert, sondern höchstens noch nachgeahmt werden können. Und stets wird die Bewegung dargestellt, ob es die Tyrannenmörder sind oder um 450 der Diskuswerfer des Myron, der in dem Moment dargestellt wird, in dem zwei Bewegungen, die ausschwingende und die dagegen sich richtende, sich aufzuheben schienen.

In dieser Gestaltungsfreiheit aber geht es darum, auf verschiedene Weisen ein einziges Menschenbild zu entwerfen. Ob es der Gott, der Heros, der Mensch ist, stets ist es, zugespitzt gesagt, das

Bild des Bürgers, das hinter und in allen gesucht wird; dessen, der die Tugenden des griechischen Mannes voll verkörpert; der sich gleichsam der Vielfalt menschlicher Möglichkeiten bewußt geworden ist, aber die eine, die die wichtigste ist, in aller Selbstbeherrschung zu verwirklichen sucht.

Zum »strengen Stil« gehört die Schlichtheit der Kleidung, der Haartracht. Und wenn Athens Führung jener Zeit ihrerseits als »streng« erscheint, so läuft es ebenfalls auf das gleiche hinaus. Auch hier, in der isonomen Ordnung, ging es um die Selbstbeherrschung der Einzelnen, speziell der Männer, in der Bewußtheit der freien Entscheidung für das, was sie sein wollten. Kaum ein Zufall in einer Zeit, die einerseits die diversen Bereiche der Kunst noch kaum geschieden hat und andererseits von Renaissancen nicht gestört wird, daß das alles so gut zusammenzustimmen scheint.

Wohl kurz vor 465 forderte Sparta die Athener auf, Themistokles zum Tode zu verurteilen. Er sollte mit Pausanias, dem Sieger von Platäa, konspiriert haben, um Griechenland den Persern in die Hände zu spielen. Pausanias war, nachdem er 478 nicht wieder gegen die Perser gesandt worden war, auf eigene Faust losgefahren, hatte sich in Byzanz behauptet, bis die Athener ihn vertrieben. Er trug schon persische Tracht, hatte eine aus Persern und Ägyptern zusammengesetzte Leibwache, ließ sich darauf in der Troas nieder und hat offenbar wirklich dem Perserkönig angeboten, Griechenland zu unterwerfen, um selbst als Satrap zu fungieren. Der Briefwechsel mit den persischen Mittelsmännern vollzog sich durch Boten, die durch die Empfänger jeweils umgebracht werden sollten.

Als die Spartaner Pausanias einbestellt und schließlich überführt hatten, flüchtete er in ein Heiligtum, wo man ihn einmauerte und erst unmittelbar vor seinem Hungertod wieder herausholte. In seinem Nachlaß fand sich ein Brief, in dem er Themistokles einlud, sich zu beteiligen. Worauf der zwar nicht reagiert, wovon er aber auch andern keine Mitteilung gemacht hatte. Die Beiden waren befreundet gewesen.

Athen brauchte sich kaum lange auf die antipersische Freundschaft mit Sparta zu besinnen, auf der das gegenseitige

Einvernehmen beruhte. Beide Städte sandten Agenten aus, um Themistokles nach Athen zu schaffen. Ihr Eifer, ihre Wut, vielleicht auch die Furcht vor ihm war so groß, daß Themistokles sich auch in Argos nicht mehr sicher fühlte. Vielleicht daß er gemeinsame Kriegsdrohungen gegen seine Gaststadt befürchtete; er mochte schon glauben, daß man ihn so wichtig nahm. Bald darauf soll sogar der Molosserkönig hoch im Norden, der ihn vorübergehend aufgenommen hatte, mit dem Hinweis auf eine Militäraktion unter Druck gesetzt worden sein.

Nach einer abenteuerlichen Flucht über Korfu und Nordgriechenland suchte und fand der Sieger von Salamis schließlich beim Perserkönig Artaxerxes Asyl. Er habe, schrieb er, als es die Heimat zu verteidigen galt, dessen Vater Xerxes zwar viel Schaden zugefügt, ihm im übrigen aber auch genützt. Das klingt glaubwürdig. Auch Pausanias hatte den Perserkönig durch kleine Gefälligkeiten für sich eingenommen. Die Großkönige legten traditionell viel Wert darauf, sich dankbar zu erweisen. Kaum eine andere Tugend hielten sie so hoch. Und wer in Griechenland prominent war, konnte nie wissen, ob er nicht einmal darauf angewiesen sein würde. Viele Griechen hatten schon am Hof in Susa Aufnahme gefunden. Ihr Rat war geschätzt, insofern konnten sie sich weiter in der Politik bewähren, konnten sicher und unter recht luxuriösen Umständen leben. Ob viele von ihnen, wie Themistokles es noch mit etwa 60 Jahren tat, Persisch lernten, bevor sie sich dem Großkönig vorstellten, ist nicht auszumachen. Drei griechische Städte bekam er als »Brot«, »Wein« und »Zukost« zugewiesen. Wenn Artaxerxes auf Dienste zum Schaden der Griechen gehofft haben sollte, so ist er enttäuscht worden.

Nicht zufällig ist im isonomen – und inzwischen bald demokratischen – Athen so viel von führenden Persönlichkeiten zu berichten. Man spricht mit guten Gründen etwa von der kimonischen Ära oder vom perikleïschen Athen. Auf andere Weise waren die letzten Jahre vor Salamis durch Themistokles bestimmt. Entgegen dem Anschein sind damit aber primär Phasen der Geschichte der attischen Bürgerschaft gemeint.

Athen kannte zwar keine Regierung, die ernannt oder gewählt worden wäre. Und es kannte keine Parteien oder andere

Organisationen, deren Vorsitz man hätte innehaben können. Die Stellung führender Persönlichkeiten war formell in keiner Weise gesichert. Sie beruhte in erster Linie auf Überzeugungskraft und Ansehen; in einem sehr bestimmten Sinn könnte man es Popularität nennen. Trotzdem pendelte es sich immer wieder so ein, daß Einzelne auf länger die führende Rolle spielten. Vermutlich brauchte schon das isonome, vor allem dann das demokratische Athen Persönlichkeiten, an deren Autorität eine Mehrheit (oder maßgebende Minderheit) in der Bürgerschaft sich orientieren konnte; so lange jedenfalls, bis die Machtverhältnisse sich änderten. Außer in Zeiten heftiger Auseinandersetzungen und großer Ratlosigkeit pflegte man sich insoweit offenbar psychologisch festzulegen. Den äußersten Punkt auf der Skala erreichte Athen unter Perikles, als es, so Thukydides, dem Namen nach eine Demokratie, in Wirklichkeit eine Herrschaft unter dem ersten Mann war.

Diese Macht aber konnte nur ausgeübt werden, wenn sich der Mann an der Spitze sehr genau auf den Bahnen hielt, auf denen sich der Wille der Mehrheit bewegte. Gleichgültig, wieweit er diesen Willen formuliert und geprägt hatte, es kristallisierte sich da jeweils eine bestimmte Sache heraus, mit der die Politiker sich zu verknüpfen hatten, wenn sie sich in herausgehobenem Ansehen halten wollten. Mit bloßen Gefälligkeiten wären sie nicht weit gekommen. Wer nur an der Macht bleiben wollte, hätte nicht viel Erfolg gehabt. Das Einsammeln von Mehrheiten aus der Vielfalt von Interessen einer pluralistisch-unpolitischen Gesellschaft kam ohnehin nicht in Frage, weil es eine solche Gesellschaft nicht gab. Nein, es mußte wirklich um Sachen gehen, um eine bestimmte Politik – für die, die sich länger an der Führung halten wollten und die dann auch eine Verantwortung hatten, an die sie erinnert wurden.

Man kann versucht sein, das technisch zu erklären, durch die Reden und Vorschläge etwa, in denen einer sich festlegte – vor der Gesamtheit, die die Entscheidung selber traf –, durch ein Gedächtnis, das die Erinnerung an sie in einer auf Politik konzentrierten, nicht durch ein Vielerlei von Interessen und Ablenkungen zersplitterten Öffentlichkeit besonders gut bewahrte. Doch wäre das vermutlich viel zu eng.

Hier waren vielmehr Identifikationen am Werk – und handfeste Bedürfnisse. Man mußte sich einfach ein Stück weit auf einen Mann verlassen können. Man konnte jedenfalls in wichtigen Fragen nicht bald diesem, bald jenem folgen. Im Zweifel mußte der Ostrakismos die Entscheidung zwischen starken Konkurrenten bringen. Dadurch entstand für die Erfolgreichen immer wieder nicht nur eine Verbindung, sondern auch eine bestimmte Entsprechung zwischen ihnen und den vorherrschenden Tendenzen im Volk.

Kimons zufriedene Rechtschaffenheit (oder soll man sagen: rechtschaffene Zufriedenheit?) stand für die damalige Bürgerschaft, die die Überanstrengung der Perserkriegszeit hinter sich hatte und ohne viel Sorgen ihre Erfolge genießen und ausbauen wollte. Sein gutes Verhältnis zum Areopag war nur unter diesen Umständen mit dem Willen des isonomen Athen zu kombinieren.

So wäre Themistokles nicht denkbar gewesen ohne die Bürgerschaft jener Zeit, die – wie immer er dabei nachhalf – nicht nur zu urteilen, sondern daraus auch Konsequenzen zu ziehen vermochte. Denn wohl war notwendig, was sie tat, aber wieviel Klugheit und vor allem: Selbstüberwindung gehört dazu, das Notwendige, wenn es unbequem ist, zu erkennen und zu tun, und zwar rechtzeitig! Themistokles und die attischen Bürger sind damals offenbar aneinander gewachsen.

Im Vergleich zu andern Zeiten kann man wahrscheinlich feststellen, daß die Spielräume für mächtige Persönlichkeiten im isonomen und demokratischen Athen vergleichsweise gering waren – außer sie vermochten sich mit den in der Volksversammlung maßgebenden Strömungen in eins zu setzen. Da gab es durchaus eine Logik zu beachten, eine Richtung, in die die Volksversammlung wollte. Und nur wer das aufnehmen, zu formulieren und je neu im einzelnen zu bestimmen wußte, ja mehr noch: wer dazu paßte, hatte Erfolg.

Insofern war die Reihe der Persönlichkeiten, die in Athen über Jahre hin ausschlaggebend waren, nur eine, und zwar besonders sichtbar werdende, Seite der Geschichte der attischen Bürgerschaft. Einer Geschichte, die nach den Perserkriegen – angesichts der unerhörten Machtausweitung der Stadt und deren zwangsläufigen Konsequenzen auf allen Gebieten – eher prozeß- als ereignishaft sich vollzog; eher durch langfristigen Wandel etwa der Beteiligung an der Politik, als daß einzelne Situationen und Persönlichkeiten sie bestimmt hätten. Wo sie es taten, nahmen sie auf, wofür in der Bürgerschaft schon eine Disposition vorhanden war; und das konnten vermutlich gerade die, die am stärksten gebraucht wurden. Daß ein Mann wie Themistokles es in kaum ersetzbarer, einer wie Perikles in geradezu genialer Weise tat, sei damit nicht geleugnet. Aber man darf auch die außerordentlichen Entfaltungschancen und Herausforderungen nicht übersehen, auf die sie antworteten.

Wer etwas anderes vorhatte, als wohin die Bürgerschaft gerade tendierte, ist auf längere Sicht regelmäßig gescheitert. Nichts spricht dafür, daß die Männer auf der Verliererseite intellektuell weniger befähigt gewesen wären und – daß es den Athenern nicht oft besser bekommen wäre, wenn sie auf sie gehört hätten. Aber sie hatten eben keine Chance: weil ihre Eigenart, ihre Verbindungen, ihre Methoden oder eben auch ihre Ziele nicht der herrschenden Strömung gerecht wurden.

Ironischerweise begann sich etwa in der Zeit, als Themistokles seine Flucht aus Griechenland antrat, die Bürgerschaft stark zu verändern. Kimons Ära war ein Moratorium. Unter ihm gewann die unterste Schicht, die der Theten, eine große Bedeutung.

Sie waren von Haus aus nicht sehr geachtet, besaßen kein (oder nur sehr wenig) eigenes Land und konnten sich nicht aus Eigenem für den Krieg equipieren. Im herkömmlichen Verständnis der Hoplitenbürgerschaft waren sie gar keine richtigen Bürger, wie auch immer es um ihre Rechte und ihre Weise, sie wahrzunehmen, bestellt gewesen sein mag. Die Mittleren waren sozusagen zugleich mit der Polis da. Sie brachten sie im intensiven politischen Sinn des Wortes überhaupt erst hervor. Die Unteren dagegen konnten nur aufgrund dieser Polis – und dank der Sold- und später der Diätenzahlungen – öffentlich etwas gelten. Dafür leisteten sie dieser Stadt dann große Dienste.

Denn seit der Flottenrüstung des Themistokles und gerade in den immer neuen weiten Fahrten unter Kimon wurden die Theten für die Stadt zunehmend wichtig. Sie vor allem, neben einer Reihe von Metöken, ruderten die attischen Schiffe, hatten Teil an der Beute und lernten vieles kennen. Ihr Selbstbewußtsein mußte kräftig wachsen. Und das bedeutete nicht nur, daß sie innerhalb der Volksversammlung kräftiger auftreten konnten, sondern auch, daß die Volksversammlung ein potentiell anderes Gewicht erlangte; wie die Stadt Athen überhaupt. Ihrer großen äußeren Macht entsprach die Ausweitung des Kreises derer, die als Bürger fungierten.

Das wirkte sich nicht schlagartig aus. Der Übergang war gleitend. Der Gegensatz zum Adel, der in der Neukonstituierung der Bürgerschaft unter Kleisthenes, in der Einrichtung des Rats der Fünfhundert wirksam gewesen war, spielte im gefestigt isonomen Athen zunächst keine Rolle.

Es gibt auch keinen Hinweis darauf, eher spricht einiges dagegen, daß die Theten sich etwa in Opposition zu den Mittleren befunden hätten. Sie waren anders, aber sie wollten nicht unbedingt anderes. Den Mittleren gegenüber ging es eher um Gleichheit und die war unproblematisch. Auch später ist es nie gelungen, zwischen die primär städtischen Unterschichten und die stärker auf dem Lande beheimateten Mittelschichten Keile zu treiben.

Nur eines war deutlich: Die Theten waren potentiell beweglicher. Wo es den Bauern im allgemeinen schwer fiel, immer wieder an langen Kriegsfahrten teilzunehmen, scheint vielen von ihnen nichts beliebter als das gewesen zu sein. Zu Hause wurden sie weit weniger gebraucht, draußen aber verdienten sie und taten etwas, wofür sie hohes Ansehen ernteten. Wo die Bauern zögernder sein mochten, hatten die Theten vermutlich sehr viel weniger Bedenken. Wo jene stärker dem Überkommenen verhaftet waren, waren sie frei, das zu beschließen (und zu tun), was in der Logik der Situation lag. Sie konnten sich mit Haut und Haaren für jeden Machtgewinn engagieren.

Je selbstbewußter, je mächtiger diese Schicht auch in der Politik wurde, um so mehr konnte sie bereit sein, auch eine neue Politik zu tragen. Nicht, daß sie die Bauern einfach majorisiert hätten. Wahrscheinlich wurde sie in die Solidarität der breiten Schichten einbezogen. Aber das Schwergewicht innerhalb der Volksversammlung mußte sich ein Stück weit verschieben. Das mag sich auch unter Kimon schon ausgewirkt haben; nur war da das Einverständnis mit dem Areopag noch stark. Gerade dies aber wurde jetzt problematisch.

465 FIEL die Insel Thasos im Norden der Ägäis vom Seebund ab. Sie beherrschte Teile des gegenüberliegenden Festlands, wie das manche dem Festland vorgelagerte griechische Inseln taten. Nur umfaßte ihr Gebiet buchstäblich Goldgruben. Daher war die Stadt reich und dank ihrer Flotte auch mächtig. Und sie hatte sich gut befestigt.

Athen hatte damals auf die Gegend im Norden, wo es unter anderm die besten Hölzer für den Schiffbau gab, ein Auge geworfen. Zur gleichen Zeit versuchte es, weiter westlich die Gegend um den Strymon unter seine Kontrolle zu bringen. Ein Stück landeinwärts von Eïon wollte es an einem strategisch sehr günstigen Platz in Enneahodoi (dem späteren Amphipolis) eine Kolonie gründen. Dort kreuzten sich verschiedene Wege. Auch ließ sich von dort aus das Pangaion-Gebirge beherrschen, wo schon Peisistratos reiche Bergwerke besessen und ausgebeutet hatte. Zehntausend Kolonisten, Athener und wer sonst mitgehen wollte, sandte man dorthin.

So war der Streit mit Thasos um Handelsstationen und Bergwerke auf dem Festland wohl mutwillig vom Zaun gebrochen. Und weniger weil Thasos dem Seebund nicht mehr angehören als weil es die attische Einmischung an dieser Stelle nicht dulden wollte, fiel es ab.

Die Kolonisten konnten Enneahodoi zwar einnehmen, scheiterten aber in einer Schlacht, als sie die thrakischen Edoner, denen das Umland gehörte, sich unterwerfen wollten. Die Verluste waren so groß, daß das Unternehmen aufgegeben werden mußte. Es war die erste große Niederlage Athens seit Jahrzehnten.

Thasos dagegen mußte nach längerer Belagerung 463/2 kapitulieren. Es mußte die Flotte ausliefern, verlor die Besitzungen auf dem Festland, mußte die Mauern schleifen und Kriegskontributionen leisten.

»Ich könnte auch von Mühsal berichten, vom Eingepferchtsein in den Schiffen, von drangvoller Enge zwischen den Planken, dem harten Lager; dem andauernden Gestöhn, Tag und Nacht schwerer Arbeit. Und dann auf dem Festland wuchs die Plage noch. Die Zelte standen nahe den feindlichen Mauern. Vom Himmel herab und aus dem Wiesengrund herauf kroch die Feuchtigkeit in die Lagerstatt, setzte sich in den Kleidern fest. Überall Ungeziefer. Und der unerträgliche Winterfrost, der Vogeltöter... und die Hitze zur Mittagszeit, wenn das Meer wellenlos, windstill daliegt und schläft. Wozu darüber klagen? Alle Not ist vorbei, vorbei auch für die Toten...«, so schildert der Herold in Aischylos' »Agamemnon« wenige Jahre später den Krieg gegen Troja. Es könnte auf den Erfahrungen aus der Belagerung von Thasos beruhen.

An sich hatten die Thasier gehofft, von Sparta unterstützt zu werden. Sie hatten auch eine geheime Zusage. Auch dies war neu: erstmals wollten sich die Spartaner offen gegen Athen einmischen. Es hätte gefährlich werden können.

Indes kam es nicht dazu, denn Sparta wurde durch ein schweres Erdbeben erschüttert. Nur fünf Häuser sollen es überstanden haben, im Taÿgetos sollen Gipfel losgesprengt, die Gegend von vielen Klüften zerrissen worden sein. Vom Lande liefen die Heloten in großen Scharen hinzu, um unter den Spartanern aufzuräumen. Es hätte die Stadt für viele Jahre, wenn nicht für immer außer Gefecht setzen können. Das zwar wurde dank der Geistesgegenwart des Königs Archidamos abgewehrt. Aber die Aufständischen befestigten sich auf dem Berg Ithome in Messenien, und die Spartaner waren nicht fähig, die Festung zu nehmen. So daß ihre Kräfte auf länger gebunden waren.

ALS KIMON 463/2 von Thasos nach Athen zurückkehrte, fand er eine stark veränderte innenpolitische Lage vor. Eine neue Gruppe von Politikern hatte sich in den Vordergrund gearbeitet. Ephialtes, Sohn des Sophonides, führte sie an, ein Mann, von dem wir sonst nur hören, daß er wenig vermögend, unbestechlich und gerecht gewesen sei; was in einer Zeit des Umbruchs ja auf parteiliche Leidenschaft deuten kann. Vielleicht gehörten er und seine Verbündeten – zu denen der etwa dreißigjährige Perikles zählte – einer jüngeren Generation an. Jedenfalls dachten sie moderner.

Sie hatten andere Vorstellungen von attischer Außenpolitik. Das erwies sich sogleich, als die Spartaner die Athener ersuchten, ihnen bei der Belagerung von Ithome zu helfen. Da war Kimon selbstverständlich dafür und Ephialtes dagegen. Man dürfe die Rivalin nicht aufrichten helfen, sondern müsse sie liegen lassen und ihren Stolz niedertreten. Mit Mühe setzte Kimon sich durch; er wurde mit 4 000 Hopliten ausgesandt.

Doch es war ein Pyrrhus-Sieg. Denn während seiner Abwesenheit, 462/1, gingen Ephialtes und die Seinen zum Generalangriff gegen den Areopag vor: Sie brachten einen Antrag ein und setzten ihn durch, wonach dem Rat alle Funktionen außer der Blutgerichtsbarkeit und einigen religiösen Aufsichten genommen werden sollten, und sie verteilten diese auf den Rat der Fünfhundert, die Volksversammlung und die Volksgerichte. Der Adelsrat sollte keine politische Rolle mehr spielen!

Die Spartaner schöpften, je länger die Belagerung sich hinzog, um so mehr Verdacht gegen die attischen Hilfstruppen, fürchteten, daß sie mit den Heloten gemeinsame Sache machten. Die Athener waren als »Neuerer« gebrandmarkt. Auf ihrem Rückmarsch wurden sie auch noch von den Korinthern angegriffen. Ihr Verhältnis zu Sparta war nachhaltig gestört. Gleich nach der Rückkehr kündigte die Stadt das gegen die Perser geschlossene Bündnis mit Sparta und ging neue Verträge mit Argos sowie mit Thessalien ein. Die antispartanische Stimmung ging so weit, daß Alkibiades, der Großvater des später so bekannten jüngeren Alkibiades, wohl damals eine viele Jahrzehnte alte Gastfreundschaft mit Sparta aufkündigte. Kimon hat noch versucht, die Entmachtung des Areopags rückgängig zu machen. Ohne Erfolg.

Künftig sollten also ein jährlich zu hundert Prozent auszuwechselnder Rat aus Männern primär der Mittelschicht und daneben Volksversammlung und -gericht die allein wichtigen Entscheidungsorgane sein. Keine Autorität sollte mehr in den Beratungen von Rat und Volksversammlung die Richtung vorgeben. Auch waren die Beamten künftig dem Volk, nicht mehr dem Areopag gegenüber rechenschaftspflichtig, woraus ganz andere Ansprüche an sie erwachsen mußten. Kurz, das Volk sollte uneingeschränkt herrschen – wenn auch im Rahmen seiner Institutionen, von Gesetzen (die es aber ändern konnte) und Eiden.

Nie hatte Athen einen so tief einschneidenden Umsturz erlebt. Kein Vergleich zu dem der Zeit des Kleisthenes! Die Reaktion der Spartaner vor Ithome ist vermutlich nur ein zufällig überliefertes Beispiel dafür, wie unheimlich die Athener durch die Entmachtung des Areopags dem übrigen Griechenland wurden. Soweit wir vermuten können, gab es das nirgends: daß eine

Stadt auf die politische Mitwirkung des Ratsgremiums verzichtete, in dem die erfahrensten und einflußreichsten ihrer Bürger saßen. Und wenn es das irgendwo gegeben haben sollte, so handelte es sich um unbedeutende Städte, über deren politische Ordnungen sich vielleicht Nachbarn aufregen, die im übrigen bestenfalls als Kuriosa gelten konnten.

Athen aber war die Vormacht des Seebunds. Überallhin reichten seine Wirkungen, überall mußte man gebannt verfolgen, was die Stadt machte. Keinen konnte es gleichgültig lassen, wie sie organisiert war, wer in ihr den Ausschlag gab.

Und nun eine völlig neue, eine – um es mit einem modernen Wort zu sagen – revolutionäre Ordnung an dieser Stelle! Vermutlich hat kaum einer von denen, die in Griechenland etwas zu sagen hatten, angenommen, daß das gutgehen konnte (auch wenn es auf manche faszinierend wirkte). Die Frage war eher, was passierte, bevor wieder »normale Verhältnisse« einkehrten.

Eine andere Frage ist, was die Athener selbst sich gedacht haben, vor der Entmachtung des Areopags, dabei und vor allem auch danach. Doch zuallererst: Wie war es überhaupt zu diesem Umsturz gekommen?

Dass Männer, die bei Salamis noch Kinder gewesen waren wie Perikles, daß ehrgeizige Männer, die, auch sofern sie älter waren, bis dahin kaum Einfluß gehabt hatten, das Verhältnis zu Sparta sehr anders verstanden als Kimon und dessen Verbündete, ist nicht schwer zu verstehen. Was diese von Innen, vom politischen Zentrum aus sahen, sahen sie von Außen. Wo Kimon seit dem Rückzug der Perser die Dinge Schritt für Schritt weitergetrieben hatte, von einer Lage an die andere sich gewöhnend, mußte ihnen die Konstellation vor allem so erscheinen, wie sie inzwischen geworden war. Und da konnte sie schon recht beunruhigend wirken. Wo Kimon meinte, die Dinge im Griff zu haben, nicht zuletzt auf vielerlei persönliche Beziehungen, speziell zu Sparta, gestützt, wo er seiner Sache sicher war – mochten sie sehr wohl die ganze Gewagtheit der Position Athens wahrnehmen. Vermutlich waren sie auch mehr auf Argumente als auf Beziehungen angewiesen; dachten sie mehr in politischen Größen. Auch war Kimon eher ohne Arg, sie dagegen mit.

Erstmals war bei Enneahodoi ein großes Heer vernichtet, erstmals drohten die Spartaner, mit einer abgefallenen Stadt gemeinsame Sache zu machen. War eventuell der ganze Seebund in Gefahr? Konnte, wer die Dinge von außen sah, verkennen, in welch abenteuerliches Vorhaben Athen verfangen war? Ungefähr 35 000 Bürger, nach griechischer Weise nur die männlichen Erwachsenen gezählt, bildeten die Vormacht eines Seebunds, in dem es weit mehr als 200 000 Bürger der verschiedenen Städte gab; eines Bundes, der sich über die ganze Ägäis und darüber hinaus erstreckte und dessen Verläßlichkeit jetzt, nach dem Abfall von Naxos, zum zweiten Mal auf die Probe gestellt war. Vom Bündniszweck, dem Kampf gegen Persien, war ohnehin seit Jahren keine Rede mehr. Gewiß, die Perser mochten wiederkommen, aber brauchte man dafür, so mochten die Bündner fragen, die ganze Apparatur, und brauchte man sie auf Dauer? Was, wenn Sparta die nächste Stadt, die abfiel, wirklich unterstützte? Es konnte den Athenern ja nicht immer ein Erdbeben zu Hilfe kommen.

Wenn Kimon Sorglosigkeit vorgeworfen wurde, so kann das also seine guten Gründe gehabt haben. Wenn Ephialtes meinte, man müsse seine Kräfte zusammenhalten, man dürfe vor allem keine prospartanische Politik betreiben, so ließ sich manches dafür anführen. Vermutlich war es, wie es nicht selten vorkommt: Die Erkenntnis einer Gefahr veranlaßt den, der sie hat, nicht zum Zurückstecken, sondern dazu, seine Kräfte stärker zusammenzufassen, eventuell gar im Angriff, im Bündnis etwa mit Spartas Gegnern die beste Verteidigung zu sehen. Wie ja auch umgekehrt oft Furcht und Verachtung sich verständlicher-, aber nicht logischerweise paaren. Die Gedanken des Themistokles mögen Ephialtes und seine Freunde beeinflußt haben.

Wieweit sie zugleich Kimons Innenpolitik für falsch hielten, ist eine andere Frage. Und jedenfalls verquickten sich gewiß auch damals bei den unruhigen Geistern Ehrgeiz mit der Kritik an den Mächtigen, mit Einsicht, die sie aus der Distanz gewannen, mit Parolen und – zumindest in diesem Fall – auch wohlbegründeten Zielsetzungen in einer Weise, daß es eitel wäre, die einzelnen Fäden in dem großen Knäuel ihrer Motive verfolgen zu wollen.

Wenn sie aber Kimon bekämpfen, wenn sie eine andere Außenpolitik initiieren, wenn sie ihrerseits den wichtigsten Einfluß ausüben wollten – dann mußten sie es auch mit dem Areopag aufnehmen. Ob sie das nun ursprünglich oder gar aus grundsätzlichen Erwägungen wollten oder nicht. Denn er blockierte, solange die alte Konstellation galt, den Zugang zur Volksversammlung, in der sie Mehrheiten gewinnen mußten.

Wie aber wurde es möglich, gegen so mächtige, erfolgreiche, angesehene Herren sich durchzusetzen? Man weist in diesem Zusammenhang gern auf die Theten hin, auf die Ephialtes sich gestützt habe. Das mag wohl sein, und irgendeinen gewichtigen Posten stellten sie in seiner Rechnung gewiß dar. Aber auch sie mußten gewonnen werden. Die Quellen bieten einige Anhaltspunkte dafür, was Ephialtes und die Seinen ins Werk setzten.

Ephialtes soll mehrere Areopagiten angeklagt haben, unter anderm wegen Bestechung. Das war vermutlich nicht schwierig, denn in der Adelswelt war es auch damals noch üblich, daß man – etwa mit Gastfreunden – Geschenke austauschte, die Grenze aber zwischen solchen Üblichkeiten und Korruption ist kaum je klar zu ziehen. Freilich kann es sein, daß es Ephialtes zunächst wirklich nur um einige Herren ging, die sich schuldig gemacht hatten oder denen er jedenfalls etwas anhängen wollte. Aber von irgendeinem Zeitpunkt an muß es ihm darum gegangen sein, den ganzen Adelsrat in Mißkredit zu bringen.

Gegen Kimon selbst soll Perikles Anklage erhoben haben. Er habe von Thasos aus in Makedonien einfallen können, habe sich aber durch Bestechung davon abbringen lassen. Kimon wurde freigesprochen. Vielleicht gar vom Areopag. Die Anklage könnte vor allem bezweckt haben, eine ausgreifende Kriegführung auch im Norden der Ägäis zu propagieren.

Außerdem hat Ephialtes viel Agitation betrieben. Ganz aus heiterem Himmel war die Entmachtung des Areopags jedenfalls nicht zu erreichen. Er behauptete etwa, daß der Adelsrat sich einige seiner Rechte nachträglich erworben, wenn nicht angemaßt habe. »Hinzugefügt« seien sie. Wie wenn nur das Ursprüngliche, worunter er offenbar vor allem die Gerichtsfunktionen verstand, zu gelten hätte! Immerhin war das geschickt: Denn man berief sich auch damals gern auf das Altherkömmliche, und Ephialtes wollte durch dieses Argument vermutlich den Vorwurf der Neuerung zurückgeben.

Besonders guten Aufschluß für Ephialtes' Agitation scheinen einige »Zitate« in Aischylos' wohl 463 aufgeführter Tragödie Hiketiden zu bieten. Ganz auffällig betont ist dort von der »Herrschaft des Volkes« die Rede. Es geschieht in jenen Jahren zum ersten Mal, soweit wir sehen, daß das Wort Volk mit dem Prädikat herrschen verbunden wird. Manches spricht dafür, daß damals auch der Begriff »Demokratie« geprägt wurde.

Die Volksversammlung war schon lange die höchste Entscheidungsinstanz, etwa bei Gesetzgebung und Beschlüssen über Krieg und Frieden, doch hatte das zunächst kaum viel bedeutet. Seit Kleisthenes jedoch muß sie auch praktisch viel stärker in die Politik hineingezogen worden sein, auch wenn sie sich dabei weithin der Autorität des Areopags fügte. Trotzdem war es kein Zufall, daß man die Stellung der Volksversammlung bis in die sechziger Jahre des fünften Jahrhunderts hinein nicht als »Herrschaft« charakterisierte. Es liegt einerseits darin begründet, daß es sehr schwierig war, die Vorstellung des »Herrschens« (oder »Regierens«), die man bis dahin ganz und gar mit einzelnen Personen, etwa Amtsinhabern, auch Tyrannen, verbunden hatte, derart zu modifizieren, daß sie auch auf das Volk anzuwenden war.

Andererseits und vor allem scheint es an dem Bewußtsein dieser Volks-Herrschaft noch gefehlt zu haben. Man hatte doch zunächst nur daran gedacht, daß die breiteren Bürgerschichten de facto die gleichen politischen Rechte haben sollten; das war in »Isonomie« ausgedrückt. Regieren taten Beamte und Areopag, der Rat der Fünfhundert sprach mit, die Volksversammlung entschied, das ergab in den Vorstellungen der Zeit vermutlich eine Gemengelage zwischen den verschiedenen Organen der Ordnung.

Wenn Ephialtes also die Volks-Herrschaft betonte, so zog er eine ganz neue Konsequenz aus den Möglichkeiten der politischen Ordnung. Sie ist am besten dadurch bezeichnet, daß man das Negativum hinzufügt: das Volk herrscht und nicht der Adel, sprich der Areopag. Dessen Autorität mußte jetzt als Bevormundung erscheinen, so daß es galt, die Rechte des Volkes wirklich, gerade auch gegen den Areopag, wahrzunehmen.

Auf eine weitere Fährte führt eine eigenartige, bisher stets unbeachtet gelassene, jedenfalls nie recht ernst genommene Formulierung, die Aischylos den ägyptischen Mädchen, den Schutzflehenden, die in seinem Drama den Chor bilden, in den Mund legt. Als sie den König von Argos bedrängen, sie aufzunehmen, erklärt der, darüber könne er nicht allein entscheiden, sondern er brauche dazu die Zustimmung der Volksversammlung. Dort scheint also schon in mythischer Zeit eine Demokratie zu bestehen; und es ist, nebenbei gesagt, nicht ohne Interesse, daß das gerade für Argos damals behauptet wird. Die Mädchen aus dem Orient aber glauben das nicht, genauer: sie wissen damit nichts anzufangen. Daher erklären sie, der König könne doch frei über Argos verfügen. Aber bevor sie das tun, sprechen sie ihn in sonderbarer Weise an: Du bist doch die Polis, Du das Ganze des Volks.

Solch eine Identifikation eines Einzelnen mit der Polis, die an Ludwig XIV. gemahnt, begegnet bei den Griechen sonst nie, auch nicht annähernd. Die Polis ist im Gegenteil so wenig repräsentierbar, daß sie im Falle der Tyrannis geradezu als Eigentum des Herrschers erscheint. Er, nicht sie ist Subjekt von Völkerrechtsverträgen; bestenfalls neben ihm, nicht vertreten durch ihn, erscheint sie in den Urkunden. »Das ist nicht Polis, was eines einzelnen Mannes ist«, heißt es in Sophokles' Antigone. Die Polis ist eben kein Staat. Das war es ja gerade, was den Tyrannen einst als Basis ihrer Legitimation gefehlt hatte.

Anders gesagt: Die Polis ist so konkret, daß sie nur durch Identität, nicht durch Repräsentation ausgemacht werden kann. Sie aktualisiert sich einerseits, gelegentlich, in den Volksversammlungen, andererseits, regelmäßig, im gemeinsamen Mahl der Beamten, am gemeinsamen Herd der Stadt. »In der Mehrheit ist das Ganze drin«, lautet konsequenterweise eines der Argumente für die Demokratie. Ein Einzelner aber kann die Stadt nicht *sein*, sowenig sie in seiner Mahlzeit anwesend sein kann.

Wie aber kommt es dann zu der Formulierung »Du bist doch die Polis«? Kann damit, für griechische Ohren ungeheuerlich, auf orientalische Vorstellungsweisen der Mädchen angespielt werden? Heutige Ägyptologen würden es wohl so sehen; wenigstens kann man bei ihnen hören, die Ägypter würden den »Staat« am ehesten als »Pharao« wiedergeben. Allein, das wäre eine altägyptische Antwort auf eine moderne Frage. Die Ägypter hatten gerade kein Wort für »Staat«, weil sie keinen Staat im spezifischen Wortsinn hatten. Und wenn die Griechen »Polis« auch auf ganze Reiche (wie das persische) anwenden konnten, so ergibt sich daraus noch nicht, daß dort der König die Polis *war*. Kaum vorstellbar, daß sie je die Frage gestellt hätten, wer Ägypten – oder das Perserreich – wäre. Und warum sollte es Aischylos nicht gereicht haben, die Fremdheit der Ägypterinnen dadurch zu charakterisieren, daß sie meinten, der König beherrsche, und zwar schrankenlos wie ein Despot, die Stadt? Warum mußte er sie auch noch *sein* – und zudem das Volk in seiner Gesamtheit?

Doch selbst wenn man, an Unwahrscheinlichem sich nichts ersparend, dies für sinnvoll halten wollte, so bliebe die Frage, ob Aischylos wirklich diese ägyptische Kuriosität für so interessant gehalten hätte, um sie hier zur Rede zu bringen – wenn es nicht einen aktuellen Anlaß dazu gegeben hätte.

Aus all diesen Problemen kommt man nur heraus, wenn man in der Formulierung ein »umgekehrtes Zitat« sieht, eine Anspielung auf etwas, was damals andersherum durchaus und mit Nachdruck festgestellt worden sein könnte, nämlich: »Die Stadt sind wir alle.« Wir alle etwa, die wir hier stehen, der attische Demos in der Volksversammlung.

Das gäbe einen guten Sinn. Nicht, daß die attischen Adligen etwa behauptet hätten, sie seien die Stadt. Aber sicher haben sie zumindest impliziert, daß sie am besten wüßten, was der Stadt fromme. Darin gründete ja der adlige Führungsanspruch. Kimons Hinweis, Kleisthenes' Aristokratie müsse wiederhergestellt werden, lief auf das gleiche hinaus: die Bestenherrschaft. Vielleicht gibt die – späte – Quelle, aus der das zu entnehmen ist, sogar den ursprünglichen Wortlaut wieder; so daß er damit unmittelbar auf die Behauptung der Volksherrschaft geantwortet hätte.

Dagegen konnte die Mehrheit des Volkes kaum etwas vorbringen – außer dem einen, daß sie eben das Volk ist. Sie war nicht so gebildet, so »weise« wie die Adligen, sie konnte aber geltend machen, daß sie es schließlich sei, um die es gehe. Die einen mochten meinen, sie wüßten das beste – für die Polis als Objekt. Die andern konnten erwidern, da es sich um sie handle, müßten sie entscheiden, und zwar aus eigenem Willen. Sie brauchten nicht andere für sich wissen zu lassen. Sie waren ja nicht stumm, konnten sagen, was sie wollten. Da wurde die Polis zum Subjekt. Was so genannt wurde, war in Wirklichkeit die Bürgerschaft, und zwar ihre Gesamtheit. Das wäre genau das gewesen, was sich als

Selbstbewußtsein breiter Schichten im Anspruch auf Volksherrschaft artikulierte. Und es war bemerkenswert genug, um derart zitiert zu werden.

Daß sich ein solcher Gegensatz damals herausbildete und folglich agitatorisch durchgespielt wurde, dafür spricht zugleich die Feststellung des Königs in den Hiketiden, wer von einem Beschluß betroffen sei, müsse ihn auch fassen. Es spricht dafür auch die ganze Ausgestaltung des Sujets. Denn eine lange, unter die Haut gehende Partie des Stücks wird durch die Auseinandersetzung zwischen König und Schutzflehenden eingenommen: einerseits die immer zudringlicher fordernden Mädchen, andererseits ein in schwierigsten Entscheidungsnöten sich windender König.

Gewiß hatte sich den Griechen die Frage, wie sie sich zwischen Opportunität (hier: Kriegsgefahr im Falle der Aufnahme) und göttlichen Geboten (hier: Asylgewährung) entscheiden wollten, schon immer von Fall zu Fall gestellt. In dieser Tragödie aber geriet sie derart beklemmend zur Aporie, daß ein neues Bewußtsein von Entscheidungsschwierigkeit zu erschließen ist. Der König kommt mit der Frage nicht zu Rande, die Antwort, die Gewährung des Asyls, wird ihm abgepreßt. Von der Sache her war es also zu schwierig und der Druck, der angewandt wurde, zeigte die Fragwürdigkeit des Zustandekommens.

Die Abstimmung des Volkes dagegen war, nachdem der König sich entschieden hatte, einhellig in seinem Sinne. Am Ende des Dramas ergibt sich, daß die Asylsuchenden dem Land Unglück bringen. Der Krieg gegen die Verfolger fordert hohe Verluste, der König fällt. Wohl war, so darf man vermutlich schließen, die demokratische Entscheidungsprozedur angebracht, aber eine Gewähr für die richtige – oder genauer: eine erfolgversprechende – Entscheidung war sie nicht. Es ging eben nicht um das *Was*, sondern um das *Wie* der Entscheidung.

Kaum vorstellbar, daß das ganze Ausmaß dieser Entscheidungsproblematik nicht aus der Aktualität abgezogen war. Man braucht in Aischylos' Darstellung keine politische Stellungnahme zu sehen, kann annehmen, daß er eher neue Erfahrungen im Sinne dramatischer Gestaltung aufnahm, daß er auf der Bühne durchspielte, was ganz Athen erlebte. Hinter all dem steht jedenfalls deutlich die Frage, wie überhaupt rechte Entscheidung, das heißt von wem sie und speziell ob sie überhaupt von einem für andere getroffen werden kann. Offenbar konnte man die Entscheidungen des Areopags nicht mehr einfach hinnehmen.

Fügt man zur Identität von Demos und Polis, zum Zweifel an der einfachen Entscheidbarkeit politischer Probleme durch den Areopag den Verdacht hinzu, daß die Herren nicht nur bestechlich waren, sondern auch im Banne eigensüchtiger Adelsinteressen ihre Empfehlungen gaben, so mögen sich die Umrisse der damaligen politischen Offensive abzeichnen.

Bei den Theten war das Ansehen Kimons vermutlich schon abgenutzt. Die ihm zugeschriebene Sorglosigkeit wird im scheinbar sicheren Besitz seiner Macht zugenommen haben. Die Niederlage im Norden, die Gerüchte – oder das Wissen – um die von Sparta zeitweilig drohende Gefahr werden Mißtrauen gegen seine Freundschaften oder gar gegen seine Gewißheiten gesät haben. Und in der Kluft, die sich zwischen den Theten und dem führenden Politiker auftat, konnte sich der Verdacht entfalten, die hohen Herren verachteten den »Mann von der untersten Ruderbank«. Das Geheimnis, das die Beratungen des Areopags umgab, steuerte Weiteres bei. Selbstbewußtsein wird sich aufgebäumt haben. Schließlich: warum sollten die Theten nicht auch sachlich von den Notwendigkeiten einer anderen, einer entschiedener ausgreifenden Politik überzeugt sein? Sie kam ihnen zugute, lag ihnen. Die von Perikles angedeuteten Möglichkeiten zu weiterem Machtgewinn zeigten es. Zudem tat es wohl, wenn Ephialtes und die Seinen sie mit Argumenten umwarben, also ernst nahmen.

Der Rest gab sich von selbst. Die Areopagiten versteiften sich, je mehr sie angegriffen wurden, so daß sich die Angreifer, auch wenn sie es ursprünglich gar nicht so grundsätzlich gemeint haben sollten, in allen Zweifeln bestätigt sahen, bis schließlich, was die einen von den andern befürchteten, gegenseitig immer neu bekräftigt zu werden schien. Wenn die Areopagiten die Angriffe anfangs nicht ernst nahmen, weil sie sich gar nicht vorstellen konnten, daß Athens Politik ohne sie zu machen sei, wird es die Wut der Gegner gesteigert haben. Aber was sollten sie tun? Es muß ihnen gar nicht an Phantasie gemangelt haben, vielmehr ließ ihre Existenz andere Gedanken kaum zu. Sie hätten sich sonst wegdenken müssen. Zudem konnten sie sich auf die altgeheiligte Ordnung berufen und Ephialtes den Vorwurf der Neuerung entgegenschleudern. Das mußte in damaligen Ohren nicht Verbesserung, nicht Alternative, sondern Zerstörung, Umsturz bedeuten. Ephialtes' Gegenargument, sie hätten ihre Rechte zum guten Teil usurpiert, könnte einfach deswegen überzeugt haben, weil er auf die Dauer die stärkeren Bataillone hatte.

Man kann darauf hinweisen, daß die Zusammensetzung des Areopags in jenen Jahren nicht mehr die alte war: Je länger die Archonten durch das Los bestellt wurden – inzwischen waren es 25 Jahre –, um so mehr bestimmte der Zufall über die Zusammensetzung. Aber man weiß nicht, wieviel das ausmachte. Denn es ist nicht gesagt, daß nicht auch so, im Laufe der Zeit, die wichtigsten Politiker zum Archontat gelangten. Und das reichte, zumal bei günstiger Lage, wo ein Gutteil der Macht aus den Möglichkeiten der Mitgliedschaft erwuchs. Schwierig wurde es nur, wenn zu viele der Ehrgeizigen draußen blieben. Und da scheint es genügt zu haben, daß das bei Ephialtes und manchen seiner Freunde der Fall war.

Vielerlei kam also zusammen, vielerlei resultierte vermutlich aus der heftigen Auseinandersetzung. Inwieweit wirklich die politische Vernunft auf der Seite des Ephialtes – oder vornehmlich auf ihr – zur Geltung kam, ist fraglich. Jedenfalls war es die Dynamik Athens, die hier zum Siege kam. Die Dynamik einer jüngeren Generation, die die Perserkriege nur aus Erzählungen kannte und von den Verhältnissen davor, auch von der Begrenztheit des attischen Radius gar nichts mehr wußte. Die Dynamik der neuen Schicht der Theten, die, nachdem sie einmal mobilisiert war, nur allzu bereit sein mußte, eine neue, ausgreifende Politik zu tragen. Und es setzte damit eine ungeheure Kraft- und Bewegungsentfaltung ein, die Athen künftig kennzeichnete, die es zu immer neuen Erfolgen führte, der es schließlich die Blüte seiner Kultur verdankte.

Es war ein legaler Umsturz. Legal, weil es zweifellos kein Gesetz gab, das es der Volksversammlung verboten hätte, einen solchen Beschluß zu fassen. Umsturz aber insofern, als jetzt die gesamte Ordnung grundsätzlich verändert wurde. Wo eine

Gemengelage zwischen Areopag, Fünfhundert und Volksversammlung gewaltet hatte, entstand jetzt wirklich Volksherrschaft. Der alte Rat wich den Fünfhundert, die künftig, ohne seiner Autorität zu unterliegen und ohne besondere eigene Autorität auszuüben, alles der Volksversammlung vorzulegen hatten, was bei ihnen eingereicht worden war; nach entsprechender Vorbereitung. Die Entscheidungen fielen wirklich im weiten Kreis der Bürger. Die Kommandobrücke war nicht mehr mit den bewährten Steuerleuten besetzt, der »Mann von der untersten Ruderbank« gab den Ausschlag.

Alles hing jetzt davon ab, ob das Zusammenspiel zwischen dem Volk und seinen Ratgebern (samt den gewählten Strategen) glücklich genug war, um die Politik auf rechte, verständige Weise zu lenken. Dabei waren viele Aristokraten nach wie vor unentbehrlich. Aber die Aristokratie als ganze hatte kein Organ mehr. Noch einmal konnte eine Schicht, jetzt die unterste, politisch eine Alternative zum Adel verwirklichen. Diesmal war kein Gedanke daran, daß Sparta oder irgendwer sonst intervenierte.

Nachdem es bei den Bauern Jahrhunderte gedauert hatte, bis auf die Einführung der Phalanx die regelmäßige Mitsprache folgte, verlief die Angleichung der politischen Rechte an die militärischen Funktionen bei den Theten sehr schnell. Einerseits war eben die Mitsprache der breiten Schichten schon gegeben (auch wenn die Theten davon wenig Gebrauch gemacht hatten), andererseits wurden die Theten militärisch viel stärker gebraucht. Ihre Beteiligung bei Salamis wäre vermutlich bald wieder vergessen gewesen – aber die in den Seebundskriegen mußte sich auswirken.

Kimon wurde ostrakisiert. Dem Persersieger Themistokles folgte der Mann, der Athens Macht im Seebund und durch den Seebund begründet hatte, ins Exil. Auch er hatte hochbedeutende Leistungen für die Stadt vollbracht. Und es muß eine sehr bemerkenswerte Gruppe von Adligen gewesen sein, die sich mit ihm zusammen so weitgehend und für griechische Verhältnisse unüblich der Politik verschrieb. Die es Athen ermöglicht hatte, die Kluft zu überbrücken, die zwischen dem, was es war, und dem, was es plötzlich werden konnte, zwischen seiner Herkunft und seiner Chance sich aufgetan hatte. Die zugleich das politische Vakuum, das die Ägäis bisher gebildet hatte, durch ganz neue Machtstrukturen ausfüllte.

Ihre Politik war gewiß nicht schlecht gewesen, ihr Anteil an Athens Größe nicht gering, auch wenn sie manches ausgeblendet und das Verhältnis zu Sparta offenbar im ungewissen guter persönlicher Bindungen belassen hatten.

Sie hätte kaum besser sein können. Der Sturz des Areopags bildete jedenfalls kein Argument gegen sie. Er entsprach nur jener Dynamik – und der Unerbittlichkeit des Ephialtes, die aus dem Ernst der Situation wie aus dem Ehrgeiz jener Gruppe erwuchs, die in seinem Zeichen antrat.

Ephialtes wurde bald darauf ermordet. Man hat nie klären können, durch wen. Vermutlich darf man aber in diesem Verbrechen einen Hinweis auf das Ausmaß sehen, in dem der Umsturz in Athen alles aufrührte; wofür auch andere Zeugnisse sprechen.

So war endlich der, wenn auch durchsichtige, Vorhang, der Kimon und die Seinen aufgrund der Ausgangssituation von 480 von der neuen Realität getrennt hatte, zerrissen; aus der hoch überlegenen Macht Athens wurde die Konsequenz gezogen. Jetzt hieß es Athen oder Sparta. Und zugleich begann die Demokratie.

Künftig traten neben und vor die alten Nomie-Begriffe die neuen auf -archie und -kratie. Neben Demokratie die Oligarchie (die als Wenigenherrschaft erst zu bezeichnen war, als es auch die Volksherrschaft gab), vielleicht gleichzeitig die Aristokratie. Darin kam zum Ausdruck, daß es nicht mehr ein vorgegebenes Recht gab, das man gut (Eunomie) oder schlecht (Dysnomie) oder auch modifiziert durch Gleichheit (Isonomie) verwirklichen konnte. Vielmehr gab es jetzt grundsätzlich verschiedene Ordnungen, je nachdem, wer herrschte. Was nicht der alten, sowohl isonomen wie aristokratischen Ordnung entsprach, war keineswegs Unordnung oder Chaos, sondern eine alternative Ordnung: Volksherrschaft. Die Adligen mochten es zunächst nicht so sehen, mochten zweifeln, ob diese Herrschaft überhaupt von Dauer sein konnte.

Aber für das Volk war es klar und bald auch für andere nicht mehr zu leugnen. Künftig war die ganze Ordnung von der Frage bestimmt, wer herrscht. Früher war das nicht so deutlich. Denn die Herrschaft, sei es einer Aristokratie, sei es eines Tyrannen konnte sehr unterschiedlich ausfallen. Das hing ganz von den Personen ab. Und daher war Herrschaft nur ein Kriterium für Ordnung neben andern, wie etwa der wirtschaftlichen, der gesellschaftlichen, der moralischen Beschaffenheit der Bürgerschaft.

Jetzt dagegen, wo die Alternative Wenige oder Viele/Alle lautete, kam eben alles darauf an, wer herrschte. Das hieß: wer beteiligt war. Für Adel wie Volk stellte sich eine klare Alternative. Mit der Mischform der »Bestenherrschaft« war es vorbei. Erstmals in Athen.

Und so konnte es zu dem so eigenartigen, allein bei den Griechen klaren Gegensatz von Oligarchie und Demokratie kommen. Er hatte seinen guten Sinn. Wo die Männer die Polis waren, war es entscheidend, wie viele Männer sie bildeten. Mitsprache war nicht bloß eine theoretische Möglichkeit, sondern Tatsache. Nicht viel später sollte in der Verfassungsdebatte, die bei Herodot überliefert ist, zum ersten Mal zu Gunsten einer Ordnung, der Demokratie, vorgebracht werden, daß sie durch bestimmte Institutionen ausgezeichnet ist. Die Probleme der Polis schienen von Institutionen her lösbar zu werden.

Das freilich erwies sich bald als Illusion, denn so bedeutsam diese Institutionen waren, sie blieben bald hinter den Problemen zurück. Und so blieb nur eins, und das kennzeichnete die neue Epoche, die hier anbrach: es war jetzt auch das Zentrum, der Grund der Ordnung fraglich geworden. Die überkommenen Selbstverständlichkeiten waren an einer entscheidenden Stelle zur Disposition geraten. Die Griechen waren am Grunde dessen angelangt, worüber sie überhaupt verfügen konnten.

Es begann, um das begrifflich auszudrücken, anstelle des »nomistischen« ein »kratistisches« Zeitalter. Und das wirkte sich auf allen Gebieten, im Politischen sowohl wie in Denken und Kunst, nach Innen sowohl wie nach Außen aus.

So kann man ab 462/1 die Demokratie in Athen, in Griechenland datieren. Sie entstand durch einen negativen Akt, die Entmachtung des Areopags. Aber ihre Voraussetzungen waren längst fertig. Den Grund hatte Kleisthenes gelegt, auf ihm war mit der Zeit ein kräftiges bürgerliches Selbstbewußtsein, auch einige politische Befähigung herangewachsen. »Das Volk« mußte nur von der Autorität des Adelsrats befreit werden, um allein die Herrschaft auszuüben. Nur einige praktische Einrichtungen, die im wesentlichen wohl nur Folgerungen darstellten, standen noch aus. Was immer Ephialtes ursprünglich gewollt hat, er mußte, um Erfolg zu haben, dem Demos zur Herrschaft verhelfen.

Die Dynamik aber, die Athen damals zu entfalten begann, die über seine Kräfte hinausging und aus der ihm trotzdem genügend Macht zuwuchs, daß es die ganze griechische Welt in seinen Bann schlagen konnte, hat Thukydides in einem späteren Stadium durch die Korinther – in der Entgegensetzung zu Sparta – charakterisieren lassen; in einem schwierigen, erhellenden Kapitel. »Sie sind die ewigen Neuerer, scharf im Planen und rasch im Ausführen dessen, was sie einmal beschlossen haben... Sind gewohnt, auch über das Maß ihrer Kräfte zu wagen und wider vernünftige Einsicht die Gefahr zu suchen, noch in gefährlicher Lage guter Zuversicht... Kennen kein Zaudern, während Ihr ewig zögert, und gerne lassen sie sich auf Unternehmungen in weiter Ferne ein, während Ihr zu Hause hockt... Wenn sie die Feinde bewältigen, so stoßen sie so weit nur immer möglich nach, und werden sie besiegt, so fallen sie so wenig nur immer möglich zurück.« Und weiter: »Sie setzen Leib und Leben für die Polis ein, als hätten sie damit nichts zu tun, als gehörten sie ihnen nicht; ihren Verstand aber gebrauchen sie ganz selbständig, jeder als seinen eigensten Besitz und Beitrag, wenn es gilt, etwas für die Stadt zu tun. Und was sie von ihren Anschlägen nicht bis zu Ende verfolgen können, das ist ihnen, als würde ihnen genommen, was sie bereits haben; was sie im Angriff gewinnen, das ist für sie, verglichen mit dem, was noch kommen soll, als hätten sie nur eine Kleinigkeit bei Wege vollbracht. Sind sie aber bei einem Versuch gescheitert, so setzen sie der Hoffnung ein neues Ziel und füllen so den Mangel aus. Denn sie sind die einzigen, für die Haben und Hoffen bei allem, was sie planen, eins ist, weil sie geschwind angreifen, was immer sie beschließen. All dies treiben sie unter Gefahr und Mühe ihr ganzes Leben hindurch mit Anstrengung aller Kräfte, und sie verweilen am wenigsten im Genuß ihres Besitzes, weil sie immer mit Erwerben beschäftigt sind und kein anderes Fest kennen, als das Notwendige ins Werk zu setzen, und tatlose

Ruhe für ein schwereres Los halten als mühselige Unmuße.« Thukydides schließt den Passus mit der berühmten Bemerkung, sie seien von Natur offenbar dazu geschaffen, weder selbst Ruhe zu halten noch andern Menschen ihre Ruhe zu lassen.

Dies genau fing damals an. Und wenn der Impuls auch von Ephialtes kam und das Substrat durch die Theten geboten wurde, so waren alle Athener irgendwie daran beteiligt. Jetzt, ungefähr eine Generation nach den Siegen bei Marathon, Salamis, Platäa und Mykale, hatte sich Athen ganz auf die neue Lage eingestellt, das Moratorium unter Kimon war vorbei; jetzt wurden nicht mehr nur Chancen ausgenutzt, sondern es wurden immer neue geschaffen.

# VII. »Gewohnt, auch über das Maß ihrer Kräfte zu wagen« Athens Geschichte um die Jahrhundertmitte

In der Liebe wie im Geschäft,
in der Wissenschaft wie beim
Weitsprung muß man glauben,
ehe man gewinnen und erreichen
kann, und wie sollte das nicht
vom Leben als ganzem gelten?

ROBERT MUSIL

»WAS IST den Athenern zu tun unmöglich?« läßt der Komödiendichter Eupolis fragen »Was unverständig wir beschließen und verkehrt, das wird zu unserm Besten doch zuletzt gekehrt«, pflegten nach Aristophanes die älteren Athener zu sagen. Er spielte damit aber nur auf eine frühere Komödie an, in der er eine ähnliche Feststellung getroffen hatte, als die Athener wirklich mehr Glück als Verstand gehabt hatten. Trotzdem ließe sich diese »Weisheit« auf die Jahre nach 460 beziehen. Wenn man so mächtig ist wie das damalige Athen, so weit den andern voraus, obendrein so schnell, so verwegen, daß allein die Überraschungseffekte der Aktionen das eigene Vermögen multiplizieren, so kann man schadlos eine ganze Reihe von Fehlern machen, es kann in der Tat das Richtige auch aus dem Falschen hervorgehen.

Eigenartigerweise waren die Vorzüge Athens so leicht nicht einholbar. Das galt nicht nur vom wichtigsten Instrument seiner Macht, der Flotte, die anderswo nicht nachzubauen war. Es fehlten dazu nicht nur die Mittel (die Athen im Übermaß besaß), sondern auch die Erfahrung. »Wenn etwas«, sagt Perikles, »so ist das Seewesen eine Sache der methodischen Handhabung, und es ist nicht möglich, wenn man gerade will, es nebenbei zu üben, sondern nötig, daß man es sich zur Hauptaufgabe macht.« Die Athener hätten es seit den Perserkriegen gelernt, und es fehlte ihnen, so meint er zu Anfang des Peloponnesischen Kriegs, noch immer einiges zur Vollkommenheit. Wie wollte man da so leicht mit ihnen gleichziehen?

Aber darüber hinaus wurzelten die Vorzüge der Stadt zu stark in den Eigentümlichkeiten dieses Volksschlags, in seiner Größe, seiner Ordnung, seiner neuen Mentalität, war dies alles zu sehr Bestandteil attischer Identität, als daß es von andern so leicht hätte nachgeahmt werden können.

Solche Konstellationen, in denen eine Macht die andern längerfristig weit, und ein gutes Stück noch über das Maß der eigenen Kraft hinaus, übertrifft, sind keine Besonderheit der Griechen. Aber sie sind immer wieder erstaunlich genug.

Die eigenartige Einteilung, die die Griechen, aufs Ganze gesehen, zwischen Mitteln und Zwecken vorgenommen hatten, wird die Schwäche der andern Athen gegenüber mitbedingt haben. Sie wollten in ganz bestimmter Weise leben. Als Mittel hatten sie Sklaven, sie selbst waren frei. Sie mochten arbeiten, ihre Reichtümer mehren, sich bestimmte Aufgaben setzen, mochten auch nach Unabhängigkeit ihrer Stadt streben, vielleicht gar nach Macht. Aber nicht im Übermaß.

Wichtiger als die Macht war den Griechen im allgemeinen das Leben selbst, die Geselligkeit, die Öffentlichkeit, auch der Sport. Und der Ehrgeiz der Bundesgenossen war nicht groß, die Kraft der vielen kleinen Städte nicht leicht zusammenzufassen. So war es gut, es mit den Athenern gar nicht erst aufzunehmen, vielmehr die eigene Besonderheit gegen sie zu behaupten. Man mag im übrigen Griechenland die Nase gerümpft haben über die Athener, die »kein anderes Fest kannten, als das Notwendige ins Werk zu setzen, und tatlose Ruhe für ein schwereres Los hielten als mühselige Unmuße«. Wie sehr sich gleichzeitig alles, was fruchtbar, was interessant war unter den Griechen dort konzentrierte, hat man kaum so schnell bemerkt. Jedenfalls konnte man sich mit Athens Überlegenheit im ganzen abfinden.

Athens Wachstum, die Zuwanderung vieler und gerade gut geschulter, beweglicher Männer von außen, die Konzentration des Handels – das alles verstärkte das Gefälle zu seinen Gunsten.

Perikles rühmt Athen bei Thukydides, weil »infolge der

Größe der Stadt alles zu uns hereinkommt aus aller Welt«, so daß den Athenern der Genuß der Güter aus der Fremde ebenso vertraut sei wie der der einheimischen. Der Komödiendichter Hermippos bittet die Musen in einer langen Passage, ihm zu sagen, was Dionysos auf seinem schwarzen Schiff alles mit sich bringe. Man fühlt sich in den Piräus versetzt, wo aus dem nordafrikanischen Kyrene Rinderhäute und Silphion (eine beliebte Arznei und Droge), vom Hellespont Salzfische, aus Syrakus Schweine und Käse, aus Ägypten Leinwand und Papyrus, aus Syrien Weihrauch anlangen. Libyen liefert Elfenbein, Rhodos Rosinen und getrocknete Feigen, welche schöne Träume verursachen, Euböa Äpfel und Birnen, Phrygien Sklaven, die Phönizier Datteln und Mandeln, Karthago Teppiche und bunte Kopfkissen.

Kritisch gewendet heißt es in einem Pamphlet, was es an Schlemmereien in Sizilien oder Italien, auf Zypern, in Ägypten, Lydien, am Schwarzen Meer oder auf der Peloponnes gebe, ströme alles in Athen zusammen. Der Piräus war wie ein Markt in der Mitte Griechenlands. Anderswo war nur bald dies, bald jenes zu haben, hier gab es alles zusammen.

Ja, nach Aristophanes wurden in Athen mitten im Winter frische Gurken, Kürbisse, Weintrauben, Birnen, Veilchenkränze und vieles andere angeboten. Gehe man an den Ständen entlang, wisse man nicht, in welcher Jahreszeit man sich befinde. Was aber kein Vorteil sei, denn man stürze sich deswegen leicht in unnütze Ausgaben. Es sei, wie wenn Athen sich in Ägypten verwandelt hätte.

Die Athener sollen damals auch zunehmend Worte aus andern Sprachen aufgenommen haben, zunehmend fremde Formen der Kleidung und der Lebensweise. All diese hybriden Entlehnungen müssen sich mit attischem Witz, Gedankenschärfe und Gescheitheit zur Atmosphäre einer Weltstadt verbunden haben.

Perikles' Äußerung folgt auf die Feststellung, daß Athen die meisten Erholungen von der Trübsal geschaffen habe. Von nun an sollte sich auch die griechische Kultur hier konzentrieren. Um 460 schuf Phidias das erste neue Wahrzeichen Athens, die zehn Meter hohe Statue der Athena Promachos, der »Vorkämpferin«, deren Lanzenspitze bis weit auf die See sichtbar war.

Durch seine Dynamik wurde Athen in vieler Hinsicht zum Fremdkörper in der damaligen Griechenwelt. Genau genommen: Fremdkörper und Orientierungspunkt in einem, in eigentümlicher Mischung.

Der Außenseiter, der Störenfried als Herrschender, die maßlose Stadt als die maßgebende: Einigermaßen paradox klingt das, aber gerade so muß es gewesen sein, und nicht zuletzt darin lag das Interesse begründet, das diese Stadt damals und bis heute immer wieder auf sich gezogen hat.

Ihrer Verfassung nach war sie, besonders seit Ephialtes, ein Unikum, ihrer Macht nach ohnehin. Aber auch dem Ausmaß nach, in dem sich in ihr alles um Politik und Krieg drehte und in dem trotzdem (und wohl auch deswegen) auf fast allen Gebieten des Lebens und der Kunst stärkste Bewegtheit, Konzentration und Veränderung herrschte. So daß die Stadt eine besondere »Modernität« atmete.

Indem sie so aus den andern weit herausgehoben war, war sie zugleich faszinierend. Sie drängte sich nicht nur in die Aufmerksamkeit, sondern was in ihr und durch sie passierte, wurde von den beweglichen Geistern überall mit größtem Interesse studiert, verglichen und aus der Distanz sowohl beurteilt wie in seine Konsequenzen verfolgt. Denn unter dem Eindruck dieser Stadt begann vieles in völlig anderes Licht zu rücken, begann die Welt anders zu erscheinen.

Daher entsprang im übrigen Griechenland manches, was von vornherein athenisch beeinflußt war und dann in Athen zusammenfloß. Die »Sophistik« etwa, die in Abdera, in Keos, in Kalchedon (vor der Einfahrt in den Bosporus) und Elis sowie in Sizilien und anderswo hochkam und deren Vertreter dann in Athen aufeinandertrafen. Die Plastik, die Malerei, die man in Argos, in Thasos und anderswo lernen mochte, um sie dann nicht zuletzt in Athen auszuüben. Die Philosophie, deren einer bedeutender zeitgenössischer Vertreter, Anaxagoras, aus dem kleinasiatischen Klazomenai stammte, sich in Athen niederließ und für Perikles zum Freund, ja zur Autorität wurde.

Es konzentrierte, es belebte, befruchtete sich so vieles in Athen, daß das griechische Leben dort gleichsam eine neue Qualität annahm. Wie in einer neuen Hauptstadt, der gegenüber die andern Orte zur Provinz absinken. Die gesamtgriechische Öffentlichkeit war nicht mehr die alte, seitdem Athen so weit vorgeprescht war. Denn dort wurde ja nicht nur Großmachtpolitik betrieben, sondern es wurden auch der griechischen Kultur, ja, wie es sich von heute her ausnimmt, der Kultur der Menschheit ganz neue Dimensionen erschlossen. Und für Jahrhunderte wurde Athen die bedeutendste Stadt im östlichen Mittelmeer. Hier ist das wohl am schwierigsten zu lösende Problem Athens und des fünften, des athenischen Jahrhunderts berührt.

Perioden grosser Dynamik, in denen Staaten oder revolutionäre Klassen auf einige Zeit alle Kräfte zusammenfassen und ihre Welt oder gar den Globus teils unterwerfen, teils in Atem halten, hat die Weltgeschichte auch sonst erlebt. Und selbstverständlich blieben solche Mobilmachungen auch sonst nicht auf das Politische, Militärische, Technische beschränkt, sondern sie wurden in irgendeiner Weise von wissenschaftlicher und künstlerischer Produktion begleitet.

Das Eigenartige am Athen des fünften Jahrhunderts ist, daß es in der großen Zeit seiner politischen und militärischen Dynamik zugleich die Tragödien, darunter um die Jahrhundertmitte Aischylos' Orestie und Sophokles' Antigone, hervorbrachte, daß Bildhauer wie Myron, wie vor allem Phidias dort wirkten, daß einige der bedeutendsten Architekten der Antike, Iktinos und Mnesikles, um nur zwei zu nennen, im damaligen Athen ihre großen Entwürfe erarbeiten und zumeist auch ausführen konnten, daß in Herodots Werk die abendländische Geschichtsschreibung ihren Anfang nahm und daß in dieser Stadt jene radikale Wende des Fragens und Denkens sich anbahnte, die schließlich in die Philosophie Platons mündete; um von der Sophistik und den, freilich zum Teil eher außerhalb Athens florierenden, Wissenschaften zu schweigen.

Und eigenartig ist ganz besonders, daß sich dies alles weitgehend in der attischen Öffentlichkeit vollzog, vor der attischen Bürgerschaft, die das Theaterpublikum bildete, zum Teil unter ihrer Aufsicht und mit ihrer ausdrücklichen Billigung, wie es bei den Bauten auf der Akropolis der Fall war, und unter ihrer lebhaften Anteilnahme.

Wie war das möglich? War es Zufall? Sollte es sich daraus erklären, daß irgendwelche langfristigen Entwicklungen griechischer Kunst, Weltbetrachtung und Weisheit damals in einer Art immanenter Folgerichtigkeit auf ihren Höhepunkt gelangten? Dann bliebe es auffällig, daß das auf den verschiedensten Gebieten mehr oder weniger gleichzeitig und vor allem: daß es in Athen geschah. War diese, für alle weitere Geschichte so ungemein folgenträchtige Blüte von Dichtung, bildender Kunst, Architektur, Wissenschaft und Philosophie also doch vor allem durch dieses Athen bedingt, durch die Athener der Mitte und der zweiten Hälfte des fünften Jahrhunderts, vielleicht gar durch die Demokratie?

Freilich wäre es unsinnig, diese Kunst, diese Wissenschaft als demokratisch zu bezeichnen. Denn manches wurde damals unter den verschiedensten politischen Ordnungen hervorgebracht. Und doch hat sich zumindest auf der Athener Akropolis, wohl zum einzigen Mal in der Weltgeschichte, die Demokratie als ein Bauherr von Kompetenz erwiesen. Und doch ist die große Zeit der Tragödie offensichtlich aufs engste mit der attischen Demokratie, dem attischen Bürger-Publikum verknüpft.

Gewiß soll man nicht übersehen, daß das Athen des fünften Jahrhunderts überall auf Leistungen, auch auf Eigenschaften des Griechentums insgesamt fußte. Jacob Burckhardt hat eine »große Parallele« zwischen Athen und dem Florenz der Renaissance behauptet. »*Eine* Stadt will und kann am stärksten, was ein ganzes Volk will und gerne möchte.« Vielleicht konnte und wollte gerade Athen das nicht zuletzt auch deswegen, weil es mit der Einführung der Demokratie erstmals zeigte und erfuhr, daß über die politische Ordnung im ganzen verfügt werden konnte? Anders gesagt: welch außerordentliche Möglichkeiten den Menschen offenstanden. Oder weil seine Dynamik es so anziehend machte? Oder auch weil sich die Demokratie innerhalb der noch wesentlich aristokratischen Welt dazu herausgefordert fühlte? Aber dies alles mag auch zusammengewirkt haben. Muß man vielleicht gar Perikles einen besonderen Anteil auch an der Kunst des nach ihm benannten Zeitalters einräumen?

Vielleicht haben die Korinther Athen doch zu einseitig charakterisiert, als sie meinten, man kenne dort kein Fest als das stete Sich-Abmühen. Vielleicht entwickelten die Athener gerade wegen ihrer politischen und militärischen Anstrengungen die

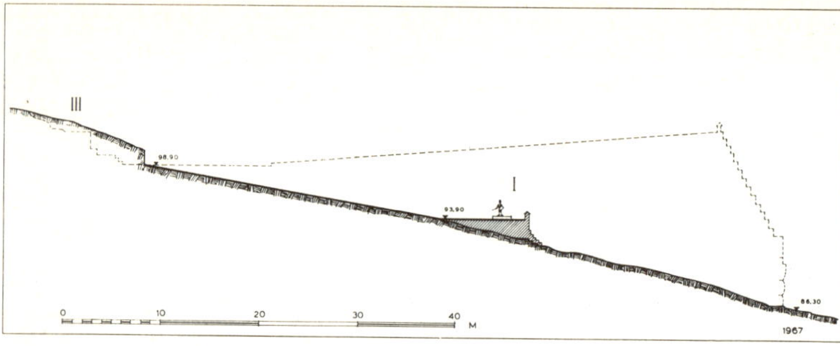


*Dieser Schnitt illustriert, wie die Pnyx nicht nur durch Aushöhlung eines »Theaters«, sondern auch durch Aufschüttung entstand, bescheiden im 5. Jahrhundert, wo die Rednertribüne zum Tal hin (nach rechts im Bild) angebracht war, gewaltig im 4., wo man das Rund hochzog, und die Rednertribüne zum Berg hin verlegte. Dadurch ist der heutige Zustand bestimmt.*

Feste, die Bauten und verfolgten sie das Neue in der Kultur mit solchem Interesse? Nicht nur als Mittel gegen die Trübsal, sondern – weil sie dort die Orientierung, die Erkenntnis, den Ausdruck ihrer selbst, die Schönheit fanden, die sie *brauchten*?

Dann hätte sich Athens Dynamik nicht zufällig, sondern notwendig auf den verschiedenen Feldern gleichzeitig entfaltet; und man müßte sich nur fragen, warum dem so war. Denn man soll doch nicht gleich mit Wundern rechnen; am wenigsten bei den so gern so sehr verehrten Griechen.

Die inneren Veränderungen, die in den Jahren nach 460 in Athen vorgingen, müssen ungeheuerlich gewesen sein. Den Areopag abschaffen bedeutete, daß man für die Behandlung von vielerlei komplizierten Materien keine bewährten Regeln mehr hatte. Es hieß nicht nur denen, die im Rat der Fünfhundert sowie in der Volksversammlung und im Volksgericht tätig waren, neue, schwere Verantwortung aufzubürden, sondern auch neue Unsicherheiten entstehen zu lassen. Was die Areopagiten gleichsam im Gefühl hatten, was ihnen – vielleicht nach manchen Auseinandersetzungen und Erfahrungen – als selbstverständlich erscheinen mußte, wurde fraglich; zur Disposition gestellt, immer neuer

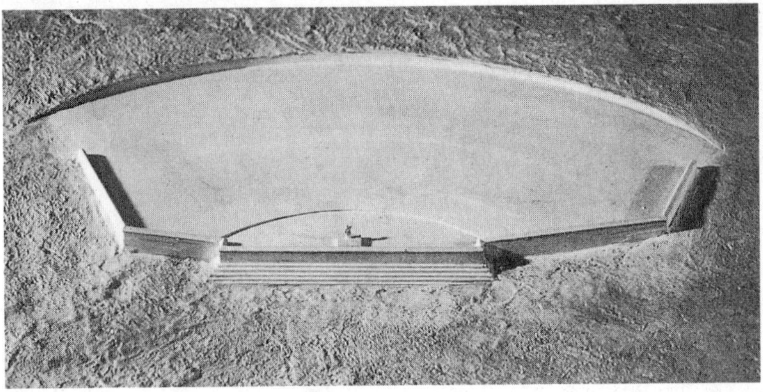

*Rekonstruktion der Pnyx im 5. Jahrhundert, von Nordosten, aus der Richtung der Agora gesehen (nach H. A. Thompson). Der steinerne Untergrund war gewiß bearbeitet, aber nicht so glatt, wie es hier erscheint.*

Erörterung bedürftig. Jene Mischung aus Unsicherheit und Freiheit mußte sich einstellen, die den Beherzten besondere Chancen zu eröffnen pflegt. Und es war ja auch aufregend, obwohl in manchem natürlich, wenn auch auf andere Weise, mit der Zeit wieder Routine eintrat. Jetzt geriet die Politik wirklich in die Mitte der Bürgerschaft. Und wenn es nicht schon vorher geschehen war, so wurde jetzt der neue, eigene Versammlungsplatz für das Volk auf der Pnyx, kurz oberhalb der Agora, eingerichtet.

Teile der Bürgerschaft müssen in die Erregung mit hineingerissen worden sein, die vom Gros des Adels ausging. Denn viele der hohen Herren konnten sich so leicht nicht mit der Entmachtung des Areopags abfinden. Sie konnten gar nicht einsehen, wie es ohne sie gehen sollte. Wenn der Mord an Ephialtes (der nie aufgeklärt wurde) aus ihrem Kreise nicht angestiftet worden war, so fand er in ihm sein Umfeld. Noch Jahre später verdächtigte man einige Adlige, mit den Spartanern zu konspirieren, um die Demokratie zu stürzen. Ein erhebliches Unruhepotential lag da bereit.

Aber auch zwischen den Geschlechtern müssen sich erhebliche Veränderungen vollzogen haben. Die Frauen der Adligen hatten einerseits die Überlegenheit ihrer Männer so weit erfahren, andererseits so sehr an den Vorzügen ihres Standes teil, daß sie ihre Zurückgezogenheit zumeist selbstbewußt ertragen haben werden. Aber was war mit denen der Mittleren und vor allem der Theten? Deren Männer konnten ihnen kaum als sonderlich überlegen erscheinen, und an Privilegien hatten sie – wenn man von gelegentlichen Beutegewinnen absieht – keinen Teil. Solange alles gutlief, mochte das nicht viel ausmachen, wenn jedoch die Kriege, die ihre Männer beschlossen, verlustreich und zumal: wenn sie verloren wurden – spätestens dann konnte doch wohl das Verhältnis zwischen den Geschlechtern störend werden. Aber untergründig vielleicht auch vorher schon? Waren auch hier ganz besondere Affektkontrollen, immer neue Ausbalancierungen zwischen den Geschlechtern notwendig?

Weniger berührt von all dem Wandel war vermutlich das Verhältnis zu den Sklaven, obschon sich ihre Zahl erheblich vermehrte. Was die Unterschiede zwischen Bürgern und Metöken und die zwischen Bauern und Städtern ausmachten, ist unklar. Politisch waren sie nicht virulent.

Unabhängig von Konflikten entstanden Spannungen einfach durch das Aufwachsen im damaligen Athen. Nach wie vor wurden die Kinder mit Ammenmärchen, mit den alten Mythen aufgezogen, und gewiß nicht nur in ihren frühesten Jahren, und lernten sie bei ihren Lehrern kaum mehr als lesen, schreiben und einiges von den musischen Künsten. Den Rest mußten für eine ganze Zeit die Eltern besorgen, und der Anteil der Mütter (und Großmütter) wird eher gewachsen sein, je mehr die Väter sich der Politik und dem Krieg widmeten. Die Welt der Männer, in die sie schließlich – nicht zuletzt über den Sport und die homoerotischen Beziehungen, sehr bald aber auch durch Beobachtung der Politik – hineingerieten, war in ihrer Rationalität, ihrer Weite, ihrer Gebundenheit an eine ständig sich erneuernde Gegenwart völlig anders.

Die Generation derer, die zur Zeit des Kleisthenes in die Politik eingetreten waren, gehörte inzwischen zu den Alten. Aischylos war ungefähr fünfundsechzig. Wer noch bei Marathon dabeigewesen war, war wenigstens um die fünfzig. Die Jahrgänge um die vierzig hatten gerade noch bei Salamis mitgekämpft. Knapp zwanzig Jahrgänge waren erst nach den Perserkriegen erwachsen geworden. Die Welt war ihnen, als sie sie wahrzunehmen begannen, in völlig neuen, sich weitenden Horizonten erschienen. Auch jetzt, wenn auch aus ganz andern Gründen als einst bei Hesiod, muß man gefunden haben, daß die Kinder nicht den Eltern glichen. Denn es war eine ganz andere Zeit, in der sie heranwuchsen.

Insgesamt, überall und immer wieder mußte sich eine große Kluft zwischen Hergebrachtem und Angebrachtem öffnen. Noch zog keine Armee ohne einen Seher aus, von den Opfern und Gebeten, die man vor der Schlacht verrichtete, zu schweigen; aber schon mußte man kühne politische Pläne entwerfen, in denen die Götter nichts mehr zu suchen hatten. Das Nebeneinander zwischen Altem und Neuem war so leicht nicht zu vermitteln.

Was die Athener waren und was sie sein mußten, das kann nicht einfach gepaßt haben. Was sie wußten und für richtig hielten, blieb immer weiter hinter dem zurück, was geschah, was sie also erfuhren und zu tun hatten. Die herkömmliche Moral stellte keine hinreichenden Regeln für die Politik, es war sehr unsicher, ob die neue Ordnung ohne den Areopag im Sinne der Götter war. Und man hatte nicht die Routine und Resignationsbereitschaft, die sonst so leicht erübrigen, daß man auf allgemeine Maßstäbe zu beziehen sucht, was man tut und was geschieht.

Im nachträglichen Blick auf die griechische Geschichte fragt man sich zudem, ob die Athener psychisch gerüstet waren, um die Macht, die sie hatten, die Herrschaft, die sehr bald daraus werden sollte, auszuüben. Erstens hatten die Griechen seit alters ihre Schwierigkeiten mit der Behauptung von Macht, speziell mit dem Dienst, den deren Sicherung voraussetzt, aber auch mit der Beteiligung anderer daran. Und die Exklusivität der Bürgerschaft und alles, was damit zusammenhing – konnte das auf die Dauer übereingehen mit den Erfordernissen einer Herrschaft, die doch in irgendeiner Weise die engere Verbindung mit Teilen der Beherrschten voraussetzte? Zweitens hatten die Athener keine Zeit, um beim Aufbau ihres Machtbereichs allmählich all das zu lernen, was man braucht, um zugleich schonend und mit fester Hand, jedenfalls mit einer Überzeugungskraft, die weit über Militärmacht und über die besten Argumente hinausgeht, die sogenannten Verbündeten an sich zu binden. Wie es etwa die Römer im Laufe der Zeit so gut lernten.

»Ach, die griechische Geschichte läuft so rasch«, heißt es bei Nietzsche. »Es ist nie wieder so verschwenderisch, so maßlos gelebt worden.« Und Jacob Burckhardt bemerkt: »Es ist, als hätte die

Natur Jahrhunderte hindurch alle Kräfte gesammelt, um sie hier auszugeben.« Er spricht von der »völligen Entfesselung aller Kräfte, auch der falschen«.

Unausgeglichenheiten und Spannungen kann man mehr oder weniger stumpfen Sinnes hinnehmen, man kann sie zu unterdrücken suchen. Aber man kann es auch mit ihnen aufnehmen, sei es, weil sie sich besonders aufdrängen, sei es, weil man besonders hellhörig für Fragen ist; was wohl zugleich bedeutet, daß eine Gesellschaft Möglichkeiten hat, ihnen zu begegnen.

Liegt hier vielleicht ein Teil der Antwort auf die Frage nach der Besonderheit der attischen Kultur im fünften Jahrhundert? War diese Gesellschaft in der Lage, die Herausforderungen ihrer eigenen Veränderungen, ihrer Erlebnisse, ihrer Spannungen offen anzunehmen? Haben auf sie vielleicht die Künste, die Philosophie – die Tragödie geantwortet?

In der Geschichte Athens nach der Entmachtung des Areopags jagten sich die Ereignisse, die Veränderungen. Wie wenn ein Damm gebrochen wäre, gruppierte sich plötzlich vieles neu, in Griechenland und darüber hinaus. Und gleichzeitig war vieles zu tun, um den inneren Frieden zu sichern.

Bald nach dem Umsturz kündigte Athen nicht nur das Bündnis mit Sparta und schloß das neue mit den Argivern und den Thessalern ab, sondern es verband sich auch mit Megara, welches sich in einem Krieg mit Korinth befand, seinem alten, überlegenen Rivalen. Vielleicht daß Korinth die Handlungsunfähigkeit Spartas ausnützte, um auf Kosten anderer Mitglieder des Peloponnesischen Bundes die eigene Macht auszuweiten; es ging um einige Streifen Land. Da Sparta nicht half, trat Megara aus dem Bund aus. Die Stadt könnte gleichzeitig ihre innere Ordnung demokratisiert haben. Die Athener kamen den Megarern zu Hilfe, besetzten deren Hafen Pegai am Korinthischen Golf, schlugen vor, Lange Mauern zwischen Megara und Nisaia, dem Hafen am Saronischen Golf, zu bauen. Sie packten selbst mit an, übernahmen bemerkenswerterweise auch die Überwachung der Mauern. Damit war Megara, war sein Zugang zum Meer gesichert, zugleich die Straße, die die Peloponnes mit Mittelgriechenland verband, unter Kontrolle.

Der Bau der Langen Mauern hatte nur Sinn, wenn Athen und Megara neue, weitere Angriffe befürchteten. Es wäre dabei nicht um Megara, sondern zugleich um den wachsenden Einfluß Athens auf dem Festland gegangen.

Es scheint, daß die Athener damals zunächst weniger mit den Spartanern als mit den Korinthern und den Ägineten in Konflikt gerieten. Obwohl ein Treffen bei Oinoë, südlich Argos, stattfand, in dem Athener und Argiver die Spartaner besiegten. Man verewigte es in der Stoa Poikile.

Nicht nur bei Megara wurde gekämpft, die Athener landeten auch in Halieis in der südlichen Argolis, wurden dort jedoch von einem Aufgebot der Korinther und der mit diesen verbündeten Männer von Epidauros, alten Gegnern von Argos, geschlagen. In einer Seeschlacht südwestlich Äginas, bei Kekryphaleia, dagegen siegten sie, bald darauf auch über die Ägineten. Auf beiden Seiten seien die Verbündeten dabeigewesen, das heißt es haben offenbar die Korinther auch hier gegen die Athener gekämpft. Als die Athener anschließend auf Ägina landeten, um die Stadt zu belagern, kamen ihr 300 Hopliten aus der Peloponnes zu Hilfe.

Um die gleiche Zeit, etwa 460/59, kapitulierten die aufständischen Messenier auf dem Berg Ithome auf freien Abzug. Die Athener boten ihnen Teile der Stadt Naupaktos als Wohnsitz an. Sie hatten sie offenbar erobert und nutzten die Gelegenheit, den wichtigen Stützpunkt an der Einfahrt in den Korinthischen Golf in die Hand guter Freunde zu legen.

An die Stelle des einfachen Nebeneinanders also, das vermutlich diplomatisch leicht zu sichern gewesen war, war die offene Konfrontation getreten. Korinth, auch die alte Rivalin Ägina mußten sich vom neuen Bündnis zwischen Athen und Argos bedroht fühlen. Jedenfalls suchte Athen offenbar die Sphären neu abzustecken. Der unmittelbare Machtgewinn durch den Anschluß Megaras erschien viel erstrebenswerter als die lockere Interessengemeinschaft mit dem die eigene Selbständigkeit in der Balance zwischen Sparta und Athen suchenden Korinth.

Von Pegai aus konnten attische Schiffe Korinths Hafen am Golf sperren. Von dort und Naupaktos war der gesamte Seeverkehr durch den Golf zu kontrollieren. Korinth scheint sich gewehrt zu haben, indem es Argos Schwierigkeiten in der Argolis bereitete, worauf die Athener bei Halieis antworten wollten.

So versuchten die Korinther auch, Ägina zu entsetzen, indem sie in das Land der Megarer einfielen. Doch mobilisierten die Athener ihre letzten Reserven, die Ältesten (über Fünfzigjährigen) und die Jüngsten (Achtzehn- und Neunzehnjährigen). Es kam zu einer Schlacht, die zwar unentschieden ausging, nach der die Athener aber ein Siegeszeichen errichten konnten. Die Korinther erlitten hohe Verluste.

Daß die Athener sonst keine Kräfte mehr zur Verfügung hatten, lag daran, daß sie zugleich in Ägypten Krieg führten. Wohl 460/59 hatten sie eine Flotte von zweihundert Schiffen, eigenen und verbündeten, nach Zypern ausgesandt. Vermutlich wollten sie die Insel ganz vom persischen Einfluß lösen. Da erreichte sie ein Hilfsgesuch des Inaros, eines libyschen Fürsten, der einen Aufstand in Ägypten organisiert hatte. Fünfundsechzig Jahre nach der Eroberung durch die Perser sollte das Land von deren Herrschaft befreit werden. Teile Ägyptens hatte Inaros schon zum Abfall gebracht, er hatte auch eine persische Armee geschlagen.

Die Athener waren offenbar der Meinung, in Ägypten könnten sie besser noch als auf Zypern den Persern zusetzen. Sie hofften wohl auch, deren Herrschaft dort stürzen zu können. Doch was wie große Strategie aussah, war letzten Endes angesichts der beschränkten griechischen Kräfte nur ein punktuelles Unternehmen. Wir wissen nicht, wann die Athener das bemerkten. Ihre Flotte fuhr den Fluß hinauf. Die feindlichen Schiffe wurden geschlagen, Memphis erobert, nur die Zitadelle verteidigte sich mit Erfolg. Große Teile von Unterägypten gelangten in die Hand der Verbündeten.

WOHL AUS dem Jahre 459 ist eine heute im Louvre befindliche Inschrift überliefert, in der die Phyle Erechtheis die Toten eines Jahres aufführt. Es waren 177, etwa fünf Prozent, eine hohe Rate. Sie waren auf Zypern, in Ägypten, in Phönizien sowie bei Halieis, auf Ägina und bei Megara gefallen. Auf sechs verschiedenen Kriegsschauplätzen in einem Jahr; in Phönizien hatte man wohl einen Raubzug unternommen, und es war zu einer Seeschlacht vor der Küste gekommen. Allerdings könnte es sein, daß die Phyle damals besonders hohe Verluste zu verzeichnen hatte.

Gleichwohl ist die Zahl der Opfer der attischen Kriegführung hoch gewesen. Seit den siebziger Jahren gedachte man ihrer einmal im Jahr, im Herbst, durch eine besondere Gefallenenehrung. Und irgendwann begann die Stadt, auf eigene Kosten die Kriegswaisen aufzuziehen. Wenn sie volljährig waren, schenkte sie ihnen eine Hoplitenrüstung; und das geschah feierlich vor Beginn der Theateraufführungen.

Die große Anspannung der Kräfte war, wie immer sie von den Gelegenheiten provoziert worden sein mag, jedenfalls kennzeichnend für das neue Athen nach der Entmachtung des Areopags, für den Willen der neuen Führung, die Verhältnisse des Mutterlands nicht dem Ohngefähr zu überlassen. Der Gegensatz zu Sparta hatte ja den Umsturz zumindest mitbestimmt; die Furcht vor dem großen Rivalen, das Gefühl, daß man sich gegen ihn wappnen müsse.

Es mag aber durch den Wegfall des Areopags auch eine Schwäche in der Handhabung komplizierter auswärtiger Verhältnisse hinzugekommen sein. Schließlich mußte sie von den Männern, die im Rat der Fünfhundert und in der Volksversammlung bestimmend waren, erst gelernt werden.

Eine andere Konsequenz der neuen Politik war der ebenfalls um 459 begonnene Bau der Langen Mauern, deren eine Athen mit dem Piräus verband, deren andere nach Phaleron verlief, etwa 7 200 und 6 300 Meter lang; zusammen mit dem Mauerring um Athen und Piräus waren dann 26 Kilometer zu verteidigen. Die Ältesten und die Jüngsten sollten das zusammen mit Metöken und eventuell andern Reserven besorgen. So kamen auf den Mann etwa fünf Meter bei drei Ablösungen am Tag. Nur zur See hin war das Dreieck offen, aber da verließ man sich auf die Flotte.

An diesen Langen Mauern, die sehr viel Geld und Arbeit kosteten, läßt sich ablesen, wie kühn, wie künstlich, wie gefährdet die beherrschende Stellung Athens war. Themistokles hatte nach dem Perserkrieg gemeint, die Athener bauten ihre Stadt am besten gleich am Piräus auf. Jetzt schufen sie einen befestigten Raum, der die Bewohner ganz Attikas aufnehmen konnte. Wie einst vor Salamis rechneten sie damit, daß sie das Land räumen müßten. Trotz ihres großen Herrschaftsbereichs lag ihr Land dem spartanischen Zugriff offen.

So aber konnte die Stadt im Ernstfall gleichsam zur Insel gemacht werden: unangreifbar vom Land her, zugleich in der Lage, alles herbeizuschaffen, was sie brauchte. Dank der Verfügung über die Flotte, die Handelswege, die Bundesgenossen erfüllte Athen das alte griechische Ideal der Autarkie. Und daß es das konnte, muß nicht wenig zu seiner Selbstherrlichkeit beigetragen haben. Bemerkenswert nicht nur, daß Perikles den Gedanken an diese Mauer hatte, sondern auch, daß die Volksversammlung ihm folgte. Die Mauern werden spätestens konzipiert gewesen sein, als die Athener die Langen Mauern zwischen Megara und Nisaia anregten.

Wie schnell sie auch die innere Ordnung der Stadt ausgestalteten, ist nicht mit Sicherheit zu sagen. Jedenfalls aber hatten sie mit dieser Ordnung, das heißt mit der Entmachtung des Areopags noch einiges zu schaffen; in der Rechtfertigungspsychologie, der Mentalität, aber auch im Verhältnis zwischen den verschiedenen Schichten.

An einem jener drei Tage gegen Ende des März 458, an denen die Tragödienaufführungen stattfanden, bekamen die Athener, als sie im Theater Platz genommen hatten – viele waren, wie üblich, auch vom Land angereist, hatten sich teils in aller Frühe auf den Weg gemacht, teils in der Stadt bei Freunden übernachtet –, eines der bedeutendsten Werke der Weltliteratur vorgeführt, Aischylos' Orestie.

Es waren die ersten Stücke, die der Dichter nach der Entmachtung des Areopags geschrieben hatte. Sie bezeugen die tiefeinschneidende Bedeutung dieses Ereignisses, die ganze Beklemmung, in der Athen infolge davon befangen war. Und sie fanden darauf eine Antwort, wie selten in der Geschichte eine Antwort auf schwere, bedrängende Fragen gefunden worden ist. Die Größe des Ereignisses und die Bedeutung der Dichtung hielten sich ziemlich genau die Waage, die erste Einführung von Demokratie und eine Dramentrilogie, die es mit der ganzen Geschichte der Menschen, ihrem Los, ihrem Sinn aufnahm. Ein Umsturz sondergleichen, der alle Angst wachrief, das ganze Ausgesetztsein an schwer Begreifliches bewußt machte, alle Gerechtigkeitserwartung auf die Probe stellte – und eine Dichtung, die das alles an einem schrecklichen Mythos durchspielte und in Ordnung zu bringen suchte.

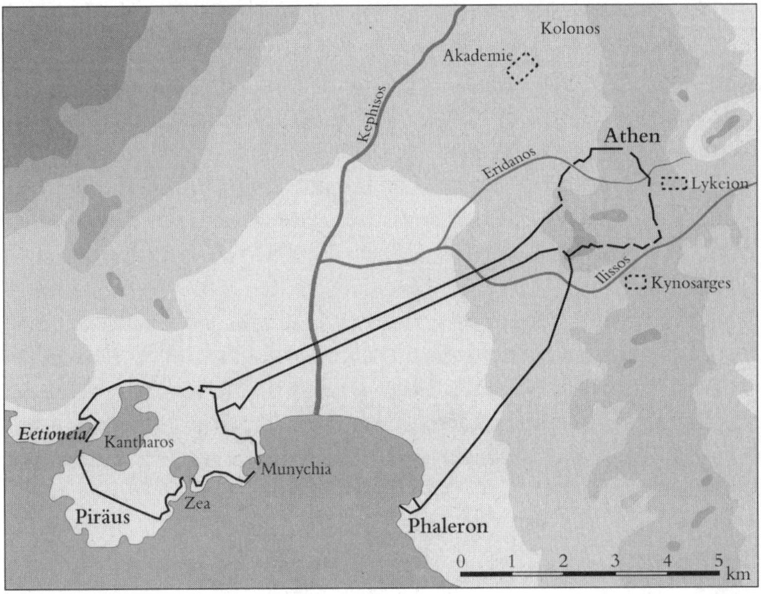


*Lange Mauern*

Das Rätsel der Orestie ist in gewissem Sinne das Rätsel Athens. So ist dieses Stück ein Schlüssel zum Athen des fünften Jahrhunderts.

Dargestellt ist die Geschichte des Atridenhauses. Das erste Stück, »Agamemnon«, handelt von der Heimkehr des Königs vom Trojanischen Krieg und seiner Ermordung durch seine Frau Klytaimestra. Es spielt sich eine lange Geschichte von Rache und Widerrache ab. Als Oberbefehlshaber der Griechen hatte sich Agamemnon durch ein Zeichen gezwungen gesehen, der Artemis seine Tochter Iphigenie zu opfern, um endlich den nötigen Fahrtwind zu erhalten. Dafür will Klytaimestra sich rächen. Sie vollzieht die Rache aber auch für ihren Geliebten Aigisth. Denn Agamemnons Vater Atreus hatte einst Aigisths Vater Thyest dessen ältere Söhne zum Essen vorgesetzt. Was wiederum die Rache für einen Ehebruch mit Atreus' Frau war. Man ist befangen in einem Mechanismus ohne Ende. Wie übrigens auch in der Politik, wo die Rache an Troja berechtigt war, nicht aber die Zerstörung der Heiligtümer. Das alte Thema wird wieder aufgenommen; der

Untergang der meisten Kriegsteilnehmer bei der Heimfahrt damit begründet. »Ich möchte kein Städtezerstörer sein«, singt der Chor, »doch selbst will ich auch nicht besiegt werden und mein Leben in Knechtschaft verbringen müssen.« Letzten Endes haben Menschen keine Wahl.

In der Verkettung von Rache und Widerrache scheint zugleich die Ohnmacht der Polis auf, die dem Geschehen nicht wehren kann. Die Bürger erleiden die Folgen vor allem als Tyrannis.

Denn so wird die unrechtmäßige Herrschaft der Königin und ihres Liebhabers schon im »Agamemnon«, vor allem aber im zweiten Stück, den »Choëphoren«, empfunden, in dem es um die Rückkehr des Sohnes Orest und die Vorbereitung und Ausführung seiner Rache geht. Jetzt wird die äußerste Perversion des Rachegebots fällig: Orest kann den Vater nur rächen, indem er die Mutter erschlägt. Dies zu tun hat ihm Apollon in Delphi unter Androhung schwerer Strafen auferlegt. Weil nach dem Muttermord kein irdischer Rächer mehr vorhanden ist, müssen die uralten, gefürchteten, schrecklichen Rachegeister, die Erinyen, die Verfolgung übernehmen.

Endlich folgt in einem langen eigenen Stück, den »Eumeniden«, ein Geschehen, das der Sage erst nachträglich angefügt worden war, und ein anderes, das Aischylos selbst hinzudichtete; zum einen nämlich die Geschichte von Orests Freispruch durch ein attisches Gericht, zum andern die Versöhnung der Erinyen durch die Göttin Athene.

Apollon entsühnt Orest und verspricht ihm Beistand. Zunächst aber verfolgen ihn noch die Rachegeister. Die Erinyen sollen so fürchterlich anzuschauen gewesen sein, daß es zu Fehlgeburten kam. Es ist das einzige Zeugnis dafür, daß Frauen am Theater teilhaben konnten, man weiß insofern nicht recht, ob man ihm trauen soll. Aber die Schrecklichkeit der Erscheinung wird richtig wiedergegeben sein. Sie röcheln und stinken so, daß man sich ihnen nicht nähern kann. Aus ihrem Haar treten Schlangen hervor, aus ihren Augen trieft ekelhafte Flüssigkeit.

Als Orest sich am Ende seiner Flucht in Athen an die Göttin der Stadt wendet, findet die, nachdem sie die Sache vernommen hat, sie sei zu schwierig, um von einem Einzelnen, Mensch oder Gott, entschieden zu werden. Daher die Einrichtung eines Gerichts; und es ist – doch wohl überraschend – der Areopag, der in feierlichen Worten erstmals berufen und mit großer Verantwortung für Athen betraut wird. Die Einsetzungsrede ist ausdrücklich an »das attische Volk« gerichtet, die Zuschauer also.

Beide Seiten plädieren mit aller Leidenschaft und Übertreibung. Ein »Meisterstück von Parteilichkeit und Ungerechtigkeit« (Grillparzer). Die Sache Orests verficht Apollon persönlich. Es läuft darauf hinaus, daß die Erinyen sich auf die Blutsbindung an die Mutter berufen, Apollon hingegen auf die Institution der Ehe, die Rechtssatzung. Der Gegensatz von Mann und Frau wird beschworen. »Nicht das gleiche – wie ein Muttermord – ist es, wenn ein edler Mann, dem Zeus den Herrscherstab verliehen, umgebracht wird.« Ja, Apollon behauptet gar, daß die Mutter mit dem Kind gar nichts zu tun habe, da sie nur den Samen des Vaters für eine Weile berge.

Als die Areopagiten ihre Stimme abgeben, schließt sich Athene an. Sie begründet ihr Votum für Orest sehr parteiisch: Weil sie nämlich in allem (außer in Hinsicht auf die Ehe) auf Seiten des Mannes stehe. Schließlich habe sie selbst keine Mutter, sondern sei dem Haupte ihres Vaters entsprungen. Innerhalb eines ganzen Gremiums fällt ihr die Entscheidung offenbar leicht.

Das Ergebnis ist Stimmengleichheit. Mit einer Stimme Mehrheit also haben die irdischen Richter gegen Orest gestimmt. Nur dank der Gottheit kommt es zum Freispruch. Orest zieht sich befreit nach Argos zurück, wobei er in deutlicher Anspielung auf die Gegenwart der Aufführung die stete Verpflichtung seiner Stadt gegenüber Athen bekundet.

Zugleich verschieben sich die Parteiungen. Jetzt toben die Erinyen gegen Athen. Sie drohen, es mit Pest und Bürgerkrieg zu überziehen. Statt Apollons steht dessen Schwester Athene gegen sie. Sie gibt sich größte Mühe, bietet ihnen Sitz und Ehren in der Stadt, am Fuße der Akropolis. Und sie läßt all ihre Anmut spielen. Dreimal erweisen sich die Erinyen trotzdem als unversöhnlich. Beim vierten Versuch endlich geben sie nach. Und dann folgen Segensgesänge und ihre Einholung in das Heiligtum nicht weit von Areopag: Sie werden zu Eumeniden (Wohlgesinnten), Aischylos setzt sie mit den dort verehrten *Semnai* in eins.

Die Trilogie, die einmal *perhaps the greatest achievement of the human mind* genannt wurde, muß damals von ungeheurer, von ordnender, vielleicht gar befreiender Aktualität gewesen sein.

In der großen Auseinandersetzung der Eumeniden muß manches von dem angeklungen sein, was die Athener gerade erlebt hatten. Sie ist ganz beherrscht vom Kampf des Neuen gegen das Alte. Daß über einen geständigen Mörder überhaupt ein Gericht entscheidet – und nicht die bloße Tatsache des Mordes zur Strafe führt –, ist schon eine Neuerung. Sein Freispruch um so mehr. Daher die Klage der Erinyen, hier würde das Recht niedergeritten; es würde, schlimm genug, neues Recht eingeführt. Sie können sich auf althergebrachte, altgeheiligte Institutionen berufen, während ihre Gegner es sorgfältig vermeiden, die Neuigkeit ihrer Absichten durchscheinen zu lassen; damit kann man nicht werben.

Man sollte vielleicht nicht annehmen, daß auch die Knappheit des Abstimmungsergebnisses eine Anspielung auf die Gegenwart ist; immerhin war Kimon im entscheidenden Moment abwesend. Aber daß eine Abstimmung und die Anerkennung ihres Ergebnisses bei solchem Gegenstand ungemein schwierig sein muß, ist klar; insofern liegt auch hier eine Parallele.

Und so ist es angesichts der Gefahr, der Drohung seitens der Unterlegenen. Ephialtes war ermordet, die Furcht vor Bürgerkrieg, vor Verrat ging in der Stadt um. Daß schon viel Versöhnlichkeit in der Zwischenzeit eingetreten wäre, ist nicht bekannt. Aber vielleicht hat Aischylos' Orestie, hat seine Athene dazu beigetragen?

Wenn jedoch die Orestie derart in die aktuelle Situation hineinsprach, so nicht, weil sie ein Tendenzstück gewesen wäre. Nicht mal in ihrem letzten Teil war sie das. Man kann Aischylos genauso für den Areopag in Anspruch nehmen, dessen Rolle er so stark herausstreicht, wie für Ephialtes, der dem Areopag die Rechte, von denen Aischylos spricht, nicht genommen hat. Wenn der Tragiker unmittelbar etwas bewirken wollte, so war es jedenfalls die Versöhnung aller. Doch geht seine Trilogie darin keineswegs auf. Sie ist vielmehr ein Menschheitsdrama. Und gerade das macht sie für das damalige Athen so interessant.

Alles, was – wie zumal die Eumeniden – in die attische Aktualität zielt, bleibt eingefangen in einen weltumfassenden Zusammenhang. Es ist das ganze Menschengeschick, das hier zum Thema wird. Weil Aischylos offenbar im damaligen Athen die ganze Welt der Vorstellungen, der Bilder, der Ängste, wie sie sich bei den Griechen herausgebildet hatte, aufgewirbelt fand.

Die Herausforderung, auf die er antwortet, ist nur im Besonderen die des Umsturzes. Allgemein ist es die einer ungeahnten, einer fragwürdigen Freiheit. Der Freiheit nämlich von all den überkommenen Selbstverständlichkeiten, die nicht mehr stimmen.

Man kann in der Orestie nicht einfach nur das Werk eines großen Dichters auf der Höhe seiner Möglichkeiten sehen. Es ist vielmehr auch die Situation am Werk, die Herausforderung. Auch aus der Reihe seiner Tragödien ragt die Orestie weit heraus.

Sollten da die Fragen, auf die der Tragiker mit der Orestie antwortet, nicht auch von dem Publikum, vor dem er sie aufführte, ähnlich empfunden worden sein? Sollte man nicht mit einem starken Zusammenklang von Dichter und Bürgerschaft rechnen? Schließlich war das Volk von Athen wach, nervös und ständig mit wichtigsten Entscheidungen befaßt, die sich keiner Routine fügten. Und es hatte noch den Anspruch, zu verstehen und in Zusammenhänge einzuordnen, was es tat und was geschah.

Vielleicht kann man, was damals in Athen und von Athen aus vorging, geradezu im Rahmen einer Kulturbildungstheorie so deuten, daß hier der Bruch eintrat, der der griechischen Geschichte im achten, siebten und sechsten Jahrhundert erspart geblieben war. Wo damals eher gleitende Übergänge zum Adelsregime, zu Gesetzgebung und Reform, schließlich zur Ausweitung der politischen Gleichheit auf die Mittleren geführt hatten, wurde es jetzt notwendig, alles gründlich und aus der Distanz neu zu überdenken. Und zwar für die, in deren Händen wirklich, revolutionärerweise, die Herrschaft lag: die breite Bürgerschaft.

Nicht lange auch und die Sophisten begannen, sich der Relativität aller Verhältnisse und Urteile bewußt zu werden. Der Unterschied zwischen Aischylos und ihnen lag nur darin, daß er noch ganz vom herkömmlichen, geschlossenen Weltbild bestimmt war – und in seiner Orestie versuchte, dieses Bild unter Aufnahme neuer Denkformen und Gedanken derart auszubauen, daß er das Neue darin einschließen konnte.

Die Geschichte der Atriden, wie Aischylos sie aufführt, stellt auf weite Strecken ein Modell des historischen Ablaufs der Poliswerdung dar: Den Weg vom Verhaftetsein in den Mechanismen der Rache bis zu dem Punkt, an dem die Bürger politisch, durch das eigene Gericht, die eigene Entscheidung Herr über das Geschehen in ihren Poleis wurden; einschließlich der besonderen, der versöhnlichen Politik, mit der zuletzt noch die Konsequenzen des Umbruchs abzufedern waren. Es ist der Weg zugleich von den Affairen eines einzelnen Hauses, unter denen alle übrigen zu leiden haben, zur Öffentlichkeit der Polis, die sich bemerkenswerterweise gerade im Areopag manifestiert.

Bis in die Einzelheiten hinein wird die Veränderung deutlich. Zunächst konzentriert sich das Geschehen hinter den Mauern des Palasts; nur wenig spielt sich vor dem Tor ab. Die alten Männer des Chors im »Agamemnon« wollen und können einerseits vieles nur vorsichtig andeuten, was sie wissen, weil in der Stadt der Terror herrscht. Andererseits tappen sie im Dunkeln. Sie ahnen zwar, daß Fürchterliches sich vorbereitet, erweisen sich aber, während es geschieht, nahezu als begriffsstutzig – und kennen doch die tieferen Zusammenhänge, aufgrund derer es kommen muß, wie es kommt: Es vollzieht sich eine notwendige Strafe.

»Warum flattert immerzu diese Angst, die nicht weichen will, vor dem Seherblick des Herzens? Ungebeten, unbelohnt singt ein Lied mir die Zukunft zu.« Agamemnon ist siegreich heimgekehrt, eigentlich ein Grund zum Jubel; aber ihr Herz singt in ihrem Innern ganz von selbst den Trauergesang der Erinys. »In meinem Innern, dort wo das Rechte ich weiß, vollführt mein Herz einen wirbelnden Tanz.« Sie sind hin- und hergerissen. Immer wieder klingt ihr »Wehe!«, immer wieder aber auch raffen sie sich auf, daß »das Gute siege«. Tun können sie nichts.

Im nächsten Stück laufen die Vorbereitungen zum Mord an Klytaimestra und Aigisth – verschwörerisch – vor den Augen der Zuschauer ab. Am Ende ist auch die Ermordung Klytaimestras fast zu sehen. Der Redekampf zwischen Mutter und Sohn, der ihr unmittelbar voraufgeht, vollzieht sich am Tor des Palasts.

Schließlich beginnt der dritte Teil in der Helligkeit Delphis (wohin Orest sich geflüchtet hat); und in Athen ist es vollends der offene Platz, auf dem sich alles abspielt. An die Stelle von Mord und Totschlag ist endlich die friedliche Entscheidung getreten.

Die Bürger können und müssen selber handeln und urteilen. Die Probleme sind nicht leicht, aber sie liegen auf dem Tisch; die Parteien stehen in aller wünschenswerten Klarheit gegeneinander.

Und es zeigt sich zugleich, wie sehr damit die Menschen auf sich gestellt sind. Diese Bürger, die in einem Streit zwischen Göttern ihr Urteil zu sprechen haben, können sich nicht wie Orest an einen Götter-Spruch halten. Athene selbst hat ihnen die Freiheit samt all den daraus erwachsenden Fährnissen übermacht.

Vermutlich nimmt Aischylos damit, zumindest teilweise, das Modell der Kulturentstehungslehren auf, die sich in jener Zeit allmählich verbreiteten. Man hing nicht mehr der alten Ansicht an, nach der am Anfang der Welt ein Goldenes Zeitalter gestanden habe, von dessen Blüte sich die Menschen mit der Zeit mehr und mehr entfernt hätten. Vielmehr verstand man die Kultur als Werk der Menschen, das beim Nichts begann und immer wieder durch Not und Bedürftigkeit angetrieben wurde. So wurden, ganz ähnlich wie in der *conjectural history* der schottischen Sozialphilosophen, vor allem die Entdeckungen der verschiedenen Techniken in eine Folge gebracht.

Aischylos selbst zitiert zu Anfang seines »Agamemnon« seinerseits eine solche Technik, eine Errungenschaft des attischen Seebunds: Ein Wächter hatte zehn Jahre lang Ausschau gehalten nach dem Lichtsignal, das den Fall Trojas melden sollte. Endlich leuchtet es auf. Keiner der alten Männer, die den Chor bilden, glaubt, daß so etwas möglich ist, aber Klytaimestra weiß den Gang der Signale von einem Platz zum andern genau zu bezeichnen. Es ist alles so eingerichtet, wie nur eine Großmacht es organisieren kann; in den richtigen Abständen je das vereinbarte Signal. Indem Aischylos zeigt, wie außerordentlich die Überwindung weiter Entfernungen im Raum damals empfunden wurde, deutet er auf die beschleunigte Veränderung, die Überwindung großer Distanzen auch in der Zeit hin, von der die Orestie handelt.

Thukydides sollte die Geschichte der Griechen als Prozeß der Zunahme der Macht- und Größenverhältnisse rekonstruieren. Aischylos zeichnet in der Orestie entsprechend die innere Geschichte der Polis von deren ohnmächtigem Befangensein in autonomen Abläufen bis zur politischen Herrschaft über das Geschehen; von der Gewalt zur heftigen, aber friedlichen Auseinandersetzung und endlich von dort bis zur Versöhnlichkeit.

Er spannt diese Geschichte ein in weite Zusammenhänge, die ganze Welt nimmt daran teil. In den Eumeniden ist alles nur Mögliche gegeneinandergestellt. Nicht nur Alt und Neu, Blutsverwandtschaft und Gesetz respektive Ehe, sondern auch Weiblich und Männlich, Barbarisch und Griechisch, Wild und Zivilisiert, Dunkel und Hell, alte und junge Götter. Da sich die verschiedenen Kräfte und Bereiche nicht ergänzen, wie es recht ist, sondern kollidieren, ist nach Recht und Unrecht nicht zu unterscheiden, es sei denn nach den Regeln des Gerichtsverfahrens.

In den vorangehenden Stücken der Trilogie ist es umgekehrt: Da fließt alles ineinander. Eine Frau mit einem Männerherzen tritt auf und mordet. Zivilisation und Wildnis müssen an sich getrennt sein; nur bei der Jagd dringt der Mensch in die Wildnis vor, aber er muß die Regel respektieren, daß Ungeborene und Heranwachsende unter Artemis' Schutz stehen. Hier dagegen wird auf Menschen Jagd gemacht, die Königin erscheint als »Hündin«, als »Wölfin«, und Ungeborene wie Heranwachsende werden hingemordet. In Troja werden nicht nur die Heiligtümer der Götter, sondern auch der »Samen« vernichtet. So bringt man sich um seine Existenz. Das ganze Vokabular des Stückes zeigt, wie sehr die Welt in Unordnung ist.

Selbst die Götter geraten am Ende in einen Gegensatz, in dem es nicht nur um das Schicksal einzelner Menschen geht (um das sie sich sonst streiten), sondern um das Ganze der Ordnung. Hier freilich bleibt etwas offen. Aischylos macht sich, indem er das Geschehen von den Göttern her deutet, zwar ebenfalls eine historische Anschauung zunutze, den Mythos der Abfolge von Götterdynastien. Er entnimmt daraus freilich nur den Gegensatz zwischen den neuen, jungen Göttern der Zeusdynastie und den einem älteren Geschlecht angehörenden Erinyen. Doch ist die Herrschaft des Zeus längst etabliert, als der Konflikt beginnt. Zeus selbst dringt durch Apollon darauf, daß Orest Rache an der Mutter nimmt. Und Apollon droht ihm, falls er nicht gehorcht, mit den Erinyen, deren Dienste ihm also zu Gebote stehen.

Dann jedoch wirft Zeus das Steuer herum und die Götter gruppieren sich nach Alt und Neu. Es ist ganz ähnlich wie in Athen, wo ja auch die oberste Macht der Volksversammlung lange schon galt und der Areopag, wenngleich maßgebend, eingegliedert war in die isonome Ordnung, als die Demokratie die »Bestenherrschaft« auszuschließen begann. Wie es aber dazu kam, daß Zeus seine Politik so grundsätzlich änderte, mitten in seiner Regierung, wird nicht deutlich. Klar ist nur, daß er zuletzt das Neue verficht.

Schließlich versammelt sich das Weltgeschehen in Athen, gedachtermaßen im Rücken des Theaterpublikums, am Sitz der Göttin auf der Akropolis sowie auf dem Areopag – bevor die Erinyen dort ihre neuen Sitze einnehmen. Das Bühnengeschehen gerät in eine unheimliche Nähe. Athen wird zum Mittelpunkt, zum Hebel des Ganzen.

DA DIE Entscheidung über Orest unverkennbar in Parallele zur attischen Entscheidung von 461 steht, ist mit der einen zugleich die andere legitimiert. Sie ist nicht Spuk, nicht bloße Unterbrechung eines rechten, normalen Zustands, sondern sie hat so gut zu gelten wie das Urteil über Orest, das, so knapp, so parteiisch es war, durch Athene bestätigt ist – und ein neues Recht heraufführt.

Zugleich aber bezeugt der weitere Verlauf, daß noch etwas anderes zu gelten hat: Das ist der Grundsatz der Mäßigung. Zeus, so heißt es, habe der »Mitte« den Sieg und die Macht (*krátos*) zuerkannt. Nicht allzu unbeherrscht und nicht allzu beherrscht sollte die Stadt sein. Es klingt, wie wenn damit die in den Hiketiden so betonte Demo-Kratie dementiert oder zumindest relativiert werden sollte. Schließlich gehört zur Gültigkeit, zur Legitimität der Entscheidung die Vernunft, die Mäßigung, ja die Anmut, mit der Athene deren Konsequenzen mildert, die Versöhnlichkeit des Siegers. Ausdrücklich heißt es am Ende, gesiegt habe hier Zeus Agoraios, der Zeus des Marktes, der friedlichen Auseinandersetzung.

So müssen sich das Alte und das Neue verschränken. Intellektuell muß das Neue ins Alte, in die herkömmliche, nur eben modifizierte Anschauung aufgenommen werden, in die Grundsätze Rechter Ordnung. Politisch soll dafür das Alte im siegreichen Neuen Platz finden. Weil das Neue das Alte braucht, weil es nur dauern kann, wenn es sich mäßigt. Ausdrücklich wird festgestellt, daß zur Rechten Ordnung auch ein *deinón*, ein Ungeheures, Furchtbares, zu Fürchtendes gebraucht werde. Offenbar können die alten Mächte der Erinyen – und der Areopag – das bieten.

Menschen dürfen, so ist die Lehre, nicht ganz frei sein. Sie müssen sich vor etwas fürchten. Aber die bloße Furcht nützt nichts. Sie waltet zum Beispiel, wie es in den Choëphoren heißt, unter dem Tyrannen und führt dort zum bloßen Opportunismus, zur Vergötterung des Glücks, das mit allen Mitteln, gerechten und ungerechten, angestrebt wird. Entscheidend ist, daß sich Furcht mit Ehrfurcht, der Scheu vor den Göttern, die zugleich Respekt vor den Menschen ist, paart. Diese Ehrfurcht sei früher unwiderstehlich, unaufhaltsam tief durch die Ohren ins Innere des Volks eingedrungen. In der Tyrannis gibt es sie nicht. In Athen, und zwar auf dem Areopag aber soll sie, so sagt die Göttin, mit der Furcht verschwistert sein und dem Unrecht wehren. Dann braucht man sich um die Demokratie offenbar keine Sorgen zu machen.

Es war nur konsequent, daß Aischylos die Götter in die Handlung einbezog. Hatte man doch in den obersten Gott die Forderung nach Gerechtigkeit, ja die Gewißheit, daß es auf Erden letztlich gerecht zugehe, hineingedacht. Auch die Vorstellung von rechter Ordnung. Davon wurde jetzt nicht nur einfach abgewichen, sondern es wurde eine Gegenordnung etabliert. Die bestimmt zu sein schienen, der adligen Führung zu folgen, wenn auch mit dem Recht der Mitsprache, die einfachen, ungebildeten Leute, wollten jetzt die Führung selbst übernehmen. Wenn das gelten sollte, konnte der alte Glaube, daß es *eine* rechte Ordnung gebe, nicht mehr wahr sein. Zeus war also durch den Umsturz betroffen. Das Problem war nicht mehr, wie verschiedene Ansprüche in einer Ordnung zusammenpassen, sondern der Anspruch des Adels und der des Volkes auf Führung schlossen sich aus. Aischylos »rettete« Zeus, indem er fand, er wolle die Mäßigung, die Mitte, nicht eine bestimmte Ordnung, sondern nur einen Grundsatz, der in verschiedenen Ordnungen zu verwirklichen war.

All die inneren Veränderungen aber sollen flankiert sein durch eine neue Gemeinsamkeit nach außen. Aischylos läßt die Erinyen in ihren Segensliedern am Schluß die Bürgerfreundschaft beschwören: »Freude möge man sich wechselseitig geben, im gemeinfreundschaftlichen/das Allgemeine liebenden Geiste, und hassen mit einem Sinn. Vieler Übel unter den Sterblichen ist das das Heilmittel.« Was die Erinyen im Innern wirken, wird ergänzt durch das, was Athene nach außen wirken will: durch die großen Erfolge der Stadt.

Damit wird exakt die Veränderung jener Jahre bezeichnet, die Verlagerung der Freund/Feindkonstellationen. Anstelle innerer Konflikte und drohenden Bürgerkriegs tritt die Geschlossenheit der siegreichen Stadt nach außen. Ihre Erfolge sollen die Klüfte überbrücken, die sie aufgerissen haben (indem sie Ephialtes' Reform ermöglichten). Und sie haben das wohl wirklich getan. Die Adligen waren an ihnen beteiligt, es wird ihnen durch sie leichter geworden sein, sich mit der neuen Ordnung abzufinden.

Wohl nie ist antike politische »Theorie« so umfassend und zugleich so dicht an der Wirklichkeit gewesen. Sowohl vorher wie nachher hat sie sich vor allem mit Innenpolitik, mit politischen Institutionen befaßt. Nur hier hat sie auf den Zusammenhang von Außen und Innen reflektiert, in dem Moment, in dem sich ein großer Schritt in der Geschichte des Politischen vollzog.

Wenn Aischylos aber die Entmachtung des Areopags mit Hilfe historischer Denkformen in einen großen Zusammenhang einordnet, so ist damit noch nicht gesagt, daß die Vergangenheit des »Agamemnon« schon endgültig hinter den Athenern – oder den Griechen – läge. Das Denken in historischen Prozessen war bei den Griechen wenig ausgebildet. Die Vorstellung einer Geschichte, in der die ganze Welt befangen ist, haben sie nie gehabt. So mochten sie zwar Strecken historischen Zusammenhangs konstruieren – und Aischylos geht darin schon ziemlich weit –, aber nie war damit die Illusion der Endgültigkeit verbunden. Nie meinten die Griechen, daß das Frühe durch das Spätere schon wirklich überwunden sei. Die uralten Geschehnisse jener dunklen Welt sind also zumindest als Möglichkeit, als Vorstellung noch da. Und deswegen müssen sie offenbar präsent gehalten werden. Hier trafen sich Volks- und Hochkultur; Schriftkultur drängte Mündliches, Vorstellungshaftes, Vages nicht beiseite, sondern nahm es auf – in der Mündlichkeit des Theaters. Das Geformte und das Wuchernde blieben nebeneinander. Das Chaos wurde offengehalten; weil auch die Erinnerung, die Phantasie nicht gezähmt, vielerlei alte Vorstellungen nicht illegitim geworden waren.

Vielleicht mußten gerade im neuerdings demokratisch gewordenen Athen doppelte Bemühungen unternommen werden, alles Alte, alle Mythen einzuholen, weil das im Sinne der notwendigen Gemeinsamkeit war.

Vor allem der »Agamemnon« ist voll der Angst, der Verwirrung. Alles durchdringt sich, geht durcheinander, bald scheint das Gute, bald das Böse in der Oberhand zu sein. Die ganze Furchtbarkeit, die mögliche Grausamkeit der Götter, die Undurchdringbarkeit ihres Willens ist mit Händen zu greifen, der Fluch, die Verblendung, die »der Daimon« sendet, man weiß nicht warum. Der unersättliche Jammer wird zitiert, welcher aus großem Reichtum erwächst – doch dann heißt es auch wieder, daß nur gottloses Tun ins Verderben führt, nicht der Respekt vor dem Recht. Insofern waltet Gerechtigkeit. Aber das blitzt nur gelegentlich auf; ganz andere, dem widersprechende Fälle stehen unvermittelt daneben. Was ist ein Menschenleben? »Wenn es glücklich ist, kann ein Schatten es verwandeln. Mit dem Unglück wischt ein feuchter Schwamm darüber, und schon verlöscht das Bild, die Schrift. Das schmerzt am meisten: das Vergessensein.«

Daher ist es die Tragödie der Menschen insgesamt, ihrer Sorge, ihrer Verängstigung, ihrer Wehrlosigkeit, die im »Agamemnon« aufgeführt wurde. Solange Zeus auf dem Thron sitzt, gilt das Gesetz: »Wer tat, muß leiden.« Und doch schlägt zugleich die Hoffnung durch, nirgends so eindrucksvoll wie im berühmten Zeusgebet, das eine ganze Theodizee enthält. Denn Zeus »brachte die Menschen auf den Weg zum Denken. Er gab das Gesetz: durch Leiden lernen. Selbst in den Schlaf tropft die Sorge und rinnt zum Herzen, Sorge, die das Leiden nicht vergessen kann, und es wächst wider Willen verständiger Sinn«. Wer an Zeus denkt und ihn als den Sieger preist, gewinnt Einsicht, Verständnis des Ganzen. In den Eumeniden scheint dieser Prozeß ans Ziel zu gelangen. Die Erinyen besingen jedenfalls die Athener, »die der geliebten Jungfrau Pallas Athene so Lieben«, als verständig werdend mit der Zeit.

Entsprechend machen Bild und Gegenbild im »Agamemnon« erst zusammen ein Ganzes aus. Der Herold berichtet vom Triumph über Troja und endet damit, wie die Sieger fast ausnahmslos zugrunde gehen. Der Chor singt sein Siegeslied, um dann auf das Leid zu kommen, das die vielen Tode nach sich ziehen. Triumph und Angst, Sieg und Verhängnis, Glück und Schuld sind nur zusammen ein Ganzes – und trotzdem zieht sich das Durch Leiden Lernen durch das Stück; wie eine verzweifelte, endlich triumphierende Hoffnung.

Wie tief muß Athen damals erschüttert gewesen sein – oder soll man sagen: wie ernst muß man seine Erschütterung genommen haben? –, daß es einer so großen, so weltumfassenden Anstrengung bedurfte, um die Dinge geistig wieder ins Lot zu bringen! Man wüßte gern, wieweit es damals geholfen hat.

Aber wie stark müssen, auch dafür kann die Orestie doch wohl als Zeugnis genommen werden, die Instrumente der Aufnahme, der Erfahrung und Verarbeitung gewesen sein, in Dichtung und Publikum, daß ein solches, über die Jahrtausende hinweg frisches Stück daraus entstehen konnte!

Offenkundig, so scheint sich zu ergeben, war hier jene Fähigkeit des Erstaunens über den Gang der Welt am Werk, die nach Max Weber die Voraussetzung eines offenen Fragens nach dessen Sinn ist. Offenkundig ein Vermögen, jahrhundertealte Welterfahrung und eine freie, kaum gebundene Phantasie, also auch viele Ängste mit hineinzunehmen in die Verarbeitung eines tief einschneidenden Ereignisses; genauer wohl: ein Erleben der Welt als Zusammenhang, als Ordnung, das in dem Moment, da diese Ordnung bedroht ist, zugleich alle mühsam niedergehaltenen Zweifel empfindet, die ihrer Annahme entgegenstehen, und sie in einer gewaltigen, sichtbaren, zugleich souveränen Anstrengung niederkämpft.

Insofern ist das Geheimnis der Orestie das Geheimnis des Athens dieser Zeit. Ohne daß man es völlig enträtseln könnte, scheint es darin zu bestehen, wie im Erleben dieser Stadt gleichsam die Menschheit in Frage gestellt war: In jener Form, in die sie bei den Griechen, der institutionenarmen unter den menschlichen Gesellschaften, geronnen war, speziell aber in jener Konzentration, die alle griechischen Möglichkeiten damals in Athen erfuhren; primär im Politischen, das ja aber im Zentrum ihres Lebens stand und dieses Leben so existentiell zugleich bedrohte und verstärkte, daß vom politischen Umsturz her die ganze Welt neu gedeutet werden mußte.

Jacob Burckhardts Meinung, der »Wille zum Düstern« sei mit der steigenden hellenischen Bildung noch gewachsen, gilt nur, wenn man hinzuhält, daß der Weg zur Bildung wesentlich auch der des Athens des fünften Jahrhunderts zu schwindelerregenden Erfolgen war. Gerade deshalb kam das Fürchterliche, das Angsteinjagende nicht zur Ruhe. Aber freilich: Daß man es mit ihm aufnehmen konnte, war eine Sache der geistigen Möglichkeiten.

Griechische Tragödie, soweit wir sie kennen, also spätestens seit 472, reflektiert insgesamt die Tatsache, daß Menschen sich als autonom Handelnde erfahren und nun vor der Frage stehen, was es bedeutet, daß sie die Quelle allen Handelns – und damit etwa der Verblendung, der Sorge, die selbst in den Schlaf tropft und zum Herzen rinnt, ausgesetzt sein mögen; derart, daß sie wissen, ohne zu wissen, das Richtige aussprechen, ohne es zu meinen, und tun, was sie müssen, ohne dazu gezwungen zu werden.

Wenn die Tragödie auf solcherlei Erfahrung antwortete, dann war sie zwar durch den griechischen Mythos, dem sie ihre Stoffe entnehmen konnte, begünstigt. Aber was sie daraus machte, war wesentlich ihr Werk, ein Werk des fünften Jahrhunderts.

Da konnte jene eigentümliche Veranstaltung, in der ein Chor Schauspielern respondiert, zum Ort werden, an dem schließlich eine ganze Welt bis tief in ihre Widersprüche hinein auf die Bühne zu bringen war; durchgespielt an Stoffen, die in ferne Zeiten, zumeist in andere Städte gehörten; entrückt und also entlastet vom unmittelbaren Druck gegenwärtiger Tendenzen. Da konnte ein Publikum heranwachsen, das diese Tragödie brauchte – und die Tragödie konnte aufblühen. Das eine war ohne das andere kaum möglich.

So konnte in einer Stadt, die fast ununterbrochen Kriege unternahm, sogar in aller Öffentlichkeit die bewegende Klage über deren Leid angestimmt werden, über den Wechsler Ares, der Männer nimmt und Leichen dawidergibt, über die ganze Schlachterei, konnte sich die Trauer der Hinterbliebenen und der Zorn der Erbitterten laut äußern: »Die viel Blut vergießen, entgehen nicht dem Auge der Götter«, heißt es drohend.

»Die Athener wurden fertig«, sagt Nietzsche, »weil sie allseitig beansprucht wurden, die Grenze der Bedürfnisse war nicht so eng. Aber alle Bedürfnisse waren *allgemeine.*«

Nicht zuletzt in den Tragödien, jener »großen Angelegenheit für die ganze, festliche Bürgerschaft« (Burckhardt) vollzogen sie ein eigenartiges Stück Arbeit. Arbeit, so könnte man es formulieren, an der mentalen Infrastruktur.

Das Leben eines Gemeinwesens bedarf ja nicht nur der Wasserversorgung, der Zufuhr von Nahrung, der Wege, Plätze, Häfen; es braucht nicht nur einen Markt und die Zuverlässigkeit von Gewichten und Münzen. Es müssen in ihm nicht nur öffentliche Sicherheit, angemessene Regelung von Rechtsstreitigkeiten, Tempel und die Garantie eines gebührenden Umgangs mit den Göttern gegeben sein. Um von andern Bedürfnissen zu schweigen. Sondern es beruht auch auf bestimmten mentalen Voraussetzungen; Sitten und Gebräuchen, Übereinstimmung in gewissen Anschauungen, in Regeln, in einer Sprache, die es erlaubt, sich über anstehende Fragen, auch über Gegensätze zu verständigen. Und es gehören gewisse Grundlagen des Zusammenhalts dazu, vielleicht gar eine Solidarität, die zumindest in Krisensituationen bewußt – und mobilisiert – werden kann.

Diese mentale Infrastruktur aber bereitet besondere Probleme in Zeiten des Übergangs, wenn die übliche Routine nicht mehr ausreicht; wenn die überkommene Ordnung in Zweifel gerät. Und die Probleme steigern sich erheblich innerhalb einer Bürgerschaft, die als Ganze, in der Volksversammlung höchst folgenreiche Entscheidungen zu treffen und eine neue, ausgreifende Politik zu tragen hat. Da kann Politik nicht leicht einen abgeschlossenen Raum bilden, in dem man Vorteile, Prestige und Posten sucht. Da muß überdeutlich werden, daß man sich in unsicherem Gewässer bewegt. Da kann man also die Grundlagen des eigenen Handelns kaum einfach im Gleichgültigen lassen. Zumal wenn diese Bürgerschaft relativ neu ist im politischen Geschäft, wenn sich ihr in ihrem politischen Aufstieg große Hoffnungen – Gerechtigkeitsansprüche und -erwartungen – erfüllt haben, wenn ihr Denken noch nicht daran gewöhnt ist, sich mit viel Sinnlosem abzufinden; wenn sie also mit einem gewissen »Sinnkredit« zu Werke geht, der zumindest dahin gravitiert, daß man annehmen kann, es ginge auf der Welt sinnvoll zu, auch wenn dies näherhin nicht immer gleich zu erkennen ist und wenn es auch manche Ausnahmen geben mag.

Weil die Arbeit an der mentalen Infrastruktur so wichtig war, gehörte die Poesie, besonders die Tragödie, im fünften Jahrhundert zu den Grundlagen des attischen Lebens, politisch so nötig wie Rat und Volksversammlung. Es war nicht nur vieles neu zu lernen, sondern es waren auch die Maßstäbe neu bewußt zu machen und einzuschärfen. Der ganze Wissensgrund, in den man seine Erfahrungen einzuordnen, von dem her man sie zu verstehen, die Sinnvermutungen, von denen her man alle Fragen zu beurteilen pflegt, waren neu zu organisieren. Selbst wenn es am Ende auf Bestätigung hinauslaufen sollte, mußte vieles zunächst einmal in Frage gestellt werden.

Deswegen und weil sich alles im Fest der Großen Dionysien konzentrierte, konnte sich diese Arbeit in aller Öffentlichkeit, in großer Bewußtheit und in breiter Teilhabe vollziehen, unter Bezugnahme vom einen zum andern Mal. Gerade wie es in einer Demokratie sein muß, die direkt von ihren Bürgern ausgemacht wird. Und wie es sein kann, wenn sich die Aufmerksamkeit so stark auf solche Werke sammelt, die offensichtlich auch weithin verstanden wurden.

Schließlich war es ein Wettbewerb, in dem sich das alles abspielte, die Dichter wollten den Preis gewinnen, und die Entscheidung der Jury konnte, so hoch sie ihre Maßstäbe stecken mochte, nicht einfach davon absehen, wie zugänglich die Stücke waren, wie sie die Zuschauer tangierten.

So wurde die Poesie zur politischen Aufgabe, ohne daß sie hätte parteilich werden müssen. Darin ist gleichsam ein Stück der Lösung des Rätsels dieses Jahrhunderts aufgehoben: Attisches Bürger-Sein mußte sich gerade auch in der Kunst verwirklichen. Gerade weil alles noch so sehr miteinander verbunden war, mußte es sich der Welt, der Götter, der Gerechtigkeit immer neu vergewissern.

Die Probleme stellten sich eben anders als in monarchisch geprägten Kulturen, in denen der Sinn des Ganzen in einer Weise vermittelt wird, daß alle Verantwortung für dieses Ganze in der Breite der Gesellschaft verkümmert. Sie stellten sich auch anders als in gefestigten Aristokratien. Und es ergab sich aus diesem Sonderweg, daß die ästhetische, die distanzierte Betrachtungsweise inzwischen eine lange Tradition hatte. Daß Kunst seit alters – und politisches Denken seit längerem – bedeutsame Instanzen waren. Nicht zuletzt auf den Festen, und dann also in Form der Tragödie, nicht nur im Kreis von »Gebildeten und Intellektuellen«, sondern auch in der Gesamtheit. Daher hatten die Tragiker für die ganze Gesellschaft eine Bedeutung, wie vielleicht früher die Sänger, wie aber später kein Vergil und kein Dante.

Fragen pflegen um so offener und klarer aufgeworfen zu werden, je größer die Aussicht auf sinngemäße Beantwortung ist. So bezeugen die Antworten selbst, allen voran die Tragödie, daß die Athener damals wenig zu verdrängen hatten. Daß sie von den Fragen, die sich ihnen damals stellten, die ganze Weltordnung betroffen sahen, zeigt nur, wie stark diese Fragen sie umtrieben.

In seinen vermutlich letzten Tragödien, wiederum einer Trilogie, hat Aischylos die Geschichte des Prometheus sich zum Vorwurf genommen. Das erste, einzig überlieferte, Stück beginnt mit dessen Anschmiedung am Kaukasus. Man sieht den Gott in Gespräch und Auseinandersetzung mit Freunden, Gleichgültigen und Feinden.

Das historisch Interessante ist, daß Aischylos hier die Frage beantwortet, die in der Orestie offen geblieben war: Warum wandelt sich Zeus' Politik? Er läßt das Stück unmittelbar nach der Etablierung seiner Herrschaft spielen. Und der oberste Gott erscheint zwar nicht persönlich auf der Bühne, aber es wird ganz deutlich, daß er ein Tyrann schlimmster Sorte ist: Das bezeugen die Erzählungen wie vor allem auch die Figuren, die teils von ihm gesandt, teils von ihm verfolgt, teils auf seine Herrschaft opportunistisch reagierend dem Prometheus begegnen. Auch die Menschen hatte er in seiner Willkür vernichten wollen, um nach Belieben neue zu machen; nur hatte Prometheus ihn daran gehindert.

Wieder steht Alt gegen Neu. Aber diesmal auf höherer Ebene. Nicht um Orest geht es, sondern um die Neuordnung der Welt. Entsprechend sind nicht die Erinyen Zeus entgegengesetzt, sondern ein Prometheus, den Aischylos so weit aufwertet, wie es nur geht. Er macht ihn zum Sohn der ursprünglichen, der ältesten

Gottheit, der Erde, die er mit der Rechtsgottheit Themis in eins setzt, mithin zum Exponenten elementarer Macht und Weisheit. Ihm verdankt Zeus, daß er überhaupt gesiegt hat. Er weiß zudem von seiner Mutter, wie Zeus, wenn er sich nicht vorsieht, gestürzt werden kann.

So ohnmächtig Prometheus also Zeus ausgeliefert ist, er besitzt ein Wissen, das der oberste Gott, der alle Macht hat, braucht. In den folgenden Stücken mußte ein Ausgleich erfolgen. Zeus mußte sich mäßigen, lernen, verständig zu sein, sich vertragen. Er mußte, was auf das gleiche hinausläuft, seiner Macht durch das Wissen, also durch Beschränkung Dauer verleihen.

Es ist ungeheuerlich. Sonst haben Götter Geburt und Jugend, aber weiter keine Geschichte. Wenn sie einen Vorgänger stürzen, sind sie an der Macht und brauchen nur noch zu herrschen. Der Zeus des »Prometheus« aber muß nicht nur seine Politik, sondern sich selber wandeln.

So allein konnte offenbar im Horizont der Entmachtung des Areopags frische Herrschaft begriffen werden. Da wird in aller Macht das Moment der Willkür und das der Fragilität empfunden. Da muß die Differenz zwischen dem Zeus des Mythos, der seinen Vater gestürzt hatte, und dem der Philosophie, der für die Gerechtigkeit der Welt stand, spitz im Sinne sein.

Höhere Instanzen, die helfen könnten, wie noch der Zeus der Orestie, sind nicht mehr da. Zeus selbst ist Partei. Macht und Wissen müssen erst zusammenkommen. Das heißt: Zeus muß in der Frühzeit eine Geschichte erhalten, damit sein Regime in Zukunft nicht mehr bedroht ist.

Dahin mündeten die Fragen, die aufgeworfen wurden, als Aischylos Zeus in der Orestie in die Geschichte der Polis hineinzog. Dort mußte der Wechsel seiner Politik als zufällig erscheinen. Jetzt wird klar, daß Zeus irgendwann sich selbst verwandelt haben mußte. Hier ist es *seine* Geschichte, die man beobachten kann, hier wird sie sinnvoll. Wenn die Dinge in der Orestie noch mit Hilfe des höchsten Gottes eingerenkt werden konnten, war hier auch für ihn konsequent bedacht, was es bedeutete, wenn eine oberste Instanz keine andere mehr über sich hat, wie in Athen die Volksversammlung.

So weite, bis tief in die Theologie hineinreichende Konsequenzen also hatte die erste Einführung der Demokratie. Eine ganz neue Balance mußte auch am Himmel gewonnen werden – in jener unglaublich bewegten Situation des ersten Jahrfünfts nach dem Umsturz.

Übrigens beschäftigt das Problem des Wissens Aischylos auch in der Kulturentstehungslehre, die er im »Prometheus« vortragen läßt. Hier war nicht ein Feuerdieb am Werk, sondern einer, der den Menschen auch viele Künste, Zahl und Schrift, das Bewußtsein gegeben hat. Anfangs nämlich »blickten sie wohl, doch erblickten sie nichts, hörten, doch vernahmen nichts, sondern ließen, wie es im Traum geschieht, alles wirr durcheinanderflimmern und das das ganze Leben lang«. Sie waren in jeder Hinsicht hinter den Tieren zurück gewesen, bis Prometheus in ihnen »blinde Hoffnungen« begründete, so daß sie nicht mehr gebannt auf den Tod starrten. Es ist die älteste Kulturentstehungslehre, die wir kennen. Nur von gegenseitigem Respekt und Gerechtigkeit war keine Rede, den Tugenden der Polis. Vielleicht sollten die in den verlorenen Teilen der Promethie von Zeus gewährt werden.

456/5 ist Aischylos gestorben. Wohl 499 hatte er erstmals am Wettbewerb der Tragiker teilgenommen, 484 seinen ersten Sieg errungen. Zwölf weitere folgten. Da es normalerweise kaum möglich war, öfter als alle zwei Jahre vier Stücke zu schreiben und aufzuführen, ist er seit 484 fast immer der Erste gewesen. Im Jahre 405 läßt Aristophanes ihn in den »Fröschen« den Ehrenplatz in der Unterwelt gewinnen. Die Dichter müßten »nützlich sein«, die Menschen »besser machen«. Den Tragikern sei die Erziehung der Erwachsenen aufgegeben. Aischylos habe die Athener edel und vierschrötig sowie kriegsluftatmend hinterlassen. Die »hochgetürmten«, oft kaum verständlichen Worte habe er gebrauchen müssen, weil sie den Gesinnungen die Waage halten mußten. Später seien die Menschen, unter Euripides, zu Drückebergern, Schmarotzern und Herumlungerern geworden. Solche Äußerungen waren auf die Notsituation am Ende des Peloponnesischen Kriegs gemünzt. Aber ganz falsch waren sie, soweit sie Aischylos betrafen, trotzdem nicht – wenn man auch besser als vom Erziehen vom Orientieren spricht.

Vielleicht kann man mutatis mutandis auch auf sein Werk anwenden, was er für die bildende Kunst gesagt hat, daß die alten

Werke zwar einfach gearbeitet seien, aber für göttlich erachtet würden, während die neuen zwar besonders kunstvoll ausgeführt seien, aber weniger göttliches Ansehen hätten. Auf Aischylos' Grabstein stand von seinen Tragödien kein Wort, nur daß für seine Tapferkeit der Hain von Marathon Zeugnis ablegen könnte.

Im Jahre 457 wurde in Athen ein Gesetz erlassen, wonach auch Angehörige der dritten Zensusklasse, der Zeugiten, das oberste Amt, das Archontat, bekleiden durften. Es begünstigte vor allem die weniger gut gestellten unter denen, die seit Kleisthenes im Rat der Fünfhundert sowie in der Volksversammlung den Ausschlag gaben. Damit wurde der Kreis derer, aus denen die Oberbeamten gelost wurden, erheblich erweitert. Der Einfluß des Archontats mußte weiter schrumpfen. Die Bedeutung dieser Veränderung lag für die Zeugiten also zumal in ihrer symbolischen Gleichstellung mit den Angehörigen der oberen Klassen.

Die Gleichheit der Demokratie verwirklichte sich nicht zuletzt im Rang der Bürger, das heißt im Turnus der Amtsinhabe. Das Volk herrscht, indem die Bürger im Wechsel die Ämter besetzen, heißt es später einmal, und es wird stolz hinzugefügt, daß der Arme mit dem Reichen gleiches Recht habe. Daraus wurden jetzt mehr und mehr Folgerungen gezogen. Wobei man übrigens diesen Wechsel ganz naturgemäß fand, er entsprach dem von Tag und Nacht, Sommer und Winter.

Dieses Gesetz ist eines der ganz wenigen dieser Zeit, die wir datieren können. Bald nach 461 begann man in großem Stile zudem, Volksbeschlüsse, Abrechnungen, Dokumente verschiedener Art auf Stein zu schreiben und aufzustellen. Zur Demokratie gehörte auch die Möglichkeit, sich umfassend über all das zu orientieren. Irgendwann in jenen Jahren müssen ferner die Gesetze erlassen worden sein, welche die finanziellen Voraussetzungen für eine breitere Teilhabe an der Politik schufen: die Einführung der Diäten für den Rat der Fünfhundert und nach und nach für verschiedene Ämter. (Für die Teilnahme an Volksversammlungen wurden erst gegen Ende des Jahrhunderts Diäten eingeführt.) Die Gelder für all die Zahlungen standen offenbar bereit, Athens Einnahmen waren mit seiner wachsenden Macht gestiegen.

Wohl die größte Rolle in diesem Zusammenhang spielte der

Richtersold. Nachdem die Gerichtsbarkeit lange bei Beamten und – vermutlich – einem Kreis von Honoratioren gelegen hatte, traten mit der Zeit, wohl seit der Mitte der fünfziger Jahre, mehr und mehr Geschworenengerichte in deren Funktion ein. Sie scheinen zunächst vor allem Appellationsinstanzen gewesen zu sein. Mit der wachsenden Bevölkerung, der rapiden Zunahme der Geschäfte, aber auch angesichts neuer Bedürfnisse aus dem Seebund wurden sie mehr und mehr gebraucht.

Diese Geschworenengerichte waren mit Hunderten, vielfach mit fünfhundert, gelegentlich auch noch mehr Bürgern besetzt. Sie waren zwar gleichmäßig aus den zehn Phylen genommen, werden aber vor allem Männer aus der Stadt gewesen sein. Die Diäten betrugen zwei Obolen, sie deckten den Lebensunterhalt einer Person pro Tag. Auf die Dauer stellte der Geschworenendienst neben dem militärischen die wichtigste öffentliche Funktion des Durchschnittsbürgers dar.

Aller Wahrscheinlichkeit nach hatte die Größe der Geschworenengerichtshöfe wie die Losung damit zu tun, daß dort wirklich ein breiter Durchschnitt, quasi die Allgemeinheit der Bürgerschaft vertreten sein sollte. Doch ging es auch um die Heranziehung möglichst vieler Bürger an das öffentliche Leben. Sie konnten sich wichtig fühlen; auch hochmögende Herren mußten sich vor ihnen beugen, ihr Mitleid zu gewinnen suchen. Die Herrschaft des Demos drückte sich, wie in den Quellen immer wieder betont wird, nicht zuletzt an dieser Stelle aus.

Der Richtersold spielte aber auch in der Versorgung der Bürger eine nicht zu unterschätzende Rolle. Viele von ihnen waren nun schon seit mehr als 20 Jahren immer wieder als Ruderer für die Polis ausgefahren. Die zivile Arbeit mußten sie darüber vernachlässigen. Kriegführung und Politik kamen für sie einem Beruf nahe. Die Tätigkeit als Richter ergänzte das und schuf weitere Versorgungsmöglichkeiten, vermutlich zumal für Ältere. Jährlich wurde eine Liste von 6 000 Geschworenen aufgestellt, aus der die einzelnen Gerichtshöfe genommen wurden.

Weiterhin muß, wohl ebenfalls in jener Zeit, da die Bedeutung des Rats so sehr zunahm, dessen Verfassung ausgestaltet worden sein; durch die Einführung des Loses etwa, sodann durch die Bestimmung, daß keiner dem Haus öfter als zweimal im Leben angehören dürfe. So wurde dafür Vorsorge getroffen, daß wirklich ein breiter Querschnitt der Bürgerschaft (und ohnehin Jahr für Jahr andere) die Vorberatung aller Volksbeschlüsse sowie vielerlei Verwaltungsgeschäfte erledigen konnte, Aufgaben, welche ein kleineres Gremium als die Gesamtversammlung verlangten und aus deren Erledigung möglichst keine Macht in den Händen derer sich sammeln sollte, die damit betraut waren.

Auch könnte es sein, daß verschiedene neue Ämter eingerichtet wurden, manche davon zehnfach besetzt, aus jeder Phyle einer; auch dies war im Sinne der Teilhabe möglichst vieler Bürger an der Verwaltung, ohne daß zuviel Macht in ihrer Hand zusammenkommen konnte. Es mag geradezu ein Prinzip gewesen sein, daß breite Beteiligung an Ehren und Aufträgen die Demokratie schmackhaft machen und die Amtsinhaber sich wichtig vorkommen lassen sollte – damit Athen sich besser regieren ließe.

Denn diese Aufgabe fiel sehr bald in höherem Maße als zuvor einzelnen herausragenden Männern zu, die – wie schon Kimon – gern die Strategie bekleideten. Nur mußten sie sich jetzt, anders als Kimon, ganz und gar auf den Rat der Fünfhundert und die Volksversammlung stützen.

Man sollte annehmen, daß ein kleiner Kreis von Herren regelmäßig um den maßgebenden Einfluß konkurrierte, unterstützt durch Freunde, vielleicht auch Fachleute für verschiedene Aufgaben. Wenn die Konkurrenz hart wurde, konnte der Ostrakismos zwischen den beiden mächtigsten entscheiden.

Einer von ihnen war Perikles, der damals um die vierzig war. Er hatte zur Gruppe derer gehört, denen die Athener die Entmachtung des Areopags verdankten. Es wird nur nicht deutlich, welchen Platz er damals einnahm.

Auf Perikles soll auch die Einführung der Diäten zurückgehen. Den Rat dazu habe ihm Damon, der Sohn des Damonides, gegeben, sein Lehrer, einer der großen Intellektuellen der Zeit. Er befaßte sich besonders mit Musiktheorie, die für ihn aufs engste mit Politik zusammenhing, da er fand, daß Rhythmen und Tonarten verschieden auf das Ethos einwirkten, also für die Jugenderziehung in bestimmter Weise nutzbar zu machen seien.

Böse Zungen behaupteten, da Perikles an privatem Reichtum hinter Kimon weit zurückstand, habe Damon geraten, er solle die Bürger mit öffentlichen Geldern für sich einnehmen. In Wirklichkeit handelte es sich jedoch um eine Konsequenz der radikalen Demokratie. Und darauf verstand sich vermutlich kein anderer so gut wie Perikles. Damon selbst fiel, wohl in den vierziger Jahren, dem Ostrakismos zum Opfer; ob deswegen, weil er Perikles solche Ratschläge gegeben hatte? Unklar ist, wie rasch diese Veränderungen eingeführt wurden. Immerhin gab es in Athen noch manche Gegner der Demokratie, die sich mit den neuen Verhältnissen keineswegs abgefunden hatten. Das könnte ein Grund gewesen sein, sie möglichst stark zu befestigen.

An sich ist es wohl erstaunlich, und manch einer wird es nicht für möglich gehalten haben, daß die Demokratie überhaupt hielt. Aber es standen offenbar befähigte Politiker bereit, die äußeren Erfolge erleichterten es, an Eifer wird es nicht gefehlt haben. Offenbar auch an Anstelligkeit nicht. Das übrige tat die Dynamik der Stadt. Man konnte nicht mehr zurück, überall ging es aufregend voran.

Aussenpolitik und Kriegführung Athens waren um die Mitte der fünfziger Jahre einerseits durch die Fortsetzung des Krieges in Ägypten sowie der Belagerung von Ägina bestimmt, andererseits durch vielfältige Bewegungen im Mutterland, die man nicht mehr genauer überblicken kann.

Theben hat damals versucht, seine Herrschaft über Böotien wiederaufzurichten; lange hatte es das aufgrund seiner propersischen Stellungnahme von 480 nicht gekonnt. Die Spartaner, die sich nach dem Ende der Belagerung von Ithome der griechischen Politik wieder stärker zuzuwenden vermochten, unterstützten sie. Es ging darum, Positionen gegen Athen aufzubauen.

Als die Spartaner sich 457 nach einem Feldzug in der Nachbarschaft dort aufhielten, blockierte die attische Flotte den Seeweg über den Korinthischen Golf. Der halbwegs bequeme Landweg war ihnen wegen der Langen Mauern bei Megara versperrt. Offenbar wollten die Athener ihre neue Macht demonstrieren. Doch hatten sie nicht bedacht, wie verletzlich sie waren. Gerüchte besagten, daß adlige Herren die Spartaner nach Athen holen wollten, damit sie ihnen hülfen, die Demokratie zu stürzen und den Bau der Langen Mauern aufzuhalten. Die Spartaner standen bei Tanagra, keine zwei Tagemärsche von Athen entfernt. Ihre Armee umfaßte mehr als 10 000 Mann.

So sahen sich die Athener veranlaßt, zusammen mit argivischen und bundesgenössischen Kontingenten, 14 000 Mann stark, unterstützt auch durch thessalische Reiter, dorthin zu marschieren. Damals soll sich Kimon bewaffnet aus der Verbannung eingefunden haben, um mitzukämpfen. Es wurde ihm nicht gestattet. Aber er bat seine Freunde, durch tapferen Kampf den Verdacht zu widerlegen, daß sie mit den Spartanern gemeinsame Sache machen wollten. Was sie in der bald sich anschließenden Schlacht auch taten, Hunderte vornehmer Athener seien damals gefallen. Die Schlacht ging verloren, die Spartaner schlugen sich auf dem Landweg durch; offenbar hatten sie gegen Athen gar nichts im Sinn gehabt.

Zwei Monate später fielen die Athener unter Myronides noch einmal in Böotien ein. Jetzt hatten sie es nur mit den Thebanern und deren Verbündeten zu tun. Sie besiegten sie bei Oinophyta, eroberten Böotien und das angrenzende Phokis, nahmen Geiseln von den Opuntischen Lokrern, kurz, sie scheinen nicht nur die Machtbildung an ihrer Westgrenze verhindert, sondern den ganzen Bereich unter Kontrolle gebracht zu haben; wobei ihnen Parteiungen innerhalb der Städte zugute gekommen sein werden.

457/6 kapitulierte auch Ägina. Es mußte seine Schiffe ausliefern, die Mauern schleifen und künftig Tribut an Athen zahlen, als Seebundsmitglied. Es war das erste und einzige Mal, daß eine Stadt, die dem Peloponnesischen Bund angehörte, in den Seebund gezwungen wurde. Die alte Rivalin sollte sich nie wieder erholen. Sie tat es auch nicht. Der Stolz ihrer alten Familien, der »schiffsberühmten«, die sich auch im Sport immer wieder hervorgetan und von Dichtern wie Pindar und Bakchylides hatten feiern lassen, war gebrochen. Die Insel verfiel in jene Bedeutungslosigkeit und wohl auch: Armut, der sie einst nur dank großer Anstrengung hatte entkommen können. Kein Gedanke daran, daß sie noch einmal einen Tempel wie den der Aphaia zu errichten vermocht hätte. Der Saronische Golf wurde künftig vom Piräus beherrscht, dem Ägina zuvor, so Perikles, wie ein Korn im Auge gesessen hatte. Um die gleiche Zeit waren die Langen Mauern vollendet.

Damit war eine eigentümliche Lage entstanden. Athen war nach menschlichem Ermessen nicht mehr verletzbar, es konnte seine ganze Kraft nach außen entfalten; zur See war es jedem andern überlegen. Freilich blieben die Spartaner ebenfalls unangreifbar. Ihre Armee war in normalen Hoplitenschlachten, wie sie in Griechenland weiterhin üblich blieben, kaum zu schlagen. Man konnte Sparta nur stören, konnte etwa die Küsten plündern, aller Welt vor Augen führen, daß es zu schwach war, sich attischer Angriffe von der See her zu erwehren, zu schwach auch, um seinen Bundesgenossen zu helfen. Insofern war das Potential Athens, waren die Möglichkeiten der Seemacht größer.

Trotzdem hielten sich beide Mächte im ganzen die Waage, konnte keine die andere besiegen. Die Kräfte von beiden waren auf eigenartige Weise beschränkt. Letztlich konnten sie nur punktuell angreifen, bald hier, bald dort. Wie die Athener diese Möglichkeit nutzten, bewies freilich einen neuen, großen Stil.

Es konnte nicht ausbleiben und war ja längst im Gange, daß beide von andern in ihre Affairen hineingezogen wurden, sowohl außen- wie innenpolitisch. Sie mußten suchen, ihre Positionen zu sichern. Dabei war Sparta eher überfordert, sowohl als Landmacht als auch weil es mit seinen Kräften schonend umgehen mußte, während die Athener ihre Chancen aggressiv nutzten.

Der Schwerpunkt der innergriechischen Kriegführung der Athener lag nicht zufällig am Golf von Korinth. 456 unternahm eine attische Flotte unter Tolmides die schwierige Fahrt um die Peloponnes (auf der sich kaum befreundete Häfen boten), zerstörte die spartanischen Werften in Gytheion, plünderte Teile des Landes, nahm anschließend die korinthische Kolonie Chalkis in Ätolien ein und griff Sikyon an. 453 folgte eine zweite Expedition unter Perikles, die allerdings von Pegai ausging. Auch er schlug die Sikyonier, ohne allerdings zu versuchen, die Stadt zu nehmen. Da auch die Achaier zu Athen hielten, war der Golf fast zu einer athenischen Binnensee geworden. Im Osten wie auf weite Strecken im Norden und Süden saßen die Athener oder ihre Verbündeten. Naupaktos und Chalkis gehörten zu ihrer Einflußsphäre, lediglich die Belagerung von Oiniadai in Akarnanien scheiterte.

Damit war ein Riegel zwischen die Peloponnes und Mittelgriechenland geschoben. Das griechische Mutterland war militärisch in zwei Teile gespalten. Die mittelgriechische Landschaft war entweder in attischer Hand oder sie hatte politisch wenig Bedeutung; Sparta hingegen war auf die Peloponnes beschränkt. Die

Korinther waren in ihrem eigenen Bereich isoliert. Sie waren zuletzt offenbar zu schwach gewesen, um Athen wirksamen Widerstand zu leisten. Ob die Athener gehofft haben, auch einen Keil zwischen sie und Sparta zu treiben, ist unbekannt. Athen hatte aber auch auf der nördlichen Peloponnes Fuß gefaßt wie in der Argolis, wo es nicht nur mit Argos, sondern auch mit Troizen und Hermione im Bunde stand. Übrigens hat es irgendwann in jenen Jahren auch ein Bündnis mit dem sizilischen Segesta geschlossen, mit welchen Verpflichtungen wird nicht deutlich.

Dabei hatte die Stadt 454 einen schweren Rückschlag erlitten, und zwar in Ägypten. Seit sechs Jahren hatten ihre Soldaten dort gekämpft. Ob sie nach den Anfangserfolgen noch viel erreicht haben, ist unbekannt. Aber offenbar war es den Athenern wichtig, dort zu verharren. Vielleicht scheuten sie sich auch, die Vergeblichkeit ihres Engagements einzugestehen. Der Perserkönig hatte erfolglos versucht, die Spartaner durch Geldzahlungen zu einem Entlastungsangriff auf Athen zu gewinnen. Schließlich hatten die Perser 455 ein großes Land- und Seekontingent nach Ägypten entsandt und die Aufständischen geschlagen. Die Athener mußten sich auf die Insel Prosopitis im Nildelta zurückziehen, wo die Perser sie anderthalb Jahre belagerten, bis sie den Kanal ausgetrocknet hatten, dann ließ sich die Insel einnehmen. »Wenige von vielen«, schreibt Thukydides, hätten sich über Kyrene retten können. Anfang 454 waren noch 50 Schiffe zur Ablösung eingetroffen; sie wurden von den Phöniziern besiegt, nur der kleinere Teil konnte entkommen.

Auch wenn damals nicht mehr, wie ursprünglich, 200 Schiffe und ihre Besatzungen dagewesen sein werden, beliefen sich die Verluste jedenfalls auf 80 bis 100 Triëren und mehrere tausend Mann; Athener, Metöken und Bundesgenossen – die Hoffnungen nicht gerechnet, die zusammenbrachen, und die Blamage der Stadt, die Schande ihrer Niederlage.

Doch konnten Rückschläge die Athener ja nicht entmutigen, sie setzten also ihre Politik, ihre Kriegführung mit aller Entschiedenheit fort. Vielleicht hatte Perikles gerade deswegen 453 die Fahrt in den Korinthischen Golf unternommen.

Vorsichtshalber evakuierten sie die Seebundskasse von Delos nach Athen, angeblich wegen der Bedrohung durch die persische Flotte, eher aber, weil sie Übergriffe seitens abtrünniger Verbündeter befürchteten, und nicht zuletzt, um die Gelder zu unmittelbarer Verfügung zu haben. Wohl waren die Schatzmeister schon immer Athener, gingen die Gelder zumeist nach Athen, zum Flottenbau und zur Bestreitung der Kriegsausgaben. Doch konnte man noch freier darüber verfügen, wenn man sie in der eigenen Stadt hatte. Da die Ausgaben wohl in der Regel hinter den Einnahmen zurückblieben, hatte sich ein beträchtlicher Schatz angesammelt.

Seit 454 wurde vom Beitrag jeder Stadt der sechzigste Teil für Athene abgezweigt. Möglicherweise war vorher Ähnliches für den delischen Apoll geschehen. Lange Listen, in denen die Zahlungen an die Göttin aufgeführt waren, wurden Jahr für Jahr in Stein gemeißelt und öffentlich aufgestellt. Über die Summen verfügten die Schatzmeister der Athene; die Stadt konnte sie bei Bedarf von ihnen entleihen.

Vermutlich im Zusammenhang mit der Niederlage in Ägypten, vielleicht auch mit persischen Aktivitäten, taten sich einige Schwierigkeiten mit jonischen Städten auf, dem nach dem Perserkrieg wieder aufgebauten Milet und Erythrai, möglicherweise auch mit einigen Inselpoleis. Näheres ist nicht bekannt. In Erythrai richteten die Athener eine Demokratie und einen neuen Rat ein. Sie legten eine Garnison dorthin, deren Kommandant auch innenpolitische Funktionen erhielt.

Eine eigenartige Diskrepanz liegt in der attischen Politik und Kriegführung. Einerseits steht Athen gegen Persien wie eine Großmacht gegen die andere und hat Schiffe und Truppen in Ägypten, andererseits hat es – und oft in schweren Kämpfen – mit lauter kleinen Städten in Griechenland zu tun. Aber darin bestand eben die Besonderheit dieser Stadt, daß sie zugleich Großmacht und Polis unter Poleis zu sein hatte; daraus ergibt sich das Ungeheuerliche ihrer Anstrengungen, der immer neue Versuch, über diese Diskrepanz hinwegzukommen. Daran mußte sie sich letztlich aufreiben.

Von weiteren kriegerischen Aktionen gegen Ende der fünfziger Jahre hört man nichts. Vermutlich war Athen mit der Stabilisierung des Seebunds beschäftigt. Die wichtigsten Ziele in Mittelgriechenland waren wohl erreicht. Weiter konnte man nicht kommen; Sikyon und Korinth etwa waren nicht zu unterwerfen. Die Athener konnten auch die Seebundsgenossen nicht ständig in Anspruch nehmen; was sie anscheinend getan hatten. Zudem war gegen einen Feind wie die Spartaner, der nicht zu besiegen war, aber auch wenig Neigung zum Krieg hatte, schlecht zu kämpfen.

Es ist möglich, daß damals, gegen Ende eines Jahrzehnts kriegerischen Überschwangs, eine Phase der Ernüchterung und Konsolidierung eintrat. Gewiß, die Ruderer waren inzwischen fast Berufssoldaten geworden. Für sie war das Ausfahren zu immer neuen Unternehmungen üblich geworden. Aber für die Hopliten stand es anders. Und irgendwo wird sich auch bemerkbar gemacht haben, daß die Kriege teuer waren.

Um 451 schloß Argos mit Sparta einen dreißigjährigen Frieden. Und wenn nicht andere Gründe, so war es dieser, der die Athener veranlaßte, ihrerseits einen Waffenstillstand mit Sparta zu suchen. Er wurde ausgehandelt von Kimon; die zehn Jahre seiner Verbannung waren verstrichen. Angeblich soll er auf Antrag des Perikles vorzeitig zurückberufen worden sein; eine Quelle spricht gar davon, es sei kurz nach der Schlacht bei Tanagra geschehen.

Der Waffenstillstand, der die Bewahrung des Status quo zum Inhalt hatte, könnte freilich noch einen besonderen Zweck gehabt haben: Athen wollte, unter Kimon und auf dessen Rat, wieder offensiv gegen Persien werden. Es galt, die Niederlage wettzumachen, wohl auch dem Seebund wieder einen Sinn zu geben.

450 oder 449 wurde der Angriff auf Zypern wiederaufgenommen, der zehn Jahre zuvor abgebrochen worden war, als man die Flotte nach Ägypten weitergeschickt hatte. Wieder waren es 200 Schiffe, athenische zumeist, aber auch verbündete, die man aussandte, ein Heer dazu, denn es galt auch, Landschlachten zu schlagen und Städte zu belagern. Da der aufständische Ägypterfürst Amyrtaios, der sich in den Sümpfen des Nildeltas behauptet hatte, um Hilfe rief, wagten es die Athener noch einmal, 60 Schiffe dorthin zu senden; sie blieben freilich nicht lange, wohl deshalb, weil sie keine Möglichkeit sahen, daß noch einmal ein größerer Aufstand entbrennen würde. Der Hauptteil der Armee belagerte derweil Kition, an der Südküste Zyperns, die bedeutendste der von den Phöniziern besiedelten Städte der Insel; doch zog es sich hin, die Versorgung ließ zu wünschen übrig, Kimon

selbst starb. Als die Griechen das Unternehmen abbrachen und sich zurückzogen, griffen die Perser an, zu Lande und zur See, beim zypriotischen Salamis. Sie wurden hier wie dort geschlagen. So endete dieses letzte Unternehmen der Griechen auf Zypern wenigstens mit einem Sieg.

Damals gaben die Athener es auf, die Insel zu erobern. Die Bereitschaft vieler Städte dort, sich gegen die Perser zu engagieren, hatte nachgelassen, vielleicht war auch das persische Interesse gewachsen; jedenfalls lag Persien viel näher als die Ägäis. Aber es könnte auch die Ernüchterung in Athen zu neuen Einsichten in die Grenzen der eigenen Macht verholfen haben.

So begab sich eine attische Gesandtschaft zum Großkönig nach Susa, um zu verhandeln. Es war vermutlich kein förmlicher Friede, den sie abschlossen, das hätte der Ehre der Perser widersprochen, immerhin eine haltbare Verständigung auf die Bewahrung des Status quo. Die Perser sagten zu, sich militärisch von der Ägäis fernzuhalten. Keine Kriegsflotte durfte sich ihr im Norden über die Einfahrt des Bosporus, im Süden über Phaselis hinaus nähern. Zu Lande mußten sie einen Abstand von drei Tagereisen (oder einem Tageritt) einhalten. Die griechischen Städte an der Küste und in deren Nähe blieben frei, jedoch beanspruchte der Perserkönig zumindest formal die Fortdauer seiner Herrschaft, somit weitere Tributzahlungen. Es heißt aber, daß er praktisch davon keinen Gebrauch gemacht habe. Andererseits hat er das Recht dieser Städte, dem attischen Seebund anzugehören, konzediert. Die Athener mußten dagegen versprechen, die gleichen Grenzen zu respektieren; sie hatten vor allem in Zypern und Ägypten künftig militärisch nicht mehr einzugreifen.

Der Friede wurde 449 ausgehandelt von Kimons Schwager Kallias, dem Sohn des Hipponikos, dem reichsten Athener seiner Zeit; Großgrundbesitzer, Betreiber von Bergwerken (sowie Besitzer Hunderter von Sklaven, mit denen er sie ausbeutete) und einer der führenden Priester im Demeter-Heiligtum von Eleusis; was, nebenbei gesagt, auch größere Einnahmen brachte. Dreimal hatte er in Olympia gesiegt. Er war offizieller Gastfreund der Spartaner. Von Kalamis, einem der ersten Bildhauer der Zeit, hatte er eine Aphrodite-Statue herstellen lassen, die er auf die Akropolis weihte. Nach der Rückkehr zog man ihn, wohl vergeblich, wegen Bestechung vor Gericht.

Es ist nicht zu sehen, was er falsch gemacht hätte. Der Friede war offenbar überfällig, durch Krieg war kaum mehr zu erreichen, als man hatte. Die Frage war nur, was künftig aus dem Seebund würde. Er hatte seinen Dienst getan – es sei denn, man hätte befürchten müssen, daß die Perser seine Auflösung zum Anlaß für neue Angriffe nahmen. Das war nicht gerade wahrscheinlich angesichts der inneren Schwächen des Reiches. Und zur Not hätte man sich ja wieder zusammenschließen können. Andererseits – was sollte aus Athen, aus seiner Flotte, seinen Ruderern werden? Was aus seiner Macht, seiner Dynamik; was aus den Athenern überhaupt, die ohne diesen Bund kaum mehr zu denken waren?

ZWEI JAHRE vor dem Kalliasfrieden, 451, ist ein datierbares, interessantes, jedoch schwer zu verstehendes Ereignis der attischen Innenpolitik zu verzeichnen: das Bürgerrechtsgesetz des Perikles. Es verfügte, daß künftig athenischer Bürger nur sein sollte, wer beiderseits von Athenern abstammte. Es ging um Vater und Mutter, nicht um weitere Ahnen. Und wer schon Bürger war, durfte es bleiben; vermutlich alle, die vor 451 geboren oder in die Phratrien eingeführt worden waren.

Zuvor hatte es genügt, daß der Vater Athener war und daß er den Sohn in rechtmäßiger Ehe gezeugt hatte. Viele Adlige hatten Töchter aus anderen Städten, besonders gern solche von thrakischen Fürsten geheiratet.

Diese Möglichkeit wurde den vornehmen Herren jetzt praktisch genommen. Denn sie konnten kaum Ehen schließen, deren Kinder nicht Bürger werden, folglich auch ihr Grundeigentum nicht erben durften. Ihre Freiheit, vielerlei Beziehungen zu knüpfen, erfuhr also eine empfindliche Einschränkung; sie mußten sich stärker als zuvor auf Athen konzentrieren. Doch braucht das keineswegs die hauptsächliche Absicht des Gesetzes gewesen zu sein. Schließlich muß die Zahl der Verbindungen auch anderer Athener mit den Töchtern von Metöken und Auswärtigen stark zugenommen haben, je mehr sie herumkamen, je größer auch der Anteil der Zuwanderer an der Bevölkerung der Stadt wurde.

Ob das bedeutete, daß attische Mädchen in größerem, in nennenswertem Ausmaß unverheiratet blieben, und wenn ja, ob dies zu den Motiven des Gesetzes zählte, ist unbekannt. Jedenfalls sollte man annehmen, daß es auf eine allgemeinere Problematik antwortete.

Eigenartigerweise hat die griechische politische Theorie nie die außerordentlich weitgehende Exklusivität der Poleis zum Gegenstand des Nachdenkens gemacht. Sklaverei mußte man rechtfertigen, die Abgrenzung der Bürgerschaft – auch den freien Miteinwohnern, athenisch gesprochen: den Metöken gegenüber – nicht. Aristoteles betonte, daß die Stadt eine gewisse Größe nicht überschreiten dürfe, weil sonst die Stimme des Herolds die Bürger nicht erreiche, auch weil sich diese sonst nicht kennten, etwa nicht wüßten, wem sie ein Amt anvertrauen könnten. Gegebenenfalls mußte das über die Unterabteilungen vermittelt werden. Daß aber die einen in einer Stadt dazugehörten, die andern nicht, war offenbar selbstverständlich und keiner weiteren Überlegung wert. Wohl sprachen alle Griechen die gleiche Sprache, verehrten mehr oder weniger die gleichen Götter, pflegten die gleiche Zivilisation, ja sie hatten das gleiche ideale Bild von sich, von den Menschen, wie etwa die Bildhauer es formten, die natürlich bald hier, bald dort arbeiteten. Wohl waren die Zentren ihrer Städte vielfach weniger als einen Tagesweg, oft nur Stunden voneinander entfernt. Und die attischen Metöken zum Beispiel pflegten sich den Athenern stark anzugleichen. Doch das alles stand nur auf dem einen Blatt.

Dagegen stand die Selbständigkeit der Städte und ihr familienartiger Zusammenhang auf einem andern. Man konnte sie nicht beliebig erweitern. Was die Griechen waren, waren sie vor allem als Bürger; gerade für die Angehörigen der mittleren und unteren Schichten galt das. Sie bildeten, speziell in Athen, untereinander eine kräftige Solidarität aus. Außer auf den Unterschieden und Gegensätzen zum Adel beruhte sie auf der Gleichheit des Männerbunds; nicht auf jener Art von Gleichheit, in der ein Monarch – oder ein Staat – bei allen Abstufungen seine Untertanen sieht. Nicht zufällig ist es, daß größere Bürgerrechtsverleihungen im griechischen Mutterland nur von Tyrannen und Wieder-ins-Lot-Bringern vorgenommen worden sind. Bürgerschaften selbst, und gar demokratische, teilten ihre Bürgerrechte nicht mit andern.

Man war deswegen nicht fremdenfeindlich. Speziell in Athen konnten die Metöken, soweit man sehen kann, völlig unangefochten und unangefeindet ihren Geschäften nachgehen. Nur standen sie außerhalb der Homogenität der Bürgerschaft, und auf die scheint gerade die Demokratie angewiesen gewesen zu sein: ohne Staat, ohne Verwaltungsapparat, ohne Polizei, wie sie war, ganz im unmittelbaren, verantwortungsvollen Umgang der Bürger untereinander beruhend. Da scheint es jene starke, familienartige Verbundenheit gebraucht zu haben, die der Fiktion nach gar als Abstammungsgemeinschaft galt.

Doch all dies zugegeben, warum schränkten die Athener den Bürgerkreis für die Zukunft noch zusätzlich ein? Trotz der außerordentlichen militärischen Anforderungen, denen sie unterlagen, trotz der teilweise großen Verluste, die sie immer wieder erlitten? Zwar scheint die Bürgerschaft in jenen Jahrzehnten durch steigende Geburtenraten sehr zugenommen zu haben, aber Athen brauchte seine Männer doch an allen Ecken und Enden der Welt.

Die Erklärung kann nur sein, daß die Athener befürchteten, ihre Bürgerschaft büße an Geschlossenheit, vielleicht auch an Handlungsfreiheit ein. Zu viele Ehefrauen aus Metökenhäusern oder gar aus der Ferne schienen wohl die Sicherheit zu nehmen, daß attische Bürger so erzogen würden, wie es üblich war und wie es nötig schien. Zu viele Eheverbindungen dieser Art mochten nennenswerte Loyalitätskonflikte mit sich bringen; selbst von Perikles hieß es einmal, wenn auch im Spott der Komödie, er habe einen großen Krieg seiner Freundin Aspasia zuliebe angefangen. Schließlich müssen viele Metöken die Aufnahme ins Bürgerrecht gewünscht haben. Man geriet ihnen gegenüber in Schwierigkeiten, je enger die Beziehungen geknüpft wurden. Übrigens hatten sich viele das Bürgerrecht auch auf krummen Wegen, wohl durch willfährige (oder bestechliche) Demen verschafft.

Es ist nicht nötig, solche Motive einfach nüchtern am Werk zu sehen. Obwohl sie einen richtigen Kern hatten, könnten sie neurotisch aufgeladen gewesen sein; wozu naturgemäß auch die Befürchtungen attischer Väter um die Heiratschancen ihrer Töchter beigetragen haben mögen.

Jedenfalls äußerte sich in Perikles' Bürgerrechtsgesetz das Bedürfnis der attischen Bürgerschaft, sich noch schärfer gegen andere abzusetzen, aus den andern sich herauszuheben. Viel stärker als alle andern gingen die Athener in der Politik auf, was sie gerade von den Metöken unterschied. Ihr ständiges, nun schon jahrzehntelang ungeheuer starkes Engagement in der Stadt und außerhalb, nicht zuletzt militärisch, ihre großen Erfolge, ihre Macht gaben ihnen das Gefühl der Besonderheit. Es hatte sich unter ihnen eine eigenartige Form des Dienstes an der Macht entwickelt, angestrengteste politische und militärische Tätigkeit; ein Ausmaß an Mobilität, wie es wohl nur eine derart männerbündisch organisierte Bürgerschaft mit einer Mentalität aufbringen kann, die so stark auf Unmittelbarkeit der Teilhabe an der Öffentlichkeit angelegt war – wenn sie denn in die Lage kommt, es zu müssen. Und wohl auch: wenn unter ihr die Angehörigen der untersten Schicht eine große Rolle spielen, die nach herkömmlichen ständischen Gesichtspunkten gering geschätzt, nur nach politischen wichtig waren.

So konnten die Athener meinen, einen ganz besonderen Charakter zu haben, der sie dazu befähigte, entsprechend ihrer Größe zu handeln. Und das war, wie sich unter ihnen bestimmte Verhaltensweisen, Annahmen und Hoffnungen festgesetzt hatten, auch nicht falsch. Offenbar wollten sie ihn sich nicht aufweichen lassen. Dadurch unterschieden sie sich von allen andern Griechen. Darin fanden sie einen unverhohlenen Stolz. Das suchten sie bis in ihre Bauten hinein auszudrücken.

Die griechischen Philosophen haben in auffälliger Weise Wert darauf gelegt, daß die Bürger Tugend entwickelten. Davon schien ihnen das Wohl der Städte abzuhängen. Das war eine Sache der Jugenderziehung, auch der Feste, die, Platon zufolge, dazu dienten, die Teilnehmer wieder aufzurichten, also wieder in Ordnung zu bringen, was sich im täglichen Leben abnutzte. Nach Protagoras »erzogen« sich die Bürger ja auch in den vielfältigsten Wirkungen und Gegenwirkungen ihres Umgangs. Offenbar wollten die Athener das vor allem unter sich abmachen.

Seit 451, beginnend mit dem Bürgerrechtsgesetz, finden wir Perikles im Vordergrund der attischen Politik. Er ist mit wichtigen Militärkommanden betraut, immer wieder also zum Strategen gewählt worden. Und die bedeutendsten politischen Initiativen gehen von ihm aus. Gewiß war er noch nicht, wie seit 443, der unbestritten führende Mann der Stadt, dem der Historiker Thukydides geradezu monarchischen Einfluß innerhalb der Demokratie zusprechen konnte. Insbesondere einen Gegner hatte er noch, bis es ihm gelang, ihn – 443 – ostrakisieren zu lassen. Es war ein Mann, der ebenfalls Thukydides hieß, der Sohn des Melesias, eines vornehmen Mannes, der als einer der erfolgreichsten Ringer der vorangegangenen Generation vom Dichter Pindar besungen worden war. Sein Schwager oder Schwiegervater war Kimon.

Anders als der war er kein großer Feldherr, dafür ein gewandter Politiker mit guten rhetorischen Fähigkeiten. Er unterhielt viele Freundschaften, sowohl in Athen wie in den bundesgenössischen Städten. Große Teile des attischen Adels sahen in ihm offenbar den wichtigsten Verfechter ihrer Interessen und Auffassungen. Sie – und vermutlich viele ihrer Anhänger – versuchte er in der Volksversammlung dadurch besser zur Geltung zu bringen, daß er sie veranlaßte, sich dort auf der Pnyx in geschlossenem Block hinzusetzen. Er wollte offenbar verhindern, daß sie den Suggestionen seiner Gegner, zumal des Perikles, verfielen, wollte bewirken, daß sie sich gegenseitig ermunterten, wohl auch durch geschlossene Beifalls- oder Unwillenskundgebungen ihre Stärke markierten. Das Geschickteste, was er tun konnte, war das vermutlich nicht. Denn es wird sich im Zweifelsfalle eher die Unterlegenheit der Seinen herausgestellt, und der Manipulationsverdacht wird gegen ihn gesprochen haben. Immerhin hat er sich eine Reihe von Jahren gegen Perikles gehalten; wenn auch offenbar in unterlegener Position.

Als er einmal gefragt wurde, wer von ihnen der bessere Ringer sei, soll er geantwortet haben: »Wenn ich ihn im Ringkampf zu Boden werfe, streitet er es ab, und zwar so erfolgreich, daß er auch die, die es gesehen haben, eines anderen belehrt.« Thukydides mag sich in manchem durchgesetzt haben. Soweit wir es aber sehen können, gehen alle wichtigen Entschlüsse auf Perikles zurück. Und das waren nicht wenige.

Denn die drei bis vier Jahre seit 450 waren für die attische Politik von schwierigsten Problemen und Entscheidungen bestimmt, vor allem was den Seebund anging, dessen Existenzgrund mit dem Kalliasfrieden hinfällig wurde; der schon seit der Niederlage in Ägypten etwas aus dem Ruder gelaufen war. In dieser Situation konnte man ängstlich, konnte man aber auch entschlossen handeln, konnte eher abwarten oder eher zupacken, zurückstecken oder vorpreschen.

Was man freilich nicht konnte, war, den Seebund zur Disposition zu stellen. An ihm hingen die Einnahmen, von denen so viele Athener lebten, das Ausmaß, in dem die Bürger sich mit Politik und Krieg befaßten, die ganze Verfassung, aber auch die wirtschaftliche Situation, der Wohlstand, der Handel. Nicht zuletzt waren das Selbstverständnis der Stadt, ihr Stolz, ja ihre Sicherheit, die die Verfügung über die Flotte, die Erneuerung ihres Bestandes und ständige Übungsfahrten voraussetzte, auf den Fortbestand des Bundes angewiesen.

Längst war dieser »Seebund« kein einfaches Bündnis mehr, sondern zugleich eine Herrschaft Athens, ein »Reich«. Und es könnte sich schon ein gewisser Zynismus in deren Ausübung eingebürgert gehabt haben. Trotzdem kann der Wegfall der Legitimation, der Abwehr gegen die Perser, Athen nicht unberührt gelassen haben. Es ist nichts Geringes, wenn die Voraussetzungen eines jahrzehntelangen angestrengten Einsatzes dahinschwinden. Dann muß sich die Frage stellen, wie es weitergehen soll. Und in einer Stadt wie dem damaligen Athen muß es heftige Auseinandersetzungen gegeben haben. Die Möglichkeiten einer grundlegenden Veränderung der Situation müssen sich zumindest abgezeichnet haben.

Perikles' Politik war zunächst elastisch. Er schlug vor, einen panhellenischen Kongreß nach Athen einzuberufen. Dort sollten neue Entscheidungen über die Zusammenarbeit unter den Griechen getroffen werden. Bis dahin sollten offenbar die Seebundsbeiträge suspendiert sein. In der Tat sind für das Jahr 448 keine verzeichnet worden, was finanziell wegen des angesammelten Schatzes kein so großer Schade war. Der Kongreß sollte über die griechischen Heiligtümer beraten, die die Perser niedergebrannt hatten, über Opfer, die die Griechen aufgrund früherer Gelübde für die Rettung des Landes den Göttern noch schuldeten, sowie »über das Meer, damit alle es furchtlos befahren könnten und Frieden hielten«. Fünf Gesandtschaften sollten alle Griechenstädte an der Ägäis dazu einladen.

Das Ziel war nicht zuletzt, Athens Flotte eine neue Existenzgrundlage zu geben, indem ihr die Sicherheit des Meeres übertragen wurde. Aber auch die Wiederherstellung der Tempel wäre vor allem Athen zugute gekommen. Ob Perikles mit dem Projekt viele Hoffnungen verband, ist ungewiß. Er scheiterte jedenfalls an der Weigerung der Spartaner.

Daraufhin scheint er das Steuer herumgeworfen zu haben: Die Beiträge wurden für 447 wieder eingesammelt, der Seebund blieb bestehen. Und nicht genug damit: Perikles stellte jetzt den Antrag, den Parthenon zu bauen; es sollten auch Seebundsgelder dafür aufgewandt werden.

Ohnehin hatte man in der Zwischenzeit die Bemühungen um eine Konsolidierung des Bundes fortgesetzt. Jedenfalls sind in den Jahren seit 450 in verschiedene – unzuverlässige, zu bestrafende – Städte »Kleruchien« entsandt worden, Bürgergruppen von einigen hundert, ja zuweilen bis zu zweitausend Mann, denen auf fremdem Territorium Land angewiesen wurde, die dort aber keine eigene Stadt bilden sollten, sondern weiterhin Athen zugehörten. Es ist zu vermuten, daß das Land in öffentlichem Eigentum blieb und nur auf Zeit vergeben wurde. Die Kleruchien dienten sowohl dem Zweck der Versorgung wie dem der militärischen Sicherung (so daß nach einiger Zeit Jüngere die Älteren ersetzen mußten). Im Grunde handelte es sich um Garnisonen, deren Unterhalt durch Landzuteilung gewährleistet wurde. Die Gemeinden, deren Gebiet den Kleros-Inhabern ganz oder teilweise zugewiesen wurde, blieben bestehen, ihr Tribut wurde ermäßigt: Sie zahlten ja gleichsam in Naturalien. Übrigens waren schon die 4 000 Siedler, die Athen 508 nach Chalkis geschickt hatte, Kleruchen, keine Eigentümer ihres Landes gewesen.

Um die Mitte des Jahrhunderts wurden Kleruchien auf den Inseln Naxos, Andros und Lemnos, später auch auf Euböa eingerichtet. In das Gebiet der Bisalten an der Nordküste der Ägäis wurde eine Kolonie namens Brea ausgesandt. Hier galt es, ein an Schiffbauholz und Bergwerken reiches Gebiet gegen die Thraker besser zu sichern; dort auf den Inseln war es offenbar zu mehreren Abfällen gekommen, vielleicht schon im Zusammenhang mit der Übertragung des Bundesschatzes von Delos nach Athen. Denn die Inselbewohner waren dem Apoll von Delos besonders verbunden.

Was die Athener für die Fortsetzung des Bündnisses und zumal die neuerlichen Beitragssammlungen an Argumenten vorgebracht haben, ist nicht bekannt. Erinnerung an Verdienste, an die Befreiung Griechenlands mochte sich anbieten, aber es fragt sich, wie weit man damit kam. Vermutlich wies man also vor allem auf die Sicherheit der Ägäis hin. Jedenfalls haben sie – falls sich Widerspruch aufgetan hätte – nicht viel mit sich fackeln lassen.

Die Frage war allerdings, wie man die Dinge in Zukunft nehmen wollte. Darin lag der Gegensatz zwischen den attischen Parteiungen. Denn Thukydides und seine Verbündeten waren entschieden dagegen, Seebundsgelder für den Ausbau der Akropolis zu verwenden. Eine Schande sei es, daß Athen fremdes Geld nehme, um sich mit Statuen und Tempeln wie eine Kokotte zu schmücken. Sie mahnten zur Vorsicht.

Athens Adlige taten viel, um die Verbindungen zu den Bündnerstädten zu vermitteln. Sie hatten Beziehungen zu ihnen, stellten gegebenenfalls die Gesandten dorthin, bei ihnen stiegen wiederum deren Gesandte in Athen ab. Die Gelder, die sie dort als Beiträge ablieferten, wurden von den Wohlhabenden der Städte aufgebracht. Auch wenn die Summen begrenzt waren, so muß doch einiger Ärger entstanden sein, da sie nicht nur nicht militärisch gebraucht, sondern gar zur Verschönerung der herrschenden Stadt ausgegeben wurden. Thukydides vermochte solcher Art Klagen nicht gering zu veranschlagen. Und er dachte vermutlich konventionell, in den Bahnen solcher Beziehungen.

Perikles hingegen fand, über die Seebundsgelder hätten nicht die, die sie zahlten, zu verfügen, sondern die, an die sie gelangten. Da Athen für den Schutz der Bündner sorge, könne es die Überschüsse frei verwenden. Er mag hinzugefügt haben, daß Athene längst die Schutzgöttin des Bundes geworden war. Die Bündner waren verpflichtet worden, zum großen Fest der Panathenäen je ein Rind und eine Hoplitenrüstung zu senden. Der Parthenon sollte den Bundesschatz aufnehmen. Ja vielleicht sollte er sogar den Dank, und zwar des Bundes, für den Sieg über die Perser darstellen.

Nebenbei gesagt sind die Gelder für den Bau jeweils von den Schatzmeistern der Athene angewiesen worden. Die Abrechnungen wurden auf Inschriften fixiert, die zum Teil erhalten sind. Nur scheint Perikles es damals eingerichtet zu haben, daß Überschüsse aus der Seebundskasse in den Schatz der Göttin gelangten. Sie sollten dort gehortet werden, als Reserve, sinngemäß für die

Kriegführung; aber es ließen sich daraus dann eben auch Bauten finanzieren.

In den Reden, die Thukydides Perikles in den Mund legt, erklärt er später unverblümt, daß Athen eine Tyrannis ausübe; es möge nicht recht sein, sie zu erwerben; wenn man sie aber einmal innehabe, könne man sie nicht gefahrlos aufgeben.

KEINESWEGS IMMER in der Geschichte siegt derjenige, der die konsequenteste Politik verficht. Oft genug hat das Schwanken, das Offenlassen, die Vorsicht, und sei sie auch noch so sehr der Logik der Dinge zuwider, mehr für sich. Wer es anders will, hat zumindest Grund, über seine Absichten zu schweigen. Die attische Bürgerschaft jener Zeit aber wollte es nicht bequem haben. So war sie mit Perikles einig, sowohl in der Konsequenz, daß sie ihre Herrschaft nur ganz oder gar nicht behaupten könne, wie in der Baupolitik.

Perikles setzte auf Athens Überlegenheit, tat alles, um sie zu wahren, ja um sie offen hervorscheinen zu lassen. Wie sein Bürgerrechtsgesetz die Geschlossenheit der Bürgerschaft fördern – und wohl auch manche Ängste abbauen – sollte, so sollten die Athener seiner Meinung nach stolz auf ihre Macht sein. So wurde auch, zu einem nicht genauer bestimmbaren Zeitpunkt, eingeführt, die Tributzahlungen, die Ende März nach Athen zu gelangen pflegten, vor Beginn der Theateraufführungen den Athenern (wie den Gesandten, die sie gebracht hatten) vor Augen zu stellen. In großen Tonkrügen, deren jeder ein Talent, ungefähr 26 Kilogramm Silber umfaßte, insgesamt einige hundert, wurden sie hereingetragen; man konnte mitzählen, bevor die Tragödie begann. Nichts an der Macht Athens sollte verdeckt, alles sollte sichtbar sein. Es ging darum, sie gerade auch den Athenern selbst, dem herrschenden Volk, das sie auszuüben, das sie zu tragen hatte, von dem sie abhing, immer wieder bewußt zu machen.

Man kann sich fragen, wieweit die Konstellation und wieweit gewisse mentale Prädispositionen der Griechen diese Haltung bedingt haben. Die Konstellation, das heißt zunächst die Tatsache, daß das Verhältnis zwischen Athen und seinen Verbündeten so weitgehend auf Ungleichheit beruhte; die Tatsache aber auch, daß Athen fast über Nacht, jedenfalls ohne viel Zutun zu seinem

*Athena Parthenos in der Cella des Parthenon. In der rechten Hand trägt sie die Siegesgöttin Nike, links hält sie den Schild, auf dessen Außenseite der Kampf gegen die Amazonen abgebildet war; auf der Innenseite reckt sich die Burgschlange. Auf der Basis – die allein, wie man rechts unten sieht, Menschenhöhe erreichte – war die Erschaffung und Schmückung der Pandora im Beisein der Götter dargestellt, jener Frau, die Zeus in seinem Grimm schaffen ließ, als Prometheus ihm das Feuer gestohlen hatte. Hephaistos mußte Pandora aus Erde und Wasser formen, das Gesicht sollte dem von Göttinnen ähnlich sein, Aphrodite spendete ihr den Liebreiz, Hermes die Verschlagenheit, Athene lehrte sie nützliche Werke, etwa das Weben. Warum die Erschaffung des »Übels, das allen Freuden bereitet im Herzen, wenn sie ihr eigenes Weh umarmen«, gerade hier dargestellt wurde, ist schwer zu verstehen. Rekonstruktion nach N. Leipen in Toronto, angefertigt aufgrund von Kopien und antiken Berichten.*

Reich gekommen war. Griechische Mentalität aber zielte in die gleiche Richtung; das Wertlegen auf Glanz und Hervorragen statt auf zurückhaltende Machtausübung; das Wertlegen auch auf Autarkie, auf Verfügung statt auf langfristige partnerschaftliche Zusammenarbeit; nur im Innern der Städte gelang es ja, stärkere Kooperation zu ermöglichen.

»Das Vortreffliche aller Art«, heißt es bei Goethe, »das zugleich populär wäre, ist das Seltenste.« Diesen Seltenheitswert aber muß man den Bauten der perikleïschen Zeit zuerkennen. Gewiß darf Perikles' Verdienst daran nicht gering geschätzt werden. Allein, die Volksversammlung hat ihm zugestimmt und die Kommissionen der Bürgerschaft haben den Bau überwacht, vermutlich auch die Pläne gutgeheißen.

Als erstes wurde der Parthenon errichtet, oben auf der Akropolis, von allen Seiten der Stadt zu sehen, auch von der Hafeneinfahrt aus. Es war der erste Tempel, der ganz aus Marmor bestand; vom attischen Pentelikon. Auch die Ziegel taten es. Acht Säulen an den Schmal-, siebzehn an den Längsseiten, während dorische Tempel sonst in der Regel mit sechs und dreizehn Säulen gebaut wurden.

Der Bauplan stammte von Iktinos, dem führenden Architekten der Zeit. Er verwirklichte die neuesten Erkenntnisse. Alles bis ins Kleinste genau kalkuliert, nach streng eingehaltenen Maßverhältnissen. Die Säulen ungewöhnlich schlank, die lastenden Teile leicht und eher niedrig gehalten. Eine außerordentliche Geschlossenheit wurde dadurch erreicht, daß die Säulen dicht zusammengerückt, die Umgänge schmal gehalten wurden. Fast alle vertikalen Glieder waren ganz leicht nach innen geneigt, die Säulen um etwa sieben Zentimeter, die Ecksäulen um zehn in diagonaler Richtung. Der ganze Bau durchzogen von den berühmten Kurvaturen, jenen ganz leichten Krümmungen oder Schwellungen, die bis in den Giebel hinein so konsequent und subtil durchgeführt sind, daß in der Horizontale keine einzige Gerade mehr vorkommt. Jedes Teil nur für einen ganz bestimmten Platz zugerichtet, da kein einziges, wegen der Kurvaturen, austauschbar war, die Abstände der Metopen aufs feinste kalkuliert.

»Der Baumeister«, so hat es Paul Valéry formuliert, »kannte

*Reiter vom Parthenonfries. 30er Jahre des 5. Jahrhunderts. Noch (oder bis vor kurzem) am Parthenon.*

die geheimnisvolle Kraft der geringsten Abwandlung. Vor einer mit so viel Gefühl erleichterten Masse, die dem Anschein nach so einfach war, wurde keiner gewahr, wie er zu einer Art Glück geführt wurde durch fast unmerkliche Biegungen, durch Wendungen, die zugleich kaum sichtbar und allmächtig waren; und durch jene tiefe Verbindung des Regelmäßigen mit dem Unregelmäßigen, die er in sein Werk eingeführt und darin verborgen hatte, die ebenso mächtig war wie unbeschreiblich.«

Ungewöhnlich groß der Innenraum, in dem Phidias' etwa zwölf Meter hohe aus Gold und Elfenbein – auf einem Holzkern – gefertigte Athene aufgestellt war, zwischen zwei doppelstöckigen Säulenreihen, ein Raum, der durch seine Weite mit der körperhaften Dichte des Äußeren kontrastierte. Auf dem Helm der Göttin eine Sphinx, links und rechts von ihr je ein Greif, an der Brust das Medusenhaupt, in der rechten Hand eine Siegesgöttin, über einen Meter groß, in ihrem Arm die Lanze und zu ihren Füßen ein Schild mit der Darstellung des Amazonenkampfes. Vierzig Talente (mehr als zwanzig Zentner) Gold waren verarbeitet, sie waren abnehmbar, und Perikles stellte fest, daß sie zur Not eingeschmolzen und für Verteidigungsbedürfnisse verwendet werden konnten.

Die Giebel und Metopen trugen den herrlichsten Skulpturenschmuck, vor allem lief im Innern, auf der Außenwand der Cella, der 160 Meter lange wundervolle Fries um, auf dem sich die attische Bürgerschaft selbst darstellte, auf dem Zug der Panathenäen, in Festesfreude, unterwegs zwar zu ihrer Göttin, welche sie zusammen mit andern Göttern empfing, doch gleichwohl sie selbst; beispiellos, denn sonst gab es so etwas nicht. Aber die Athener hielten sich offenbar dessen für wert.

Wenn der ganze Zug in Wirklichkeit stets von ausgewählten Personen gebildet wurde, so war hier nochmals eine Auswahl getroffen, insgesamt auf die schönsten, die anmutigsten Teile konzentriert, ganz besonders die Reiter und ihre Pferde, die sich zu einem Ganzen von geradezu überschäumender Freiheit, Gelassenheit und Ordnung fügten; es war, wie wenn die attische Bürgerschaft wenigstens auf diesem Fries zeigen wollte, daß sie den alten, weithin noch geltenden Adelsidealen durchaus genügen konnte. Daher ließen sich die Hopliten entbehren; die Ruderer hatten ohnehin keinen Platz auf dem Festzug. Man hat bemerkt, es sei eine Übertreibung, wenn man sage, daß die Athener den Parthenon gebaut hätten, um sich selbst zu verehren, aber keine große.

Phidias hatte die Oberleitung über den Bau, Perikles scheint der Kommission angehört zu haben. Nach neun Jahren, 438, war der Parthenon vollendet. Gleich darauf begann man mit dem Bau der Propyläen.

Griechische Städte liebten es, mit Bauten und Denkmälern untereinander zu wetteifern. Gerade Athen, die Stadt, in der die kleinen Leute regierten, mußte da mithalten. Sie mußte alle andern übertreffen. Schließlich diente die Kunst – ganz abgesehen davon, daß sie bei den Griechen das rechte Maß verwirklichte und insofern mit dem Guten und dem Wahren zusammenhing – zu allen Zeiten dazu, zumindest die Fähigkeit, das Leistungsvermögen, aber in der Regel doch auch den Anspruch, die Größe von Herrschern zu dokumentieren, ja die Identität eines Gemeinwesens zu verkörpern. Insoweit ist Perikles' Baupolitik nichts Besonderes. Auch wenn die Zustimmung der Volksversammlung bemerkenswert bleibt.

Aber daß Iktinos, Phidias und ihre Mitarbeiter in Athen ein solch unvergleichliches Werk schaffen konnten (wie gleich darauf Mnesikles die Propyläen und andere das Erechtheion) – sollte darin nicht die Kühnheit, die Freiheit, das Spannende, das über alles Gewohnte weit Hinauszielende, alles, was möglich schien, immer wieder Übertreffende, Anspornende ihrer Stadt sich niedergeschlagen haben? So daß sich hier ein Stück Athen verwirklichte (etwas, was anderswo nicht hätte erdacht und ausgeführt werden können)? Was dann zugleich das Menschenbild und dessen plastische Darstellung zutiefst bestimmt hätte?

447 UNTERNAHM Perikles einen Zug zur thrakischen Chersones, die immer wieder Angriffen vom Festland ausgesetzt gewesen war. Wie im sechsten Jahrhundert, als man schon einmal in Athen um Hilfe gebeten hatte. Perikles siedelte auch hier attische Bürger an, tausend Mann, baute eine Mauer an der schmalsten Stelle, sicherte das Land und damit die Durchfahrt durch die Dardanellen.

Schwierig wurde es allerdings im Jahre 446. Damals beschlossen die Athener, gegen Orte im Westen Böotiens zu Felde zu ziehen, die in die Hand böotischer Flüchtlinge geraten waren. Es waren offenbar Männer, die die unter athenfreundlichen Regimen stehenden Städte hatten verlassen müssen. Tausend Hopliten wurden nebst Verbündeten ausgesandt. Sie hatten auch Erfolg, konnten die Stadt Chäronea einnehmen; deren Bürger verkauften sie in die Sklaverei.

Ob solche Versklavung der Bürger einer griechischen Stadt, von der die Quellen bei dieser wie bei so vielen anderen Gelegenheiten ohne weiteres Aufheben berichten, damals etwas Besonderes war, ist nicht genau zu sagen. In sehr vielen andern Fällen wird man sich damit begnügt haben, einen Kreis von Männern, die man für gefährlich hielt, hinzurichten oder in die Verbannung zu schicken und die übrigen in Freiheit und Besitz zu belassen. In Chäronea war wohl die Erbitterung der Athener zu groß dazu.

Jedenfalls konnten alle Bekundungen von Gemeinsamkeiten die Griechen ebenso wenig von Versklavungen wie von blutigen Kriegen und Massenhinrichtungen abhalten. Es gab dieses Institut seit eh und je, Menschen waren verkäuflich. Moderne Humanitätsvorstellungen hatten sich noch nicht entwickelt. Und wie die Freund/Feind-Unterscheidung, übrigens auch das Bedürfnis nach Rache, so war auch das nach radikalen Strafen noch höchst lebendig. Man kam nicht selten zu dem Schluß, daß es besser sei, reinen Tisch zu machen, als unklare, bedrohliche Verhältnisse walten zu lassen. Worin sich vermutlich jene Schwäche zeigte, die den Griechen, speziell den Athenern, in Hinsicht auf die Knüpfung stabiler politischer Beziehungen eigen war. Ihre Größe im Politischen erschöpfte sich ja im Innern der Städte; nur Sparta verstand sich, fußend freilich auf aristokratischen Übereinstimmungen, auf das Flechten weiter, stabiler Beziehungsnetze.

Auf dem Rückmarsch wurde das attische Heer, wohl aus dem Hinterhalt, überfallen von einer aus Flüchtlingen und Verbannten verschiedener Städte, aus Männern von Lokris sowie weiteren, die der attischen Vorherrschaft überdrüssig waren, zusammengewürfelten Schar. Es unterlag bei Koronea. Die Verluste waren sehr hoch, ungewöhnlicherweise vor allem an Kriegsgefangenen. Der Auszug hatte etwa ein Zwölftel des attischen Hoplitenaufgebots umfaßt. Perikles hatte von dem Feldzug abgeraten.

Der Vorgang ist dadurch so interessant, daß der Widerstand

*Reiter vom Parthenonfries. 30er Jahre des 5. Jahrhunderts. Der größte Teil der Platte heute in London, Bruchstück der linken oberen Ecke in Athen.*

nicht von Städten, sondern von zahlreichen Einzelnen aus verschiedenen Städten ausging, die sich privat zusammengeschlossen hatten. Die Städte selbst waren dazu offenbar nicht bereit, wobei es eine Rolle spielte, daß an verschiedenen Orten heftige innere Konflikte getobt hatten; die siegreichen Regime hatten sich mit den Athenern verbunden, waren oft wohl auch mit deren Hilfe an die Macht gekommen. Vielleicht liebten sie die Ruhe. Das heißt: das attische Einflußsystem in Böotien war an sich gut genug gefügt. Doch ließ es genügend Gegner draußen, und die waren nicht bereit, sich einfach mit ihrem Schicksal abzufinden.

Der Erfolg der Irregulären war außerordentlich. Athen suchte Frieden. Es war bereit, ganz Böotien freizugeben, verlangte nur, daß seine Gefangenen freigelassen würden. Man wüßte gerne, wie das plötzliche Einlenken zustande kam. Wollten nun auch die böotischen Städte ihre Freiheit? Rechneten die dort Regierenden mit der Rückkehr der Verbannten und suchten sie deren Wünschen zuvorzukommen? Gewiß mußte Athen großen Wert darauf legen, seine Gefangenen zurückzubekommen. Die Angehörigen mögen Druck ausgeübt haben. Man konnte bei den Irregulären nicht sicher sein, was sie mit ihnen anstellten. Aber entscheidend war wohl, daß Athen fand, Böotien sei nicht mehr zu halten, mit Ausnahme der ihm seit langem schon eng verbundenen Stadt Platäa. Selbstverständlich war die Behauptung des Seebunds wichtiger, das Neue war nur, daß sich der Stadt offenbar eine Alternative stellte: Beides zusammen war nicht mehr zu schaffen. Athen mußte mit seinen Kräften haushalten.

Die Folgen blieben nicht aus. Die Insel Euböa fiel vom Seebund ab. Perikles war kaum mit einer Armee dorthin übergesetzt, als die Megarer ihr Bündnis auflösten; die attischen Besatzungen konnten sich nur mit Not und nur teilweise ihrem Zugriff entziehen. Dann sammelte sich auch schon das peloponnesische Aufgebot, um unter spartanischer Führung in Attika einzufallen. Der Weg war ja jetzt frei und der Waffenstillstand zwischen Athen und Sparta offenbar abgelaufen.

Perikles mußte eilig zurückkehren, er traf die Feinde in der Gegend von Eleusis. Doch kam es zu keiner Schlacht, denn so schnell wie sie gekommen, zogen die Peloponnesier wieder ab. Perikles, so heißt es, hatte den noch jungen König Pleistoanax und seinen wichtigsten Ratgeber bestochen. In seinen Abrechnungen deklarierte er später eine Summe von zehn Talenten als »für notwendige Ausgaben«, und die Volksversammlung nahm es hin. Vielleicht hatte es zugleich Absprachen über einen zu schließenden Frieden gegeben. Jedenfalls konnte Perikles nach Euböa zurückkehren und die Insel unterwerfen. Sie war wichtiger als alle Eroberungen in Mittelgriechenland. Die Bedingungen waren glimpflich, nur die Bürger von Histiaia im Norden wurden vertrieben, und es wurden Athener dort angesiedelt. Die Stadt war deshalb von Interesse, weil sie an der Route vom Schwarzen Meer nach Athen lag.

446 schloß man sodann einen dreißigjährigen Frieden mit Sparta ab. Athen mußte die megarischen Häfen Nisaia und Pegai, die Stadt Troizen und die Landschaft Achaia »abgeben«, das heißt die Bündnisse auflösen und gegebenenfalls Garnisonen abziehen. Im übrigen einigten sich Sparta und Athen darauf, ihre Allianzen zu respektieren. Die Liste der beiderseitigen Verbündeten wurde dem Vertrag beigefügt. Dritten Städten sollte es freigestellt sein,

sich einem der beiden Bünde anzuschließen. Die künftigen Streitigkeiten wollte man vor einem Schiedsgericht austragen. Korinth, Sikyon und andere Städte, die Athen bekriegt hatte, schlossen sich dem Frieden an. Unklar ist, ob auch Ägina die Freiheit konzediert wurde. De facto hat Athen sie ihm nicht gewährt; die Insel sollte sich später darüber beklagen. In Böotien festigte sich der alte Städtebund unter Thebens Führung, ein Verband gleichberechtigter Städte, der aber über einige gemeinsame Beamte verfügte und ein Heer ins Feld stellen konnte.

Nachdem Sparta den Seebund ursprünglich stillschweigend anerkannt, nachdem Athen versucht hatte, Spartas Einfluß zurückzudrängen, wollte man nun das Verhältnis zwischen den beiden Bünden zementieren. Griechenland sollte künftig in zwei große Machtbereiche zerfallen; mit einigen Neutralen dazwischen.

Wenn die Männer um Ephialtes gemeint hatten, Athens Sicherheit gegen Sparta offensiv befestigen zu sollen, so war dieser Versuch gescheitert. Bis auf Ägina war alles verloren, worum Athen seit 460 auf dem griechischen Festland gerungen hatte. Sie hatten sich zuviel vorgenommen in jener Plastizität der Verhältnisse, die damals zu herrschen schien. Hatten viel Blut umsonst vergossen, viele Mittel vergebens eingesetzt. Jetzt mußten sie froh sein, wenn der Status quo ante zu bewahren war.

Man weiß nicht, inwieweit Perikles zu den Initiatoren der ausgreifenden Kriegführung gehört hatte. Wahrscheinlich hatte er herausragenden Anteil nur an ihrer Fortsetzung gehabt. Sonst hätte er ihren Zusammenbruch wohl kaum ohne erkennbare, langfristige Einbußen an Ansehen überstanden.

Perikles hat später, als er die Strategie des Peloponnesischen Krieges entwarf, erklärt, wenn Athen zu Lande siege, werde es bald darauf mit einer nicht geringeren Zahl von Feinden zu kämpfen haben; wenn es aber in offener Feldschlacht eine Niederlage erleide, so verlöre es obendrein die Bundesgenossen, auf denen seine Stärke beruhe. Mindestens in Umrissen wird es ihm schon damals klar gewesen sein, daß die Stadt sich nicht zu Lande und zur See zugleich in offene Kämpfe verstricken durfte. Und daß das Wichtigere die See war. Vielleicht hatte er deswegen schon 446 geraten, sich in Böotien nicht weiter zu engagieren.

»Etwas Großes ist die Herrschaft über die See«, betonte er, und der Blick auf die Landkarte zeigt, daß er wußte, wovon er sprach. Doch auch das mußte anscheinend erst erfahren werden. Künftig konzentrierte sich Athen jedenfalls auf seinen Herrschaftsbereich.

Denn dazu – griechisch gesprochen zu einer *arché*, einem Reich – war der Seebund spätestens damals geworden. Auch in offiziellen Dokumenten war die Rede von den »Athenern, und denen, über die sie Gewalt haben«. Der Vertrag mit Sparta bekräftigte es. Hier war nicht mehr eine Kampfgemeinschaft gegen Persien, sondern ein griechischer Machtbereich, welcher dem anderen gegenüberstand.

Über die inneren Verhältnisse des Seebunds unterrichten vor allem einerseits die Reden, die Thukydides in sein Geschichtswerk eingelegt hat, andererseits eine ganze Reihe von Inschriften, sowohl Tributlisten wie verschiedene Verträge. In den Reden sticht die Herrschaft, die Tyrannis Athens über seine Bündner ins Auge, aus der Perikles und andere Redner kein Hehl machten, ja von der sie mit Stolz sprachen. Den Grund dazu hätten sie gelegt, als sie auf Bitten der Verbündeten die Führung übernahmen und gegen die Perser kämpften. Daß sie das Bündnis bewahrten, ergab sich aus den drei Motiven, die die Mächtigsten unter den Menschen seien, dem Streben nach Ehre, dem nach Nutzen und der Furcht. Sie könnten, wie ja auch die Spartaner, nur entweder mit Macht herrschen oder sich selbst in Gefahr bringen.

Die Wirklichkeit des Seebunds scheint differenzierter gewesen zu sein. Da waren zunächst die drei großen Inseln, Lesbos, Chios, Samos, die mit eigenen Schiffen, nicht durch Geldbeiträge am Bündnis beteiligt waren und sich offenbar einige Selbständigkeit bewahrt hatten. Unter den übrigen gab es neben vielen Unterschieden im einzelnen, die nicht mehr zu rekonstruieren sind, jedenfalls den zwischen jenen Städten, die dem Seebund stets treu geblieben waren, und den andern, die abgefallen und dann neu verpflichtet worden waren. Die Bedingungen, unter denen das geschah, waren unterschiedlich. Interessant ist, daß die Treueide die Städte gelegentlich nur an die Athener banden, in andern Fällen zugleich an die Bundesgenossen insgesamt. Es mochten Aufseher oder auch Kleruchen dorthin gesandt werden, ja regelrechte Garnisonen.

Viele der verbündeten Städte waren so klein, daß sie der Abhängigkeit von andern aus ihrer unmittelbaren Umgebung ohnehin kaum hätten entgehen können. Denen konnte die Herrschaft des fernen Athen zumeist nur vorteilhaft sein.

Nicht ganz deutlich ist, wieweit Athen sich Eingriffe in die innere Ordnung ausdrücklich vorbehielt. In irgendeinem Ausmaß waren solche Eingriffe jedenfalls bei verschiedenen Städten möglich. Dagegen wurden andere mit dem neuen Wort »autonom« bezeichnet, was offenbar hieß, daß sie nach Innen frei waren.

Zuweilen richtete Athen Demokratien ein, deren Träger ihm besonders verbunden sein mußten; und es schickte Mitglieder der alten Oligarchien in die Verbannung. Es scheint von diesem Mittel anfangs aber nur sparsamen Gebrauch gemacht zu haben. Vielfach hätte es sich keineswegs empfohlen. Die Stadt Athen arrangierte sich lieber mit einflußreichen Adelsgruppen, als daß sie eine Ordnung aufgezwungen hätte, die wenig Chancen besaß. Demokratie war ihr keine Sache der Mission, sondern, wenn sie sich denn empfahl, der Herrschaftssicherung.

Nach Möglichkeit freilich achtete Athen darauf, Vertrauensmänner, »Gastfreunde« in den Städten zu haben, die in seinem Sinne wirkten, es auch über Vorgänge und Pläne auf dem laufenden hielten. Diese Personen standen unter seinem besonderen Schutz. Sie durften ohne seine Zustimmung nicht gerichtlich belangt werden. Wer ihnen Schaden zufügte, wurde vor ein attisches Gericht gezogen. Übrigens behielt sich Athen auch vor, Prozesse, die mit besonders schweren Strafen, wie etwa Tod und Verbannung, verbunden waren, vor eigenen Gerichten verhandeln zu lassen. Ansonsten beachtete man die normalen griechischen Regeln. Bei Streitigkeiten etwa zwischen Athenern und anderen galt der Gerichtsstand des Beklagten.

Unterschiedlich waren die Interessen, die die »Verbündeten«, die dann bald auch mit dem Wort *hypékooi*, das zugleich Gehorchende und Unterworfene meinte, bezeichnet wurden, mit der attischen Herrschaft verbanden. Die Sicherheit der Seefahrt konnte für viele wichtig sein. Auch die Vereinheitlichung der Münzen, der Maße und Gewichte, die Athen zu einem nicht bekannten Zeitpunkt vornahm, bot Vorteile für den Handel – wenn auch die Beseitigung des Rechts zu eigenen Prägungen für manche Stadt sehr schmerzhaft sein mochte.

Trotz allem war der Zusammenhalt des Reiches erstaunlich. Er war vornehmlich militärisch gesichert. Die Überlegenheit der attischen Flotte, zu der die Bündner finanziell soviel beigetragen hatten, machte die Stadt zur Herrin der Ägäis. Die Küstenstädte lagen ihr vielfach offen, da sie zur See hin seit alters selten befestigt waren, zum Teil hatten die Athener abgefallene oder des Abfalls verdächtige Städte auch genötigt, Befestigungen einzureißen. Die Flotte oder einzelne Geschwader konnten überraschend an den verschiedensten Stellen auftauchen. Auch im Frieden scheinen sechzig Schiffe jedes Jahr monatelang in der Ägäis zu Übungs- und Überwachungszwecken gekreuzt zu haben. Ein Signal- und Nachrichtensystem begünstigte die Überwachung genauso wie die verschiedenen Formen der Garnisonen (mit oder ohne Landzuweisung), wie Aufseher und »Gastfreunde«. Für sich vermochte keine Stadt etwas gegen Athen. Die Möglichkeit, sich zu mehreren zusammenzuschließen, scheint kaum gegeben gewesen zu sein. Bestenfalls konnte man, indem man abfiel, auf Ansteckungseffekte hoffen; aber auch die blieben sehr begrenzt. Obwohl das vielleicht nicht unbedingt so hätte sein müssen.

Doch verbanden sich die militärische Macht und die Vorteile vermutlich mit einer gewissen Trägheit, die auf die Bewahrung der Abhängigkeit zielte. Eine ganze Generation lang hatte das Bündnis bestanden, als der Kalliasfriede größere Zweifel an seinem Sinn aufkommen ließ. Wohl hatte man öfter Hopliten stellen müssen, aber im ganzen hatte es sich so eingespielt, daß Politik und Kriegführung in der Hand der Athener lagen. Sie waren ständig in Bewegung, in Übung, »ohne zauderndes Zuwarten«, wie es einmal heißt, und immer wieder überraschend, furchteinjagend über ihre Kräfte hinaus. Nicht zum mindesten bestand das Geheimnis der Behauptung ihrer Herrschaft in dem, was sie sich zur Gewöhnung täglicher Übung gemacht hatten, der Sorgfalt der Beobachtung aller Vorgänge, der Aufmerksamkeit bis ins kleinste, der Koordination, dem Ernst, mit dem sie bei ihrer Sache waren, so daß sich ein deutlicher Unterschied und Abstand zwischen herrschender Macht und Beherrschten herausbildete.

Dem entsprach ein anderer Unterschied, der mit den Worten *aprágmon* und *polyprágmon* ausgedrückt wurde. Jenes waren die Ruhigen, die nach alten, nach wie vor geltenden griechischen Idealen ihr erfülltes öffentliches und privates Leben lebten, ohne nach außen viel Unruhe zu stiften. Sie waren inzwischen den von Athen garantierten Frieden und große Sicherheit gewöhnt. Die *Polypragmosyne* dagegen war die leidige Umtriebigkeit der Athener, welche ständig etwas vorhatten und ins Werk setzten.

Wahrscheinlich hätten viele »Bündner« Athens Herrschaft ganz gerne abgeschüttelt. Jedenfalls haben sie nicht gewußt, wie sie ihre Befreiung ins Werk setzen sollten. Indes haben sie sich vielfach an Athen gerieben; haben es so neidvoll – wenn auch zuweilen fasziniert – betrachtet wie abstoßend empfunden. Und mindestens rhetorisch werden sie immer wieder gegen die Stadt aufbegehrt haben. Manche haben sie gewiß auch gehaßt. Nur daß man nicht weiß, wie viele das waren.

Denn Perikles' Rede vom Haß der meisten Städte, dessentwegen die Athener gar nicht mehr anders konnten, als ihre Herrschaft zu behaupten, enthielt vermutlich eine Übertreibung. Sie stimmte allerdings in den Folgerungen, denn wenn Athen seine Macht nicht kräftig praktiziert hätte, wäre der Seebund in der Tat dahingefallen, und dann hätte sich ein Haß zusammenballen können, der fühlbar gewesen wäre. Und sie stimmte zudem, indem die Athener es sich letztlich wohl anders kaum vorstellen konnten. In dieser Rede vom Haß lag nämlich ein Element der Furcht der Athener angesichts ihrer in der Tat außerordentlich großen Macht. Die Stadt war ja nicht unsensibel. Sie konnte spüren, was sich der Betrachtung aus der Distanz so sehr aufdrängt: wie unerhört es war, daß etwa 40 000 Männer die ganze Ägäis beherrschten. Mit ihren kleinen Schiffen, nur 34 Meter lang, kaum drei Meter über das Wasser herausragend, aber voller Ruderkraft. Eine gewaltige Organisation, in deren Dienst Tausende als Ruderer, als Kleruchen, Garnisonssoldaten, Aufseher und nicht zuletzt auch als Hopliten fast ständig unterwegs waren.

Da mochte man noch so sehr »kein Städtezerstörer sein« wollen, die Frage lautete anders: herrschen oder überfallen werden. Was daran übertrieben war, ergab sich aus dem Bedürfnis, die Gefährdung der Stadt so stark zu empfinden, daß das, was man ins Werk setzte, begründet war. Denn vor allem ging es ja darum, ob man weitermachte oder aufgab, was man hatte, was man war.

Aber neben der Furcht, die sie da beschleichen mochte, stand ein fast epischer Stolz. Gegen Ende seiner letzten Rede läßt Thukydides Perikles erklären: »Vergeßt nicht: den größten

Namen trägt unsere Stadt in aller Welt, weil sie den Schicksalsschlägen nicht zu weichen pflegt, die größte Zahl an Menschenleben und an Mühen aufgewendet hat in Kriegen und die größte Macht bis zu dieser Stunde erworben hat, deren Gedächtnis für alle Zeit bei kommenden Geschlechtern...überleben wird. Daß wir als Griechen über die größte Zahl der Griechen Herrschaft geübt und in größten Kriegen Widerpart gehalten haben gegen alle zusammen und gegen jeden Einzelnen und daß wir eine Stadt bewohnten, die mit allen Gütern aufs beste versehen und überhaupt die größte war.« Und er fügt hinzu: »Gehaßt zu werden aber und beschwerlich zu sein in der Gegenwart, das traf alle, die sich je wert hielten, über andere zu herrschen.« Das klingt nach »viel Feind', viel Ehr«, zugleich nach dem alten agonalen Ehrgeiz, diesmal, was Herrschaft anlangt – und der Eindruck kann nicht falsch sein.

Jedenfalls erklärt sich die verblüffende Offenheit, fast möchte man sagen: Unverfrorenheit, mit der Athen seine Herrschaft immer wieder als Herrschaft – und seine Verbündeten als Beherrschte – deklarierte, wohl am ehesten aus diesem Stolz (und der Notwendigkeit, die eigene Bürgerschaft aus ihm zu motivieren). Weniger gewiß aus Wahrheitsliebe, also aus der Unfähigkeit, jene Formen der Heuchelei zu entwickeln, die insgesamt so wohltuend sein können: Denn eigentlich muß man ja den Vorwurf, andere zu beherrschen, nicht mutwillig auch noch selber bestätigen.

Interessant ist, daß Thukydides Perikles in dieser Rede schon mit einem gewissen Niedergang Athens rechnen läßt. Nichts nämlich sei auf der Erde von Dauer.

In Perikles, dem Sohn des Xanthippos, des Siegers von Mykale, und der Agariste, der Nichte des Kleisthenes aus dem Geschlecht der Alkmeoniden, war das Athen jener Jahre verkörpert, wie wohl selten ein Gemeinwesen es in einem Manne gewesen ist.

So gelang es ihm denn auch, mit allen seinen Gegnern fertigzuwerden, zuletzt im Ostrakismos des Jahres 443 mit Thukydides, der damals gehofft haben mochte, den Rivalen auszustechen, wenige Jahre nach dem Mißerfolg in Mittelgriechenland. Statt dessen mußte er selbst in die Verbannung.

Man weiß nicht, wie Perikles über die Demokratie dachte, als er sie mit Ephialtes und seinen Freunden herbeiführte; ob sie ihm grundsätzlich wünschenswert und gerecht erschien oder nicht eher ein Mittel zum Zweck war. Und man muß mit der Möglichkeit rechnen, daß er die Diäten und manches andere primär aus taktischen Gründen einführte. Dazu gehörten auch Spiele, Festzüge, öffentliche Speisungen, die er einrichtete oder weiter auszubauen vorschlug. Es waren zumeist, wie es heißt, »nicht unmusische Freuden«, um die es da ging. So hat Perikles auch das große Fest der Panathenäen um musische Wettkämpfe bereichert, die aus Flötenspiel, Gesang und Leierschlagen bestanden. Er errichtete dazu ein Odeion, einen großen Bau, der auf vielen Säulen ruhte, das Dach wie beim persischen Königszelt von allen Seiten spitz nach oben zulaufend. Auch beim Bürgerrechtsgesetz könnte ihm zugleich daran gelegen gewesen sein, Wünsche des Volkes zu erfüllen. Mindestens trug dies alles dazu bei, daß er eine feste Basis des Ansehens im attischen Demos gewann.

Je länger, um so mehr aber hat Perikles sich mit dem demokratischen Athen identifiziert oder besser: er hat sich derart in seinen Dienst gestellt, daß er seine ganze Eigenart daraufhin stilisierte, nichts anderes als Athens führender Politiker zu sein. Er weigerte sich, an adligen Gastmählern und Symposien, den Lebenselementen seines Standes, teilzunehmen. Bei keinem Freunde, wird berichtet, war er zu Gast, außer bei der Hochzeit eines Verwandten, von der er aber frühzeitig wieder aufbrach. Wenn seine Unbestechlichkeit gerühmt wird, so hing gewiß auch das damit zusammen, daß er sich von adligen Usancen des Geschenkeaustauschs möglichst fernhielt.

Sein Gesicht, sein Gang, seine Sprechweise seien aufs äußerste beherrscht gewesen, überall sei der staatsmännische Ernst an ihm hervorgetreten; selten soll er gelacht haben. Der anständige Faltenwurf seines Mantels sei auch bei leidenschaftlicher Rede nicht in Unordnung geraten. Vor seinen Auftritten habe er ein Gebet gesprochen, es möge ihm kein Wort entfallen, welches dem Gegenstand der Verhandlung unangemessen sei.

Ob der griechische Schriftsteller Plutarch aus dem zweiten nachchristlichen Jahrhundert, dem wir diese Schilderung verdanken, auf guter Überlieferung fußt, ist nicht sicher. Doch scheint es andernfalls gut, wenn auch übertreibend erfunden zu sein. Konnte er wirklich, ohne auch nur die Arme stärker zu bewegen, die ganze Pnyx in den Bann seiner Rede ziehen? Übrigens hat er seine Auftritte vor der Volksversammlung auch genau rationiert. Wie das Kurierschiff der Stadt, die Salaminia, habe er sich nur zu den wichtigsten, den schwierigsten, den dringendsten Angelegenheiten hergegeben; in andern habe er seine Freunde vorgeschickt. Und er hatte natürlich einen ganzen Kreis von Männern, die ihm zur Hand waren; besonders wenn es schwierige Gesetzesmaterien zu bewältigen galt.

Nach dem Ostrakismos des Thukydides habe er die Stadt souverän gelenkt; das Volk weitgehend in der Hand gehabt. Und er habe es vermocht, ihm Mut zu geben, wenn es mutlos war, und es zu mäßigen, wenn es übermütig zu werden drohte. Da übertrug er gleichsam seine beherrschte Art auf die Polis, soweit es ging.

Die Philosophie des Anaxagoras, bei dem er gelernt, mit dem er viel verkehrt hat, war ganz nach Perikles' Sinn: Der Philosoph gab dem *nous*, der Vernunft, die zentrale Position im Weltall. So sollte es auch in der Stadt sein. Dank Anaxagoras' naturwissenschaftlichen, unter anderm übrigens anatomischen und astronomischen Forschungen soll Perikles sich alles Aberglaubens entschlagen haben. Er war ein durchaus aufgeklärter Mann. Auch seine Güter bewirtschaftete er ganz modern, mit genau überlegten rationalen Methoden. Vor allem aber hat er offenbar die Politik Athens aufs genaueste und immer neu durchdacht, wobei ihm Theorien zu Hilfe gekommen sein mögen, die damals entworfen wurden. Immerhin war es die Zeit der beginnenden Sophistik.

Es ist kein Wunder, daß ein solcher, zudem so mächtiger Mann immer wieder den Spott der Komödie auf sich zog. Er erschien dort als Zeus, als Olympier, vor allem als Tyrann. Die gewaltigste Zunge von allen Griechen hat er und er blitzt und donnert. Nicht zuletzt erregte sein Privatleben große Aufmerksamkeit. Er war standesgemäß verheiratet gewesen, hatte seine Frau dann aber mit deren Einwilligung in eine andere Ehe gegeben. Von verschiedenen Liebschaften wurde erzählt, man dichtete sogar, Pyrilampes habe seine Pfauenzucht nur unterhalten, damit Perikles seinen Geliebten Geschenke machen könnte. Was die betrogenen Ehemänner angesichts der auffälligen Vögel sagen sollten, blieb offen. In Wirklichkeit war Pyrilampes ein reicher, übrigens auch besonders schöner, stattlicher Adliger, der seiner

Vaterstadt oftmals in diplomatischen Missionen diente, wohl auch an der Gesandtschaft des Kallias an den Perserhof teilgenommen hatte. Vermutlich hatte er die Tiere vom Großkönig geschenkt bekommen; man konnte seine Zucht auch besichtigen.

Vor allem aber hielt man sich über Perikles' Verhältnis zu Aspasia auf, jener aus Milet zugewanderten Hetäre, die ihrerseits andere Hetären in ihrem Dienst hatte. Sie soll, wie das Zeugnis des Sokrates und anderer eindeutig belegt, eine der geistvollsten Frauen ihrer Zeit gewesen sein. Ein Genuß war es, sich mit ihr zu unterhalten. Sie war nicht ohne Ehrgeiz, und Perikles' Verhältnis zu ihr – die ihm übrigens auch einen Sohn geschenkt hatte – war offenbar eng und dauerhaft.

Sein überragender, schließlich quasimonarchischer Einfluß gründete gewiß in vielerlei Faktoren. Ganz abgesehen davon, was das breite Volk der Athener, die Demokratie, die Stadt ihm aus den politischen Initiativen langer Jahre verdankte, mag an manche Erfolge, wohl auch an deren geschickte Ausmünzung zu denken sein; an die Erfahrungen, das Wissen, das er mit der Zeit gewonnen hatte. Sein Geschick, seine Rednergabe, sein souveräner Verstand, seine Urteilskraft, nicht zuletzt die bemerkenswerte Selbstdisziplinierung, die Unbestechlichkeit, die Unbedingtheit, mit der er sich in den Dienst der demokratischen Polis stellte – dies alles zusammen hat Perikles gewiß einen weiten Vorsprung vor allen möglichen Rivalen gegeben.

Insbesondere scheint die attische Politik, wie er sie in den vierziger Jahren ins Gleis gebracht hatte, eine solche Alternativlosigkeit erlangt zu haben, daß andere nicht so leicht, wie einst der Kreis um Ephialtes, mit neuen Programmen zum Angriff auf den führenden Politiker ansetzen konnten. Sie mochten ihn später, in den dreißiger Jahren, an den schwachen Stellen attackieren, die er bot. Aber wirklich erschüttern konnten sie seine Stellung dennoch nicht. Wenn sie ihm zu nahe kamen, gab es immer noch das Mittel des Ostrakismos.

Doch muß Perikles' Überlegenheit noch einen weiteren, recht festen Grund gehabt haben. Das war die Sicherheit, die Klarheit der Linie, die er steuerte. Die Tatsache, daß man sich unter seiner Führung gut aufgehoben fühlen konnte. Daß er der Volksversammlung faktisch ein gut Teil Verantwortung abnahm.

Ohnehin brauchte die attische Demokratie, wie schon ihre

Vorstufe, die Isonomie, die Autorität solcher Männer. Die attischen Bürger konnten sich nicht immer nur von Fall zu Fall ganz unabhängig davon entscheiden, wer es war, der etwas empfahl. Zwar mochte dies vorkommen; man soll die Urteilswilligkeit – und auch die Stimmungen – der Volksversammlung nicht unterschätzen. Und es gab Zeiten, da verschiedene Politiker so stark und so erfolgreich miteinander konkurrierten, daß der Ostrakismos die Entscheidung zwischen ihnen herbeiführen mußte. Aber daneben gab es Zeiten einer gewissen Festlegung auf Einzelne, und seien es die Sieger solcher Zweikämpfe. Da trat eine gewisse Ruhe ein. Eben das scheint unter Perikles ganz besonders der Fall gewesen zu sein. Es war vermutlich auch besonders notwendig.

Das Athen jener Jahre war nicht nur voll von Neuem und Irritierendem, es erlebte auch einen Umbruch im Denken, im Fühlen, in der Auffassung der ganzen Welt. Er hatte zentral mit der Politik zu tun. Die Lösungen, die Linie des Perikles mochten Mehrheiten finden, der Alltag weithin, wie gewohnt, verlaufen. Aber der Zynismus, der dieser Politik zugrunde lag, kann in einer Bürgerschaft, die wirklich die Entscheidungen zu treffen pflegte und noch keineswegs abgebrüht war, nicht alle Regungen hergebrachter Moral abgelöst haben.

Wohl mochten attische Politiker – wie es später bei Thukydides geschieht – Athens Politik mit der »menschlichen Natur« begründen, dem probatesten Mittel, um allerhand Schurkerei und Schäbigkeit dem Genus homo sapiens insgesamt zuzuschieben. Menschen pflegten eben nach Ehre und Vorteil zu streben und Furcht zu haben; pflegten zu herrschen, worüber sie Gewalt hätten; das müsse, so heißt es später, da es immer so gewesen sei, auch im Sinne der Götter liegen.

Allein, war damit das, was man über die »Gebräuchlichkeiten der Griechen« gelernt hatte und von außen vorgehalten bekam, waren die Gebote von Billigkeit, Recht und Anstand damit schon erledigt? Was man, betrachtend, über die menschliche Natur mit gutem Recht sagen konnte, konnte das auch die Überlegungen leiten, wenn es in der jeweiligen Gegenwart Entscheidungen zu treffen galt? Immer wieder fragte sich, was es mit dem Neid der Götter auf sich hatte, den man doch eigentlich fürchtete. Je mehr sich neue Situationen einstellten, je schneller sich die Ereignisse jagten, um so wichtiger wurde die rationale Berechnung, etwa von Machtfaktoren. Gewiß, man brachte den Göttern Opfer dar, feierte ihnen Feste, eher mehr als zuvor – zumal man ihnen ja auch Dank schuldete, zumal man etwas gegen die Trübsal ins Werk setzen mußte. Aber was sagten die Götter zu dem, was auf Erden vor sich ging?

Ein Mann, der spätestens in den frühen vierziger Jahren zum ersten Mal nach Athen kam, Protagoras von Abdera, der erste Sophist, ist zu dem Schluß gekommen, daß er keine Möglichkeit sehe, etwas über die Götter festzustellen, weder daß sie seien noch daß sie nicht seien, noch von welcher Gestalt sie seien. Denn sie seien nicht wahrnehmbar und das Leben des Menschen sei kurz. Er muß sich viel mit solchen und andern Fragen auseinandergesetzt haben, denn er kam auch dazu, zu finden, daß aller Dinge Maß der Mensch sei, der Seienden, daß und wie sie sind, der Nichtseienden, daß und wie sie nicht sind. Das hieß offenbar, daß, wie die Götter, wie die Welt erscheine, sehr von den Perspektiven der Menschen abhänge und daß die höchst verschieden sein könnten. Das Vermögen der Menschen erschien in all seiner Größe, während die Maßstäbe problematisch wurden.

Wann Protagoras zu diesen Schlüssen gelangte, ist unbekannt. Er wird sie vor allem in seinen vielen Vorträgen geäußert haben und in den Gesprächen, die er in den vornehmen Häusern führte, in denen er abstieg. Aber die Vorträge waren zum Teil öffentlich, die Gespräche, so klein der Kreis der Anwesenden sein mochte, nicht geheim. Und was er zu sagen hatte, fand angelegentliches, breites Interesse, denn er behauptete, daß er die Menschen ganz neu befähigen könne für die Politik, für das Auftreten vor Gericht, für das Erzielen von Gewinnen in ihrer Hauswirtschaft. So mußten sich die Fragen und Antworten des Protagoras und anderer schon deswegen in weiterem Kreise herumsprechen, weil sie so viel Aufsehen erregten; aber auch weil sie sich um Probleme drehten, die viele beschäftigten.

Mit dem Glauben an die Götter aber waren auch die alten Gebräuchlichkeiten, Billigkeit, Recht und Anstand verbunden. Das eine ließ sich ja vom andern nicht trennen. Je mehr man sich von diesen Gebräuchlichkeiten entfernte, um so mehr war also zugleich die Frage auch nach den Göttern gestellt. Wie umgekehrt die nach den Möglichkeiten des Menschen. Je mehr aber überall, in Seefahrtstechnik und Handwerk, in Rhetorik, Bildhauerei und Tempelarchitektur, Neues entdeckt wurde, weil die Konkurrenz stärker wurde, die Nachfrage, weil die Zahl der Entdeckungen so groß war, daß man immer mutiger über das Gegebene hinauszudenken wagte, weil das Neue, das Nie-Dagewesene Mode wurde – um so mehr mußte alles neu bedacht werden. Wie in der Politik, so auch sonst. Das eine hing mit dem andern zusammen. Immer wieder muß gerade Athen vibriert haben von all den Umtriebigkeiten. Es war, wie wenn man ganz neue Räume in Besitz hätte nehmen können.

Um 450 hatte Sophokles den »Aias« aufgeführt, die älteste unter seinen uns erhaltenen Tragödien. Die Athener erlebten den großen Helden, nachdem er sich unauslöschliche Schande zugezogen hatte. Er hatte sich nämlich an den Führern des griechischen Heeres dafür rächen wollen, daß sie die Waffen Achills nicht ihm zugesprochen hatten. Er wollte sie nachts überfallen, nur hatte Athene ihn in einen Wahn verstrickt, und er war in die Herde des Beuteviehs eingebrochen.

»Die lange, unermeßliche Zeit bringt alles Verborgene ans Licht und verbirgt das Offene. Nichts ist unerwartbar«, heißt es in der zentralen Rede des Helden. Der Wechsel ist das Gesetz der Dinge. Immer wieder andere sind die Stärkeren. Der Winter weicht dem Sommer, die Nacht dem Tag, der Sturm bringt die stöhnende See zur Ruhe, der allgewaltige Schlaf löst, was er band, er kann es nicht ständig beherrschen.

Ist hier nur von Aias die Rede und nicht auch von Athen? Und das auch insofern, als Aias zwar meint, was er sagt, für sich selbst daraus aber keine Folgerungen ziehen will. Denn er denkt gar nicht daran, sich seinerseits vor andern zu beugen, wie die Tages-, die Jahreszeiten, die Naturgewalten. Er ist zu stolz dazu, seine Ehre, sein Ruhm bedeuten ihm dazu zu viel – so daß er sich das Leben nimmt, weil er die Schande, die er auf sich geladen hat, nicht ertragen kann. Ganz und gar verkörpert er das Ideal des starken, unabhängigen, autarken Helden.

Doch als er tot ist, zeigt sich, daß er doch noch von andern abhängt: Denn seine Leiche muß versorgt werden, und Agamemnon und Menelaos, die Führer des Heeres, verbieten das. Sie wollen sich, kleinlich wie sie sind, gestützt auf eine rüde geübte Kommandogewalt, an dem großen Toten rächen. Das Begräbnis kommt nur zustande, weil Aias' schlimmster Feind, Odysseus, sich seiner annimmt. Für ihn nämlich endet alle Feindschaft mit dem Tod. »Ich selbst werde einmal in diese Lage kommen«, sagt er. Wie aber will er, indem er Aias' Begräbnis betreibt, sein eigenes sichern? Hier kann es ja nicht, wie unter Lebenden, eine Gegenseitigkeit geben. Er kann also nur für die Allgemeinheit, für die Geltung guter Sitte in der Allgemeinheit etwas tun, in der Hoffnung, daß es einst auch ihm zugute komme.

An jener Lage also, in der selbst der Mächtigste nichts mehr vermag, wird das Ausgesetztsein der Menschen, ihre Hilfsbedürftigkeit und, anders gewendet, ihre in letzter Instanz notwendige Solidarität aufgewiesen. Weil man sich auf nichts, auch auf keinen Freund verlassen kann. Weil alles im Wechsel begriffen ist. Weil wir alle nichts sind als Schatten, bloße Scheingestalten – auch wenn sich Agamemnon, Menelaos und andere wer weiß wie groß vorkommen.

Antike Tragödien, und schon gar die des Sophokles, sind keine Schlüsselgeschichten. Ihre Aussagen sind durchaus allgemein, sie ragen weit über die Situation hinaus. Aber sie waren doch aus aktuellen Situationen entstanden und für die Aufführung vor der attischen Bürgerschaft verfaßt. War es also nicht in deren Sinne, auf deren Hoffnungen oder auch: Befürchtungen hin, daß Sophokles die Unverläßlichkeit der Menschen und Dinge, die Gewalt (und Regelmäßigkeit) des Wechsels durchspielte? Die Tragödie hatte durchaus auch innenpolitische Bezüge. Aber war hier nicht zugleich Athen im Ganzen gemeint? Mit seinem Ehrstreben, seinem Stolz auf die eigene Kraft, der Autarkie, um deren Grenzen es hier ging? Und sollte sich die Begründung einer gewissen menschlichen Solidarität nur auf Begräbnisse beziehen, nicht auch darauf, daß gewisse Regeln überhaupt einzuhalten seien, weil sie allen Menschen zugute kommen, weil man eben, aufgrund der Wechselhaftigkeit aller Dinge, bald in diese, bald in jene Lage gerät und auf sie angewiesen sein kann?

Doch auch das Allgemeine der Aussage: das Ausgeliefertsein des Menschen, seine Schattenhaftigkeit, das unendliche Leid dieser Existenz – was bedeutete es, daß auch darüber in dieser erstaunlichen Stadt damals öffentlich nachgedacht wurde? Daß sich ein Mann wie Odysseus, als ihm Athene das Rasen seines Feindes Aias zeigt, abwendet, weil er keine Genugtuung, sondern nur unendliches Leid über die Hinfälligkeit des Menschen empfinden kann? So daß der Mensch angesichts der Grausamkeit der Götter sich ganz neu auf sich selbst zurückverwiesen sieht.

Im Jahr 442 sodann scheint die »Antigone« aufgeführt worden zu sein. Die Geschichte von Kampf und Tod der Ödipus-Söhne Polyneikes und Eteokles wurde fortgedichtet. Jetzt ging es darum, daß der neue König Kreon den Polyneikes, der mit fremden Truppen auf die Stadt marschiert war, unbegraben lassen, also Hunden und Vögeln preisgeben wollte, während Eteokles, der Vorkämpfer der Polis, ehrenvoll beigesetzt werden sollte. Antigone, die Schwester der beiden, handelt gegen das Verbot, sie bestattet Polyneikes trotz der Todesstrafe, die darauf gesetzt ist.

Man sieht einen Politiker, der an sich pflichtbewußt, mit bestem Willen die Stadt zu mehren antritt, dann aber, gerade weil er sich streng und konsequent an dem orientieren will, was er für deren Interesse hält, einen Fehler begeht, eben indem er das Verbot ausspricht, dessen Folgen, wie sich zeigt, fürchterlich sind: die Altäre werden mit dem Fleisch des Toten besudelt, die Opfer werden verdorben.

Für sich genommen ist ein Mißgriff nicht schlimm. Ständig begehen Menschen Fehler. Man muß sich dann aber eines Besseren belehren lassen. Gerade das jedoch kann Kreon nicht. Er sperrt sich. Er ist sich sicher, der Stadt zu dienen, obwohl er in Wirklichkeit deren Sache überzieht, die Orientierung an Freund- und Feindschaft zu weit treibt. Alles, was ihm vorgehalten wird, führt er entweder auf Bestechung durch Feinde oder auf Betörung durch Liebe zurück. Von einer Frau wie Antigone oder einem Jüngeren wie seinem Sohn Haimon kann er ohnehin keine Belehrung annehmen. So versteift er sich und zieht sich immer stärker in die Haltung des Tyrannen zurück. Keiner hat ihm etwas zu sagen. Die Stadt gehört dem, der sie beherrscht.

Es ist ein beklemmendes, erfahrungsgesättigtes Bild des möglichen Irregehens eines Politikers, der sich immer tiefer in eine falsche Politik verrennt. Was nicht aus seiner Einsamkeit, seiner

Lernunfähigkeit resultiert, ergibt sich aus seiner Aufgeklärtheit. Denn er kann sich nicht vorstellen, daß sich die Götter um eine Leiche kümmern. Ja, selbst wenn die Adler des Zeus diese zu dessen Thron brächten, könnten die Götter dadurch, so meint er, nicht befleckt werden.

Diese Aufgeklärtheit und vermeintliche Klugheit ist Teil des großen Könnens der Menschen, das der Chor in seinem berühmten Chorlied *pollà tà deiná* besingt. »Viel Ungeheures ist und nichts ist ungeheurer als der Mensch.« Es wird in Kürze alles aufgezählt, was der Mensch erreicht hat und vermag. Vom Ackerbau über die Seefahrt bis zur Stadtgründung. Auch gegen Krankheit hat er Mittel ersonnen, allein vorm Tod wird er kein Entrinnen finden. Mit diesem über alle Erwartung hinausgehenden Können aber kann er sowohl zum Guten wie zum Bösen wirken. Ganz im Sinne der Polis, wenn er sich an die Gesetze des Landes hält; gegen sie, wenn er sich verwegen dem Unguten ergibt.

Man hat dieses Lied eine Manifestation griechischen Fortschrittsglaubens genannt. Doch gerade davon, von einem Fortschritt nämlich, der sich auch auf politischem und moralischem Gebiet vollzöge, ist keine Rede. Das Können wird zwar großartig herausgestellt, aber es ist völlig ambivalent in seiner Auswirkung.

Es ist sogar deutlich begrenzt. Im nächsten Chorlied nämlich heißt es, nichts gedeihe im Leben der Sterblichen sehr weit ohne Verblendung. Hoffnung sei, so hilfreich sie sein möge, ein Trug. Denn allzu leicht erscheine das Schlimme als gut, wenn nämlich ein Gott jemandem die Sinne benimmt; weil der Mensch eben die wenigste Zeit frei von Verblendung handelt. Hier gerade liegt die Gefahr der Verwegenheit, die sich der Grenzen, die Zeus den Sterblichen gesetzt hat, nicht bewußt ist.

Und Verwegenheit ist gerade eine Eigenschaft, die den Athenern gern zugesprochen wird. Und *áte*, die Verblendung, ist zwar eine Figur aus altgriechischem Schicksalsglauben, doch ist es vermutlich weniger die Tradition als vielmehr die Befürchtung, ja die Erfahrung der eigenen Gegenwart, die dazu geführt hat, daß sie in der griechischen Tragödie eine so große Rolle spielte. Gerade die Aktualität, das Zeitalter der griechischen Demokratie, der so rational durchdachten Politik, das Zeitalter also des Perikles machte die Erfahrung solcher Verblendung bedrängend. Das zeigt nicht zuletzt die »moderne«, aufgeklärte Gestalt des Kreon, die ziemlich deutliche Anklänge an Perikles enthält. Sie ist kein Abbild von ihm, aber ein Bild der gefährlichen Möglichkeiten solch eines Politikers, der in der Gefahr steht, die Gesetze der Polis zu verabsolutieren.

Diese Gesetze schließlich sind in der »Antigone« Gegenstand immer neuer Reflexion. Sie begegnen als willkürliche Setzungen Kreons; als Gesetze aber auch in einem weiteren Sinne, indem sie etwa das Recht bezeichnen, das derjenige beachtet, der in Wahrheit im Sinne der Stadt handelt, das zuletzt auch Kreon, freilich zu spät, zu respektieren gewillt ist. Schließlich ist von jenen von den Göttern gesetzten »ungeschriebenen Gebräuchlichkeiten« die Rede, an die Antigone sich hält. Es sind eben die, die ihr gebieten, den Bruder zu bestatten.

Wieder, wie im »Aias«, wird deutlich gemacht, daß jeder vor dem Tode gleich ist. Antigone hat ihre besonderen Gründe. Ihre Bruderliebe ist geradezu erschreckend. Den Tod fürchtet sie nicht, weil sie als Tochter des Ödipus ohnehin in einer miserablen Lage ist. Aber sie will zweifellos das Richtige.

Und sie will es ganz allein, ganz auf sich gestellt. Kreon fragt sie geradezu entsetzt, ob sie sich nicht schäme, anders als die andern zu denken. Aber gerade das ist in ihrer Situation notwendig. Und offenbar braucht das auch die Polis. Selten begegnet uns damals Gehorsamsverweigerung, hier ist es zum ersten Mal der Fall. Und es werden zugleich die Gefährdungen sichtbar, die damit verbunden sind. Sie bleibt die Sache einer einsamen Frau in sehr besonderer Lage. Aber das Stück wirft deutlich die Frage auf, ob diese Frau nicht zugleich Vorbild sein müsse.

Ganz anders als die meisten griechischen Helden ist Antigone keine Rebellin, fordert sie die Welt nicht heraus. Sie will sich vielmehr einfügen, will gehorchen. Nur eben in dem einen Punkt, in dem gegen die gottgegebenen »ungeschriebenen Gebräuchlichkeiten« verstoßen werden soll, nicht.

Wie im Handeln so gibt sie im Leiden ein Beispiel: in der Weise, in der sie sich in ihrem Geschick persönlich behauptet, einem Geschick, das letztlich von Ödipus vermacht ist und von dessen schrecklichen, unbegreiflichen Verwicklungen in eine unschuldige Schuld, die ihm die Götter verhängt haben.

Aischylos' Orestie und Promethie liegen weit zurück. Nicht mehr um die ganze Ordnung der Welt geht es – wie angesichts des Umsturzes und der völligen Neuordnung, die es damals zu verarbeiten und zu begreifen galt. Nicht mehr um die Aufhellung göttlicher Absichten, von denen her auch diese Neuigkeiten Sinn erhielten. Nicht mehr um das Gesetz des Durch Leiden Lernen. Jetzt stand man vielmehr mittendrin in der neuen Lage, mitten in all ihren Aporien; möglicherweise gar in der Notwendigkeit, ständig etwas zu tun, was nicht recht war. In der Erfahrung – oder doch Vermutung –, daß die schreckliche Verblendung auch in der neuen Ordnung wirkte und ihre Folgen hatte. So daß der ganze Stolz der Aufklärung hier dementiert, jedenfalls in Frage gestellt war. Und es begann eine alte Problematik sich neu aufzutun: diejenige des Ertragens, des Aushaltens – in Würde; in der Würde etwa des tragischen Helden. Diejenige einer Menschlichkeit, die sich gerade auch gegen die Unbegreiflichkeit göttlichen Waltens, eine Unbegreiflichkeit, die so deutlich noch nie gewesen war, zu bewähren hatte.

Offenbar war dem Einzelnen viel mehr aufgegeben als bis dahin; und der Tragiker registrierte es nicht nur, sondern er zeigte auch, was es bedeutete. Erstmals begegnet damals, auf Antigone angewandt, das Wort »autonom«: »als Einzige der Sterblichen gehst du«, heißt es, »nach eigenem Gesetz lebend in den Hades hinab«. Und es ist die »Leidenschaft, die sich ganz nach dem eigenen Sinn, der eigenen Erkenntnis richtet«, an der sie zugrunde geht. In der Heldin der Tragödie kommt die Größe und das Auf-Sich-Gestellt-Sein des Einzelnen zu Wort – auf dem Theater, aber aufgrund der Erfahrung der Wirklichkeit, auf eine neue menschliche Problematik hin.

Auch die »Antigone« ragt in ihrem Gehalt, wie immer man sie im einzelnen interpretiert, weit über die Situation hinaus – und gibt doch ganz deutlich einen Kommentar zu der Stadt, die damals in ihrer Verwegenheit über vieles sich hinwegsetzte. Nietzsche spricht einmal von dem »*agonalen* Gefühl, welches vor einem Publikum siegen will und diesem Publikum verständlich sein muß«. Er sieht auch in dem »wachsenden *Tatsachensinn*« eine »Konsequenz selbst des Agons«.

Das scheint in die Richtung zu weisen, in der die Antwort zu suchen ist auf die Frage, warum diese Tragödien noch über Jahrtausende hinweg so aktuell sind: Sie waren nicht nur die Sache ihrer Dichter und eines begrenzten Publikums, sondern einer ganzen Gesellschaft, von Hoch und Niedrig in einer Konstellation, welche tief aufrührte, in der ein lebhafter Anspruch auf Sinn und Verstehen in der Allgemeinheit mit Ängsten, Erfolgen und allemal mit Verantwortung sich paarte, so daß Grundsituationen durchgespielt werden mußten, die so politisch im antiken wie umfassend menschlich in einem zugleich modernen Sinn waren.

Eine Nachricht besagt, daß Sophokles aufgrund seiner »Antigone« für das Jahr 441/0 zum Strategen gewählt worden sei.

Um 440 wurde ein neuer Komödienwettbewerb eingeführt: neben den Agon mit jeweils fünf Stücken, der seit 486 an den Großen Dionysien stattfand, trat ein zweiter am Fest des Dionysos Lenaios, das mitten im Winter gefeiert wurde; zu einer Zeit, da kaum Fremde in Athen waren.

Vielleicht weil die Dichter das zum Anlaß nahmen, Politiker noch offener zu verspotten, wurde 440/39 ein Volksbeschluß gefaßt, der den Komödienspott einschränkte, es vermutlich verbot, Personen unter ihrem eigenen Namen anzugreifen. Drei Jahre später wurde das Verbot wieder aufgehoben. Der attische Demos wollte nicht, daß der Komödie Grenzen gesetzt seien.

444/3 HABEN die Athener an der Stelle des antiken Sybaris in Unteritalien eine Kolonie gegründet, Thurioi. Sybaris, jene für ihren unerhörten Luxus bekannte Stadt – in der die Menschen einnahmen, als sollten sie ewig leben, und verbrauchten, als sollten sie morgen sterben – war 510 von den Griechen aus Kroton vernichtet worden. Ein Versuch, die Stadt in den fünfziger Jahren wiederherzustellen, war rasch, wiederum an Kroton, gescheitert. Danach hatten die Gründer Hilfe in Athen gesucht. Man sammelte dort Siedler aus der ganzen Ägäiswelt, ein Zehntel etwa kam aus Athen. Hippodamos von Milet entwarf den Stadtplan, Protagoras von Abdera die – demokratische – Verfassung. Als Gründer fungierte der Seher Lampon aus Athen. Der prominenteste Teilnehmer war der Historiker Herodot. Die Stadt war, wie es sich für eine Kolonie gehörte, selbständig. Athen unterstützte sie auch in den bald entflammenden Kämpfen mit Tarent nicht. Ob es daran gedacht hatte, von Thurioi aus auf den Export des guten italienischen Schiffbauholzes Einfluß zu nehmen, ist uns nicht bekannt.

443 ließ Perikles eine zweite Lange Mauer zum Piräus bauen. Als er es vorschlug, war Sokrates, damals etwa 26 Jahre alt, dabei. Sie sollte offenbar einen zusätzlichen Schutz der Verbindung zwischen der Stadt und ihrem wichtigsten Hafen bieten, für alle Fälle, falls es Feinden doch gelingen sollte, zwischen Phaleron und Piräus zu landen.

440 begann Athen einen Krieg gegen Samos. Zwischen Milet und Samos war ein Streit um die Stadt Priene ausgebrochen. Sie lag zwischen dem milesischen Gebiet und demjenigen, das Samos auf dem Festland besaß. Die Milesier beschwerten sich in Athen, und in Samos wollte gleichzeitig eine Gruppe von Bürgern die Verfassung stürzen, um eine Demokratie einzuführen. So beschlossen die Athener einzugreifen, entsandten eine Flotte, nahmen Samos ein und unterstützten die Neuerer durch eine Abteilung Soldaten. Damit meinten sie, genug getan zu haben. Samische Flüchtlinge jedoch warben mit Hilfe des persischen Satrapen Söldner und eroberten die Stadt zurück. Wie groß die Erbitterung war, zeigt eine Einzelheit: Beide Seiten brandmarkten ihre Gefangenen mit Zeichen auf der Stirn.

Gleichzeitig fiel Byzanz ab. Übrigens trat auch der Peloponnesische Bund zusammen, um zu prüfen, ob er die Situation nutzen sollte, um Athen anzugreifen. Wenn Thukydides später meinte, Samos habe damals Athen die Seeherrschaft streitig gemacht, so kann das seinen Sinn nur in dieser potentiellen Koalition mit Sparta und Persien gehabt haben. Vielleicht hatte Samos auch die Hoffnung, daß die beiden andern Inseln, die noch über eine eigene Flotte verfügten, Chios und Lesbos, sich ihm anschlössen.

Doch der persische Satrap hatte nur etwas Geld gegeben, die phönizische Flotte, deren Eingreifen Perikles befürchtet hatte, blieb aus. Und die Peloponnesier konnten sich nicht entschließen, unter anderm weil die Korinther dagegen waren. So konnte Athen Samos belagern; nach neun Monaten war es am Ziel. Die Stadt mußte ihre Flotte ausliefern, die Mauern einreißen, Geiseln stellen und sich verpflichten, die Kriegskosten in Raten zu erstatten. Auch Byzanz unterwarf sich. Die Inseln Chios und Lesbos hatten sich auf die attische Seite geschlagen.

Von neuem hatte sich die Gewagtheit der herrschenden Position Athens gezeigt, die Unsicherheit des Friedens mit Persien und Sparta, aber wohl auch die Furcht vor dem Haß der Unterworfenen.

So ist der Stolz des Perikles zu verstehen, der behauptete, Athen habe in neun Monaten eine der mächtigsten Griechenstädte erobert, während Agamemnon und die Helden der Vorzeit zehn Jahre dazu gebraucht hätten, eine barbarische Stadt wie Troja zu Fall zu bringen.

Aber die Äußerung steht zugleich in einem weiteren Zusammenhang. Stets hatten die Griechen gemeint, die Größe der alten Helden des Epos sei nie wieder erreicht worden. Jetzt maß sich Athen an ihnen und fand sich besser. Es war ein Ausdruck des großen Könnens-Bewußtseins, das gerade in jenen Jahren und gerade in Athen lebendig war. Man hatte auch politisch und militärisch außerordentliche Möglichkeiten sich erschlossen, zu denen übrigens auch neue Erfindungen in der Belagerungstechnik zu zählen waren, die ein gelähmter Ingenieur, Artemon, vor Samos machte.

Als Perikles die Rede auf die bei Samos gefallenen Athener in der öffentlichen Trauerfeier der Stadt hielt, pries er sie als Unsterbliche. Aber er sagte auch, die im Krieg gefallene Jugend sei aus der Stadt so verschwunden, wie wenn einer den Frühling aus dem Jahr genommen hätte.

# VIII. Das perikleïsche Athen

> Die Zeit des Perikles in Athen war vollends ein Zustand, dessen Mitleben sich jeder ruhige und besonnene Bürger unserer Tage verbitten würde, in welchem er sich todesunglücklich fühlen müßte selbst wenn er nicht zu der Mehrzahl, den Sklaven, sondern zu den Freien gehörte. ... Und dennoch muß ein Gefühl des Daseins in den damaligen Athenern gelebt haben, das keine Sekurität der Welt aufwiegen könnte.
>
> Jacob Burckhardt

»Du glänzendes, veilchenbekränztes, liederumtöntes, Griechenlands Stütze, berühmtes Athen, göttliche Stadt«, so tönt es in einem Lied Pindars, des großen Chorlyrikers der ersten Jahrhunderthälfte. Seine Heimat Theben soll ihm 1000 Drachmen Strafe für den Preis der ihr verhaßten Stadt auferlegt haben, die Athener hingegen gewährten ihm einen Ehrensold und machten ihn zum offiziellen Gastfreund der Stadt.

Die Verse, mit denen Pindar einen Dithyrambos, Dionysos' schönes Lied also, anheben läßt, blieben stark im Gedächtnis. Noch im Peloponnesischen Krieg verhöhnt Aristophanes seine Landsleute, sie schmölzen immer gleich dahin, wenn Gesandte anderer Städte sie die Veilchenbekränzten und ihre Stadt die glänzende nennten. »Glänzend« könnte sich, der Wortsinn legt das nahe, speziell auf die Olivenbäume beziehen, von denen in Attika so viele standen. Man könnte das Wort auch mit »gesegnet« übersetzen. »Veilchenbekränzt« heißt Aphrodite, heißen die Musen. Es muß ein festlicher Brauch der Athener gewesen sein, mit dessen Erinnerung Pindar sie schmückte.

Auch Aristophanes hat besonders die Feste der Stadt im Sinn, wenn er den Chor seiner »Wolken« zum glänzenden Land der Pallas Athene, jenem von tapferen Männern bewehrten, lieblichen Stück Erde schweben läßt. Sie gedenken erst der eleusinischen Feiern, sodann des Orts, wo den himmlichen Göttern Weihgeschenke, hochragende Tempel und Standbilder errichtet sind, bis sie die den Göttern so heiligen Züge der Frommen, der Beseligten ins Auge nehmen, die blumenbekränzten Opferfeiern und Festgelage, die zu den verschiedensten Jahreszeiten stattfinden. Schließlich bleibt ihr Blick auf dem Fest des Dionysos mit Tanz, Gesang und Flötenspiel haften, bei dem die Komödie aufgeführt wird, zu der sie selber gerade kommen.

»Doch gewiß haben wir für die Anstrengungen«, sollte Perikles in der großen Gefallenenrede des Jahres 431 sagen, die ihm Thukydides in den Mund legt, »auch die meisten Erholungen dem Geiste geschaffen, indem wir Wettspiele und Opfer das ganze Jahr hindurch in Brauch haben und auch im Kleinen des häuslichen Lebens stattliche Einrichtungen, deren tägliche Erfreuung die Trübsal vertreibt.«

Man mag sich streiten, was unter den privaten »Einrichtungen« zu verstehen ist. Sie können kaum prunkvoll gewesen sein, wenn auch vermutlich von gutem Stil.

Denn die Athener waren im Privaten nicht reich ausgestattet. Ihr Leben konzentrierte sich, jedenfalls soweit es das der Männer war, weit eher in der Öffentlichkeit.

Innerhalb der 478 errichteten Mauern Athens befand sich ein Areal von ungefähr zweieinhalb Quadratkilometern. Der Piräus maß etwa einen Quadratkilometer. Auf diesen Flächen des Stadtbezirks, zu denen noch einige Dörfer und Vorstädte in der unmittelbaren Umgebung kamen, müssen in perikleïscher Zeit mehr als 140 000 Menschen gelebt haben. Denn die Bürgerzahl war angestiegen, auf etwa 40 000 Männer, von denen mehr als ein Drittel, 14 000 bis 16 000, im Stadtbezirk lebte. Zusammen mit ihren Familienangehörigen kommt man also allein für die Athener auf 50 000 bis 60 000 Menschen. Rechnet man 15 000 Metöken (was wenig wäre) mit ihren Familien hinzu, nähert man sich schon der Zahl von 110 000 Menschen, zu denen jedoch noch

*Rekonstruktion von Straßenführung und Häusern an der sogenannten Koile-Straße. Nach H. Lauter.*

30 000 bis 40 000 Sklaven kamen. Fremde, die sich in der Stadt für kürzere oder längere Zeit aufhielten, ohne Metöken zu sein, wären dabei noch nicht berücksichtigt. Das bedeutet eine außerordentlich dichte Besiedlung.

Während die Häuser im Piräus nach dem Plan des Hippodamos streng regelmäßig angeordnet waren, an geraden Straßen und – innerhalb der Blocks – Gassen gelegen, waren die Wege in Athen zumeist so verwinkelt, wie es sich in vielen Generationen aufgrund der Eigentumsverhältnisse, zugleich der Bodenbeschaffenheit ergeben hatte. Es könnte sein, daß der Plan für den Piräus Typenhäuser vorsah, jedes etwa 240 Quadratmeter groß; in Athen hingegen gab es keine Normierung dieser Art. Dort finden sich Häuser, die nach Grundriß und Größe sehr unterschiedlich waren. Die größten, deren Grundrisse bisher freigelegt wurden, liegen ebenfalls bei 240 Quadratmetern.

Die Häuser pflegten zur Straße hin keine Front zu haben, es

konnten freilich Läden und Werkstätten in ihre Mauern eingelassen (oder ihnen vorgelagert) sein. Sie öffneten sich auf einen Hof, an dem neben Vorratskammer, Küche, oft auch Stallung und/oder Werkstatt, gelegentlich einem Badezimmer der Männerraum lag, der zugleich für die Mahlzeiten dienen mochte. Auf dem Hof stand der Altar für die Opfer der Familie. Frauenraum und Schlafzimmer waren wohl zumeist in einem zweiten Stockwerk untergebracht. Kaum viel Platz war für Sklaven vorgesehen. Die Häuser standen dicht nebeneinander, wenn sie nicht sogar gemeinsame Wände hatten. In der Mehrzahl werden sie recht klein gewesen sein, viele waren von mehreren Familien bewohnt. Auf circa 6 000 schätzt man die Zahl der Häuser im damaligen Athen.

Den Eindruck eines großen Hauses vermittelt das des reichen Kallias im vornehmen Stadtteil Melite westlich der Agora. Es hatte eine Vorhalle, in der sich Sokrates, als er ihn besuchen wollte, eine Weile aufhielt. Als er an das Haustor gepocht hatte, wurde er vom Pförtner unfreundlich empfangen; was freilich dadurch bedingt war, daß der sich über die vielen Intellektuellen ärgerte, die damals dort ein- und ausgingen. Denn man hatte hohen Besuch aus dem Ausland.

Der Hof war an zwei Seiten überdacht, auf der einen ging Protagoras mit einigen Schülern auf und ab, hinter ihnen ein Gefolge von andern, die so geschickt wie ehrfürchtig jeweils Platz zu machen wußten, wenn Protagoras und seine Schüler sich umwandten. Es mag von den menschlichen Fähigkeiten und ihrer immer weiteren Verbesserung die Rede gewesen sein. Gegenüber saß ein anderer Sophist, Hippias von Elis. Dort hatten sich die Zuhörer auf Bänken gruppiert, um ihn über Sterne und andere Himmelserscheinungen zu befragen. Ein dritter Sophist, Prodikos von Keos, lag noch zu Bett, in einem Raum, der ursprünglich als Vorratskammer gedient hatte, von Kallias aber wegen des Andrangs zu einem Gästezimmer umgebaut worden war. Auch er hatte andächtige Zuhörer, nur konnte Sokrates nicht verstehen, wovon die Rede war. Man rückte dann in der Halle, wo Hippias gesessen hatte, weitere Polster und Bänke zusammen, damit die Anwesenden dem zwischen Sokrates und Protagoras sich entfaltenden Gespräch, vor allem aber dann der Vorlesung des Sophisten zuhören könnten. Dafür muß dort also Platz gewesen sein.

So sehr aber die Häuser der Reichen sich von denen der Armen unterschieden haben mögen, insgesamt können die Größenunterschiede zwischen den Häusern nicht sehr bedeutend gewesen sein. Kaum anzunehmen, daß die Adligen und Reichen den eigenen Rang und Anspruch durch besonders prächtige, großartige Gebäude hätten demonstrieren können. Er sollte sich eher in Schmuck und Kleidung, in der Zahl der Sklaven, in Bewirtungen, Stiftungen für die Öffentlichkeit, überhaupt in der Großzügigkeit des Lebensstils geäußert haben; vermutlich auch in der Ausstattung der Häuser, obwohl die im ganzen eher bescheiden war. Immerhin hatten einige ihre Wände schon mit Malereien, wohl auch mit Stukkaturen geschmückt.

In vielen Häusern wurde Vieh gehalten. Frühmorgens weckten einen die Hähne; wir hören von Geflügel, Eseln, Ziegen, Schweinen und Rindern – und andererseits von Wanzen, Flöhen und Läusen.

Die Gassen und Steigen der Stadt waren vielfach eng. Sie waren ungepflastert, verliefen freilich oft auf dem Fels. Nur wenige breite Straßen durchzogen die Stadt. Es lassen sich an ihnen zuweilen Bürgersteige beobachten, zum Teil mit künstlichen Querrillen versehen, die ein Ausrutschen auf dem glatten Fels verhindern sollten. Nach Möglichkeit war Vorsorge für den Abfluß des Regenwassers getroffen, durch Rinnen, aber auch durch tiefe, breite Kanäle. Unter der Agora befand sich ein Kanal, der das Wasser, das sich vom Platz sowie von verschiedenen Zuflüssen her in ihm sammelte, in den Eridanos leitete. In die großen Straßen waren künstliche Wagengeleise eingekerbt; wenn sie nicht sehr breit waren, können sie wohl nur – um Kollisionen und heftige Auseinandersetzungen der Fuhrleute zu vermeiden – in einer Richtung befahrbar gewesen sein. Die Lärmbelästigung durch das Quietschen und Krächzen braucht man sich nicht gering vorzustellen.

Auch waren Straßen, Gassen und Steigen voller Überraschungen. In Aristophanes' »Wespen« sehen wir einen Zug von Alten vor dem Morgengrauen zum Gericht sich bewegen, wo sie als Geschworene dienen wollen. Kinder mit Öllampen weisen ihnen mühsam den Weg zwischen Kothaufen und Pfützen, in die die Alten immer wieder hineinzutappen drohen. Während der Nacht pflegte man die Töpfe auf die Straße zu leeren; wobei es allerdings üblich war, Passanten mit einem »Weg da« zu warnen. Gewiß wird es in bestimmten Abständen öffentliche Latrinen gegeben haben, die regelmäßig geleert wurden, auch hatten manche Häuser in den Höfen Gruben, aber man weiß nicht recht, wieweit das der Fall war – und wieweit davon Gebrauch gemacht wurde. Blepyros jedenfalls, der kleine Bürger aus einer andern Komödie des Aristophanes, suchte sich ein Plätzchen im Freien. Er meinte, im Schutze der Nacht »schickt es sich überall«.

Wohl schon im fünften Jahrhundert wurde das Amt der zehn »Astynomoi«, Stadtwächter, eingerichtet, um für die Säuberung der durchweg in öffentlichem Eigentum befindlichen Straßen und die Abfuhr des Unrats zu sorgen, nicht zuletzt dort, wo Festzüge stattfinden sollten. Sie hatten darauf zu achten, daß die Abfuhrunternehmer den Schmutz nicht weniger als zehn Stadien (knapp 1800 Meter) von der Stadt entfernt ausluden. Waren auch für den Abtransport derer zuständig, die auf der Straße gestorben waren. Sklaven im Eigentum der Stadt führten für sie die Arbeiten aus. Übrigens oblag den Astynomoi auch die Baupolizei: daß nicht öffentliche Straßen überbaut würden, daß die Häuser nicht über die Front vorkragten, keine Treppen vor der Tür angebracht wurden; auch durften sich die Haustüren nicht nach außen öffnen. Sonst hätte es auf den Straßen, Gassen und Steigen gefährlich werden können, zumal bei Dunkelheit.

Die Handwerker hatten zum Teil gesonderte Werkstätten, besonders wenn sie offenes Feuer oder Brennöfen brauchten oder wenn sie viele Sklaven beschäftigten, wie die Erzgießer, wie aber auch Sophillos, der Vater des Sophokles, der Schwerter herstellte. Andere werden zu Hause gearbeitet haben.

Die Werkstätten und Läden – beides hing zusammen, da die Produzenten meist auch die Verkäufer waren – fanden sich zumeist nach Gewerben gruppiert. So saßen die Töpfer im Kerameikos, dem Bezirk, der nordwestlich an die Agora anschloß, so vermutlich die Gerber in Kydathen; an andern Stellen die Steinmetze, direkt an großen Straßen, Kistenmacher und viele andere. Einen gesonderten Platz hatten auch die Fischverkäufer, er war stark besucht, da Fisch neben Brot das Hauptnahrungsmittel darstellte. Auf dem Hügel westlich der Agora, dem Kolonos Agoraios, sammelte sich, wer eine Arbeit suchte.

Viele Verkaufsstätten massierten sich im Zentrum, in der Gegend der Agora. Zum Markt brachten auch die Bauern vom Land, aus Attika wie aus Megara und Böotien, ihre Früchte. Vermutlich waren sie es aber zugleich, die mit ihren Rufen »Kauft Kohlen, Essig, Öl« die Straßen und Gassen erdröhnen ließen.

Entsprechend der Dichte, in der die Stadt bevölkert war, müssen die Wege recht belebt gewesen sein, von frühmorgens bis in die Nacht hinein, wenn die letzten von den Symposien mit ihren Lampen, falls nicht der Mond die Stadt beleuchtete, nach Hause zurückkehrten.

Zumeist waren es Männer, die sich dort bewegten, denn die Frauen hielten sich ja vorzugsweise in den Häusern auf. Doch gelegentlich mußten auch sie und/oder ihre Sklavinnen Besorgungen machen. Sie holten aus den verschiedenen Schöpfbrunnen, die über die Stadt verteilt waren, das Wasser; wenn sie nicht an die Enneakrounos gehen konnten. Nach Solon war es zumutbar, solche öffentlichen Brunnen zu benutzen, wenn sie nicht mehr als 700 Meter entfernt lagen; andernfalls durfte man auf eigenem Grund nach Wasser graben, aber nicht tiefer als etwa 60 Fuß. Man legte großen Wert darauf, daß die Stadt den Zufluß von sauberem Wasser sicherte. Das Wasser aus den Zisternen, den Flüssen und Bächen wurde eher zum Waschen gebraucht.

Außerdem passierten die Frauen die Öffentlichkeit zu verschiedenen anderen Zwecken, zu Besuchen, Kulthandlungen oder auch zu ihren Festen und deren Vorbereitung.

Übrigens hören wir, daß Metöken und Sklaven auf Athens Straßen den Bürgern nicht auszuweichen pflegten. In andern Städten war es offenbar üblich, sich Sklaven gegenüber notfalls mit dem Stock Respekt zu verschaffen; in Athen ging das nicht, weil man sie dort weder nach Kleidung noch nach Auftreten von den Bürgern unterscheiden konnte, weil man aber auch auf sie wie auf die Metöken wegen der Seemacht dringend angewiesen war, so daß man sie respektieren mußte. Platon meinte später in bitterem Sarkasmus sogar, selbst die Hunde, Pferde und Esel seien es in der Demokratie gewöhnt, »ganz frei und vornehm immer geradeaus zu gehen, wenn sie einem auf der Straße begegnen«.

Mit der Enge der Häuser, Gassen und Straßen kontrastierte der große Platz der Agora in der Mitte der Stadt. Nirgendwo war man weiter als zehn bis fünfzehn Minuten von ihm entfernt; je nachdem, wie man vorankam. Er muß die Männer magnetisch angezogen haben. So pflegte sich der Markt am Vormittag zu füllen. Es gab vielerlei Geschäfte, politische und andere, zu erledigen, man hörte das Neueste; jeder hatte, wie es in einer Quelle heißt, einen Laden, wo er hereinzuschauen pflegte, sei es ein Parfumverkäufer, ein Friseur, ein Schuster oder wer immer. Es taten sich mit der Zeit auch Badehäuser auf, meist Rundbauten, die Wannen mit dem Kopfende zur Wand angebracht. Um von Gast- und Freudenhäusern zu schweigen.

Wer Muße hatte, besuchte eines der Gymnasien, die zumeist vor der Stadtmauer lagen; oder eine der Palästren, der Ringerschulen. Neben den privaten Sportstätten richtete die Demokratie auch öffentliche ein. Sokrates erzählt, daß er am Tag nach der Rückkehr von der Armee »nach so langer Abwesenheit voll Freude an die gewohnten Plätze ging, unter anderm in die Palästra des Taureas« im Süden der Stadt, wo ihm seine Freunde sogleich viele Fragen nach den Kriegsereignissen stellten. Er hingegen interessierte sich dafür, wie es um das Streben nach Weisheit stehe und ob sich unter den Jungen, die inzwischen in das Alter gekommen waren, um sich dort zu üben, welche »durch Klugheit oder Schönheit oder beides« auszeichneten. Man lenkte seine Aufmerksamkeit auf Charmides, der wie ein Götterbild bewundert würde. Er reihte sich dann unter Sokrates' Schüler ein.

Insgesamt war es *eine* Öffentlichkeit, die sich über die verschiedenen Orte erstreckte und für die Themen des Tages interessierte, für die der großen wie der kleinen Politik, neue Erfindungen, Erkenntnisse, an denen die Zeit so reich war, für Feste wie für Tragödien, aber auch für den Klatsch, der sich auf einige stadtbekannte Figuren, seien es Politiker oder Gecken, Gelehrte oder Sophisten, darunter Sokrates selbst, konzentrierte. Die Gemeinsamkeit des Interesses trug wesentlich zur Gegenwärtigkeit bei, in der Athen, wie die Griechen überhaupt und mehr als die andern, sich selbst erfuhr, in der es sich so unerhört konzentrierte.

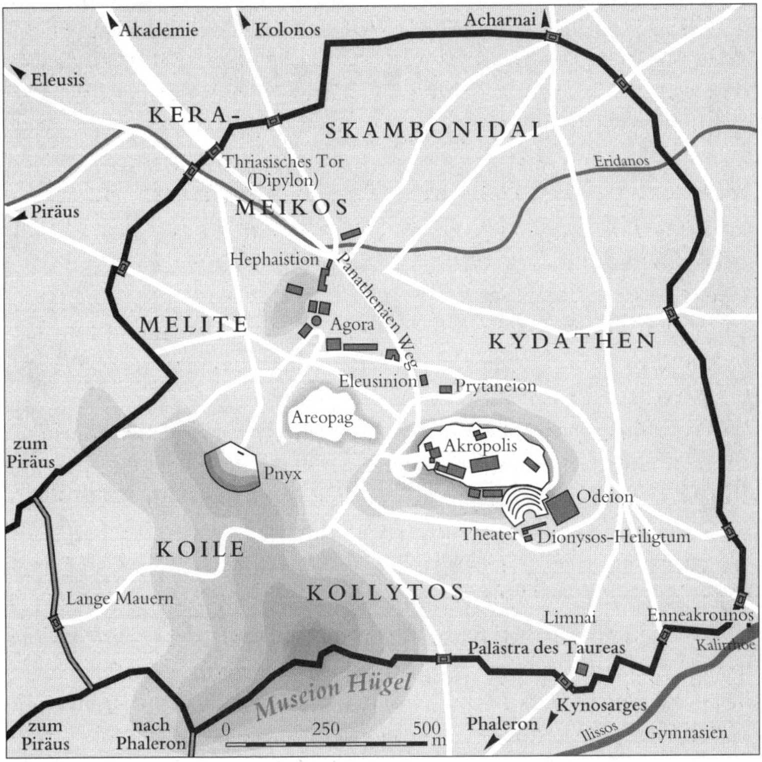


*Stadtplan Athen*

Die Agora, die die räumliche Mitte des bürgerlichen Lebens darstellte, war ein langgestreckter freier Platz, etwa hundert mal zweihundert Meter groß, durch Grenzsteine deutlich abgesteckt. Auf ihr lag im Norden die runde Orchestra, der alte Tanz-, Theater- und Versammlungsplatz, der zur Zeit des Perikles noch für die Aufführung von Chorgesang und -tanz sowie für die Stimmabgabe beim Ostrakismos, wohl auch für Gratisverteilungen von Getreide (wenn sich dazu eine Gelegenheit bot) diente. An seinem Rand stand das Denkmal der Tyrannenmörder. Wohl südlich anschließend hatte Kimon Teile der Agora mit schattenspendenden Platanen bepflanzt. Parallel zur westlichen Front lief der Kanal.

Der Platz war im Norden, Westen und Süden von den meisten wichtigen öffentlichen Gebäuden der Stadt umgeben. Im

*Das Hephaistion, von der Agora aus gesehen. Linker Hand waren die Gebäude des Rats der Fünfhundert, rechter Hand die Stoa des Zeus Eleutherios, die Fläche unmittelbar vor dem Tempel war freigehalten – so daß er die Westseite der Agora beherrschte. Erbaut in den 40er Jahren des 5. Jahrhunderts.*

Osten, jenseits der Straße für den Panathenäenzug, waren private Läden, Werkstätten und Häuser stehengeblieben – bis dort später die Stoa des Attalos errichtet wurde, die vor einigen Jahren rekonstruiert worden ist.

Die wichtigsten Gebäude lagen im Westen; knapp südlich der Mitte dieser Front das alte, im Innern auf Säulen gestützte Gebäude für den Rat der Fünfhundert, dem gegen Ende des Jahrhunderts ein neues mit theaterförmig ansteigenden Sitzen zugesellt wurde; da wurde der alte Bau zum Archiv umgewandelt. Zu den Sitzungssälen gehörte ein Altar – und Schranken, hinter denen Zuhörer stehen konnten. Gleich daneben fand sich die Tholos, jener Rundbau, in dem die Prytanen, die fünfzig Ratsmänner, die täglich anwesend sein mußten, residierten; sowohl ihren Geschäften nachgingen wie ihre Mahlzeiten einnahmen. Dort wurden auch die offiziellen Gewichte und Maße der Stadt aufbewahrt. In der Mitte des Raums stand ein Altar.

Gleich nördlich des Ratsgebäudes, in der Mitte der westlichen Front, stand auf dem Kolonos Agoraios der in der Mitte der vierziger Jahre errichtete Hephaistostempel. Die Fläche unterhalb des Abhangs, auf welchem er sich erhob, blieb unbebaut, so daß das nach konventionellem Entwurf aus Marmor, zumal solchem vom

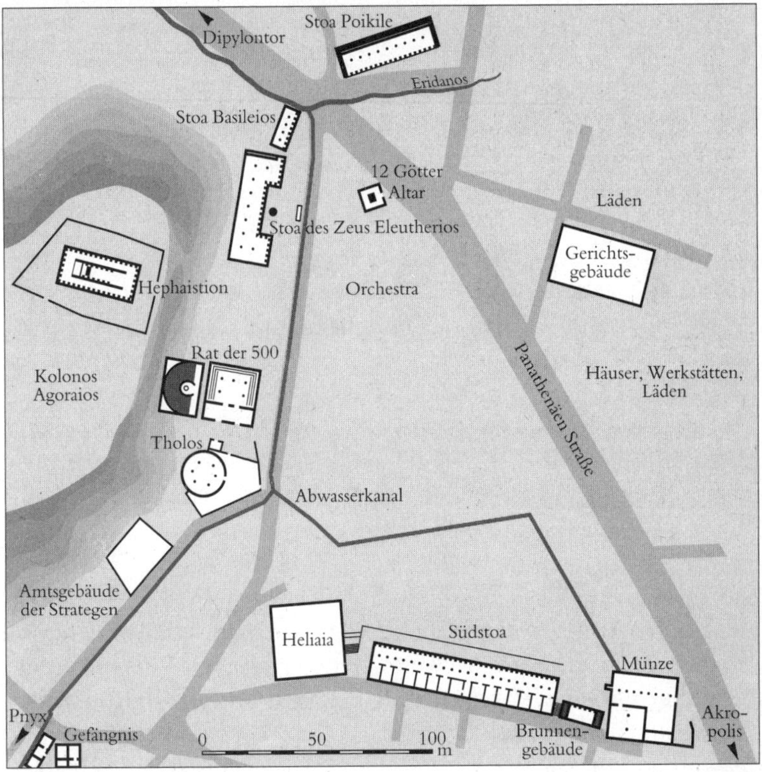


*Agora mit Kolonos Agoraios.*

Pentelikon, errichtete Gotteshaus deutlich die ganze westliche Front der Agora beherrschte.

Es war eine sehr bemerkenswerte Stätte der Verehrung sowohl des Hephaistos wie der Athena Ergane, welche das Handwerk schützte; die bronzenen Statuen der beiden, um 420 vom Phidias-Schüler Alkamenes geschaffen, wurden nebeneinander in der Cella aufgestellt. Nirgends sonst, soweit wir wissen, ist Hephaistos bei den Griechen ein so großartiges Heiligtum zuteil geworden.

Allerdings hatte es mit Hephaistos hier eine doppelte Bewandtnis. Er hatte sich nach einem alten Mythos mit der Jungfrau Athene vereinen wollen; jedoch vergebens; seinen auf ihre Schenkel vergossenen Samen hatte sie abgewischt, worauf die Erde daraus den König Erechtheus/Erechthonios gebar, den Stammvater der erdgeborenen Athener. Die Göttin habe den Jungen aufgezogen, die Jungfrau wie eine Mutter. Insofern verehrten die Athener in Hephaistos und Athena ihre Ursprünge. Sie taten es auch auf der Akropolis, im Erechtheion, das nicht nur Athene, Poseidon und Erechtheus gewidmet war, sondern zu dem auch ein Hephaistos-Altar gehörte. Durch den Tempel über ihrer Agora erinnerten sie sich – und alle, die ihn sahen – an ihre Autochthonie. Sie hatten ihr Land keinem weggenommen, hatten es nie verloren. Sie waren Kinder der uralten Erde; wie der Athene, wie des Hephaistos.

Aber die Kultstätte diente eben zugleich den Handwerkern der Stadt, das war die andere Seite der Medaille, jenem großen Personenkreis, in dem sich so viel wichtiges menschliches Können verkörperte; um die Menschen zu retten, hatte Prometheus Protagoras zufolge dem Hephaistos und der Athene die Handwerkskunst und das Feuer gestohlen. Es war zugleich jener Kreis, der nach damaligem Verständnis auch die Künstler umfaßte und dessen damals immer weiter sich verbesserndes Können allgemein bewundert wurde, dessen Angehörige innerhalb der Volksversammlung mächtig waren – und der doch gesellschaftlich und politisch immer wieder nur über die Schulter angesehen wurde. Aber vielleicht trügt der Eindruck auch, und man muß feinere Unterscheidungen treffen, um der Eigenart dieser gesellschaftlichen und politischen Schätzungen auf die Spur zu kommen. Schließlich heißt es in Perikles' Gefallenenrede, daß Armut in Athen nicht als Schande angesehen werde, eher schon, wenn man nichts dagegen unternähme. Und war nicht das Handwerk eins der Felder, auf dem das am ehesten geschehen konnte? Auf dem manch einer gerade damals große Erfolge errang, so daß in der Generation nach Perikles Söhne solcher Aufsteiger sich ganz der Politik widmen konnten?

Jedenfalls konnten die Handwerker – wohl einschließlich der Metöken, vielleicht gar der Sklaven unter ihnen – ihrem Gott in seinem grandiosen Heiligtum Opfer darbringen. Übrigens hatten sie auch ein eigenes Fest, die Chalkeia.

Schräg unterhalb des Hephaistions, am nördlichen Westrand der Agora, befand sich seit dem sechsten Jahrhundert ein Heilig-

*Agora beim Panathenäen-Zug, gesehen aus der Attalos-Stoa. Im Hintergrund das Hephaistion. Der Peplos wurde bis in die Nähe des Areopags auf einem Schiff transportiert (und ausgestellt), das auf Rollen lief. Versuch einer Veranschaulichung von R. Leacroft.*

tum des Zeus Soter, des Retters aus Notlagen. Man verehrte ihn seit den Perserkriegen zugleich als Eleutherios (Befreier). Um 430 baute man ihm eine prächtige Säulenhalle, die sich dadurch auszeichnete, daß sie beiderseits in kurze vorspringende Flügel überging, welche von prächtigen Giebeln bekrönt waren. Vor der Mitte der Front wurde eine Statue des Zeus aufgestellt, auf die Giebel war jeweils eine Siegesgöttin gesetzt. So brachte man die Freiheit der »allerfreiesten Stadt« deren Bürgern an ganz zentraler Stelle zusammen mit der sie auszeichnenden Autochthonie zum Bewußtsein.

Nördlich schloß sich das relativ kleine Amtsgebäude des Archon Basileus (Stoa Basileios) an. Es war als einziges der alten Amtssitze der vorkleisthenischen Zeit an die Agora verlegt worden. Die andern blieben unterhalb des nordwestlichen Abhangs der Akropolis, hinter der Südostecke des neuen Marktes.

Die Stoa Basileios grenzte auf der andern Seite an den Panathenäenweg, der nordwestlich am »thriasischen Tor«, dem Dipylon, seinen Ausgang nahm, um dann schräg über die Agora zu verlaufen und schließlich den Anstieg auf die Akropolis zu nehmen. Es war eine sehr alte Sitte, daß die Athener ihrer Göttin jeweils im Juli, im ersten Monat ihres Jahres, einen neuen Mantel (*péplos*) brachten. Neun Monate lang waren ausgewählte Jungfrauen aus vornehmen Familien damit beschäftigt gewesen, ihn zu weben. Er zeigte die Göttin, wie sie einen Giganten erschlägt.

Die Panathenäen begannen nach einem nächtlichen Fest mit einem Wettlauf von Fackelträgern, welche die gut dreieinhalb Kilometer vom Hain der Akademie – wo die Fackeln auf dem Altar des Eros entzündet wurden – zur Akropolis hinauf zurückzulegen hatten. Sie mußten sehen, möglichst schnell zu sein und doch das Feuer nicht verlöschen zu lassen. Der Sieger durfte das auf dem Altar der Athena Polias geschichtete Holz in Flammen setzen.

Im Zug schritten außer denen, die das Gewand hergestellt hatten, Mädchen mit Opfergerät, Körben und Kannen, Flötenspieler, auch eine Gruppe von zweigtragenden Männern, ein Aufgebot von Hopliten, ein anderes von Reitern samt einer Abordnung der Metöken und lange Reihen von Rindern und Schafen, die am Ende auf der Akropolis geopfert wurden; es mag eine Menge Dreck angefallen sein, und viel Blut mußte fließen von den mehr als 100 Tieren. Das Fleisch wurde anschließend unten im Kerameikos zum Teil an besonders Bevorzugte, im übrigen an die Bürgerschaft, wohl über die Demenvertretungen ausgegeben. Jeder Demos sollte bei dem Umzug vertreten sein, denn es galt die Einheit Attikas zu dokumentieren. Wohl seit den vierziger Jahren hatte jede Bundesgenossenstadt ein Rind und eine Hoplitenrüstung zu senden. Die Organisation des Zuges kann nicht einfach gewesen sein.

Zum normalen Fest, wie es jährlich gefeiert wurde, gehörten ein Waffentanz nackter junger Männer mit Schild und Lanze sowie sportliche und musische Wettbewerbe, unter anderm ein »Apobaten«-Rennen, Krieger, die in Waffen vom Streitwagen abzuspringen und um die Wette zu laufen hatten. Es fand auf der Strecke über die Agora statt, vielleicht während der Prozession, die dann für eine Weile angehalten worden wäre. Entsprechend mochten die Reiter dort Kunststücke darbieten. Das würde mit den Bildern auf dem Fries des Parthenon gut übereinstimmen. Alle vier Jahre, wenn die Großen Panathenäen gefeiert wurden, war die Zahl der Wettkämpfe wesentlich größer und erstreckte sich über einige Tage. Sie werden spätestens in perikleïscher Zeit vor die Mauern der Stadt verlegt worden sein.

Jenseits des Panathenäenweges stand am nördlichen Rand der Agora die Stoa Poikile, etwas weiter südlich der Zwölfgötteraltar, seit der Tyrannenzeit der zentrale Meilenstein der Stadt. Er galt

*Reiter vom Parthenonfries. 30er Jahre des 5. Jahrhunderts. Noch (oder bis vor kurzem) am Parthenon.*

zugleich als Asylstätte, symbolisierte insofern Athens Rolle als Zuflucht für alle, die Hilfe brauchten. Sowohl im Norden wie im Süden des Platzes befanden sich Gerichtsgebäude, im Süden wurde gegen Ende des Jahrhunderts noch eine weitere Säulenhalle erbaut, in deren Hintergrund eine lange Reihe gleich großer Räume mit Liegen für Festmahle und Symposien sich befand.

Folgte man an der Südostecke dem Panathenäenweg noch eine Weile, so kam man zum Heiligtum der eleusinischen Gottheiten Demeter und Kore. Athen legte Wert darauf, die wichtigsten Götter Attikas auch in der Stadt zu verehren. Nicht weit davon entfernt waren die alten Amtsgebäude, darunter das Prytaneion, der Sitz des ersten Archon, zugleich Ort des heiligen Herdes der Stadt sowie der offiziellen Mahlzeiten, zu denen besonders verdiente Bürger bei Gelegenheit, Olympiasieger und Nachkommen der Tyrannenmörder ständig eingeladen waren. Auch auswärtige Gesandtschaften wurden hier bewirtet. Ferner muß das Theseus-Heiligtum in diesem Teil der Stadt angelegt worden sein.

*Propyläen des Mnesikles. Errichtet in den 30er Jahren des 5. Jahrhunderts. Westseite der Akropolis.*

Verließ man die Agora dagegen an der südwestlichen Ecke, so passierte man einen großen Bau, der wahrscheinlich der Amtssitz der Strategen war; ein Stück weiter lag zur Linken das Gefängnis, in dem später Sokrates den Schierlingsbecher trinken mußte. Nach knappen vierhundert Metern Anstieg erreichte man die Pnyx. Die Anziehungskraft der Volksversammlungen freilich, die dorthin einberufen wurden, war nicht immer gleich groß. Wir hören jedenfalls, daß die Prytanen die skythischen Sklaven, über die die Stadt für allerhand Ordnungsdienste verfügte, damit beauftragen konnten, alle Wege, die von der Agora in andere Richtungen abgingen, zu versperren und mit einem langen, in Rötel getauchten Seil die Bürger vor sich her zur Pnyx zu treiben. Indes gab es verschiedene Möglichkeiten, ihnen auszuweichen.

Die Pnyx faßte etwa 6 000 Bürger. Man nahm Platz mit dem Gesicht zur Agora; ziemlich genau in der Fluchtlinie dorthin war der Platz für die Rednertribüne aufgeschüttet worden. Für die Prytanen waren Holzbänke vorgesehen, auf denen sie, dem Volk zugewandt, gesessen haben müssen. Die Übrigen pflegten auf dem blanken Stein zu sitzen, eventuell durch ein mitgebrachtes

*Der Parthenon, Blick von Westen, Rekonstruktion von G. P. Stevens*

Kissen gepolstert. Schräg rechts konnten sie auf den Areshügel (Areopag) blicken, ziemlich genau zu ihrer Rechten erhob sich die Akropolis, auf der seit 447 gebaut, die zum architektonischen und künstlerischen Zentrum der Stadt wurde und deren Glanz und Größe weithin ausstrahlte. Alle andern Teile der Stadt, auch die neuen öffentlichen Gebäude auf der Agora, nahmen sich eher bescheiden neben den dortigen Bauten aus.

Seit etwa 460 stand dort Phidias' Statue der Athena Promachos. Hinter ihr erhob sich die Mauer, die den Bezirk der Stadtgöttin, Athena Polias, eingrenzte. Das uralte hölzerne Kultbild, das dereinst vom Himmel gefallen sein sollte, war nach der Schlacht bei Salamis in die notdürftig wiederaufgebaute Cella ihres Tempels zurückgebracht worden. Vieles war auch sonst nur ganz provisorisch hergerichtet, bis Perikles sein Bauprogramm ins Werk setzte.

Es begann mit dem Parthenon und setzte sich sogleich nach dessen Vollendung (438) mit den prachtvollen neuen Propyläen fort, und vorgesehen war wohl auch damals schon das Erechtheion, das allerdings erst nach Perikles' Tod gebaut wurde.

Die Propyläen, ein Werk des Mnesikles, empfingen den Besucher nicht nur mit einer ganzen Tempelfassade, sondern mit einem an drei Seiten von Säulen umfaßten Vorhof; eine ungeheure Neuerung, fast eine Vorwegnahme großer Platzkompositionen, wie sie dann im Hellenismus üblich werden. Die Tempelfassade auf vier statt auf drei Stufen stehend und diese in der Mitte unterbrochen, um den allmählichen Aufstieg zu ermöglichen. Im Innern führt der Weg – von jonischen Säulen eingefaßt, unter einer herrlichen Kassettendecke mit aus blauen Feldern niederstrahlenden goldenen Stern- und Blütenmustern – langsam nach oben, bis man die um fünf Stufen höher liegende Schwelle des Tors und damit das Niveau des dem Hochplateau zugewandten Teils des Gebäudes erreicht. Auch er präsentiert sich wie ein dorischer Tempel, nur niedriger und bloß auf einer Stufe; sie erhebt sich gerade über das abfallende Plateau und läßt in der Mitte ihrerseits den Weg frei, über den ja nicht nur Besucher, sondern auch jährlich von neuem die Prozession des Panathenäenzuges aufzusteigen hatte. Übrigens war die unmittelbare Verbindung zwischen den dorischen Säulen der Front und den jonischen im Innern ebenfalls etwas Gewagtes, Neues – und insgesamt waren die Propyläen von einer bis dahin unvorstellbaren Größe, zumal sie nach Norden zu in einen großen Raum übergingen, der, jedenfalls später, als Pinakothek diente. Ein ähnlicher Bau war ursprünglich wohl auch im Süden geplant.

Die Propyläen werden, wie später das Erechtheion, für das es bezeugt ist, gleicherweise von Bürgern, Metöken und Sklaven gebaut worden sein. Bei der Arbeit bestand zwischen ihnen kein Unterschied, auch der Lohn war der gleiche, wenn er auch im Fall der Sklaven an deren Herrn ging. Aber die Arbeit bedeutete eben nichts für den Status. Beim Erechtheion ist darüber mit größter Sorgfalt auf Marmortafeln Buch geführt worden. Man erfährt zum Beispiel, daß auf jede Säule 350 Tageslöhne entfielen, zuerst für die genaue Rundung der Säule 50, danach für die Facettierung zu einem den Kanneluren und Stegen entsprechenden Vieleck 90, sodann für die Aushöhlung der Kanneluren 100 und für die Ausarbeitung der endgültigen Form mit feinerem Meißel sowie den Zuschliff der Fläche 110.

Die Akropolis, wie sie sich von den Propyläen aus dem Auge darbot, ist mit der heutigen kaum zu vergleichen. Rechter Hand

*Athena-Marsyas-Gruppe des Myron, bald nach 450. Rekonstruktion in Braunschweig.*

sah man vor allem die Mauer, die den heiligen Bezirk der Artemis von Brauron umgab. Auch dieses Heiligtum war, wie das eleusinische, errichtet worden, um eine bedeutende Göttin Attikas in Athen zu verankern. Seine Grenzmauer setzte sich fort in der des Parthenon-Bezirks. Der Tempel selbst wurde also nur zum Teil sichtbar; auch wer seinen heiligen Bezirk betrat, hatte noch die hohe Treppe vor sich, über die man erst auf sein Niveau gelangte; sie war mit Weihgeschenken vollgestellt.

Die beiden andern Tempel, deren Ruinen heute dort stehen, der der Athena Nike und das Erechtheion, sind erst während des Peloponnesischen Krieges gebaut worden. Die Nike symbolisierte den in Urzeiten erfochtenen Sieg über die Dorer, der sich in der Gegenwart wiederholen sollte.

Das Erechtheion, das drei Baukörper auf vier verschiedenen Niveaus vereinigte, hegte verschiedene heilige Stätten, die auf dem ehrwürdigsten Teil der Burg ihren Platz hatten, an der Stelle des alten mykenischen Königspalasts, dem Begräbnisplatz der mythischen Herrscher. Dort hatten Athene und Poseidon im Streit um den Besitz der Stadt die eine den Ölbaum gestiftet, der andere mit dem Dreizack eine Salzquelle entspringen lassen. Der Ölbaum war, auch wenn er nicht sogleich nach den Perserkriegen wieder ausgetrieben hatte, inzwischen neu herangewachsen. Dort war aber auch der Platz der Burgschlange, die, an alte Sagen und Vorstellungen anknüpfend, den aus der Erde geborenen König Erechthonios verkörperte. Es war die Schlange, die 480 beim Heranrücken der Perser verschwunden war, die der Athena heilige Wächterin über das Wohl der Stadt. Erechtheus, der zum einen mit Erechthonios gleichgesetzt, zum andern mit Poseidon verschmolzen war, wurde verehrt, auch das Grab des mythischen Königs Kekrops. Hephaistos erhielt einen Altar, und in einer Cella wurde das hölzerne Kultbild der Athena Polias neu aufgestellt, vermutlich erst nachdem die Cella des alten Athena-Tempels abgebrannt war (im Jahre 405); es war das Kultbild, dem jährlich der neue Peplos geweiht wurde.

So vielfältig die Kulte, so kompliziert der Bau, der sich getreu ihrer Topographie anzupassen hatte. Aber was ihm von daher an Geschlossenheit versagt blieb, machte er wett durch die Raffinesse der Perspektiven sowie vor allem durch den Reichtum der Formen, der Friese, der Säulenkapitelle, den herrlichen Schmuck der Türrahmung – und durch das, wie man es genannt hat, »anmutigste Wunder dieses Baus«, die durch sechs Mädchenfiguren getragene Korenhalle.

Überall auf der Akropolis, vor allem wohl entlang den Mauern der Heiligtümer, standen außer vielen Inschriften die Weihgeschenke, zum Teil von den bedeutendsten Künstlern gearbeitet. Unter ihnen etwa Phidias' Athena Lemnia, ein Weihgeschenk der attischen Kleruchen von der Insel Lemnos, und die Gruppe der Athene und des Marsyas von Myron: die Göttin, die den Silen Marsyas schlägt, weil er die Flöten wieder aufheben wollte, die die Göttin fortgeworfen hatte. Sie hatte sie zwar erfunden, hatte dann aber im Spiegel gesehen, wie häßlich ihre Backen beim Spiel aufgebläht waren; so heißt es in einer Erzählung. In einer andern, daß sie grundsätzliche Bedenken gegen die Flötenmusik hatte, die dem Silen so sehr gefiel.

Um die Akropolis, die übrigens im hinteren Teil noch andere

*Erechtheion von Nordwesten. Davor der Ölbaum, den Athene der Stadt gestiftet hatte.*

Heiligtümer barg, gleich unterhalb der Höhe, von der ab der Felsen steil anstieg, lief der Peripatos, ein Weg, der zu den verschiedenen Heiligtümern in den Höhlen des Berges führte; etwa zu dem der Aphrodite und des Eros, denen der wichtigste Fruchtbarkeitskult galt, oder zu dem des Pan, das die Athener nach der Schlacht bei Marathon eingerichtet hatten. Im Südosten passierte dieser Weg das Dionysos-Theater und verlief oberhalb des von Perikles errichteten Odeions.

»Ich ging gestern mit Glaukon, dem Sohn des Ariston, in den Piräus hinunter, um die Göttin anzubeten, aber auch um das Fest zu sehen; neugierig darauf, wie sie es feiern würden, denn sie begehen es zum ersten Mal«, so beginnt, in Sokrates' Erzählung, Platons berühmtes Buch »Politeia« (dessen Titel man meist falsch mit »Staat« wiedergibt). Sokrates ist schon auf dem Heimweg, als Polemarchos, der Sohn des Kephalos, einen Jungen nach ihm schickt. Es stellt sich heraus, daß am Abend noch ein Fackelrennen in der Form eines Staffellaufs stattfinden soll, und zwar, was ganz neu ist, zu Pferde.

Das Fest, das 429 erstmals gefeiert wurde, galt der thrakischen Göttin Bendis, die mit Artemis verwandt war. Ihr Kult war eingeführt worden, um den Thrakerkönig Sitalkes zu ehren, mit dem Athen verbündet war – sein Land war strategisch wichtig –, er diente der Kolonie thrakischer Händler im Piräus. Das Zeus-Orakel in Dodona hatte zugestimmt. Die Prozession setzte sich aus zwei Zügen zusammen, der eine, aus Athenern, kam vom Prytaneion in Athen, der andere, aus Thrakern, begann im Piräus. Beide waren Sokrates zufolge schön anzusehen.

Überhaupt gab es viele Gründe zu Ausflügen in den sieben Kilometer von Athen entfernten Piräus. Der große Handelshafen Kantharos mit den Schiffen aus aller Herren Länder, die Fremden, die dort an Land kamen und Geschäfte trieben, die Vielfalt der Waren, aber auch die Kriegshäfen Zea und Munychia, in denen die stolze Flotte der Stadt zu Wasser oder auch in den Schiffshäusern zu besichtigen war. Hier waren es 82, dort 196 Stellplätze, die restlichen Triëren wurden an der südlichen Bucht des Kantharos untergebracht. Die Häfen waren befestigt. Da konnten Väter ihre Söhne in die Macht ihrer Heimatstadt einführen; vielleicht, daß sie ihnen anschließend Schwimmunterricht an der See erteilten, denn darauf wurde Wert gelegt.

Sie mögen ihnen auf den Ausfallstraßen von Athen, im Angesicht der Gräber, die dort standen, auch etwas von attischer Geschichte beigebracht haben; vor dem Dipylon-Tor, von dem die wichtigste Straße zum Piräus abbog, waren zum Beispiel die offiziellen Gräber der gefallenen Athener. In den dreißiger Jahren begann die attische Grabkunst auch neue Formen der plastischen Menschendarstellung zu entwickeln, die freilich die Heranwachsenden wohl weniger interessiert haben.

*Rekonstruktion des Hafens Munychia mit Molen, Befestigungsmauer, Schiffshäusern und einzelnen Triëren. Im Hintergrund Phaleron (am Ufer) sowie der Hymettos. Die Zeichnung der Schiffshäuser basiert auf Funden. Es soll der Zustand im 4. Jahrhundert wiedergegeben werden, der sich aber nicht grundsätzlich von dem im 5. unterscheidet. Zeichnung von J. F. Coates.*

Besonders aufregend war es, wenn die Flotte zur Ausfahrt rüstete. Aristophanes hat es einmal geschildert: Der Piräus voll von Soldaten und Ruderern, überall Lärm, Menschenknäuel, die sich um die Trierarchen, die Befehlshaber, denen zugleich die Ausstattung der Schiffe oblag, drängten; die Zahlung der Löhne, die Handwerker, welche noch Palladien vergolden, kleine Bilder der Pallas Athene mit Schild und Lanze, die als eine Art Talisman am Bug der Schiffe angebracht wurden; in der Stoa der Getreidehändler herrscht Gedränge, Korn wird abgemessen; Schläuche mit Wasser und Wein, lederne Riemen für die Ruderer, Körbe, Knoblauch, Oliven, Netze voller Zwiebeln, Sardellen werden beschafft, Kränze feilgeboten (sei es, daß sie an den Hecks der Schiffe angebracht werden, sei es, daß die Ruderer sie aufsetzen sollten, jedenfalls um Segen zu verbürgen). Die Ruderer betrachten ihre Schwielen. Flötenbläserinnen bieten sich an, die Werft dröhnt vom Aussägen der Ruderblätter, am Hafen knarren die Pflöcke, die Ruder werden eingesetzt, einige Schiffe sind schon auf Übungsfahrt, so daß überall die lauten Bootsmannspfeifen, Taktrufe und Flöten ertönen.

In einem Wort, diese Stadt und ihre Häfen waren voll von Interessantem, Kurzweiligem und Erregendem. Nicht nur von Politik- und Kriegsgeschehen, den langfristigen Vorhaben und Planungen, den neuen Thesen, Behauptungen und Entdeckungen. Vielmehr blieb das Jahr zugleich aufs stärkste eingefangen in die Rhythmen von Alltag und Fest.

Die Feste sind kaum aufzuzählen, viele zu Ehren des Dionysos, die im Winter und Frühling gefeiert wurden, darunter die in den Demen begangenen »Ländlichen Dionysien«, weiterhin für Demeter das uralte Fruchtbarkeitsfest der Thesmophorien, das nur von Frauen gefeiert wurde, und dazu noch viele andere, große und kleine. Immer wieder Prozessionen, Opfer (und Fleischverteilungen), Tänze, Chöre, Fackelläufe; darunter das ausgelassene Treiben auf den dionysischen Umzügen, die Phallos-Prozessionen – und die Dramen.

Eines der eigentümlichsten Feste bildeten die – von Aristophanes' »Wolken« an erster Stelle erwähnten – eleusinischen Feiern im September, die die Polis unter dem Archon Basileus ausrichtete und ordnete, die aber vor allem von zwei alten Adelsgeschlechtern, mindestens das eine stammte aus Eleusis, besorgt wurden und an denen Interessierte teilnahmen. Sie hatten sich im Februar durch bestimmte Zeremonien der Einweihung vorbereitet, mußten sich jetzt registrieren lassen und die – nicht geringen – Gebühren zahlen, sodann zur Reinigung sich ans Meer begeben, durch ein Opfer entsühnen und einen Tag des Fastens im Haus verbringen. Sie hatten wohl in der Regel auch eine Einführung durch »Mystagogen« genossen. In die Mysterien konnten sich Männer und Frauen, Freie und Sklaven, auch Fremde, soweit sie Griechen waren, einweihen lassen; nur durften sie nicht durch Verbrechen befleckt sein.

Schließlich begab sich eine Prozession von Tausenden, beginnend am Heiligen Tor im Kerameikos, nach Eleusis, das 21 Kilometer entfernt lag. Sie führte die heiligen Geräte, die wenige Tage zuvor nach Athen gebracht worden waren, dorthin zurück, unter Gesang und Flötenspiel, vor allem unter immer neuen *Iakch'ô Iakche*-Rufen.

Gegen Abend begannen die eigentlichen Mysterien im Telesterion von Eleusis, dem größten überdachten Bau der Zeit, fünfzig mal fünfzig Meter im Quadrat, dessen Decke auf einem Wald von 42 Säulen ruhte. Seine Rückseite grenzte an den Abhang, an jeder der drei zugänglichen Seiten befanden sich zwei Türen, zur Wand stiegen ringsum acht Stufen an, auf denen etwa 5 000 Menschen stehend Platz fanden. Das ganze Gebäude war dunkel, es kam nur durch eine kleine Öffnung in der Decke etwas Licht vom Mond herein, denn die Feier fand vier Tage nach Vollmond statt. Außerdem brannte im Heiligtum in der Mitte des Telesterions ein Feuer.

»Irrgänge, mühsame Umzüge, endlose unruhige Wanderungen durch die Finsternis« sind für die Nacht bezeugt, alle Schauer der Unterwelt habe man durchlebt – bis man endlich in »lichte Orte, in selige Fluren« eingetreten sei. Das war gegen Morgen, da drang von der Öffnung im Dach her Sonnenlicht ein. Der Priester rief aus, daß die Herrin einen heiligen Sohn geboren habe. Man trank ein Gemisch aus Gerstenmehl, Wasser und Minze; eine geheimnisvolle Verrichtung, die im Nehmen und Zerstoßen von Getreidekörnern bestand, scheint sich angeschlossen zu haben. Einem engeren Kreis von Mysten, die zum zweiten Mal teilnahmen, wurde »das große, wunderbare, vollkommenste...Geheimnis des Ortes« offenbart: im Schweigen eine geschnittene Ähre.

Die Mysterien waren geheim, einige Schriftsteller, zumal später die Christen, haben sich an das Gebot aber nicht gehalten, so daß die Vorgänge wenigstens in Umrissen zu erahnen sind. Es war der Mythos der Demeter, der Göttin von Eleusis, der aufgeführt wurde. Sie hatte, so heißt es, den Menschen an diesem Platz die zwei wertvollsten Gaben geschenkt, die Feldfrüchte als Grundlage zivilisierten Lebens und die Mysterien als Gewähr »besserer Hoffnungen« nach dem Tode. Dies hing damit zusammen, daß sie dem Mythos zufolge ihre von Hades in die Unterwelt entführte Tochter Persephone dort ausgelöst hatte. Sie hatte die Götter erpreßt, indem sie das Wachstum des Korns für eine Weile verhinderte. Die Tochter mußte künftig zwar drei Monate des Jahres in der Unterwelt verbringen, darin bestand der Kompromiß, für den Rest des Jahres aber kam sie ans Licht. Und dieser Wechsel zwischen Leben und Tod, die Verknüpfung von Saat und

Ernte, Dunkelheit und Licht machten in irgendeiner Weise die Mysterien aus.

Sie vermittelten den Eingeweihten »Seligkeit« in der Gegenwart und ein besseres Dasein nach dem Tode. Priestern wird nachgerühmt, sie hätten »gezeigt, daß der Tod nicht etwas Übles, sondern etwas Gutes sei«. Wie sie das machten, wird man nie verstehen können; es blieb das Geheimnis all derer, die sich dem Fasten, den Reinigungen, der Erschöpfung, dem Erschrecken und der Erregung hingaben.

Mysterien gab es auch anderswo. Bestimmte Ansätze im Kult und verschiedene Bedürfnisse mochten jeweils zusammenkommen. Die eleusinischen Mysterien waren offenbar die bedeutendsten. Der Andrang war so groß, daß der wohl aus der Zeit des Peisistratos stammende Bau im fünften Jahrhundert zweimal erheblich erweitert respektive erneuert werden mußte. Er wird nicht zuletzt durch die Bedeutung und Anziehungskraft der Stadt Athen bedingt gewesen sein. Damit soll die Ernsthaftigkeit der Teilhaber des Kults nicht bestritten werden, auch nicht die Vereinzelung, das Trostbedürfnis, die Hoffnung, die sie antrieben. Zumindest ist der Anspruch bemerkenswert, der so viele seit dem fünften Jahrhundert veranlaßte, die unter Umständen langen, beschwerlichen Reisen zu unternehmen.

Andere Heiligtümer in Attika fanden sehr viel weniger Interesse, obwohl darunter so bedeutende wie das der Artemis in Brauron oder das der Nemesis in Rhamnus waren. Es ist unklar, wieweit sie aufgesucht wurden. Den herrlichen Tempel bei Sunion haben zumindest die Männer auf Athens Schiffen immer wieder zu Gesicht bekommen. Wenn sie auf der Rückfahrt waren, stellte er das erste Zeichen der Heimat dar.

WENN IN Athen damals einerseits, übrigens auch von aristokratischen Kritikern, festgestellt wurde, die Stadt habe so viele Feste wie keine andere, und wenn andererseits die Korinther ihr vorwarfen, sie kennten kein anderes Fest als das stete Sich-Abmühen, um das Notwendige zu tun, so braucht darin kein Widerspruch zu liegen. Die Feste der Athener konnten nicht einfach – wie anderswo – Ruhepunkte und Ziele des Jahreslaufs sein, sondern sie waren wie alles andere Teil der großen, mächtigen Bewegtheit dieser Stadt, ihres Aufbruchs zum Abenteuer, ihrer Größe, ihrer Herrschaft.

Gewiß, »die Zeit des Perikles in Athen war vollends ein Zustand, dessen Miterleben sich jeder ruhige und besonnene Bürger unserer Tage verbitten würde, in welchem er sich todesunglücklich fühlen müßte, selbst wenn er nicht zu den ... Sklaven, sondern zu den Freien gehörte«, wie Burckhardt schreibt. »Und dennoch muß ein Gefühl des Daseins in den damaligen Athenern gelebt haben, das keine Sekurität der Welt aufwiegen könnte.«

»Denn unsere Liebe gilt dem Schönen und Rechten ohne großen Aufwand, und wir lieben das geistige Streben ohne Weichheit«, rühmt Perikles seine Athener in der Gefallenenrede. Wobei er mit dem geringen Aufwand offenbar meinte, daß dort nicht einfach materieller Prunk betrieben würde; daß das Schöne und das Rechte sich eher in der Form verwirklichten. Denn er fährt fort, man nehme dort Reichtum mehr als Gelegenheit zur Tat denn als Anlaß zum Großtun.

Mit Schönem und Rechtem ist ein Wort wiedergegeben, das nicht ohne Grund die beiden Bedeutungen vereinte. Vielleicht ist es immer so in den Zeiten, da Gesellschaften die Schönheit, die Pracht ihrer Öffentlichkeit begründen, daß es ihnen nicht allein um die Ästhetik geht, in ihr vielmehr zugleich etwas anderes verwirklicht werden soll.

Hier jedenfalls traf das alte adlige Ideal des Schönen besonders eng mit dem Streben nach dem rechten Maß und nach Erkenntnis zusammen. Es ging nicht einfach um den Schmuck, sondern um eine Lebensbedingung der Stadt, um Richtmaß und Ordnung. Kein Zufall, daß für mehrere Künstler jener Zeit bezeugt ist, sie hätten theoretische Abhandlungen verfaßt.

Polyklet von Argos wollte aufgrund zahlreicher Messungen an menschlichen Körpern ein mittleres Maß gewinnen, in dem er die richtigen Proportionen, die Symmetrie suchte. Dabei ließ er sich zugleich von mathematischen Theorien leiten, vermutlich in engem Zusammenspiel von Theorie und Empirie. Die Schönheit komme bis auf eine Nuance durch viele Zahlenverhältnisse zustande. Diese Erkenntnisse, die er in seiner Schrift »Kanon« vortrug, soll er vor allem in seinem »Speerträger« verwirklicht haben, der vermutlich Achill darstellt – und doch zugleich das Idealbild des Bürgers, der bürgerlichen Gleichheit. Übrigens findet sich die Auffassung, daß Schönheit nicht in einem einzelnen Körper vereint sei, »weil die Natur nichts auf einfache Weise in allen Teilen vollendet ausbildet«, damals auch bei Zeuxis. Als der den Heratempel in Kroton ausmalen sollte, machte er zur Bedingung, daß ihm die schönsten Jungfrauen des Orts zur Verfügung gestellt würden. Auf öffentlichen Beschluß wurden alle versammelt; fünf davon wählte er aus, um aus ihnen gleichsam die vollkommene Schönheit zu gewinnen. Die Feinheit der vielen Zahlenverhältnisse, auch der kleinen Abweichungen, war es zugleich, die den Parthenon und die Propyläen auszeichnete.

Zu den Bedürfnissen, die im Schönen Antwort suchten, gehörte die Erkenntnis von Gesetzmäßigkeit, aber auch, daß man ein Bild, ein ideales Bild von sich selbst und von den Göttern und Helden der Vorzeit gewann. All dies kam zusammen im Parthenon, auf dessen Giebeln einerseits die Geburt der Stadtgöttin Athene, andererseits deren Streit mit Poseidon um den Besitz Athens abgebildet waren. Auf dem Metopenfries Kämpfe der Griechen mit den Trojanern sowie mit allerhand Unholden, auf dem Schild der Athene derjenige mit den Amazonen – all das, was sich im Ringen Athens mit den Barbaren, in seinem Kampf um Sicherheit und Zivilisation fortsetzte. An der Cellawand schließlich die Bürgerschaft selbst im Panathenäenzug.

Indem Athen die reichen Möglichkeiten der Griechen aufnahm und beträchtlich steigerte, wurde es, wie Perikles sagt, zur Schule von Griechenland. Und er weist stolz darauf hin, daß es seine politische Form selbst entwickelt habe, nicht von andern gelernt, sondern eher ein Vorbild für andere. Wie wenn auch seine Ordnung letztlich aus dem eigenen Boden gewachsen wäre.

Zwei zusammenhängende Darstellungen des perikleïschen Athens sind uns überliefert: Das Lob des Perikles in der Rede auf die athenischen Gefallenen von 431 bei Thukydides und das Pamphlet eines namentlich nicht bekannten Mannes, den man, weil seine Schrift zusammen mit Xenophons Büchern überliefert ist, Pseudoxenophon nennt. Es scheint in den zwanziger Jahren verfaßt worden zu sein.

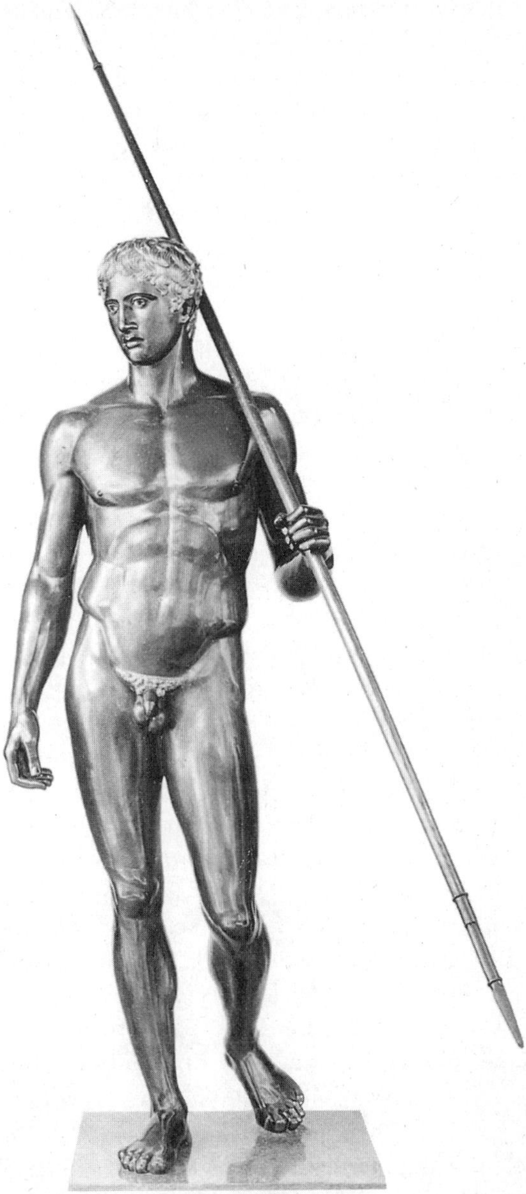

*Speerträger des Polyklet. Bronzene Rekonstruktion von G. Römer, unter Heranziehung der besten römischen Kopien. München, Universität.*

Pseudoxenophons »Über die Verfassung der Athener« ist der Versuch eines Gegners der Demokratie, den andern Griechen nachzuweisen, daß diese Verfassung zwar schlecht, aber in Hinsicht auf die Interessen der niederen Schichten zweckmäßig eingerichtet ist; und zwar nicht nur die Verfassung im engeren Sinne, sondern das gesamte System der Stadt, von der Besetzung der Ämter über das Rudern der Flotte, die Seebundspolitik bis zur Organisation der Feste und Opfer und dem Bau von Sportstätten und Badehäusern.

Es scheint danach, wie wenn im übrigen Griechenland weithin noch das Ideal einer aristokratisch dominierten Verfassung, der Eunomie, wie es heißt, gegolten hätte, und zwar so sehr, daß man gar nicht verstand, warum die Athener so töricht waren, sich nicht nach der »Rechtschaffenheit und Weisheit« der Adligen zu richten. Dagegen setzt der Autor die einfache Feststellung, daß »das Volk« von Athen primär seinen eigenen Nutzen im Auge habe. Es höre lieber auf Ungebildete und Gemeine, wenn sie nur auf seiner Seite stünden. Folglich könne man auch die Demokratie nur ganz oder gar nicht abschaffen. Mit kleineren Verbesserungen sei nichts zu wollen.

Pseudoxenophon wußte also, daß die Interessen der Adligen (sofern sie der alten Ordnung anhingen) und die »des Volkes« sich ausschlossen. So sehr er für ein aristokratisches Regime war, so deutlich war ihm, daß der Demos in den guten Absichten jener Adligen nur Parteilichkeit und den Widerspruch zu den eigenen Zielen sehen konnte. Daher waren die kleinen Leute zwar ungebildet und gemein, aber nicht dumm; sie wußten genau, was gut für sie war.

Perikles dagegen sprach von keinem Gegensatz, von keinen parteilichen Interessen in Athen. Er nahm die Stadt als eine Einheit. Die Demokratie erwähnte er zwar, aber so, daß sie die Ordnung aller war – nicht die Herrschaft eines Teils über den anderen. Und obwohl er manche Einrichtungen und Gebräuche nennt, ging es ihm vor allem um eines: Er wollte die Eigenart der Athener herausarbeiten, an der die Gefallenen, aber auch die Lebenden, an der schon die Väter teilhatten. Das Wunder dieser Stadt suchte er gleichsam aus dem Charakter ihrer Bürger zu ergründen.

Wo Pseudoxenophon Athen für sich betrachtete, sah Perikles

es auf der Folie anderer Städte, vor allem Spartas. Wie Thukydides seine Rede nachträglich formulierte, richtete sie sich zugleich an die Nachwelt. Athen erschien also, wenn auch unausgesprochen, als Einheit, als Ganzes im weiteren Zusammenhang der Griechenwelt.

Ganz zentral war für Perikles die Freiheit und das aus ihr erwachsende gegenseitige Vertrauen. Die Erziehung war freizügig, die Vorbereitung auf den Kriegsdienst erfolgte nicht, wie in Sparta, ein Leben lang und in aller Strenge, sondern gleichsam ungezwungen, ganz nach Bedarf. Freiwillig achtete man die Gesetze, gehorchte man den Beamten. Tolerant begegnete man seinen Mitmenschen. In aller Freiheit ließ man die Fremden sehen und lernen, was sie wollten, auch wenn an sich Geheimhaltung günstiger gewesen wäre. Aber man vertraute weit mehr auf die eigene Seelenkraft denn auf Täuschung und Vorsichtsmaßregeln. Außerdem seien die Athener durch »leichten Sinn« ausgezeichnet sowie durch die Fähigkeit, alle Gefahren genau zu erkennen und sich trotzdem davon nicht entmutigen zu lassen. All dies sollte offenbar Hoch und Niedrig gemein sein.

Wo Perikles auf die Unterschiede zwischen ihnen eingeht, will er zeigen, was sich historisch und vom übrigen Griechenland her nicht von selbst verstand: daß auch die Armen in Athen respektiert würden, ja daß Armut kein Hinderungsgrund sei, für die Polis etwas zu leisten und dafür Anerkennung zu ernten.

Er behauptete sogar, die Athener gingen zwar jeder einem anderen Geschäft nach, seien aber trotzdem in der Lage, die politischen Angelegenheiten hinlänglich zu beurteilen. Keine Rede davon, daß sie das in parteilichem Interesse täten. Wo Pseudoxenophon den kleinen Leuten nur Klugheit in der Wahrnehmung des eigenen Nutzens attestiert, geht es Perikles darum, daß sie an Urteilskraft offenbar hinter den Adligen nicht grundsätzlich zurückstehen; wohl auch eine Eigenart der Athener. Und das Urteil sollte offenkundig das Beste der Stadt zum Maßstab haben. Einzig bei ihnen, so fährt er fort, und dieser Satz soll den vorangehenden begründen, werde der, der an der Politik keinen Anteil nehme, nicht für einen ruhigen Bürger (*aprágmon*), sondern für unnütz angesehen. Darin bestand offenbar die Herausforderung, auf die hin Kenntnisse und Urteilsfähigkeit sich verbreiteten.

Endlich kommt Perikles zu dem erstaunlichen Schluß, bei den

Athenern erweise sich jeder Mann in Hinsicht auf die meisten Dinge, und zwar mit Anmutigkeiten, höchst gewandt, als eigenständige (autarke) Persönlichkeit. Er sagt, die Macht der Stadt sei ein Beweis dafür.

In Athen vertrug sich also nicht nur Spezialisierung mit der Befähigung für das Allgemeine, sondern die kleinen Leute erfüllten dort geradezu die Adelsideale der Anmut und der Autarkie. Herodot hat damals geschrieben, keine Person und kein Land könne autark sein, nicht einmal ein König.

Indes gebrauchte Thukydides das Wort in veränderter Bedeutung, im Sinn nämlich eines »Gewachsenseins« gegenüber den Anforderungen, vor die man gestellt war. Die Autarkievorstellung verschob sich vom hinlänglichen Reichtum an Land und Leuten auf hinlängliche Fähigkeiten. So konnte Perikles auch sagen, Athen sei in Krieg und Frieden die am meisten autarke Stadt; nicht weil sein Territorium alles geboten hätte, sondern weil die Stadt für alles gewappnet war, sich alles verschaffen konnte. Genau in diesem Sinne wird die Autarkie jetzt für die Einzelnen behauptet: Sie genügen den meisten Anforderungen; offenbar als Mitglieder der Volksversammlung, des Rates, in den Ämtern, als Soldaten und Ruderer, Sänger in den Chören, im Urteil über Reden, Bauten, Dramen und Feste wie in ihren häuslichen Tätigkeiten. Es klingt von fern der Satz an, mit dem die Korinther die Athener charakterisierten: »Ihren Verstand aber gebrauchen sie ganz selbständig, jeder als seinen eigensten Besitz und Beitrag, wenn es gilt, etwas für die Stadt zu tun.«

Auch die »Anmutigkeiten« werden in veränderter Bedeutung gemeint gewesen sein; für die Leichtigkeit, die relative Unangestrengtheit und Eleganz, mit der sich in der so überlegenen und reich bemittelten Stadt vieles verrichten ließ. Nur so läßt sich erklären, daß Perikles die Macht der Stadt als Beweis für seine Behauptung anführt.

Was die Athener aber an Anmutigkeiten nicht besaßen, dafür konnten ihre Künstler und Handwerker aufkommen, indem sie die Stadt, indem sie das Bild der Bürgerschaft am Parthenonfries formten; ganz aristokratisch, die Reiter im Vordergrund, während die Hopliten ganz fehlen – und dabei war der Bau bis ins einzelne unter Mitwirkung der Volksversammlung und ihrer Beauftragten geplant worden.

In Perikles' letzter Rede, kurz vor seinem Tod, läßt Thukydides ihn sagen, daß die Athener in Sitten aufgewachsen seien, die der Größe ihrer Stadt die Waage hielten. An anderer Stelle meint er, von Männern wie den Athenern lasse man sich Herrschaft am ehesten gefallen.

Dies alles läuft darauf hinaus, daß die attische Bürgerschaft in Wirklichkeit eine Aristokratie war. Wenn nicht im Stil, so doch dem Stil-Ideal nach; wenn nicht in Gelassenheit und Nonchalance, so doch nach dem Maßstab ihrer Fähigkeiten, ihrer Freiheit. Was sie vermochte, ließ sie nicht nur stark sein, sondern auch persönlich die besten Eigenschaften ausbilden. Die Freiheit, die sie entfaltete, war schließlich seit den Perserkriegen als eins der bedeutsamsten griechischen Merkmale bewußt geworden.

Perikles soll seine Rede vor dem schrecklichen Wüten der Pest in Athen gehalten haben, und Thukydides wird sie erst nach der endgültigen Niederlage im Peloponnesischen Krieg formuliert haben. Ein großer Staatsmann und ein großer Historiker haben je ihren Teil daran, auch wenn man die Teile kaum gegeneinander abwägen kann. Thukydides hat die Gefallenenrede offenbar als Vermächtnis des Perikles gemeint. So liegen notwendig Welten zwischen ihr und dem klugen Pamphlet des Pseudoxenophon.

Keineswegs ist gesagt, daß Perikles Recht und Pseudoxenophon Unrecht gehabt hätte. Streckenweise laufen ihre Aussagen fast aufs gleiche hinaus, in manchem ergänzen sie sich. Es versteht sich von selbst, daß Perikles dem Anlaß entsprechend idealisiert hat; so schweigt er auch von der Tyrannis, die die – wie es später heißt – allerfreieste Stadt der Griechen über andere ausübt, obwohl er sonst öfter davon spricht. Und indem Thukydides auf die Rede direkt die Schilderung der Pest folgen läßt, ja angesichts der weiteren Geschichte wird Athen nachträglich in ein Licht gerückt, wie etwa der Himmel in den wundervollsten Farben schillern kann, bevor ein Unwetter ausbricht.

Man sollte Perikles nicht vorhalten, daß seine Rede sich mit Selbstverständlichkeit innerhalb griechischer Auffassungen bewegt. Die Macht seiner Stadt versteht sich von selbst, und vor allem: sie ist ein großer Vorzug. Folglich sind Athens Eigenarten nicht zuletzt dadurch so wertvoll, daß sie die Größe dieser Stadt herbeigeführt haben und bewahren. Daß dank ihrer die Stadt den andern weit voraus ist, zeichnet sie aus, und das bezieht sich auch auf die Kunst und anderes.

Eines jedoch hat Perikles übersehen: Die attische Eigenart, wie er sie preist, ist nicht von langer Hand entstanden, gleichsam mit den Athenern aus der Erde gewachsen, sie ist auch nicht einfach mit der Freiheit der Demokratie gegeben gewesen, sondern sie war weithin ebenso sehr Folge wie Verursachung einer bestimmten Lage; durch mehrere Jahrzehnte hindurch und sich steigernd. Insofern sollte man Perikles' Behauptungen, nach gehörigen Abstrichen, durchaus ernst nehmen. Aber eben als Aussagen, die nur für eine bestimmte, höchst günstige Konstellation ungefähr zutreffen, die nicht mehr lange anhalten sollte. Die Macht Athens war nicht nur Ergebnis, sondern auch Bedingung jener Eigenart.

Es wirkten die unerhörten Erfolge, die Dynamik der Stadt, durch die sie ständig allen überlegen, allen voraus war, zusammen und halfen über vieles hinweg, woraus sonst Schwierigkeiten, Konflikte, kleinlicher Haß und Intoleranz erwachsen wären. Sie erzeugten nicht nur ein außerordentliches »Gefühl des Daseins«, sondern auch ein hohes Selbstgefühl, bis in die Götterverehrung hinein. Es ging alles so schnell, daß etwa neue Formen der Erziehung kaum hätten entwickelt werden können, und es lief alles so gut, daß relative Freizügigkeit des Aufwachsens sich von selbst ergab. Alkibiades erklärt später, wenn die Stadt Ruhe halte, reibe sie sich an sich selber auf und die Kenntnisse und Fähigkeiten aller veralteten. So wird die Bewegung, in der sich die Stadt befand, durchaus zu ihrer inneren Harmonie beigetragen haben.

Und es herrschte eine starke Konformität, welche die Konsequenzen der Freiheit abmilderte: der Druck auf Beteiligung an der Politik, aber auch die ständige gegenseitige »Erziehung« in Hinsicht auf das Gerechte, das Gesetzmäßige, von der Protagoras spricht. Er meint, die Bürger würden sich sogar im Flötenspiel gegenseitig erziehen, wenn sie überzeugt wären, daß das die Polis ausmache. Jedenfalls veränderten sie sich insgesamt, kraft solcher gegenseitiger Beeinflussung, mit der Zeit.

Vermutlich standen die Athener auch so sehr im Bann all dessen, was sich in ihrer Stadt – und mit ihnen – vollzog, daß es sich ihnen nahelegte, von ihrer Freiheit einen verhältnismäßig sinnvollen Gebrauch zu machen. Überall Erschütterungen der Grundlagen ihres Zusammenlebens, ihres Denkens, Vorstellens und Glaubens; aber sie erfolgten nicht aus dem Niedergang, sondern aus dem Aufbruch heraus und waren mit einer Steigerung des Wohlergehens und einer Ausweitung der Möglichkeiten verknüpft. Die quälenden Fragen, aber auch die Großartigkeit der Tragödie. Ganz neue Anfänge, nicht nur der Bildhauerei und Architektur, sondern der Geschichtsschreibung – Herodot hielt damals öffentlich Vorträge –, der Wissenschaft, der Sophistik. Fragen, Freisetzungen, Antworten, die über Jahrtausende nachwirkten. Aber auch schon in der Gegenwart das Bewußtsein, sich im Zentrum einer ganzen Welt zu befinden.

Das alles war für alle, ganz besonders für die Bürger der Stadt zu spüren, in der alle Bereiche des Lebens sich ständig auf wenig mehr als zweieinhalb Quadratkilometern trafen und überschnitten, ja sich zu einem Ganzen zusammenzuschließen schienen. Und wo ein unerhörtes Ausmaß an »Gleichzeitigkeit« herrschte, in der alles erfahren wurde; denn es war ja alles allen gleich neu, und da alles anfing, konnte jeder folgen – bis schließlich in der allgemeinen Beschleunigung zwischen den Fachleuten, den »Gebildeten« und der breiten Menge eine Kluft sich öffnete und rasch verbreiterte.

Wohl nirgends sonst sind die kleinen Geschichten des Alltags und die großen der Politik und Weltpolitik so eng verquickt gewesen wie im damaligen Athen. In den Symposien weithin die gleichen Themen wie auf dem Markt, von dem die Wege wieder zu Gymnasien, Palästren und jenen Häusern führten, in denen neueste Entdeckungen verbreitet wurden. Wo können schon in einem Theater, das die ganze Bürgerschaft zum Publikum hat, ein einzelner Weiser wie Sokrates und seine Schüler zum zentralen Gegenstand einer Komödie werden – wie in Aristophanes' »Wolken« (auch wenn sie nicht so erfolgreich waren wie seine andern Stücke).

Allzusehr, so ist den Athenern vorgeworfen worden, erhöben sie als Zuschauer und Zuhörer den Anspruch, ständig Neues vorgesetzt zu bekommen, Sklaven des je Unerhörten, Verächter des Gewohnten. »Immer sozusagen auf der Suche nach etwas anderem, als worin wir leben.« Ist man drei Monate fortgewesen, so heißt es im Spott der Komödie, so erkennt man die Stadt nicht mehr wieder. Wenn man, worauf manche Anzeichen deuten, damals teilweise in Sport und Körpertraining nachließ, so war es das geistige Miterleben dieser Stadt, zu dessen Gunsten die Verlagerung der Interessen ausfiel.

Es entstand um die Mitte des fünften Jahrhunderts in Griechenland ein eigentümliches Bewußtsein menschlichen Könnens, eine entfernte Entsprechung des modernen Fortschrittsdenkens, die einzige, die es sonst in der Weltgeschichte gab. Es war das Bewußtsein nicht eines breiten und langgestreckten geschichtlichen Prozesses, aber von großen Möglichkeiten des Wirkens und Bewirkens; Möglichkeiten, die vor allem den Fachleuten, einem kleinen Kreis gut geschulter Männer offenstanden.

Man fand, daß die *téchnai* insgesamt, die Fähigkeiten zu fachgemäßer, methodischer Lösung verschiedenster Probleme stark fortgeschritten seien. Künstler glaubten, die äußersten Möglichkeiten ihrer Kunst erreicht zu haben. Mediziner waren dabei, eine neue Wissenschaft zu erfinden. Der Autor der Schrift »Über die alte Medizin« hatte nur den Einwand, daß man die älteren Erkenntnisse nicht in den Wind schlagen, sondern nutzen sollte auf dem Weg zur – absehbaren – Vollendung seiner Wissenschaft. Denker machten sich daran, ganze Gesellschaftsordnungen am Reißbrett zu entwerfen. Sophisten behaupteten, ihre Schüler in die Lage versetzen zu können, in Wirtschaft wie in Politik alles zu erreichen, was sie wollten. Sie könnten dann auch vor Gericht die schwächere Sache zur stärkeren machen.

Es kam die Meinung auf, daß es keinen Zufall gebe; das sei nur eine Ausrede von Leuten, die nicht richtig gerechnet hätten. So fand denn auch Perikles, daß man einen ganzen großen Krieg zwischen Athen und Sparta planen könnte.

Dieses Könnens-Bewußtsein war es, was in Sophokles' berühmtem Chorlied in der Antigone in der vielfachen Bekundung, daß der Mensch methodisches Können über alle Erwartung hinaus besitze, seinen eindrucksvollsten Ausdruck fand. Ihm entsprach die Erkenntnis, daß die Kultur Menschenwerk sei, die Kulturentstehungslehre, welche die Vorgeschichte der menschlichen Zivilisation bis zur Ausbildung der Polis rekonstruierte – und sich, wie in Aischylos' Orestie, skizzenartig bis in die Entstehung der Demokratie hinein fortsetzen ließ. Dieses Verständnis der Vergangenheit als »Prozeß« war jedoch nur eine Grenzmöglichkeit des Erkennens, konnte nicht Ausgangspunkt für neue Gedanken sein. Entsprechend ist auch die stolze Proklamation des Musikers Timotheos gegen Ende des Jahrhunderts zu verstehen, der der Stimmung jener Generation den modernsten Ausdruck lieh: »Ich singe keine alten Weisen, meine eigenen sind viel besser. Jetzt regiert der junge Zeus, Kronos ist gestürzt.«

Anders gesagt: Man konnte zwar finden, daß man auf einem Höhepunkt der Möglichkeiten angelangt sei. Wenn einer etwas auf eine alte Weise meißle, würde man ihn auslachen, sagten Bildhauer. Entsprechend dachten die Philosophen von ihren Vorgängern. Und doch bemerkte einer der modischsten Sophisten, Hippias von Elis, er preise die Alten mehr als die Zeitgenossen, »vor der Mißgunst der Lebenden sich in acht nehmend und den Zorn der Verstorbenen fürchtend«. Die hohe Schwelle, die vor der Neuzeit gegen das Verständnis der Menschen als Kinder ihrer Zeit aufgerichtet war, konnten die Griechen nicht überschreiten.

Gerade auch in Hinsicht auf historische Wahrnehmung ist es schwer, das Selbstverständliche als etwas Besonderes, welthistorisch Ausnahmsartiges zu begreifen. Seit dem 18. Jahrhundert scheint es immer mehr so zu sein, daß Geschichte ein großer, mehr oder weniger alle Gebiete umfassender Veränderungsprozeß ist, in dem wir alle befangen sind und der sich vollzieht, auch wenn keiner es will. Staatsmänner und Nationen mögen gelegentlich große Macht haben, einschneidende Ereignisse sind nicht ausgeschlossen, aber der Wandel der Technik, der Wissenschaft, der Gesellschaft, der ganzen Lebenswelt einschließlich Religion und Mentalität geht trotzdem seinen Gang. »Die Geschehnisse wie die Menschen dienen alle seiner Entwicklung.« »Wohin gehen wir denn? Keiner vermag es zu sagen, denn schon fehlt uns die Vergleichsmöglichkeit.« (Tocqueville)

Zu dieser Einsicht hat jahrzehnte-, inzwischen jahrhundertelange Erfahrung geführt. An ihrem Anfang stand diejenige, die der Dritte Stand an sich selbst machen konnte, da sich seine Lage so umfassend und so außerordentlich verbesserte, da er sich geradezu der Menschheit gleichsetzen konnte, in deren Namen er voranschritt. Trotz aller Richtungsänderungen ist die Wahrnehmung der Geschichte als Prozeß seitdem unausweichlich.

Für die Griechen aber blieb die Welt im ganzen sich gleich. Dahin tendierten jedenfalls die Gravitationen ihrer Wahrnehmung, dasjenige, was darin überwog und demgegenüber alles Abweichende als Ausnahme erschien. Was immer sie Neues fanden, und das war ja nicht wenig, auch in der Technik, in der Seefahrt, in der Wirtschaft – es blieben einzelne Entdeckungen, einzelne Verbesserungen, das Höchste, was aus ihnen abzuleiten war, war eben das Bewußtsein weitgehender menschlicher Möglichkeiten.

Trotz aller Gesellschaftsentwürfe blieb auch die Gesellschaftsordnung im wesentlichen unverändert. Kein Gedanke auch nur, man könne – oder solle – die Sklaverei abschaffen. Die politische Form der Polis hat ohnehin keiner antasten wollen. Auch der Wandel der Religion, der Mentalität hielt sich in Grenzen. Ohnehin blieb Griechenland eher das Alte, als daß es ein Neues geworden wäre – mit Ausnahme Athens. Aber Athen konnte nicht als stellvertretend für die Griechen (oder gar für die Menschheit) empfunden werden, im Gegenteil: es war etwas ganz anderes. So verblieb man hinter jener Schwelle, die alle Kulturen vor der Neuzeit offenbar daran gehindert hat, die Welt als Geschichte – und »Geschichte« als einen großen, mehr oder weniger alles erfassenden Veränderungsprozeß – zu verstehen.

Veränderung ist potentiell stets bedrohlich; auch wenn Fortschrittshoffnungen zeitweilig darüber hinwegtäuschen. Sie ist jeder Herrschaft gefährlich. Daher waren ja die vorantiken Hochkulturen bestrebt, alle Veränderungen gleichsam einzufangen in die Annahme periodischer Umläufe, welche letztlich immer wieder zum Gleichen zurückführten; letztlich garantierten, daß das Ganze sich gleichblieb; so daß etwa die Regierungszeit eines Monarchen, die Geschichte einer Dynastie nach dem Bild des Jahresumlaufs aufgefaßt, zum Teil rituell entsprechend ausgestaltet wurde.

Bei der Herrschaft aller Bürger aber, bei der griechischen Demokratie war dies besonders der Fall. Sie beruhte auf Mitsprache, Mitdenken; auf dem Willen, die Entscheidungen in der eigenen Mitte zu fällen. »Automatische« Abläufe waren unheimlich. Da tobten Mechanismen, wie sie bei Aischylos im Agamemnon und in den Choëphoren am Werk waren. Im Gegensatz dazu wollte man die Dinge unter Kontrolle haben. Denn was sie von selbst taten, war in aller Regel unerfreulich. Außerdem legten die Griechen großen Wert darauf, die Welt und ihre Gesetze berechnen zu können; entsprechend ihrem alten Glauben an die Gesetzmäßigkeit des Kosmos. Und dazu gehörte für sie das Auf und Ab von Dynastien, Reichen, Städten, wobei am Ende die Strafe für das Unrecht, das am Anfang zu stehen pflegte, zu erleben war. Diese Gesetzmäßigkeit aber setzte das Gleichbleiben des Ganzen voraus.

Es gab nicht das Training von Zukunftsideologien, wie es in der Neuzeit statthatte, unter der planenden Voraussicht des Staates, angetrieben von Geschichtsphilosophie, schließlich erfordert von der Notwendigkeit, die Bedingungen eines ersehnten gesellschaftlichen Zustands gegen die Kirche, den Staat und deren Erziehung, schließlich sogar gegen die bürgerliche Gesellschaft allererst zu schaffen. Vielmehr kannten die Griechen gar nicht die jahrhundertealten, starken Festlegungen durch Glauben und Sozialdisziplinierung. Sie hatten stets eine gewisse Gleichheit bewahrt. Sie hatten die nötigen Affektkontrollen unter sich aufgerichtet. Da war nicht viel an Respekt gegenüber hohen Institutionen abzubauen. Und zudem: Wenn hier eine politische Veränderung zugunsten der breiten Schichten als wünschbar erkannt wurde, wie seit dem sechsten Jahrhundert, dann war sie auch kurzfristig herbeizuführen. Denn die breiten Schichten gaben ja in der Volksversammlung den Ausschlag. Man brauchte jeweils nur wenig zu antizipieren. Die Abstände zwischen Denken und Wirklichkeit blieben gering. Alle Erwartung richtete sich auf unmittelbares Handeln; weitschweifende Hoffnungen auf Veränderungsprozesse waren nicht notwendig.

Wohl kamen Sophisten dazu, zu behaupten, alle Menschen, Freie wie Sklaven, Griechen wie Barbaren seien sich gleich. Doch war auch das wiederum eine Grenzerkenntnis, gerade noch erreicht, nicht mehr Ausgangspunkt zu weiteren, schon gar nicht zu praktisch-politischen Folgerungen.

Daher kam es höchstens für die Vergangenheit zur Rekonstruktion eines historischen Prozesses. Daher reichte die Kulturentstehungslehre nur bis zur Ausbildung der Polis. Thukydides' Prozeß-Konstruktion beschränkte sich auf die Zunahme von Macht- und Größenverhältnissen innerhalb der griechischen Geschichte. Und Zeus erhielt zwar eine Geschichte aber nur zu dem

Zweck, daß seine Herrschaft Dauer gewann; auf daß sie nicht mehr verändert wurde.

Folglich konnten die Griechen in dem literarischen Genus, das sie später »Historie« nannten, nur von Taten und Ereignissen handeln. Auf der politischen Bühne veränderte sich stets etwas, im Auf- und Abstieg der orientalischen Reiche, im Kampf der Griechen gegen die Perser und untereinander. Darin, daß Städte, die früher groß waren, später klein sind, und umgekehrt.

Mithin fehlt den damaligen griechischen Vorstellungen vom Vorankommen der Menschen im Vergleich zur Neuzeit sehr viel. Doch sollte man sie nicht als mangelhafte Fortschrittsannahmen, sondern als das begreifen, was sie waren (und worin ihre Stärke lag), eben als Bewußtsein ungeheurer Möglichkeiten des Handelns und Bewirkens.

Es wurde bemerkt, was Einzelne, wenn es auch viele waren, konnten, nicht wohin eine ganze Strömung führte und in Zukunft weiterführen sollte. Sofern es um Veränderungen ging, wurde ein Veränderungsvermögen erfahren, und sei es, daß man eine ganze Bürgerschaft durch Tragödien und Musik »besserte«, nicht aber ein Vermögen zu oder gar ein Wunsch nach Wandlung der eigenen Art, gar dazu, wie es dann im christlichen Horizont geschah, Neue Menschen in einer Neuen Gesellschaft zu werden.

Man könnte sagen, die Griechen seien zu sehr auf das Sein, nicht auf das Werden orientiert gewesen. Aber es hat sich auch die Erfahrung des Könnens zu wenig von den »Könnern« abgelöst. Es war zu sehr deren Erfahrung, als daß mehr als ein Könnens-Bewußtsein daraus hätte entstehen können. Sie waren vergleichsweise zu wenige dazu, ihr Format in der kleinen Poliswelt vergleichsweise zu groß – vor allem waren sie, wie die Griechen überhaupt, zu eigenständig, nicht so leicht »aufzuheben« im dreifachen Sinne des Worts, in ein Fortschrittsbewußtsein so wenig wie in die großen Zusammenhänge eines Staates, einer Kirche; so daß sie dann eher Funktionäre eines Ganzen gewesen wären als sie selbst. Es war wie bei den Affektkontrollen: das Vermögen, die Macht blieb bei und zwischen den Einzelnen und löste sich nicht ab zugunsten der Bildung einer Macht, die weit über diese hinausgegangen wäre; die schließlich ihre Legitimation und ihr Ziel nur noch darin gefunden hätte, einen Prozeß der gesellschaftlichen und moralischen Verbesserung in großem Stile anzutreiben

– im Namen der Geschichte oder der Weltrevolution, wohin immer sie führen möge.

So wurden auch die politisch-sozialen Begriffe der Griechen nicht »verzeitlicht«, wie es denen der Neuzeit geschah, als sie sich so stark mit Erwartung aufluden (die erst in der Zukunft einzulösen ist). Ihre Begriffe wurden vielmehr politisiert. Freiheit, Gleichheit, Recht und Rechte Ordnung wurden als in der Gegenwart verwirklicht oder zu verwirklichen, als Sache unmittelbarer Politik begriffen.

Daher konzentrierte sich bei den Griechen alles auf die Gegenwart. Daher stand das Technische im Mittelpunkt des Könnens-Bewußtseins. Daher konnten die Sophisten so stolz darauf sein und so sehr damit werben, daß sie die schwächere Sache zur stärkeren zu machen vermochten. Es konnten, wie zu vermuten, Errungenschaften der Waffen-, der Belagerungstechnik in dieses Bewußtsein eingehen. Und dessen stärkste Bekundung, Sophokles' berühmtes Chorlied, konnte darauf hinauslaufen, daß Menschen von den neuen Möglichkeiten sowohl segensreichen wie auch höchst verderblichen Gebrauch machen könnten (was, nebenbei gesagt, beim modernen Fortschritt ja ebenfalls, sogar erheblich stärker noch der Fall ist; nur seinem Begriff widerspricht).

So wurde es vor allem auch möglich, daß das Könnens-Bewußtsein außer an vielen Einzelnen an – und in – einer einzigen Stadt besonders erfahren wurde. Denn die Erfolge, die Siege, die Herrschaft, das Wohlergehen Athens bildeten ganz sicher wesentliche Momente in diesem Zusammenhang. Auch der »Erfahrungsreichtum« der Stadt, die ihr attestierte Beweglichkeit und Offenheit, die es ihr ermöglichte, weit über das Seewesen hinaus immer wieder neue Methoden zu entwickeln.

»Notwendig behält, wie bei technischen Fertigkeiten, das Neue die Oberhand«, erklärten die Korinther den Spartanern mit Blick auf Athen. Dort kam am meisten Neues zusammen, wurde am meisten Neues herausgefordert. Dort schoß Erfolgserwartung am weitesten über Erfahrung hinaus. Schließlich – wir wissen nur nicht, seit wann – nahm Athen in einer für die andern geradezu beleidigenden Weise die Erfindung aller möglichen Dinge für sich in Anspruch, sogar die Saat des Getreides soll ja von Eleusis aus weitergegeben worden sein.

Das so überdimensional große goldelfenbeinerne Standbild,

das Phidias für Athena Parthenos, die Göttin der Stadt und des Seebunds, schuf, war vermutlich ein besonderer Ausdruck dieses Könnens-Bewußtseins. Es wurde übrigens, auch von Phidias, anschließend ein noch gewaltigerer, zwölf Meter hoher sitzender Zeus in Olympia hergestellt; beängstigend sei es gewesen, man hätte gefürchtet, er erhöbe sich und brächte das Gebäude zum Einsturz. Auch im Hera-Tempel von Argos mußte man ein ähnliches Bild der Göttin schaffen, gemäß den Gesetzen des Agons.

Man kann sich fragen, warum das Könnens-Bewußtsein erst im fünften Jahrhundert aufkam. Große technische Glanzleistungen hatte ja auch schon die archaische Zeit aufzuweisen. Aber wahrscheinlich mußten sie erst eine gewisse Dichte und Häufigkeit, vielleicht auch Beschleunigung der Aufeinanderfolge gewinnen, um derart erfahren zu werden.

Vermutlich spielte es auch mit, daß die Bürger im zentralen Bereich ihrer Poleis nach langer Befangenheit in Vorgegebenheiten Macht über ihre Verhältnisse gewannen: Indem, mit der Schaffung der Demokratie, auch die Ordnung der Stadt Sache bewußter Setzung wurde. Es war doch wohl nicht zufällig, daß sich kurz nach der Entstehung grundsätzlicher politischer Alternativen auch in der Kunst die Möglichkeit auftat, nicht nur in Einzelheiten Überkommenes mehr oder weniger zu variieren, sondern den ganzen Aufbau der menschlichen Figur frei zu entwerfen. Möglichkeiten, die vor allem der Athener Myron immer neu auszuschöpfen suchte, am stärksten wohl in seinem Diskuswerfer. Vom Maler Zeuxis heißt es, er habe jedesmal Neues, Fremdes, Ausgefallenes geschaffen. Doch auch die bis in die Einzelheiten genaue, in vielem völlig neue Konstruktion des Parthenon zeugt von einer neuen Fähigkeit, das Ganze des Tempels zu entwerfen. Entsprechendes ließe sich von den Propyläen sagen und von dem dann allerdings nicht ausgeführten Plan, den der Parthenon-Architekt Iktinos für das Telesterion in Eleusis konzipierte.

So wird schließlich deutlich, daß Perikles' Behauptung von den Athenern als autarken Persönlichkeiten, die höchst gewandt und mit Anmutigkeiten den meisten Dingen gewachsen sind, ein Teil des damaligen Könnens-Bewußtseins ist; daß sie in seinem Zusammenhang gestützt und glaubwürdig wird – als Grund eines außerordentlichen Selbstgefühls. Es gründete nicht zuletzt in der politischen Ordnung der Stadt, der es umgekehrt über viele, besonders die anfänglichen, Schwierigkeiten hinweggeholfen haben wird.

VOLKSHERRSCHAFT *(demokratia)* hieß Athens Ordnung, Perikles zufolge, »weil wir nicht in Rücksicht auf Wenige, sondern in Rücksicht auf die größere Zahl der Bürger leben«. In privaten Streitigkeiten gelte jeder das gleiche; die allgemeine Wertschätzung, die sich am Gemeinwesen orientiere, unterscheide nicht nach Hoch und Niedrig, sondern nach dem Mannestum, der »Tugend« (*areté*) des Einzelnen. Auch wenn er arm ist, sei er durch die Unscheinbarkeit seines Ranges nicht gehindert, der Stadt gute Dienste zu erweisen.

Das war eine eigenartige Umkehrung geltender Auffassungen. Denn eigentlich zeichnete Gleichheit doch gerade das politische Verhältnis zwischen den Bürgern in der Demokratie aus. Nach Perikles dagegen sollte im Politischen vor allem die »Tugend«, also das Ideal der Aristokratie, das Maß abgeben. Und sie sollte nicht einfach Bewährung edlen Mannestums sein, sondern Dienst an der Polis. Wie ihn gerade auch die Ruderer aus den Reihen der Theten leisten konnten.

So wurde die *areté* gleichsam demokratisiert, oder besser: politisiert, nämlich ganz auf die Polis bezogen. Eine neue »Aristokratie« entstand, in der auch die kleinen Leute ihren Platz hatten. Und so, wie die Stadt Beziehungspunkt ungeheurer Energien wurde, erschien sie zugleich als Wesenheit oberhalb der Bürger. An sich hieß es immer, die Männer seien die Stadt. Nichts als die Männer hat man hinzugefügt. Doch zumindest die Stadt Athen trat ihren Bürgern fordernd und übrigens auch gewährend gegenüber. Sie stieß damit an Grenzen antiker Möglichkeiten.

Die Gleichheit im Privaten, »gemäß den Gesetzen«, wie Perikles hinzufügt, ist eher eine apologetische Feststellung. Denn daran konnte angesichts der von den kleinen Bürgern mehrheitlich besetzten Geschworenengerichte gezweifelt werden.

DIE DEMOKRATIE, wie sie sich unter Perikles ausgebildet hatte, sollte wirklich die Herrschaft des Volkes sein; außerordentlich weitgehend, wie es in den kleinen Verhältnissen der Polis möglich war, und mit bestimmten Wichtigkeiten, die sich daraus ergaben. Insgesamt war sie so sehr voll Eigenheiten, daß sich die Frage stellt, ob unsere Demokratien verglichen mit dem antiken Vorbild überhaupt den Namen verdienen.

Diese Demokratie folgte vor allem zwei Grundsätzen: Erstens sollten alle Entscheidungen möglichst in der Öffentlichkeit, aufgrund öffentlicher Diskussion, gefällt werden, und zwar jeweils vom größtmöglichen Gremium. Zweitens sollten die Bürger, soweit es ging, an der Politik, auch an den Ämtern beteiligt sein. Was zugleich bedeutete, daß deren Besetzung nicht durch organisierten Einfluß, also etwa durch Adelsgruppen bestimmt sein durfte. Es sollte überhaupt Organisation von Einfluß, Manipulation von kleinen Kreisen aus nicht stattfinden.

Um dies zu erreichen, war festgelegt, daß die Volksversammlung in jedem Jahreszehntel mindestens drei- (oder vier)mal zusammentrat. Damit sie dort möglichst weitgehend sachgemäße Entscheidungen treffen könnte, wurden die Materien in kleinerem Kreis, nämlich vom Rat der Fünfhundert vorbesprochen. Da dieser Rat aber möglichst wenig Macht in seiner Hand vereinen sollte, wurde er jedes Jahr völlig neu zusammengesetzt. Spätestens seit Perikles galt daher: Keiner durfte in zwei aufeinanderfolgenden Jahren Ratsmann sein, keiner öfter als zweimal im Leben. Außerdem geschah die Bestellung durch das Los. Um weniger Bemittelten die Teilnahme zu ermöglichen, wurden Diäten gezahlt (was früher undenkbar gewesen war: politische Aufgaben hatte nur übernommen, wer es sich leisten konnte).

Die Ratsmänner sollten nicht jene Überlegenheit gewinnen können, die aus anhaltender Ausübung einer Funktion, aus Zusammenarbeit, Erfahrungen und Verbindungen zu erwachsen pflegt. Sie sollten der Volksversammlung dienen, nicht sie bevormunden. Sie sollten also nicht mehr als ein beliebig aus dem Volk herausgegriffener Ausschuß sein. Fünfzig aus jeder Phyle, wie seit Kleisthenes festgelegt; innerhalb der Phylen die Sitze proportional auf die Demen aufgeteilt.

Da die Zahl der Vorlagen des Rats der Fünfhundert (der *probouleúmata*) sehr groß war – denn das Volk sollte ja wirklich über alles Wichtige und sehr vieles auch minder Wichtige entscheiden –, wurde Vorsorge dafür getroffen, daß die Volksversammlung wenig strittige Ratsbeschlüsse ohne Diskussion vorab bestätigen konnte. Die Gelegenheit, eine Debatte zu verlangen, bestand immer; aber es wurde versucht, darauf hinzuwirken, daß sich die Sitzungen auf wenige Punkte konzentrierten. Hier eröffnete sich die Möglichkeit zu Manipulationen. Indes ist angesichts der Zusammensetzung des Rats kaum anzunehmen, daß davon viel Gebrauch gemacht worden ist.

In den Punkten, die die Volksversammlung diskutierte, konnten zu den Ratsvorlagen Änderungs- und Zusatzanträge eingebracht werden. Und jeder unbescholtene Bürger hatte das Recht, Vorschläge zu machen, die der Rat dann behandeln und in Form einer Vorlage der Volksversammlung präsentieren mußte.

In dieser Versammlung galt eines der großen, immer wieder stolz hervorgehobenen Rechte des attischen Bürgers: »Freiheit ist jener Ruf des Herolds: ›Wer will der Polis einen nützlichen Ratschlag erteilen?‹ und dann ist der, der es tut, hochgeehrt, wer es nicht will, schweigt: Wo wäre gleicheres Recht in einer Polis?« (Euripides). Sokrates bezeugt in Platons Protagoras, daß wirklich Zimmermänner, Schmiede, Schuster, Krämer und Schiffsherren, Reich und Arm, Vornehm und Gering dort das Wort ergriffen. Der Begriff Isegorie (gleiches Rede- und Antragsrecht) konnte sogar dazu dienen, die Isonomie zu bezeichnen. Zeitweilig, so heißt es, wurden Bürger über fünfzig Jahre zuerst aufgerufen, aber wir wissen nicht, wie lange diese Praxis währte. In den zwanziger Jahren sehnen sich konservativ Denkende danach, daß wer ohne Bart ist, auf der Pnyx wieder schweige.

Bei wichtigen Beschlüssen, über Einzelne, über Krieg und Frieden, über Ostrakismos, mußten mindestens 6 000 anwesend sein, in der Regel waren es wohl weniger, die Zahl wird starken Schwankungen unterlegen haben. Mangels technischer Mittel wird es, selbst wenn man hervorragend ausgebildete Herolde zur Verfügung hatte, nicht leicht gewesen sein, die Versammlung zu dirigieren. Es mußte große Ruhe, überhaupt viel Disziplin herrschen, und nicht zuletzt um das zu ermöglichen, unterhielt Athen eine Polizei aus skythischen Bogenschützen. Sie hatten für Ordnung in der Volksversammlung zu sorgen.

Zu Baufragen hörte man die Architekten, stellt Sokrates bei Platon fest, zum Schiffswesen Schiffbauer. Will dann aber jemand den Versammelten in solchen Fragen einen Rat geben, den sie nicht für einen Fachmann halten, so lachen sie ihn aus, und sei er noch so schön oder reich oder vornehm, und der Lärm verebbt nicht, bevor nicht einer der Bogenschützen auf Geheiß der Prytanen ihn herunterzerrt von der Tribüne oder überhaupt hinausschafft. Bei politischen Fragen aber darf sich jeder äußern.

Die Ratssitzungen fanden außer an Feiertagen täglich statt, zumeist im Ratsgebäude an der Agora, gelegentlich aber auch im Piräus, wenn es um Flottenprobleme ging, oder an andern Orten. Jeweils in geschlossenen Räumen, aber fast immer bei geöffneten Türen.

Der Rat hatte die gesamte Tätigkeit der attischen Beamten anzuleiten und zu überwachen. Die Verantwortung für die Erledigung aller Aufgaben war besonders stark bei ihm konzentriert. Entsprechend hatten die Ratsmänner nach ihrer Amtszeit auch Rechenschaft abzulegen.

Die Sitzungen wurden vorbereitet durch die »Prytanen«, die abwechselnd, je für ein Zehntel des Jahres, von den fünfzig Ratsmitgliedern der einzelnen Phylen gestellt wurden. Es waren die, die in der Tholos amtierten und ihre gemeinsamen Mahlzeiten hielten. Der Vorsitz unter ihnen wechselte von Tag zu Tag; keiner durfte ihn mehr als einmal während der Prytanie innehaben. Der *»epistátes«* hatte die Ratssitzung und gegebenenfalls auch die Volksversammlung zu leiten; außerdem waren ihm für den Tag seines Amtes die Schlüssel zu den Heiligtümern, in denen die Schätze und die Urkunden der Stadt verwahrt wurden, sowie das öffentliche Siegel anvertraut. Mit einigen Kollegen hatte er in der Tholos zu übernachten.

Ebensowenig wie der Rat sollten die Beamten irgend nennenswerte Macht in die Hand bekommen. Das wurde außer durch die Kontrolle durch den Rat vor allem dadurch gewährleistet, daß die meisten von ihnen durch das Los bestellt wurden wie schon seit 487 die Archonten. Bei den meisten Ämtern durfte an der Losung jeder, der sich meldete, teilnehmen; es sollte nur keiner ein Amt mehr als einmal bekleiden. Die Erlosten unterlagen anschließend einer Prüfung vor dem Rat, der »Dokimasie«. Dabei ging es allerdings nicht um ihre Befähigung, sondern um den Nachweis bürgerlicher Abstammung: Man fragte sie nach Eltern und Großeltern, nach der Ausübung bestimmter Kulte, die für die Zugehörigkeit zur Bürgerschaft wichtig waren, nach dem Besitz von Familiengräbern; ferner danach, ob sie ihre Eltern gut behandelten und ihre Pflichten im Krieg sowie bei der Zahlung von Steuern erfüllt hätten. Kurz: sie mußten bloß Bürger sein.

Außerdem wurden Ämter und Kommissionen in der Regel mit zehn Männern besetzt, aus jeder Phyle einem. Diese hafteten als Kollegium für die Erledigung ihrer Aufgaben, müssen sich also gegenseitig kontrolliert haben.

In der sogenannten »Hauptvolksversammlung« jedes Jahreszehntels wurde die Frage gestellt, ob die Beamten ihre Pflicht erfüllten; und es wurde darüber abgestimmt. Wer nicht bestätigt wurde, wurde suspendiert, und es wurde gegen ihn vor dem Volksgericht verhandelt; nur im Falle eines Freispruchs durfte er sein Amt wiederaufnehmen. Unabhängig davon bestand jederzeit die Möglichkeit, Beamte wegen des Verdachts schwerer Vergehen anzuklagen, etwa des Umsturzes der Verfassung, des Verrates, der Bestechlichkeit oder der Täuschung des Volkes.

Die Details der attischen Verfassung sind uns erst für das vierte Jahrhundert überliefert. Möglicherweise sind die Kontrollen damals schärfer gewesen. Doch sollte man annehmen, daß sie in irgendeiner Form auch schon im fünften Jahrhundert ausgeübt wurden; vermutlich stärker vom Rat aus. Am Ende des Jahres hatten die Beamten Rechenschaft zu geben.

Nur wenige Ämter wurden durch Wahl besetzt. Die Wahlen sollten nach der sechsten Prytanie, also etwa ab Februar stattfinden, und zwar dann, wenn die Vorzeichen besonders günstig waren. Hier ging es darum, die Besten zu finden. Und da galten keine Beschränkungen: Diese Ämter durfte man Jahr für Jahr bekleiden. Das bedeutendste unter ihnen war das der Strategen, der zehn Beamten für die Kriegführung, die das Volk offenbar aufgrund von Listen bestellte, welche ihm von den zehn Phylen vorgelegt wurden. Sofern eine Phyle keine geeigneten Kandidaten präsentieren konnte oder wenn dies aus andern Gründen als besonders günstig erschien, konnten auch einmal zwei aus einer Phyle gewählt werden. Die Strategen fungierten ohnehin nicht mehr als Befehlshaber der Phylenkontingente.

Entsprechend seiner Bedeutung war das Amt des Strategen stets sehr begehrt, so daß wir seit Themistokles immer wieder die führenden Politiker in seinem Besitz sehen. Kimon und Perikles haben es mehrfach innegehabt, Perikles von 443 bis zu seinem Tod in ununterbrochener Folge. Es bot nicht nur Gelegenheit,

Athens Heere und Flotten zu führen, allein oder mit Kollegen, sondern es verschaffte seinen Inhabern auch einen leichteren Zugang zum Rat wie zu den Prytanen; zur Beeinflussung der Tagesordnung wie zur Beschleunigung von Anträgen. Die Strategen konnten auch die Einberufung von Volksversammlungen veranlassen. Dabei ging es nicht nur um das Militärische, Kriegführung und Rüstung etwa, sondern auch um die Außenpolitik. Trotzdem wäre es falsch, die Strategie geradezu als Grundlage der Macht eines Mannes wie Perikles anzusehen. Sie war eher deren Ausdruck und – allerdings – eines ihrer wichtigen Instrumente. Strategen mußten Grundbesitz in Attika und Kinder aus gesetzlicher Ehe haben. Auch, ja gerade die Amtsführung der Strategen wurde streng kontrolliert, von Rat und Volksversammlung und gegebenenfalls den Volksgerichten.

Weiterhin wurden Schiffbaumeister und Architekten gewählt, später einmal, wir wissen nicht weshalb, auch die Beamten, die für die öffentlichen Brunnen und Wasserleitungen zuständig waren.

Ähnlich zufällig wie der Rat der Fünfhundert waren die Volksgerichte zusammengesetzt. Sie wurden jeweils aus einer Liste von 6 000 Bürgern, die jährlich aufgestellt wurde, für die einzelnen Gerichtshöfe erlost. Die zahlenmäßige Stärke der Gerichte variierte, bald waren es 201, bald 401, in den meisten Fällen 501, aber es konnte auch ein Mehrfaches davon vorkommen. Einmal hören wir, daß alle 6 000 zu urteilen hatten. Auf jeden Fall waren sie wie der Rat der Fünfhundert beliebige Ausschüsse der Gesamtbürgerschaft; daher wohl auch ihre Größe, und sie kamen zu gleichen Teilen aus den Phylen.

Sie waren auf das geltende Recht verpflichtet und mußten schwören, sich nach den Gesetzen sowie den Beschlüssen von Rat und Volksversammlung zu richten. Entscheidungen nach ungeschriebenem Recht oder nach Billigkeit waren ihnen nicht erlaubt. Sie stimmten ab, ohne untereinander beraten zu haben. Zudem waren sie während des Prozesses passiv. Es lag bei den Parteien, sich über den Sachverhalt und die Gesetzeslage zu äußern und Anträge auf ein bestimmtes Urteil zu stellen. Die Richter konnten nur – in geheimen Abstimmungen – mit Ja oder Nein auf die Frage nach der Schuld und die nach der Strafe antworten.

Insofern stellten sich die Fragen einfach, so kompliziert die Materie auch sein mochte. Es gab keine juristische Wissenschaft; das war ja die einzige Disziplin, die in der Antike nicht von den Griechen, sondern von den Römern ausgebildet wurde. Es ging nur um die Anwendung positiven Rechts.

Die Klagen konnten in vielen Fällen – bis hin zum Mord – nur von den Betroffenen oder ihren Hinterbliebenen eingereicht werden. Aber daneben gab es den weiten Bereich der Popularklagen, zu denen jeder Athener berechtigt war; in der Funktion etwa, für die es heute ein Amt: die Staatsanwaltschaft gibt. Dazu gehörten insbesondere alle Verfahren, die mit Polis und Demokratie zu tun hatten.

Um die Bereitwilligkeit zur Anklage zu fördern, waren Belohnungen ausgesetzt: Zwei Drittel bis drei Viertel des Vermögens eines Verurteilten sollten an den gehen, der ihn vor Gericht gezogen hatte. So entwickelte sich ein Kreis berufsmäßiger Anzeiger, die »Sykophanten«. Sie mochten nützlich sein, vor allem aber waren sie verhaßt; und das nicht nur bei denen, denen sie Schaden zufügten. Umgekehrt versuchte man, allzu leichtfertige Anklagen dadurch zu verhindern, daß man festsetzte, falls weniger als ein Fünftel der Richter auf schuldig erkannte, sollte der Ankläger mit einer Geldstrafe und dem Verbot, künftig Klagen derselben Art zu erheben, belegt werden.

Die Problematik dieser Gerichte lag besonders im Umfang ihrer In-Anspruch-Nahme – nicht zuletzt auch durch die zahlreichen Seebundssachen – sowie in ihrer möglichen Parteilichkeit. Dadurch nämlich, daß sie ständig Urteile über Fragen der Rechenschaft, der Zuverlässigkeit von Beamten, der Erfüllung von Amtspflichten und Ähnlichem, aber auch über die Verfassungsmäßigkeit von Anträgen an die Volksversammlung zu fällen hatten, spielten die Verfahren oft in die Politik hinein. Praktisch wurden zahlreiche größere und vor allem kleinere politische Gefechte vor Gericht ausgetragen; immer wieder wurden auch Bürger geradezu aufgefordert, dort ihre Klagen gegen Einzelne wegen deren Amtsführung vorzubringen. Und so mochte sich die Frage nahelegen, ob die Richter nicht, wie Pseudoxenophon meint, mehr den Vorteil des Volkes als die Gerechtigkeit im Auge hatten. Der Richtersold wurde aus Gerichtsgebühren und Strafgeldern gespeist. Immer wieder taucht auch der Verdacht auf, daß reiche Männer bloß ihres Reichtums wegen angeklagt und verurteilt worden wären.

Wir wissen viel zu wenig, um dazu ein begründetes Urteil abgeben zu können. Vielleicht sollte man annehmen, daß die Richter sich im ganzen durchaus an ihren Eid zu halten suchten. Insbesondere in den Verfahren, in denen Politik keine Rolle spielte. Aber warum nicht auch sonst? Es ging nicht nur darum, daß die Volksversammlung Zeit sparte, wenn sie die Frage, ob ein Beamter seine Pflichten erfülle, an das Gericht überwies. Sondern es sollte dort auch mehr Zeit aufgewandt und dank der Verfahrensweisen und der eidlichen Verpflichtung der Geschworenen mehr Gerechtigkeit geübt werden. Schon der Charakter solcher Prozesse als Wiedererwägung mochte abkühlend wirken.

Andererseits waren die Gerichte eben doch, der Zusammensetzung nach, Ausschüsse der Volksversammlung. Sie sollten gerade dort, wo Politik und Amtsführung betroffen waren, darauf achten, daß strikt im Sinne der Stadt und das hieß oft genug: des Volkes und der Volksversammlung gehandelt wurde. Naturgemäß spielte es eine Rolle, was ein Angeklagter dem Volk und der Polis an Diensten erwiesen hatte und welches seine Gesinnung ihnen gegenüber war. Das war im Zweifel oft wichtiger als die Frage, wie sein Verhalten rechtlich zu beurteilen sei. Und es konnte, wie im Peloponnesischen Krieg, aber auch schon vorher, vorkommen, daß Strategen für ihre bloße Erfolglosigkeit zu Tod oder Verbannung verurteilt wurden.

Der Demos von Athen war ein so mißtrauischer wie anspruchsvoller Herr, und das wirkte sich nicht zuletzt in den Volksgerichten aus. Außerdem war der Gedanke einer Gewaltenteilung den Griechen fremd. Daher verwirklichte sich die Herrschaft des Demos besonders stark im Besitz der Gerichte. Sie erhielt erst dadurch ihre Konsequenz. Und so waren denn auch die Richter als einzige Träger öffentlicher Funktionen nicht rechenschaftspflichtig.

Das ging, nebenbei gesagt, auch den Einzelnen an, der nach Burckhardt »zu seinem Schutz gegen Unbill mitstimmen, Richter und Magistrat sein« können mußte, weil die Griechen »nie bürgerliche Gleichheit mit politischer Ungleichheit zu verbinden« wußten. In der Demokratie aber konnte vor Gericht der Kleine über den Großen siegen.

In dieser Demokratie muß der bürgerliche Ungehorsam, wie ihn Sophokles' Antigone praktizierte, besonders schwierig gewesen sein; aber es spricht für sie, daß sie Sophokles gerade dieses Stückes wegen auszeichnete. Anders als mit dem Ungehorsam stand es jedoch mit der Meinungsäußerung.

Die Komödiendichter konnten auch auf das herrschende Volk, den »Herrn Demos«, viel und bitteren Spott häufen. Die Tragiker und vor allem zahlreiche Politiker haben eine offene Sprache geführt, und man muß geradezu großen Wert darauf gelegt haben, daß sie es taten. Denn man wollte wirklich Bescheid wissen, wirklich Entscheidungen fällen, und dazu gehörte, jeweils alle Argumente pro und kontra kennenzulernen. Wenn es bei Aristophanes von jemand, der als einziger gegen alle andern zu sprechen wagt, heißt, er halte »der Stadt seinen Hals« hin, so ist das teils eine komische Übertreibung, teils bezeichnet es, was sich von selbst versteht: daß dazu nämlich Mut gehörte.

Insgesamt ist es nicht so erstaunlich, daß sich trotz aller Gefahren und Beschränkungen immer wieder befähigte Männer bereit fanden, etwa Strategen zu werden. Es lohnte sich eben doch, für diese Stadt und für den Ruhm, den der Dienst in ihr bringen mochte, einen hohen Einsatz zu wagen. Allerdings ist zu berücksichtigen, daß man in der Antike angesichts der größeren Wechselhaftigkeit des Lebens andere Ansprüche an Sicherheit hatte als heute, einen ganz anderen Sinn für das Risiko, wie ja auch eine andere Einstellung zu Ehre, Leben und Tod.

Es ist keine Frage: Die attischen Bürger mußten den Anforderungen ihrer politischen Ordnung in ganz unerhörter Weise gewachsen, insofern also »autark« sein. Nicht nur, daß jeder für nahezu jedes Amt geeignet sein sollte, er mußte es sogar auf Anhieb sein. Über keinerlei eigene Erfahrung konnte verfügen, wer zum ersten Mal vor der schwierigen Aufgabe stand, eine Sitzung des Rats oder der Volksversammlung zu leiten; denn wenn er es einmal getan hatte, konnte er es höchstens Jahre später noch ein zweites Mal tun; öfter bot sich ihm diese Gelegenheit keinesfalls. Selbst die Ratsschreiber, die für die Protokollierung der Sitzungen, die Ausfertigung der Beschlüsse von Rat und Volksversammlung und deren Archivierung zuständig waren, konnten diese

Tätigkeit nur eine Prytanie, also einen guten Monat lang ausüben; danach wurden sie abgelöst. Offenkundig war alles darauf angelegt, daß die Personen auswechselbar waren. Freilich, sie erledigten ihre Pflichten verschieden, und wer sie schlecht besorgte, konnte abgesetzt oder bestraft werden, gute Amtsführung wurde nicht selten mit Ehren belohnt. Das mochte dann andern als Beispiel dienen.

Das Volk herrscht, heißt es bei Euripides, indem einer den andern ablöst. Aristoteles sollte später den Wechsel von Regierenden und Regierten als Grundmerkmal der Demokratie erkennen. Und »der Idee nach« war »die souveräne Bürgerschaft eine Substanz, von der jeweils aufs Geratewohl jedes Quantum herausgegriffen dieselbe Beschaffenheit und Mischung aufweist, wie das Ganze«, formuliert Karl Reinhardt in Hinblick auf Rat, Prytanie und Volksgericht.

Gewiß mag man annehmen, daß sich trotz allen Wechsels mit der Zeit ein bestimmter Kreis von Bürgern verschiedener Schichten herausbildete, der sich besonders an der Politik interessierte und in dessen Händen dann auch die öffentlichen Funktionen vornehmlich kursierten. Aber er muß nach Tausenden bemessen gewesen sein.

Gewiß mag die Führung mancher Ämter dadurch erleichtert worden sein, daß man auf Sekretäre zurückgreifen konnte, aber die Wahrscheinlichkeit spricht dafür, daß auch die nicht lange, vermutlich kaum länger als ein oder höchstens zwei Jahre, in der gleichen Position bleiben durften. Sie hatten also nur allgemeine, keine besondere Geschäftskenntnis. Auch sie sollten so wenig Einfluß wie möglich haben.

Gewiß waren die Aufgaben klar umrissen. Schon die Bestimmung der Pflichtenkataloge war vermutlich daraufhin bemessen worden, daß die Ämter von jedermann bekleidet werden konnten; zur Not konnte man den Kreis derer, die zur Losung zuzulassen waren, beschränken, wie bei den Schatzmeisterämtern, deren Inhaber aus der obersten Schatzungsklasse genommen wurden. Trotzdem sollte das Ausmaß an Intelligenz, Einarbeitungsfähigkeit und Verantwortungsbereitschaft, das die attischen Durchschnittsbürger aufzuwenden bereit und in der Lage waren, nicht unterschätzt werden.

Bei der Organisation des demokratischen Gemeinwesens in

Athen war neben dem Herkommen die Logik einer Bürgerschaft, die nach Möglichkeit alles selbst erledigte, mindestens ebensosehr bestimmend wie die sachlichen Erfordernisse, wenn sie nicht den Ausschlag gab. Da war kein staatlicher Wille am Werk, kein Vorwalten organisatorischer Gesichtspunkte im Interesse etwa des Monarchen oder des staatlichen Ganzen, andererseits keine Bürokratie mit ihrer eigenen Selbstbehauptungskraft.

Kein Gedanke zum Beispiel an eine einheitliche Finanzverwaltung. Es gab zwar eine Polis-Kasse, die in Rudimenten schon in der aristokratischen Zeit vorhanden gewesen sein mag. Dort wurden die Einnahmen aus den Verpachtungen öffentlichen Eigentums, den Bergwerken, dem Hafenzoll im Piräus (der ein Fünfzigstel des Warenwerts betrug), den Kopfsteuern der Metöken, aber auch aus dem Verkauf der Felle von Opfertieren gesammelt. Man gab das Geld vor allem für verschiedene Diäten aus, aber doch wohl auch für die Bezahlung von Hilfspersonal sowie für den Ankauf und die Unterhaltung von öffentlichen Sklaven, unter anderm der Polizeitruppe.

Doch daneben hatte man weiterhin die verschiedenen Tempelkassen sowie die Kasse des Seebunds. Die Tempelkassen, die von Stiftungen, Geschenken, Strafsummen, Erträgen aus Grundbesitz und ebenfalls aus dem Verkauf von Fellen gespeist wurden, gehörten zwar zu den Heiligtümern, wurden aber von städtischen Beamten verwaltet, und die Stadt konnte gegen niedrigen Zinssatz (gut 1, 2 Prozent im Peloponnesischen Krieg) Darlehen bei ihnen aufnehmen. Sie dienten in erster Linie als Reservekassen, denn in ihnen wurde nach Möglichkeit Geld gehortet.

Insbesondere galt das von der Kasse der Göttin auf der Burg, die zudem die Sechzigstel von den Seebundsbeiträgen erhielt. Außerdem wurden an sie Überschüsse aus der Seebundskasse überwiesen, in erster Linie zur Aufbewahrung; aber sie konnten dann eben auch für den Parthenon und die Propyläen zur Verfügung gestellt werden. Die Kassen der andern Götter wurden, wohl 435/4, zu einer einzigen zusammengefaßt.

Wie die Kassen für Zahlungen herangezogen wurden, unterlag, soweit man vermuten kann, vielen Zufällen. Rat und Volksversammlung mochten je nach Kontenstand verschiedene Kassen für notwendige Ausgaben in Anspruch nehmen, auch diejenige des Seebunds. Gelegentlich scheinen sich die Schulden bei den

Tempelkassen hoch aufgetürmt zu haben. Dann wieder versuchte man forciert, sie zurückzuzahlen, mochte Beschlüsse fassen, die die Einbringung kostenträchtiger Anträge stark erschwerten. Es konnte auch sein, daß trotz aller Kontrollen Unordnung in den Finanzen um sich fraß; wenn etwa viele Schulden nicht eingetrieben worden waren. Dann entschloß man sich zu Umorganisationen, beauftragte gelegentlich auch Sonderkommissionen.

Der Geldbedarf der Polis konnte von Jahr zu Jahr stark schwanken; das hing von den Anforderungen für die Kriegführung ab. Wenn eine Triëre an Löhnung täglich schon mehr als 100 Drachmen, in einem halben Jahr also 3 Talente kostete, so wäre eine Flotte von 150 Schiffen in einem Sommer auf etwa 450 Talente zu veranschlagen gewesen; das ist mehr, als in den dreißiger Jahren normalerweise an Seebundsbeiträgen pro Jahr einging. Aber es mochte sein, daß 150 Schiffe nicht ausreichten, außerdem mußte man ja vielleicht auch Landtruppen bezahlen. Der Krieg war, wenn man ihn so weitgehend zur See und so großräumig zu führen hatte, sehr teuer. Kein Vergleich mit dem militärischen Aufwand, zu dem Sparta imstande – und genötigt – war.

In andern Jahren konnte man dafür in größerem Stil sparen. Wenn, wie es heißt, jährlich eine Flotte von etwa 60 Schiffen routinemäßig in der Ägäis unterwegs war, so bezifferten sich die dabei anfallenden Kosten an Löhnen auf etwa 180 Talente, was weniger als die Hälfte der Seebundsbeiträge ausmachte.

Die gut zwei Jahre dauernde Belagerung der Stadt Potidäa zu Anfang des Peloponnesischen Kriegs nahm über 2 000 Talente in Anspruch, mehr als die Aufwendungen für Parthenon und Propyläen zusammen. Um 422 konnte Athen insgesamt mit Einnahmen in Höhe von etwa 2 000 Talenten jährlich rechnen. Damals betrugen seine Schulden bei den verschiedenen Göttern aber schon 5 600 Talente, zuzüglich die Zinsen aus bis zu sieben Jahren Laufzeit der Darlehen. So leuchtet es ein, daß die Stadt neben den Kassen, in denen das Geld nur gleichsam durchlief, dringend die Tempelschätze brauchte.

Die Schatzmeister der Athene wurden jährlich aus den zehn Phylen erlost, für die der vereinten Kasse der andern Götter wird das gleiche gegolten haben. Die Verwalter der Seebundskasse könnten gewählt worden sein.

Neben den Schatzmeistern standen die zehn »Apodekten«, die

die verschiedenen Geldzahlungen, einschließlich der Seebundsbeiträge, in Empfang zu nehmen hatten, um sie dann den einzelnen Kassen zuzuweisen. Zehn »Poleten« verpachteten den öffentlichen Besitz; Grundstücke, Zölle, Steuern, welch letztere nicht direkt, sondern von Pächtern eingezogen wurden. Zehn »Praktores« schließlich waren für die Eintreibung nicht rechtzeitig eingezahlter Beträge sowie von Geldstrafen zuständig. Sowohl die Verpachtungen wie die Ablieferung der Pachtsummen an die Apodekten, aber auch die jährliche Übergabe der Tempelkassen geschah in Anwesenheit des Rats der Fünfhundert. Die Verwalter der Polis-Kasse schuldeten ihm in jedem Jahreszehntel Rechenschaft.

Die Breite, in der sich die Verwaltung des Finanzwesens auffächerte, entsprach der Weise, in der sich die Bürgerschaft auch sonst gleichsam über die öffentlichen Funktionen ausstreckte. Dabei respektierte sie die Rechte der Götter – und machte sie sich zugleich zunutze.

Wie in allen griechischen Gemeinwesen, die sich das leisten konnten, wurden in Athen den Bürgern keine Ertragssteuern abverlangt, denn das galt als tyrannisch. Nur für die Göttin von Eleusis wurde ein sehr kleiner Prozentsatz des Einkommens beansprucht, ein Sechshundertstel dessen an Gerste, ein Zwölfhundertstel dessen an Weizen. Er wurde über die Demen eingezogen. Es gab allerdings die Möglichkeit, in Notfällen eine Vermögenssteuer (*eisphorá*) von den Angehörigen der drei obersten Schatzungsklassen zu erheben. Anträge darauf setzten aber voraus, daß der Antragsteller dafür von einer Volksversammlung mit mindestens 6 000 Anwesenden Indemnität eingeholt hatte. Es war eigentlich verboten, konnte nur ausnahmsweise, unter erschwerten Bedingungen erlaubt werden.

Indessen erwartete man von den Wohlhabendsten, daß sie durch »Leiturgien«, also persönliche Leistungen für das Gemeinwesen, die Ausrüstung der Schiffe, die Finanzierung von Theateraufführungen und Chören sowie Fackelläufen übernahmen; zunächst ganz freiwillig, später scheint man es genauer organisiert zu haben.

Die Zahl der Beamten war vergleichsweise groß. Ungefähr auf 700 pro Jahr belaufen sich die Schätzungen. Archonten, Strategen, Aufseher über die Märkte, Beauftragte für die Getreideversorgung, für die Straßen der Stadt, wohl auch für die über Land, für die Aufsicht über die Werften und Arsenale, für Wasserleitungen und Brunnen. Hinzu kamen die verschiedenen Zuständigen für das Finanzwesen und 30 Rechnungsbeamte; andere hatten die Rechenschaftsabnahme vorzubereiten – es würde zu weit führen, sie alle aufzuzählen. Außerdem gab es die Kommissionen, die, wenn besondere Aufgaben anstanden, auch gewählt werden konnten. Weitere 700 Beamte waren normalerweise im Seebund tätig.

Rechnet man den Rat der Fünfhundert und die 6 000 Geschworenen hinzu, so hat man schon nahezu einen Kreis von 8 000 Bürgern, die Jahr für Jahr in den öffentlichen Funktionen der Polis Athen beschäftigt waren. Zusammen mit anderen, die mit einiger Regelmäßigkeit an der Politik teilnahmen, müssen es um die 9 000 gewesen sein. Das war ein knappes Viertel, allerwenigstens ein Fünftel der Bürgerschaft. Realistischerweise muß man aber annehmen, daß von diesen 9 000 etwa 8 000 aus dem Stadtbezirk kamen, also von ungefähr 15 000 bis 16 000 Bürgern gestellt wurden (falls man einige aus den angrenzenden Dörfern hinzuzählt und damit rechnet, daß sich die Zahl der Bürger insgesamt zwischen Perserkrieg und Peloponnesischem Krieg vermehrt hat). So findet sich dann also jeder zweite von denen, die dafür in Frage kamen, unter den politisch Aktiven.

Man darf in diesem Zusammenhang überdies die verschiedenen kultischen Aufgaben nicht vergessen, für die ebenfalls Bürger als Beauftragte zu bestellen waren, auch nicht die große Zahl derer, die in den Chören, bei Dithyrambenaufführungen und Tragödien mitwirkten – was immerhin auch einen Dienst an der Stadt bedeutete.

Schließlich gab es Pflichten in den 139 Demen der Stadt zu besorgen; nicht nur in den Funktionen der Vorsteher (Demarchen) und anderer, sondern auch in den nicht seltenen Versammlungen, in denen über Vermögensfragen, Kulte und vor allem über das Bürgerrecht der Zugehörigen entschieden wurde. Hier eröffnete sich vor allem für manche Bürger vom Lande, die Schwierigkeiten hatten, häufiger in die Stadt zu kommen, ein reiches Betätigungsfeld.

Bei all dem ist noch nicht mitgerechnet, daß Tausende als Ruderer oder Hopliten von Fall zu Fall oder als Soldaten respektive Kleruchen in den Garnisonen auf länger abwesend waren und direkt oder indirekt die Herrschaft im Seebund sicherten. Zu ihnen zählten gewiß auch Angehörige der Landbevölkerung; unter den Ruderern, vielleicht auch den Garnisonssoldaten wird die Zahl der Metöken nicht gering gewesen sein.

Der Aufwand, den die Athener mit ihren Kräften trieben, ist kaum nachzuvollziehen. Dabei geschah es immer wieder, daß sie manche Entscheidung schuldig blieben. Pseudoxenophon berichtet jedenfalls, daß manch einer ein volles Jahr lang nicht dazu kam, von Rat und Volk Antwort auf eine Anfrage zu erhalten. Wegen der Menge der Geschäfte. »Denn wie sollten sie es auch imstande sein, da sie erstens Feste zu feiern haben so viele, wie keine der Griechenstädte (während deren Dauer aber ist es weniger tunlich, von den Polisgeschäften etwas zu erledigen), dann über Privatklagen, öffentliche Anklagen und Rechenschaftsberichte zu urteilen so viel, wie nicht einmal alle andern Menschen zusammen im Gericht urteilen; der Rat aber hat viel zu besprechen über den Krieg, über den Eingang von Geldern, über Gesetzgebung, über das jeweils in der Stadt Anfallende, viel auch über die Angelegenheiten der Bundesgenossen, und den Tribut in Empfang zu nehmen und für Schiffswerften Sorge zu tragen und für Heiligtümer...«

Da alle Beamten, Ratsmänner, Geschworenen Diäten erhielten, waren mit dieser Art von »Regierung« und »Verwaltung« nicht nur große Anstrengungen, sondern auch ein hoher finanzieller Aufwand verknüpft, auch wenn die Summen, die den Einzelnen zukamen, vergleichsweise gering waren; geringer jedenfalls als das, was die beim Bau des Erechtheions beschäftigten Handwerker pro Tag bekamen. Deren Lohn betrug eine Drachme, der Richtersold zunächst zwei, seit der Mitte der zwanziger Jahre drei Obolen (also eine halbe Drachme). Die Diäten für Ratsmänner und Beamte mögen etwas höher gewesen sein. Pseudoxenophons Meinung, daß es den attischen Kleinbürgern vornehmlich um die Einkünfte aus der Politik gegangen wäre, die sie in den Ämtern hätten erzielen können, ist also zumindest einseitig. Vielleicht, daß die politische Tätigkeit angenehmer war als andere; wesentlich aber muß die Ehre, der Rang angestrebt worden sein, die aus ihr erwuchsen. Und auch die Pflicht, sie zu übernehmen, wird mitgesprochen haben; die Diäten selbst boten vor allem nur einen Ausgleich für Verdienstausfall.

Wie man sich das Verhältnis zwischen politischem Leben und Arbeit konkret vorzustellen hat, ist rätselhaft. Zwar wird die Tätigkeit als Geschworener zumal in den Händen der Älteren gelegen haben und keineswegs täglich vonnöten gewesen sein; der Besuch der Volksversammlung (für den es aber keine Diäten gab) war vergleichsweise einfach mit dem Betreiben eines Handwerks vereinbar; vielleicht nahm auch die Ausübung vieler Ämter nur jeweils eine Reihe von Tagen in Anspruch, während freilich die Mitgliedschaft im Rat für die Dauer eines Jahres sehr viel Zeit kostete. Und jedenfalls mußte ein sehr großer Teil der Bürger über viele Jahre hin für die Politik da sein, ganz abgesehen von Feldzügen und Flottenfahrten.

Manch einer mag seine Werkstätte mit Hilfe von Sklaven geführt haben; aber ob das viele konnten? Jedenfalls ist mit großer Beweglichkeit zu rechnen, so auch für die Ruderer, die ja nicht jedes Jahr gebraucht wurden, und wenn, dann nur für etwa sechs Monate. Ihre Bezahlung (drei Obolen) bekamen sie aber lediglich für die Tage, an denen sie dienten. Sie müssen sich in der übrigen Zeit ihren Lebensunterhalt anders beschafft haben. Wenn Perikles' Äußerung, daß man es armen Bürgern verargen konnte, falls sie ihre Situation nicht verbesserten, stimmt, müssen sie sehr fleißig gewesen sein.

Man versteht nicht nur, warum Athen auf viele Metöken angewiesen war, sondern auch warum sie vergleichsweise gute Gewinnchancen hatten und Ansehen genossen – wie auch die handwerklich tüchtigen Sklaven, die oft selbständig arbeiteten, nur ihren Herren einen Obolos (oder auch etwas mehr) entrichten mußten; wenn sie erfolgreich waren, konnten sie sich freikaufen.

In dieser Ordnung war die radikale demokratische Konsequenz aus der allgemein griechischen Überzeugung gezogen, daß die Bürgerschaft die Polis sei. Wie zur Aristokratie die Beteiligung der Adligen am politischen Leben und an den Ämtern gehörte, verständlicherweise, so praktizierte die Demokratie das gleiche mit großen Teilen des Volkes. Was erstaunlich war und so nur in Athen möglich, dank seiner Herrschaft.

Aber es hatte seine Logik. Diese Bürger wollten den Adligen gleich sein, also mußten sie sich beteiligen, gerade auch an den Ämtern. Weil viele das können sollten, mußten sie die Ämter stark vermehren. Sie wollten deren Besetzung nicht zur Sache des Einflusses Mächtiger machen, also mußten sie losen. Keiner sollte wegen mangelnder finanzieller Ausstattung ausgeschlossen sein, daher brauchten sie Diäten. Sie wollten bestimmen, was geschah, also mußte alles auf Rat und Volksversammlung ausgerichtet sein.

Der Grundsatz, daß die Bürgerschaft die Polis sei, fand einen besonders schönen Ausdruck in der Bedeutung, die in jenen Jahren der noch relativ junge griechische Begriff Politeia annahm. Er bezeichnete ursprünglich Bürgerrecht, Bürgerschaft. Künftig hatte er vor allem die Bedeutung Verfassung (im weiten Sinne des Wortes), obwohl für institutionelle Ordnung schon andere Bezeichnungen eingeführt waren. Die Bürgerschaft *war* also ihre Verfassung; und das war sinnvoll, weil man die Frage, wer in einer Stadt die Bürger waren, als das Entscheidende an einer Verfassung ansah.

Die Gleichsetzung von demokratischer Bürgerschaft und Stadt aber war nur möglich bei weiterhin scharfer Trennung von Haus und Polis. Wenn Demokratien stets eine gewisse Homogenität ihrer Bürger erfordern, worin immer sie bestehe, so war das in der Antike, welche nicht das Gehäuse eines Staates kannte, doppelt der Fall. Und ganz besonders in Athen, dessen Außenpolitik ohne ein großes Maß an Einheit in schwerste Bedrängnis hätte geraten können.

So resultierte die Vorstellung von »der Polis«, oberhalb ihrer Bürger, nicht zuletzt daraus, daß diese in ihren verschiedenen Funktionen wirklich die Polis und nicht ihre privaten Interessen im Auge hatten. Sie waren gewiß keine Unmenschen, sie haben auch in der Politik an sich selbst gedacht; aber als Bürger, als Beamte, nicht aufgrund der Interessen ihrer Häuser, Berufe, Werkstätten. Diese konnten auch weiterhin nicht Gegenstand von Politik werden. Sie standen außerhalb von deren Raum.

Sofern die Polis sich um wirtschaftliche Probleme kümmerte,

waren es unausweichliche Notwendigkeiten. In erster Linie die Versorgung der Stadt mit Getreide, aus der Nähe (Euböa etwa) wie vor allem aus der Ferne, aus Ägypten und vom Schwarzen Meer. Angesichts der wachsenden Bevölkerung Attikas war das nötiger denn je.

Und sofern Athen Sozialpolitik trieb, war es die Konsequenz seiner Kriegführung, die etwa die Versorgung der Kriegerwaisen nötig machte; seiner Erfolge, die ihm gelegentlich die Gratisverteilung von Getreide ermöglichten (zum Teil spendeten es auswärtige Fürsten zum Dank für oder in Erwartung von Unterstützung); und seiner Demokratie. So hat es vermutlich seinen Sinn, wenn unter den Geschworenen vor allem alte Männer erwähnt werden; ihre Diäten könnten sehr wohl ein Stück Altersversorgung bedeutet haben. Die jüngeren jedenfalls haben sich vielfach, sofern sie nicht Bauern waren, ihrem Handwerk oder ihren Handelsgeschäften gewidmet, bei denen sie im Rahmen ihrer insgesamt eher bescheidenen Lebensführung relativ gute Verdienstchancen hatten.

Wenn aber die Geschäfte der attischen Demokratie so ungeheuer weitgehend in der Hand auswechselbarer Männer lagen, so mußte eine große Lücke bleiben: Schwierige Fragen der Innen- wie vor allem der Außenpolitik, ja die Festlegung der Politik insgesamt konnten so anonym nicht erledigt werden. Da eröffnete sich dann die Chance und die Notwendigkeit für das Wirken, den Einfluß, auch den Machtgewinn besonderer Persönlichkeiten. Je weiter die Demokratie getrieben wurde, um so mehr.

Das galt ganz besonders für das perikleïsche Athen, für welches Thukydides jene Formel geprägt hat, wonach es »dem Namen nach eine Demokratie, in Wirklichkeit eine Herrschaft unter dem ersten Mann« gewesen sei. Auch dies war in der Geschichte Athens, auch in der seiner Demokratie, eine ausnahmsartige, vorübergehende Konstellation. Denn Perikles war ja nicht nur ein bedeutender Redner und Staatsmann, sondern er hatte am Ausbau der Demokratie maßgeblichen, wenn nicht entscheidenden Anteil gehabt, so sehr, daß man sich fragen kann, ob die weitgetriebene Demokratisierung (einschließlich der Einrichtung öffentlicher Sportstätten und dem Ausbau der Feste) nicht geradezu ein Element der Täuschung, jedenfalls der äußerst raffinierten Wahrnehmung persönlicher Interessen durch ihren Urheber enthielt: um sowohl Ansehen wie freie Bahn für die eigene Politik zu erhalten.

Naturgemäß war Perikles nicht allein auf der politischen Bühne. Es gab eine ganze Reihe von Männern, die sich in der Volksversammlung hervortaten, geschulte Redner und Politiker. Es war durchaus denkbar, daß zwischen ihnen heftigste Konflikte ausbrachen. Nur einmal im Jahr bot sich die Möglichkeit, eine harte Konkurrenz durch Ostrakismos zu entscheiden. Zwar konnte man Anklagen wegen Bedrohung der Verfassung oder Verrat auch gegen Redner vorbringen. Und es gab das Institut der »Anklage wegen Gesetzwidrigkeit«, welche gegen jedes Gesetz, auch jeden Antrag eingebracht werden und im Falle des Erfolgs hohe Geldstrafen, ja die Todesstrafe zur Folge haben konnte. Aber wir wissen nicht, ob man diese Mittel oft angewandt hat. Und jedenfalls schlossen sie es nicht aus, daß die attische Politik widersprüchlich und unberechenbar wurde.

Die Bürgerschaft war kaum in stärkere Parteiungen gespalten. Das soll den Quellen zufolge in Demokratien (im Unterschied zu Oligarchien) damals nicht vorgekommen sein. Die attische Geschichte des fünften Jahrhunderts bietet auch keinen Anhaltspunkt dafür – außer dem Versuch des Thukydides, seine Anhänger als Block zusammensitzen zu lassen; aber er hat damit ja keinen Erfolg gehabt. Und insgesamt wird man damit zu rechnen haben, daß organisierter Einfluß die Volksversammlung kaum bestimmen konnte. Er mochte höchstens helfen, in dieser oder jener Frage einmal den Ausschlag zu geben, wenn sich die Dinge mehr oder weniger die Waage hielten. Im ganzen aber hing das meiste von der sachlichen und rhetorischen Überzeugungskraft sowie dem Ansehen der Redner ab.

Parteiungen gab es eher im Kreis der prominenten Politiker, wie zwischen Perikles und Thukydides, wie früher zwischen Kimon und Ephialtes. Aber es waren auch weniger grundsätzliche, stärker im Persönlichen liegende Rivalitäten am Werk. Die Mehrheit der Volksversammlung mochte schwanken. In vielen einzelnen Fragen gab es ohnehin so leicht keine Festlegung. Da konnten dann das eine Mal die einen, das andere die andern den Sieg davontragen. Was unter Umständen recht mißlich war.

Der potentiell große Einfluß einzelner Persönlichkeiten auf die Volksversammlung war jedoch mit der attischen Demokratie notwendig gegeben. Und das immer neue Entstehen von Ausscheidungskämpfen nicht weniger. Wenn jemand aber einmal aufgrund mehrerer Siege über andere, auch mehrerer Ostrakismoi, die Oberhand gewonnen hatte, erfolgte eine gewisse Festlegung auf seine Autorität – zumindest für einige Zeit. Dann wird man sich auf ihn eingestellt haben. Seine Autorität verband sich vermutlich in der Regel mit einer bestimmten Politik, die er verfocht.

Bei keinem andern war das so sehr wie bei Perikles der Fall, wegen seiner Fähigkeit, seiner Bereitwilligkeit, sich ganz und gar der radikalen Demokratie einzufügen. Er spielte konsequent seine Rolle; im Besitz aller aristokratischen Vorzüge, unter Verleugnung all dessen, was von der alten Aristokratie in die Demokratie nicht paßte. Und er nahm es damit ganz genau. Er ließ sich offenbar auch kleine Abweichungen von dem als richtig Erkannten nicht durchgehen. Es mag ihm nicht mal schwergefallen sein, da er die Freuden des adligen Lebensstils als hohl empfand. Freiheiten erlaubte er sich nur in die andere Richtung, in die moderne gleichsam; indem er sich mit einigen der ersten Geister der Zeit verband. Und mit Aspasia.

So bekam er das demokratische Athen, da er sich ganz und gar mit ihm identifizierte, in die Hand. So konnte er seine Athener souverän lenken; sie aufmuntern, wenn sie den Mut zu verlieren, und sie zurückhalten, wenn sie außer Rand und Band zu geraten drohten. Da er sich genau an seine Rolle hielt, konnte er sein Auftreten auch dosieren.

Freilich, diese Identifikation war gegenseitig. Es war das demokratische Athen, mit dem sich Perikles in eins setzte, das Athen, das er selbst geprägt hatte; indem er konsequent bedachte, wie eine demokratische Stadt, die so viel Macht hatte, zu sein – und auszusehen – hatte, indem er sich aber auch seine eigenen Vorstellungen davon bildete. Darauf lief seine Kulturpolitik hinaus, das, wozu ihm Damon geraten hatte. Musik, Feste, Bauten – all das, was die Athener nicht nur erfreuen und auffrischen, sondern offenbar auch zu jener Aristokratie machen sollte, die er in der Gefallenenrede beschwor. Und hier lag bei allen Erfolgen zugleich eine schwache Stelle seiner Politik. Denn hier war der aufgeklärte Perikles am Werk. Er wollte die neuesten, die höchsten Möglichkeiten menschlichen Könnens verwirklichen. Und dem konnte der Demos nicht immer, nicht unbedingt folgen.

Im Vordergrund aber stand etwas anderes. Das war die Seebundspolitik, die Politik gegenüber Sparta, die Befestigung und der Ausbau der Macht Athens; was zugleich hieß, die Erfüllung des ganzen Seebundsgebiets mit athenischen Beamten, Beauftragten, Garnisonen und Flotten. Und es war der Aufbau und das Arbeiten der Demokratie. Es war die Bewährung des perikleïschen Athens.

Nicht zu vergessen – denn das versteht sich nicht von selbst -, daß Perikles ein Mann von außerordentlicher Urteilskraft gewesen sein muß, von Phantasie und im Besitz der Fähigkeit, sie zu kontrollieren, von Weitsicht, innerer Unabhängigkeit und intellektueller Disziplin. Vielleicht, daß eine Konstellation wie die, die das damalige Athen bestimmte, einem Mann, der die Anlagen zu alldem besaß, besondere Chancen bot, sie auszubilden und auszuleben; sie zu befestigen, indem er sie gleichsam einrasten ließ in diese Stadt und ihre Politik. Doch bleibt es gleichwohl eine Sache persönlicher Eigenart, persönlicher Leistung, wie Perikles dies verwirklichte – und was er verkörperte. Im Begriff des perikleïschen Athen kommt also bei allem inneren Zusammenhang zwischen dem einen und dem anderen mit gutem Grund zugleich die Verquickung zwischen der Logik einer Stadt und der Freiheit einer Person zum Ausdruck.

Wiederum hat Pseudoxenophon nur ein Stück weit recht: Perikles' Politik lag in der Tat im Interesse der kleinen Leute. Aber keineswegs nur in ihrem.

Und gegen Thukydides wäre einzuwenden, daß Athen, wenn es eine Herrschaft unter Perikles war, eben deswegen – und nicht nur dem Namen nach – eine Demokratie gewesen ist.

WENN ABER die Theten in dieser Demokratie eine zentrale Rolle spielten, so war damit noch nicht gesagt, daß es eine Demokratie vor allem der Theten gewesen wäre. Die Homogenität der attischen Bürgerschaft war viel umfassender; sie hatte indes sehr wohl auch ihre Grenzen – und ihre Gefährdungen.

Die Worte, mit denen Aischylos in den Eumeniden die Einmütigkeit der Bürgerschaft nach außen beschwören wollte, trafen, aufs Ganze gesehen, die Realität. Zahlreiche Adlige haben Kriegführung und Politik bereitwillig mitgetragen, auch wenn andere sich zurückzogen, auch wenn manch einer sich mit dieser Ordnung nicht hat befreunden können. So gab es gewiß einige »Oligarchen«; aber weit über ihre Clubs, über ihre Symposien hinaus werden deren Überzeugungen nicht gelangt sein. Anders mochte es mit den Absichten und Hoffnungen der jungen Adligen, überhaupt der Söhne aus den wohlhabenden Häusern stehen, die sich den Sophisten anschlossen. Doch deren Wirkung bahnte sich damals erst an.

Die Adligen, die Wohlhabenden überhaupt, trugen zu diesem Gemeinwesen viel Geld in Form von Leiturgien bei; solche Leistungen, die – von heute aus betrachtet – beim Fehlen direkter Steuern ihren guten Sinn hatten, ergaben sich nach griechischer Auffassung vor allem daraus, daß Ehre, also führende Stellung in der Polis, durch einigen Aufwand für sie zu begleichen war. Diese führende Stellung hatten die Adligen zwar nur mehr bedingt inne, doch ging es ihnen in der auch wirtschaftlich so sehr florierenden ersten Stadt Griechenlands sehr gut.

Die zwei Drittel der Bürgerschaft, die außerhalb des Stadtbezirks Athens wohnten, konnten zwar an den Volksversammlungen kaum teilnehmen. Immerhin machten die aus ihren Demen entsandten Männer stets zwei Drittel des Rats der Fünfhundert und jeweils der Prytanen aus. Die Volksversammlung konnte freilich Vorschläge des Rats zurückweisen, die Städter konnten im entscheidenden Gremium die Landbewohner allemal überstimmen. Aber es ist kaum wahrscheinlich, daß sie das oft getan hätten. Jedenfalls besteht kein Grund zu der Annahme, daß häufig »städtische« und »ländliche« Interessen sich formiert hätten und in Gegensatz zueinander geraten wären. Die Bauern haben die Seebundspolitik mitgetragen; haben als Hopliten in Athens Kriegen gekämpft und gewiß am Stolz auf ihre Stadt, am Erfüllenden ihrer ausgreifenden Tätigkeiten, wohl auch an ihren Gewinnen, an den Siedlungen teilgehabt; sie werden auch die Demokratie als die ihre angesehen haben.

Dabei kam es anscheinend zu einer eigenartigen Überschneidung. Politisch waren die Theten aus der Stadt im Zweifelsfall einflußreicher als die Bauern; und sie werden sich auch mehr von den Anmutigkeiten, vom Witz, von der Gescheitheit und natürlich auch vom Modischen, vom »Überdrehten« der Stadt angeeignet haben. In der gesellschaftlichen Schätzung aber galten noch die alten Maßstäbe. Handwerker und Händler, und schon gar die Tagelöhner, waren weniger angesehen.

Wir hören von einem Gesetz, wonach es strafbar war, wenn man Bürgern oder ihren Frauen das auf dem Markt betriebene Geschäft zum Vorwurf machte. Wir finden die Komödie immer wieder wohlhabende Politiker als Kleinhändler verspotten. Etwa in perikleïscher Zeit kommt eine neue Bezeichnung für Handwerker auf: Banausos, sie muß von Baunos, dem Wort für Ofen oder Esse abgeleitet sein. Xenophon meint, die banausischen Tätigkeiten schwächten den Körper, weil sie im Sitzen und im Schatten ausgeübt würden; zum Teil sogar den ganzen Tag über am offenen Feuer. Dadurch werde auch die Seele geschädigt. Zudem hätten die Banausen keine Muße, um sich um Freunde und um die Stadt zu kümmern. Bei Platon und Aristoteles finden sich ähnliche Auffassungen. Man braucht sie nicht für typisch zu halten. Sie gehörten vermutlich in den Zusammenhang einer späteren, zumal nachperikleïschen aristokratischen Kritik an der Demokratie, welche besonders gegen diejenigen zielte, denen man die Schuld an deren schlechtem Funktionieren zu geben neigte.

Dann bleibt trotzdem bestehen, daß die alten ständischen Vorurteile in irgendeinem Ausmaß weiter bestanden. Auch wenn man die Produkte, die Kunst, das Können der Handwerker unter Umständen sehr bewunderte. Auch wenn man, wie jenes Gesetz, wie wohl auch der große Hephaistos-Tempel an der Agora zeigt, dagegen gekämpft hat. Auch wenn in der Volksversammlung alle gleich waren.

Solches Fortleben ständischer Vorurteile ist kaum verwunderlich; es entspricht vielmehr dem Befund vieler verschiedener Gesellschaften und Epochen. Auch muß die geringe Einschätzung einer Schicht keineswegs nachlassen, wenn sie politische Macht gewinnt. Im Gegenteil, sie kann sehr wohl zunehmen, indem sie sich mit dem Odium des Nicht-Zustehenden auflädt. Insgesamt liegt hier zugleich eine Auswirkung der vielfältigen, zum Teil scharfen Unterscheidungen und Privilegierungen in der griechischen Gesellschaft überhaupt. Der Gedanke an eine allgemeine Gleichheit lag noch sehr fern. Auch spielte es eine Rolle, daß die

Handwerker Arbeiten verrichteten, die zugleich von Metöken und vor allem von Sklaven verrichtet wurden.

So genoß auch, trotz aller Bedeutung der attischen Flotte, weiterhin der Hoplit das überlegene Ansehen. Der Sieger von Marathon, nicht derer von Salamis wurde immer wieder gedacht. Und nicht nur auf dem Parthenonfries, der Darstellung des Panathenäen-Zuges, standen die Reiter ganz ungebührlich im Vordergrund, sondern auch auf vielerlei anderen Darstellungen. Wobei die Urteile des übrigen, noch stark aristokratisch geprägten Griechenlands mitgesprochen haben werden.

Dies alles konnte einerseits dazu führen, daß die Theten gegen die andern aufbegehrten. Es konnte aber auch zur Folge haben, daß sie ihre Rolle, trotz ihrer zahlenmäßigen Überlegenheit, trotz ihrer Bedeutung als Ruderer, vergleichsweise bescheiden spielten. Urteilt man nach den politisch-militärischen Unternehmungen Athens, die uns bekannt sind, so legt sich der Schluß nahe, daß die verschiedenen Teile der attischen Bürgerschaft in perikleïscher Zeit relativ gut zusammenwirkten.

Wo die Bauern vielleicht mehr zu Ruhe und hier und da zum Zögern neigten, waren die Theten beweglicher, konnten sie sich sehr viel leichter auf die attische Großmacht-, wohl auch auf die Kulturpolitik verstehen. Aber sie standen dadurch nicht so sehr im Gegensatz zu den Bauern (und den Adligen, die gegen Perikles Opposition betrieben), sondern sie setzten nur die Akzente anders. Solange alles gut ging, und das tat es ja wirklich, konnten sich zwar im einzelnen viele Gegensätze und Auseinandersetzungen ergeben, doch blieb es bei der Gemeinsamkeit aller, die die Auszeichnung genossen, Athener zu sein.

Wenn Perikles anstelle der alten Unterscheidungen diejenige nach Maßgabe des Engagements für die Stadt setzte; wenn er Maßstäbe aufrichtete, die die attische Bürgerschaft als Aristokratie erscheinen ließen, so traf er damit zwar bestenfalls eine vorübergehende Realität, die nicht zuletzt durch das außerordentliche Wohlergehen bedingt war. Immerhin hat diese Realität aber lange genug gedauert und in kurzer Zeit Ergebnisse genug erbracht, um das Bild Athens derart stark einer ganzen Welt sich einprägen zu lassen, daß sich eine Alternative zu seiner Demokratie zwar denken, aber auf lange Zeit nicht etablieren ließ.

SCHWER, SICH vorzustellen, daß dies ganze Athen im wesentlichen Männersache war. Daß die Frauen von der Politik, von all dem Treiben, von den Tragödien und Komödien, von vielen Festen allenfalls aus Erzählungen hörten; die Neubauten höchstens gelegentlich in den Blick bekamen. Daß sie an der beschleunigten Veränderung kaum teilhatten. Sie müssen sehr stolz und – sehr angesehen gewesen sein; gewiß in engen Grenzen gehalten, im Grunde mit Mißtrauen betrachtet (um all dessen willen, was an ihnen unheimlich erschien), weil sie so anders waren; nach den Anschauungen und Maßstäben der damaligen Welt.

# IX. Vom Vorabend des Peloponnesischen Krieges bis zum Nikiasfrieden

> Bei rohen Völkern herrschen die
> dem Gemüt, bei Gebildeten die
> dem Verstande angehörenden
> Absichten vor; allein dieser Unterschied liegt nicht in dem Wesen
> von Roheit und Bildung selbst,
> sondern in den sie begleitenden
> Umständen, Einrichtungen usw.:
> Er ist also nicht notwendig in
> jedem einzelnen Fall, sondern
> er beherrscht nur die Mehrheit
> der Fälle, mit einem Wort: auch
> die gebildetsten Völker können
> gegeneinander leidenschaftlich
> entbrennen.
>
> CARL VON CLAUSEWITZ

ATHEN WAR, als es den dreißigjährigen Frieden mit Sparta und dessen Alliierten abgeschlossen hatte (446), gewissermaßen am Ziel. Die Persergefahr war schon gebannt gewesen; jetzt hatten sich die beiden griechischen Großmächte samt ihren Machtsphären gegenseitig anerkannt.

Die Spartaner mußten sich die Macht in Griechenland künftig mit Athen teilen. Sie verloren direkt nichts, der Landraum der Peloponnes blieb ihr Feld. Aber daneben war der Seeraum der Ägäis politisch erschlossen und beherrschbar geworden. Und damit standen sie, aufs Ganze gesehen, sehr viel schwächer da.

Eine Landmacht, eine Seemacht und einige Neutrale dazu – so sollte Griechenland aufgeteilt sein. Die Zeit, da die unabhängig voneinander lebenden Poleis das Bild bestimmten, war endgültig vorbei.

Die beiden Machtsphären überschnitten sich nicht. Beim Versuch, am Korinthischen Golf Fuß zu fassen und seine Vormacht dorthin auszudehnen, hatten sich die Grenzen der Möglichkeiten Athens gezeigt. Militärisch konnte es das Gebiet nicht halten; und die politische Unterstützung, auf die es zunächst hatte rechnen können, brach bald zusammen, ohne daß Sparta viel dazu hätte beitragen müssen.

Wohl lag Attika weiterhin dem spartanischen Zugriff relativ offen. Nicht viel mehr als 40 Kilometer trennten die Stadt Athen vom Gebiet des mit Sparta verbündeten Megara. Doch war sie ja dank der Langen Mauern vom Land her nicht einzunehmen. Und weil die Athener die See beherrschten (und die Küsten der Peloponnes lang waren), waren sie im Zweifel Sparta überlegen.

Die Verwicklungen um Samos, der Abfall von Byzanz im Jahre 440 hatten Athen erleben lassen, welchen Gefahren seine Herrschaft weiterhin ausgesetzt war, sowohl aus dem Seebund wie von Persien wie von Sparta. Es hatte sich freilich auch erwiesen, daß die Athener den Herausforderungen, denen sie sich konfrontiert gesehen hatten, gewachsen gewesen waren. Nur, mußte das immer so sein? Lastete nicht eine beunruhigende Hypothek auf dem Seebund? Mußte es nicht über kurz oder lang dazu kommen, daß Sparta über den eigenen Bereich hinausgriff, einfach weil es dazu provoziert wurde?

»Die Menschen beklagen sich nie, wenn sie tun müssen, was sie gewohnt sind ... Deshalb ist es immer leichter, eine Macht zu erhalten, die durch die Länge der Zeit die Eifersucht gelöscht hat, als eine neue Macht zu errichten, die aus vielen Gründen leicht gestürzt werden kann.«

So formuliert Machiavelli eine alte Erfahrung. Die Gründe, weshalb sie sich immer wieder bestätigt, mögen von Fall zu Fall verschieden sein. Mit dem Alter einer Herrschaft entsteht nicht nur die Gewöhnung der ihr Unterworfenen, sondern auch die der Herrschenden selbst und der übrigen. Und diese Gewöhnungen fügen sich je unterschiedlich zu einem Ganzen zusammen. Wenn es lange gut geht, mag sich die Erfahrung des Gelingens stabilisieren, mag sie die innere Sicherheit wachsen lassen, in die sich schließlich alle nervöse Gespanntheit wegen möglicher Gefährdungen derart einbetten kann, daß jenes Gleichgewicht von Aufmerksamkeit und Phlegma sich einzustellen vermag, welches der Bewahrung von Herrschaft auf einige Dauer so günstig ist.

Jedenfalls kommt – außer dem Erlernen der nötigen Praktiken – vieles zusammen, was den gewohnten Herrschaftsverhältnissen in der Regel einen Vorsprung gegenüber einer neuen, einer nervösen, einer bemühten Macht verleiht.

Insofern konnte zwischen Sparta und Athen so leicht kein Gleichgewicht herrschen. Es konnte sich um so weniger einstellen, als die Verbündeten Athens in der Regel Sparta gar nicht als Gegner anzusehen vermochten und Sparta auch weiterhin viele Sympathien im aristokratisch dominierten Griechenland genoß. Es war ja nur gleichsam unter der Hand, nach dem Ausfall des persischen Feindes zur Gegenmacht des Seebunds geworden, ohne jemals die Verbündeten Athens irgendwie bedroht zu haben.

Thukydides allerdings, der schon in den dreißiger Jahren die Politik mit großer Aufmerksamkeit verfolgte – er war damals wohl Mitte zwanzig – rechnete anders. Für ihn zählten das Geld und, modern gesprochen, die Divisionen; genauer: die nachrechenbare Überlegenheit Athens, seiner Schätze, mit denen es die Flotte bezahlen und erweitern konnte; seiner Erfahrungen, seiner Tüchtigkeit zum Seekrieg, überhaupt seiner militärisch einsetzbaren Macht. Wobei er auffälligerweise der »Seelenstärke« der Athener, die Perikles bei ihm so sehr betonte, in Hinsicht auf ihr militärisches Vermögen keine Erwähnung tat. Und die Macht Athens, so fand Thukydides, war weiter im Steigen begriffen. Daher hätten die Spartaner Athen gefürchtet, so daß sie es über kurz oder lang zum Krieg mit ihm hätten treiben müssen.

Auch nach Thukydides also kann keine Rede von einem Gleichgewicht, von irgendeiner Stabilität zwischen der alten und der neuen Macht sein. Nur daß er vor allem die Überlegenheit Athens an Machtmitteln im Auge hat, während unter dem Gesichtspunkt der Gewöhnung, der »Selbstverständlichkeit« das Übergewicht zugunsten Spartas ausschlug.

Gewiß hat Thukydides wie kein anderer die Geschichte und die Machtverhältnisse der Zeit untersucht, konnte er sie vor allem wie kein anderer beurteilen. Zudem war er ein Besiegter, einer jener großen Historiker, der eine Geschichte erforschte und schrieb, die nicht nach seinem Herzen, auch nicht nach seiner

Prognose abgelaufen war, und der folglich, wenn er wirklich den Anspruch hatte, sie zu verstehen (und sich nicht mit einfachen Erklärungen zufriedenzugeben), sich selbst widersprechen und an seinen eigenen Erwartungen arbeiten mußte; der dadurch, wie sein Werk zeigt, zu außerordentlichen Einsichten gelangte. Indessen ist damit noch nicht gesagt, daß seine Thesen zutreffen. Und es bleibt vor allem die Frage, wie sich jene Befürchtungen Spartas in Handeln umsetzen sollten.

In etwa den gleichen Jahren schreibt Thukydides' Vorgänger Herodot, der »Vater der Historie«: »Wisse zuvörderst, daß in den menschlichen Dingen ein Kreislauf ist; er geht um und läßt nicht immer dieselben glücklich sein.« Herodot legt diese Worte dem besiegten Lyderkönig Kroisos in den Mund, der von sich in deutlicher Anspielung auf Aischylos' Orestie sagt, seine bitteren Leiden seien ihm zur Lehre geworden.

Kurz zuvor hatte Sophokles im zweiten Chorlied der Antigone, nachdem er die menschlichen Fähigkeiten im ersten so stark herausgestrichen hatte, singen lassen: »Für das Nächste und das Künftige und das Zuvor wird hinreichen dieses Gesetz: Nichts gedeiht im Leben des Menschen sehr weit ohne *áte*, das Unheil, den Fluch, die Verblendung.« Freilich hofft man, daß es anders komme. Allein, »die weit umherschweifende Hoffnung ist zwar vielen der Männer eine Hilfe, aber sie trügt viele auch, wenn sie ihren leichthindenkenden Begierden folgen«. Und er zitiert das »berühmte Wort«: »Es scheint das Schlimme gut zu sein für den, dem ein Gott die Sinne in die Verblendung lenkt: die wenigste Zeit treibt er es frei von Verblendung.«

Sophokles hat sich direkt an seine Athener gewandt, Herodot hat sie sicher mitgemeint. Wo Herodot nur das Ergebnis des Kreislaufs formuliert, weist Sophokles darüber hinaus auf den Mechanismus hin, der da waltet: die *áte*, die Verblendung, die etwa den König Kreon in seinem Fehler beharren, ja immer tiefer in ihn sich verwickeln ließ – wie andere Politiker, wie vielleicht auch die Athener insgesamt, deren Erwartungen, deren Hoffnungen so weit über das Gegebene hinauszuschweifen pflegten. Und die sich doch wohl auch wie die Tyrannen benehmen konnten, welche sich gegen alle möglichen guten Ratschläge so oft verschließen, verhärten, weil sie es besser zu wissen meinen und weil sie voller Mißtrauen sind.

Die Politik Athens hielt sich zu Anfang und in der Mitte der dreißiger Jahre streng im Rahmen des Friedens mit Sparta.

Im Norden der Ägäis, im thrakischen Gebiet, baute es die eigene Position aus. Was die Athener schon 465 und zu einem unbekannten Zeitpunkt danach versucht hatten, dort nämlich eine Kolonie zu begründen, gelang ihnen 437. Sie schlugen die Edoner und legten an der Strymon-Schleife, gut zwanzig Kilometer landeinwärts am Kreuzungspunkt der wichtigsten Straßen des Landes, die Stadt Amphipolis an. Als attische Kolonie, jedoch nur mit einem kleinen Anteil athenischer Siedler. Die meisten kamen wohl von der Chalkidike.

Durch Amphipolis war die Zufuhr des für den Schiffbau hervorragend geeigneten Holzes dieser Gegend, auch der Zugang zu den Bergwerken, die Athen dort besaß, gesichert, und das mußte um so nötiger erscheinen, als der Makedonenkönig Perdikkas, dessen Einflußbereich sich nicht viel weiter westlich erstreckte, kein zuverlässiger Verbündeter war.

Wohl im gleichen Jahr unternahm Perikles eine spektakuläre Flottenfahrt ins Schwarze Meer; vielleicht um Beziehungen zu pflegen – schließlich kam von dort ein Großteil von Athens Getreideimporten –, im wesentlichen aber wohl, um Athens Macht zu demonstrieren, auch die Phantasie seiner Landsleute zu beschäftigen. Wie weit er nach Norden gelangte, ist unbekannt. Überliefert ist nur, daß er aus der griechischen Stadt Sinope an der Nordküste Kleinasiens den Tyrannen vertrieb und 600 attische Siedler in dessen Besitz einweisen ließ.

Überblickt man die Hunderte und Tausende von Athenern, die an verschiedenen Stellen der Ägäis und nun auch am Schwarzen Meer vorübergehend oder auf Dauer Wohnsitz und Land erhielten, so erstaunt es immer wieder, daß Athen wirklich so viele Menschen wegzugeben hatte. Aber es ging nur in den seltensten Fällen, wie in Thurioi und vielleicht in Sinope, darum, daß etwa jüngere Söhne von Bauern mit eigenem Land bedacht wurden, da das Land zumeist nur zur vorübergehenden Versorgung von Garnisonen diente. Entscheidend muß gewesen sein, daß Athen anders als durch solche Postierung großer Gruppen von Bürger-Soldaten an verschiedenen Stellen seine Herrschaft nicht sichern zu können meinte. Es konnte sich ja längst nicht so gut wie Sparta auf politische Beziehungen verlassen. Jedenfalls wird deutlich, wie dünn die Schicht der Athener war, deren Herrschaft es aufzubauen und zu erhalten galt. Auch wenn die Zahl der Bürger damals, was möglich wäre, auf gut 45 000 Männer angewachsen war.

Nach den Verträgen mit Persien und Sparta gab es höchstens zwei Richtungen, in denen die attische Macht sich weiter entfalten konnte. Die eine war der Norden; doch außer Thrakien war dort wenig zu erobern. Wie wollte Athen am Schwarzen Meer Bastionen begründen? Es wundert ja schon, daß es in Sinope nicht mit der persischen Herrschaft aneinandergeriet. Immerhin mochte der Makedonenkönig über kurz oder lang zu einem Eingreifen Anlaß geben.

Aber auch in der anderen Richtung, dem Westen, ergab sich für Athen kaum Spielraum, auch wenn es am Ausgang des Golfs von Korinth noch über einige Verbündete verfügte. Es hatte zwar Beziehungen zu Segesta, hatte zu einem unbestimmten Zeitpunkt Verträge mit Rhegion an der Meerenge von Messina sowie mit dem nordwestlich von Syrakus gelegenen Leontinoi abgeschlossen, die es 433/2 erneuerte. Kleine attische Flottenverbände waren dort aufgekreuzt, sie sollen sogar bis Neapel gekommen sein. Aber außer einer gewissen Stärkung der Selbständigkeit jener Verbündeten ließ sich damit nichts gewinnen.

Freilich fühlten die Athener sich dann 434/3 trotz allem versucht, sich mit der Insel Kerkyra (Korfu) zu verbinden. Doch gehört das schon in einen andern politischen Zusammenhang.

Von der inneren Geschichte Athens zu Anfang und in der Mitte der dreißiger Jahre ist nur bekannt, daß 438 die Bauarbeiten am Parthenon abgeschlossen wurden; an den Panathenäen desselben Jahres weihte man das große goldelfenbeinerne Standbild der Göttin ein. Während die Arbeit an den Friesen des Tempels fortgesetzt wurde, begann der Bau der Propyläen.

Gewiß war die Stadt damals voller Geschäftigkeit, die Tagesordnung vermutlich weiterhin so voll, daß Rat und Volksversammlung kaum nachkamen. Und der Aufwand an Zeit und Prozeduren zur Wahrung und Bewährung der Demokratie kann nach wie vor nicht gering gewesen sein.

Allein, konnte die ruhelose Stadt in dieser Routine ihr Genüge finden? Konnte sie einfach sich selbst leben? Ohne große Herausforderung, ohne große Unternehmungen? Mußte sie da nicht, so ist doch wohl ernsthaft zu fragen, auf die Dauer gelangweilt oder wenigstens verunsichert sein?

Mußte die Tatsache, daß man am Ziel zu sein schien, nicht all die unbefriedigenden Dinge wachrufen, welche an die Oberfläche zu kommen pflegen, wenn es sich nicht mehr aufdrängt, daß man sich mit ihnen fürs erste abfindet? Oder kann sich eine Dynamik, wie Athen sie entfaltet hatte, einfach in langfristigen Genuß von Ruhe verwandeln, wenn jedenfalls nicht eine große Erschöpfung – oder eine große Niederlage – dazu nötigt?

Auch fragt es sich, ob in den dreißiger Jahren nicht ein stärkerer Generationenwechsel vor sich ging. Mußte sich nicht bemerkbar machen, daß das Gros der Bürgerschaft mehr und mehr von Männern ausgemacht wurde, die nach Marathon geboren waren, die Räumung Attikas und die Schlacht bei Salamis höchstens als Kinder erlebt hatten, die in einer Zeit ohne Gefährdung, in Jahren leichter Erfolge, höchst unwahrscheinlicher Machtgewinne und eines ständig sich weitenden Horizonts der Möglichkeiten herangewachsen waren? Die also leicht dazu neigen mochten, dies alles als selbstverständlich zu empfinden?

Perikles war um die sechzig. Er und seine Altersgenossen, die Väter der Demokratie, standen seit einem Vierteljahrhundert im Vordergrund der Politik, beherrschend, vielleicht auch bedrückend. Mußten nicht Jüngere allmählich gegen sie aufbegehren?

In den Quellen ist von einer Reihe von Prozessen die Rede, in denen aufgeklärte Männer verfolgt wurden. Der Seher Diopeithes soll beantragt haben, diejenigen, die nicht »das Göttliche« glaubten und die sich in wissenschaftlichen Vorträgen mit überirdischen Dingen befaßten, vor Gericht zu stellen. Der Philosoph Anaxagoras habe sich nur durch Flucht vor einem Verfahren (oder vor der Verurteilung?) retten können. Protagoras und andere seien angeklagt oder gar verurteilt worden. Aspasia, die ebenfalls der Gottlosigkeit bezichtigt wurde, soll nur mit knapper Not – dank ihres Gatten Perikles – der Gefahr entronnen sein. Es ist sehr fraglich, ob diese Nachrichten zuverlässig sind. Nur von Phidias wissen wir, daß er ernsthaft in Schwierigkeiten geraten ist. Man warf ihm vor, Elfenbein oder Gold, das für die Statue der Athene bestimmt gewesen sei, veruntreut zu haben. Doch konnte er Athen verlassen.

Es mag sein, daß in jener Zeit, da der Frieden überwog, da die Sicherung der Herrschaft weit wichtiger war als deren Ausweitung, da die Tagesordnung nicht energisches Handeln – und Siegen – erforderte, sondern schwierige Politik, nicht den Schwung, mit dem Athen so oft alles erledigt hatte, sondern Bedenklichkeit, Vorsorge, Verhandlungen – daß da also die Unheimlichkeit seiner Lage stärker, störender bewußt geworden ist. Mochte man sich auch noch so sehr vorrechnen, welche militärische Überlegenheit die Stadt besaß.

Wenn aber einmal aus der Situation heraus eine gewisse Unsicherheit vorhanden war, so mochten all die neuen Einsichten, Fragen, Behauptungen, die in diesem Athen umherschwirrten, all die merkwürdigen Existenzen, die sich da herumtrieben, durchaus Besorgnis erwecken. Man brauchte Ruhe und Sicherheit und begegnete der Nervosität und dem Vibrieren des Neuen, und Perikles hatte seinen Teil daran.

Man kann über all dies höchstens Vermutungen anstellen. Nicht nur weil es an Quellen fehlt, sondern weil es hier um lauter Imponderabilien geht. Befürchtungen, Stimmungen, Unheimlichkeiten; das Bedürfnis nach Rat, nach Führung, das Mißtrauen, aus dem es erwächst und in das es immer wieder umschlagen kann – und dann vielleicht ganz irrationale Gewißheiten, die auf einmal aufkommen und die in diesem Falle darin bestanden haben könnten, daß man plötzlich vielerorts der Meinung war, ein großer Krieg stünde bevor.

In den dreißiger, den Vorkriegsjahren muß jene geistige Bewegung, wenn nicht angehoben, so doch zunehmend in Athen sich konzentriert haben, die man heute unter dem Namen Sophistik einzuordnen pflegt.

»Sophistes« bezeichnet ursprünglich einen gelehrten Mann, sei er Dichter, sei er kundig in Sachen Religion oder anderem. Und als gelehrt wollten die Sophisten zweifellos gelten; sie waren es vielfach auch, auf den verschiedensten Gebieten und zum Teil geradezu in universalem Sinne. Jacob Burckhardt spricht von der »Fülle von Kenntnissen, womit die Sophisten eine Wohltat für das damalige Hellas sein konnten«. Die Weise jedoch, in der sie von ihrem Wissen Gebrauch machten, gab diesem Wort eine neue, zugespitzte Bedeutung: Als Sophisten galten dann Lehrer, die möglichst an verschiedenen Orten und jedenfalls für ein nicht geringes Honorar an andere vermittelten, was sie an Wissen besaßen, – und an methodischen Fähigkeiten, mit denen man an mehr oder weniger alles, erfolgreich herangehen könne.

Hippias von Elis und Gorgias aus dem sizilischen Leontinoi sollen sich ihrem Publikum mit dem Anspruch präsentiert haben, jede beliebige Frage aus dem Stegreif beantworten zu können. Sie traten auf den panhellenischen Spielen auf, die Gesellschaft lag ihnen zu Füßen, so daß sie an vielen Orten zu Vorträgen eingeladen wurden, selbst nach Sparta. Und wann immer Elis Gesandte brauchte, wählte es Hippias dazu. Auch Gorgias kam 427 im Auftrag seiner Vaterstadt nach Athen. Hippias hatte alles, was er auf dem Leibe trug, selbst verfertigt, war insofern »autark«. Die Mnemotechnik beherrschte er so glänzend, daß er fünfzig Namen nach einmaligem Hören in der gleichen Reihenfolge wiedergeben konnte.

Das außerordentliche Selbstgefühl, das diesen Männern eignete, war eine der Quellen des damaligen Könnens-Bewußtseins. Es äußerten sich in ihm sowohl persönliche Befähigung wie eben die Zeitumstände, die es möglich machten, daß damals so vieles auf einmal zu tun, zu erkennen und zu bewirken war: daß die Griechen sich ihrer Möglichkeiten so stark, so übermäßig bewußt wurden.

Denn zuweilen scheinen Gesellschaften und Kulturen doch an Punkte zu gelangen, an denen sich den Aufgeschlossensten ihrer Mitglieder auf so vielen Gebieten so viel auf einmal zu eröffnen scheint, daß sie die Möglichkeiten der Erkenntnis ganz hoch einschätzen, daß ihnen die Lösung vieler Probleme erreichbar zu sein scheint. Wie wenn sie nach langem Anstieg auf eine weite Ebene gelangt wären. Dann stehen die Zeichen auf rasches Vordringen. Die Gravitationen der Wahrnehmung tendieren zum Offenen statt zum Begrenzten, die Erwartungen zum Entdecken statt zum Scheitern. Und der Schwung, der daraus resultiert, kann tatsächlich vieles erbringen. Solch eine Situation scheint sich damals in Griechenland ergeben zu haben.

Die Sophisten sind uns fast nur aus Platons Schilderungen bekannt, und sein Bild ist gewiß zu ihrem Nachteil verzeichnet. Gerade an ihrer Gewißheit, daß Tugend lehrbar sei, entzündeten sich die Zweifel seines Lehrers Sokrates. An ihrem Stolz schärfte sich dessen Ironie. Und besonders dem Umstand, daß sie für ihre Weisheit Geld nahmen, galt sein Spott. Als Hippias während des Peloponnesischen Kriegs Athen besucht, bekundet er, in Sizilien habe er in kurzer Zeit mehr als zweieinhalb Talente verdient. Und er erwerbe insgesamt mehr Geld als »welche zwei Sophisten du willst, zusammengenommen«. »Das ist ja ein herrlicher und großer Beweis der Weisheit, Hippias, deiner eigenen sowohl wie überhaupt der unserer jetzigen Männer und zeigt, wie weit sie die Alten übertreffen«, erwidert Sokrates; er denkt an manchen Philosophen, der sein Vermögen der Forschung opferte und kommt zu dem Schluß, viele seien jetzt der Meinung, daß der Weise vorzüglich für sich selbst weise sein müsse.

In Anspruch, Auftreten und Geldverdienst sowie der Fähigkeit, ihre Hörerschaft zu elektrisieren, bestand die Gemeinsamkeit der Sophisten. Im übrigen unterschieden sie sich stark voneinander. Protagoras, der älteste unter ihnen, grenzte sich etwa deutlich von Hippias ab, der seinen Schülern – Protagoras meinte: gegen ihren Willen – Rechnen, Astronomie, Meßkunde und Musik beibrachte, man könnte hinzufügen: auch Altertumskunde, Mnemotechnik und vieles andere. Er selbst hingegen lehre nur Klugheit für die eigenen häuslichen wie für die politischen Angelegenheiten, »wie man am besten die Dinge der Polis handelnd und redend zu betreiben vermag«. Er stellte sich auch in die Tradition der griechischen Dichtung seit Homer, meinte nur, die Vorgänger hätten ihre Erkenntnisse in dichterischem Gewand versteckt – aus einer Angst, von der er frei sei.

In seinem berühmten »Mythos« legte er dar, wie die technischen Fertigkeiten den Menschen von Prometheus (der sie samt dem Feuer bei Hephaistos und Athene gestohlen hatte) gebracht worden seien, wie sie aber trotzdem nicht in Sicherheit vor den Tieren leben konnten, da sie dazu die Fähigkeit zum Zusammenleben in der Stadt gebraucht hätten. Diese Fähigkeit konnte nur von Zeus kommen, sie war nicht zu stehlen, sondern mußte freiwillig gewährt werden. Es war die *aidós*, der Respekt (vor den Göttern und voreinander) und die Gerechtigkeit. Die aber mußten, im Unterschied zu den technischen Fertigkeiten an alle gleichermaßen gegeben werden. Weswegen dann auch in der Politik alle mitreden können, Zimmermann, Schmied und Schuster, Krämer und Schiffsherr, Reich und Arm, Vornehm und Gering.

Das also war die »politische Tugend«, die die Menschen, in einer primitiveren Form, schon lange gelernt und weitergegeben hatten, aus der in der Demokratie die Konsequenz der allgemeinen Mitsprache gezogen worden war, und die Protagoras nun sehr viel besser zu lehren vermochte – gegen Geld, also vor allem an Schüler aus wohlhabenden Familien.

Es ist bezeichnend für Protagoras, daß er, nach dem Zeugnis des Dialogs, den Platon ihm gewidmet hat, politische Tugend (*areté*), politisches Können (*téchne*) und politische Wissenschaft (*epistéme*) abwechselnd und in gleicher Bedeutung gebrauchte. »Politisch« hieß im Sinne der Stadt, und der Stadt sollte all das dienen, was er lehrte. Wissen und praktische Fähigkeiten sollten die Bürger wirklich »besser« machen, besser geeignet, das Wohl der Stadt zu befördern. Aus diesem Geist muß er die demokratische Verfassung für Thurioi entworfen haben. Ähnliche Erwartungen werden auch viele der andern Sophisten gehegt haben.

Indes lief es praktisch darauf hinaus, daß das Wissen und insbesondere die rhetorischen Fähigkeiten, die sie vermittelten, von ihren Schülern vor allem im Sinne der persönlichen Durchsetzung, des Machtstrebens angewandt wurden. Dies freilich war nicht die Schuld der Sophisten, oder sie war es nur zum geringen Teil. Denn die Lehrer nutzten nur die intellektuellen Möglichkeiten, die sich damals eröffneten: aufgrund zumal des ganzen umfassenden Spielraums, der sich in Athen und von Athen aus erschloß.

In den erregten intellektuellen Diskussionen dieser Jahre ergab sich eine ungeheuerliche Verdichtung der Aufeinanderfolge von Fragen und Antworten. Überall wurde Neues in kürzester Zeit aufgenommen, bereichert und weitergegeben. Überall durchstieß man Grenzen der Selbstverständlichkeit, die bis dahin das Denken gehegt hatten.

Der Prozeß intellektuellen Fragens vollzog sich gleichsam in einer solchen Geschwindigkeit, daß man kaum mitkam. Das Meinungsspektrum nahm gewaltig zu, verschiedenste Standpunkte wurden in den rhetorischen Übungen eingenommen; Situationen des politischen Redekampfs simuliert und in der Phantasie immer weitergetrieben. Die verschiedensten Meinungen prallten also aufeinander, aufregend für die, die daran teilhatten, verwirrend für die, die es nur von außen mitbekamen.

Und man war sehr kritisch, legte Wert darauf, daß alles, so subjektiv es war, begründet wurde. So kam Protagoras zu der Aussage, über die Götter könne er weder sagen, daß sie seien, noch daß sie nicht seien. So erschien ihm der Mensch als das Maß aller Dinge. So fand man immer wieder, daß es stets und zu allem ein Pro und ein Contra gäbe und – daß alles der Überredung anheimgegeben sei. Nur die Verschiedenheit der Meinungen sei es, die man wahrnehmen könne, nicht, wie es sich in Wirklichkeit mit den Dingen verhalte. Dazu waren die Sophisten wohl auch nicht allein genug, um sich in die Dinge zu vertiefen und dann eine einzige Ansicht, eben die, zu der sie dabei gelangten, für wahr zu halten. Sie waren zu sehr im Gespräch. Vielleicht hatte ihr Einfluß gar mit der Vielfalt, der Auswechselbarkeit, dem Fortschreiten ihrer Meinungen zu tun. Hippias jedenfalls sprach ständig über andere Gegenstände, und er beanspruchte auch, ständig Neues zu sagen.

Es war nur folgerichtig, daß in diesen auf dem Boden vielfältiger Kenntnisse geführten Diskussionen manch Überkommenes in Frage gezogen wurde. Indem die Ansprüche stiegen, konnte man an den Göttern zweifeln. »Meint jemand, es gebe Götter im Himmel? – Sie gibt es nicht! Nein! Es sei denn, daß jemand in seiner Torheit an alten Redensarten festhalten will«, heißt es einmal bei Euripides. »Überlegt selbst, und vertraut nicht nur auf meine Worte. Die Tyrannen, behaupte ich, bringen Menschen scharenweise um und rauben ihnen Hab und Gut, und sie brechen Eide und verwüsten Städte. Und obwohl sie all dies tun, geht es ihnen besser als denjenigen, die fromm und ruhig ihre Tage verbringen. Ich kenne kleine, gottesfürchtige Städte, die größeren, gottlosen gehorchen müssen, unterworfen durch die größere Zahl der Lanzen.«

Mit den Göttern geraten diejenigen, die ihren Willen zu erkunden behaupten, in Zweifel: »Warum thront ihr dann auf euren Sehersitzen und schwört, den Willen der Götter zu kennen, ihr Verfertiger dieser Sprüche? Denn wer behauptet, etwas über die Götter zu wissen, weiß nur eins, nämlich wie man Leute mit Worten beschwatzt«, schreibt Euripides in einem Stück, das 431 aufgeführt wird.

Und wo die Götterexistenz in Frage steht, tun es auch die Gebräuchlichkeiten, die Gesetze, die letztlich durch die Götter gedeckt waren. Kritias meinte später, die Götter seien nur dazu erfunden, daß die Menschen in der Meinung, sie schauten ihnen zu, sich an die Gesetze hielten. Daß die Völker sehr verschiedene Ordnungen hatten, war lange bekannt. Es mußte jedem Reisenden auffallen. Herodot erzählt die Geschichte, wie der Perserkönig Dareios die Griechen in seiner Umgebung fragte, um welchen Preis sie bereit seien, die Leichen ihrer Väter aufzuessen. Dann fragte er jene Inder, die gerade dies zu tun pflegten, um welchen Preis sie ihre Väter verbrennen würden. Beide wiesen die Zumutung empört von sich. Und Herodot schließt, man sehe, daß der Nomos überall, wie Pindar formuliert habe, König sei. Man müsse ihn respektieren. Das Gleiche sollte Sokrates lehren.

Zur Zeit der Sophisten dagegen wird der Schluß gezogen, aller Nomos sei bloß »Konvention« – bis hin zur Unterscheidung zwischen Griechen und Barbaren und zwischen Freien und Sklaven. Man fragte, ob nicht bessere Einrichtungen zu erfinden seien. Und indem man fand, daß alle Ordnungen letzten Endes beliebig seien, daß es auch hier ein Für und Wider gebe, kam man zu dem Bedürfnis, nach etwas anderem zu suchen, das feststünde; unbeeinflußt sei von den Menschen mit all den Zufälligkeiten ihrer Existenz. So begegnen wir in den zwanziger Jahren erstmals dem – vermutlich schon älteren – Gegensatz von Nomos und Physis; wobei Physis (Natur) das Feste, das Naturgegebene, dasjenige sein sollte, was nicht so oder anders sein konnte; über das es dann allerdings ebenfalls verschiedene Meinungen gab; denn worin die Physis besteht, bedarf ja der Interpretation. Man kann aus der Natur die Gleichheit der Menschen erschließen, aber auch, daß der Stärkere das (Natur-)Recht habe, über den Schwächeren zu herrschen wie der Löwe unter den Tieren.

Mit all dem haben die Sophisten nicht nur fasziniert, sondern sie gerieten damit auch in Verruf. Wo die einen ihnen begeistert zuströmten, lehnten andere sie voller Entsetzen ab. Sie galten als Verführer der Jugend; man gab ihnen, wohl nicht schon in den dreißiger Jahren, aber zunehmend im Peloponnesischen Krieg die Schuld an der »Zersetzung« der guten Sitten. »Indes erlauben wir uns zu bezweifeln, daß Leute wie die Sophisten einen solchen Gesinnungswandel in weiten Kreisen *schaffen* können; vielmehr war dieser längst vorhanden, und sie gaben dafür höchstens die Formel her«, bemerkt Jacob Burckhardt dazu. In der Tat sollte man nicht den Analytikern die Schuld an dem, was sie analysieren, geben; man sollte ihre Fragen nicht aus dem Zusammenhang lösen, in dem sie sich aufdrängten; und wenn sie in intellektuelle Distanz zur je gegebenen Wirklichkeit gerieten, so hätte das keine Wirkungen gezeitigt, wenn nicht insgesamt in der Gesellschaft der Sinn für die Vielfalt der Möglichkeiten und ein Ungenügen an eingefahrenen Wegen stark angewachsen wäre. Indes bereitete sich hier die Herauslösung der auf neue Weise Gebildeten aus der übrigen Gesellschaft vor.

Es war das Griechenland seit den vierziger Jahren, das diese Männer und ihre Art zu fragen, ihre Weise, intellektuelle Triumphe zu feiern und die menschlichen Möglichkeiten stark auszuweiten, hervorbrachte. Aus dem, was damals vorzüglich von Athen aus geschah, ergab sich, daß jahrhundertealte Grenzen durchstoßen wurden. Und daß sich die Welt darauf nicht sogleich einzustellen wußte.

Der geistige Umbruch war viel tiefer als derjenige nach den Perserkriegen. Er zog die Konsequenz aus den Erschütterungen durch die Entmachtung des Areopags. In den fünfziger Jahren aber waren die neuen Gegensätze und Möglichkeiten noch einzufangen in so umfassende Konzeptionen wie die der Orestie. Jetzt war alles offen, und die Gravitationen der Wahrnehmung tendierten auf die Relativität. Sie taten es um so mehr, als die Zeit, da man die Dinge für eindeutig, für vorgegeben hielt, noch kaum zurücklag. Gravitationen der Wahrnehmung beziehen sich ja nur darauf, daß die gesellschaftliche Meinung, sei es zur einen, sei es zur andern Seite neigt. Bald ist dann »alles« stabil, bald »alles« im Wandel begriffen, bald »alles« gut, bald »alles« schlecht – so daß Beobachtungen, die mit der allgemeinen Tendenz nicht übereinstimmen, als Ausnahme begriffen werden; selbst wenn die Zahl der Ausnahmen nicht geringer ist als die der Regelfälle. Zur Zeit der Sophisten muß man gemeint haben, daß »alles« relativ sei.

In den dreißiger Jahren spielt ein – vermutlich fingierter – Dialog zwischen Perikles und seinem heranwachsenden Mündel Alkibiades. Völlig unschuldig fragt der Junge den Alten, ob der ihm sagen könne, was ein Gesetz sei. Ganz einfach, bekommt er zur Antwort, es ist, »was das versammelte Volk nach eingehender Prüfung schriftlich festgelegt hat, indem es aufweist, was man tun und was man lassen soll«. »In der Meinung, man müsse das Gute tun oder das Schlechte?« fragt er darauf und erfährt: »Natürlich das Gute, mein Junge.« Als Alkibiades dann weiterfragt, wie sich das denn in der Oligarchie und in der Tyrannis verhalte, verallgemeinert Perikles und erklärt, alles, was der maßgebende Teil entsprechend beschlossen habe, werde Gesetz genannt.

Daraufhin setzt der sophistisch geschulte junge Mann von der andern Seite an und fragt, was dann aber Gewalt und Rechtlosigkeit sei; sei es nicht, wenn der Stärkere den Schwächeren, ohne ihn zu überzeugen, sondern mit Gewalt zwinge, zu tun, was ihm beliebe? »Ganz meiner Meinung«, antwortet Perikles, um dann Alkibiades' Schluß zu hören, daß die in diesem Sinne erlassenen Gesetze des Tyrannen also rechtswidrig seien. Worauf er seinen falschen Zug zurücknimmt und erklärt, was der Tyrann, ohne die Bürger zu überzeugen, verfüge, sei kein Gesetz. Entsprechend verhalte es sich bei den Oligarchen. So kann Alkibiades dann seine letzte Frage anbringen: »Und wäre wohl alles das, was das Gesamtvolk als herrschendes über die Besitzenden gesetzlich verordnet, ohne diese zu überzeugen, eher Gewalt oder Gesetz?« Da bleibt Perikles nichts übrig, als zu kapitulieren. Er bemerkt, in ihrer Jugend hätten er und seine Freunde solche Fragen auch erörtert, nun sei das die Sache des Alkibiades. Und der kann nur noch sagen, er wäre damals gern dabeigewesen.

Was einmal als der große Erfolg gegolten hatte, daß nämlich die ganze Rechtsordnung zur Sache der Setzung, des Beschlusses geworden war, erschien inzwischen in anderm Licht, als potentielle Willkür; soviel wird man, was immer von der Erzählung, vor allem von ihrer Wiedergabe bei Xenophon zu halten ist, wohl feststellen können. Die Sicherheit über das Erreichte, die im Hintergrund die glückliche Überwindung des Früheren hatte, wich dem relativierenden Nebeneinander. Der große Schwung, aus dem die Demokratie lebte, ließ nach. Aus der Distanz intellektueller Betrachtung war sie nur eine Verfassung neben anderen.

Freilich waren das Diskussionen in kleinem Kreise, unter den Jungen. Sie waren in manchem akademisch. Aber es konnte im Athen jener Jahre nicht ausbleiben, daß sie in irgendeiner Verdünnung auch auf den Straßen und Plätzen wahrgenommen wurden, auf denen die intellektuelle Erregung der Stadt nachbebte. Faszinierend zum einen, beängstigend zum andern.

Die ganze Labilität der Situation in Griechenland wurde 434/3 offenkundig, als eine Gesandtschaft aus Kerkyra (dem heutigen Korfu) in Athen erschien, um die Unterstützung der Stadt in einem Krieg gegen Korinth zu erbitten. Neutrale Städte durften sich ja dem einen oder anderen Bund anschließen. Schwierig war in diesem Fall nur, daß Athen das Risiko gelaufen wäre, dabei in einen Krieg mit Korinth verwickelt zu werden, und das wäre allerdings dem dreißigjährigen Frieden zuwider gewesen. Die Korinther, die ebenfalls Gesandte schickten, wiesen auch nachdrücklich darauf hin.

Auf den ersten Blick hatte Athen mit den Streitigkeiten zwischen Korinth und Kerkyra nichts zu schaffen. Da ging es um eine fast zweihundert Kilometer nördlich von Korfu, im heutigen Albanien gelegene Stadt, Epidamnos, das spätere Durazzo, eine von Korinth und Kerkyra gemeinsam gegründete Kolonie, deren herrschender Demos von Korinth unterstützt wurde, während Kerkyra nach anfänglichem Zögern auf der Seite der aus der Stadt vertriebenen Adligen (sowie der ihnen verbündeten Stämme aus der Umgebung) Stellung bezogen hatte. Auffällig war aber, wie sehr Korinth zusammen mit mehreren Verbündeten sich in diesem Konflikt engagiert hatte. Es hatte in kurzer Zeit eine beachtliche Flotte gebaut und wollte offenbar an der griechischen Westküste die Vormacht erringen.

Die Kerkyräer wiesen darauf hin, daß ihre Insel an einer strategisch bedeutenden Stelle lag: Von hier aus pflegten die griechischen Schiffe, die die offene See ja nach Möglichkeit mieden, die Fahrt nach Italien und Sizilien anzutreten. Sollten sich die westlichen Griechen an Konflikten im Mutterland beteiligen, so war es wichtig, wer Kerkyra besaß. Wegen ihrer Lage war die Insel im Lauf der Zeit außerordentlich reich geworden, sie besaß eine große Kriegsflotte, die größte im Mutterland nach Athen (die sie wohl auch brauchte, um ihre Verbindungen zur Adria zu sichern). Mächtig, wie Kerkyra war, hatte es sich nicht um Verbündete gekümmert.

Jetzt erklärten die Kerkyräer, ein Krieg zwischen Athenern und Peloponnesiern stünde ohnehin bevor. Die Athener könnten also die Chance, sich mit einer so bedeutenden Stadt zu verbinden, gar nicht ausschlagen.

Die athenische Volksversammlung neigte zunächst den Korinthern zu, bei einer weiteren Tagung aber entschied sie sich für ein Bündnis mit Kerkyra, im Hinblick auf den Krieg mit den Peloponnesiern; vermutlich war das das Argument des Perikles und hat der auch den Meinungswandel herbeigeführt. Da die Athener andererseits den dreißigjährigen Frieden nicht brechen wollten, wurde kein normales Bündnis (*symmachia*), sondern ein Verteidigungspakt (*epimachia*) geschlossen, der sie lediglich zum Eingreifen verpflichtete, falls Kerkyra unmittelbar bedroht war (wie umgekehrt die Kerkyräer im Fall der Bedrohung Athens). Sie entsandten erst zehn, bald darauf weitere zwanzig Schiffe und gaben ihnen den Auftrag, sich aus allen Kämpfen herauszuhalten, es sei denn, die Korinther wollten in Kerkyra selbst landen. Das Geschwader konnte nicht verhindern, daß die Korinther in der Seeschlacht siegten, obwohl es sich zuletzt doch einmischte. Aber es brachte die Korinther um die Früchte des Sieges.

Man fragt sich, ob die Athener das Hilfsgesuch Kerkyras hätten ablehnen können. Aber das hätte nicht nur bedeutet, auf einen mächtigen Bundesgenossen zu verzichten, sondern auch eine beachtliche Stärkung Korinths hinzunehmen. Vermutlich war damit zu rechnen, daß die Westküste Griechenlands mit der Zeit in das wachsende und intensiver sich aufladende politische Feld einbezogen wurde. Wo das Gleichgewicht so prekär war, war jedenfalls nichts geringzuschätzen, was in die eine oder andere Waagschale fallen konnte. Wenn dabei eine gewisse Angestrengtheit und Nervosität der Athener immer mitspielte, so ergab sich das aus den Schwierigkeiten ihrer Herrschaft, vielleicht aber auch aus einem beginnenden Richtungswechsel der korinthischen Politik, knapp anderthalb Jahrzehnte nach Abschluß des dreißigjährigen Friedens.

Denn wahrscheinlich kann man Korinths große Rüstungen, seine ausgreifende Politik mit den Verwicklungen um Epidamnos allein gar nicht erklären. Es hatte sich in dieser Stadt etwas verändert. Wie schon einmal in den frühen fünfziger Jahren suchte sie wieder Boden zu gewinnen; die Phase der eigenartigen Zurückhaltung, in der sie danach fast zwanzig Jahre verharrt hatte, lag hinter ihr. Jetzt hatten die Korinther, vielleicht durch einen Generationenwechsel befördert, eingesehen, daß sie die Dinge nicht einfach laufen lassen konnten. Thukydides läßt sie wenig später in Sparta erklären, wenn man es mit einer Stadt wie Athen zu tun habe, die ständig Neues hervorbringe, könne man nicht am Alten festhalten. Man müsse sich vielmehr seinerseits verändern. So scheint Athens Beispiel Schule gemacht zu haben. Wo Sparta zögerte, wollte Korinth – samt verschiedenen Verbündeten auf der Peloponnes wie an der griechischen Westküste – die eigene Macht erweitern; wollte es sich auf der politischen Bühne wieder Gehör verschaffen.

Nachdem die Athener die korinthischen Absichten bei Kerkyra vereitelt hatten, fürchteten sie, so Thukydides, daß Korinth auf Rache sinne. Ihr Mißtrauen richtete sich vor allem gegen die korinthische Kolonie Potidäa, die im Norden der Ägäis auf der Chalkidike lag, dort, wo die Halbinsel Pallene ansetzte. Potidäa war Mitglied des Seebunds. Aber es war zugleich seiner Mutterstadt eng verbunden, der es nicht nur, wie alle Kolonien, bei Festen und andern Gelegenheiten Reverenz erwies, sondern von der es auch Jahr für Jahr einen Oberbeamten gesandt bekam. Korinth hatte zu allen seinen Kolonien, mit Ausnahme des mächtigen, emanzipierten und rücksichtslosen Kerkyra, ein besonders enges Verhältnis.

Im Frühjahr 432 verlangte Athen, daß Potidäa die Mauer zur Pallene hin, von wo aus die Athener sie angreifen konnten, schleife, daß es Geiseln stelle, die korinthischen Oberbeamten entlasse und keine weiteren mehr in Empfang nehme.

Die Furcht vor einem Abfall der Stadt war kaum unbegründet, nicht nur Korinths wegen, sondern auch weil der Makedonenkönig Perdikkas versuchte, die griechischen Städte der Gegend zum Abfall von Athen zu bewegen. Athen war 432 gerade dabei, eine Streitmacht gegen ihn auszusenden. Jetzt bekam sie den zusätzlichen Auftrag, die Forderungen an Potidäa durchzusetzen. Doch die Stadt verschloß ihre Tore. Sie schickte Gesandte, um die Athener umzustimmen, und bemühte sich um die Zusage Spartas, im Falle einer Belagerung in Attika einzufallen; aus Korinth kamen 2000 Freiwillige zur Unterstützung. Endlich sagte sich Potidäa zusammen mit anderen Städten an der Chalkidike vom Seebund los.

Die anschließende Belagerung der Stadt, die sich lange hinzog und die Athener ja auch finanziell teuer zu stehen kam, nahmen die Korinther zum Anlaß, die Spartaner aufzufordern, Athen den Krieg zu erklären. Athen habe die Verträge gebrochen, man könne das nicht hinnehmen.

Einige Verbündete schlossen sich mit weiteren Klagen an, Ägina etwa, das sich beschwerte, die im Frieden versprochene Autonomie nicht erhalten zu haben, vor allem aber die Stadt Megara, deren Bürgern Athen damals verbot, in Attika oder auf einem der Märkte des Seebunds Handel zu treiben. Es sollte die Strafe dafür sein, daß die Megarer entlaufene Sklaven aufgenommen sowie heiliges Land und solches, dessen Besitz zwischen den beiden Städten strittig war, bebaut hatten. Wie fühlbar dieses Verbot sich auswirkte, ist schwer zu ermessen. Jedenfalls stellte es eine empfindliche Beleidigung nicht nur Megaras, sondern auch Spartas dar. Nichts wurde später, als der Krieg den Athenern lästig wurde, dem Perikles so sehr vorgehalten wie das Megara-Dekret. Offenbar sollte es provozieren.

Damit stellte sich nicht zum ersten Mal seit Abschluß des dreißigjährigen Friedens, aber doch schärfer als zuvor für die Spartaner die Frage Krieg oder Frieden.

Als sie in ihrer Volksversammlung über den Antrag der Korinther berieten, sprach die Mehrheit der Redner für Krieg. Aristophanes bezeugt, daß vor allem die Großen dafür waren. Die Versammlung selbst war eher gespalten. So nahm Sthenelaïdas, der für den Kriegsbeschluß eintrat, als Versammlungsleiter Zuflucht zu einem Trick: Die Mehrheit der spartanischen Volksversammlung pflegte nicht durch Auszählen der Stimmen, sondern nach Maßgabe der Lautstärke des Zurufs ermittelt zu werden. Sthenelaïdas nun erklärte, er habe zwischen Ja und Nein nicht deutlich genug unterscheiden können, die Spartaner möchten daher entsprechend ihrem Votum auseinandertreten. Die Zahl derer, die für Krieg stimmten, wurde dadurch weit größer als zuvor. Die Gefahr, als feige zu erscheinen, drohte.

Die Spartaner fragten daraufhin in Delphi an, ob ein Krieg ihnen zum Guten ausschlagen werde, worauf »der Gott« geantwortet haben soll: »Denen, die den Krieg nach Kräften führen, werde der Sieg zukommen, und er selbst werde mit anpacken, wenn man ihn riefe, aber auch ungerufen.« Schließlich veranstaltete man noch eine weitere Bundesversammlung, die dem Kriegsbeschluß mit Mehrheit zustimmte. Die Korinther hatten zuvor mit vielen der Gesandten verhandelt.

»Männer, die besonnen sind, pflegen Ruhe zu halten, solange ihnen kein Unrecht geschieht; wenn sie tapfer sind, neigen sie dazu, falls sie Unrecht erleiden, den Frieden dranzugeben, um Krieg zu führen, bei guter Gelegenheit aber zu einem Vergleich zu kommen; sich weder durch das Kriegsglück zu weit erheben zu lassen noch den Annehmlichkeiten des Friedens derart zu erliegen, daß sie Unrecht hinnehmen«, so erklärten die Korinther.

Das hatte viel für sich. Nur daß zwar der Krieg von einer Seite entfesselt, der Friede aber nur von beiden geschlossen werden kann. König Archidamos von Sparta hatte deswegen gegen den Kriegsbeschluß Bedenken. Eine attische Gesandtschaft, die zufällig in Sparta war, forderte, man möge alle Streitigkeiten vor einem Schiedsgericht austragen; so sah es der Friede von 446 vor. Doch dazu war in Sparta außer Archidamos kaum noch einer bereit.

Der Krieg begann aber nicht sogleich. Möglicherweise wurde zunächst nur der Friedensvertrag von 446 gekündigt und Krieg lediglich für den Fall beschlossen, daß die Athener nicht bereit wären, bestimmte Forderungen zu erfüllen. Entgegen einer vielgehörten Meinung galt damals Krieg keineswegs als Normalzustand, sondern als Ausnahme. Und was immer bei kleinen Konflikten zwischen zwei Städten möglich gewesen sein mochte, für einen großen Krieg, der praktisch ganz Griechenland einzubeziehen drohte, brauchte man Gründe; man mußte ihn auch propagandistisch vorbereiten. Thukydides meint, die wichtigste Ursache für den Verzug – es dauerte immerhin noch fast ein Jahr, bis der Krieg ausbrach – sei die mangelnde Rüstung der Peloponnesier gewesen. Man sieht nur nicht, was sie in der Zwischenzeit dagegen unternahmen.

Eigenartigerweise soll die erste Forderung der Spartaner gewesen sein, »den Fluch der Göttin zu bannen«. Etwa zwei Jahrhunderte zuvor waren die Anhänger des Usurpators Kylon, obwohl sie bei Altären Zuflucht gesucht hatten, ermordet worden. Nun sollten die Nachkommen der Frevler, an denen die Blutschuld offenbar erblich haftete, verbannt werden. Zu ihnen gehörte von Mutterseite Perikles. Die Athener hätten entsprechende Forderungen wegen ähnlicher Vorkommnisse, die freilich nur um Jahrzehnte zurücklagen, in Sparta erhoben.

Erst im weiteren Verlauf sollen die Spartaner den Abzug der attischen Streitkräfte von Potidäa und die Gewährung voller Unabhängigkeit an Ägina sowie die Aufhebung des Megara-Dekrets verlangt haben. Sie hätten erklärt, dies letztere sei ihnen am wichtigsten: Wenn die Athener in diesem Punkt nachgäben, wäre der Krieg vermeidbar. Thukydides, der über die Verhandlungen – einigermaßen verwirrend – berichtet, läßt die Spartaner als letzte Forderung die größte vorbringen: Es sollten alle Griechenstädte, die unter Athens Herrschaft stünden, die Autonomie zugebilligt bekommen. Andererseits meinen die Athener auch zu diesem Zeitpunkt noch, durch Aufhebung des Megara-Dekrets könnten sie den Frieden erhalten. Und mehrere Redner plädieren dafür, bis Perikles das Nein durchsetzt. Auch er erhob Forderungen, spiegelbildlich zu den spartanischen, unter anderm nach Autonomie ihrer Verbündeten; was immer das heißen mochte.

Entweder hatten die Unterhändler grundsätzlich einen Spielraum zwischen Maximal- und Minimalforderungen oder sie kamen zu verschiedenen Zeiten mit verschiedenen Aufträgen. Jedenfalls ist zu vermuten, daß der Friede bei geringfügigen Zugeständnissen hätte gerettet werden können; und sicher ist, daß in Athen wie in Sparta nicht wenige dafür sprachen.

Doch der Streit der Redner und Gesandten, die Anlässe, Beschuldigungen und Auseinandersetzungen jener Monate waren nach Thukydides nicht so wichtig. Denn, so schrieb er, »für den wahrsten Grund (*alethestáte próphasis*), der freilich am meisten unsichtbar war im Reden der Menschen, halte ich den Machtzuwachs der Athener und die Furcht, die sie den Spartanern einjagten, so daß sie diese zwangen, den Krieg zu eröffnen«.

Man hat die Unterscheidung zwischen Anlaß und Ursache des Krieges immer bewundert und als eine der großen Erkenntnisse historischer Wissenschaft gefeiert. Mit Recht. Doch bedarf sie im einzelnen der Interpretation, damit nicht der Eindruck entsteht, damals habe es keine Freiheit des politischen Handelns gegeben, sondern der Weg zum Krieg sei zwangsläufig gewesen.

Das Wort »Prophasis« (das in anderer, aus anderer Wurzel sich herleitender Bedeutung schon älter war) hatten die Mediziner in Thukydides' Zeit in einem neuen Sinn zu gebrauchen begonnen. Es bezeichnete das, was bei der Suche nach den Gründen einer Krankheit »zum Vorschein kam«. Das Spektrum der Möglichkeiten erstreckte sich von auslösenden Momenten bis zur eigentlichen Ursache. An diese Ursache mußte man diagnostisch möglichst dicht heranzukommen suchen. Insofern war da, wie Thukydides den Begriff verstand, eine Steigerung bis hin zum »wahrsten Grund« möglich.

Thukydides ist von der medizinischen Wissenschaft – deren Zentrum aber nicht in Athen lag, sondern in Kos, in der Schule des Hippokrates – aufs stärkste angeregt worden. Manches freilich, was er dort fand, lag gleichsam in der Luft. Das Ideal der Genauigkeit etwa, denn dieser Begriff, der aus der Zimmermannssprache zu stammen scheint, war damals ironischerweise von den höchsten Kreisen der Gesellschaft für sich in Anspruch genommen worden. Sie setzten ihre »Akribie« (*akríbeia*) in Gegensatz zur »Ungerechtigkeit« des Demos, welcher ihrer Ansicht nach gern fünf gerade sein ließ, es mit der Beachtung der Gesetze nicht genau nahm und alles andere als haushälterisch war. Doch wie dieses Ideal in die Wissenschaft umgesetzt wurde, dafür ließen sich wiederum die Mediziner zum Vorbild nehmen.

Mit ihnen teilte Thukydides vor allem auch das Erkenntnisinteresse an der menschlichen Natur. Nur bestimmte er diese vom Politischen her. Drei Grundantriebe sind, so fand er, in ihr wirksam: die Furcht, das Verlangen nach Ehre und das Streben nach Vorteil (und Machterweiterung). Aufgrund dieser Einsicht in die menschliche Natur konnte er das menschliche Handeln verstehen; und indem er dies tat, konnte sein Geschichtswerk ein »Besitz für immer« werden, nützlich für jeden, der sich in der Politik zurechtfinden und wohl auch: Politik machen wollte, »solange die menschliche Natur sich gleichbleibt«. In Kenntnis dieser Natur waren auch in der Politik Prognosen möglich, wie die Mediziner sie auf ihrem Gebiet anstrebten.

Gewiß, die Verhältnisse sind je verschieden, die Spartaner sind von ganz anderer Art als die Athener, in der Frühzeit galten andere Bedingungen als im fünften Jahrhundert, vor allem handeln Menschen im Krieg anders als im Frieden. »Denn im Frieden und unter günstigen Verhältnissen sind die Gesinnungen von Poleis und Einzelnen besser, weil sie nicht in unfreiwillige Zwangslagen geraten.« Weil dem aber in einem großen Krieg so ist, müssen die Grundantriebe des Menschen in ihm besonders stark zum Vorschein kommen. Und das macht seine Schilderung besonders – und auf alle Zeit – interessant.

Was auf der Oberfläche der Verhandlungen geschieht, ist deswegen keineswegs ohne Interesse, und Thukydides hat es ausführlich dargestellt. Trotzdem war für ihn letztlich alles daran beliebig, konnte so oder so ausfallen. Gelang es ihm aber, auszumachen, wie das Machtstreben der einen mit Notwendigkeit die Furcht der andern derart entfesselte, daß sie Krieg beginnen *mußten*, so kam er den Dingen auf den Grund. Da waren große, handfeste Faktoren am Werk. Nichts ist mehr nur Sache der Worte, der Personen, sondern man stößt auf die »wirklichen« Zusammenhänge.

Insofern konnte Thukydides meinen, an dieser Stelle den sicheren Boden des »wahrsten Grundes« erreicht zu haben. Die Bedingungen in Griechenland, die den Machtgewinn der Athener erlaubten, und zuvor schon: die Hegemonie Spartas waren vorausgesetzt, alles andere nur Beiwerk.

Vielleicht sollte man sagen, hier sei Thukydides' »nomologisches Wissen« verankert gewesen; jene Ebene der Überzeugungen, auf die er alles bezog. Er wäre dann, wenn er die Natur der Menschen am Werk gefunden hatte, so am Ziel seiner Erkenntnis gewesen wie andere, spätere bei den Produktionsverhältnissen. Immerhin wäre es ein selbstgesetztes Ziel gewesen, Ergebnis eines äußerst intensiven eigenen Nachdenkens und relativ nahe an der Empirie.

Auch mit der Frage nach der Natur (*physis*) standen Thukydides und die Mediziner im weiten Zusammenhang des Wahrheitsstrebens ihrer Zeit. Wenn Demokrit von Abdera erklärte, Farbe, Süßigkeit und Bitterkeit seien bloß konventionelle Wahrnehmungen, »wirklich und wahr – dagegen – sind nur die Atome und das Leere«, so war das schließlich ein ganz ähnlicher Vorstoß durch die Oberfläche hindurch auf Grundgegebenheiten wie Thukydides' Frage nach dem »wahrsten Grund« des Krieges.

Nur darf bei all dem eines nicht übersehen werden: Das Wirken der Grundantriebe der menschlichen Natur innerhalb der gegebenen Konstellation machte nach Thukydides den Krieg zwar grundsätzlich, aber nicht in einer bestimmten Situation unausweichlich. Man hätte die Krise von 432 durchaus friedlich beilegen können – insoweit waren die Beteiligten frei. Doch hätte das nichts daran geändert, daß es über kurz oder lang zum Kriege gekommen wäre; jedenfalls nach Thukydides' These.

Deswegen brauchte er sich auch keine Mühe zu geben, nachzuweisen, wie sich die postulierte Zwangsläufigkeit auf die Ebene des Handelns und der Ereignisse umsetzte. Wohl behauptete Sthenelaïdas, man müsse Athens Machtzuwachs aufhalten, aber damit war, wie seine Manipulation zeigt, noch keine Gewähr gegeben, daß er sich durchsetzte. Entsprechend verhält es sich mit der Annahme der Athener, es käme zum Krieg. Auch dort erhoben viele ihre Stimme für den Frieden.

Thukydides' These hat, auf lange Frist, also auf die Fülle möglicher Anlässe gesehen, durchaus vieles für sich, zumindest im Ergebnis. Ihre Begründung hingegen erweckt Zweifel. Denn wenn es schon wahrscheinlich war, daß sich den Spartanern irgendwann der Entschluß zum Kriege aufdrängte, so konnte der Anlaß dazu doch außer im Machtgewinn ebenso gut in einem Machtverlust Athens liegen, einer Bedrohung seiner Herrschaft etwa durch den Abfall mächtiger Städte wie Samos. Und allgemein wäre daran zu denken, daß für die gegenseitige Einschätzung des Potentials von Großmächten nicht unbedingt die Wirklichkeit maßgebend ist, sondern daß Unsicherheit oft zu übertriebenen Annahmen darüber führt. Entscheidend war also die Spannung zwischen Athen und Sparta sowie die Tatsache, daß in der griechischen Poliswelt viel Unzufriedenheit mit den Verhältnissen herrschte, daß machtpolitischer Ehrgeiz von Städten wie Korinth die Spannung leicht erheblich verschärfen konnte und daß mit Kurzschlußreaktionen zu rechnen war.

Folglich sieht Thukydides' Begründung der Zwangsläufigkeit danach aus, wie wenn gar nicht so sehr die Zwangsläufigkeit eines Krieges überhaupt, sondern diejenige dessen, der damals begann, hätte begründet werden sollen. Man hat zu fragen, ob die Prophasis-Theorie bei aller Anregung durch die Medizin nicht vor allem einem Erkenntnisinteresse genügen sollte, das mit Thukydides' Verhältnis zu Perikles zusammenhing.

Die unmittelbare Vorgeschichte des Krieges spricht zudem dafür, daß es gar nicht die Furcht der Spartaner vor Athen, sondern die Überzeugung des führenden athenischen Staatsmanns von seiner Notwendigkeit war, die diesen Krieg auslöste.

Perikles hatte sich zu Anfang der vierziger Jahre überzeugt, daß die attische Macht an ihre Grenzen gelangt war, daß es zurückzustecken galt. Seine Politik scheint keineswegs auf Krieg tendiert zu haben. Er mochte hoffen, daß der Friede seine dreißig Jahre hielt. Nicht, weil er besonders friedliebend gewesen wäre, dafür fehlt jeder Anhaltspunkt, sondern einfach, weil er wußte, welche Anstrengungen, Schäden und Risiken damit verbunden waren. »Wer die Wahl hat und wem es sonst gut geht, wäre töricht, wenn er einen Krieg begänne«, läßt Thukydides ihn sagen.

Doch wußte er auch, daß der Friede nie ganz sicher war; es hätte kaum der spartanischen Überlegungen anläßlich des Aufstands von Samos bedurft, um ihn das zu lehren. Und die Entschlossenheit des korinthischen Ausgreifens an der griechischen Westküste könnte ihn vollends überzeugt haben, daß ein Konflikt in näherer Zukunft unausweichlich sei. Dafür spricht das Bündnis mit Kerkyra, der Beschluß gegen Potidäa, ganz besonders aber der gegen Megara, dessen nichtiger Anlaß ganz deutlich macht, daß er dazu bestimmt war, die Spartaner herauszufordern. Offensichtlich war Perikles der Meinung, da der Krieg dicht bevorstand, wäre es das beste, ihn gleich und geradezu herbeizuführen.

Die Spartaner hingegen brauchen Athens wachsende Macht gar nicht so sehr gefürchtet zu haben. Sie könnten jedenfalls viel mehr über dessen Dreistigkeit empört gewesen sein. Immerhin konnte jetzt, nachdem man sich in Sparta nahezu 50 Jahre lang militärisch in kaum eine der griechischen Affairen eingemischt hatte, allmählich der Eindruck entstehen, wie wenn auf die alte Hegemonialmacht gar nicht mehr zu rechnen wäre. Die Korinther hatten auch schon damit gedroht, wenn sie von dort keine Hilfe bekämen, würden sie sich nach andern Bundesgenossen umsehen. Vor allem daher muß es den führenden Spartanern schwergefallen sein, den Forderungen Korinths und anderer auf Kriegsbeschluß zu widerstehen.

Daß es dann trotz gegebener Möglichkeiten nicht zur Verständigung kam, hat, soweit wir sehen, wiederum Perikles bewirkt. Er erklärte, das Ansinnen der Spartaner auf Rücknahme des Dekrets sei unerträglich. Sie hätten es nicht als Forderung, sondern als Befehl vorgebracht. Weiche Athen auch nur einen Schritt zurück, so käme das einer Unterwerfung gleich. Das Dekret sei deswegen keine Kleinigkeit. Hier stünde Athens Politik und insbesondere auch seine Freiheit auf dem Spiel. Zwar sei man bereit, sich einem Schiedsgericht zu stellen, man werde von sich aus keinen Krieg anfangen, werde sich aber gegen Leute, die ihn begännen, zur Wehr setzen. Schließlich stellt er fest: »Es ist notwendig zu wissen, daß ein Zwang zum Krieg besteht.« Worauf die attische Volksversammlung Spartas Forderung ablehnt.

Keine Frage, Großmächte pflegen auf ihr Prestige bedacht zu sein. Sie müssen ihr Gesicht wahren. Aber es gibt zumeist Mittel, um sich trotzdem zu arrangieren, wenn man nur will. Genau daran aber scheint es gefehlt zu haben.

Wenn Perikles fand, Athen dürfe nicht im mindesten nachgeben, so könnte er befürchtet haben, daß schon eine geringfügige Schwäche Unruhe im Seebund heraufführte. Aber auch wenn er meinte, man dürfe die Gelegenheit zu einem von Sparta angezettelten Krieg nicht auslassen, wird ihn die Grund-Unsicherheit der attischen Politik (oder, wie er sagte: Tyrannis) bestimmt haben: zumal um deretwegen sollte das ganze Ausmaß der attischen Macht so fühlbar gemacht werden, daß Sparta kapitulierte.

Wieweit ihn dabei bestimmte Theorien beeinflußten, die damals umliefen, ist durchaus unklar. Eine davon besagte, daß Gleichstarke miteinander um die Vorherrschaft ringen müßten. Aber es ist nicht ausgemacht, daß er so weit gedacht hätte. Er hat eher nüchtern kalkuliert, freilich auf der Basis dessen, was er für die existentiellen Erfordernisse seiner Stadt hielt.

Die Kriegspläne und -erwartungen beider Seiten klafften weit auseinander. Sie waren auch verschiedener Art. Denn es ist doch wohl kein Zufall, daß Thukydides die Korinther über die Aussichten eher vage sich äußern läßt, während Perikles präzise Vorstellungen vorträgt. Von den spartanischen Überlegungen hört man nichts.

Die Korinther fanden, daß die Peloponnesier den Athenern an Zahl, Tapferkeit und Mut überlegen seien. Das einzige, was ihnen fehle, sei eine große Flotte; die aber könnten sie sich mit Hilfe von Darlehen des olympischen und des delphischen Tempels aufbauen und durch höheren Sold könnten sie Athens fremde Ruderer abwerben. Dessen Macht sei käuflich, seine Technik könne man lernen (während die Vorzüge, die die Peloponnesier dank ihrer Natur hätten, nicht übertragbar seien). Außerdem müßte man den Athenern ihre Bundesgenossen abspenstig machen. Allgemein herrschte in Griechenland die Überzeugung, daß die Athener ein, zwei, allerhöchstens drei Jahre aushalten könnten, wenn die Spartaner in ihr Land einfielen.

Perikles hingegen erklärte, die Athener müßten ihr gesamtes Territorium räumen und sich zwischen die Langen Mauern zurückziehen. Sie sollten zu Land keine Schlacht annehmen. Siegten sie dabei nämlich, so zögen die Feinde bald mit einer gleich großen neuen Armee heran. Verlören sie, so würden ihre Bündner das zum Anlaß nehmen, abzufallen. Daher sollte sich die attische Kriegführung ganz auf die See konzentrieren, welche die attische Flotte so völlig beherrsche, daß keiner sie an irgendeiner Operation hindern könne. Sie sollten die Peloponnes von allen Seiten plündern und verwüsten, ferner Stützpunkte an deren Küsten errichten, von denen aus sie das Land fortwährend unsicher machen könnten. Mit dieser Strategie sollten die Spartaner und deren Verbündete derart zermürbt werden, daß sie klein beigaben.

Dringend riet Perikles von allen Versuchen, die eigene Herrschaft zu vergrößern, ab. Die Athener sollten sich darauf beschränken, das zu behaupten, was sie hatten.

Ob er seinerseits wirklich mit einem langen Krieg rechnete, ist unklar. Jedenfalls legte er dar, daß Athens Macht außerordentlich groß sei. Im Unterschied zu den Korinthern sprach er dabei ausschließlich über zählbare Faktoren: 6 000 Talente gemünzten

Silbers lagen auf der Akropolis (zur Zeit des höchsten Standes seien es 9700 gewesen, aber davon sei für die Bauten und die Belagerung von Potidäa einiges abgegangen), zusätzlich gebe es Edelmetalle in Form von Weihgeschenken (unter anderm aus der Perserbeute) und heiliges Gerät im Wert von mindestens 500 Talenten. In äußerster Not könnte man die 40 Talente reinen Goldes vom Standbild der Athene einschmelzen. 600 Talente gingen jährlich vom Seebund ein (was vermutlich zu hoch gegriffen ist, normalerweise waren es damals kaum über 400).

Schließlich habe Athen 300 Triëren, 13000 Hopliten, 1200 Reiter (die große Zahl der Pferde wurde damals allgemein als ungewöhnlich angesehen). Dazu kamen Bogenschützen sowie die Soldaten in den auswärtigen Garnisonen und 16000 Ältere und Jüngere für die Bewachung der Mauern.

Thukydides rühmt Perikles' Voraussicht. Die Macht, aufgrund deren er sein Urteil im voraus gebildet hätte, wäre, wie die weitere Geschichte zeige, so sehr im Übermaß vorhanden gewesen, daß man die Peloponnesier leicht hätte besiegen können. Im Krieg nämlich, so hatte Perikles gesagt, entscheidet vor allem Einsicht und Überschuß an Geld.

Der Kriegsplan stellte folglich ein großartiges Zeugnis menschlicher Berechnung dar: Anscheinend konnte alles mögliche passieren – und Perikles wußte, daß ein Krieg viele Wechselfälle mit sich brachte –, ohne daß die gute Aussicht auf das Gelingen geschmälert worden wäre. Insofern war der Zufall einkalkuliert. Freilich gehörte dazu die weite Überlegenheit Athens über alle andern.

Als Versuch, einen ganzen Krieg vorauszuberechnen, erinnert der Plan an den des Themistokles. Thukydides attestiert dem Sieger von Salamis nicht, wie Perikles, ein »Vorwissen«, ein sich auf das Bevorstehende beziehendes Urteil, nennt ihn aber den »besten Vermuter des Bevorstehenden«, der zumeist richtig taxiert habe. Offenbar fand er, daß sich da ein Schritt vom Instinktiven zum Begründeten der Voraussicht vollzogen habe. Womit er die Rationalität des Themistokles vermutlich unterschätzte, aber immerhin dem ganz andern Ausmaß der perikleïschen Berechnungen gerecht wurde. Schließlich hatte Themistokles es nur mit einem Feldzug zu tun, wenn auch angesichts großer Überlegenheit des Feindes. Doch bei aller Gemeinsamkeit überlegener Planung – die beiderseits die Aufgabe Attikas, wenn auch nur das eine Mal zugleich diejenige Athens einschloß –: Themistokles' Plan ging auf und Perikles' Rechnung nicht. Und das war vermutlich nicht nur eine Sache von Glück und Unglück.

Letztlich lag nämlich in Perikles' Kriegsplanung ein tiefer Widerspruch. Sie war, wenn man das schlagwortartig ausdrücken darf, »staatlich« gedacht, nicht von einer Polis-Bürgerschaft aus. Man tut zwar grundsätzlich gut daran, den modernen Staatsbegriff (außer zu Zwecken der Absetzung) aus der Betrachtung der Antike herauszulassen. Aber hier begegnet einmal so etwas wie Staatsräson, ein Denken von den machtpolitischen Erfordernissen der politischen Einheit Athen her. Es war nicht, wie im modernen Staat, in einem Kabinett, in der Verfügung über die staatlichen Mittel, in einer strengen Tradition, in Institutionen begründet, sondern nur in der de-facto-Monarchie eines Mannes. Aber indem dieser Mann offenbar die politischen Erfordernisse seiner Stadt genau durchdacht hatte, indem er entschlossen war, ihnen gemäß zu verfahren, hob sich in seinem Denken und Handeln die Polis Athen weit über die Gesamtheit ihrer Bürger hinaus (die an sich, nach antiker Auffassung, »die Polis waren«); im Effekt fast so wie die Staaten der frühen Neuzeit über die »Gesellschaft«.

Die Weise, in der Perikles die Politik seiner Stadt plante, beruhte unwiederholbar darauf, daß er seit mehr als zehn Jahren um die Macht nicht mehr zu kämpfen brauchte, sie vielmehr schon hatte und sich aus diesen und andern Gründen weitgehend mit seiner Polis identifizierte, daß in seiner Position einmalige Vorzüge auf einmalige Weise zusammenkamen, die des Schöpfers der Demokratie, des Initiators vieler Schritte der Umwandlung des Seebunds in eine Herrschaft, des Gestalters Athens vom Parthenon bis zur Agora, bis in die Feste, vielleicht gar bis in die Sprache hinein. Endlich schlug zu seinen Gunsten die Tendenz der attischen Demokratie, auf einen führenden Mann zu setzen, aus.

Thukydides bemerkt in bitteren Worten, das Scheitern des Kriegsplans sei vor allem durch die Politiker nach Perikles verschuldet gewesen, die weithin ihre eigenen Interessen verfolgten, statt für das Wohl der Stadt zusammenzuarbeiten, die darum gekämpft hätten, jeder der Erste zu sein. Auf diese Weise hätten sie die Polis den »Launen« des Demos preisgegeben. Auch Perikles hatte vor allem Fehler, die Athen selber machte, befürchtet.

So kann man es allerdings sehen. Aber man erspart sich, wenn man dabei stehenbleibt, die Frage, ob sich dieser innenpolitische Kampf nicht aufgrund der Struktur der attischen Demokratie geradezu aufdrängen mußte. Solange nicht ein Mann ziemlich unangefochten an der Spitze stand, mußte es Ausscheidungskämpfe geben und folglich auch den Versuch, sich beim Volk beliebt zu machen, das heißt: das Volk selbst ins Spiel zu bringen. Auch Perikles kann sich ja wohl in der Zeit seines Aufstiegs nicht einfach nur am Wohl der Stadt orientiert haben. Und wer seine Macht nicht gesichert hat, kann schlecht an führender Stelle eine langfristig ausgerichtete Politik treiben.

Allerdings besteht überhaupt kein Anlaß, die politische Urteilsfähigkeit des attischen Demos zu unterschätzen. Doch fragt sich, ob sie in diesem Krieg nicht immer wieder weit überansprucht war.

Perikles mochte noch so sehr erklären, es käme vor allem darauf an, die See zu beherrschen: Wie sollte der Demos, wenn er einmal nicht mehr der Autorität des Ersten Mannes ausgesetzt war, es einleuchtend finden, daß die Plantagen, Weingärten, Felder und Häuser der mächtigsten Polis Griechenlands verwüstet wurden? Und daß man den Spartanern nicht, wie es seit Jahrhunderten die Ehre gebot, offen entgegentrat? Und der Demos konnte sich nicht so leicht damit zufriedengeben, daß es keine großen Siege geben sollte (und konnte), sondern nur eine langgestreckte Zermürbungsstrategie. Dies alles widersprach jeder Kriegspsychologie. Es mochte strategisch richtig sein und war doch so abstrakt gedacht, daß eine große Zahl von Menschen es sich kaum zu eigen machen konnte. Durfte man also erwarten, daß Männer, die die Gunst des Demos erst gewinnen mußten, sich auf die Dauer wie Perikles in den Dienst einer so wenig populären Kriegsplanung stellten?

Schließlich widersprach Perikles' Strategie dem attischen Temperament. Immer hatte man ausgegriffen, immer war man dynamisch gewesen. Und wenn man einmal das Land geräumt hatte, wie zur Zeit der Perserkriege, so war es ganz vorübergehend, unter dem Druck einer überwältigenden Übermacht und –

um einen einmaligen großen Gegenschlag zu ermöglichen.

Der Kriegsplan hatte also in der Innenpolitik eine Achillesferse. Da Perikles bald nach Kriegsausbruch starb, entfiel eine wichtige, vielleicht gar die wichtigste Voraussetzung für seinen Erfolg.

Nebenbei gesagt beweist gerade die Unüblichkeit, das Unathenische des Kriegsplans die Wendigkeit und geistige Aufgeschlossenheit des Perikles, seine Fähigkeit, unabhängig von aller Gewohnheit verschiedenste Wege zu gehen, genau entsprechend den Erfordernissen. Nur konnten die Athener in ihrer Mehrheit nicht ebenso denken.

Doch kam noch etwas Zweites zu allem andern hinzu, wie sich bald herausstellen sollte: Dieser Krieg, der sehr rasch weiteste Teile Griechenlands in seinen Sog zog, setzte an so vielen Stellen so viele Hoffnungen, so viel verbissenen Willen, so viel verzweifeltes Sich-Entgegenstemmen gegen unangenehme Realitäten, auch gegen Niederlagen frei, daß er so leicht nicht wieder zur Ruhe zu bringen war.

Perikles' Zermürbungsstrategie war vom Frieden her gedacht: Sie führte in der Tat zu vielen Mißhelligkeiten, Verwüstungen, Versorgungsschwierigkeiten und anderem, was einen Widerwillen gegen den Krieg erwecken konnte. Sobald man sich aber im Krieg befand, mußte sich daraus zugleich die Wut ergeben, der Wille, sich zu rächen; der Wille also zum Sieg.

Auch im Innern der Städte wurden vielerlei Gegensätze wach. Wo man sich unter den zivilisierten Bedingungen, die sich im Laufe der Zeit herausgebildet hatten, mit den verfassungsmäßigen Formen der Macht begnügt hatte, keimte jetzt vielfach die Hoffnung auf, Übermacht zu begründen: die Herrschaft einer kleinen Clique, sei es als Oligarchie, sei es als maßgebende Gruppe in einer Demokratie; oft genug mit äußerer Hilfe eingerichtet. Die Geduld, die zum Ertragen komplizierter Machtverhältnisse, zur Einfügung in sie erforderlich ist, war leicht am Ende, wo es so gut möglich schien, statt Kompromisse zu schließen, sich gewaltsam durchzusetzen. Außen- und Innenpolitik verquickten sich. Es war, wie wenn die Ambitionierten eine einmalige Chance vor sich gesehen hätten. Zunächst hier und da, dann aber machte es Schule. Weil so vieles aus den gewohnten Bahnen, also außer Kontrolle geriet, schien alles beweglich zu sein.

Zivilisation bildet, wie Sigmund Freud feststellte, eine ganz dünne Decke, die leicht einbricht. Dann sind die Wohlmeinenden über die »Barbaren« enttäuscht. Aber »in Wirklichkeit sind sie nicht so tief gesunken, wie wir fürchten, weil sie gar nicht so hoch gestiegen waren, wie wir's von ihnen glaubten«. Wenn es lange gut geht, liegt es an der Gunst der Verhältnisse.

Im Fall der damaligen Griechen mag die lange Friedenszeit das Problem vergrößert haben. Man beobachtet, daß die meisten Friedensverträge bei ihnen auf dreißig Jahre abgeschlossen wurden, und die einfachste Erklärung dafür ist, daß jede Generation das Recht auf einen Krieg haben sollte. Unter den plötzlich so veränderten Umständen der Vorherrschaft Athens aber und des mühsam ausbalancierten Verhältnisses zu Sparta hatte man weithin keine Kriege mehr geführt; außer im Dienst des Seebunds oder in dem Athens. Vielleicht gab es da einen Nachholbedarf?

Jedenfalls wird man trotz aller Kalkulationen und so sehr er mit Unvorhergesehenem rechnete, wohl feststellen müssen, daß dieser Krieg von Perikles mit vielen Illusionen begonnen worden ist. Selbst die Geldmittel gingen vermutlich sehr viel rascher zur Neige, als er gemeint hatte.

Wie Pseudoxenophon zeigt, konnte man die strukturellen Schwierigkeiten und Eigenarten der Machtgewinnung innerhalb der Demokratie schon in den zwanziger Jahren durchaus erkennen. Indem Thukydides dagegen alles zur Sache von Personen machte, blieb er weit hinter seinen Möglichkeiten zurück; diese »Personengeschichte« wurde den strukturellen Ansprüchen seines Werks nicht gerecht.

Zur Begründung dafür könnte man sein vergleichsweise geringes Interesse an Innenpolitik anführen, aber es wäre auch an biographische Bedingungen zu denken, daß er nämlich stark und nachhaltig von Zeit und Ort seines Aufwachsens bestimmt war; in einer Weise, die sein Werk auch als Zeugnis des Athens jener Jahre besonders interessant macht. Die Tatsache, daß er trotz allen Nachdenkens und trotz aller scharfsinnigen Beobachtungen im Laufe des siebenundzwanzigjährigen Krieges nie davon abging, daß der Kriegsplan gut und erfolgversprechend war, es im Gegenteil an zwei markanten Stellen seines Werks fast trotzig behauptete, könnte dafür sprechen.

Thukydides, der Sohn des Oloros, stammte aus altem attischen Adel, er war eng mit der Familie Kimons verwandt. Seine Großmutter war die Tochter eines Thrakerfürsten. Wohl von ihr her besaß Thukydides große Goldminen in der Nähe von Amphipolis und war einer der mächtigsten Männer in jener Gegend.

Er muß um 460 geboren sein. 424/3 war er Stratege, wurde dann aber offenbar wegen unverschuldeter Erfolglosigkeit aus Athen verbannt und konnte erst 404 dorthin zurückkehren.

Er hat seine Geschichte aus guter Kenntnis beider Seiten abgefaßt, mit starkem Willen zur Objektivität. Sie stellt ohne Zweifel eines der bedeutendsten Geschichtswerke dar, die je geschrieben worden sind. Ganze Dimensionen von Politik und Kriegführung hat er erstmals historiographisch erschlossen; besonders eindrucksvoll sein ständiges Bemessen der Abstände zwischen Erwartung und Berechnung der Handelnden zum einen und dem Ausgang eines Ereignisses zum andern. Es ergab sich aus seinem außerordentlich starken Interesse an den Möglichkeiten von Berechnung und Handeln – und entsprechend an den Tücken der Ereignishaftigkeit, an denen alles scheitern konnte. Kaum auszuschöpfen die Reflexionen, die er seine Redner vortragen läßt, aufs äußerste komprimiert, in »kunstvoll schwerem, ringendem Stil«, um es mit Karl Reinhardt zu sagen, ihrerseits stets auf die jeweils »wahrsten Gründe« des Behaupteten und Beabsichtigten aus, nie einfach zu deuten und doch in einem wundervollen Griechisch, das den Leser in seinen Bann zieht.

Die Frage ist, wieweit er sich nicht nur mit Athens führendem Staatsmann, sondern, wenn auch eher gebrochen, mit seiner Vaterstadt selbst, diesem großartigen, schrecklichen, vermessenen, alles durcheinanderbringenden, übermäßig anspruchsvollen, schönen, eigensüchtigen Gemeinwesen identifiziert hat.

Fraglos hat Perikles den aufwachsenden, seine Politik gebannt beobachtenden jungen Mann nachhaltig beeindruckt. Von ihm bezog er den großen Maßstab menschlicher Möglichkeiten. So konnten sich damals die Fähigkeit zum Handeln und die, Geschehen zu deuten, auf hoher Ebene treffen.

Man hat in Hinsicht darauf vom »Optimismus« des Thukydides gesprochen, aber die Vokabel weckt zu viele falsche Assoziationen. Richtig ist jedoch, daß er am griechischen, am athenischen Können-Bewußtsein voll teilhatte.

Indes verteidigt Thukydides in auffälliger Weise nicht nur Perikles' Kriegsplan, sondern er entlastet Athens ersten Mann auch von der Schuld am Kriege. Denn wenn es zwangsläufig dazu kommen mußte, ging es in der Tat nurmehr darum, wann und wie er beginnen sollte. So konnte er das Megara-Dekret, das in der Ausgangssituation der Verwicklungen eine so große Rolle gespielt zu haben scheint, bewußt herunterspielen.

Doch auch in Thukydides' Lehre von den menschlichen Grundantrieben könnte sich, ganz im Hintergrund, eine apologetische Tendenz äußern. Athens Politik, die so eigenartigen, unerhörten, ja skandalösen Gesetze seines Handelns, seiner Tyrannis über die »Bündner«, die so viel Haß hervorrief – gerade sie werden mit der »menschlichen Natur« erklärt: Die attischen Gesandten in Sparta sagen, es gebe für sie nur die Wahl, mit aller Macht zu herrschen oder Gefahr zu laufen, Hammer also oder Amboß zu sein. Es entspreche der »Menschenart«, wenn sie die Herrschaft, die ihnen zugefallen sei, nicht wieder losließen, »von den drei mächtigsten Faktoren besiegt, der Ehre, der Furcht und dem Nutzen«. Schließlich sei es seit je so eingerichtet, daß der Schwächere vom Stärkeren niedergehalten werde.

Damit wird Athen ein gutes Stück weit aus der Verantwortung für seine Herrschaft herausgenommen. Diese ist historisch entstanden, alles Weitere, ihre Bewahrung ohne die Legimitation eines Bündniszwecks wird naturwissenschaftlich erklärt.

Man fragt sich, wie weit Thukydides' Auffassungen und Erklärungsweisen gerade deswegen entwickelt worden sind, weil unter ihrem Regime moralische Fragen sich nicht stellen (oder bestenfalls andeutungsweise zum Vorschein kommen). Jedenfalls empfiehlt es sich, die Härte seiner Betrachtungsweise, die Kälte, zu der er sich zwingt, seinen kräftigen Tatsachensinn nicht nur von Thukydides' Person, sondern auch von seiner Vaterstadt, genauer: von seiner Bindung an sie her zu verstehen. Auch die Konsequenz, in der er alle Fragen der Politiker auf Macht zurückführt und moralische Gesichtspunkte offen nur einbezieht, sofern sie als Motiv, und das heißt in der Regel: als Fehlerquelle das Handeln bestimmen.

Gelegentlich freilich läßt er durchblicken, daß er auch an tiefere Zusammenhänge, wie sie etwa in der Tragödie herrschen, denkt. Auf den großen Preis Athens in Perikles' Gefallenenrede antwortet unmittelbar die Schilderung der Pest wie sonst eine Rede auf die andere. Und bevor die Athener in die sizilische Expedition aufbrechen, läßt er den ganzen Zynismus ihrer Machtpolitik in einem Dialog zwischen ihren Feldherrn und dem Rat der Insel Melos anschaulich werden.

Allein: »Echte Tragik gibt es in echter Geschichtsdarstellung nur, wofern sie dem Historiker (wie dem Politiker) nicht mehr erlaubt ist: Dies Gesetz, im Gegensatz zu Herodot, gilt für die Stufe des thukydideïschen Bewußtseins« (Reinhardt). Daher kann er die Ahnung einer Verblendung bestenfalls durch Arrangement von Materien andeuten. »Es gibt... nicht viele Schriftsteller, bei denen das Nicht-Gesagte nicht nur etwa jenseits des Gesagten läge, sondern so zum Greifen dicht, so spürbar in das Werk hineinreichte, so daß man sich immer wieder gezwungen sieht, das, was gesagt wird, aus dem Nicht-Gesagten zu ergänzen«.

Nur könnte es sich weniger um eine Stufe, die der griechische Geist inzwischen erreicht hatte, als vielmehr um die Konsequenz aus einer Betrachtungsweise handeln, die von Athen ausgeht.

Man kann den Hinweis der attischen Gesandten auf die überwältigende Menschennatur, der die Athener bei der Aufrechterhaltung ihrer Herrschaft gehorchten, als eine Charakterisierung der damaligen Politik der Stadt lesen. Jeder andere würde in ihrer Lage genauso handeln, auch die Spartaner, sagen sie, und dabei ließen sie noch, soweit es ging, Gerechtigkeit walten. Da war die Politik aus verantwortbarem Handeln zu einem Rollenspiel geworden: Die Athener konnten nichts dafür – für das, was sie taten.

Wir finden denselben Gedanken kurz nach Kriegsbeginn in Euripides' »Herakliden«, wo König Eurystheus, nachdem er für Herakles »Qualen auf Qualen ausgedacht« und dessen Söhne unnachgiebig verfolgt hatte, erklärt, diese ganze Politik sei in ihm von Hera entfesselt worden; Herakles' Mutter Alkmene hätte an seiner Stelle genauso gehandelt! Kaum vorstellbar, daß Sophokles' Antigone erklärt hätte, sie sei nur zufällig mit ihrem Bruder verwandt und hätte am liebsten nicht getan, was sie tat, oder daß Kreon sich von seiner Rolle unterschieden hätte – oder gar Ödipus. Doch jetzt wurde so etwas möglich. Wobei man wohl anfügen muß, daß die Motivierung menschlichen Handelns durch göttlichen Eingriff im alten Griechenland zwar vorkommt – die Menschen aber nicht von ihrer Verantwortung entbindet.

Es ist damit ein Thema angeschlagen, das Euripides immer wieder beschäftigt hat. Aber offensichtlich auch ein Thema des damaligen Athen.

Dessen Bürger hatten sich zwar an ihre Herrschaft relativ gut, wahrscheinlich zu gut gewöhnt. Aber es konnte sich eben all das in kurzer Zeit nicht bilden, was sonst zum moralischen Ornat einer Großmacht gehört. Viele Anläufe, Hoffnungen, Enttäuschungen, Erfolge, Irrtümer, Scheitern, wiederholte Erfahrungen am eigenen Leib und deren immer neue Verarbeitung – dies alles und anderes hat den Weg gesäumt, auf dem etwa das antike Rom oder das neuzeitliche England in ihre Herrschaft hineinwuchsen. Und ähnlich muß es sich mit der Entstehung des Konzerts der europäischen Staaten verhalten haben.

Da gilt dann durchaus die Macht, aber sie gilt nicht blank. Ihre Darstellung und Ausübung gehorchen vielmehr gewissen Regeln, in denen eine bestimmte Moral sich niederschlägt, auch wenn sie Vorrechte der Stärkeren zuläßt und Prämien für alles mögliche Unrecht bereithält und nicht unbedingt derjenigen zwischen Privatleuten entspricht. Es bildet sich eine quasi objektive Realität politischer Verhältnisse, innerhalb derer man mit festen Faktoren rechnen kann.

Nicht so in Athen. Da war keine Zeit für solche Bildungen. Die Moral war noch die alte, aus der aristokratischen Welt überkommene, durch Interessen und Anschauungen der mittleren Bürgerschichten modifiziert. Die Realität aber war im wesentlichen neu. Und sie konnte in ihrem Kernstück, der Herrschaft Athens, nicht wirklich gerechtfertigt werden. Was sich dafür vorbringen ließ, waren nur gleichsam eilig zurechtgeschneiderte Argumente, vielen Zweifeln in den herrschenden offenen Diskussionen ausgesetzt, nicht die allmähliche, das heißt in Generationen erprobte Mischung von Faktischem und Regelhaftem, die in etwa deutlich macht, was einer Großmacht zusteht, was aber von ihr auch erwartet werden muß.

Daher könnte man, ganz entsprechend der Darstellung des Thukydides, durchaus schon in den dreißiger Jahren auf die Entschuldigung mit der menschlichen Natur gekommen sein. Und daher konnte Thukydides bei seiner Erforschung der Politik so leicht nicht auf die quasi objektive Realität einer politisch-moralisch irgendwie austarierten Welt stoßen, sein Fragen fand vielmehr erst Ruhe in der Erkenntnis der Grundantriebe.

Apologien unter Berufung auf die menschliche Natur bleiben stets spiegelbildlich zu Appellen an die Menschlichkeit: Wo diese sich notwendig an dem orientieren, was Menschen zwar sein sollen, aber nur selten sind, müssen jene herauskehren, was Menschen zwar weithin, aber eben doch keineswegs durchgehend zu sein pflegen.

Nur, in diesem Athen mußte vielleicht wirklich so gedacht werden. Nicht, wie es so oft heißt, weil es von den Sophisten verdorben worden wäre, sondern weil es zu schnell gewachsen war. Thukydides' Denken ist also auch als Symptom zu nehmen.

Zu den Rechtfertigungen, die die Athener damals vorbrachten und die Thukydides nicht einmal der Erwähnung für wert hielt, gehörte die Sorge für die Schwachen und Verfolgten. Das war gleichsam die Fortsetzung der Rolle als Retter der Griechen. Diese Sorge bildet das zentrale Thema in den »Herakliden« des Euripides. Wieder wie einst um 463 in Aischylos' Hiketiden geht es um Schutzflehende, diesmal eben die Söhne des Herakles. Aber jetzt stellt sich nicht die Frage, ob man sie aufgrund des religiösen Gebots aufnehmen oder um der eigenen Sicherheit willen zurückweisen solle. Dabei droht auch diesmal ernstzunehmende Gefahr durch die Verfolger, ja, diese bieten sogar, grundsätzlich sehr verlockend, für den Fall der Auslieferung ein Bündnis an; und ihre Heeresmacht ist groß. Man fühlt sich bei dem Angebot an dasjenige Kerkyras wenige Jahre zuvor erinnert.

Doch die Athener lassen sich weder von Vorteil noch von Gefahr in Versuchung führen. Ohne jedes Schwanken sind sie entschlossen, den Verfolgten ihren Schutz zu gewähren. Und das nicht nur, weil Zeus es so will und weil verwandtschaftliche Bindung dafür spricht, sondern vor allem, wie es heißt, weil der König die Schmach fürchtet, die ihn sonst träfe. Man würde dann nämlich nicht meinen, daß er einer »freien Stadt« zugehöre. Diese Freiheit wird im Stück mehrfach beschworen.

Keine Einschränkung seiner Freiheit also kann Athen sich leisten. Es muß offenbar allem gewachsen sein. Wenn es irgend etwas unterließe, was von ihm erwartet werden kann, erwiese es sich auf unerträgliche Weise als schwach.

Damit nimmt Euripides zugleich eine andere Problematik auf. Denn diese Freiheit ist nicht diejenige, die Perikles in der Gefallenenrede Athen zuspricht, die seine innere Ordnung kennzeichnet, die der Demokratie eigen ist. Vielmehr ist es die des Handelns nach außen. Das heißt aber, es ist die Kehrseite der Macht: Denn wie will man nach außen wirklich frei handeln, wenn man nicht die Macht dazu hat?

Es schält sich hier ein ganzer ideologischer Komplex heraus, zu dem einerseits die von Perikles beschworene innere Freiheit und die Autarkie gehörten, welche Athens Unabhängigkeit garantierten, andererseits seine tyrannische Macht, die ihm die Freiheit des Handelns gewährte.

Wenn Thukydides schreibt, alles werde ins Werk gesetzt, »wo es um das Größte geht, Freiheit und Herrschaft über andere«, so meint er damit keine Alternative, sondern daß dies und jenes sich ergänzen soll. Die Auffassung von Tyrannis war damals ambivalent, neben der Verurteilung stand das Lob der Vorteile, die sie ihrem Inhaber bot. Immer wieder finden wir in jenen Jahren bei Euripides Reflexionen darüber, wann ein Mensch frei ist; denn überall scheint diese Freiheit eingeschränkt zu sein, sei es daß man dem Glück, sei es daß man dem Geld frönt, sei es daß der Wille der Menge, sei es daß geschriebenes Recht einen daran hindert, zu tun, was man für richtig hält. Dieses so ausgeprägte, so schmerzliche Empfinden der Grenzen der Freiheit aber setzt ein starkes Bewußtsein für ihre Möglichkeiten voraus. Und wo wären die, politisch gesehen, so außerordentlich gewesen wie in Athen, wo man übrigens um 430 begann, an der Agora die so ungewöhnlich prächtige Stoa für den »Befreier Zeus« zu bauen? Entsprechend erklärt Perikles, wenn man das Megara-Dekret auf Aufforderung Spartas aufhebe, so bedeute das »Knechtschaft«.

Es ist interessant, daß Euripides das Thema der Freiheit so stark mit der Rolle des Beschützers verbindet: Doch auch das war im Grunde nur eine Bekundung der Großmacht Athen, der Ungleichheit zwischen ihr und anderen, denen sie zwar Schutz bot, denen gegenüber sie aber auf Freiheit, also auf Herrschaft bestehen mußte.

Wo Thukydides die einzigartige Größe des Krieges begründen will, führt er nicht nur den bis dahin nie erreichten Stand der Macht-(und Geld-)Mittel sowie die Tatsache an, daß die meisten Griechenstädte sich auf eine der beiden Seiten schlugen; nicht nur die Dauer des Krieges und die unermeßliche Menge schrecklichen Leides, die er mit sich brachte, sondern zugleich eine Reihe von Naturereignissen: daß damals Erdbeben von ganz außerordentlicher Stärke weite Teile der Erde erschüttert hätten; Sonnenfinsternisse häufiger vorgekommen seien als aus früherer Zeit erinnerlich; man habe Perioden schlimmer Dürre und Hungersnot an verschiedenen Orten zu verzeichnen gehabt, vor allem das Wüten der »Pest« in Athen. Es klingt wie in Shakespeares Caesar: »Kometen sieht man nicht, wenn Bettler sterben; der Himmel selbst flammt Fürstentod herab.«

Später sollte Machiavelli schreiben: »Woher es kommt, weiß ich nicht, aber man sieht aus alten und neuen Beispielen, daß sich in einer Stadt oder in einem Land niemals ein schwerwiegender Vorfall ereignete, der nicht durch Wahrsager, Prophezeiungen, Wunder oder andere überirdische Zeichen vorhergesagt worden wäre.« Und auch Thukydides erwähnt solche Orakel.

Bevor noch der Krieg ausgebrochen war, Anfang März 431, überfielen die mit Sparta verbündeten Thebaner die Stadt Platäa, die sich Athen angeschlossen hatte. Der Vortrupp, der spätabends durch Verräter in die Stadt eingelassen worden war, konnte aber überwältigt werden, die Männer ergaben sich. Und die gegen Morgen heranrückende Hauptstreitmacht wurde durch die Drohung zum Abzug veranlaßt, man werde die Gefangenen andernfalls töten. Sie war kaum außer Landes, als man die Hinrichtung trotzdem vornahm. Insgesamt waren es 180 Männer, die niedergemetzelt wurden. Die Athener hatten Einspruch dagegen erheben wollen, aber ihr Bote kam zu spät. Aufgrund des Vertragsbruchs der Thebaner begann der Krieg. Ob er offiziell erklärt wurde, ist nicht überliefert. Thukydides schreibt nur, danach hätten beide Seiten zu rüsten begonnen.

Von den Tragödien, die Ende März 431 aufgeführt wurden, ist eine erhalten: Euripides' »Medea«. Die Königstochter aus Kolchis (am Schwarzen Meer, unterhalb des Kaukasus) ist von Jason verlassen worden, ihrem Gatten, dem sie einst geholfen hatte, das Goldene Vlies zu erbeuten, aus Liebe und indem sie den eigenen Vater hinterging. Dann war sie ihm in seine Heimat gefolgt. Jetzt will Jason die Tochter des Königs von Korinth heiraten; sie selbst und ihre beiden Kinder sollen auf königlichen Befehl das Land verlassen. Medea sinnt auf Rache.

Wenn aber Griechenland und die griechische Tragödie voll sind von Männern, die ihrer Ehre Rache schulden, ihren Freunden nützen und ihren Feinden schaden müssen – mitunter: koste es, was es wolle –, so geht Medea, die Frau aus dem Barbarenland, noch einen großen Schritt darüber hinaus. Sie will nicht nur die neue Frau ihres Gatten und deren Vater umbringen, sondern auch ihre eigenen Kinder.

Daß sie sie liebt, spielt keine Rolle: Dafür ist in ihrem Herzen kein Platz, denn es ist völlig erfüllt vom Rachedurst. Erst im Laufe der Handlung, das Gift wirkt schon, welches die Braut und ihren Vater töten soll, wird Medea klar, was sie mit den Kindern vorhat, und einen Moment lang schreckt sie zurück, will es aufgeben. Doch da denkt sie an das Gespött ihrer Feinde; denen kann sie die Kinder nicht überlassen. Sie sollen sie nicht einmal töten dürfen, nein, das will sie selbst besorgen. Es ist nicht sicher, aber es spricht vieles dafür, daß erst Euripides dem Mythos den Kindermord hinzugefügt hat.

Wieder, so mag es auf den ersten Blick scheinen, wird das Rachegebot pervertiert, ganz ähnlich wie im Fall des Orest, der die Mutter töten mußte, um den Vater zu rächen. Allein, diesmal ist kein Götterspruch im Spiel, es geschieht freiwillig. Vor allem geht es nicht um einen Vollzug von Recht, sondern um die ungeheuerlich weit überzogene Genugtuung für eine Person. Eine Barbarin gewiß, eine Frau, der, wie es heißt, griechischer Nomos, Gesetz und Gesittung erst beigebracht werden mußte, ja die – wie Jason ihr vorhält – glücklich sein müßte, (durch ihn) aus Barbarenland in griechische Zivilisation gekommen zu sein. Und die ihre höchstpersönlichen Ansprüche in einer Absolutheit verfolgt, daß man sich an das damalige Athen erinnert fühlt.

Die Tragödie, die übrigens auch für das Verhältnis der Geschlechter von großem Interesse ist, muß Mitte 432 fertig ausgearbeitet gewesen sein; noch im Sommer begannen die Proben. In Sparta hatte man damals schon den Krieg beschlossen, in Athen zeichnete sich ab, daß man den spartanischen Forderungen nicht nachgeben wollte. Als die Tragödie aufgeführt wurde, waren die letzten Vorbereitungen im Gange für jenen Krieg, zu dem die »Medea« fast das Motto hätte bilden können.

Medea flieht am Ende nach Athen, wo König Aigeus sie aufnimmt. »Vieles verteilt Zeus im Olymp, vieles erfüllen unverhofft die Götter. Doch was wir erwartet haben, wird nicht vollendet. Für Unerwartetes bahnt der Gott den Weg«, sind die Schlußworte des Chors.

Sieger im Agon war Euphronios, dessen Name inzwischen fast vergessen ist, zweiter wurde Sophokles, Euripides kam auf den letzten Platz. Keine griechische Tragödie hat indes in der Weltliteratur eine solche Nachwirkung gehabt wie die Medea.

Am Krieg nahmen auf spartanischer Seite teil die Peloponnesier außer Argos und Achaia sowie Megara, Böotien, Lokris und Phokis, ferner im Westen Amprakia, Leukas und Anaktorion. Auf der Seite der Athener, so schreibt Thukydides, standen Chios, Lesbos, Platäa sowie im Westen Griechenlands die Messenier in Naupaktos, die meisten Akarnanen, Kerkyra und Zakynthos. Hinzu kamen die Untertanenstädte in den verschiedenen Gegenden der Ägäis, darunter alle Inseln außer Melos und Thera.

Die Sympathien weitaus der meisten Griechen neigten, Thukydides zufolge, den Spartanern zu, »zumal sie auch als die Befreier von Hellas auftraten...Solchen Haß hatten die meisten auf Athen, die einen im Wunsch, die Herrschaft abzuschütteln, die andern in der Furcht, ihr unterworfen zu werden.«

Die Spartaner und ihre Verbündeten versammelten je zwei Drittel ihrer Aufgebote am Isthmos von Korinth und marschierten auf Attika. Sie hatten es nicht besonders eilig, es heißt, König Archidamos, der das Heer befehligte, hätte immer noch gehofft, den Krieg zu vermeiden. Er sandte auch noch einmal einen Herold nach Athen, doch wurde der dort nicht empfangen, da man auf Perikles' Anregung den Beschluß gefaßt hatte, nicht zu verhandeln, solange die Feinde unter Waffen stünden. Man geleitete den Herold, schirmte ihn gegen jeden Kontakt ab. »Mit dem heutigen Tag beginnt für Griechenland großes Unheil«, soll er beim Überqueren der Grenze ausgerufen haben.

Die Athener bekamen also Zeit, Frauen, Kinder und einigen Hausrat vom Land zu evakuieren. Das Vieh schickten sie nach Euböa und auf andere Inseln. Es müssen weit mehr als 100 000 Menschen gewesen sein, die sich jetzt schlecht und recht zwischen den Langen Mauern einzurichten hatten, zum Teil bei Verwandten und Freunden, zumeist in irgendwelchen Unterkünften, die sie sich auf freien Plätzen und in Arealen verschiedener Heiligtümer zusammenzimmerten. Sie kampierten zum Teil aber auch an den Mauern und im Piräus.

Kaum anders sei es gewesen, wie wenn sie aus ihrer Heimat hätten auswandern müssen. Das neue Leben war mühsam. So gut man vielleicht theoretisch die Zweckrationalität der neuen Strategie verstehen konnte: Was nützte das, wenn es einem schlecht ging?

Angesichts des geräumten Attika, des überfüllten Athen, in der vollen Blüte der Stadt wird geradezu augenfällig, wie abstrakt der Begriff der Polis Athen war, den Perikles inzwischen hatte und in dem sein Kriegsplan wurzelte.

Vermutlich, um einen Teil der Landbevölkerung besser unterzubringen, gewiß aber zugleich aus altem Haß warfen die Athener damals die Ägineten von ihrer Insel und siedelten dort eigene Leute an.

Archidamos zog nach Acharnai, einem Ort zehn Kilometer nördlich von Athen, und schlug dort ein Lager auf. Er meinte, die Athener würden zur Schlacht ausrücken. In der Stadt brannte auch ein großer Teil der Jugend darauf, und die Acharner forderten es. Ihre Siedlung war relativ groß, sie stellten allein 3 000 Hopliten; je nachdem, wie die Alterklassen dabei gerechnet sind, vielleicht ein Siebtel des ganzen Aufgebots. Perikles hatte einen schweren Stand. Er verhinderte zeitweilig gar die Abhaltung von Volksversammlungen. Durch die Reiterei ließ er dafür sorgen, daß die feindlichen Trupps ihre Streifzüge wenigstens nicht bis auf die Felder vor der Stadt ausdehnten.

So verlegten sich die Spartaner und ihre Bundesgenossen darauf, das gerade reif gewordene Getreide zu mähen, das Land zu verwüsten, und zogen nach kurzer Zeit wieder ab.

Die attische Flotte war derweil um die Peloponnes gesegelt, war an verschiedenen Stellen an Land gegangen, um zu brandschatzen. Sie gewann die Insel Kephallenia, die gerade vor dem Ausgang des Korinthischen Golfes lag, für Athen. Außerdem machte Perikles mit dem Landheer, 13000 Hopliten, darunter 3000 Metöken, einen Einfall in das Gebiet von Megara. Im Norden der Ägäis schloß man das Bündnis mit dem mächtigen Thrakerkönig Sitalkes, der gegen die Makedonen helfen sollte. Seinem Sohn wurde das attische Bürgerrecht verliehen. Bald darauf richtete man der thrakischen Gottheit Bendis die Spiele im Piräus ein.

Im Herbst 431 hielten die Athener zum ersten Mal im Peloponnesischen Krieg ihre Feier zu Ehren der Gefallenen. Es war die, auf der Perikles jene Rede hielt, die Thukydides als große Darstellung des perikleïschen Athens bietet.

Nach dem Lob der Stadt folgte das der Toten. Und es schlossen sich Worte des Trostes an die Hinterbliebenen an. Sie enthielten den Rat an diejenigen, die es noch konnten, weitere Kinder zu zeugen. Das könnte ihnen helfen, und der Stadt fromme es in doppelter Weise, weil sie so nicht veröde und weil sie an Sicherheit gewinne. Dies letztere aber nicht so sehr, weil die Söhne später als Soldaten dienen sollten, sondern weil es die Verantwortung der Volksversammlung stärkt: »Denn«, so fährt Perikles fort, »es ist ja nicht möglich, etwas Gleiches oder Gerechtes bei der Beratung vorzuschlagen, wenn Menschen nicht auch Söhne in gleicher Weise als Einsatz wagen und an der Gefahr mittragen.«

Die Feier pflegte drei Tage zu dauern. Zu Anfang wurden die Überreste der Gefallenen auf einem großen Gerüst aufgestellt, wo ihnen die Hinterbliebenen Grabspenden darbringen konnten. Am dritten Tag wurden sie in Zypressenschreine gebettet, einen für jede Phyle, und zu einem Grab am Kerameikos gefahren. Eine leere »Kline«, Bett oder Lager, wurde mitgeführt für die Vermißten. Jeder durfte dem Zug folgen, Bürger und Fremde, auch die Frauen, die mit den Toten verwandt waren. Nachdem das Grab mit Erde zugeschüttet war, wurde die Rede auf die Gefallenen gehalten. Dann sollte jeder den Klageruf erheben auf den, den er verloren hatte, und anschließend nach Hause gehen. Die Namen der Gefallenen wurden später phylenweise, einer nach dem anderen, in Stein gemeißelt. Im Tod herrschte wirklich die Gleichheit, die im Leben de facto nur mit Einschränkungen gegeben war.

Im Frühjahr 430 waren die Peloponnesier mit ihren Verbündeten gerade wieder in Attika eingefallen, als dort, wie Thukydides sie nennt, »die Krankheit« ausbrach. Man spricht zu deutsch von Pest oder Seuche, medizinisch ist sie nicht einzuordnen. Thukydides, der selbst daran erkrankte, hat ihre Symptome genau beschrieben. Es begann mit einer starken Erhitzung des Kopfes, Entzündung der Mundschleimhäute und der Augen; danach wanderte die Krankheit in Brust und Magen, führte zu Krämpfen und, sofern dann nicht schon – nach sieben bis neun Tagen – der Tod eintrat, befiel sie den Darm, die Schamteile und die Extremitäten. Manche büßten Sehkraft und Gedächtnis ein.

Die Körper der Kranken waren gerötet, von einem dichten Flor von Bläschen und Geschwüren überzogen. Sie litten an schrecklicher Hitze, quälendem Durst, Schlaflosigkeit und Nervosität. Besonders schlimm waren die Depressionen, die sich mit dem Ausbruch der Krankheit einstellten und es bewirkten, daß die Befallenen sich rasch selbst aufgaben. Es machte keinen Unterschied, ob man kräftigerer oder schwächerer Konstitution war, überall fand die Pest ihre Opfer.

Da keiner die Krankheit kannte, standen die Ärzte ihr hilflos gegenüber. Die Ansteckungsgefahr war außerordentlich groß und das führte dann auch dazu, daß die Bereitschaft der Gesunden, zu helfen und zu pflegen, sehr zu wünschen übrigließ. Nur wer sich schämte, seine Pflichten zu versäumen, kümmerte sich – und in diesem Kreis war die Zahl der Opfer entsprechend hoch.

Die Enge der Stadt machte alles besonders schlimm; die vom Lande Evakuierten in ihren dürftigen Hütten litten stärker noch als die andern. Leichen lagen herum, Sterbende wälzten sich auf den Straßen, Halbtote belagerten die Brunnen und lechzten nach Wasser. Selbst die Heiligtümer waren, obwohl das nicht anging, voller Toter. Man wurde gleichgültig. Jeder begrub die Seinen, wie er gerade konnte. Wer einen Scheiterhaufen errichtet hatte, konnte erleben, daß andere ihre Leiche draufgelegt und das Holz entzündet hatten, bevor er mit seinem Toten kam; die Leute warfen ihre Toten auch auf schon brennende Scheiterhaufen mit hinauf, um sich gleich anschließend davonzumachen.

Weithin schwanden die Hemmungen. Man tat, wozu man Lust hatte; wer wußte, ob ihm nicht nur mehr wenige Tage vergönnt waren? Vor den Göttern hatte man keine Scheu, da alle ohne Unterschied, Fromme und Unfromme, litten und starben. Keiner glaubte, noch so lange zu leben, wie es brauchte, bis er für ein Verbrechen hätte zur Rechenschaft gezogen werden können.

Zwei Jahre, 430 und 429, wütete die Krankheit, danach schwächte sie sich ab, um dann im Winter 427/6 nochmal für ein Jahr aufzuflammen. Mindestens 4 400 Hopliten und 300 Ritter fielen ihr nach Thukydides zum Opfer. Die Zahl der übrigen sei nicht zu berechnen. Sie wird kaum weit unter 20 000 gelegen haben. Nichts anderes hat Athen im Peloponnesischen Krieg so schwer zugesetzt und seine Macht geschwächt; übrigens auch die seiner Wirtschaft.

Die Athener waren so niedergeschlagen, daß sie eine Gesandtschaft nach Sparta schickten, um Friedensverhandlungen anzubahnen. Doch hatte sie keinen Erfolg.

Der allgemeine Zorn konzentrierte sich auf Perikles. Man zog ihn vor Gericht, nahm ihm das Amt des Strategen und legte ihm eine hohe Geldstrafe auf. Das war wohl in den ersten Monaten des Jahres 429.

Bald darauf aber, »wie es die Menge zu tun liebt« (Thukydides), dachte man um und bestellte ihn von neuem zum Strategen, für 429/8. Doch konnte er nicht mehr viel für Athen tun. Die letzten Monate hatten ihm zu schwer zugesetzt. Zu der schlimmen politischen Niederlage war der Verlust beider Söhne durch die Pest gekommen. Um überhaupt einen Erben zu haben, setzte er die – mindestens vorübergehende – Aufhebung seines eigenen Bürgerrechtsgesetzes von 451 durch, damit der Sohn, den er mit Aspasia hatte, zum attischen Bürger werden konnte. Vielleicht auch deshalb, um die Reihen der Bürger überhaupt aufzufüllen. Kurz darauf, im Herbst 429, ist Perikles, etwa 65 Jahre alt, gestorben, vermutlich nicht an der Pest, denn er war zuvor wochenlang krank gewesen.

Der Mann, nach dem man eine Demokratie, ein Zeitalter, zumindest eine Phase in der Geschichte seiner Stadt benennt, konnte naturgemäß nicht in dem Sinne Schöpfer dieser Form Athens sein, wie Themistokles der der attischen Flotte und Kleisthenes der der neuen Phylen gewesen war (beide zwar nicht allein am Werk, aber doch maßgebend).

*Perikles-Portrait, gehörte ursprünglich zu einer Statue, die nahe bei den Propyläen auf der Akropolis aufgestellt war. Sie war vermutlich nackt und trug in der linken Hand eine Lanze. Kopie nach einem zeitgenössischen Werk. Der Helm weist auf den Strategen, das Gesicht ist ohne individuelle Züge. Das Bild antwortet offenbar auf die Erwartungen, die große Teile der Öffentlichkeit damals an einen führenden Politiker stellten. London, British Museum.*

Die Entmachtung des Areopags, mit der die Demokratie begann, war zwar mit Perikles' Zutun, aber nicht auf seine Initiative erfolgt. Der Ausbau der Volksherrschaft durch Einführung der Diäten soll von ihm veranlaßt worden sein, inwieweit auch die Vermehrung der Ämter und deren fast ausnahmslose Besetzung durch das Los, ist nicht bezeugt. Ebenso wenig deutlich ist, wie weit der Übergang vom Seebund zur Herrschaft Athens bereits vorbereitet war, als Perikles größeren Einfluß auf die attische Politik gewann.

Seit den frühen vierziger Jahren jedoch hatte er Athen nicht nur geführt, sondern wesentlich auch geprägt, und das in einem Ausmaß, daß man es mit Fug und Recht das perikleïsche nennen darf.

Perikles hat es dazu gebracht, daß die Stadt den Seebund trotz des Kalliasfriedens, trotz des Scheiterns der Bemühungen um eine neue Legitimation ohne Einschränkung behauptete, immer weiter zur Herrschaft ausbaute und einen großen Teil ihrer Energie in den Dienst dieser Herrschaft stellte. Es muß wesentlich sein Werk gewesen sein, daß sich die attische Bürgerschaft in ihrem Gemeinwesen, und das heißt: in ihrer Demokratie, so ungeheuer weitgehend engagierte, wie es zunehmend der Fall war; und nicht nur der Herrschaft wegen. Er hat veranlaßt, daß die Akropolis die Gestalt erhielt, die sie künftig auszeichnete.

Wenn man es in einem Wort sagen will, so hat Perikles im umfassendsten Sinne die Konsequenz aus all dem gezogen, was im damaligen Athen (und zum Teil darüber hinaus in Griechenland) angelegt war. Es war eine sehr bestimmte Konsequenz, in die seine eigenen Urteile durchaus eingingen. Aber so, wie es diese Urteile wollten, war es zugleich die einzig mögliche radikale Konsequenz. Und um diese Radikalität scheint es gegangen zu sein. Sie könnte das Ergebnis eines vorbehaltlosen Durchdenkens der Lage gewesen sein.

Athen hätte sich sehr wohl auf den Pfaden bewegen können, die ihm Thukydides, der Sohn des Melesias, vorzeichnete. Die Herrschaft nämlich in aller Vorsicht, mit vielerlei Abfederungen nach hier und dort und einer gewissen Selbstverleugnung zu behaupten. Das hätte aber bedeutet, daß die Frage, wozu der Seebund gut war, weder verdrängt noch recht beantwortet worden wäre.

*Akropolis, vom Westen her gesehen.*

Wieweit diese Frage Perikles beschäftigt hat, ist unklar. Irgendwelche Antworten mag er ja wohl gegeben haben. Aber deutlich ist, daß er sie letzten Endes beiseite schob und jene Tatsache unverkennbar deutlich machte, die fortan gelten sollte: Dieses Bündnis war eine Herrschaft, die unbedingt, die gleichsam in vorderster Linie zu halten war, und darauf war alles einzurichten. Gerade weil es die Herrschaft einer Demokratie war, mußte sie in aller Offenheit bekundet werden; denn das ganze Volk mußte ja bereit sein, sich für sie zu schlagen.

Vermutlich bestand Perikles' Stärke vor allem darin, daß er besonders klar zu erkennen und auszusprechen vermochte, worauf seine Stadt hinauswollte. Denn es waren doch wohl breiteste Kreise der mittleren und vor allem auch der unteren Schichten bereit, sich für sie einzusetzen. Und umgekehrt war nicht zu sehen, wie man die Herrschaft, die Einkünfte, die Flotte (deren Schiffe, wenn man sie länger im Trockenen ließ, kaum mehr seetüchtig waren) aufgeben und die ganze Stadt nach dreißig Jahren angestrengtester Politik, auf der Höhe ihrer Macht wieder in die Ruhe eines kantonalen Daseins hätte zurückführen wollen. Also kam alles darauf an, daß die Athener, wie Perikles bei Thukydides einmal sagt, nicht mit Furcht besäßen, was sie erworben hätten, und daß man die institutionellen und mentalen Voraussetzungen dafür schuf. Bis hin zum Bürgerrechtsgesetz und zu vielerlei anderm.

Alles, was zum Teil längst vorhanden war, geriet auf diese Weise in einen Zusammenhang. Eine ungeheure Dynamik wurde entfaltet – und zugleich erhielt der Mann, der sich als der Erste herausgestellt hatte, eine quasi monarchische Position.

Keinerlei Vorbild kam Perikles zustatten, denn in solch eine Lage war noch nie eine Griechenstadt geraten – und auch aus einer ferneren Vergangenheit konnte man damals nichts lernen. Er war gleichsam der Erfinder einer neuen Politik. Indes kann man annehmen, daß sich Perikles' Überzeugungen auf die Dauer an ihrem eigenen Ergebnis, eben der Ausprägung Athens und seiner Politik befestigten: Was er herbeigeführt hatte, trat ihm irgendwann als Realität entgegen, an der er sich weiter orientieren konnte. So stabilisierte sich denn in ihm die Vorstellung vom notwendig starken Egoismus, ja der Egozentrik seiner Stadt; schließlich von der Notwendigkeit des Krieges.

Da freilich fragt man sich, ob er nicht seinerseits zum Gefangenen der Dynamik wurde, zu deren Entfesselung er selbst soviel beigetragen hatte. Steckte Athen inzwischen nicht schon in einer Sackgasse? Wie wollte man auf die Dauer, wo die Stadt ein solches Ärgernis geworden war, einen Krieg vermeiden? Und – wie wollte man ihn gewinnen? Vermutlich geriet die Stadt mit Kriegsbeginn an den Rand ihrer Möglichkeiten. Selbst wenn sie siegreich gewesen wäre, hätte sie ihre Herrschaft kaum mehr lange ohne große Rückschläge behaupten können.

Das perikleïsche Athen war vielmehr nur zum Vorübergehen bestimmt. Es verdankte sich einer Ausnahmesituation, im engeren Sinne den durch Perikles bestimmten Besonderheiten der vierziger und dreißiger Jahre, im weiteren den Aufgaben und Chancen, die der Stadt im Kampf gegen die Perser zugefallen waren; der unerhörten Gelegenheit, mit den kleinen Kräften einer griechischen Polis den Kampf gegen das östliche Weltreich aufzunehmen.

Um diese Situation aber unter Perikles' Führung – und nach seinem Tod in Konsequenz des begonnenen Krieges – zu nutzen, politisch, militärisch, intellektuell, künstlerisch, hat Athen nicht nur eine Unmenge von Kräften verschwendet, sondern eigenartigerweise zugleich die Möglichkeiten der griechischen Kultur zum äußersten getrieben, zum Teil in Fortsetzung des schon vorher Begonnenen, in vielem aber auch neu und in besonderer Intensität. Die Hochformen von Politik und Kultur bedingten sich jedenfalls. Nicht, weil Perikles es aus irgendeiner Kulturbegeisterung heraus so gewollt hätte, sondern weil sie zusammengehörten; besonders eng die Politik mit Tragödie und Sophistik. Aber sollten sich nicht auch die revolutionären Konzeptionen von Parthenon, Propyläen und Erechtheion diesem Zusammenhang verdanken? Außerdem ist die platonische Philosophie bezeugtermaßen durch das Athen des ausgehenden Peloponnesischen Krieges herausgefordert worden.

Die Kultur, die schließlich die Demokratie hervorgebracht hatte, hatte auch das Denken, das Menschenbild, den Gedanken des Maßes, den Tempel, die Ornamente so weit »vorbereitet«, daß sie hier zu besonderen Höhepunkten zu gelangen vermochten.

Und sie taten es, weil sie hier besonders gebraucht wurden; aufgrund der tiefen Infragestellungen, der Orientierungsnöte, des Bedarfs an Selbsterkenntnis, an Ausdruck, an Schönheit; all dessen, was damals die Arbeit an der mentalen Infrastruktur so dringend machte – und in seinen Ergebnissen bis heute so aktuell.

Unter welthistorischen Aspekten gesehen, hat der Mann, der Athen in den vierziger und dreißiger Jahren so stark prägte, also keine geringe Bedeutung. Es ist indes nicht Sache des Historikers, zur Verehrung anzustiften. So sollte mit Nachdruck daran erinnert werden, daß Perikles und sein Athen zugleich unendlich vieles unterdrückt und erstickt haben. Daß er abwich von vielen guten Sitten. Daß er eine Politik trieb, die unter vielen Aspekten abenteuerlich zu nennen wäre, zwar weithin glänzend kalkuliert, fast immer erfolgreich – und doch derart auf die Vorzüge attischer Verwegenheit setzend, daß sich in sie zuletzt die Verblendung einschleichen konnte. Perikles' Kriegsplan war wohl der Gipfel jenes Könnens-Bewußtseins, das Sophokles in seinem berühmten Chorlied in der Antigone besungen hatte, das zum Guten ausschlug, wenn man es im Sinne der Polis handhabte, andernfalls zum Schlechten. Zweifellos war Perikles der ersten Kategorie zuzurechnen. Aber der Sinn der Stadt, wie er ihn verstand, war schließlich weit überzogen.

Es ist schwer begreiflich, wie Perikles auf dem Sterbebett als seinen besonderen Ehrentitel nennen konnte: »Meinetwegen hat kein Bürger von Athen ein Trauerkleid angelegt.« Wenn die Nachricht historisch ist, was freilich bezweifelt werden darf, kann sie nur dafür sprechen, daß er nicht nur seine Kriege, sondern auch seine militärischen Operationen bis ins einzelne hinein für notwendig, nicht im geringsten für willkürlich gehalten hätte.

Bei aller berechtigten, scharfen Kritik aber, die die Zeitgenossen innerhalb und außerhalb Athens an Perikles' Politik übten: Er konnte kaum wissen, daß er etwas bis in die letzten Konsequenzen hinein verfocht, was kaum auf die Dauer zu behaupten war. Man kann ihm sehr wohl vorwerfen, daß seine hohe Rationalität in der völligen Neuheit der Situation nach Maximen handelte, die eher der Welt des Epos, des alten griechischen Adels zugehörten. »Gehaßt zu werden aber und beschwerlich zu sein in der Gegenwart, das traf alle, die sich für wert hielten, über andere zu herrschen. Wer aber um den höchsten Preis Mißgunst erfährt, der ist recht beraten«, läßt ihn Thukydides formulieren. Wie wenn der Haß der andern geradezu Kriterium des richtigen Handelns wäre. Er fährt fort: »Denn der Haß hält nicht für lange Zeit vor, der Glanz von jetzt aber, der bleibt als Ruhm in stetem Gedenken, auch für die Zukunft.«

Nur war das eben offensichtlich griechisch. Darüber kamen die Griechen letztlich nie hinaus; übrigens weithin, weil sie, wie Herodot, wußten, daß in den menschlichen Dingen ein Kreislauf sei: Der Ruhm war das mögliche Komplement dazu, er führte aus dem Kreis hinaus – in eine glänzende Zukunft. Und so hat, wenn ihn die Skepsis gegenüber der Zukunft Athens anwandelte, offenbar auch Perikles gedacht.

Wie sich die griechische Kultur stark unter aristokratischem Vorzeichen ausgeprägt hatte, wie von daher die Polis bestimmt war, war die Rolle, die er Athen politisch – und militärisch – zumaß, zu groß. Doch hat die Stadt sie so gespielt, daß sie am Ende nicht nur die »Schule von Griechenland«, sondern die Europas wurde.

Ob es eine tiefere Bedeutung hatte, daß von den drei großen Staatsmännern, die Athen im fünften Jahrhundert geführt hatten, nur der eher einfache, seinen Sinnen trauende, Athens Interessen zwar kräftig wahrnehmende, aber letztlich in gemeingriechischen Auffassungen wurzelnde, Sparta verbundene Kimon einen Tod in vollen Ehren sterben konnte – während Themistokles es nur in der Verbannung, Perikles es nur nach einem tiefen, zuletzt nur notdürftig wiedergutgemachten Sturz tun konnte?

Vieles spricht dafür, daß Sophokles' Tragödie »König Ödipus« bald nach Perikles' Tod aufgeführt worden ist. In Theben wütet eine verheerende Pest, manches erinnert an die athenische, aber hier werden zusätzlich Tiere und Pflanzen befallen, offenbar sucht ein schrecklicher Gott Stadt und Land heim. König Ödipus schickt zum Orakel nach Delphi und erfährt, daß die Stadt unter einer »Befleckung« leide; der Mord an König Laios sei ungesühnt. Bevor der Mörder nicht bestraft sei, sei auf keine Besserung zu hoffen. Worauf Ödipus den Mörder selbst und jeden, der zur Aufklärung der Tat beitragen kann und dies nicht tut, verflucht und eine Untersuchung beginnt.

Er muß erfahren, was er nicht gewußt hatte, daß nämlich der Mann, den er selbst vor vielen Jahren an einer Dreiwegekreuzung erschlagen hatte, sein Vater und daß die Frau, die er bald darauf geheiratet und mit der er seine Kinder gezeugt hatte, seine Mutter war.

Ödipus war durchaus im Recht, als er jenen Mann erschlug, denn der hatte ihn angegriffen. Und daß er die Hand der Königin erhielt, war die wohlverdiente Auszeichnung dafür, daß er das Land von einem Unwesen, der Sphinx, befreit hatte. Aber er wußte eben nicht, mit wem er es in den beiden Fällen zu tun hatte, weil er, kurz nach seiner Geburt ausgesetzt, von andern aufgezogen worden war, die er für seine Eltern hielt.

Nun stellt sich heraus: so großartig er gewirkt hatte, er war offenen Auges blind. Und er sticht sich, da er sehend geworden ist, die Augen aus. Keine Minute aber denkt er daran, zu versuchen, sich herauszureden: daß er doch gar nicht wissen konnte, was er tat. Sondern er nimmt sein Geschick an und will tun, was er in seiner Verfluchung dem Mörder verhängt hatte: in die Verbannung gehen.

Der »König Ödipus« ist die Tragödie eines Mannes, der aufgrund seiner bedeutenden Leistungen für die Stadt große Verehrung genießt und an den seine Landsleute, die er als »Kinder« anredet, große Erwartungen richten, der sehr klug, aufgeklärt und wahrheitsliebend ist, nur eben nicht weiß, daß jetzt er selbst es ist, der dem Heil seiner Stadt im Wege steht.

Der Priester hatte gemahnt: »Laß uns von deiner Herrschaft nicht in Erinnerung behalten, daß sie uns erst aufgerichtet hat und daß wir dann wieder herniederstürzten.«

Als während der Untersuchung der Seher Teiresias dem Ödipus erklärte, er selbst sei der, den er suche, kann er es auf die bloße Behauptung hin nicht glauben. Er verdächtigt seinen Schwager Kreon, Teiresias angestiftet zu haben. Er wittert eine Verschwörung, ist fast schon entschlossen, Kreon hinzurichten, also wie ein Tyrann zu handeln. Der Schwager seinerseits hält ihm das Ideal der Demokratie vor: Er will nur gleichen Anteil. Ödipus hingegen, der schon vor den Thebanern bekundet hatte, während von ihnen jeder nur an sich denke, habe er zugleich die Polis im Auge, erwidert ihm darauf, es müsse trotz allem geherrscht werden. »Nicht, wenn man schlecht herrscht«, hält der Schwager ihm entgegen, worauf Ödipus laut aufstöhnt: »Höre es! O Stadt! Stadt!«

Wenig später muß ihm seine Frau und Mutter entgegenhalten, daß er nicht wie einer, der bei Besinnung ist, das Neue nach dem Alten beurteilt, sondern zum Sklaven der Stimmungen geworden ist, nämlich jedem verfällt, der gerade redet, wenn er nur Schrecken redet. Sie verneint, worauf gerade Perikles so stolz ist: die Möglichkeit der Voraussicht; vielmehr regiere der Zufall den Menschen.

In seinem großen Lied in der Mitte der Tragödie beruft sich der Chor auf die ungeschriebenen Gesetze, in denen »groß der Gott waltet und nie alt wird«. Und dann heißt es: »Hybris zeugt den Tyrannen. Wenn sie sich eitel mit vielem überfüllt hat, was nicht passend und nicht zuträglich ist, die Hybris, dann steigt sie auf den höchsten Grat empor und stürmt in das Abschüssige, aus dem es kein Entweichen mehr gibt, wo man seine Füße nicht mehr gebrauchen kann.« Und dann folgt ein Passus, der an den Kampf zwischen Perikles und Thukydides, erinnert, wonach nämlich das »Ringen« der Stadt guttue, und der Chor betet zum Gott, daß er das niemals zu Ende gehen lasse.

»Wenn aber einer mit Händen oder Wort hochmütig seines Weges geht, vor Dike furchtlos und nicht der Götter Sitze scheuend – den greife sich ein schlimmes Schicksal des unseligen Prangens wegen.« Wenn das Unrecht dagegen siegt, »wozu soll ich dann tanzen?« – nirgends wird der Anspruch der Tragödie so hochgeschraubt, ihr Sinn so in Frage gestellt wie in diesem Lied.

Wenn Perikles im »König Ödipus« Modell gestanden hat, läuft die Aussage darauf hinaus, daß der große, kluge, hochverdiente, wenn auch wie ein Alleinherrscher regierende Mann, ohne es zu wissen, die Weltordnung gestört hatte. Er hatte soviel Nutzen wie Schaden gestiftet. Sophokles hat das nicht gesagt, es konnte auch in einer Tragödie nicht gesagt werden, aber hat er es nicht deutlich durchblicken lassen? Mußte er nicht von vielen so verstanden werden? Ja, mußte nicht hinter Ödipus außer Perikles auch Athen zum Vorschein kommen? Es wäre bei allem Respekt ein Ausdruck tiefster Besorgnis gewesen.

Im attischen Jahr 428/7 wurde in einem der vornehmsten Häuser Athens dem Ariston und seiner Frau Periktione ein Sohn geboren, dem sie den Namen Platon gaben. Nach dem Tod des

Vaters heiratete die Mutter Pyrilampes, Perikles' Freund, eben jenen reichen Mann und vielfachen Gesandten, der in Athen damals durch seine Pfauenzucht so bekannt war.

Der Krieg zwischen den Athenern und den Peloponnesiern lief insgesamt sechs Jahre lang, bis zum Frühjahr 425, nach dem gleichen Schema ab: Athener wie Spartaner machten ihre Einfälle ins Land des Gegners, ohne dessen Armee zum Kampf stellen zu können. Da der Schaden, den sie verursachten, viel weniger störend war, als sie wohl vermutet hatten, ergab das nicht mehr als Serien von Nadelstichen, und es scheint geradezu eine gewisse Ratlosigkeit eingetreten zu sein, weil man nicht von der Stelle kam.

Stärkere militärische Aktivität wurde nur an der Peripherie entfaltet, und zwar vornehmlich von den Athenern, in Westgriechenland, jenem Bereich, in dem die Korinther einige Kolonien und Stützpunkte besaßen, in dem vor allem schlagkräftige Bergvölker wohnten, die man als Verbündete gewinnen wollte, in deren lokale Streitigkeiten man aber auch hineingezogen wurde. Hier waren die Athener recht erfolgreich, wenngleich der Plan ihres Strategen Demosthenes, mit Hilfe dieser Verbündeten Mittelgriechenland vom Westen her aufzurollen, scheiterte.

Vor allem gelang es den Athenern nach einigen Wechselfällen, das vom Bürgerkrieg heimgesuchte Kerkyra auf ihrer Seite zu halten. Das Volk war dort ohnehin der Oberschicht überlegen, aber es wurde von Athen aus auch sehr viel entschiedener und energischer unterstützt als die Oligarchen von Sparta.

Kerkyra war deswegen für die Athener besonders wichtig, weil sie sich, wenngleich nur mit geringer Streitmacht, in Sizilien einmischen wollten. Ihre dortigen Verbündeten standen im Krieg mit Syrakus. Es ging für Athen vor allem darum, zu verhindern, daß diese Stadt weiter an Macht gewinne, aber man wollte sie wohl auch in Kämpfe verwickeln. Denn Syrakus stand den Korinthern nahe, und man mußte befürchten, daß es ihnen Unterstützung leistete. Dann hätten die Peloponnesier auch endlich ihre Unterlegenheit zur See ausgleichen können. Nach kurzer Zeit jedoch schlossen die sizilischen Griechen untereinander Frieden, in den Krieg in Griechenland griffen sie nicht ein.

Mehrfach versuchte Sparta, die Unterstützung Persiens zu gewinnen. Es schickte einige Gesandtschaften dorthin, einmal fingen die Athener auch einen persischen Gesandten ab und erfuhren, daß der Großkönig aus dem, was die Spartaner ihm erklärten, nicht schlau zu werden vermochte. Offenbar wollten sie zwar sein Geld, sträubten sich aber, in klaren Worten eine Gegenleistung zu erstatten: Sie hätte nur in der Anerkennung und Beförderung seiner Herrschaft über die kleinasiatischen Griechenstädte bestehen können. Gerade das aber hätte in eklatanter Weise dem Anspruch Spartas auf Befreiung Griechenlands widersprochen.

Auch die Pläne der Korinther, mit Hilfe von Darlehen in Delphi und Olympia eine eigene Flotte aufzubauen, blieben, wenn sie überhaupt entschieden verfolgt worden waren, ergebnislos.

Der Seebund selbst konnte von Athen im wesentlichen bewahrt werden. Die abgefallenen Städte auf der Chalkidike mußten zwar fürs erste drangegeben werden. Potidäa allerdings fiel nach mehr als zweijähriger Belagerung. Im übrigen aber kam es nur einmal, im Jahre 428, zu einem Abfall vom Bündnis, wobei es sich immerhin um eine der mächtigsten Poleis handelte: Mytilene auf Lesbos. Sie war nicht die einzige Polis auf der Insel, aber die bedeutendste. Nach Athens Sieg über Samos war sie neben Chios die letzte wirklich autonome, nicht beitragzahlende, sondern jeweils eigene Schiffe stellende Bundesgenossenstadt. Aufgrund von Informationen ihrer Freunde waren die Athener aber schon von den Plänen unterrichtet, bevor die Mytilenäer ihre Vorbereitungen abgeschlossen hatten. Hafen und Stadt waren noch nicht genügend befestigt, die Hilfstruppen noch nicht zur Stelle; auch die von Sparta erbetene Unterstützung kam nicht rechtzeitig. So hatten die Athener nicht viel Mühe, die Stadt zu unterwerfen.

Die auf der Anfahrt begriffene spartanische Flotte kehrte auf die Nachricht vom Fall Mytilenes um. Männer aus Lesbos und Verbannte aus den jonischen Städten, die sie begleiteten, hatten dem Befehlshaber in den Ohren gelegen, er möge entweder die Fahrt fortsetzen, denn wenn sie überraschend dort aufkreuzten, könnten sie noch Erfolg haben, oder er solle Kyme oder eine Stadt in Jonien einnehmen, um von dort aus einen Aufstand zu entfesseln; dafür nämlich stünden die Chancen gut. So könne man Athen seine wichtigsten Einkünfte entziehen, und wenn es seine Flotte gegen sie sende, entstünden ihm zusätzliche Kosten. Die

Rechnung war nicht ganz falsch. Doch war es dem spartanischen Kommandeur um nichts so sehr zu tun, wie möglichst rasch wieder an die schützenden Küsten der Peloponnes zu gelangen. Sparta war noch weit davon entfernt, sich auf der See sicher zu fühlen.

Der Krieg, der noch zu Einfällen der Athener in das Gebiet von Megara sowie zu Belagerung und Fall der ihnen verbündeten Stadt Platäa führte, schleppte sich also etwas mühsam dahin. Wenn Perikles festgestellt hatte, die Spartaner könnten zwar Schlachten schlagen, aber nicht einen langen, großen Krieg führen, so stellte sich jetzt heraus, daß die Athener kaum weniger Schwierigkeiten damit hatten. Vielleicht wäre es ihnen leichter gefallen, wenn sie in der Offensive gewesen wären. Ihre Zermürbungsstrategie trug jedenfalls kaum Früchte.

Offenbar waren beide Seiten bis zum Frühjahr 425 aber auch nicht entschlossen, den Krieg mit aller Macht voranzutreiben. Es fehlte an strategischer Kraft, wohl auch an Phantasie. Die Spartaner blieben bei ihren Angriffen auf Attika, die sie jeweils im Frühjahr unternahmen, nur für kurze Zeit im Lande, das Höchstmaß, das sie einmal erreichten, betrug 40 Tage. Sie nahmen die Ernte, zerstörten Weingärten, Häuser, schlugen Feigen- und Olivenbäume – man weiß nur nicht, wie gründlich. Ihre kleinen ausschwärmenden Trupps wurden immer wieder von attischer Reiterei angegriffen.

An verschiedenen Stellen des Landes besaßen die Athener befestigte Forts, die auch die Umgebung zu schützen vermochten, insbesondere im Süden Attikas, wo die Bergwerke weiterhin in Betrieb waren. In diese Gegend sind die Spartaner damals überhaupt nur einmal vorgedrungen. Nach ihrem Abzug wurde das Land jeweils wieder in Besitz genommen; es wurden wohl auch die Felder neu bestellt. Wie groß die Schäden waren, die die Athener auf der Peloponnes anrichteten, ist unbekannt.

Als die Spartaner einmal einen zweiten Einfall nach Attika im Lauf des Sommers planten, kamen kaum Truppen zusammen. Die Männer waren in der eigenen Landwirtschaft beschäftigt. Und die Zahl der – an sich abkömmlichen – Spartiaten, der Vollbürger dieses elitären Gemeinwesens, betrug damals kaum mehr als drei- bis viertausend Mann. Sie pflegten zwar zugleich ihre Periöken, die »Umwohner«, welche frei in eigenen, politisch allerdings unselbständigen Gemeinwesen wohnten, zu ihren Feldzügen heranzuziehen; aber auch die waren offenbar nicht unbegrenzt einzusetzen. Außerdem bestand ständig die Gefahr von Helotenaufständen.

Im Gegensatz dazu hatten die Athener zwar grundsätzlich mehr Kräfte zur freien Verfügung, doch scheinen sie davon nicht viel Gebrauch gemacht zu haben. Und das war nicht nur durch die Verluste während der »Pest« bedingt, vielmehr schmolzen ihre Mittel auch weit schneller zusammen als vorausgesehen. 428/7 waren sie schon genötigt, eine dreiprozentige Vermögenssteuer zu erheben, das brachte 200 Talente. Seit diesem Jahr sandten sie regelmäßig Schiffe aus, um Beiträge der Bundesgenossen vorzeitig einzutreiben. Die Darlehen, die die Schatzmeister des Seebunds seit Kriegsbeginn bei den Tempelkassen aufgenommen hatten, beliefen sich schon im Jahre 422, die Zinsen eingeschlossen, auf ungefähr 7 000 Talente; tausend mehr also als Perikles seinerzeit stolz als Schatz der Stadt ausgewiesen hatte. Freilich hatten die Athener von diesem Schatz 1 000 Talente separiert, die nur angetastet werden durften, wenn eine fremde Flotte Athen bedrohe.

Schon 425/4 mußte der Beitrag der Seebundsstädte erhöht werden. Er wurde gut verdreifacht, weil es sonst nicht gereicht hätte. Auch wenn man dazuhält, daß die Beiträge bis dahin immer noch nach der Schatzung des Aristides, also relativ niedrig bemessen waren, bedeutete das einen tiefen Einschnitt. Er traf vor allem die Wohlhabenden; denn die Mittleren und Ärmeren konnten kaum dazu beisteuern.

Doch entfaltete der Krieg, nachdem er einmal begonnen hatte, auch in den ersten sechs Jahren seine eigene Dynamik und zog die Beteiligten – und einen immer weiteren Kreis von Beteiligten – zunehmend in seinen Bann.

Eine Veränderung, die sich nicht genauer datieren läßt, vermutlich schon vor 431 angebahnt war, bestand im weiteren Ausbau neuer Waffengattungen. Die Schlacht zwischen den Hopliten spielte eine immer geringere Rolle. Es kam bei der Großräumigkeit der Kriegführung auf rasche Bewegung an, die Störung des gegnerischen Anmarschs, die Beherrschung größerer Territorien oder auch auf die Verwüstung ganzer Landstriche. Daher hatten

*Agora von Athen, von Süden aus gesehen, links das Hephaistion.*

die Athener, wohl schon in den dreißiger Jahren, eine Reitertruppe von 1 200 Mann aufgestellt (zugleich, um den jungen Herren aus den vornehmen Familien eine herausgehobene Funktion in der Stadt zu verleihen). Zudem unterhielten sie Tausende von Leichtbewaffneten, darunter 1 600 thrakische Bogenschützen.

Die Reiter konnten zwar, wenn es hart auf hart ging, gegen eine Phalanx kaum etwas ausrichten, ihre Möglichkeiten waren überhaupt beschränkt, weil es keine Sättel und Steigbügel gab. Doch konnten sie die Aufstellung der Phalanx stören, von der Flanke her zustoßen und eingreifen, wenn eine Linie ins Wanken oder zum Weichen kam, sei es, um die eigenen Leute zu schützen, sei es, um den Sieg vollständig zu machen. Außerdem konnten sie sich rasch bewegen, was etwa bei der Verteidigung von Küsten eine große Rolle spielte – sowie eben bei Einfällen in fremdes Land. Kurz nach 425 sahen sogar die Spartaner sich gezwungen, eine Reitertruppe aufzubauen, obwohl das ihren Überzeugungen von rechter Kriegführung völlig widersprach. Ähnlich vielfältig konnten die Leichtbewaffneten eingesetzt werden.

Andere Veränderungen bestanden in der Fortbildung der Belagerungstechnik. Man hört außer vom außerordentlichen Arbeitseifer, der dabei aufgewandt wurde, von immer neuen Techniken. Ein Beispiel dafür bietet die Belagerung von Platäa in den Jahren 429/28. Siebzig Tage und Nächte arbeiteten die Spartaner und ihre Verbündeten zunächst daran, einen hohen Damm um die Stadt aufzuschütten, worauf die Platäer ihre Mauern höher zogen. Durch einen Stollen schnitten sie den Damm an und transportierten Teile der Erde ab. Die Sturmböcke, die die Feinde heranführten, fingen die Platäer mit Schlingen ab; durch schwere Balken, die sie an Gerüsten hochzogen, zerstörten sie die Rammsporne. Worauf die Belagerer Unmengen von Holz zwischen Damm und Mauer aufschichteten, um sie mit Hilfe von Pech und Schwefel zu entzünden. Nie habe jemand ein so ungeheures Feuer von Menschenhand gesehen. Aber ein aufkommender starker Gewitterregen hat auch diesen Anschlag vereitelt, so daß man sich darauf beschränkte, die Stadt gegen die Außenwelt abzuschirmen. Nachdem die Vorräte aufgebraucht waren, kapitulierte sie. Die Spartaner verfügten, daß die meisten Männer hingerichtet, die Frauen als Sklavinnen verkauft wurden.

Später, schon 423, finden wir die Belagerer von Delion lange Baumstämme aushöhlen, wie Flöten. Sie brachten dann am einen Ende Blasebälge an, am anderen Becken mit glühenden Kohlen, die sie dann zu einem Feuer entfachten, mit dem sie die hölzernen Brustwehren in Brand steckten.

Insbesondere steigerte sich in Athen und anderswo die Erbitterung und Grausamkeit des Kriegs. Das zeigt sich zunächst in der – von Thukydides näher ausgeführten – Debatte über Mytilene. Sie bietet zugleich einen Einblick in die damaligen Kämpfe vor der attischen Volksversammlung.

Als die Mytilenäer sich ergeben hatten, wurde dort beschlossen, nicht nur die Schuldigen, sondern sämtliche Männer der Stadt umzubringen, Frauen und Kinder in die Sklaverei zu verkaufen. Den Antrag dazu hatte Kleon, Sohn des Kleainetos, gestellt, der damals mehr als irgendein anderer das Vertrauen des Volkes genoß und »auch sonst am meisten von allen zu gewaltsamen Methoden neigte«. Man entsandte eine Triëre mit dem Befehl, der umgehend ausgeführt werden sollte. Tags darauf aber bereuten viele den Beschluß, die unterlegenen Politiker konnten es erreichen, daß die Volksversammlung sogleich einberufen wurde, um noch einmal über die Frage zu beraten.

Kleon ging in einer demagogischen Rede hart mit den Anwesenden ins Gericht. Sie fielen vor lauter Gutmütigkeit auf alles herein, ja sie nähmen die Dinge ästhetisch, verwechselten gleichsam Volksversammlung und Theater. Und es folgt eine Charakterisierung der Bürgerschaft als überaus waches Publikum. Stets wollten sie etwas Neues vorgesetzt bekommen und dann paßten sie auf wie die Luchse, um schon im voraus zu bemerken, was gesagt würde, ja die Pointen schon zu beklatschen, bevor sie gefallen waren. »Zuschauer der Worte« seien sie, ganz der »Vorstellung« hingegeben, unfähig dagegen, das Tatsächliche wahrzunehmen, weil sie es mit dem Möglichen verwechselten, das ihnen die Redner vorgaukelten. Von diesen Rednern, die oft aus unlauteren Motiven handelten, zum Teil bestochen seien, ließen sich die Athener betören. Sie verhielten sich nicht wie Leute, die über Wohl und Wehe der Stadt berieten.

Nach der Publikumsbeschimpfung legt Kleon seine eigene Überzeugung dar: Jeder, der abfällt, muß mit der Todesstrafe rechnen. Entweder die Herrschaft müsse in aller Schärfe ausgeübt werden oder die Athener sollten sie aufgeben und künftig den Biedermann spielen.

Die Antwort darauf gibt Diodotos, der Sohn des Eukrates, ein Mann, von dem uns sonst nichts bekannt ist. Er wendet sich gegen die Methode, Gegenredner und Zuhörer mit Verdächtigungen einzuschüchtern. Athen brauche die Redner, und es brauche die sachliche, von Verleumdungen freie Auseinandersetzung zwischen ihnen. Sie pflegten die Dinge eingehender und mit mehr Voraussicht zu studieren, als die Zuhörer es könnten. Sie stünden aber auch unter einer anderen Verantwortung als diese. Die Athener bestraften, wenn etwas fehlgehe, den, der es vorgeschlagen hätte – nicht die, die es beschlossen hatten.

Sodann zur Sache: Die Todesstrafe schrecke keinen ab, denn Verlangen und Hoffnung zusammen brächten die Menschen immer wieder dazu, Gefahren auf sich zu nehmen. Wenn aber die Athener in diesem Fall neben den am Abfall Schuldigen das ganze Volk hinrichteten, hätten sie gar keine Freunde mehr, auf die sie zählen könnten. Schließlich habe das Volk von Mytilene den Abfall nur gezwungen mitgemacht und, sobald es Waffen in die Hand bekam, die Stadt den Athenern übergeben.

Die Meinungen in der Volksversammlung hielten sich ungefähr die Waage, aber eine knappe Mehrheit stimmte gegen die Ermordung der gesamten Bürgerschaft. Ein zweites Schiff wurde abgesandt, es folgte dem ersten im Abstand eines Tages. Die Gesandten aus Mytilene statteten die Besatzung reichlich mit Wein und Mehl aus und machten ihnen Versprechungen für den Fall, daß sie dort vor den andern einliefen. Die Mannschaft aß, während sie ruderte, und sie wechselte sich beim Schlafen ab. So erreichte sie Lesbos, da es keinen Gegenwind gab und das erste Schiff sich nicht sonderlich beeilt hatte, als der attische Befehlshaber gerade den Befehl zur Ermordung aussprechen wollte.

Die gesamte Oberschicht der Stadt aber, mehr als tausend Männer, wurde auf Antrag Kleons niedergemetzelt. Man hat Schwierigkeiten, sich das vorzustellen, ganz einfach war es ja wohl auch nicht. Diodotos hatte gefunden, man sollte in Ruhe über sie urteilen, doch zumindest in diesem Punkt setzte Kleon sich durch.

Es ist nicht wahrscheinlich, daß seine Anträge zur Befestigung der attischen Herrschaft dienten. Jedenfalls aber bezeugen sie, wie sehr die Gewalt – ganz unabhängig von den eigentlichen Kriegshandlungen – im Vordringen war. Auch wenn das Schlimmste gerade noch hatte vermieden werden können.

Einen besonderen Höhepunkt erreichte die Gewaltspirale im Bürgerkrieg in Kerkyra. Einer der Führer des breiten Volkes hatte das Bündnis mit Athen ausbauen wollen: Sie sollten die gleichen Freunde und Feinde haben! Darauf hatten die Freunde Korinths ihn und etwa sechzig Verbündete erschlagen. In den folgenden Auseinandersetzungen blieb jedoch das Volk Sieger, nachdem es die Masse der Sklaven durch das Versprechen der Freiheit zu Hilfe gerufen hatte. Selbst die Frauen machten mit, warfen mit Ziegeln und hielten »entgegen ihrer Natur«, wie es heißt, dem Kampfgetümmel stand. Ein von attischen Feldherrn vermittelter Ausgleich hatte keinen Bestand, schließlich kam es zu einem fürchterlichen Gemetzel.

Die Verfechter der Demokratie schlossen einen Teil der Gegner – als Schutzflehende – in ein Heiligtum ein; einige wurden zum Tode verurteilt, viele »brachten sich dort gegenseitig um, manche erhängten sich an den Bäumen oder entleibten sich, wie jeder gerade konnte«. Sieben Tage lang, solange das attische Flottengeschwader anwesend war, ermordeten die Demokraten jeden, den sie für ihren Gegner ansahen, einige Schuldner beseitigten auch ihre Gläubiger. Es erschlugen Väter ihre Söhne, mehrere Opfer wurden von den Götteraltären weggezerrt oder dort umgebracht, andere im Tempel des Dionysos eingemauert.

Thukydides läßt auf diese Schilderung das berühmte Kapitel 3,82, die »Pathologie des Krieges« folgen. Die Vorgänge hätten besonderes Aufsehen erregt, weil eine solche Erbitterung des Kampfes damals zum ersten Mal zu beobachten war. Später kam es öfter dazu. Die Führer des Volkes riefen die Athener zu Hilfe, die Oligarchen die Spartaner; im Frieden hätte das wenig Aussicht gehabt, jetzt aber brauchte jede Seite Bundesgenossen.

»Infolge davon befielen viele und schwere Leiden durch den Bürgerkrieg die Städte – Dinge, die zwar einzutreten pflegen und immer eintreten werden, solange die Menschennatur dieselbe bleibt, die aber doch nach dem Grade ihrer Stärke und in ihren Erscheinungsformen verschieden sind... Denn im Frieden und unter günstigen Verhältnissen sind die Gesinnungen von Poleis und Einzelnen besser, weil sie nicht in unfreiwillige Zwangslagen geraten. Der Krieg aber nimmt unvermerkt die Möglichkeit, das täglich Notwendige leicht zu beschaffen, gewaltsamer Lehrmeister – oder Lehrmeister zur Gewalt –, der er ist, und läßt die Leidenschaften der Menge jeweils der Situation entsprechen.« Da hat man keine Reserven mehr. Was sich von der Vergangenheit herangesammelt hat, ist aufgebraucht; all das, wodurch Menschen über die Situationen hinauszuragen verstehen, um sich selbst, den eigenen Willen, Überzeugungen und vielleicht auch langfristige Pläne durchzuhalten. Statt dessen wird man zum Spielball der Situationen, ohne Distanz, ohne Vorbehalte; man verfällt gleichsam dem Geschehen auf der Bühne mit Haut und Haaren und tut nurmehr, wozu die Rolle, in die man gerade gerät, einen veranlaßt. Was aber an der einen Stelle geschah, wurde an der nächsten nachgeahmt, ja die Raffiniertheit der Intrigen und der Vergeltungen steigerte sich.

Auch die Bedeutungen der Worte verkehrten sich. »Denn unbedachte Verwegenheit wurde für loyale Tapferkeit angesehen, vorsorgendes Zögern für verbrämte Feigheit; Besonnenheit erschien als Tarnung unmännlichen Wesens und umsichtige Verständigkeit als Trägheit. Wahnwitzige Heftigkeit sah man als eines rechten Mannes Art an.« Je grimmiger einer sich gebärdete, um so zuverlässiger erschien er.

Die Politiker hatten sich zu Faktionen (Hetairien) zusammengeschlossen. Dem Vorgeben nach verfochten die einen die Demokratie, die andern die Aristokratie, jeweils im besten Sinne des Wortes. In Wirklichkeit war das Gemeinwesen, dessen Wohl sie ihren Worten zufolge dienten, der Kampfpreis, den sie sich gegenseitig abzuringen suchten. Die Faktionen hatten sich »nicht zum gegenseitigen Nutzen unter Wahrung der Gesetze, sondern entgegen den Gesetzen zur Steigerung von Macht und Besitz« vereinigt. Ihr Zusammenhalt wurde nicht durch Treue gemäß göttlichem Gesetz, sondern durch gemeinsamen Gesetzesbruch untermauert.

Selbst die Blutsverwandtschaft hatte hinter den Forderungen der Faktionen, die nun zum Maßstab aller Politik wurden, zurückzutreten. In diesen Zusammenschlüssen konzentrierte sich aller Wille. Nichts als die eigene Herrschaft hatte man im Sinne. »Herrschaft«, wie es heißt, »die man aus Machtbegierde und Ehrgeiz erstrebt«, also nicht die Autorität, den Einfluß, die Macht, welche dem geordneten, gesetzmäßigen Zusammenleben in Bürgerschaften gemäß war. Und in der wilden Entschlossenheit, die die Faktionen beseelte, blickte keiner über den Tag hinaus, jeder war nur auf den augenblicklichen Vorteil versessen. Wenn es nicht anders ging, vertrug man sich unter Ableistung von Eiden mit den Gegnern. Kaum aber bot sich einer Seite eine geeignete Gelegenheit, so brach man sie wieder, wobei man alle Vorteile des Betrugs hatte und den Preis des Scharfsinns noch dazu bekam. »Denn lieber lassen sich ja die meisten, wenn sie Schurken sind, den Titel gewandter Leute beilegen, als daß sie als anständige Männer Tröpfe genannt werden wollten.«

Mißtrauen trat an die Stelle des Vertrauens, Betrug an die des Anstands, Herrschaftswille machte das Zusammenleben vollends schwierig und oft genug unmöglich. Die Primitiveren gewannen zumeist die Oberhand, weil die andern im falschen Bewußtsein ihrer Überlegenheit sich vorzusehen versäumten.

Kurz, der Peloponnesische Krieg sollte weithin die in Generationen gewachsenen Grundlagen des Zusammenlebens in den Städten erschüttern. Die alte, oft gehörte Klage, daß der Mensch wie ein Blatt im Wind, daß er wie der Tag sei, den Zeus heraufführt, wurde auf neue Weise aktuell. Weithin hatten inzwischen gewisse Sitten und Überzeugungen, das Einrasten einer gewissen Rechtlichkeit, das Funktionieren der Institutionen die Menschen nicht nur gehemmt, sondern auch herausragen lassen über die Täuschungen und Versuchungen des Tages. Jetzt verbrauchte sich dieser moralische Vorrat – wie so viele andere Vorräte auch.

Gewiß blieben nicht wenige Städte vom Faktionswesen verschont. Andere vermochten ihm mit Erfolg zu wehren. Neue Regeln wurden erdacht. Als etwa die Stadt Megara verbannte Adlige wieder aufnahm, ließ sie sie schwören: *mè mnesikakeîn*, nicht vergangenes Unrecht zu erinnern. Welcher Schwur freilich vergessen war, sobald einige von ihnen wieder Ämter bekleideten.

Der Bürgerkrieg in Kerkyra endete 425, als die Führer des Volkes durch Betrug einen Großteil ihrer Gegner in die Hand bekamen, sie in ein Gebäude sperrten und in Gruppen herausführten, um sie Spießruten laufen zu lassen – zum Richtplatz. Als der Rest Widerstand leistete, rissen sie das Dach auf und beschossen sie mit Ziegeln und Pfeilen. Wer nicht getroffen war, tat alles, um sich so schnell wie möglich das Leben zu nehmen. Man drückte sich Pfeile in die Kehle oder hängte sich mit Hilfe von Riemen aus den Betten oder von Mänteln auf. Am nächsten Morgen luden die Sieger die Leichen auf Wagen und fuhren sie zur Stadt hinaus. Das (neue) athenische Geschwader aber, während dessen Anwesenheit dies alles geschehen war, verließ den Hafen in Richtung Sizilien.

Die attische Politik wurde nach Perikles offenbar vor allem von Kleon bestimmt. Als sein wichtigster Gegenspieler erscheint Nikias, Sohn des Nikeratos. Beide – und die weniger oder gar nicht bekannten weiteren Politiker – versuchten, den Krieg zunächst in Perikles' Bahnen fortzuführen. Nikias wird ungefähr 50 Jahre alt gewesen sein, Kleon kaum viel jünger.

Nikias war vor allem sehr reich, sein Vermögen wurde auf 100 Talente geschätzt. Er besaß 1 000 Bergwerkssklaven, die er im Be-

*Tempel der Athena Nike, auf einer mykenischen Bastion am (süd)westlichen Ausläufer der Akropolis errichtet in den Jahren 427-424.*

zirk von Laureion verpachtete, womit er jährlich schon um achteinhalb Talente verdiente. Ob er daneben weitere Minen in eigener Regie ausbeutete, ist nicht sicher zu ermitteln. Kleon besaß eine große Gerberei und stellte mit Hilfe seiner Sklaven Lederwaren her. Weder der eine noch der andere entstammte altem attischen Adel.

Doch bemühte sich Nikias, im Stil seines Auftretens die perikleïsche Linie fortzusetzen. Er war von ganz anderem Zuschnitt als der Staatsmann der großen Zeit Athens; mag gar sich selbst gegen dessen überlegene, freie Art bewußt oder unbewußt abgesetzt haben. Aber wenigstens das Vornehme, das »Staatsmännische« hielt er für richtig und daran versuchte er sich zu orientieren; wenn auch ein wenig lahm. Übrigens mied auch er gesellige Zusammenkünfte und Unterhaltungen.

Er war ein sehr gewissenhafter, pflichtbewußter Mann. Von morgens früh bis abends spät widmete er sich seinen Ämtern, wobei er vermutlich im Vergleich zu Perikles das Angestrengte ziemlich stark herauskehrte. Es mag auch einiges vom Geschäftsmann, der er war, stets in ihm durchgeblickt haben.

Zu Nikias' Gewissenhaftigkeit gehörte eine betont ehrbare Lebensführung. Er hielt sich genau an die überkommenen Sitten, auch an die Gesetze. Großzügig diente er immer wieder als Chorege und übertraf alle andern durch die Pracht, die er entfaltete. Vor allem war er sehr fromm, brachte täglich Opfer dar, hatte auch einen eigenen Wahrsager an der Hand, auf den er hörte. Alle Vorzeichen nahm er ernst, es scheint ihn ein ängstlicher Aberglaube beseelt zu haben. Keine Spur von Perikles' Aufgeklärtheit.

Er kann auch nicht populär gewesen sein. Dazu war er zu zurückhaltend, auch zu scheu. Sein Ansehen bei der breiten Menge scheint vor allem darauf beruht zu haben, daß man ihm vertrauen, sich auf ihn verlassen zu können meinte. Die Wohlhabenden sahen in ihm geradezu den Verfechter ihrer Interessen; zumal als es ihnen darum ging, Frieden zu schließen. Doch Nikias' absolute Loyalität, die ihn wie die Gesetze so auch die Demokratie achten ließ, verhinderte es offenbar, daß er in Gegensatz zur Mehrheit des Demos geriet. Er nahm wohl auch taktische Rücksichten.

Seit 427/6 wurde Nikias immer wieder, oft Jahr für Jahr, zum Strategen gewählt. Er war ein erfahrener, tüchtiger Feldherr, auch in dieser Hinsicht gewissenhaft, und zwar bis zur Umständlichkeit. Er zauderte, heißt es, wo er hätte siegen können. So war er nur den Situationen gewachsen, die er einigermaßen überblicken konnte und in denen er über genügend Kräfte verfügte. Vor ungewöhnlichen Aufgaben aber verzagte er. Sein Glück wollte es, daß er erst 415, auf der sizilischen Expedition, in wirkliche Schwierigkeiten geriet. Dann freilich kam es gleich zur Katastrophe.

Kleon hingegen war ziemlich genau das Gegenbild dieses rechtschaffenen, biederen Mannes. Er war eine starke, rücksichtslose, wohl auch unbeherrschte Natur. Wo in all der ängstlichen Vorsicht des Nikias die Besorgnis zum Ausdruck kam, den ungeheuren Problemen Athens nicht gewachsen zu sein, wo ihm deutlich gewesen sein muß, wieviel ihm zu einem Perikles fehlte (und wohl auch: wie sehr Athen gerade jetzt einen Perikles brauchte), wo er sich folglich an seine Regeln klammerte, um nur ja nichts falsch zu machen – da scheint Kleon eher frei gewesen zu sein, entschlossen, die Polis in seinem Sinne zu lenken, energisch und ohne allzu viele Bedenken. Gefahren schreckten ihn nicht, und er scheint das gern gesagt zu haben, womit er in den Ruf leeren Prahlens geriet. Er wollte versuchen, was ging. Er identifizierte sich mit Athens Kraft wie natürlich auch mit seiner Tyrannis.

Übrigens hatte er sich offenbar noch mit Perikles selbst angelegt. In einer wohl im ersten Kriegsjahr aufgeführten Komödie des Hermippos wird Perikles jedenfalls als »König der Satyrn« bezeichnet, der zwar große Reden hält, aber nicht die Lanze schultern will. Wenn auch nur das kleinste Messer auf dem Wetzstein geschliffen werde, stöhne er schon auf, »vom feurigen Kleon gebissen«. Er scheint also gegen Perikles' militärische Enthaltsamkeit im Landkrieg agitiert zu haben.

Als er sich entschloß, sich in die Politik zu begeben, soll Kleon seine Freundschaften aufgekündigt haben, die hätten zuviel Rücksichten von ihm verlangt. Seine Freundschaft, ja Liebe, galt dem Volk. Und er scheint das weit mehr und vor allem ganz anders als Perikles betont zu haben.

Wie immer es um seine Erziehung bestellt gewesen sein mag, jedenfalls trat er bewußt ordinär auf, voller Verachtung für alle Bildung, sowohl die herkömmliche des Adels wie die neue, für die rhetorische Geschliffenheit der feinen Leute. Er soll als erster in der Volksversammlung laut gebrüllt und geschimpft und wild gestikuliert haben. Eine Quelle berichtet, er hätte sein Gewand hochgegürtet, um beide Hände freizuhaben, nach einer andern hat er sich das Gewand von der Schulter gerissen, sich auf die Schenkel geschlagen, sei auf der Tribüne hin und her gelaufen – würdelos, ohne Rücksicht auf das Schickliche. Ob Perikles wirklich, wie es auch heißt, von seinen Händen beim Reden gar keinen Gebrauch gemacht hat, ist sehr die Frage. Jedenfalls mußte er, wie jeder andere Redner, darum bemüht sein, sich lautstark zu äußern; man hätte ihn sonst nicht verstanden. Auch wird er ja wohl gelegentlich leidenschaftlich geworden sein. Trotzdem stach Kleon offenbar stark gegen ihn ab, überschritt Grenzen, die Perikles und seine Zeitgenossen noch eingehalten hatten. Und er machte das vermutlich ganz bewußt. Er wollte sich mit dem Volk gemein machen.

Doch tat er viel für Athen. Auch er war fleißig, freilich auf ganz andere Weise als Nikias. Er sah sich überall um, spionierte wohl auch, spürte Mängel und Unzulänglichkeiten auf, witterte Versagen, wenn nicht Komplotte. Erbarmungslos zog er die, die nicht leisteten, was sie hatten leisten sollen, vor Gericht. Es war ein recht athenischer Eifer in ihm lebendig, und damit scheint er sich unentbehrlich gemacht zu haben.

Insbesondere gegenüber Feldherrn war der attische Demos bekanntlich hochanspruchsvoll. Paches, der Sieger von Lesbos, soll bei der Rechenschaftsablage vor dem Volksgericht sein Schwert gezogen und sich getötet haben. Als die sizilischen Gemeinden untereinander Frieden schlossen, 424, das attische Geschwader also heimkehrte, weil es dort nichts mehr zu tun hatte, wurden zwei seiner Feldherrn verbannt, einer mit Geldstrafe belegt. Der Vorwurf lautete, sie hätten sich bestechen lassen. »So sehr beanspruchten sie im Genuß ihrer glücklichen Lage, daß ihnen nichts in den Weg trete, sondern daß sie das Mögliche in gleicher Weise wie das kaum Mögliche mit großer und ebenso mit dürftigerer Rüstung ausrichteten. Ursache aber davon war das wider Erwarten glückliche Gelingen der Mehrzahl ihrer Unternehmungen, das ihnen ihre hoffnungsvollen Erwartungen sehr gestärkt hatte.« (Thukydides)

Solchen Eifer und Anspruch aber konnte man verschieden praktizieren. Kleon scheint das hemmungslos getan zu haben. Auch Perikles hatte gewußt – und gesagt –, daß Athen eine Tyrannis übe. Und er war keineswegs sanft in seinen Methoden. Aber er äußerte dabei – im Unterschied zu Kleon – ein gewisses Bedauern. Und daß er die ganze Bürgerschaft einer großen Stadt hinschlachten lassen wollte, ist nicht bekannt. Er war bei aller Konsequenz, die auch er zog, nicht zum Äußersten bereit. Kleon jedoch scheint das gewesen zu sein.

Wahrscheinlich war das Wichtigste an ihm, daß er in all seiner Energie von einem starken Durchsetzungswillen beseelt war, koste es, was es wolle, maßlos, ohne viel Umsicht auf das Ziel konzentriert. Und genau das scheint den Athenern imponiert zu haben. Andere fanden, er sei ein Maulheld. Es sollte sich bald zeigen, daß er mit diesem Willen vielerlei zu erreichen vermochte, wozu andern der Mut fehlte. Wie es sich eben verhält mit einer solchen Rücksichtslosigkeit, wenn sie neu und ungewohnt ist. Nur spricht das noch nicht dafür, daß der, der sie übt, auch etwas von der Sache versteht, die er betreibt.

Im Januar 425 wurden Aristophanes' »Acharner« aufgeführt, eine der ersten Komödien des wohl um 450 geborenen Dichters; die älteste, die uns erhalten ist. Der Bauer Dikaiopolis sitzt in der Volksversammlung, aber statt daß über den Frieden gesprochen würde, den er ersehnt, erstatten Gesandtschaften betrügerische Berichte von Erfolgen, die sie nicht heimbrachten. In Wirklichkeit, wirft er ein, war es ihnen nur darum gegangen, zu tafeln und Reisespesen einzustreichen. Bevor man sich's aber versieht, ist die Versammlung geschlossen. Es herrscht nicht gerade guter Kontakt zwischen »denen da oben« und dem kleinen Mann. Zu allem Überfluß war ihm auch der Knoblauchbeutel, den er bei sich trug, von neu engagierten Söldnern gestohlen worden.

Dikaiopolis schließt darauf einen privaten Separatfrieden, den er sich in Form eines dreißigjährigen Weins aus Sparta besorgen läßt (das griechische Wort für Vertrag ist dem für Weinspenden gleich, weil die bei der Gelegenheit dargebracht zu werden pflegten). Die alten Kohlenbrenner aus Acharnai, die als Chor auftreten, wollen ihn steinigen, er ist ihnen noch verhaßter als Kleon; sich aus der feindschaftlichen Solidarität der kriegführenden Stadt davonzumachen erscheint ihnen schlimmer als alle falsche Politik. Der Ausbrecher kann zu ihnen nur sprechen, indem er seinen Kopf auf den Block legt. Es ist ungeheuerlich, daß er ganz allein allen andern widerspricht.

Indes vermögen seine Worte die Acharner zu überzeugen: Der Krieg ist in Wirklichkeit aus läppischem Anlaß entstanden, ein Athener hatte im Rausch ein Freudenmädchen aus Megara entführt, worauf die Megarer sich rächten, indem sie zwei Mädchen aus Athen raubten; nur unglücklicherweise standen die im Dienst der Aspasia – so daß Perikles zur Strafe das Megara-Dekret erließ und die Dinge ihren Lauf nahmen. Indem die Spartaner sich darüber empörten, sagt Dikaiopolis, handelten sie nicht anders als die Athener es bei viel nichtigerer Veranlassung getan hätten – und nun folgt die Schilderung all dessen, was zum Aufbruch der Flotte aus dem Piräus gehörte.

Man muß nur einmal heraustreten aus den allgemein herrschenden Auffassungstrübungen, den Meinungszwängen, dann sieht alles anders aus.

Dikaiopolis gründet einen privaten Markt, zu dem endlich auch die Megarer und Böoter ihre lange vermißten Waren bringen und sich mit andern versorgen können. Schließlich begibt er sich zum Festmahl, während der Feldherr Lamachos mitten im Winter in den Krieg gerufen wird. Zeile um Zeile kommen sie zu Wort, der eine befiehlt den Tornister, der andere den Speisekorb, jener Kommißbrot und Zwiebeln, dieser Seefische, der Feldherr das »Pökelfleisch, wenn's auch ranzig ist«, der Bauer, der Frieden geschlossen hat, das Frischfleisch, das er sich kochen lassen will. Schließlich schleppt sich der eine verwundet, von zwei Soldaten gestützt, nach Hause, während der andere sich weinselig an zwei Mädchen festhält und den Freuden des Bettes entgegengeht.

War das – ins Komische, ins Phantastische verpackt – politische Propaganda? Gewiß gab es Ausfälle gegen Kleon, der den selbstbewußten jungen Dichter zuvor, weil er die Polis verspottet und den Demos verletzt habe, öffentlich angegriffen, sogar vor den Rat zitiert hatte. Die Politiker, die Diätenjäger, die Schönredner bekamen einiges ab. Der Sinn des Krieges wurde in Frage gestellt.

Doch wenn Propaganda das Einhämmern von Überzeugungen, die Ausschaltung des eigenen Urteils bezweckt, so bietet Aristophanes das genaue Gegenteil. Er vermittelt den Zuschauern vielmehr die Gelegenheit, sich selbst gegenüberzutreten, wie in einem Spiegel sich in ihrer Abhängigkeit von den Politikern, in der Ohnmacht gegenüber der Weise, wie sie die Tagesordnung praktizieren, zu erkennen; in all den Meinungszwängen, die sie selber unter sich erzeugen; in der stupiden kriegerischen Entschlossenheit der Acharner oder auch in der Friedenssehnsucht des Dikaiopolis – wenn nicht in beidem. Es ist eine Gelegenheit, sich zu erkennen, indem man über sich lacht, also Abstand von sich zu gewinnen.

Daraus ließen sich keine unmittelbaren Folgerungen für das Handeln ziehen – aber mittelbar mochte es sehr wohl weiterwirken, der Kritik und dem Urteil aufhelfen, die diese Demokratie so dringend brauchte, da ihre Bürger sich immer wieder in ihren gemeinsamen Befangenheiten zu verheddern drohten.

Ein Jahr zuvor hatte Aristophanes in den »Babyloniern« Athens Bündner in der Maske von Mühlensklaven aufziehen und Klage über ihr schweres Los führen lassen. Das war es, womit er Kleons Unwillen herausgefordert hatte. Jetzt läßt er den Chor antworten, er habe den Athenern doch einen guten Dienst erwiesen, schließlich habe er sie gelehrt, sich nicht durch die Bundesgenossen – etwa als »Veilchenbekränzte« – betören zu lassen, habe ihnen gezeigt, »wie in den Städten das Volk jeweils demokratisch regiert« werde. Was man unterschiedlich verstehen kann, am besten wohl in dem Sinn, daß diese Demokratien nur Schein waren, daß die Athener sich von diesem Schein täuschen ließen und dadurch in Gefahr gerieten. Das könnte am besten dazu stimmen, daß der Dichter diese »Sklaven« klagen (und zugleich doch wohl ihren Herrn schmeicheln) ließ. So daß die Athener angeklagt wurden und zugleich als die Dummen erschienen.

Stolz läßt Aristophanes jetzt den Chor singen, die Offenheit, in der sein Dichter unter hohen Risiken das Rechte ausspreche, sei eine Bedingung des attischen Sieges. Sein Ruhm sei bis zu den Ohren des Großkönigs gedrungen, der die spartanischen Gesandten nicht nur frage, wer von den beiden Kriegsparteien an Schiffen überlegen sei, sondern auch, an wem Aristophanes so scharfe Kritik übe. »Denn, so sagt er, das sind gewiß die trefflichsten Männer und sie werden siegen, die diesen Mann zum Ratgeber haben.«

Man sollte das, so grotesk es ist, nicht nur für Komödienulk halten. Diese Offenheit war eine Bedingung der Demokratie. Kein Wunder, daß Kleon sich darüber ereiferte. Sie überforderte nicht nur seinen Humor (falls er welchen hatte), sondern sie schien seinen Durchsetzungswillen zu durchkreuzen, seinen Versuch, alle Kräfte in eine Richtung zusammenzuballen. Und gerade deswegen wurde diese Komödie gebraucht. Wo Kleons Gegner vor der Volksversammlung wenig Chancen hatten, konnte der Dichter vielleicht doch etwas bewirken, solange jedenfalls den Athenern das Lachen noch nicht vergangen war.

Man wüßte gern, wieweit sich die Stimmung der Bürgerschaft Anfang 425 in den Acharnern spiegelte. Daß sie sich nach sechs Jahren Krieg, immer neuer Verwüstung des Landes, Ungewißheit, Evakuierung nach Frieden sehnten, ist anzunehmen. Daß sie, wie die Acharner, Rache an den Spartanern nehmen wollten, auch. Dieses war noch nicht abgeblasen. Hatte jenes Aussicht, die öffentliche Meinung zu gewinnen? Zunächst einmal hatte Dikaiopolis, der Bürger »rechter, politischer, stadtgemäßer Gesinnung«, nur einen Traum gehabt.

Im Sommer 425 erholte sich der Krieg. Man weiß nicht recht, ob Demosthenes, Sohn des Alkisthenes, in seiner Draufgängernatur es so geplant oder ob der Zufall es so gefügt hat: Jedenfalls mußte die attische Flotte, die an der Westküste der Peloponnes entlang nach Kerkyra und Sizilien unterwegs war, wegen ungünstiger Winde eine Weile im Hafen von Pylos in Messenien vor Anker gehen. Demosthenes riet, sie sollten die wohl seit dem Helotenaufstand von 464 unbewohnte Stadt besetzen, befestigen, Messenier aus Naupaktos, die früheren Einwohner des Landes, herbeiholen und versuchen, die seinerzeit dort verbliebenen Messenier zum Aufstand gegen ihre spartanischen Herren zu veranlassen. Die Rechnung war, nach der spartanischen Reaktion zu urteilen, sehr gut.

Denn die Invasionsarmee wurde nach nur fünfzehn Tagen aus Attika abgezogen, und die Spartaner betrachteten es als außerordentlich dringend, die Athener aus Pylos zu vertreiben. Sie rüsteten also zur Belagerung und da sie, nachdem die attische Flotte nach Kerkyra aufgebrochen war, die Zufahrt von der See her sperren wollten, besetzten sie die langgestreckte öde Insel Sphakteria, die vor dem Hafen lag. Die relativ schmalen Durchfahrten zwischen ihr und dem Festland wollten sie durch Schiffe verstellen. Doch dazu kam es nicht. Die attische Flotte kehrte eilends zurück, sicherte den Hafen, schlug die peloponnesischen Schiffe, und da die Spartaner Pylos nicht einnehmen konnten, wechselten die Rollen: Die Athener belagerten Sphakteria. Dort befanden sich 420 spartanische Hopliten samt den Heloten, die sie als Diener dabeihatten. Alle Versuche, sie zu entsetzen, waren vergeblich. Man konnte froh sein, wenn man sie durch kleine Boote oder auch Schwimmer und Taucher, die die Blockade durchbrachen, zu versorgen vermochte.

420 spartanische Hopliten, unter ihnen etwa 150 Spartiaten, waren, absolut gesehen, sehr wenige, im Vergleich zur stark geschrumpften Zahl der spartanischen Bürger aber waren sie viele. Ihr Verlust schien den Spartanern unerträglich. Sie beauftragten ihre Beamten, an Ort und Stelle die Lage zu inspizieren. Als sich erwies, daß eine Befreiung der Männer auf der Insel aussichtslos war, wollten sie Frieden.

Ein höchst interessantes Ereignis. Die Besetzung eines gut gelegenen Hafens in Feindesland, eine vermutlich panische Gegenreaktion der Spartaner, die Gefährdung von 420 Hopliten – und schon sah Sparta sich genötigt, den »großen Krieg« aufzugeben. Perikles' Kriegsplan schien sich zu bewähren. Sicherlich schlugen die Enttäuschungen über die so geringen Erfolge der vorangegangenen sechs Kriegsjahre in Sparta mit zu Buch, aber immerhin: an so wenig Männern hing die Großmacht, die es mit Athen hatte aufnehmen wollen.

Es wurde ein Waffenstillstand geschlossen, sämtliche spartanischen Schiffe wurden den Athenern für dessen Dauer übergeben, diese ließen dagegen die Versorgung der Männer auf der Insel mit genau festgelegten Rationen zu. Derweil sollte eine spartanische Gesandtschaft in Athen verhandeln. Sie bot Frieden und Bündnis, ja Freundschaft und wollte nur eins: die Befreiung der Männer auf der Insel.

Doch je größer das Glück, um so mehr wollten die Athener. Thukydides weiß nichts von irgendeiner Bereitschaft, auf das spartanische Angebot einzugehen, zu berichten. Er schreibt nur, Kleon vor allem habe sie bestimmt, zu antworten, zunächst müßten die Männer auf der Insel sich ergeben und nach Athen geschafft werden, dann müßten die Spartaner den Athenern die Plätze zurückgeben, auf die diese im dreißigjährigen Frieden von 446 verzichtet hatten, die Häfen von Megara, Troizen und die Landschaft Achaia, danach könnten sie ihre Leute wiederhaben und einen Vertrag schließen, auf dessen Befristung man sich noch einigen müsse. Die Verhandlung im kleinen Kreis, die die Spartaner daraufhin erbaten, wurde auf Kleons Antrag empört verweigert, so daß sie unverrichteter Dinge heimkehrten.

So begann der Kampf von neuem; die Athener behielten wegen irgendwelcher Vorwände, entgegen dem Vertrag, die spartanischen Schiffe. Aber die Belagerung von Sphakteria erwies sich als schwierig, da es den Belagerern an Wasser und Korn mangelte. Man hatte gehofft, die Spartaner gäben bald auf, doch diese erhielten weiterhin heimlich, bei starkem Seegang sogar durch Boote, Lebensmittel. Die attischen Befehlshaber am Ort fürchteten, sie müßten die Belagerung abbrechen.

In Athen braute sich der Unwille gegen Kleon zusammen. Und der versuchte sich aus der Affaire zu ziehen, indem er behauptete, all die Befürchtungen seien unbegründet, worauf die Volksversammlung ihn beauftragte, selbst nach Pylos zu fahren, um die Lage zu erkunden. Er aber schlug ihnen vor, ein neues Kontingent auszusenden und die Insel zu stürmen. Nikias solle das machen. Er, Kleon, würde es selber, wenn er Stratege wäre, ohne Probleme schaffen. Es muß eine dramatische Szene gewesen sein, Vorschläge und Gegenvorschläge jagten sich. Schließlich nahm man Kleon beim Wort. Nikias stellte ihm sein Kommando zur Verfügung, die Volksversammlung drängte, auch seine Gegner hatten nichts dagegen, weil sie fanden, entweder könnten die Spartaner gefangen werden oder – noch besser – man würde Kleon los. Auch Nikias muß das gedacht haben, er handelte hier nicht gerade pflichtgetreu, entzog sich bewußt den Schwierigkeiten seines Amtes.

Kleon hatte Glück. Auf der Insel war ein Feuer ausgebrochen, das schützende Buschwerk niedergebrannt. Demosthenes hatte schon einen Angriff vorbereitet, den er, verstärkt durch Kleons Truppen, nun ausführte. Die Landung gelang, die Athener waren weit überlegen, und zwar vor allem dank ihrer Leichtbewaffneten. Diese Männer, die aus der Ferne kämpften, faßten zunehmend Mut, schleuderten Steine, Pfeile, Spieße, was sie gerade zur Hand hatten, auf die klassische Hoplitenphalanx der Spartaner, die darüber fast in Panik geriet, zumal sie – nach dem Brand – von einer Unmenge Staub nahezu eingenebelt war. Sie kämpfte trotzdem tapfer, wie es die Spartaner seit Jahrhunderten zu tun pflegten, bis es gelang, sie im Rücken zu fassen. Es war eine höchst regelwidrige Schlacht, ein Vorgehen, das ganz unschicklich war. Man ließ gleichsam den Pöbel gegen die Aristokratie antreten. Und der eigentliche Anteil Kleons am Sieg muß wohl in eben seiner Rücksichtslosigkeit gesehen werden.

Als die Spartaner umgangen waren, brachen Demosthenes und Kleon den Kampf ab. Sie wollten sie nicht vernichten, sondern lebend in die Hand bekommen. Es wurde verhandelt. Herolde verkehrten zwischen den Befehlshabern auf dem Festland und den Männern auf der Insel. Schließlich gaben die auf dem Festland den Bescheid, die Männer sollten selbst entscheiden, nur nichts Ehrloses tun. Worauf die, obwohl das dem Comment eindeutig widersprach, sich ergaben. 292 Hopliten, von denen 120 zu den Spartiaten zählten.

Ganz Griechenland war überrascht. Man hatte so etwas von den Spartanern nicht erwartet. Einer von ihnen erklärte es mit der

Regelwidrigkeit des Kampfes, dem sie bei aller Tapferkeit nicht gewachsen waren. Die Zeiten hatten sich geändert. Und sie sollten es noch weiter tun.

Die Gefangenen wurden auf Kleons Rat in Athen in Fesseln gelegt. Man drohte, sie hinzurichten, falls die Peloponnesier noch einmal in Attika einbrächen. Pylos blieb besetzt, die Spartaner, die einen neuen Helotenaufstand befürchteten, sandten mehrere Gesandtschaften, um der Freilassung der Gefangenen, um des Friedens willen.

Im folgenden Jahr, 424, besetzten die Athener die Insel Kythera: Das spartanische Stammland lag fortan ihren Angriffen offen. Damals stellten die Spartaner eine Truppe von 400 Reitern auf. Sie sahen sich, wie Thukydides schreibt, allseits von einem »raschen Krieg umgeben, gegen den nichts vorzukehren war«.

Die Seemacht hatte die Landmacht schachmatt gesetzt, die moderne Demokratie die uralte aristokratische Ordnung. Beste Aussicht für den Frieden, wenn die Athener nur gewollt hätten.

Allein, sie waren ebenfalls von der neuen Situation überfordert. Sie wußten den Sieg nicht zu nutzen. Perikles fehlte ihnen. Freilich wäre wohl auch Nikias zum Frieden bereit gewesen, aber er konnte sich gegen Kleon nicht durchsetzen – wenn er es überhaupt versucht hat. Aristophanes und Thukydides streichen übereinstimmend die außerordentliche Macht heraus, die dieser Mann damals über das attische Volk ausübte.

Doch könnte es sehr wohl sein, daß Kleons Einfluß sich gerade auch daraus ergab, daß er den Wünschen des attischen Demos entgegenkam, daß die maßgebende Rolle, die er damals spielte, so wenig eine Sache bloß seiner Persönlichkeit war, wie es einst die Macht des Themistokles, Kimons und des Perikles gewesen war.

Das mindert nichts an seiner Verantwortung; der Verantwortung des Redners, des Politikers, der die Dinge nach Diodotos gründlicher zu durchdenken und zu prognostizieren hatte als die Zuhörer in Rat und Volksversammlung.

Aber es erklärt die Chancen, die sich damals für einen Politiker vom Zuschnitt und von den Absichten Kleons eröffneten. Er konnte letztlich auf der alten Eigenschaft der Athener aufbauen, immer mehr zu wollen, immer weiter auszugreifen, Hoffen und

Haben in eins zu setzen. In Perikles' letztem Jahrzehnt und vollends unter dem Druck seines Kriegsplans war diese Dynamik vermutlich nur mühsam zurückgedrängt worden.

Das perikleïsche Athen der dreißiger und frühen zwanziger Jahre war im Grunde ein Widerspruch in sich. Es suchte, auf Dauer zu stellen, was aus der Bewegung, aus Expansion und Erfolg lebte. Manches war aufgestaut worden, was nun plötzlich in neue Hoffnungen sich ergoß. Der lang gefürchtete Rivale lag endlich am Boden. Und es war Kleon gewesen mit seiner Konsequenz, seiner Rücksichtslosigkeit, der diesen Erfolg errungen hatte. Er machte das Unmögliche möglich, wie es athenischem Wesen entsprach, wenn auch auf ordinäre Weise.

Doch war offenbar auch die Zeit, da das Ordinäre vor der Volksversammlung keine Chance hatte, vorbei. Es mag geradezu faszinierend gewirkt haben – auf die Mehrheit.

Wohl 425 ließ Kleon den Richtersold von zwei auf drei Obolen, also eine halbe Drachme erhöhen. Aristophanes führte es auf seine Fähigkeit, überall Auswege zu finden, zurück. An sich wurde der Richtersold aus Gerichtsgebühren und Strafgeldern bezahlt; und jedenfalls soll Kleon ja alle möglichen Gegner, Strategen und andere, vor Gericht gezogen – dessen Einkünfte also vermehrt haben. »Ja seht, ihr bringt euch selbst ums Brot, wenn ihr nicht schuldig sprecht den Angeklagten«, soll man nach Aristophanes den Richtern zugerufen haben. Doch spricht die Hervorhebung von Kleons Findigkeit dafür, daß er zugleich weitere Mittel dafür vorsah. Wo andere Politiker Kriegsschiffe bauen wollten, setzte er das Geld für die Richter ein. Angesichts der Teuerung wird einiges dafür gesprochen haben.

Im Januar 424, ein Jahr nach den »Acharnern«, im Winter nach dem Sieg bei Pylos, wurden Aristophanes' »Ritter« aufgeführt, eine der bittersten politischen Satiren, die je von einer Bühne herab vorgetragen worden sind.

Zwei Sklaven des Herrn Demos von der Pnyx, offensichtlich Nikias und Demosthenes, leiden unter dem »Paphlagonier«, einem neuen, üblen Sklaven, der den Demos völlig in seine Hand gebracht hat; es ist Kleon. »Seitdem der Bursch sich bei uns eingenistet, ist Prügel unser täglich Brot«, erklären sie. »Sucht meine Gunst«, rät er ihnen, »sonst müßt ihr morgen sterben.« Sie wissen sich nicht anders zu helfen, als indem sie einen Konkurrenten mobilisieren, der ihn in der Gunst ihres Herrn ausstechen soll. Es ist ein ziemlich ordinärer Wursthändler, der sich zunächst sträubt, dann aber mit Hilfe der Ritter, der jungen Adligen, die den Chor ausmachen, überredet werden kann. Sein Bedenken ist, daß er ein gemeiner Mann ist, ein Händler vom Markt, er hat nichts gelernt; ein bißchen lesen, ja, doch schlecht genug. Dieses Bißchen könnte, so erfährt er, sein Nachteil sein. Denn Regieren sei nichts für Leute von Charakter und Erziehung. Niederträchtig und unwissend müsse man sein, sonst sei man – in jenen Zeiten – dafür nicht geeignet. »Du hast eine brüllende Stimme, bist ein Lump von Haus aus, ein Krämer, kurz: du hast alles, was zur Führung der Polis nötig ist.«

Über weite Strecken besteht die Handlung in den Auseinandersetzungen zwischen Kleon und dem Wursthändler. Sie schlagen mächtig aufeinander ein, vor allem suchen sie nach Kräften, Herrn Demos Gutes zu tun und zu gefallen. Sie bieten ihm alles Erdenkliche, von billigen Fischen über frischgejagte Hasen, Kissen für den harten Stein auf der Pnyx bis hin zur Weltherrschaft. Denn es ist mit ihm ja immer der Typ des Kleinbürgers und zugleich das Volk im ganzen gemeint.

Kleon setzt bei all diesen üblen Machenschaften die Maßstäbe. Schließlich ist er an der Macht und hat schon vieles auf dem Kerbholz. Aber der Wursthändler muß ihn in den Geschenken und Verheißungen übertreffen. Und er tut das auch.

Ein schlimmer Vorwurf nach dem andern trifft den mächtigsten Politiker Athens. Er ist bestechlich, bereichert sich aus öffentlichen Mitteln (und gibt zu: »Ich stehle, nun ja, allein zum Wohl der Polis«), er lügt, verleumdet, wühlt überall im Dreck, erhebt falsche Anklagen. Wenn ihm einer zu nahe kommt, wittert er sofort Landesverrat oder Verschwörung und droht mit Anzeigen beim Rat der Fünfhundert. Er identifiziert sich wahrhaft mit der Stadt: Was ihm schadet, schadet auch ihr, und er ist wachsam wie ein Hund. Der Sieg bei Pylos steigert seine Eitelkeit. Obwohl er nur geerntet hat, was andere säten. Vor allem erweist er sich als großer, zynischer Betrüger des Herrn Demos, den er mit allen

Mitteln umgarnt, um mit ihm machen zu können, was er will.

Der Demos selbst erscheint als alter, eitler Trottel. Auch wenn er einmal erklärt, er wisse ganz genau, was gespielt werde, ja er genieße es geradezu, daß sein Vorkämpfer ihn bestehle, denn dann könne er sich anschließend das Vergnügen bereiten, ihm alles wieder abzuknöpfen. Es ist der Gipfel der Satire; kein Abfinden mit dem üblen Tun, nein: Freude daran, Vor- und Schadenfreude. Wie einst bei Solon heißt es, zu Hause sei der Demos ganz vernünftig, nur sei es damit gleich vorbei, wenn er sich auf der Pnyx befinde.

Und immer wieder hört man, daß der Demos die Welt beherrschen soll, und zwar, so Kleon, (nicht mit Veilchen, sondern:) mit Rosen bekränzt. Er wird König der Griechen, Alleinherrscher dieser Erde, Tyrann und Herr der ganzen Erde genannt.

Der Chor, der kräftig gegen Kleon hetzt, berichtet von einer Versammlung der Triëren. Hyperbolos, ein anderer Demagoge, wolle hundert von ihnen nach Karthago aussenden – und sie erklären das für unerträglich. Lieber solle der Wurm sie fressen. Offenbar haben die Schiffe sehr viel mehr Vernunft als ihre Ruderer und ihre Herren.

Am Ende wird der Demos vom Wursthändler junggekocht, er ist wieder der alte, ganz in der Art der Athener der Schlacht bei Marathon. Und der Wursthändler selbst nimmt ihn in die Zucht. Künftig sollen die Ruderer wieder sogleich nach der Landung und ohne Abzüge ihren Sold bekommen – was offenbar schon nicht mehr geschah –, es solle keiner sich mehr vorm Wehrdienst drücken; die jungen Leute sollen wieder auf die Jagd gehen, statt Volksbeschlüsse durchzusetzen – ein Hinweis darauf, wie immer mehr sehr junge Männer die Volksversammlung zu bestimmen beginnen. Schließlich erfreut der Wursthändler den Demos, der sich ob der wiedergewonnenen Jugend und Ordnung schon recht wohl fühlt, noch mit »dreißigjährigen Verträgen«, die in Form schöner Mädchen ihn umtanzen. Wie durch ein Wunder ist der Lump, der Krämer wirklich und im besten Sinne zum Staatsmann geworden. Sein übler Wettstreit mit Kleon nimmt sich nachträglich wie ein raffiniertes Spiel aus, es führt nicht zum Sieg des noch Schlechteren, sondern es dient dem des Guten. War es notwendig so, weil alles Vorangehende sonst unverdaulich gewesen wäre, nicht nur für Kleon, sondern auch für den Demos?

Oder drängte sich hier auch die Hoffnung des Dichters nach vorn, die all seine vernichtende Kritik erst möglich und nötig machte: daß aus dem bejammernswerten Zustand der Stadt ein Neubeginn erwachse? Nicht so sehr Haß gegen Kleon also wie Liebe zu seiner Stadt, Gewißheit ihrer Erneuerung?

Trotz aller Übertreibung wird man aus den »Rittern« für die Situation von 424 aber wohl entnehmen können, daß dem attischen Demos der Sieg bei Pylos kaum weniger zu Kopf gestiegen war als Kleon. Die Herrschaft über ganz Griechenland schien zum Greifen nahe. Der alte Übermut regte sich vielleicht um so stärker, je mehr man in den letzten Jahren gelitten hatte.

Doch stellt es der attischen Demokratie immerhin ein schönes Zeugnis aus, daß Aristophanes für diese Komödie den ersten Preis erhielt, selbst wenn die Jury primär nach ästhetischen Gesichtspunkten geurteilt hätte.

Der Vorschlag, einen schlimmen Demagogen durch einen Schlimmeren auszustechen, war höchst aktuell. Denn damals begann es, daß Politiker Mehrheiten suchten, indem sie hemmungslos einen großen Teil des Volkes nach dem Munde redeten. Gerade Kleon war erfolgreich damit.

Im Winter 425/4 befahlen die Athener, aus Mißtrauen, auch den Männern von Chios, den letzten selbständigen Verbündeten, ihre neugebaute Mauer einzureißen. 424 eroberten sie Nisaia, den Hafen von Megara. Mit Hilfe des Demos von Megara hätten sie fast auch die Stadt selbst in die Hand bekommen, doch wurde das durch das tatkräftige Einschreiten eines spartanischen Befehlshabers, Brasidas, des Sohnes des Tellis, der damals bei Korinth stand, verhindert.

Dieser Brasidas gehörte zu einem kleinen Kreis junger spartanischer Offiziere, die mit Politik und Kriegführung ihrer Stadt zutiefst unzufrieden waren. Sie wollten sich mit der zögernden Vorsicht, dem ängstlichen An-sich-Halten der spartanischen Führung und ihrer allzu schnellen Neigung zur Resignation nicht abfinden. Sie werden die Grenzen der alten spartanischen Heeresmacht sehr wohl gekannt haben, doch meinten sie, daß man, wenn man auf den gewohnten Bahnen nicht weiterkomme, eben andere einschlagen müsse.

Sie folgten insofern dem Vorbild Athens, waren unabhängig und aufgeschlossen. Sie hatten den Willen zum Sieg. Die Bedenken, welche altspartanische Art ihnen in den Weg stellen mochte, besagten ihnen angesichts der Lage ihrer Stadt nichts. Bevor die Athener es sich versehen hatten, traten ihnen Brasidas – und später auch andere – als ganz neue, sehr gefährliche Feinde entgegen. Im Unterschied zu Kleon verstanden sie wirklich etwas von Kriegführung. Aber sie hatten auch bemerkenswerte politische, staatsmännische Fähigkeiten, die zum Teil aus alter spartanischer Tradition stammten, zum Teil aus ihrem Vermögen, die neue Lage zu beobachten und Schlüsse daraus zu ziehen. Sie waren nüchtern in der Einschätzung ihrer Kräfte. Und all diese Fähigkeiten verbanden sich mit dem Sinn für großräumige Kriegführung, an dem es Sparta bisher gefehlt hatte. Man war in Athen der Meinung gewesen, eine Landmacht könne sich nicht weit von ihrer Basis entfernen. Brasidas zeigte, daß das nicht richtig war.

In den Anfangszeiten des Kriegs, im Winter 429/8 begegnet Brasidas uns bei Thukydides zum ersten Mal als Anstifter eines tollkühnen Streichs. Er hatte Schiffe im Korinthischen Golf kommandiert, die sich vor den Athenern hatten zurückziehen müssen. Dabei wollte er es aber nicht bewenden lassen und setzte seine Mannschaften mit Rudern, Pflockriemen und Polstern nach Nisaia in Marsch, wo sie die Kriegsflotte der Megarer, vierzig Schiffe, ins Wasser zogen und in einem Handstreich den Piräus besetzen wollten, der »unbewacht und unverschlossen war, wie natürlich bei solcher Überlegenheit zur See«. Sie hätten durchaus Erfolg haben können, doch verließ sie die Courage, und sie begnügten sich damit, Salamis zu verwüsten; nirgendwo gab es Wachen. In Athen kam es, als Flammenzeichen den Überfall meldeten, fast zur Panik. Man vermutete die Feinde schon im Piräus, und im Piräus befürchtete man, sie könnten jeden Augenblick anrudern. Künftig hat man den Hafen dann besser überwacht.

Jetzt hatte dieser Brasidas die Absicht, die Athener an der einzigen Stelle ihres Reiches zu treffen, wo sie für eine Landtruppe zu verwunden waren: an der Nordküste der Ägäis. Dort fürchteten der Makedonenkönig Perdikkas und die abgefallenen Städte auf der Chalkidike die Rache der wieder erstarkenden Athener. Sie waren bereit, den Feldzug der Spartaner zu finanzieren. Sparta stellte 700 Heloten – die man ohnehin gern los war, da man immer noch mit einem Aufstand rechnete –, zusätzlich wurden 1 000 Söldner angeworben, und mit dieser Streitmacht zog Brasidas eilig, bevor es recht bemerkt wurde, durch das mit Athen verbündete Thessalien, um dann in kurzer Zeit eine ganze Reihe von Städten zum Abfall von Athen zu bewegen.

Ob es ihm mit seiner kleinen Armee möglich gewesen wäre, viele Städte durch Gewalt oder Belagerung einzunehmen, ist sehr zweifelhaft. Das einzige, womit er drohen konnte, war die Verwüstung des Landes, doch zumeist ergaben sich die Städte ihm freiwillig. Von einigen ist bezeugt, daß sie Furcht vor ihm hatten, doch weit wichtiger scheint gewesen zu sein, daß er mit dem spartanischen Kriegsziel Ernst machte.

Brasidas betonte, er komme, um die Griechen von Athen zu befreien. Die spartanische Bürgerschaft habe heilige Eide geschworen, den Städten, wenn sie sich mit ihr verbänden, Autonomie zu gewähren. Brasidas weigerte sich, in die inneren Verhältnisse der Städte einzugreifen. Keinen Einzelnen, keine Gruppe wollte er unterstützen. Weder die Mehrheit der Minderheit noch die Minderzahl der Gesamtheit unterwerfen. In jeder Hinsicht wollte er sich wohltuend von den Athenern unterscheiden. So wie sie waren, in ihrer überkommenen Ordnung, wollte er die Städte in das Bündnis aufnehmen. Sie sollten nichts verlieren, sondern nur gewinnen, eben die Autonomie. Er versäumte nicht hinzuzufügen, daß jede einzelne von ihnen die Verpflichtung habe, zur Befreiung aller beizutragen.

Ob wirklich die Mehrheiten in den Städten, die Brasidas die Tore öffneten, willens waren, die athenische Herrschaft abzuschütteln, ist nicht gewiß. Aber wo dies nicht der Fall war, hatten sie auch nichts dagegen. Wobei es eine große Rolle spielte, daß offenbar die inneren Gegensätze dort gering waren und daß Brasidas alles tat, um den inneren Frieden zu bewahren; in einer Großzügigkeit, die man gar nicht mehr gewohnt war.

Das Vertrauen, das dieser Mann weithin erwarb, war erstaunlich; ganz ungewöhnlich in diesem Kriege. Er muß große Überzeugungskraft besessen haben, etwas sehr Gewinnendes, vielleicht gar einen männlichen Charme. Auf unwahrscheinliche Weise war er sich seiner Sache sicher. Man traute ihm zu, daß er ohne Falsch war. »Mit verbrämtem Betrug etwas zu erraffen, ist«, sagt er bei Thukydides, »für ein Volk, das auf sich hält, eine größere Schande als mit offener Gewalt: Diese greift an mit dem Anspruch der Macht, die das Glück verlieh, jener mit der Hinterlist ungerechter Gesinnung.« Aber natürlich kam Brasidas auch die Autorität zugute, über die seine Vaterstadt Sparta immer noch verfügte. Auf seine heiligen Eide glaubte man sich verlassen zu können. Dies alles zusammen gab seiner Freiheitsparole das Zündende.

Im Herbst 424 war es den Athenern gut erschienen, einen Anschlag auf Böotien zu unternehmen. Wie sie schon in den Friedensverhandlungen mit Sparta alles zurückhaben wollten, was sie 446 verloren hatten, so wollten sie auch Böotien wieder ihrer Herrschaft einverleiben. Verbannte hatten ihnen Hoffnung auf demokratische Kräfte in einigen Städten gemacht. Gleichzeitig sollte Demosthenes vom Korinthischen Golf und eine große Landstreitmacht an der Nordküste entlang in das Land einfallen.

Nur war der Angriff verraten worden, der Terminplan wurde nicht eingehalten, es gelang zwar, das Heiligtum Delion einzunehmen und zu befestigen, nicht aber, es zu halten, und in der Schlacht, die sich anschloß, wurden die Athener schmählich in die Flucht geschlagen.

Die Thebaner hatten unter Pagondas, dem Sohn des Aiolades, erstmals, soweit wir sehen können, jene neue Taktik angewandt, für die sie später so berühmt wurden, die schiefe Schlachtordnung. Das heißt, sie hatten den rechten Flügel 25 Reihen tief aufgestellt und ihm damit eine außerordentliche Schlagkraft verliehen. Die Athener, die an Zahl ungefähr gleich stark waren, kämpften an allen Teilen der Front in 8 Reihen hintereinander. Die Böoter verloren weniger als 500 Hopliten, die Athener mehr als 1 000, dazu Leichtbewaffnete und Angehörige des Trosses in großer Zahl.

Einer der Hopliten war Sokrates. Alkibiades, der damals als Reiter Dienst tat, begegnete ihm auf der Flucht. Platon läßt ihn das in seinem »Symposion« schildern: »Ich sah ihn dort, Aristophanes, ganz nach deinem Vers einherschreiten, wie er hier in Athen ›stolz herumsteigt und die Augen seitwärts wirft‹, Freund und Feind ruhig musternd: Von Ferne schon war es jedem klar, daß der Mann sich sehr kräftig wehren würde, wenn ihm jemand zu nahe käme. Deshalb entkam er auch unversehrt und mit ihm sein Kamerad (der eher ängstlich war), denn so leicht rührt man im Krieg solche Kerle nicht an, sondern verfolgt die, welche Hals über Kopf fliehen.«

WÄHREND DES Winters 424/3 gelang es Brasidas, den schwersten Schlag gegen Athen zu führen: Er überredete die Männer von Amphipolis, auf seine Seite überzutreten, womit er nicht nur die Zufuhr von Schiffbauholz nach Athen unterbinden konnte, sondern auch die Möglichkeit gewann, eine eigene Flotte zu bauen, und schließlich das Tor zu weiteren Feldzügen nach Osten öffnete: Die Stadt beherrschte den einzigen Zugang, der dorthin auf dem Landweg führte. Zudem ging dem Seebund ein wichtiger Beitragszahler verloren.

Ein attisches Aufgebot, das die Stadt retten sollte, kam nur wenig zu spät. Es stand unter dem Befehl des Historikers Thukydides, der wegen dieses – vermutlich gar nicht selbstverschuldeten – Mißerfolgs verbannt wurde oder in Erwartung einer Verurteilung gar nicht erst zurückkehrte.

Jetzt liefen die attischen »Verbündeten« der Gegend nahezu um die Wette zu Brasidas über; wobei sie sich freilich nach der Niederlage bei Delion Illusionen über die Schwächung Athens machten. Brasidas wollte den Sieg nützen und sandte nach Sparta um Verstärkung. Er begann mit dem Bau einer Flotte. Endlich schienen sich die Dinge zu Spartas Gunsten zu wenden.

Doch weigerten sich die Spartaner, seine Bitte zu erfüllen, teils aus Neid, teils weil sie hofften, nun endlich die Gefangenen von der Insel freizubekommen (die zum Teil aus den einflußreichsten Familien stammten). Der ganze Krieg war ihnen vermutlich unheimlich geworden; sie werden gespürt haben, wie er die Grundlagen in Frage stellte, auf denen sie bis dahin gelebt hatten, so daß sie ihn, möglichst ohne weiter viel für ihn einzusetzen, loswerden wollten.

IM FRÜHJAHR 423 waren auch die Athener zu einem Waffenstillstand bereit. Er wurde auf ein Jahr geschlossen, Nikias war an den Verhandlungen beteiligt. Die Athener wollten die Zeit zu neuen Vorbereitungen gegen Brasidas nutzen, die Spartaner hofften, solange der noch glücklich operierte, Frieden zu bekommen. Beide sollten behalten, was sie im Moment des Vertragsabschlusses in der Hand hatten.

Die Nachricht davon wurde von einer aus einem Athener und einem Spartaner bestehenden Gesandtschaft an Brasidas übermittelt. Der hatte gerade die Stadt Skione auf der Pallene gewonnen, wohl zwei Tage nach dem Vertragsdatum, und weigerte sich, sie wieder herzugeben. Die Athener waren über den Abfall Skiones besonders erzürnt, weil die Pallene praktisch eine Insel bildete – in Potidäa beherrschten sie selbst ja die Landenge –; das war ein schlimmes Zeichen für den Herrscher über die See. Sie beschlossen daher auf Kleons Antrag, die Stadt zu zerstören und die gesamte Bürgerschaft hinzurichten. Wozu es freilich zunächst nicht kam, da sie sie nicht einnehmen konnten. Immerhin unternahmen sie einen Zug dorthin, weil hier der Waffenstillstand gebrochen war, sie belagerten die Stadt und holten im Jahre 421, nach Beginn des Friedens, die Ermordung aller Männer – Thukydides sagt: der Mannbaren – nach.

Nach Ablauf des Waffenstillstands, im Frühjahr 422, begann der Krieg noch einmal, jetzt war Kleon Stratege, Aristophanes' »Ritter« können ihm nicht ernsthaft geschadet haben; er wollte Amphipolis und die andern Städte wieder für Athen in Besitz nehmen. Hier und dort hatte er auch Erfolg, doch bei Amphipolis operierte er mit so viel strategischem Ungeschick, daß Brasidas ihn, obwohl seine Kräfte unterlegen waren, vernichtend schlagen konnte. In kopfloser Flucht suchten die Athener das Weite, 600 Mann fielen, auf der andern Seite ganze sieben. Kleon selbst wurde bei dem Versuch, seine Haut zu retten, von einem Leichtbewaffneten eingeholt und erschlagen. Aber auch Brasidas fiel.

Die Amphipoliten setzten ihn feierlich innerhalb ihrer Stadt, am Ort des späteren Marktplatzes, wie einen Heros bei; es wurden Wettspiele und jährliche Opfer zu seinen Gunsten beschlossen. Sie nannten ihn ihren Stadtgründer. In Skione hatte man ihn schon mit einem goldenen Kranz als Befreier Griechenlands gefeiert und mit Wollbinden und den ersten Frühlingsblumen wie einen Wettkämpfer geehrt. Schöne Zeugnisse für diesen Mann, der alte griechische Tugenden mit großer Aufgeschlossenheit und modernem Können verband; der in einer seltenen, kurzen Situation dieses schrecklichen Krieges sich wirklich zum Vorkämpfer der griechischen Freiheit zu machen, der aus dem Freiheitsstreben militärische Kraft zu beziehen wußte; als Politiker so befähigt wie als Soldat.

»Dreierlei braucht's zum guten Kampf«, hatte er vor der Schlacht gelehrt, »man muß ihn wollen, sich schämen können und den Befehlshabern gehorchen.« Er scheint den Spartanern außer durch vieles andere auch durch seine Großzügigkeit und strenge Rechtlichkeit ein Dorn im Auge gewesen zu sein. Jedenfalls sandten sie 423 Aufseher in die Städte dort, gegen das Recht, wie es heißt.

Dank Kleons Tod stand endlich dem Frieden nichts mehr im Wege. Im Frühjahr 421 war er nach langen Verhandlungen reif zum Abschluß. Beide Seiten sollten zurückgeben, was sie im Krieg erobert hatten, nur sollten die Athener Nisaia behalten. Der Friede sollte 50 Jahre dauern. Für die abgefallenen Städte im Norden der Ägäis wurde eine Sonderregelung beschlossen. Sie sollten ihre Beiträge, aber nicht nach der Schatzung von 425, sondern nach der des Aristides zahlen und autonom sein; weder den Spartanern noch den Athenern verbündet, außer daß sie freiwillig in den Seebund zurückkehrten. Sofern sie den Beitrag zahlten, durfte Athen keine Waffengewalt gegen sie anwenden. Beide Seiten hatten den schwersten landesüblichen Eid zu schwören, siebzehn Männer aus jeder Stadt, er sollte jährlich erneuert werden, Schrifttafeln mit ihm sollten aufgestellt werden in Olympia, Delphi, auf dem Isthmos, in Athen und Sparta.

Vier von Spartas Verbündeten stimmten gegen den Vertrag. Doch nach den Bestimmungen (oder Gebräuchen) des Peloponnesischen Bundes galt, was die Mehrheit beschloß, und die war klar für den Frieden. Wer zuerst seine Eroberungen ausliefern sollte, darüber entschied das Los. Es traf die Spartaner. Aber schon bei Amphipolis scheiterten sie, der spartanische Kommandant machte Schwierigkeiten, schließlich war er bereit abzuziehen – die Bürger von Amphipolis indes waren nicht bereit, den Athenern ihre Tore zu öffnen.

Angesichts des Widerstands gegen den Vertrag schlossen die Spartaner ein Defensivbündnis mit Athen, ebenfalls auf 50 Jahre.

Wer einen von beiden angreife, solle auch der Feind des andern sein; nur gemeinsam sollten sie mit ihm Frieden schließen. Die Athener verpflichteten sich auch, die Spartaner im Falle eines Helotenaufstands zu unterstützen. Sparta hatte vor allem die Befürchtung, daß der Krieg mit Argos wieder ausbräche, der dreißigjährige Frieden zwischen ihnen lief 421 oder 420 ab.

Um 421 begann man mit dem Bau des Erechtheions. Der Nike-Tempel ist wohl in den zwanziger Jahren fertiggestellt worden.

Wohl unmittelbar am Vorabend des Vertragsabschlusses, an den Großen Dionysien des Jahres 421, führte Aristophanes seine Komödie »Frieden« auf. Der Weinbauer Trygaios fliegt auf einem riesigen Mistkäfer in den Himmel, um die Friedensgöttin herabzubringen. Dort findet er aber keinen der Götter außer Hermes vor; denn die haben den Olymp verlassen aus Ärger über die Kriegswut der Griechen. Und der Kriegsgott hat den Frieden in einer Höhle versteckt. Er setzt gerade an, eine Reihe von Städten im Mörser zu zerstampfen, nur sind die beiden Mörserkeulen nicht mehr da, weder Kleon noch Brasidas.

Wieder wird Perikles' Kriegsschuld hervorgehoben, diesmal nicht, weil er die Hetären der Aspasia rächen wollte, sondern weil er selbst in innenpolitische Schwierigkeiten geraten sei, aus denen er sich durch den Krieg retten wollte.

Der Waffenschmied, die Fabrikanten von Helmbüschen, Lanzen und Trompeten sind böse; keiner interessiert sich für ihre Waren. Und der Helmbusch läßt sich nicht einmal als Staubwedel verwenden; den Panzer will Trygaios als Nachtgeschirr benutzen, kommt aber auch davon ab. Der Chor der attischen Bauern behauptet, zwanzig Jahre jünger zu sein, wenn der Kriegslärm ein Ende hat, wenn er all die Plagen mit dem Exerzieren los ist.

Man nennt den Frieden nach dem, der auf athenischer Seite an seinem Abschluß führend beteiligt war, Nikiasfrieden. Sein Hauptverhandlungspartner war der spartanische König Pleistoanax. Beide hatten ein sehr starkes persönliches Interesse an seinem Zustandekommen, sie fanden die Zustimmung ihrer Gemeinwesen, wohl weil ihnen vorübergehend die Situation günstig war.

Thukydides allerdings stellte fest, es sei ein Irrtum, die sechs Jahre und zehn Monate, bis der Krieg zwischen Athen und Sparta wieder offen ausbrach, nicht als Krieg zu bezeichnen.

# X. Die »Verblendung« und der lange Weg in den Zusammenbruch

> Das Altertum stellte seine Sachen nicht aufs Biegen, sondern aufs Brechen. Glorreich gilt der Untergang von Staaten, Städten und Königen. Das ist uns wildfremd.
>
> Jacob Burckhardt

Ob die Geschichte einen Sinn hat, ist eine Frage für Philosophen. Und sie stellt sich erst, seitdem es »Die Geschichte« gibt, die Vorstellung also, daß die unzähligen Handlungen und Ereignisse, die auf der Welt vor sich gehen, sei es insgesamt, sei es wenigstens in wesentlichen Strängen ein Ganzes bilden, einen Prozeß, der – vielleicht – irgendwohin will. Diese Vorstellung konnte erst das neuzeitliche Europa hervorbringen.

Daß aber die Handlungen und Ereignisse, welche eine einzelne politische Einheit, eine Dynastie vielleicht oder ein Reich, ins Werk setzt oder erfährt, einen Sinn haben, ist eine uralte Vorstellung. Ob es gut oder schlecht geht, man fragt, ob und wodurch man es verdient habe. Denn was passiert, soll einem selbst zugemessen sein. Im alten Israel ging das so weit, daß man selbst in der Expansion des mächtigen Assyrerreichs Veranstaltungen Jahwes sah, der sein Volk für die Verehrung falscher Götter strafen wollte.

An sich mußte man wissen, daß vielerlei Geschehen sich aus dem ereignishaften, von mannigfachen Zufällen mitbestimmten Aufeinanderwirken verschiedener Kräfte ergibt. Keine Schlacht, keine komplizierte diplomatische Mission wäre sonst auch nur nachzuvollziehen gewesen. Nur meinten die Angehörigen der orientalischen Kulturen nicht, längerfristige Abläufe auf diese Weise begreifen und schon gar nicht sie öffentlich darstellen zu können. In der Präsentation nach außen standen daher sie selbst – respektive ihre Könige – und das von ihnen bestimmte oder ihnen zugemessene Geschehen im Vordergrund.

Es ist offenbar etwas anderes, ob man kurzfristige Vorgänge oder ob man längerfristige Abläufe zu verstehen sucht; etwas anderes auch, ob man im Kabinett oder am Lagerfeuer darüber spricht oder ob man etwas öffentlich, vielleicht gar in Form von Inschriften bekundet.

Die Griechen waren die ersten, die darauf kamen, generationenübergreifende Abläufe als Reihen von Geschehnissen, die eben aus dem Zusammenwirken verschiedener Subjekte unter zufälligen Bedingungen entstanden, zu verstehen, zu rekonstruieren und wiederzugeben.

Im Werk Herodots, des »Vaters der Geschichte«, der das erstmals tat, sind überall noch die Eierschalen der alten, auf die einzelnen Subjekte bezogenen Sinnvermutungen zu greifen. Am schönsten bei der Schilderung einer Schlacht zwischen den Griechen des nordafrikanischen Kyrene und Ägypten. Herodot kommt zweimal darauf zu sprechen, zunächst in der Geschichte des Königs Apries, wo er dessen Niederlage im alten Stil, wenn auch ohne inhaltliche Ausführung, begründet: »Denn es sollte ihm schlimm ergehen.« In der Geschichte Kyrenes dagegen kennt er nur militärische Faktoren: Die Ägypter hatten noch nie mit Griechen gekämpft und schätzten sie deswegen falsch ein.

Götter mochten hier und da bei Herodot ihre Hand im Spiel haben. Er glaubte an solche Einwirkung, war sich aber nicht sicher. Er berichtete nur, was ihm berichtet worden war, Fakten sowohl als auch Deutungen. Freilich fand er, daß auch der Perserkrieg letztlich ein sinnvolles Geschehen war. Doch dieser Sinn bestand für ihn nicht so sehr darin, daß den Griechen oder den Persern etwas zugemessen wurde, wie darin, daß sich damals eine Regel bestätigte: die Regel, daß kein Einzelner, kein Monarch (und auch kein Reich) zu mächtig werden sollte. Alles, was er, was die Griechen beobachten konnten, war, daß es ständig auf und ab ging; daß ein »Kreislauf in den Menschendingen« stattfand. Da mochte im einzelnen, etwa im Aufstieg und Fall einer Dynastie, ein verständlicher Zusammenhang sich vollziehen – das war jedoch immer nur eine Bewegung unter vielen. Das Ganze des Geschehens, von dem Herodot handelt, geht weit über jedes einzelne Subjekt hinaus. Es ist, sofern es überhaupt ein Ganzes bildet, der Vollzug einer Vielzahl von Abläufen, die sich in einzelnen Ereignissen verquicken, um sich teils in ihnen zu verlieren, teils verändert aus ihnen hervorzugehen. Und das sowohl in Griechenland wie in den für Herodot überblickbaren Teilen des Orients. Der Perserkrieg und seine Vorgeschichte stehen ihrerseits im größeren Rahmen der Welt, die sich gleich bleibt.

Diese Weltbetrachtung findet ihre Entsprechung in den griechischen Ordnungsvorstellungen, wie sie seit Solon begegnen: Kein Gott – und kein König – konnte für die Ordnung, wie sie in der Welt war und in der Stadt sein sollte, aufkommen. Sie war gegenüber jeder einzelnen Macht autonom, bestand in Gesetzen, in denen sich Gerechtigkeit herstellte. Nur, während man innerhalb der Stadt eine solche Ordnung einführen konnte, vollzog sich Gerechtigkeit im Äußern in der Ablösung von Herrschern, Dynastien und Reichen, in deren Auf und Ab.

Die Distanz, aus der Herodot dies alles betrachtete, war die der griechischen Wissenschaft, genauer: der Jonischen Historie (welches Wort damals nur Erkundung, nicht zuletzt Zeugenbefragung hieß), die der griechischen Poliswelt, in der keine Stadt sich für den Nabel der Welt halten konnte, in der man also die Bewegungen der vielen – und die ereignishaften Abläufe, zu denen sie sich verknüpften – wahrnahm.

Es ist hinzuzufügen, daß hier die Distanz griechischer Weltbetrachtung überhaupt und ihre Fähigkeit am Werk war, es auszuhalten, daß ihre Gemeinwesen jeweils nur eines unter sehr vielen anderen waren. So hatten sie bis ins fünfte Jahrhundert hinein nicht einmal daran gedacht, die eigenen Handlungen und Ereignisse schriftlich festzuhalten. Die Poleis waren nicht gewichtig, nicht gefestigt genug dazu. Sie bezogen sich auf Götter und Heroen, selten genug schon auf Ahnen – vielleicht auf irgendwelche im Ohngefähr eines kollektiven Gedächtnisses gespeicherte Taten, Leiden und Beziehungen –, nicht auf eine eigene »Geschichte«.

Bei Thukydides war das anders. Er ließ die Nichtgriechen draußen, sofern sie nicht in griechische Ereigniszusammenhänge hineinragten. Er konstruierte – nach dem Muster der Kulturentstehungslehren – eine »Vorgeschichte« des fünften Jahrhunderts als Prozeß ständiger Zunahme von Verkehr, Sicherheit, Reichtum und Macht; und er beschrieb sodann die Pentekontaëtie, den Fünfzigjahreszeitraum von den Perserkriegen bis zum Peloponnesischen Krieg als Geschichte der Machterweiterung Athens, die schließlich den Krieg notwendig machte. Angedeutet ist dabei, daß vom Gesichtspunkt menschlichen Könnens damals ebenfalls ein Höhepunkt erreicht wurde – im führenden attischen Staatsmann.

Athen schob sich in dieser Betrachtung ganz in den Vordergrund, es nutzte und beutete aus, was in langer Zeit herangewachsen war, trieb energisch alles weiter; da ergab sich ein einziger großer Zusammenhang. Man mag sich gar fragen, ob Thukydides' These von der Zwangsläufigkeit des Krieges nicht auch damit zusammenhing, daß er ein so wichtiges Ereignis nicht einfach aus einer Reihe von Handlungen und Verwicklungen hervorgehen lassen wollte. Mußte da nicht Größeres im Spiel sein, langfristig Angelegtes, nicht »irgendwie« Zustandegekommenes; so daß es einen Sinn ergab?

Jedenfalls entsprach diese Organisation der thukydideïschen Geschichte der Macht seiner Stadt, ihrer Stellung im Zentrum der Griechenwelt und – dem Bestreben ihrer Bürger, alles auf sie zu beziehen und in ihr zum Ziel kommen zu lassen, wie etwa selbst die Geschichte des Atriden-Hauses in Aischylos' Orestie.

Man kann sich fragen, ob es recht war, aus der bloßen Betrachtung griechischer Geschichte schon den Schluß zu ziehen, der Peloponnesische Krieg sei »die gewaltigste Erschütterung für die Griechen und einen Teil der Barbaren, ja sozusagen für das Gros der Menschen« gewesen. Doch ist kaum zu bezweifeln, daß der große Zusammenhang der griechischen Geschichte bis 431 bei Thukydides richtig begriffen ist.

In Wirklichkeit kulminierten im Peloponnesischen Krieg aber nicht nur die Machtmittel und das kriegerische Vermögen der Griechen, sondern ihr Versuch, sich in der politischen Form der Polis zu behaupten. Es nahm hier das Ende eines Jahrhunderte währenden Prozesses seinen Anfang.

Die Griechen konnten sich zwar gegen das orientalische Großreich der Perser behaupten. Aber sie konnten dies nur, weil eine Stadt in einer sehr günstigen Situation ihrer Geschichte die Voraussicht, die Mittel und den Willen aufzubringen vermochte, die dafür im entscheidenden Konflikt, bei Salamis also, erforderlich waren.

Da die Behauptung im Krieg aber die Befreiung der jonischen Griechen nach sich zog, konnte der Sieg nur ausgebaut und gesichert werden, indem diese Stadt Großmacht und schließlich Herrscherin über weite Teile Griechenlands wurde. In aller Eile und ohne Vorbereitung. Womit ein großer Teil der Poleis schon seine Unabhängigkeit verlor.

In diesem Prozeß scheint sich durchaus eine gewisse Zwangsläufigkeit abzuzeichnen. Aber nicht nur die der Erweiterung von Athens Macht, sondern auch die der Ausbildung der radikalen Demokratie, der Politisierung und Mobilisierung seiner Bürgerschaft, die über Jahrzehnte hin ein Ausmaß erreichte, das seinesgleichen sucht (und es auch in keiner »permanenten Revolution« findet). Und man sollte nicht vergessen, daß die ungeheure Neuigkeit der damit gegebenen Situation eine Herausforderung zur rationalen Durchdringung der ganzen Welt darstellte – weil keine der überkommenen Selbstverständlichkeiten mehr ausreichte, weil sie im Gegenteil zunehmend verbraucht wurden, so daß Unsicherheit, immer weiteres Ausgreifen und zugleich eine Intensität der Kultur entstand, die dieses Jahrhundert zu einem Abenteuer macht, wie kaum eines sonst es gewesen ist.

Perikles' Behauptung vom unsterblichen Ruhm Athens, wurde so in anderer Weise wahr, als sie bei Thukydides formuliert ist. Nicht nämlich durch seine Siege, die Zeugnisse, die es überall in Griechenland im Guten und im Bösen hinterlassen hatte, sondern durch all das, was hier an Antworten auf eine der ungeheuersten Herausforderungen der Weltgeschichte gefunden worden ist.

Allein, was immer spätere Zeiten diesem Athen verdanken und wie faszinierend es auch in ihm zugegangen sein mag, es war zugleich ein großes Ärgernis; und so großartig es seine Probleme meisterte, es litt längst an einer Überspannung seiner Kräfte. Fand es sich gar, woran Sophokles kaum denken konnte, in der Grundsituation des Königs Ödipus: wußte auch Athen nicht, wer es war – eine kleine Stadt nämlich, ein Kanton, auch wenn es sich noch so sehr als Großmacht gebärdete und vorübergehend auch tatsächlich fungierte?

Sollten die Kategorien der Tragödie zur Deutung seines Geschicks im Peloponnesischen Krieg gar die angemessenen sein – Anschauungen, die ja auch in Thukydides' Werk, so sehr er sie sich verbot, immer wieder durchschimmern? Sollte die »Verblendung«, in der einem Schlimmes als gut erscheint, in diesem Fall zusätzlich dadurch gegeben sein, daß das Weitergehen auf den längst eingeschlagenen, bewährten, also »guten« Wegen gefährlich wurde?

Gewiß sind die Kategorien des Historikers andere als die des Tragikers. Aber er könnte mit ihnen hier zu Ergebnissen gelangen, die von denen der Tragiker letztlich nicht so weit entfernt sind.

Der Nikiasfriede konnte schwerlich halten. Daß er ein utopisches, den Realitäten zu trotzen suchendes Unterfangen war, zeigt sich schon darin, daß man ihn auf länger als eine Generation, nicht auf dreißig, sondern auf fünfzig Jahre abschloß: Die maßgebend an ihm Beteiligten wollten so sehr den Frieden, weil sie das Empfinden hatten, daß er stark gefährdet war. Sie wollten das Unmögliche mit Hilfe einer Urkunde festnageln. Sie beschlossen um so mehr, je weniger sie Macht hatten, es auch in die Wirklichkeit umzusetzen.

Die attischen Kriegsziele, wie Perikles sie vorgezeichnet hatte, waren, dem Wortlaut des Vertrags nach zu urteilen, fast vollständig erreicht; die kleinen Vorteile, die den abgefallenen Städten im Norden der Ägäis eingeräumt wurden, konnten Athens Herrschaft nicht wirklich beeinträchtigen; auch die Tatsache nicht, daß es Platäa aufgeben mußte.

Sparta dagegen hatte sich fast auf der ganzen Linie als unfähig erwiesen, Athen merklich Schaden zuzufügen. Die Erfolge des Brasidas wurden von seiner Vaterstadt mehr oder weniger verleugnet: trotz der wenigen Trostpflästerchen, die die zu Sparta übergegangenen Städte erhielten.

Ja, es war Sparta nicht einmal gelungen, die eigene Vormachtstellung im Peloponnesischen Bund unbeschädigt zu erhalten. Denn obwohl es ausgereicht hätte, wenn die Mehrheit der Städte dem Frieden zustimmte, verweigerten sich Korinth und andere, ihn anzuerkennen. Und die verbündeten Böoter schlossen nur jeweils zehntägige Waffenstillstände mit Athen.

Folglich konnte Sparta auch die Bestimmungen des Friedens nicht ganz erfüllen. Der Gefangenenaustausch ging zwar reibungslos vonstatten, aber die Auslieferung von Amphipolis konnten oder wollten seine Beauftragten nicht vollziehen, und daraus wiederum schöpften die Athener Mißtrauen; sie werden wohl auch gewußt haben, daß eine ganze Gruppe in Sparta auf Wiederaufnahme des Krieges drängte. Jedenfalls räumten sie Pylos einstweilen nicht.

Nicht so sehr Frieden wie Unsicherheit, keine Ordnung, sondern ein Machtvakuum war also entstanden. Gerade die Schwäche Spartas machte den Zustand für mehrere seiner wichtigsten Verbündeten schwer erträglich. Sie mußten sich den Athenern preisgegeben fühlen, wenn die alte Führungsmacht des Peloponnesischen Bundes als deren Antipode ausfiel. Böotien und Megara waren unmittelbar bedroht, zumal auch innere Konflikte zwischen Demokraten und Oligarchen die Gewichte bei ihnen zugunsten Athens verschieben mochten. Die Korinther beklagten sich darüber, daß sie die verlorenen Pflanzstädte in Westgriechenland nicht zurückerhalten hatten.

Der Vertrag hatte zu sehr nur Spartas eigene Interessen berücksichtigt. Und es waren nur gewisse Kreise hier wie in Athen vorübergehend, indem sie die Kriegsmüdigkeit ausnutzten, imstande, den Frieden zu bewirken. Die inneren Verhältnisse der beiden Städte waren nicht gefestigt genug, als daß man sich auf ihn hätte verlassen können.

Er gehörte zu der eigenartigen Lage, in der der vorübergehende Verlust von 120 Vollbürgern und 172 anderen Kriegern von einer der beiden Großmächte nicht auszuhalten war. Einer Lage, in der offenbar die mutig ausgreifende Kriegführung des Brasidas eher ein Gruseln bereitete, als daß man daran hätte Maß nehmen können.

Je weniger der Frieden aber einleuchtete, um so weniger konnte Griechenland zur Ruhe kommen. Noch hatte es sich nicht ausgekämpft, trotz all des Schlimmen, das schon passiert war. Und da dem nicht so war, war der Wille, den neuen Zustand nicht anzuerkennen, besonders stark.

In dieser unsicheren Situation suchten die Enttäuschten und Gefährdeten unter Spartas Verbündeten neue Allianzen zwischen den alten Fronten, und es begann ein reges diplomatisches Spiel. Dabei rückte eine Zeitlang Argos in den Mittelpunkt des Interesses. Die Spartaner hatten schon versucht, den dreißigjährigen Frieden mit Argos zu verlängern, doch hatte Argos gefordert, sie müßten den alten Zankapfel, die Landschaft Thyreatis ausliefern; was sie nicht konnten, da damit die letzten Reste ihres Ansehens dahingeschwunden wären.

Argos war für griechische Verhältnisse eine recht große Stadt; die Zahl ihrer männlichen Bürger wird ungefähr 15 000 betragen haben, ihr Territorium war nicht klein. An sich war die Stadt der natürliche Verbündete für jeden, der etwas gegen Sparta ausrichten wollte, so auch für Athen am Ende der sechziger sowie in den fünfziger Jahren. Themistokles unterhielt enge Beziehungen dorthin. Die beiden Städte standen sich auch deswegen nahe, weil sie demokratisch verfaßt waren.

Doch waren die Argiver zu einer Politik, die ihrem Potential entsprochen hätte, nicht entschlossen genug. Ihre Bürger waren politisch vor allem von dem Wunsch beseelt, die Spartaner endlich zu schlagen und ihnen die Thyreatis wegzunehmen. Und sie wollten das auf herkömmliche Weise tun, in offener Hoplitenschlacht. Nur mißlang es ihnen regelmäßig. Und dann pflegten sie, auf dreißig Jahre wieder Frieden zu schließen. Es ist, wie wenn die Söhne derer, die zuletzt besiegt worden waren, ganz darauf hingelebt hätten, Rache zu nehmen; von Generation zu Generation.

In den neunziger Jahren wurde das argivische Aufgebot so vernichtend geschlagen, daß die Angehörigen einer bis dahin minderberechtigten Unterschicht, die offenbar nicht einmal zur Bürgerschaft gehörte, Beteiligung am Regiment erlangten – bis die Nachwachsenden so weit waren, daß sie sie zu verjagen vermochten. In den fünfziger Jahren kam es aber zu keiner großen Schlacht. Es nahmen nur tausend Argiver im Jahre 457 am Kampf der Athener gegen die Spartaner bei Tanagra teil. Im übrigen hielt die Stadt sich zurück und sie schloß dann auch als erste unter den athenischen Verbündeten um 450 einen neuen Frieden mit Sparta.

Jetzt bemühten sich die Korinther um einen Vertrag mit Argos, dann eine Gruppe von Spartanern, die auf das Ende des Friedens mit Athen hinarbeitete und meinte, wenn Argos Sparta nicht im Weg stünde, wären die Spartaner bereit, den Krieg wiederaufzunehmen. Sie veranlaßten auch, daß Sparta ein neues Bündnis mit Böotien schloß, obwohl sich dieses noch im Krieg mit Athen befand.

In all der Hektik und Unsicherheit aber wurden die Athener ungeduldig. Und es trat unter ihnen ein Mann in den Vordergrund, »der seinem Alter nach in jeder andern Stadt für noch recht jung gegolten hätte«, aber wegen seiner Ahnen hoch angesehen war, Alkibiades, Sohn des Kleinias. Er war gegen den Frieden mit Sparta gewesen und setzte jetzt ein übles Intrigenspiel in Gang, um die Athener mit Argos zu verbinden. Nikias wehrte sich mit aller Kraft, da er aber bei seinem Versuch, Sparta zur Aufgabe des Bündnisses mit Böotien zu bewegen, scheiterte, beschloß die attische Volksversammlung – im Zorn, wie Thukydides sagt – den Vertrag mit Argos, außerdem noch mit Mantinea und Elis, mit den drei Gemeinwesen auf der Peloponnes also, die damals in mehr oder weniger offener Gegnerschaft zu Sparta standen; und er sollte hundert Jahre gelten. Es entstand eine höchst unübersichtliche Situation. Athen war weiterhin mit Sparta verbündet. Korinth blieb mit Argos verbunden, trat aber der neuen Allianz nicht bei, behielt jedoch ein Defensivbündnis mit Elis, Argos und Mantinea und – hielt sich künftig wieder eher an Sparta. Das war die Lage im Jahre 420.

419 durchzog Alkibiades als Stratege mit kleinem Aufgebot die Gebiete der Verbündeten auf der Peloponnes und traf Verfügungen zur Befestigung des Zusammenhalts, vielleicht auch zur Stärkung ihrer militärischen Kraft. Er wollte auch, daß die Stadt Patras Lange Mauern ans Meer baute, doch konnten die Korinther und andere es verhindern. Argos wollte derweilen Epidauros erobern; es betrachtete die Stadt als Vorposten Korinths, sie beherrschte zudem eine günstige Route nach Athen.

418 marschierten darauf die Spartaner, die mit Epidauros verbündet waren, mit vollem Aufgebot gegen Argos; ihre Verbündeten aus Korinth, Megara, Böotien und anderswo stießen dazu, es sei »das schönste griechische Heer« gewesen, das bis dahin zusammengekommen war. Sie waren sicher, Argos zu besiegen, doch

fanden auch die Argiver, daß sie beste Aussicht auf den Sieg hatten. Argivische Gastfreunde Spartas aber vermittelten auf eigene Faust einen viermonatigen Waffenstillstand, während dessen alle Differenzen ausgeglichen werden sollten. Doch dann fand man in Argos, man dürfe die eigenen Bundesgenossen nicht verlassen, müsse vielmehr gegen Sparta kämpfen. Es kam zur Schlacht bei Mantinea, das Aufgebot der Verbündeten erlitt eine schwere Niederlage. Worauf Argos und Sparta wieder Frieden schlossen, jetzt auf fünfzig Jahre; der Status quo ante sollte gelten. Die Männer, die das in Argos vermittelt hatten, hofften, anschließend die Demokraten stürzen zu können.

Im Frühjahr 417 hatten sie, von Sparta unterstützt, Erfolg damit, aber nicht für lange, dann erhob sich der Demos, tötete von den Oligarchen die einen und verjagte die andern, und nun suchte man wieder ein Bündnis mit Athen; von Alkibiades unterstützt begann man zur eigenen Verteidigung Lange Mauern ans Meer zu bauen; alle mußten anpacken, Freie und Sklaven, selbst die Frauen; aus Athen kamen Maurer und Steinmetze. Doch im Herbst, bevor sie noch ganz fertig waren, fielen die Spartaner ein und zerstörten das Werk. Argos selbst blieb aber demokratisch.

Die ganze Geschichte dieser Verwicklungen lehrt eigentlich nur eines: Durch den schmählichen Friedensschluß der Spartaner war das Gefüge, das Machtsystem zwischen – und oft auch in – den Städten auf der Peloponnes und in Mittelgriechenland derart gestört worden, daß die verschiedensten Kräfte versucht waren, auf kühne und mehr oder weniger unüberlegte, höchst kurzatmige Weise neue Verhältnisse zu schaffen; zu ihrer Verteidigung, zumeist aber auch zu ihrem Gewinn.

Für alle Verträge galt, was Thukydides auch für die Innenpolitik festgestellt hatte: Man hielt sich daran, solange es einem paßte. Verläßlichkeit war kaum mehr gegeben, Verantwortung ein leerer Begriff. Jeder suchte seinen Vorteil ohne Rücksicht auf bestehende Regeln. Formen des Eides, des Vertrags, des Bündnisses waren nur noch leere Hülsen. Man konnte nicht auf sie verzichten, weil man sich gelegentlich mit andern einigen mußte; indessen hatten sie über den Moment hinaus überhaupt nichts zu bedeuten – und wie zum Hohn wurden die Verträge auf um so längere Fristen abgeschlossen.

Im Äußern wie im Innern war alles möglich. Man entschied sich je nach dem Augenblick. Im Grunde herrschte weithin eine Art von Panik. Entsprechend bei aller Geschäftigkeit, bei allen Listen und Tücken, die ununterbrochen ausgedacht wurden, große Ratlosigkeit.

Dann freilich kam am Ende auf der einen Seite wieder heraus, was vorher bestanden hatte: Die Vormacht Sparta kehrte in alter Kraft auf die politische Bühne zurück. Das Gegeneinander-Arbeiten, das es auch dort gegeben haben muß, war im gleichen Moment, da die Stadt ihre alte Politik wiederaufnahm, beendet (oder doch stark zurückgegangen). Die Frage war, was nun mit dem durch Athen gebrochenen, aber ja auch vorher schon von beiden Seiten nicht recht eingehaltenen Frieden werden sollte. Und: was in Athen weiter geschah.

Die Tatsache, daß Gemeinwesen demokratisch organisiert sind, stellt keine Garantie für vernünftige Politik dar. Wenn in ihnen eine erfolgreiche Politik zustande kommt, ist es oft nicht durch die Institutionen, sondern durch die wirtschaftliche und die internationale Lage bedingt, deren sie sich erfreuen können.

Im Athen des fünften Jahrhunderts war das zweifellos der Fall gewesen. Die Situation der Stadt hatte sich fast ständig verbessert. Die Verhältnisse ließen befähigte Politiker aufsteigen, und schließlich wollte das Glück, daß Perikles Autorität genug besaß, um mit seiner großen Phantasie und Urteilskraft die Stadt diszipliniert zu lenken, als es nach außen keine Expansion der Macht mehr gab. Auch damals ging freilich im Innern der Stadt wie des Seebunds vieles noch voran, und alles stand gut; alle Probleme waren ohne viel Aufregung zu erledigen.

Jetzt aber stellten sich andere Aufgaben. Es kam, wenn man den Frieden bewahren wollte, alles darauf an, daß wieder Vertrauen keimte, allererst zwischen Athen und Sparta, aber auch sonst. Die beste Voraussetzung dafür war die eigene Sicherheit und Macht. Doch daran mochte es in Athen bereits hapern; denn dazu war man auf die Verläßlichkeit der Herrschaft angewiesen. Allein, konnte man sich deren wirklich sicher sein? Ferner durfte man nicht aus jedem möglichen Anlaß Mißtrauen schöpfen, zumindest nicht unüberlegt reagieren. Man mußte mit hoher Kunst alle Befürchtungen und Störungen ausbalancieren, vorsichtig und entschieden; nur zur Not das ganze Gewicht Athens in die Waagschale werfen.

Wie aber sollte der kreuzbrave Nikias, der zwar manches für die Stadt geleistet hatte, sich aber vor jeder außerordentlichen Beanspruchung fürchtete und sich immer wieder den Rang ablaufen ließ, die Autorität gewinnen, auf der solche Politik allenfalls beruhen konnte – wenn er sie überhaupt zu konzipieren vermochte?

Wie konnte vor allem der attische Demos bereit sein, solch eine Politik zu tragen? Seine Ansprüche waren groß, seine Erfolgsgewöhnung außerordentlich. Die Befürchtungen, die er um die Sicherheit seiner Herrschaft hegen mochte, waren dergestalt in seine Mentalität eingebaut, daß sie ihn nicht zur Vorsicht, sondern zur Machtdemonstration, ja zur Machtausweitung anregten. Mindestens das eine, daß er seine Herrschaft nicht verstecken, sondern offen zur Schau tragen sollte, hatte ihn schon Perikles gelehrt. Aber auch das andere, der hohe Anspruch lag in seiner Tradition, und die Ungefestigtheit der Verhältnisse konnte seine Wünsche nur allzusehr beflügeln.

In dieser schwierigen Situation könnte es sich wirklich einmal – und zunehmend – störend bemerkbar gemacht haben, daß es eine große Menge kleiner Leute war, die in Athen die Politik bestimmte. Nicht weil sie, wie Thukydides gelegentlich einfließen läßt, sich verhalten hätten, »wie eben die große Menge es zu tun pflegt«. Es gibt genügend Beispiele dafür, daß der attische Demos es sehr wohl anders vermochte. Aber hier erwuchsen Probleme, auf die die Athener nicht vorbereitet waren; nicht die breite Menge, aber wohl auch die Kreise derer nicht, die am ehesten einen mäßigenden Einfluß hätten ausüben können.

Mit einem modernen Begriff könnte man fragen, ob in dieser Demokratie die »Rückkopplung« noch funktionierte, ob sie noch jene Fähigkeit besaß, auf sich wandelnde Herausforderungen mit Lernprozessen zu reagieren. Oder war sie inzwischen in einem »pathologischen Lernen« begriffen, so daß, was sie lernte, ihr Vermögen, weiterzulernen, eher lähmte? War dieser Demos vielleicht schon dabei, statt auf Bewahrung, auf Frieden zu setzen, wieder weiterzustreben auf den einmal eingeschlagenen Wegen, auf denen nurmehr scheinbar voranzukommen war?

Gerade dann, wenn man eine jahrzehntelange Geschichte des Erfolgs hinter sich hat, ist man ja oft besonders geneigt, alle Zeichen, die eine Richtungsänderung nahelegen, zu übersehen; also das Falsche für das Richtige zu halten. Die Vernunft Einzelner hat dann recht wenig Chancen gegenüber dem, was sich in den Verschränkungen gegenseitiger Meinungsbestätigung als öffentliche »Vernunft« im Sinne vorherrschender Grundannahmen behauptet.

Thukydides läßt Diodotos in der Mytilene-Debatte sagen, daß es kein Abwehrmittel gibt, »wenn die menschliche Natur mit Leidenschaft einer Tat zustrebt«. Das gelte für Einzelne und nicht weniger für ganze Städte, zumal wenn es, also in Athen, um das Größte, um Freiheit und Herrschaft geht, »und ein jeder im Verein mit allen andern auch wider vernünftige Erwägung sich selbst zu höherer Einschätzung zu steigern pflegt«.

Wer weiß schon, wann eine Erfolgsgeschichte am Ende ist? Und was den attischen Fall angeht: wie kann eine Bürgerschaft, die in einem so unerhörten Ausmaß politisch und militärisch mobilisiert ist, so leicht zur Ruhe kommen?

Wie wenig die attische Führungsschicht auf die neue Lage vorbereitet war, dafür gibt es einen Hinweis bei Platon. Er läßt in seinem »Laches«, der kurz vor 415 spielt, die Söhne des Aristides und des Thukydides, des Sohnes des Melesias, bemerken, ihre Väter seien zwar bedeutende Politiker gewesen, hätten ihnen aber nichts von ihren Fähigkeiten vermittelt, weil sie sie, als sie gerade halb erwachsen waren, sich selbst überließen. Daraus wollen sie die Lehre ziehen, es bei ihren Söhnen anders zu machen. Offenbar hatten sie ein starkes Gefühl eigener Unzulänglichkeit. Es spiegelt sich darin die Ratlosigkeit einer Generation, der das, was sie mitbekommen hat, angesichts völlig verwandelter Umstände nicht ausreichte, die aber auch ohne Lernfähigkeit war und entsprechend versagte, so daß die Jungen damals in ihrer Geringschätzung der Älteren »schon bei den Vätern den Anfang machten«. Es ist nicht ohne Ironie, daß die beiden Herren zunächst einmal daran denken, die Söhne in der Fechtkunst ausbilden zu lassen. Platon läßt auch Nikias an ihrem Gespräch beteiligt sein.

Es gab keine Erfahrungen für das, was damals anstand, keine sicheren Anhaltspunkte, an denen man sich hätte orientieren können. Selbst wer mit ungewöhnlichem Überblick, der Fähigkeit, alle Umstände genau zu berechnen, und mit großer Urteilskraft ausgestattet war, wäre vermutlich überfordert gewesen: Es hätte geradezu divinatorischer Einsicht bedurft, da alles so sehr in Bewegung war. Und die war bei keinem vorhanden. Gerade auch bei Nikias nicht, er scheint sich vielmehr an alten Vorbildern orientiert zu haben, etwa demjenigen Kimons und seiner Zusammenarbeit mit Sparta, die nach 480 sehr angebracht war, nach 421 hingegen höchst problematisch.

Dieses Ungenügen muß es gewesen sein, was die Politik des damaligen Athens so sehr versagen ließ. Aber, wie eben die guten Kreise es so zu tun pflegen, sie führten es statt dessen auf den Umstand zurück, daß jetzt Gewerbetreibende wie der »Gerber« Kleon oder der Lampenfabrikant Hyperbolos die Politik machten. Die aber waren im Zweifelsfall nur weniger vornehm, weniger gut nach alten aristokratischen Normen erzogen, weniger gehemmt, dafür vermutlich von Jugend an auf Tüchtigkeit getrimmt. Daher hatten sie den Aristokraten gegenüber neben vielerlei Nachteilen den Vorteil großer, rücksichtsloser Durchsetzungskraft.

Übrigens waren auch die andern, denen immer wieder die Schuld an der verhängnisvollen Politik Athens in den folgenden Jahren gegeben wird, die Sophisten, eher Sündenböcke. Denn sie suchten doch die intellektuellen Mängel zu beheben; wieweit sie, indem sie dies in den entscheidenden Punkten nicht vermochten, zugleich andere Mängel vergrößerten, ist sehr die Frage. Und wieder ein anderer, den ebenfalls das Problem der rechten Erziehung umtrieb und der seinerseits in der Politik nicht helfen konnte, war Sokrates.

So hatte die, wenn man so sagen darf, hemmungslose Zuversicht, genauer: die Unverfrorenheit, der versucherische Appell an die Größe der Stadt und ihrer Potenzen, die »Das-wäre-doch-gelacht«-Haltung von Männern wie Kleon die besten Chancen. Der Mann, der im Begriff war, in Kleons Fußstapfen zu treten, Hyperbolos, hatte bereits eine Flottenfahrt nach Karthago vorgeschlagen. Er hatte danach gegen den Frieden des Nikias opponiert, und auch seine Politik scheint darauf hinausgelaufen zu sein, dem Demos nicht nur Freundlichkeiten zu erweisen, sondern vor allem: ihm die eigene Lage, die eigenen Kräfte in möglichst günstigem Licht darzustellen. Wie es sich eben nach einer

Erfolgsgeschichte nahelegt. Wie wollte Nikias dagegen ankommen? Gewiß, er hatte seine Anhänger im Volk, er war dem Hyperbolos keineswegs einfach unterlegen. Aber konnte er auch eine langfristige Politik gegen Hyperbolos – und dann gegen Alkibiades durchhalten?

Alkibiades war die aristokratische Variante zu den Männern vom Schlage Kleons und des Hyperbolos. Keineswegs »besser« als sie, sondern im Gegenteil ein geradezu verruchter Mensch; aber sehr viel gescheiter, gebildeter, umfassender befähigt, wesentlich liebenswerter und gewandter. Er wußte ganz andere Register zu ziehen. Worum sie sich bemühten, das fiel ihm zu. Sein Denken, seine Zielsetzungen hatten einen ganz anderen Zuschnitt.

Er war um 450 geboren. Sein Urgroßvater Kleinias hatte sich als relativ junger Mann 480 dadurch hervorgetan, daß er auf eigene Kosten eine Triëre bemannt hatte, um mit ihr gegen die Perser zu kämpfen; sein Vater ist bei Koronea 447 gefallen. Seine Mutter entstammte den Alkmeoniden, den »berühmtesten Männern Athens«. Nach dem Tod des Vaters kümmerte sich sein Onkel Perikles um den Jungen.

Alkibiades war ein ungewöhnlich schöner, gutgewachsener, kräftiger Mann von außerordentlichem Charme. Er hatte sich nicht nur auf den Sportstätten, sondern auch bei den Sophisten trainiert, hatte sich zeitweilig Sokrates angeschlossen, der es sich angelegen sein ließ, sich viel und ausgiebig mit dem begabten, anmutigen jungen Mann zu unterhalten. Er muß ihm immer wieder auch ins Gewissen geredet haben. Und es muß keineswegs falsch sein, wenn es heißt, daß Alkibiades Sokrates nicht nur wie ein Schüler den Lehrer geliebt hat, sondern sich auch von seinen Worten beeindrucken ließ. Er war vermutlich ernsthaft bei der Sache.

Nur war er zugleich immer auch bei vielen anderen Sachen. Er fand unendlich vieles interessant, geriet ganz und gar in die geistige Bewegtheit der Zeit hinein, und das bedeutete: er trieb dies alles eher als geistigen Sport, als daß er dadurch zu handfesten, brauchbaren, vernünftigen Urteilen geführt worden wäre – oder gar seinen Charakter gebildet hätte. Freilich erwarb er sich glänzende Kenntnisse und bildete die Fähigkeit, Probleme scharf und phantasievoll zu durchdenken, aus, vermochte zudem bedeutende politische Konzeptionen zu entwerfen, war auch ein Stratege von großem Format.

Die Wachsten dieser Generation, die in den späten dreißiger Jahren begannen, in der Stadt umherzustreifen, überall auftauchten, wo Sophisten eingekehrt waren, und die deren Gespräche untereinander und mit den klugen Männern der Stadt in Palästren und anderswo fortsetzten – diese Jungen lernten sehr früh das Argumentieren; lernten, daß man die Dinge von dieser und von jener Seite sehen konnte, daß zu jedem Argument ein Gegenargument zu haben war – wie es ist, wenn eine ganze Welt sich plötzlich neu erschließt, wenn alle geistigen Hegungen niedergerissen werden, wenn man sich seiner Subjektivität bewußt wird – im Vergleich zu andern – und wenn man mit geistigen Waffen so zu fechten lernt wie mit denen aus Eisen.

Sie nahmen an der Vielfalt der geistigen Experimente vollen Anteil. Die einfachen Wahrheiten stimmten nicht mehr, weder die aus der archaischen Zeit überkommenen, die so lange durchgehalten hatten, noch die neuen, zu denen die Generationen des Kleisthenes, Themistokles, Kimon und Perikles sich vorgearbeitet hatten – die einfachen Wahrheiten der Isonomie, der Demokratie, der Verteidigung der Stadt, des selbstverständlichen Dienstes an ihrer Größe. Sie waren als Antwort auf vielerlei Bedürfnisse entstanden. Es war darum gegangen, die Macht und die Sache neuer Kräfte zu formulieren und auszubauen; die Sache der Polis, schließlich ihre Herrschaft. Man hatte außer an das Herkommen an deutlich sich abzeichnende Realitäten anknüpfen können; man saß der Realität dicht auf, auf die und deren Veränderung sich alle Ingeniosität des Denkens unmittelbar bezog.

Jetzt dagegen war man in große Distanz geraten. Jetzt galt es, alles neu zu überdenken. Die Möglichkeiten überwucherten die Wirklichkeit. Die Wirklichkeit hatte ihre Eindeutigkeit verloren, weil so vieles als möglich erschien. Die Gesetze und Konventionen waren fragwürdig. Ob die Demokratie das Richtige war, konnte durchaus bezweifelt werden. Es gab interessante Argumente für die Oligarchie oder für anders konstruierte Ordnungen. Es gab auch Argumente, die dafür sprachen, daß der überragende Einzelne von Natur ein Recht darauf hätte zu herrschen wie eben der Löwe in der Tierwelt. Schließlich schien »Natur« das einzig Feste zu sein, woran man sich halten konnte.

Da genoß man das Glück des Neuen, die neuen Perspektiven und Durchblicke, die neuen Äußerungsformen, Streitigkeiten im Symposion, aber auch im Gericht, und man genoß die Macht. Nicht so sehr gediegene Erkenntnis und Urteilsbildung stand auf der Tagesordnung, vielmehr der geistige Wettkampf in einer von Beliebigkeiten erfüllten Arena.

Und Alkibiades war einer der am meisten Umschwärmten in der überschäumenden jeunesse dorée jener Tage, voller Übermut, voller Mutwillen auch, und man konnte ihm so leicht nichts übelnehmen. Er wird immer wieder der Erste in den Debatten gewesen sein, mit seinem frischen Verstand, seiner Aufgeschlossenheit und seinem Charme. Die Weise, in der er Perikles mit seinen Fragen zu Demokratie und Gesetz in die Enge drängte, war gewiß, auch wenn der Dialog erfunden ist, charakteristisch. Es durfte, es mußte alles in Frage gestellt werden. Nichts war festgelegt. Unvoreingenommenheit in jeder Richtung wurde erwartet und erreicht.

Es scheint sich damals – zumindest in der Oberschicht – eine weite Kluft zwischen den Generationen aufgetan zu haben. Die meisten der Älteren fanden die Jüngeren schon in einer anderen Welt. Sie hatten ihnen schon bald nicht mehr viel zu sagen. Ihre Kritik wird wenigstens dort, wo ein gewisser Trotz, eine gewisse Aufmüpfigkeit vorhanden war, nicht viel bewirkt haben – jedenfalls nicht in dem Sinne, daß sie die Jüngeren auf ihre Weise zum Nachdenken gebracht hätten. Es potenzierte sich die Freiheit, in der Athen ohnehin nach Perikles seine Jugend aufwachsen ließ.

»Fremde Menschen aus einer Zeit, die erst kommen wird«, nennt Doktor Skowronnek in Joseph Roths Radetzkymarsch seine eigenen Kinder. So konnten es die Griechen nicht formulieren, weil sie nicht meinten, andere Zeiten kämen. Aber ob sie nicht zu ähnlichen Folgerungen gelangten wie der Doktor: »Man kann keine Verantwortung tragen«? Früher, als alles gesichert war, da ging das, aber heute? »Und deshalb soll man alles gehen lassen, jeden seinen eigenen Weg«.

Alkibiades unterlag mehr als die andern einem überaus starken Bedürfnis aufzufallen. Die Aufmerksamkeit, die seine Schönheit und Anmut erweckten, reichte ihm bei weitem nicht. Er kultivierte einen leichten Sprachfehler, den er wohl hatte, indem er bewußt – und liebenswürdig – lispelte; die Komödie imitierte es gern. Er war für die langen, über den Boden streifenden Purpurgewänder bekannt, die er gelegentlich trug wie eine Frau. Auf seinem Hopliten-Schild brachte er seltsamerweise einen kleinen Eros an, der statt mit leichtem Bogen mit dem Donnerkeil des Zeus ausgerüstet war. Einmal kaufte er für die exorbitante Summe von 7 000 Drachmen (für die er vierzig Sklaven bekommen hätte) einen überdimensional großen Hund, den schönen Schwanz des Tiers aber schnitt er ab, und als Freunde ihn fragten, warum – allen Leuten täte das leid –, meinte er, das gerade sei seine Absicht: so käme er noch stärker ins Gespräch.

Der unerhörte Prunk, den er bei seinen Choregien entfaltete, und die Vielzahl seiner Liebesaffairen fallen im Bild dieses Mannes gar nicht weiter auf. Das Bemerkenswerteste, was er sich außerhalb der Politik leistete, war sein großer Rennstall. Sieben Viergespanne ließ er 416 in Olympia starten, desgleichen hatte noch nie ein Privatmann getan. Sie errangen den ersten, den zweiten und den vierten Platz. Der Ruhm dieser Gespanne hatte schon vorher die Runde durch Griechenland gemacht; große Städte des »Seebunds« eiferten deshalb, vielleicht auch aus politischen Gründen, darum, an ihm teilzuhaben, indem sie Alkibiades halfen, bei dieser Gelegenheit groß hervorzutreten: Ephesos stellte ihm ein prächtiges persisches Zelt, doppelt so groß wie dasjenige, das die offiziellen Gesandten Athens beherbergte; Chios sandte Futter für die Pferde und Schlachtvieh für Opfer und Bewirtungen, zu denen Lesbos den Wein und anderes beisteuerte.

Doch wenn dies nur maßlose Übersteigerungen des Üblichen waren, so scheint er sich anderem geradezu mit Mutwillen hingegeben zu haben: Mit »jenem Belieben, es darauf ankommen zu lassen, wohin die Dinge tragen, in dem blindes Vertrauen und Gleichgültigkeit zu der Lust sich verbinden, ohne viel um sich zu schauen, dem eigenen Impuls sich hinzugeben«, mit jenem Gemisch also von Wagemut und williger Ergebenheit, das wir Mutwillen nennen, scheint er darangegangen zu sein, seine Möglichkeiten auszuloten.

416 beantragte er etwa in der Volksversammlung, die Männer der Stadt Melos zu töten, Frauen und Kinder als Sklaven zu verkaufen – um dann selbst eine dieser Frauen zu erwerben, sich der Liebe zu ihr zu ergeben und mit ihr ein Kind zu zeugen. Ein unbekannter Autor der Zeit meint, wenn die Athener so etwas auf der Bühne gesehen hätten, hätten sie es für eine Ungeheuerlichkeit gehalten, in der Wirklichkeit aber, bei Alkibiades, hätten sie es hingenommen, ohne sich viel dabei zu denken.

Agatharchos, einen der bekanntesten Maler der Zeit, hat Alkibiades regelrecht gefangengesetzt – und erst wieder freigelassen, als er schöne Gemälde für sein Haus geschaffen hatte. Und Alkibiades' überaus reicher Schwager Kallias erklärte eines Tages vor der Volksversammlung, falls er kinderlos sterbe, vermache er sein Vermögen der Polis; er fürchtete, daß Alkibiades ihm nach dem Leben trachtete; immerhin überstiegen seine Ausgaben die Einnahmen um vieles.

Nicht anders aber als im Privatleben meinte er, in der Polis und mit der Polis alles mögliche ausrichten zu können, was andern phantastisch vorkam. Sein maßloser Ehrgeiz sollte sich vor allem in der Politik entfalten, und das mußte möglichst spektakulär sein. Seine Chancen standen gut, neben seiner Herkunft, seinen rhetorischen Fähigkeiten, seinem Verstand, seinem gewinnenden Wesen hatte er jene Bedenkenlosigkeit, die Nikias und anderen abging – und die ihn befähigte, was er sich in den Kopf gesetzt hatte, ohne viel Skrupel, sondern mit Entschiedenheit durchzufechten. Daß er nicht viel Augenmaß hatte, war zunächst nicht weiter schlimm, weil seine kühnen Berechnungen in der Offenheit der Lage gute Chancen hatten – in der Volksversammlung, nicht unbedingt in der Wirklichkeit des Krieges. Daß er verschiedentlich auch scheiterte, scheint ihn nicht entmutigt zu haben, sei es, weil er es sich nicht eingestand, sei es, weil seine Vorhaben etwas Spielerisches hatten.

Die hohe Meinung, die der verwöhnte Mann von sich hatte, seine Eitelkeit, sein Mutwille und jene ungemeine Verletzlichkeit, die gerade diejenigen auszeichnet, die mit Verachtung und Beleidigung anderer nicht kleinlich sind, das alles bewährte er auch im Politischen – und es verband sich mit seiner Genialität.

Seine Wendung gegen den Nikiasfrieden erklärte sich daraus, daß die Spartaner ihn eben mit Nikias' Hilfe ausgehandelt hatten und nicht mit der seinen. Man hatte ihn seiner Jugend wegen übergangen. Dabei hatte er die alte Gastfreundschaft seiner Familie zu Sparta, die sein Großvater aufgegeben hatte, wiederbegründet. Da Alkibiades sich nicht für voll genommen fühlte, agitierte er gegen den Frieden und anschließend für das Bündnis mit Argos. Vielleicht wollte er nur seine Möglichkeiten ausprobieren, wollte versuchen, was Aristophanes in seinen »Rittern« durchexerziert hatte: den mächtigen Demagogen Hyperbolos mit seinen eigenen Waffen zu schlagen. Jedenfalls hatte er in Athen Erfolg und vermochte in der Peloponnes eine Menge zu bewirken, was ihm gefiel – auch wenn am Ende fast alles wieder zusammenbrach.

Thukydides läßt ihn in einer Rede sagen, es sei nichts Unrechtes dabei, wenn einer, der stolz ist auf sich selbst, nicht Gleicher unter Gleichen sein möchte. Weit entfernt davon, die Zurückhaltung seines Onkels Perikles zu üben, wies er darauf hin, daß seine Rennsiege Beweise der Macht Athens seien, ganz Griechenland habe daraus ersehen, daß die Stadt nicht, wie man allgemein angenommen hatte, durch den Krieg zutiefst geschwächt sei. Ähnlich wie Perikles berief er sich auf den Glanz, welcher unter den Zeitgenossen Neid, für die Zukunft aber Ruhm einbringe. Nur daß Perikles dabei an Athen dachte, Alkibiades an sich selbst.

Überhaupt glich dieser Mann seiner Vaterstadt, dem perikleïschen und nachperikleïschen Athen auf frappierende Weise: seine Rücksichtslosigkeit, Ungebundenheit, Selbstbezogenheit, auch die Weise, ganz die eigenen Wege zu gehen – das alles war so athenisch wie die großen Fähigkeiten, die er dabei an den Tag legte. Er war übrigens ein tapferer Krieger. Vielleicht zeigte er auch den »Ernst, womit man sich beleidigt stellt, wenn man beleidigt hat«, den Aristophanes damals einmal als echt athenisch bezeichnet.

Den Weg, den er der Stadt vorzeichnen wollte, hat Thukydides so formuliert: »Wir haben nicht die Möglichkeit, sparsam zu bemessen, wieweit wir Herrschaft üben wollen, sondern, da wir zu dieser Machtstellung aufgestiegen sind, ist es unumgänglich, gegen die einen Anschläge zu planen, die andern nicht hochkommen zu lassen. Denn es besteht Gefahr, daß wir von andern selbst beherrscht werden, wenn wir nicht über andere herrschen.«

Die Stadt dürfe nicht in träger Ruhe verharren, sich selbst verzehren, die Kenntnisse und die Fähigkeiten aller würden sonst vergreisen. Sie müsse voranschreiten, wie sie es immer getan hatte, dann werde sie immerfort neue Erfahrungen gewinnen. Das sei ihre Art.

In solchem Sinn hat dieser Mann in einer Zeit, die vor lauter Gedanken ratlos war, gewirkt, hat Erfolge gehabt und Mißerfolge, der Stadt genützt und sie verraten. Und sie hat ihn, wie es später bei Aristoteles heißt, »geliebt und gehaßt und ist von ihm nicht losgekommen«.

Alkibiades konnte die Volksversammlung keineswegs einfach dominieren. Er war nur einer von drei Politikern, die sich damals an erster Stelle um deren Gunst bemühten. Man erfährt das bei Gelegenheit eines eigenartigen Vorfalls im Jahre 417. Damals beantragte Hyperbolos, daß ein Ostrakismos veranstaltet werde, wobei er hoffte, daß auf ihn selbst die wenigsten Stimmen entfielen, so daß entweder Nikias oder – wohl besser noch – sein unmittelbarer Rivale Alkibiades die Stadt für zehn Jahre hätte verlassen müssen. Da hätten sich die beiden verbündet und ihre Freunde und Gefolgsleute vereint. So konnten sie sich gemeinsam des Lampenfabrikanten, dieses »schlechten Menschen« entledigen.

Man weiß nicht, wie groß und vor allem: welcher Art diese Gefolgschaften waren. Wurden zu ihnen außer unmittelbaren Freunden nur diejenigen zusammengezählt, die vornehmlich diesem oder jenem zuneigten? Waren es entschiedene Anhänger einer bestimmten Politik wie einst diejenigen, die Thukydides in der Volksversammlung geschlossen Aufstellung nehmen ließ? Das Problem übrigens, dem er dadurch begegnen wollte, bestand auch für Nikias. Wir hören jedenfalls, daß er, als es um den Beschluß zur sizilischen Expedition ging, die »Älteren« eigens aufforderte, sich nicht zu schämen, wenn »irgendeiner von diesen da – sprich: den unternehmungslustigen Jungen – neben ihm sitzt«, sie sollten vielmehr nicht den Vorwurf der Mattherzigkeit scheuen, sondern mit Nein stimmen. Damals freilich standen sich nurmehr Alkibiades' und Nikias' Anhänger gegenüber. Vor allem fragt es sich, welchen Anteil solche »Gefolgschaften« an der Gesamtzahl derer hatten, die regelmäßig oder verschiedentlich die Volksversammlungen besuchten.

Der Erfolg der Abstimmung gegen Hyperbolos spricht für einen relativ großen Anteil. Dagegen deuten manche Abstimmungsergebnisse darauf, daß für verschiedene Politiker die Chance bestand, sich durchzusetzen. Wahrscheinlich gab es zwar weitverbreitete Sympathien für die einzelnen Politiker, gewisse Grundrichtungen, in denen viele, die ihnen anhingen, übereinstimmten (und sei es dem Temperament nach), aber zugleich viel Beweglichkeit; Bereitschaft, bald dem, bald jenem zu folgen, je nach dem Thema, um das es ging, nach den Argumenten, die vorgebracht wurden, und den Suggestionen, denen Mehrheiten in größeren Versammlungen gern einmal erliegen.

Im Jahre 417 war Alkibiades wieder Stratege. Er fuhr mit 20 Schiffen nach Argos und nahm dort 300 Männer fest, die im Verdacht standen, Freunde Spartas zu sein; sie wurden auf Inseln gebracht, die Athen unterstanden, vermutlich auf die Kykladen.

Im gleichen Jahr wollten die Athener die Insel Melos zum Anschluß an ihren Bund zwingen. Sie scheinen das früher schon einmal getan zu haben, inzwischen aber hatte sich die Insel wieder losgesagt und war neutral, trotz aller Neigung zu Sparta, von dem aus sie einst besiedelt worden war. Diese Neutralität aber mitten in der Ägäis war den Athenern ein Dorn im Auge.

Daher schickten sie ein Kontingent von nahezu 3 000 Mann. Die Befehlshaber wollten, daß die Stadt sich friedlich ergebe. Sie schickten Gesandte, welche die Melier aber nicht vor dem Volk sich äußern lassen wollten, sondern im kleinen Kreis der Beamten und einiger weiterer einflußreicher Männer empfingen.

Den Dialog, der sich dort entspann, hat Thukydides zu einer der großartigsten Manifestationen zynischer Machtpolitik ausgearbeitet.

Die Athener stellen fest, über Recht und Unrecht ihrer Herrschaft und ihrer Forderungen an Melos wollten sie nicht sprechen. Sie nehmen die eher konservativen, frommen Melier, die sich auf ihrer Insel einiges an Ehrgefühl und Redlichkeit bewahrt hatten, gleich für ihr eigenes Denken in Anspruch und erklären, sie wollten ausgehen von dem, was sie beide in Wahrheit dächten;

die eine Seite wüßte so gut wie die andere, daß Recht nur dort der ausschlaggebende Gesichtspunkt sei, wo gleiche Kräfte einander gegenüberstünden, andernfalls täten die Überlegenen, was ihnen möglich sei, und die Unterlegenen nähmen es hin.

Es gehe hier ganz einfach um Fragen des Nutzens. Athen finde es vorteilhaft, Melos seinem Reich einzuverleiben, und beider Nutzen bestehe nun darin, daß die Stadt gerettet würde, was hieß, sich nicht zur Wehr setze, sondern in ihr Schicksal sich füge. Was immer die Melier dagegen einwenden, weisen die Athener zurück. Die Männer von der Insel sehen zum Beispiel nicht ein, warum es nicht genüge, daß sie Freunde Athens seien, ohne sich ihm gleich zu unterwerfen. Worauf sie zu hören bekommen, wenn die Athener sich damit zufriedengäben, sei das ein Zeichen ihrer Schwäche. Sie brauchten vielmehr den Haß, weil der ihre Stärke bezeuge. Eine selbständige Insel innerhalb der Ägäis könnten sie sich nicht leisten.

Als die Melier bekunden, sie hofften auf den Beistand der Götter, weil sie sich mit bestem Recht gegen Nicht-Gerechte verteidigten, antworten die Athener, in der rechten Gesinnung gegenüber dem Göttlichen stünden sie nicht hinter ihnen zurück. Sie handelten vielmehr ganz in dessen Sinne. Denn das sei schon immer so gewesen, daß jeder über das herrsche, wessen er sich bemächtigen könne. Unter den Menschen sei das sicher, nach ihrem Dafürhalten aber verhalte es sich unter den Göttern nicht anders. Schließlich wirke hier ein Zwang der Natur. Die Melier würden, wenn sie in die Lage der Athener kämen, das gleiche tun.

Die Hoffnung der Melier auf den Beistand Spartas finden die Athener – und in diesem Punkt haben sie in der Tat recht – höchst unbegründet. Sie formulieren, und dabei meinen sie Melos so gut wie Sparta, nur die Ausrichtung am Nutzen gehe mit der Rücksicht auf die eigene Sicherheit Hand in Hand. Das Gerechte und Gute dagegen zu vertreten sei mit Gefahren verbunden, und Gefahren auf sich zu nehmen, also einen Kriegszug zu wagen, seien die Spartaner gar nicht leicht geneigt.

Schließlich sollten die Melier auch auf ihr eigenes Ehrgefühl nichts geben. Das verlocke einen nur ins Unglück. Es sei keine Schande, sich der größten Stadt Griechenlands zu unterwerfen. Die athenischen Forderungen seien maßvoll. Athen lasse ihnen den Besitz ihrer Insel, sie müßten sich nur eben fügen.

Die Melier lehnen dies ab, sie wollen ihrer Stadt, die 700 Jahre lang besteht, nicht im Handumdrehen die Freiheit nehmen. Sie vertrauen auf die Hilfe der Götter und der Menschen, also der Spartaner.

Die Belagerung dauerte einige Monate, erst im Frühjahr 415 konnte sie abgeschlossen werden. Sie hatte – aufgrund des von Alkibiades beantragten Volksbeschlusses – das schon bekannte Ergebnis. Kein anderes als in so manchem anderen Fall. Und doch läßt Thukydides es den Leser ganz anders erleben; auch als bitteren Hohn auf alles, was für die Melier in ihrer Griechenart jahrhundertelang – und mit Recht – gegolten hatte.

Die Großmacht schlug zu mit keiner andern Begründung, als weil sie es so wollte. Sie fühlte sich stark, nur eben nicht stark genug, um die Neutralität einer kleinen Insel, 161 Quadratkilometer groß und mit einer Bevölkerung von vielleicht 1 500 Männern, zu ertragen. Den Haß, den Perikles einst bedauernd in Kauf genommen hatte, hielt sie geradezu für notwendig, für erwünscht. Sie wähnte sich in Übereinstimmung mit der Natur, mit Gesetzmäßigkeiten, die unter Menschen, ja unter Göttern galten. Euripides hatte das Unrecht in der Welt als Einwand gegen die Existenz von Göttern genommen; die attischen Gesandten in Melos machten die Götter nicht nur zu Zeugen, sondern geradezu zu Genossen ihres Unrechts. Keine Spur mehr von dem Bewußtsein, daß Macht, wenn sie von Dauer sein sollte, Grenzen brauchte, wie es einst Aischylos im Prometheus gezeigt hatte. Zurückstecken war unmöglich. Wo andere sich natürlich auch nicht immer an die Gebräuchlichkeiten hielten, diese aber zumindest äußerlich respektierten, tat Athen sich etwas darauf zugute, deren bedenkenlose Mißachtung offen zu proklamieren. Es war nur die Steigerung der offenen Machtdemonstration durch Perikles. Man fragt sich vergeblich, was an Entlarvendem die Athener hier nicht vorgebracht haben.

Im Winter 416/5 war Athen zugleich mit Beratungen darüber beschäftigt, ob es seinen sizilischen Verbündeten zu Hilfe kommen sollte. Segesta war von Selinunt bedroht; seine Gesandten stellten in Aussicht, eine attische Expedition zu finanzieren; Geld sei reichlich vorhanden. Aber das war nur die äußere Veranlassung. In Wirklichkeit ging es darum, die Insel zu erobern. Und die treibende Kraft scheint wiederum Alkibiades gewesen zu sein. Er fand viel Anklang.

Während Thukydides lakonisch feststellt, die meisten Athener hätten keine Ahnung davon gehabt, wie groß Sizilien sei – ein Lastschiff brauche kaum weniger als acht Tage, um es zu umfahren –, berichtet eine andere Quelle, die Sache sei ihnen so zu Kopf gestiegen, daß die Jungen in den Palästren, die Alten in den Werkstätten und auf den halbrunden Sitzbänken, die in der Stadt aufgestellt waren, sich hingesetzt hätten, um die Umrisse der Insel aufzuzeichnen. Beides wird richtig gewesen sein, denn solch eine Insel sieht ja auf der Zeichnung gar nicht so groß aus. Man soll die Häfen und Orte an der Südküste, Afrika gegenüber, markiert haben, denn Alkibiades hatte auch auf Karthago, die alte phönizische Kolonie im heutigen Tunis, begehrliche Blicke geworfen – im allgemeinen Fieber, in dem die Stadt sich befand, scheint das eingeleuchtet zu haben. Die Bürgerschaft von Syrakus wird damals etwa 20 000 bis 25 000 Männer umfaßt haben.

Wohl schickte man zunächst einmal eine Gesandtschaft, um zu sehen, ob die Männer von Segesta nicht zu viel versprochen hatten. Und die brachten 60 Talente, den Monatssold für 60 Schiffe in ungemünztem Silber mit, hatten sich aber über den Reichtum der Stadt gründlich täuschen lassen. Hatten zum Beispiel nicht bemerkt, daß sie in den verschiedensten Häusern mit dem gleichen prächtigen goldenen und silbernen Geschirr (das zum Teil aus den Nachbarstädten ausgeliehen war) bewirtet worden waren. Man scheint ihnen wer weiß was vorgeführt, scheint sie in beste Stimmung versetzt zu haben. Und allzu viele waren bereit, auf die verlockenden Reden zu hören. Die Athener beschlossen, 60 Schiffe auszusenden, und benannten als Feldherrn Alkibiades, Nikias und den alten, schlichten, aber erfahrenen, von der Komödie gern verspotteten Militär Lamachos, den Sohn des Xenophanes. Sie sollten Segesta gegen Selinunt helfen, sollten nach Möglichkeit die Stadt Leontinoi neu besiedeln (die die Syrakusaner zerstört hatten) »und im übrigen tun, was ihnen für Athen am besten erschien«.

Vier Tage später fand eine zweite Volksversammlung statt, in der über das Aufgebot beraten werden sollte. Nikias, der die ganze Expedition für einen großen Fehler hielt und zu seinem

Unwillen damit betraut war, suchte die Athener zu bewegen, den Beschluß nochmals zu überdenken. Der Friede im Mutterland sei alles andere als sicher. Man dürfe seine Kräfte nicht verzetteln. Wenn etwas fehlschlüge, hätte man gleich die alten Feinde wieder auf dem Hals. Siege man aber, so könnte man die Insel jedenfalls nicht behaupten. Wozu dann also der ganze Zug? Er schloß mit einer Polemik gegen Alkibiades und die Jüngeren, die diesen durch ihre Zurufe noch anspornten.

Von den folgenden Rednern schlossen sich nur wenige Nikias an. Alkibiades verteidigte sich gegen die Vorwürfe. Damals erklärte er, nach Thukydides, daß es kein Unrecht sei, wenn er nicht Gleicher unter Gleichen sein wolle. Die Macht der Sizilianer aber solle man nicht überschätzen. Soviel er gehört habe, hätten sie nicht so viele Hopliten, wie es immer heiße, und sie seien auch nicht in der Lage, gemeinsam zu kämpfen und ihr Land zu verteidigen. Außerdem könnte man gegen die wichtigste, an der Westküste herrschende Stadt, Syrakus, eine ganze Menge Verbündete im Lande gewinnen. Es folgten, wie Thukydides die Rede wiedergibt, die Hinweise auf die Notwendigkeit, daß Athen seinen Bräuchen treu bleibe, also immer weiter ausgreife.

Die Peloponnesier aber brauche man nicht zu fürchten. Der Beweis attischer Macht, den die Expedition darstelle, müsse sie einschüchtern. Wieder, wie so oft, sollte Athen durch Überraschung Macht entfalten. Und wenn man die sizilischen Griechen hinzugewinne, so könne man wahrscheinlich die Herrschaft über ganz Griechenland bekommen, zumindest aber viel Nutzen daraus ziehen. Die Beherrschung der See erlaube es den Athenern, frei zu entscheiden, ob und wie lange sie dort bleiben wollten. Anscheinend hatten sie also die freie Wahl.

Ältere und Jüngere sollten, wie das in Athen auch zuvor schon der Fall gewesen sei, zusammen die Stadt »voranbringen«; und dann folgt ein vieldiskutierter Satz: »Bedenkt, daß Jugend und Alter ohne einander nichts ausrichten, vereint aber das Geringe, das Mittlere und das ganz Gewissenhafte in ihrer Mischung das meiste vermögen.« Wir haben verschiedene Belege dafür, daß damals das rechte Zusammenwirken, die »Mischung« zwischen den Teilen der Stadt angesichts möglicher Gegensätze stark verfochten wurde. Gerade in der Demokratie sollte es der Fall sein (statt daß nur die Armen über die Reichen herrschten). Das Ideal der

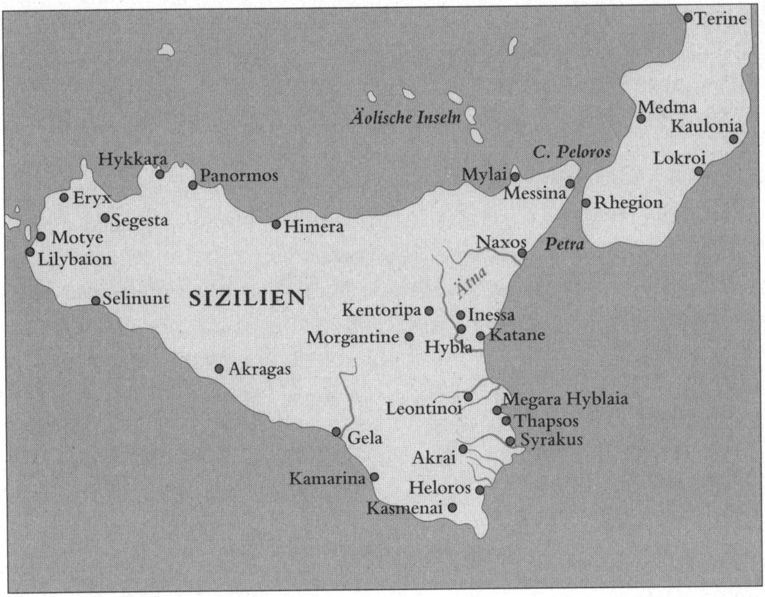


*Sizilien*

Mischung wurde auch von den Medizinern immer wieder betont, sei es, daß es sich um die Teile des Körpers, sei es etwa, daß es sich um Klimazonen handelte.

Aber wer sind die drei Elemente, von denen Alkibiades hier spricht? Und wie verhalten sie sich zu der Polarität zwischen Alt und Jung? Das »ganz Gewissenhafte« (*tò pány akribés*), das es streng, ernsthaft und genau nahm, war die Sache des Nikias; es könnte so gut die Oberschicht wie die Älteren meinen. Das »Geringe« (*tò phaûlon*), das auch als das Gemeine, das Einfache übersetzt werden könnte, zielte auf die unteren Schichten, hingegen nicht auf die Jugend – es sei denn, Alkibiades meine es ironisch für die »Kleinen«, die »Jungen«. Soll mit dem Hinweis auf die Mischung der drei Elemente also nur darauf Bezug genommen werden, daß Mischung überhaupt gut ist – um den Gedanken dann auch auf Alt und Jung anzuwenden? Oder steht das »Gemeine« zugleich für das breite Volk und für die jungen Herren um Alkibiades, die es auf ihrer Seite haben, die politisch ihm zuzurechnen sind, in jener Kombination zwischen hochgebildeten Aristokraten und »Volk«, die aktuell wurde, als Alkibiades die Männer vom Schlage des Kleon und Hyperbolos mit ihren eigenen Waffen schlug? So ist es jedenfalls, angesichts der so außerordentlichen Verdichtung, die die Sprache des Thukydides auszeichnet, die wahrscheinlichste Lösung.

Nicht lange zuvor hatte Euripides den König Theseus in seinen »Hiketiden« all das rühmen lassen, was »der Gott« den Menschen geschenkt hat zum Leben – so daß diejenigen unrecht haben, denen das nicht genügt. Doch die Menschen halten sich für weiser als die Götter und streben nach immer mehr. Er hält dem argivischen König Adrast vor, daß er sich von ehrgeizigen jungen Männern verführen ließ, die, »nach Ehre verlangend, ewig ohne Recht den Krieg erneuern, dem Volk zum Unheil«. Seine Mutter freilich hält ihm vor, Städte wüchsen in der Mühsal, solche, die sich ruhig und im Dunkeln hielten, stünden auch in trübem Ansehen. Schließlich kommt Theseus seinerseits auf drei Schichten zu sprechen, meint aber, die Reichen wie die Armen seien dem Lande nichts nütze, die Mittleren retteten die Stadt, auch die Demokratie. Bei Alkibiades hingegen werden sie nur der Vollständigkeit halber erwähnt.

Neben die Unterscheidung von Hoch und Niedrig trat also die von Jung und Alt; die weite Kluft zwischen den Generationen verschärfte sich zu einem Konflikt; und die jüngeren, gebildeten Angehörigen der Oberschicht, deren Herz gar nicht so unbedingt für die Demokratie schlug, waren eben deswegen stärker, weil in Athen ein Demos herrschte, der die Kraft der Stadt eher über- als unterschätzte. Alkibiades' Beschwörung des Zusammenwirkens der verschiedenen Elemente sollte dann aber trotzdem wahr werden.

Da Alkibiades – zusammen mit den flehentlich bittenden sizilischen Gesandten – die Athener überzeugte, unternahm Nikias schließlich einen letzten Versuch, sie dadurch von ihrem Vorhaben abzubringen, daß er ihnen deutlich machte, mit was für Gegnern sie es zu tun, mit welchem Aufwand von Kräften sie ihnen also zu begegnen hätten. Viele große Städte, unabhängig voneinander, keine in einer solchen Situation, daß größere Kräfte auf Umschwung sännen. Große Land- und Seestreitkräfte, besonders hervorragend die Reiterei. Und das Land fremd, die Entfernung groß. Im Winter konnte ein Bote leicht vier Monate brauchen, bis er ankam.

Man benötige nicht nur viele Schiffe, Soldaten und eine große Menge Geld, sondern müsse auch Weizen, geröstete Gerste mitschicken, ja Bäcker dienstverpflichten. Selbst wenn die athenische Armee überlegen wäre, würde es schwer genug werden, zu siegen. Man dürfe möglichst nichts dem Zufall überlassen. Wer anderer Meinung sei, dem trete er gern sein Kommando ab.

Doch wenn eine Menge Menschen zu etwas entschlossen ist, dann können die Gegenargumente sie nur bestärken. Man meinte nun auch zu wissen, wie der Sieg gesichert werden könnte. Die Begeisterung war allgemein. »Alle ohne Unterschied befiel ein leidenschaftliches Verlangen, die Ausfahrt zu unternehmen: die Älteren in der Meinung, sie würden entweder die Mächte, gegen die sie ausführen, unterwerfen, oder eine so große Streitmacht würde wenigstens keinen Rückschlag erleiden; die im jugendlichen Alter infolge der Sehnsucht, ferne Dinge zu sehen und kennenzulernen, zumal sie die feste Hoffnung hatten, auch wieder zurückzukommen; die große Masse, die die gewöhnlichen Soldaten stellt, aber in der Erwartung, sie würden bei dem gegenwärtigen Unternehmen Geld erhalten und eine Macht dazu erwerben, die ihnen für alle Zukunft Diätenzahlung gewährleistete. So kam es durch das überstarke Verlangen der Mehrzahl, daß mancher, der nicht einverstanden war, sich zurückhielt, aus Furcht, er möchte, wenn er dagegenstimme, als schlechter Patriot erscheinen« (Thukydides).

Man fordert Nikias auf, genauer zu beziffern, was er brauche: Es sollten 100 Triëren sein, viele Transportschiffe, mindestens 5 000 Hopliten, dazu Bogenschützen und Schleuderer. Und auch bundesgenössische Kontingente sollten aufgeboten werden.

Die Volksversammlung gab den Feldherrn unbeschränkte Vollmacht, sowohl was die Mittel wie was die Strategie anging. Und dann begannen die Rüstungen. Die Stadt hatte sich gerade wieder erholt nach der Pest und den ununterbrochenen Kriegen; neue Mannschaft war herangewachsen, neue Geldmittel hatten sich gesammelt.

Um die gleiche Zeit, da diese Beratungen stattfanden, im Frühjahr 415, wurde auf den Großen Dionysien Euripides' Troja-Trilogie aufgeführt. Die Proben müssen im Sommer 416 begonnen haben, entsprechend früher ist die Abfassung zu datieren.

Der Königin Hekabe träumt vor der Geburt ihres Sohnes Paris, sie werde eine Fackel zur Welt bringen, die Troja in Brand stecke. Der Junge wird ausgesetzt, naturgemäß von Hirten aufgezogen und kommt als stattlicher, anziehender, schöner junger Mann zu einem Wettkampf in die Stadt zurück, in dem er siegt. Das erste Stück, das zugleich das Paris-Urteil und den Raub der Helena enthält, ist verloren, ebenso das zweite, das im griechischen Lager spielt, nur das dritte ist überliefert, die »Troerinnen«.

Die Stadt ist gefallen, ihre Heiligtümer sind entweiht durch das Blut der Ermordeten. Poseidon und Athene beschließen, die Griechen dafür zu bestrafen. Zeus wird sie auf der Heimfahrt mit Blitz und Unwettern verfolgen, Poseidon das Meer aufwühlen. Die Griechen sollen lernen, die Götter zu respektieren. Den Siegern also ist Tod bestimmt, »Toren, die die Städte zerstören, Tempel und Gräber, die heiligen Stätten der Toten in Ödnis verwandeln und zuletzt selbst untergehen«. Noch aber sind sie gerade dabei, die Beute aufzuteilen und zu verladen.

Der Schauplatz der Handlung ist nach dem Abgang der beiden Götter das Lager der gefangenen trojanischen Frauen. Alles versammelt sich um die alte Königin Hekabe, die ihren Mann, ihre Kinder, das Haus, die Herrschaft verloren hat und schließlich Odysseus in die Sklaverei folgen muß. Die Frauen werden auf die Sieger verteilt, eine ihrer Töchter wird am Grabe Achills geopfert. Kassandra, die dem Agamemnon zugeteilt ist, sagt die Zukunft voraus: Das gefallene, das tote Troja ist glücklicher dran als die Griechen. Hektors Frau Andromache nimmt Abschied, ihr kleiner Sohn wird von den Türmen der Stadt heruntergeworfen; Hekabe darf ihn am Ende bestatten. Eine kurze Szene lang findet sie Befriedigung in dem Gedanken, daß Helena mit dem Tode bestraft wird; so meint sie jedenfalls. Der Chor beschwört noch einmal das Leben der Stadt, ihre Tempel, die Opfer, die fröhlichen Gesänge der Chöre, die nächtlichen Feste für die Götter – die Troja schließlich im Stich ließen.

Es ist das ganze Leid und die Sinnlosigkeit des Krieges, dem Euripides die kriegslüsternen Athener konfrontiert. Und er spielt deutlich auf ihre Pläne, die ja schon zuvor in der Luft gelegen hatten, an. Die trojanischen Frauen überlegen, wohin sie kommen, nach Sparta wollen sie nicht, Athen wäre ihnen lieb, auch Thessalien, Unteritalien und Sizilien. Die Insel wird pars pro toto »Hephaistos' ätnäisches Land« genannt: Unter dem Ätna vermutete man die Werkstätte des Gottes, den die Athener als ihren Urvater verehrten, und es wird hinzugefügt, das Land liege Phönizien gegenüber, also der phönizischen Kolonie Karthago.

Das Stück enthält einige bittere »Parodien« auf neue Sitten und Zustände. Helena erklärt naturgemäß, daß sie für diesen Krieg nichts kann; Paris ist schuld, Hekabe, die ihn geboren hat, Hera, die das Ganze in Gang setzte, und Zeus, der ihr zu Gefallen war. Schließlich hat sie eine neue Version des Paris-Urteils: Danach hätten sowohl Hera wie Athene dem Jungen Griechenland geboten, falls er ihnen den Preis der Schönheit zuerkenne. Daß er statt dessen Aphrodites Angebot entsprechend Helena wählte, befreite die Griechen von asiatischer Fremdherrschaft. Dankbar also sollten sie Helena sein.

Und dann hört man das »neuartige« Gebet, das Hekabe an Zeus richtet. Einer alten Formel gemäß bekundet sie zunächst, daß sie den Gott nicht fassen kann: »Zeus, wer immer du seist«, beginnt sie, doch dann stellt sie nur zur Auswahl: »Der Zwang der Natur« oder »die Vernunft der Sterblichen«; die Instanz also, auf die die Athener sich immer berufen, oder der *nous* des Anaxagoras. Wie Hohn klingt es, wenn sie meint, Zeus lenke die Dinge nach Gerechtigkeit.

Und was soll man schließlich von dem Trost halten, den sie sich spendet: »Wir brachten fruchtlos Opfer. Doch, hätt' uns ein Gott nicht aus den Höhen in den Tod hinabgestürzt, wir lebten ruhmlos, kein Gesang verherrlichte uns«?

Gleich darauf befiehlt der Herold, die Stadt in Brand zu stecken. »Damit, wenn erst die Mauern Ilions in den Staub gestürzt sind, wir froh nach Hause segeln aus dem Troer-Land«, glaubt er, da er nicht weiß, was den Heimfahrenden bevorsteht. Ob Euripides seine Zuschauer zur Nachdenklichkeit angeregt hat? Man kann aus der Tragödie eher Sarkasmus und Verzweiflung als die Hoffnung heraushören, daß sie etwas bewirken könne. Daß das Stück aber vielen, gerade auch auf der bald ausfahrenden Flotte, gut in Erinnerung blieb, ist ziemlich sicher.

Eines Morgens, noch während die Stadt sich für die sizilische Expedition rüstete, mußte man entdecken, daß den Hermen, die Straßen und Häuser schützten, über Nacht fast ausnahmslos die Gesichter verstümmelt worden waren. Es kann sich nicht einfach um einen spontanen Streich von Berauschten gehandelt haben; denn ganz einfach oder nebenbei wäre eine solche Aktion kaum möglich gewesen. Also ein organisierter Anschlag? Ein Versuch, den Kriegszug zu vereiteln? Immerhin traf die Nachricht in eine höchst aufgeregte Atmosphäre und wurde sogleich angstvoll als schlimmes Vorzeichen gedeutet. Allerhand Verdächtigungen liefen um.

Rat und Volksversammlung tagten in dichter Folge. Man setzte hohe Belohnungen für Hinweise aller Art aus, und da die Untersuchungen einmal liefen, wollte man gründlich sein. Wer weitere religiöse Frevel bezeugen könne, solle das tun. Wer Vorgänge, an denen er selbst beteiligt gewesen war, anzeige, solle straffrei ausgehen. So kam einiges zusammen, Richtiges und Falsches. Nichts wegen der Hermen, aber einiges wegen Beschädigungen anderer Götterbilder – die waren im Rausch begangen worden –, vor allem kam heraus, daß in einigen Häusern die eleusinischen Mysterien als Posse aufgeführt worden waren, unter anderm von Alkibiades. Eine Verletzung der eleusinischen Göttinnen also.

Die Gegner des Alkibiades – genannt wird vor allem Androkles, der sonst fast unbekannt ist – schlugen Alarm und behaupteten, hier werde auf den Sturz der Volksherrschaft hingearbeitet, womit sie offenbar meinten, daß die Fundamente des Gemeinwesens angegriffen würden, und in diesem Zusammenhang führten sie alle möglichen Abweichungen vom Gewöhnlichen, alle Extravaganzen und Mutwilligkeiten des glanzvollen jungen Adligen an, um zu zeigen, welche Gefahr von ihm ausgehe.

Allein, Alkibiades stellte sich den Beschuldigungen und drang auf eine rasche Untersuchung. Er könne nicht als Feldherr in einem so großen Feldzug dienen, solange derart schwere Vorwürfe auf ihm lasteten. Man sollte nicht annehmen, daß er ganz unschuldig war – die Aussagen über seinen Mysterienfrevel könnten sehr wohl gestimmt haben –, aber er wußte offenbar, daß die Soldaten und Ruderer für ihn eintreten würden. Einige hundert Mann aus Argos und Mantinea, die am Zuge teilnehmen sollten, erklärten, sie täten das nur um seinetwillen. Insofern hätte er gute

Aussicht auf einen Freispruch gehabt. Weil die Gegner das aber auch wußten, ließen sie vorbringen, sie wollten die Ausfahrt nicht behindern; man könne die Verhandlung später, nach seiner Rückkehr führen.

Im Juni oder Juli begann die Expedition. Ein großer Teil der Verbündeten sowie die Versorgungsschiffe – 30 Kornschiffe, die zugleich Bäcker, Steinmetze und Maurer samt Belagerungsgerät an Bord hatten – waren nach Kerkyra beordert worden, um von dort gemeinsam mit den andern nach Italien überzusetzen.

Am Tag des Aufbruchs der Kriegsflotte war ganz Athen auf den Beinen, Bürger und Fremde, von allen Seiten zog man bei Tagesanbruch zum Piräus, vor allem aus der Stadt, in vielen Gruppen, fast in einem langen Zug; die einen, um den Söhnen, Vätern, Verwandten und Freunden das Geleit zu geben, die andern, um Zeugen zu sein der Ausfahrt dieser großen, glanzvollen Armada zu einem Kriegszug, wie er ehrgeiziger bei den Griechen noch nie geplant worden war. Alle hatten sich größte Mühe gegeben.

Die Bürger, denen es oblag, die einzelnen Schiffe auszustatten, hatten im Wetteifer alles aufgewandt, um das ihre besonders schön und kostspielig herauszuputzen. Sie zahlten auch für die Ruderer der obersten Bank und die Maate Zulagen; von der Stadt bekam jedes Besatzungsmitglied eine Drachme pro Tag, was wohl auch eine Erhöhung gegenüber den normalen Sätzen, vermutlich eine Verdoppelung darstellte. Es heißt zudem, jeder habe sich darum bemüht, die Schnelligkeit seines Schiffes zu erhöhen; ob durch technische Verbesserungen oder durch Übungsfahrten, bleibt offen.

Es konnte der Eindruck entstehen, es ginge mehr um die glanzvolle Vorführung von Macht und Vermögen, für die Augen und Ohren der Griechen bestimmt, als um die Rüstung gegen einen Feind. Aber auch das Fußvolk war aufs beste ausgerüstet.

Wenn alle Welt von diesem Auszug redete, so sei das eher aus dem Staunen vor der Kühnheit des Unternehmens und dank der Pracht, die dabei entfaltet wurde, geschehen – so heißt es –, als weil Armee und Flotte den Angegriffenen überlegen gewesen wären. Es sei die weiteste Überfahrt von der Heimat gewesen – was, wenn man an Ägypten denkt, nicht ganz stimmt –, der Abstand zwischen dem Gegebenen und der Hoffnung auf das zu Erreichende sei nie so groß gewesen.

Als die Schiffe beladen und bemannt waren, ertönte eine Trompete weit über den Hafen. Schweigen trat ein. Die vor dem Ankerlichten üblichen Gebete wurden diesmal nicht für jedes Schiff einzeln gesprochen, sondern vom Herold für alle zusammen. In großen Krateren wurde auf allen Schiffen der Wein gemischt, die Befehlshaber und die Hopliten brachten die Trankspenden aus silbernen oder goldenen Bechern dar. Und alle, die anwesend waren, stimmten in den Gesang zu Ehren der Götter, zur Bitte um Unterstützung, mit ein; die Bürger und wer sonst noch dabei war und dem Auszug Gutes wünschte. Dann legten die Schiffe ab, verließen den Hafen in Linie, um danach bis Ägina um die Wette zu rudern. In eiliger Fahrt ging es um die Peloponnes herum nach Kerkyra, wo die übrige Flotte sich sammelte.

Im Moment des Abschieds dachten die Athener anders als zur Zeit, da sie die Beschlüsse zur Ausfahrt gefaßt hatten. Sie dachten an die Gefahren, die den Ihren bevorstanden. Dann gab ihnen der imposante Eindruck des Aufgebots auch wieder Mut. Manch einer unter denen, die schon im achten Lebensjahrzehnt standen, mag an den Abschied vor Salamis zurückgedacht haben. Welch Unterschied: die Macht der Stadt, die großartig ausgebauten Häfen, der Glanz der Flotte, die sorgfältige Planung der Rüstung; und diesmal brauchten sie nicht zu fliehen. Freilich, ob es gut gehen würde?

Die Nachrichten, die vom Bevorstehen einer Ausfahrt der Athener sprachen, wurden in Syrakus zunächst nicht recht ernst genommen. Die Sache war ja unwahrscheinlich genug. Die Vorkehrungen, die man trotzdem traf, waren kaum zureichend.

Andererseits hatten die Athener offenbar auch wenig vorbereitet. In Unteritalien mußten sie eine Griechenstadt nach der andern fragen, ob sie sie aufnähme. Wenn es gutging, erhielten sie die Erlaubnis, vor der Küste vor Anker zu gehen und die Wasserbestände aufzufüllen. Erst Rhegion, an der Straße von Messina, gewährte ihnen einen Markt, öffnete ihnen aber auch nicht die Tore. Als sie dort lagerten, mußten sie zugleich erfahren, daß aus Segesta wenig Geld zu holen sei.

Die Pläne der Feldherrn gingen weit auseinander. Nikias wollte ein Minimalprogramm, möglichst nur Selinunt zum Frieden mit Segesta sei es bereden, sei es zwingen und dann nach der Demonstration attischer Macht und Verläßlichkeit heimkehren. Alkibiades fragte, ob das den ganzen Aufwand lohne. Er wollte Verbündete werben, um dann auf Selinunt und Syrakus zu ziehen; von weiteren Plänen verlautet nichts. Lamachos schließlich wollte sofort auf Syrakus zuhalten und sehen, daß man dort eine Schlacht schlage, solange die Stadt noch nicht genügend gerüstet sei. Zuvörderst aber mußte man irgendwo Fuß fassen. Es gelang nördlich von Syrakus in Naxos und Katane. Dort erreichte Alkibiades dann der Befehl zur Heimkehr nach Athen: Er – und einige andere Athener aus der Armee – sollten sich wegen ihrer Frevel gegen die Götter verantworten.

Die Untersuchungen waren inzwischen weitergeführt worden. Sie hatten keine Ergebnisse gezeitigt. Je länger es aber dauerte, um so mehr griff die Angst um sich; der Boden, auf dem die Verdächtigungen gedeihen, breitete sich aus; immer mehr Leute fühlten sich bemüßigt, andere anzuzeigen. Jeder, den es traf, wurde verhaftet, »viele höchst ehrenwerte Männer auf schlechter Menschen Wort hin«. Damals zeigte sich jene hysterische Furcht vor dem Umsturz, von der Thukydides meinte, sie sei typisch für ein Gemeinwesen, das sich nicht selbst von der Alleinherrschaft hätte befreien können. Zum Schluß waren es mehr als 100 Männer, die in Verdacht gerieten – bis einer, ein Mann namens Andokides, darauf kam, auszusagen, wobei er auch sich selbst beschuldigte und die verheißene Straffreiheit in Anspruch nahm. Wieweit seine Aussagen glaubhaft waren, ist offen; Thukydides hegt Zweifel, die Athener freilich seien glücklich gewesen, daß endlich Klarheit zu herrschen schien. Die Entlasteten wurden freigelassen, die Beschuldigten verurteilt und hingerichtet, die Geflüchteten in absentia mit der Todesstrafe belegt, auf ihre Ermordung eine Belohnung ausgesetzt. Das Vermögen der Verurteilten wurde eingezogen und versteigert; die Listen mit den Preisen ließ man, dokumentationssüchtig wie man einmal war, in Stein meißeln und aufstellen. Sie sind mit einigen Lücken erhalten.

Es ist keineswegs ausgeschlossen, daß es sich beim Hermenfrevel wirklich um eine oligarchisch inspirierte Aktion gehandelt hat. Sie muß deswegen nicht gut überlegt gewesen sein. Reflexionen über die Fragwürdigkeit der Demokratie gab es inzwischen genug; sehr bald sollten sie sich auch nachweislich in Handlungen umsetzen. Versuche, in der Stadt Unsicherheit zu verbreiten, könnten manchen Kreisen durchaus als opportun erschienen sein, vielleicht gar in der Hoffnung, die sizilische Expedition in letzter Minute zu vereiteln. So wäre jedenfalls das Umfassende und doch wohl Geplante der Aktion erklärlich. Auch die Geheimhaltung, denn darauf verstand man sich in den oligarchischen Kreisen. Daß der Effekt ein ganz anderer war und viele Männer ihr Leben, ihr Vermögen und ihre Heimat verloren, darunter gewiß zahlreiche Sympathisanten, hat man vermutlich nicht recht bedacht. Auch das aber braucht bei den oligarchischen Kreisen nicht zu überraschen. Sehr weit im voraus hat man da vermutlich nicht geplant.

Insofern könnte der Verdacht der Demokraten, es ginge um Umsturz, nicht falsch sein. Vor allem freilich wird sich in ihm eine tiefe Unsicherheit des attischen Demos über sich selbst geäußert haben. Mußten die Athener nicht von der Sorge beschlichen werden, daß sie dabei waren, sich zu übernehmen? Die Armee, die Flotte waren weit weg; wenn erst der Winter einbrach, brauchten selbst Nachrichten aus dem fernen Westen Monate. Bei soviel Ungewißheit und Schwierigkeit hätte man jemanden gebraucht, dem man vertrauen konnte. Aber wem? Viele stritten sich um die Gunst der Volksversammlung; strichen dem Herrn Demos um den Bart; befolgten das Rezept, daß man ihm nur das Angenehmste zur Kenntnis geben sollte.

In solcher Atmosphäre war es leicht, den Mann zu verleumden, der so sehr der Liebling des Volkes, so sehr aber doch auch unheimlich war; in dem sich dies Volk selbst wiedererkannte, der seinen Schneid, seine Courage verkörperte, vor dem man aber auch Angst haben konnte. Es spricht wohl nicht nur für das Kleinlich-Intrigante, für das Sich-Drehen der attischen Volksführer um ganz billige eigene Interessen, sondern zugleich eben auch für das »Entwegtsein« des Demos, daß man jetzt beschloß, was man vor der Ausfahrt nicht gewagt hatte: Alkibiades vor Gericht zu ziehen. Ob irgendein Zusammenhang zwischen ihm und vielen der hundert andern bestand, die in Verdacht geraten waren, ist dabei gleichgültig; daß er mit oligarchischen Bestrebungen – wie mit so vielem andern – liebäugelte, ist gut möglich; daß er am Hermenfrevel teilgehabt hatte, unwahrscheinlich. Daß ihn Andokides anzeigte, lag aus vielen Gründen nahe. Und jedenfalls wollte man die Gelegenheit nutzen, ihn zu beseitigen.

Der Irrwitz dieses Unterfangens – insoweit wird Thukydides wohl recht haben – bestand darin, daß der Mann, der am ehesten dazu in der Lage war, sie zum Erfolg zu führen, nun die sizilische Unternehmung nicht weiter leiten konnte.

Aber man sollte auch nicht übersehen, daß hier die strukturelle Schwäche der attischen Demokratie sich auswirkte: Was Perikles vermocht hatte, nachdem seine Autorität über mehr als zwanzig ungewöhnliche Jahre herangewachsen war, war seinem Neffen versagt: Nicht weil er nicht die Fähigkeit zu glänzenden Analysen, Plänen und Taten besessen hätte – darin stand er hinter seinem Onkel kaum zurück –, sondern weil ihm der Grund zur Autorität fehlte. Vielleicht auch, weil er keine Geduld hatte, doch ist es nicht leicht, Geduld zu haben, wenn man den andern so weit überlegen ist, wenn soviel zu tun ist – und wenn die andern einem die Geduld nicht beibringen können. Die Überlegenheit des frisch Heranwachsenden war schließlich kein Wunder, da die Alten nicht mehr »mitkamen«, da sie, an leichte, günstige Umstände gewöhnt, nicht mehr lernen konnten.

Es klaffte zwischen intellektueller Fähigkeit und politischer Macht inzwischen ein Abgrund. So sehr Männer wie Alkibiades gebraucht wurden, so wenig konnte man sie vertragen. Bei allen Möglichkeiten, sich im Einzelfall durchzusetzen, und sei es, daß es um ein Unternehmen wie dasjenige gegen Sizilien ging: aufs Ganze gesehen hatte sich die Macht in dieser Demokratie unter die verschiedenen Demagogen aufgelöst, und der Demos war hin und hergerissen. Er war durch den großen Krieg – und im Grunde auch durch die Herrschaft – längst weit überfordert.

Die Salaminia, eines der beiden Kurierschiffe, die die Polis Athen für Gesandtschaften und besondere Dienste unterhielt und an deren Bord jetzt Alkibiades und die mit ihm zusammen Beschuldigten nach Athen geführt wurden, mußte, wie alle andern, stets von neuem an Land Rast machen. In Thurioi gelang es Alkibiades, seinen Wächtern zu entkommen.

Die Athener verurteilten ihn in absentia zum Tode. Ja, sie beschlossen, alle Priester und Priesterinnen sollten ihn verfluchen. Der Vorfall ist auch dadurch von Interesse, daß eine Priesterin, Theano, die Tochter Menons, sich mit der Begründung, sie sei zum Beten, nicht zum Verfluchen Priesterin geworden, weigerte, der Anordnung Folge zu leisten. Es ist das älteste uns überlieferte Beispiel bürgerlichen Ungehorsams in Athen. Denn das der Antigone spielte ja auf dem Theater. Immerhin war es auch in diesem Falle eine Frau, die sich der Weisung widersetzte.

Alkibiades konnte auf einem kleinen Kahn nach Kyllene in Elis übersetzen. Nach einigen Verhandlungen unter Vermittlung seiner Gastfreunde begab er sich von dort nach Sparta. Damit beginnt endgültig die Wende des Krieges.

Als Alkibiades im Winter 415/4 die Nachricht von seiner Verurteilung zum Tode erhielt, soll er gesagt haben: »Nun, so wollen wir ihnen zeigen, daß wir leben.« Er wollte ihnen darüber hinaus aber auch vorführen, daß er in der Tat dank seiner überragenden Fähigkeiten der Mann gewesen wäre, der sie hätte zum Siege führen können. Nun erwies er dieses Vermögen, indem er es den Spartanern zur Verfügung stellte.

Er erklärte ihnen, die Athener hätten in Sizilien – und danach in Italien und Karthago – den Hebel ansetzen wollen, um mit zahlreichen Verbündeten schließlich die Peloponnes zu erobern und die Herrschaft über ganz Griechenland anzutreten. Er fügte hinzu, daß die Aussichten der Athener gut stünden – es sei denn, Sparta unterstütze Syrakus. Das aber sei dringend notwendig, denn es ginge, wie gesagt, nicht nur um Sizilien, sondern auch um die Peloponnes. Vor allem müsse man einen erfahrenen, tatkräftigen Befehlshaber dorthin senden, möglichst mit Schiffen, die von Männern gerudert würden, die zugleich als Schwerbewaffnete dienen könnten. Das erleichterte das Transportproblem.

Zweitens sollten die Spartaner im Mutterland den Krieg offen und effizient führen. Das sei nötig, damit die Syrakusaner nicht das Gefühl hätten, allein zu stehen. Vorübergehende Einfälle in Attika seien zu wenig. Man solle dort vielmehr einen günstig gelegenen Ort, und zwar Dekeleia, vier Wegstunden nördlich Athens, höher gelegen und von der Stadt aus sichtbar, einnehmen, befestigen und besetzt halten. So könne man Attika ständig kontrollieren. Alle Einkünfte vom Land und aus den Werkstätten außerhalb Athens, fielen dann weg, einschließlich derer aus den Silberbergwerken um Laureion; es würden auch die Bundesgenossen Athens ihre Zahlungen nurmehr nachlässig leisten, wenn sie sähen, daß die Spartaner wirklich entschlossen seien, den Krieg mit aller Kraft zu führen.

In der Rede, die er bei Thukydides hält, rechtfertigt Alkibiades sich zugleich für seine antispartanische Politik. Aber die Spartaner hätten schließlich, indem sie mit Nikias den Frieden aushandelten, seinen persönlichen Gegnern zur Macht verholfen. So habe er ihnen mit Recht Schaden zugefügt. Daß er sich in Athen auf die Seite des Volkes geschlagen hatte, solle ihm keiner vorhalten. Denn Athen sei eine Demokratie. Er und seine Familie hätten immer versucht, mäßigenden Einfluß auszuüben. Aber natürlich hätten sie gewußt, daß die Demokratie ein »anerkannter Unsinn« sei.

Wer aber Anstoß daran nehme, daß er sich jetzt auf die Seite der Feinde seiner Vaterstadt stelle, um sie mit aller Energie zu unterstützen, der solle sich gesagt sein lassen, daß die Liebe zur eigenen Polis nicht dort am Platze sei, wo man in ihr Unrecht und Rechtsbruch erfahre, sondern wo man sich in Sicherheit als Bürger bewähren könne. Sein Handeln sei der Versuch, eine Vaterstadt, die es zur Zeit nicht gebe, wiederherzustellen.

Er, Alkibiades, also bestimmt, was seine Vaterstadt ist. Er liebt sie, aber so, wie er sie haben will. Einstweilen verdient sie seine Strafe; verdient sie zumindest, von den Spartanern aufs äußerste bedrängt zu werden.

Die Tatsache, daß in Griechenland immer wieder Verbannte, Adlige in aller Regel, versucht haben, mit Hilfe fremder Städte die eigene Heimkehr zu erzwingen, mag man als Parallele anführen und auf Motive wie das damals noch durchweg sehr stark empfundene Rachebedürfnis und die persönliche Orientierung an der Unterscheidung von Freund und Feind verweisen. Dann liegt der Fall des Alkibiades immer noch besonders. Hier wollte nicht irgendwer mit irgendwessen Hilfe seine Heimkehr in irgendeine Stadt erzwingen – was ein Vorgang gewesen wäre, der vielleicht 100, vielleicht 1 000 Menschen angegangen wäre. Nein, hier wollte einer um seines persönlichen Interesses, seiner Geltungs-, seiner Rachsucht willen einen Krieg gegen die eigene Stadt entscheiden helfen, welcher sich inzwischen auf die ganze Mittelmeerwelt auswirkte.

Schlagwortartig könnte man, wie es zumeist geschieht, sein Handeln als Ausdruck eines weit getriebenen, maßlosen Individualismus bezeichnen; besser noch es aus seiner überaus starken Selbstbezogenheit verstehen.

Doch wie auch immer, jedenfalls zeigt sich in seinem Verrat ein Ausmaß persönlicher »Größe«, das in der griechischen Polis keinen Platz hatte. Er war über die Polis hinausgewachsen.

So war er ein erster Vorbote des Endes der Poliswelt. Nicht der einzige, denn die Weise, in der seine Stadt ihre Herrschaft aufzog, bewies ja ihrerseits wenig Respekt mehr vor der Selbständigkeit anderer Städte: Sie war in Wirklichkeit oft schon mehr mit ihren eigenen Gastfreunden in den Städten als mit den Städten selbst verbunden. Das machte ja ihre Herrschaft zu einem Reich, wenn auch nur für kurze Zeit.

Die Spartaner aber, die ursprünglich nur vorgehabt hatten, eine Gesandtschaft nach Syrakus zu schicken, ernannten jetzt einen Mann, der in manchem vom Schlage des Brasidas war, Gylippos, Sohn des Kleandrides; er bekam wenige Schiffe und Truppen. Vor allem die Korinther unterstützten ihn.

Ende März 414 werden in Athen Aristophanes' »Vögel« aufgeführt: Zwei attische Bürger verlassen ihre Stadt; gewiß, sie ist herrlich, groß und weit und allen offen, die darin ihr Geld verprozessieren wollen; aber sie haben genug von ihr, suchen einen Platz, wo sie in Ruhe leben können. Der Wiedehopf, der großen Überblick hat, berät sie, aber sie lehnen alles ab. Am Meer wollen sie jedenfalls nicht Wohnung nehmen, am Ende käme die Salaminia und holte sie; auf dem Land ist ihnen alles zu spießig. Warum also nicht zu den Vögeln gehen? Kaum wird das aber ins Werk gesetzt, schlagen sie schon vor, eine Vogelstadt zu gründen. Und dann monieren sie, daß die Vögel ihre politischen Möglichkeiten gänzlich ungenutzt ließen. Schließlich haben sie eine Schlüsselstellung zwischen Himmel und Erde inne. Sie können den Verkehr zwischen Göttern und Menschen kontrollieren, ja die Weltherrschaft gewinnen. So kommt es zur Gründung von »Wolkenkuckucksheim« (*nephelokokkygía*). Sofort tauchen alle möglichen stadtbekannten Existenzen auf und dienen sich an, Bettelpoet, Wahrsager, Geometer, Aufseher, Gesetzesverkäufer; sie werden mit Freuden abgewiesen. Unter den Menschen bricht die »Ornithomanie« aus, alle wollen »beflügelt« werden. Die Auseinandersetzung mit den Göttern gewinnen sie, weil der alte Götterfeind Prometheus sie gut berät. Schließlich wird der Held, Peithetairos, der »Ratefreund«, genauer noch: »Überredefreund«, zum neuen höchsten Gott; er heiratet »Basileia«, die jungfräuliche Verkörperung des Königtums, der Tyrannis.

In diesem Stück feiert der »Geist der eigentümlich attischen verwegenen Aktivität...seine luftigsten Triumphe« (Reinhardt): Die Athener kommen aus ihrer Haut nicht heraus. Selbst wer sich ganz aus dem Getriebe der Stadt entfernen will, kann nicht anders als gleich ein Reich zu gründen und schließlich Gott zu werden. Ein uferloses Projektemachen ist im Gang. Und alles geht gut, es ist ja eine Komödie; man hat zu lachen. Wie sie wohl denen, die am nächsten Morgen darüber nachdachten, erschien?

Jedenfalls zeichnet dieses auch durch seine lyrischen Partien besonders ausgezeichnete Meisterwerk ein Gemeinwesen ohne Schattenseiten – auch ohne die Angeber, die Sykophanten –, das trotzdem die Welt beherrscht. Kritisch und voll Übermut, erhielt es den zweiten Preis. Sieger war ein kaum mehr bekannter Komiker namens Ameipsias.

Nach der Abberufung des Alkibiades hatten die Athener in Sizilien zunächst eine Fahrt an der Nordküste der Insel entlang in Richtung Segesta unternommen. Gerade 30 Talente konnten sie dort erhalten; der Verkauf der Menschen, die sie bei der Einnahme einer mit Segesta verfeindeten Stadt gefangengenommen hatten, erbrachte immerhin 120.

Im Winter 415/4 begannen sie mit dem Angriff auf Syrakus; sie hatten zwar schon einige Zeit versäumt, die sie besser hätten nutzen können, aber jetzt operierte Nikias sehr geschickt. Es gab manche Schwierigkeiten, weil die Athener keine Reiterei hatten, vor allem war es nicht einfach, die Stadt zur Landseite hin abzu-

*Schauspieler, vielleicht aus Aristophanes' Vögeln in Kostüm und Maske. Von einem Krater. Gegen Ende des 5. Jahrhunderts. Malibu, J. Paul Getty Museum.*

schneiden. Nördlich von ihr erhob sich ein großes Plateau, zumindest Teile von ihm mußten durch lange Befestigungsmauern gesichert werden. Außerdem mußte man südlich der Bucht, des »Großen Hafens«, eine Bastion in Besitz nehmen, um die Hafeneinfahrt kontrollieren zu können.

Doch trotz aller Hindernisse waren die Athener so erfolgreich, daß die Syrakusaner im Frühjahr 414 Friedensverhandlungen aufnahmen. Buchstäblich einen Tag, bevor ihre Volksversammlung über das Ergebnis abstimmen sollte, traf Gylippos ein, und man schöpfte neuen Mut.

Es zeigte sich, daß – wie zehn Jahre zuvor Brasidas – auch Gylippos vermochte, was bis dahin vor allem Sache der Athener gewesen war: phantasievoll, vorurteilslos und energisch den Krieg nicht so zu führen, wie man es seit alters gewohnt war, sondern so, wie es sich nach der Sachlage empfahl – unter völlig neuer Ausnutzung der eigenen Kräfte.

Die Syrakusaner hielten mit, und so gelang es ihm, das Blatt zu wenden. Überall im Lande gewann er Unterstützung, sammelte eine große Armee, der die Athener nicht gewachsen waren. Mit so viel Gegnerschaft, aber auch so viel Tatkraft hatten sie nicht gerechnet. Jetzt waren sie selbst die Überraschten, und sie hatten offenbar vor lauter Erfolgsgewöhnung nicht mehr die alte Wendigkeit.

Die Initiative ging damals aber nicht nur in Strategie und Taktik, sondern auch in den technischen Neuerungen von den Athenern auf die Gegenseite über. Ein gutes Beispiel dafür stellt die Seekriegstaktik dar. Das durch viele Erfolge bekräftigte attische Dogma lautete, es sei ein Steuermannsfehler, wenn ein Schiff Bug gegen Bug auf das andere stoße. Man hatte zu versuchen, die Gegner von der Seite zu fassen. Diesem Ziel diente das – schon während des jonischen Aufstands geübte – »Zwischendurchfahren«, jene Taktik, mit der man sich in den Rücken der feindlichen Flotte durchschlug, um dann nach geschicktem Wendemanöver zum Angriff auf die ihrerseits sich wendenden Schiffe überzugehen.

Für diese Taktik waren die attischen Schiffe gebaut. Der Bug war nicht sonderlich befestigt, alle Gewalt sollte ja vom weit vorragenden Rammsporn ausgehen. Genau dies aber erwies sich als eine Schwäche, sobald die Korinther darauf gekommen waren, den Vorderteil ihrer eigenen Schiffe zu befestigen und dann die athenischen von vorne anzugreifen. Zu diesem Zweck verstärkten sie die »Ohren« an den Triëren, und das gleiche taten die Syrakusaner. Und sie waren erfolgreich.

Schon im Herbst 414 hatte sich die Lage der Athener so sehr verschlechtert, daß Nikias sich entschloß, einen ungeschminkten Bericht an die Volksversammlung zu schicken. Er kenne ihre Art, immer das Angenehmste hören zu wollen und nachher Vorwürfe zu machen, wenn der Erfolg nicht entsprechend sei, und halte es deswegen für besser, jetzt die Wahrheit zu sagen. Die Athener vor Syrakus seien in Wirklichkeit, jedenfalls zu Land, zu Belagerten geworden. So unglaublich es klinge, seien sie aber auch zu See bedroht. Ihre Schiffe könnten sie, weil sie ständig in Bereitschaft sein müßten, nicht ans Ufer ziehen, sie hätten sich längst mit

Wasser vollgesogen. Es hapere an der Versorgung. Die Truppe schwinde allmählich dahin, denn die Verluste seien groß, viele liefen zum Gegner über, etwa die Söldner, oder sie verschwänden, trieben Handel, einige Ruderer hätten den Schiffsführern Beutesklaven an ihrer Statt angedient. Dabei wisse man doch, daß Schiffsmannschaften nur für kurze Zeit auf der Höhe seien, daß immer nur wenige die Schiffe wirklich vorantrieben und für das Ganze den Takt hielten. Nachdem nun ganz Sizilien zusammenstehe und aus der Peloponnes ein weiteres Heer zu erwarten sei, müsse die Streitmacht entweder heimgeholt oder erheblich verstärkt werden.

Die Athener beschließen darauf, eine weitere Flotte von 60 Schiffen und einige tausend Hopliten sowie beträchtliche Geldmittel zu senden; um das zu finanzieren, führen sie ein neues Besteuerungssystem ein, statt der Beiträge eine fünfprozentige Ein- und Ausfuhrsteuer in allen Häfen des Reichs.

Im Frühjahr 413 – die Spartaner waren zum ersten Mal wieder in Attika eingefallen und befestigten gemäß Alkibiades' Vorschlag Dekeleia – macht sich die neue Streitmacht auf den Weg. Ihr Feldherr, Demosthenes, ist voller Tatendrang. Er könnte auch erkannt haben, daß die Zeit gegen Athen arbeitete. Vielleicht war er sogar in der Absicht gekommen, das Mögliche zu versuchen und entweder zu siegen oder das Unternehmen aufzugeben, das angesichts der spartanischen Besatzung in Attika zunehmend als sinnlos erscheinen mußte. Demosthenes ließ es also auf eine Probe ankommen. Ohne viel Zögern versuchte er, das Plateau nördlich der Stadt in Besitz zu nehmen. Nachdem der nächtliche Angriff unter großen Verlusten gescheitert war, plädierte er sogleich dafür, den ganzen Feldzug abzubrechen. In der Truppe breiteten sich Mutlosigkeit und Krankheit aus.

Doch Nikias lehnt ab, anscheinend macht er sich Hoffnungen, weil er gehört hat, in Syrakus sei man ebenfalls des Kriegs überdrüssig; er klammert sich an die geringste Erfolgschance. In Wirklichkeit scheint er vor allem die Heimkehr zu befürchten. Er hat Angst vor der attischen Volksversammlung, wo ja nicht die, die es beurteilen können, Einfluß hätten, sondern »wie einer gerade in geschickter Rede sie beschwatze, darauf werde das Volk hören«.

Nikias bekennt, lieber als unter schmählichen Beschuldigungen ungerechterweise in Athen zugrunde gerichtet zu werden, wolle er, wenn es denn sein müsse, im Kampf, aus eigenem Entschluß, fallen. Was einleuchtet, wobei man sich aber doch fragt, ob es eigentlich darum ging – und nicht um das Geschick der gesamten jungen Mannschaft der Stadt und einer großen Flotte, insgesamt mehreren zehntausend Männern, die ihm als Strategen anvertraut waren. »Man kann keine Verantwortung tragen«, hatte Doktor Skowronnek gesagt. Aber ist das eine Entschuldigung?

Jetzt hört man, daß der Feldherr machtlos ist, weil die Athener nicht zum Gehorchen geschaffen seien. Später soll Thukydides in einem kurzen, übrigens in seinem Werk ungewöhnlichen Nachruf auf Nikias seine »ganze an dem, was man für Tugend hält, sich ausrichtende Lebensführung« loben. Mit Recht. Aber was alles bleibt dabei außerhalb der Beurteilung! Jedenfalls war Nikias überbeansprucht – in einer Stadt, in der, weil der »Souverän« vernünftiger Überlegung nicht zugänglich war, offenbar jeder militärische Unfug, bei aller persönlichen Ehrenhaftigkeit, in Kauf zu nehmen war.

Schließlich, nach langem Zögern, nachdem weitere Verstärkungen aus der Peloponnes eingetroffen waren, gab Nikias seinen Widerstand auf. Am 27. August war der Befehl zum Aufbruch schon gegeben, in der Heimlichkeit der Nacht sollte es losgehen, man wartete nur noch auf das Zeichen zum Ablegen – da trat eine Mondfinsternis ein. Dem Gros des Heeres wurde es unheimlich, Nikias selbst pflegte, wie Thukydides schreibt, allzu viel auf Götterzeichen zu geben. Seher rieten, vor Ablauf von drei mal neun Tagen dürfe man nichts unternehmen. Sonnenfinsternisse bildeten damals kein großes Problem mehr, nur Mondfinsternisse konnte man nicht verstehen, weil man nicht wußte, daß die Erde dem Licht im Wege war.

In den sich anschließenden Kämpfen zu Land und vor allem zur See reihte sich Niederlage an Niederlage. Im attischen Lager wuchs angesichts aller Enttäuschungen die Wut auf den Unsinn des ganzen Unternehmens. Als die Syrakusaner die Ausfahrt des Großen Hafens sperrten – denn nun wollten sie die Athener nicht nur besiegen, sondern auch vernichten –, versuchten diese, mit der gesamten Mannschaft auszubrechen. Ganz gegen die Regel luden sie die Schiffe voll mit Hopliten, Schleuderern und Bogenschützen. Sie konstruierten »Greifhände«, um die gegnerischen

Schiffe an sich zu ziehen und zu entern; wogegen die Syrakusaner den Bug und einen Teil des Verdecks ihrer Schiffe mit Häuten verkleideten, damit die Hände darauf abglitten. Es kam zu einem sehr heftigen, erbitterten Gefecht, in dem es lange offen war, wer siegte – bis schließlich die Athener fluchtartig zum Ufer zurückstrebten. Ihre Flotte war noch stark genug, daß Demosthenes meinte, den Ausbruchsversuch wiederholen zu können; da weigerten sich die Mannschaften, noch einmal die Schiffe zu besteigen. Sie wollten zu Land abziehen.

Hätten sie damit schnell genug begonnen, wären sie vielleicht noch einigermaßen ungeschoren in Sicherheit gekommen. Denn die Gegner feierten ihren Sieg. Doch ließen die Athener sich überlisten und verschoben den Abzug so lange, bis die Syrakusaner bereit waren, ihnen die Wege zu versperren.

Der Abzug war kläglich. Nicht nur, daß sie fast die gesamte Flotte Athens hinter sich zurückließen, daß alle großen Hoffnungen gescheitert waren – sondern allein das Verlassen des Lagers setzte sie den äußersten Strapazen aus. Die Toten lagen unbegraben herum; man hatte keine Kraft, keinen Mut mehr gehabt, sie zu versorgen (hatte noch nicht mal, wie es sonst unter Griechen der Brauch war, die siegreichen Feinde gebeten, die Gefallenen und Ertrunkenen bergen zu dürfen). Vor allem aber waren da die Verwundeten und Kranken, die die Abziehenden anflehten, sie mitzunehmen, ihnen die Arme entgegenreckten, die sich ein Stück des Wegs noch mitschleppten und dann mit Vorwürfen, Beschwörungen, Wehklagen zurückblieben – während ihre Kameraden, Zeltgenossen, Freunde, Verwandte unter Tränen und in dem so lähmenden Gefühl ihrer Hilflosigkeit sich davonschlichen; niedergeschlagen und voller Ekel. Es sei wie der Auszug aus einer eroberten Stadt gewesen; und kein kleiner. Denn es handelte sich immerhin noch um 40 000 Mann. Die Diener, welche die Reiter und Hopliten sonst im Feld begleiteten, hatten längst das Weite gesucht, so daß jene ihre Waffen selber tragen mußten; auch die Verpflegung, soweit sie überhaupt noch welche hatten, denn die Lebensmittel waren schon sehr knapp geworden. Und über dem Ganzen die tiefe Entmutigung, »da sie, anstatt andere unters Joch zu bringen, jetzt die Sorge hatten, selbst dies Schicksal zu erleiden«. Sie gedachten des Glanzes ihres Aufbruchs, des Gebets und der frohen Paiane. Und jetzt mußten sie sehen, sich zu

Fuß so weit durchzuschlagen, daß sie irgendwo Schiffe erreichten, die sie nach Hause mitnehmen könnten.

Sie kamen nicht weit. Nacheinander wurden die beiden Marschblöcke, erst der des Demosthenes, danach der des Nikias aufgerieben, unter hohen Verlusten. Beide Feldherrn gerieten in Gefangenschaft, sie wurden von den Syrakusanern hingerichtet, gegen Gylippos' Einspruch. Die Sklaven wurden sogleich verkauft; zuvor schon hatten verschiedene Soldaten das gleiche auf eigene Faust mit ihren Gefangenen getan; überall in Sizilien habe man solche Sklaven später angetroffen, nicht wenige seien allerdings geflohen. Entsprechend gering war die Zahl der offiziellen Gefangenen. Zusammen sollen es rund 7 000 gewesen sein.

Sie wurden in die Steinbrüche bei Syrakus eingesperrt, auf engstem Raum, tags der Hitze, nachts der Kälte ausgesetzt. Viele wurden krank, »und da sie wegen der Enge alles am gleichen Platz tun mußten und außerdem die Toten dort übereinandergeschichtet wurden,...war der Gestank unerträglich; zugleich quälten sie Hunger und Durst«. Nach 70 Tagen wurden alle außer den Athenern und ihren Verbündeten aus Sizilien und Italien verkauft. Was mit den Zurückgebliebenen geschah, bleibt offen. Viele müssen an Ort und Stelle umgekommen sein. Aber es wurden verschiedene auch heimlich weggebracht, zum Teil verkauft.

Einige, teils von den Gefangenen, teils von den Flüchtenden verdankten ihre Rettung dem Euripides. In Sizilien war der Dichter höchst populär. Wer größere Partien seines Werkes singen konnte, und das waren offenbar nicht wenige, wurde oft gut bewirtet, unterstützt oder freigelassen. Zu Hause dankten sie es dem Dichter. Insgesamt kehrten nur wenige von vielen heim.

Thukydides' Bemerkung, die sizilische Expedition sei »nicht so sehr ein Fehler der Einsicht im Verhältnis zu der Macht, gegen die sie sich richtete« gewesen, ist zu erklären aus dem Zusammenhang, in dem er sie vorgetragen hat: als Teil einer Rechnung, in der Kräfte gegeneinander abgewogen werden. Athen war ausreichend dafür gewappnet. In der Tat hätte man ja fast auch den Sieg über Syrakus davongetragen.

Und wenn man Thukydides' Bericht Glauben schenken darf, ist es sehr wahrscheinlich, daß die Wendung der spartanischen

Politik, die zum Scheitern der Athener führte, durch Alkibiades veranlaßt war; den Mann, der durch die demagogischen Umtriebe in der Stadt zudem darum gebracht worden war, die von ihm geplante Expedition rasch zum Erfolg zu führen.

Freilich hatten die Athener selbst nach seinem Abgang, 414, eine wesentliche Voraussetzung dafür geschaffen. Sie hatten damals nämlich, um Argos zu unterstützen, die spartanischen Küsten angegriffen. Es war ein eindeutiger Bruch des Nikiasfriedens, nicht der erste, denn sie waren ja schon 418 bei Mantinea dabeigewesen, aber die Spartaner nahmen ihn als ersten ernst.

Nur – was hätten die Athener eigentlich im Fall eines Sieges getan, wozu hätte er ihnen dienen sollen? Hätten sie sich als nächstes gegen Karthago gewandt oder gegen die Peloponnes? Und wie hätten sie Syrakus, wie Sizilien behaupten wollen?

Man hat die Expedition einen »hellen Wahnsinn« genannt. Es war der Wahn einer Demokratie, die ungeheure Kräfte besaß und immer von neuem freisetzte, auf allen Gebieten, die so leicht in keine Normalität zurückkehren konnte, die nur ein Mann mit den Voraussetzungen des Perikles auf einigermaßen vernünftigen Bahnen hatte halten können. Alkibiades hatte schon recht, als er als ihr Gesetz das stete Voranschreiten ansah. Nur daß ihr dann, kaum daß es ausgesprochen, eben auch das Falsche schon als das Richtige erschien, das Schlechte als das Gute; daß das Können, das sie in Sizilien noch einmal so sehr beweisen sollte, und die *áte* zusammenkamen, genau wie in den Chorliedern von Sophokles' Antigone.

Die Athener weigerten sich zunächst, die Nachrichten über das Ausmaß der Niederlage zu glauben. Dann richtete sich ihr Zorn gegen die Redner, die für die Expedition eingetreten waren, obwohl sie diese doch zusammen beschlossen hatten, und sie zürnten den Sehern, die ihnen Hoffnung gemacht. Ganz abgesehen von ihrer Trauer hatten sie große Angst; die wehrfähige Jugend weithin verloren; nurmehr wenige Triëren in den Schiffshäusern, kein Geld, keine Mannschaft zum Rudern. Sie fürchteten, daß die Feinde, um die sizilischen Griechen verstärkt, nun von Land und See zugleich angriffen. Und sie hatten Sorge um die Sicherheit ihrer Herrschaft.

Attika gehörte ihnen praktisch schon nicht mehr. Die Spartaner und ihre Verbündeten – die sich einander in Dekeleia ablösten – hatten es fast ungestört in der Hand. Athens Reiterei war in schlechter Verfassung, viele Pferde verwundet, andere verbraucht von den ständigen Einsätzen und der häufigen Bewegung auf hartem Untergrund. Die Mauern mußten Tag und Nacht bewacht werden. Ihre Schafe und ihr Zugvieh waren weitgehend verloren. Selbst aus dem nahe gelegenen Euböa konnten die Zufuhren nur noch zur See, um Sunion herum, herangeschafft werden. 20 000 Sklaven, zumeist Handwerker, sind im Laufe der Zeit zum Gegner übergelaufen.

Trotzdem gaben die Athener nicht auf. Es beseelte sie, Thukydides zufolge, ein »Siegeswille, der, ehe er sich wirklich zeigte, als unglaublich gegolten hätte«. Ihre Macht und ihr Wagemut gingen weit über jede vernünftige Erwartung, die die übrigen Griechen hegten, hinaus. Sie waren bereit, sich einer genauen Ordnung zu fügen.

Es scheint sich ein schrecklicher Trotz in ihnen aufgebäumt zu haben. Man kann kaum annehmen, daß alle ihn gleichermaßen geteilt hätten. Bedenken, Besorgnisse, Widerwillen muß es gegeben haben. Nicht zuletzt bei den Wohlhabenden, die ja im Krieg, wie es bei Thukydides heißt, am meisten Verluste zu erleiden pflegen. Doch weiß man nicht, wieweit sie sich in der Öffentlichkeit darüber äußern konnten. Schließlich hatte sich das Interesse der breiten Schichten an der Demokratie mit dem am Krieg verschränkt. Sie mußten im Falle der Niederlage zugleich mit dem Ende der Demokratie rechnen.

Gewiß, es mag sein, daß man in der angespannten Situation angesichts der gemeinsamen Niederlage untereinander Solidarität empfand. Daß man sich mit den sonst so leicht aufkeimenden Verdächtigungen zurückhielt. Aber wenn dies geschah, dann doch wohl vor allem, weil die verschiedensten Teile der Bürgerschaft sich auf die Gemeinsamkeit des Kriegs einstimmten, also nicht gleich kühne Gedanken vorgetragen wurden, wozu der an eine Beendigung des Krieges gewiß gehört hätte.

Indes könnte es falsch sein, lange nach Begründungen für die Fortsetzung des Krieges zu suchen. Aus der Distanz des rückblickenden Betrachters fragt es sich zwar, wie die Athener dazu bereit sein konnten. Man muß dabei gar nicht unbedingt den endlichen Verlust des Krieges, wie er dann 404 eintrat, im Sinn haben. Denn es war doch auch 413 schon so vieles verloren. Und mußte der totale Zusammenbruch des mit so großen Hoffnungen verbundenen sizilischen Unternehmens nicht auch in Hinsicht auf weniger ausschweifende Hoffnungen stutzig machen und zu einem Neubedenken der eigenen Möglichkeiten führen?

Nachträgliche Überlegungen über das Handeln und Denken in schwierigen Entscheidungssituationen aber machen gern einen großen Fehler: Sie betrachten, was Bewegung in einem Strom ist, von einer Warte, von der aus verschiedene mögliche Wege sich abzuzeichnen scheinen. Sie suchen das Große grundsätzlicher Entscheidungen, wo es im Zweifelsfall zunächst um lauter Kleines, Drängendes, Sofortiges geht. Sie rechnen mit der Notwendigkeit eingreifender Beschlüsse, wo zuallererst einmal die Voraussetzungen des Beschließens sich ändern müssen, nicht unbedingt die politische Ordnung, aber doch die herrschenden Auffassungen, die Grundlagen des Denkens über richtige Politik und Kriegführung, die Sprache, in der man sich verständigt. Kurz: die ganze Auffassung der Realität und der eigenen Stellung und Möglichkeiten in ihr. Dergleichen spielt keine Rolle, wenn sich etwa eine Kapitulation einfach aufzwingt. Doch soweit war es ja in Athen noch nicht. Da mochte man unsicher sein, manches mochte falsch erscheinen, was man getan hatte – aber die Voraussetzungen, unter denen das geschehen war, insgesamt auch?

Es ist vermutlich richtig, daß die Athener sich selbst überschätzten, wenn sie meinten, sie könnten noch siegen, könnten ihre Herrschaft behaupten und wiedergewinnen. Es mag dem die Annahme zugrunde gelegen haben, sie hätten es noch mit jenen Spartanern zu tun, an die sie sich Jahrzehnte hindurch gewöhnt und die sie – von Brasidas abgesehen – auch in den ersten zehn Jahren des Krieges erlebt hatten. Sie mögen immer noch den Glauben an ihre alte Überlegenheit gehegt haben, nicht nur in vielen Mitteln, sondern insbesondere auch in der Initiative, im Erfindungsgeist, in all den Möglichkeiten, die sich ihnen bisher über das Maß ihrer Kräfte hinaus immer wieder eröffnet hatten. Aber selbst, wenn sie sich hätten sagen können, daß diese Voraussetzungen überholt waren – es lag ja in gewissem Sinne auf der Hand –, mußten sie nicht gleich in der Lage sein, daraus Konsequenzen zu ziehen. Vor allem gab es ja zunächst unendlich viel zu tun. Selbst wer den Frieden wollte, konnte nicht gleich die Waffen niederlegen. Zumindest mußte man verhandeln. Und wenn man verhandeln wollte, dann durfte man nicht völlig wehrlos dastehen. Entsprechend galt es Vorkehrungen zu treffen. Und wenn man einmal in solchen Vorkehrungen befangen war, dann war damit implizit schon eine Vorentscheidung über die Fortführung des Krieges gefallen.

Lediglich wenn die Spartaner sogleich ein günstiges Friedensangebot unterbreitet hätten, hätte es sich damit vielleicht anders verhalten. Aber soweit wir sehen können, taten sie das nicht. Sie hatten ja auch keinen Anlaß.

Die Athener beschlossen, künftig mit größter Sparsamkeit zu wirtschaften, eine neue Flotte zu bauen und alles zu tun, um die Treue der »Bundesgenossen« zu sichern.

Um allzu unüberlegte, überstürzte Beschlüsse der Volksversammlung zu verhindern, richteten sie ein neues Amt ein, zehn Probouloi, »Vorberater«. Nur ältere Männer sollten das Amt bekleiden, und sie wurden dazu gewählt. Zwei von ihnen sind uns bekannt, der eine ist Hagnon, Sohn des Nikias (aber nicht des bekannten), welcher 440, 431 und 430 Stratege gewesen war und 437 Amphipolis gegründet hatte, der andere Sophokles, welcher damals schon am Anfang seines neunten Lebensjahrzehnts stand. Wie sich die Probouloi zum Rat der Fünfhundert verhalten sollten, wissen wir nicht, vermutlich sollten sie vor allem Autorität ausüben, ähnlich wie es seinerzeit der Areopag getan hatte.

Die Spartaner aber waren inzwischen soweit, daß sie in aller Entschiedenheit und ohne viele Rücksichten den Krieg zum siegreichen Ende führen wollten. Zu all den Gründen, die sie schon 431 zum Krieg bewogen hatten, war die Einsicht gekommen, daß Athen viel stärker und widerstandsfähiger war, als sie gemeint hatten – und nun endlich auch die Hoffnung, daß sie wirklich und in kurzer Zeit mit ihr fertig würden.

Im Winter 413/12 seien die Griechen insgesamt voll Kampfbegier gewesen, schreibt Thukydides. Keiner wollte beiseite stehen. Das Ende des Kriegs schien absehbar, die Verbündeten Spartas entfalteten neuen Eifer, viele andere, die sich bis dahin keiner Seite angeschlossen hatten, wollten zu den Gewinnern zählen.

Dies letztere könnte eine Übertreibung sein – oder es blieb zumeist bei der guten Absicht. Die Spartaner hofften auf Zuzug von Sizilien. Sie sahen sich schon wieder im Besitz der Hegemonie über ganz Griechenland.

Jetzt waren endlich auch viele von Athens Untertanen zum Abfall bereit, in erster Linie Chios, der letzte der Verbündeten, der noch über eine eigene Flotte verfügte. Jeder, der sich von Athen lossagen wollte, arbeitete darauf hin, daß andere es auch täten; aber alle warteten darauf, daß die Spartaner ihnen zu Hilfe kamen; denn noch immer war die Angst vor Athen groß. Sparta ließ eine Flotte von 100 Schiffen bauen; die verschiedenen Städte bekamen auferlegt, wie viele sie zu stellen hatten.

Und sehr bald, schon 412, kreuzte diese Flotte in Jonien auf und begann, sich so frei auf der Ägäis zu bewegen, wie es sonst nur die Athener taten. Jetzt konnte Sparta auch an deren Ostküste, was Brasidas nur im Norden vermocht hatte: die attische Herrschaft direkt angreifen.

Vor allem trat angesichts des sich abzeichnenden Zusammenbruchs der attischen Herrschaft die Macht wieder in Erscheinung, die aus Griechenland herauszuhalten gerade der Sinn des attischen Seebunds gewesen war: Der persische König Dareios II. hatte bei seinem Regierungsantritt 424/23 zwar den Kalliasfrieden erneuert. Aber 414 hatten die Athener – ähnlich wie den Nikiasfrieden – auch diesen Vertrag gebrochen, indem sie mutwillig einen Aufrührer in Karien unterstützten. Sie wollten dort weitere Verbündete gewinnen – an die Folgen scheinen sie nicht gedacht zu haben.

Nun forderte der Großkönig von den griechischen Städten Kleinasiens wieder die Abgaben, die einzuziehen Athen ihn gehindert hatte. Seine Statthalter, vor allem der Satrap von Sardes, Tissaphernes, verhandelten mit den Spartanern wegen eines Bündnisses. Sie sollten zuallererst die Herrschaft der Perser über ihre alten griechischen Untertanen anerkennen.

Drei Verträge schlossen die spartanischen Befehlshaber in den Jahren 412 und 411. Im ersten hieß es: »Alles Land und alle Städte, die der König besitzt oder die Väter des Königs besaßen, sollen dem König gehören.« Im zweiten wurden die Besitzansprüche der Perser offengelassen, und die Spartaner verpflichteten sich nur, diese Städte nicht anzugreifen und keine Abgaben von ihnen zu fordern. Im dritten schließlich wurde der Besitzanspruch wieder anerkannt, allerdings eingeschränkt auf das Land und die Städte in Asien. Sonst hätte sich die persische Herrschaft ja – aufgrund der freiwilligen Unterwerfungen in den Jahren 481/80 – bis Böotien erstreckt.

Die Gegenleistung des Tissaphernes bestand in der Zahlung von Subsidien für den Unterhalt der Flotte Spartas und von dessen Verbündeten. Direkt beteiligen an den Kämpfen wollten sich die Perser offenbar nicht. Jedenfalls begnügten sie sich damit, gelegentlich einmal mit kleinen Truppenkontingenten irgendwo aufzutauchen. Zwar erklärten sie wiederholt, sie wollten eine phönizische Flotte von nahezu 150 Schiffen einsetzen, sie ließen diese auch nach Pamphylien kommen, doch darüber hinaus gelangten sie nicht, obwohl Tissaphernes ständig ihre Ankunft avisierte.

DAMIT WAR die während der Perserkriege begründete große Gemeinsamkeit der Griechen gegenüber der östlichen Weltmacht aufgegeben. Die Freiheitsparole der Spartaner erstreckte sich nurmehr auf das Mutterland und die Inseln (soweit man sie nicht zu Asien zählte). Was sie in den zwanziger Jahren vermieden hatten, gestanden sie jetzt zu. Das Geld, der Sieg über Athen war ihnen inzwischen einen viel höheren Preis wert; und vermutlich nicht nur ihnen. Die Zeiten, da sie wegen 292 Männern und Frauen zum Frieden bereit waren, waren vorbei: Jetzt hatten sie andere Mittel und nahmen sie bewußt in Anspruch.

Von Protesten aus Jonien hört man nichts. Sie hätten nur von denen ausgehen können, die schon von Athen abgefallen oder im Begriff dazu waren. Und die fürchteten inzwischen die Wiederbegründung der attischen Herrschaft mehr als die der persischen. Diese kostete vermutlich nur viel Geld, jene dagegen vielleicht weniger Geld, dafür Blut, Verbannung und Umsturz.

Diese Form des Wiedereintretens der Perser in die griechische Welt wirft ein interessantes Licht auf Athens Macht: Man sollte meinen, die Mittel der Stadt seien nach dem Zusammenbruch der sizilischen Expedition erschöpft gewesen. Zumindest wäre doch zu vermuten, daß die Gegner, Sparta, Korinth, Sikyon, Böotien, die Sizilier, die Städte im Norden der Ägäis, die neuerdings abgefallenen oder zum Abfall neigenden Seebundsstädte im Osten genug hätten aufbringen können, um mit diesem so sehr geschwächten Athen fertig zu werden.

Doch hatten sie zwar Menschen und bald auch Schiffe, aber keineswegs Mittel genug, um sie unter den Waffen zu halten. Athen hingegen stellte rasch eine neue Flotte auf und begann, mit mehreren Geschwadern zu operieren. Obgleich ihm das nicht leichtfiel; denn es war finanziell schon an den Rand seiner Möglichkeiten geraten.

Noch immer aber war in dieser Stadt weit mehr Entschlossenheit und die Bereitschaft, weit mehr für den Krieg einzusetzen, vorhanden als bei den Gegnern. Wozu vermutlich die mehrfache Erhebung von Vermögenssteuern beitrug.

Als Chios abgefallen war, beschlossen die Athener, die eiserne Reserve von 1 000 Talenten, die sie zu Anfang des Krieges zurückgelegt hatten, anzugreifen. Sie rechneten nicht damit, daß die übrigen »Verbündeten« ruhig blieben. Wenig später gingen Erythrai, Klazomenai, Milet, Lebedos und Lesbos zum Feind über.

Lesbos freilich konnte von den Athenern im Handstreich zurückgewonnen werden, auch Klazomenai wurde erobert, in Chios landeten sie, verwüsteten weite Gegenden und schlossen die Stadt ein. Außerdem begannen sie, Milet zu belagern. Andererseits gingen Knidos, Rhodos, Phokaia und andere verloren.

Der wichtigste Stützpunkt der Athener in Jonien war Samos. Dort war gerade unter ihrer Assistenz ein Umsturz zur Demokratie erfolgt. Es waren nicht nur, wie üblich in solchen Fällen, viele Adlige getötet oder verbannt worden, sondern die Demokraten hatten auch deren Besitz unter sich aufgeteilt; sie hatten sogar verboten, daß Leute aus dem Volk Ehen mit Adligen eingingen. Sofern diese im Land bleiben konnten, sollten sie isoliert sein. Die durch das gemeinsame Unrecht frisch gestärkte Front der Demokraten durfte sich nicht aufsplittern. Die Athener waren daraufhin bereit gewesen, den Samiern als nun sicheren Bundesgenossen die Autonomie wieder zuzugestehen.

Die attische Flotte, die mit der Zeit verstärkt wurde, war zwar nicht in der Lage, die Dinge zu Athens Gunsten zu wenden. Aber sie war stark genug, um die Bewegungsfreiheit der Spartaner erheblich einzuschränken. Beide Seiten hielten sich gegenseitig in Schach.

Trotzdem vermochten die Spartaner hier und da Erfolge zu erzielen, nicht zuletzt im Norden, an der Propontis, jener kritischen Stelle, an der die Versorgung der Athener vom Schwarzen Meer her kontrolliert werden konnte. Im Frühjahr 411 konnten die Spartaner dort, übrigens nicht über See, sondern über Land, Abydos und Lampsakos auf ihre Seite ziehen, nur Lampsakos gewannen die Athener zurück, da es nicht befestigt war. Sie legten Abydos gegenüber nach Sestos eine starke Besatzung, um den Hellespont zu sichern. Im Sommer 411 fielen Byzanz, Kalchedon und Kyzikos ab, und nur Kyzikos wurde von den Athenern zurückerobert.

Mit der spartanischen Flotte war seit dem Anfang ihrer Offensive Alkibiades als Ratgeber in Jonien. Er hatte den Spartanern sehr geholfen, wohl auch dank alter Familienbeziehungen; hatte an einer Schlacht teilgenommen.

Indes war seine Situation nicht einfach. Denn unter den Spartanern waren einige Männer ihm feindlich gesinnt, unter anderm König Agis, dessen Frau er verführt hatte. Andern war er nicht geheuer; Verdacht ließ sich bei einem so unruhigen, gewandten Manne, der viel umherreiste und überall verhandelte, übrigens auch zu Tissaphernes enge Beziehungen knüpfte, allemal schöpfen.

Und sei es, daß er sich unsicher fühlte, sei es, daß er jetzt endlich die Chance sah, das einzuleiten, worum es ihm vor allem zu tun war: Er nahm insgeheim Kontakt zu den attischen Feldherrn in Samos auf. Er wollte wieder in seine Heimatstadt zurück, wollte für sie kämpfen und wirken.

In keiner anderen Stadt konnte er wirklich eine führende Stellung einnehmen. Insofern verwies ihn schon sein Ehrgeiz auf Athen. Aber sollte er nicht auch eine Verpflichtung dazu verspürt haben? Es war in ihm ja stets eine Vielzahl von Beweggründen wirksam, warum also nicht auch dieser?

Was er in der Zwischenzeit für Sparta getan hatte, all das, wodurch der Krieg in Sizilien wie im Mutterland eine Wende zu dessen Gunsten genommen hatte, muß ihn deswegen nicht gereut haben. Er hatte bewiesen, was er vermochte, das konnte ihn mit Stolz erfüllen. Inzwischen erschien es als möglich, daß er noch viel größere Leistungen vollbrachte: nachdem er die eigene Stadt so sehr in die Enge getrieben hatte, nun sie zu retten. Wahrscheinlich hatte seine kräftige Unterstützung Spartas immer zugleich dazu dienen sollen, die Athener dazu zu bringen, ihn wiederaufzunehmen. Ohne Not konnte man dort ja kaum daran denken. Jetzt mochte der Wunsch nach neuer, ungewöhnlicher persönlicher Bewährung und derjenige, Athen zu nützen, endlich wieder in die gleiche Richtung weisen.

Also doch Liebe zur Vaterstadt? Vermutlich. Freilich nicht in der altmodischen Form, dem Dienen im Glied oder zumindest: der Bereitwilligkeit, sich bei aller Freiheit in letzter Instanz dem Willen der Stadt zu unterwerfen. Dafür in einer neuen: aus der Selbständigkeit des überragenden, verletzlichen, rachsüchtigen, sich selbst, aber eben deswegen auch seiner Stadt hingegebenen großen Einzelnen. Liebe zu einer Stadt, deren souveränes Volk ihm nach seiner Auffassung großes Unrecht angetan und die er dafür mit Recht bestraft hatte. Aber nun hatte er seine Genugtuung ja gehabt.

Vielleicht sollte man gar annehmen, daß er fand, Athen hätte wieder einen Perikles nötig. Und wer sollte das sein – wenn nicht er? Wenn dem aber so war, wie sollte einer damals eine Autorität erwerben, wie sie Perikles eigen gewesen war, wenn nicht, indem er an entscheidender Stelle den Krieg gewinnen half? Wozu gehörte, daß er die Gelegenheit dazu bekam.

So gedeutet war es ein ungeheuer gewagtes, frevelhaftes Spiel. Alkibiades muß nicht immer das Ziel, an dem er jetzt angelangt schien, vor Augen gehabt haben. Aber daß es als einer seiner wichtigsten Wünsche jeweils im Hintergrund stand, scheint mir sehr wahrscheinlich zu sein.

Wohl konnte er sich, wie es heißt, überall, wo er sich aufhielt, geschmeidig anpassen: »Er schwelgt in Jonien ärger als ein Jonier, übt sich und turnt in Theben, tummelt Rosse und führt den Zügel in Thessalien besser als die Aleuaden (eines der ersten Geschlechter des Landes), zeigt in Sparta mehr Kraft und Einfachheit als die Spartiaten und überbietet in Thrakien die Landeskinder im Trinken ungemischten Weins.«

In Athen dagegen hätte er nicht nur seinen Geist blitzen lassen, sondern er hätte die Stadt vor allem, so mußte es ihm erscheinen, führen können; die erste Stadt der Griechen aus ihrer größten Not heraus. Er hätte den Ruhm nicht nur eines brillanten klugen Ratgebers, sondern eines Staatsmanns erworben. In dieser Position hätte er sich ganz mit seiner Stadt identifizieren können.

Was man Alkibiades' Individualismus nennt, war nicht nur eine Sache seines freien Aufwachsens unter vielerlei, nicht zuletzt sophistischen Einflüssen, sondern es war darin auch aristokratische Eigenständigkeit enthalten. Es setzte sich darin etwas wieder frei von der alten Bezogenheit auf eine gemeingriechische Öffentlichkeit, die nur im Athen der Zeit zwischen Kleisthenes und Perikles immer mehr zurückgedrängt worden war zugunsten der Konzentration auf die Stadt. Aber dieses Athen hatte ja von Kleisthenes bis Perikles auch eine kräftige, erfolgreiche Politik betrieben; hatte selbst die, die es in die Verbannung schickte, offenbar so sehr auf sich verpflichten können, daß sie nicht gegen die Stadt arbeiteten.

Die Geschichte von Alkibiades und Athen jedoch spielte in einem Moment, wo einerseits die Ansprüche des jungen adligen Mannes besonders groß waren, andererseits der Demos der Stadt besonders unfähig, ihnen zu genügen. So tat sich zwischen beiden eine Schere auf. Jetzt sollte sie sich wieder schließen. So wird man jedenfalls gedacht haben. Es waren dabei große Illusionen im Spiel – eben die, die in der durch den Krieg völlig aufgewirbelten Realität des damaligen Griechenlands so ungewöhnlich viel als möglich erscheinen ließen. Gerade für die Athener, die schon immer dazu geneigt hatten, Außerordentliches, wenn nicht Wunder für möglich zu halten. Und gerade für Alkibiades mit seinem maßlosen, kaum erschütterbaren Überlegenheitsgefühl.

Alkibiades liess die attischen Befehlshaber aus Samos wissen, daß er in bestem Verhältnis zu Tissaphernes stehe. Er sei bereit und in der Lage, ihnen dessen – und auch des Großkönigs – Freundschaft zu vermitteln. Voraussetzung dafür sei allerdings, daß Athen seine politische Ordnung verändere. Die Perser könnten nicht leicht zur Demokratie Vertrauen fassen. Er selbst sei bereit, heimzukehren, falls dort eine Oligarchie herrsche, und nicht die »Gemeinheit« und die Demokratie, die ihn vertrieben hatten.

Richtig daran war, daß er am Hof des Tissaphernes ein gern gesehener Gesprächspartner war, ja das volle Vertrauen des Satrapen gewonnen hatte. Er hatte ihn darauf hingewiesen, daß es nicht im persischen Interesse liege, wenn unter den Griechen eine Macht sowohl Land als auch See beherrsche. Der Großkönig sei viel besser dran, wenn er einen gegen den anderen ausspielen könne. Nur dann könne er vieles erreichen, ohne eigene Streitkräfte einzusetzen. Auch seien die Spartaner durch ihren Anspruch, alle Griechen zu befreien, viel stärker daran gehindert, auf Kleinasien zu verzichten. Die Verträge mit Tissaphernes scheinen jeweils nur die Feldherrn und nicht die Stadt im ganzen gebunden zu haben. Daher sollten die Perser mit ihren Zahlungen zurückhaltend sein. Soweit deckten sich Alkibiades' Ratschläge mit den persischen Interessen; daß die Perser bereit gewesen wären, den Athenern darüber hinaus entgegenzukommen, ist nicht bekannt und auch nicht wahrscheinlich.

Die Führer der attischen Flotte aber – deren »mächtigste Männer«, wie Thukydides formuliert, sowie die Trierarchen, die Mitglieder also des wenige hundert Männer umfassenden Kreises der Wohlhabendsten, die die Triëren ausrüsteten und befehligten – schöpften Hoffnung. Sie fanden es gut, wieder auf Alkibiades zählen zu können. Vor allem ergriffen sie gern die Gelegenheit, auf eine Änderung hinzuarbeiten. Sie und ihresgleichen hatten vor allem für den Krieg zu zahlen: Warum sollten sie nicht auch die Macht an sich ziehen und so, unter bereitwilligem Einsatz aller Mittel, für Athen den Sieg sichern?

Erstmals seit der Zeit des Kleisthenes entstand damit in Athen eine Kraft, die auf Verfassungsänderung in oligarchischem Sinne hinstrebte. Was immer zuvor in dieser Richtung gedacht worden sein mag, nie hatte man damit Ernst machen können, weil es zu starke Kräfte waren, die die Demokratie trugen. Man konnte eine Oligarchie nur mit den Demokraten, nicht gegen sie einrichten. Genau dieses Paradox aber schien nun möglich; wahrscheinlich weniger wegen all des Versagens des attischen Demos, als wegen der schlechten Lage, in die die Stadt geraten war. Vielleicht brauchte es sogar wirklich den Anstoß durch Alkibiades.

Die Offiziere auf Samos schlossen sich jedenfalls zusammen, um eine Verfassungsänderung zu betreiben. Sie verpflichteten sich durch Eide. Es entstand eine Verschwörung. Nur einer der Feldherrn, Phrynichos, der Sohn des Stratonides, sprach dagegen. Er hielt es für unmöglich, daß der König sich mit Athen verbände; konnte sich auch nicht vorstellen, daß ein Umsturz für die Stadt von Vorteil sei. Vor allem brachte er Einwände gegen die Absicht der Verschworenen vor, auch in den Untertanenstädten Oligarchien einzuführen. Sofern deren Verhältnis zur herrschenden Stadt innenpolitisch untermauert sei, beruhe es auf der Demokratie. Die Oberschicht hätte nirgends ein Interesse am »Seebund«. Womit er gewiß recht hatte.

Der Versuch, auch die Untertanenstädte, soweit sie demokratisch waren, zum Umsturz zu bewegen, ist insofern interessant, als er ein Indiz nicht nur für die Unüberlegtheit der ganzen Planungen ist, sondern auch dafür, daß die Verschwörer offenbar ehrlich gewillt waren, alles zu tun, um ihrer Stadt zum Sieg zu verhelfen. Sie schlossen von sich auf andere, wenn sie meinten, die Oberschicht in den Städten hätte das gleiche Interesse.

Phrynichos war ein sehr kluger Beobachter, ein selbständiger, guter Urteiler. Er hatte das erst kurz zuvor bewiesen, als er durchsetzte, die Belagerung von Milet aufzugeben, weil er seine Truppe – anders als Nikias – nicht aus Furcht vor dem Tadel des Volkes wider alle Vernunft in Gefahr bringen wollte. So hatte er die Verwundeten und alles Gerät in Sicherheit bringen können. Übrigens stammte er wohl aus kleinen Verhältnissen; Hirte soll er gewesen sein, hatte sich dann in der Öffentlichkeit durch verschiedene Anzeigen vor dem Volksgericht einen Namen gemacht. Vielen war er daher verhaßt. So verantwortlich er aber vor Milet gehandelt hatte, sobald es um seine Person ging, war er zu jeder Intrige, sogar zum Verrat der attischen Armee bereit. Da er ein Feind des Alkibiades war, schloß er sich später den Oligarchen an, als die sich gegen Alkibiades stellten; jetzt dagegen wandte er sich gegen sie. Doch setzte er sich nicht durch.

Die Verschwörer sprachen vor den Mannschaften in Samos in allgemeinen Wendungen von der Notwendigkeit einer Veränderung. Sie hielten sie, trotz einigen Murrens, durch die Aussicht auf persische Soldzahlungen bei Laune. Einige von ihnen begaben sich nach Athen, um dort alles vorzubereiten.

Was dann im Sommer 411 in Athen geschah, ist bei Thukydides wie ein politisches Lehrstück geschildert.

Das Haupt der Verschwörer von Samos, Peisandros aus Acharnai – sein Vatersname ist interessanterweise nicht überliefert –, und seine Mitgesandten stellten vor der Volksversammlung dar, daß sich eine Möglichkeit zum Sieg eröffne, da man Alkibiades heimholen und ein Bündnis mit den Persern schließen könne. Voraussetzung sei nur, daß man die Demokratie nicht weiter wie bisher handhabe. So vorsichtig drückten sie sich aus, immerhin konnten sie dies öffentlich schon erklären.

Als sich heftiger Widerspruch erhob, rief Peisandros jeden Gegenredner nochmals auf die Tribüne und fragte ihn, ob er einen Weg zur Rettung der Stadt wisse. Wenn sie die Frage verneinten, antwortete er jedesmal, daß es offenbar keine andere Möglichkeit gäbe, als das Polisleben »vernünftiger zu regeln und die Ämter mehr auf Wenige zu beschränken«. Wichtig sei jetzt vor allem das Vertrauen des Königs und Alkibiades' Heimkehr. An die Rettung sei zu denken, nicht an die Verfassung; später könne ja über alles neu entschieden werden.

Zunächst wurde aber noch nichts beschlossen, außer daß eine Gesandtschaft mit Peisandros an Alkibiades und Tissaphernes abgefertigt wurde. Vor ihrer Abreise verhandelten sie noch mit den verschiedenen »Hetairien« in der Stadt, geheimen Bünden, die sich eidlich untereinander verschworen hatten, um sich gegenseitig zu unterstützen, bei Gerichtsverfahren oder der Bewerbung um Ämter etwa. Es war dies eine besondere Spielart von Freundeskreisen, die vermutlich vor allem durch gesellschaftliche Kontakte untereinander zusammenhingen. Aber man brauchte ja verschiedentlich auch Hilfe. Es gab mehrere solcher Bünde, ihr Einfluß wird, aufs Ganze gesehen, eng begrenzt gewesen sein, für die Einzelnen aber, sofern sie bedroht waren oder etwas erreichen wollten, wichtig genug. Da die Angehörigen dieser Hetairien aus der Oberschicht stammten, waren sie die natürlichen Verbündeten für oligarchische Bestrebungen. Peisandros forderte sie auf, zusammenzuarbeiten und den Sturz der Demokratie vorzubereiten. So bekamen diese Gruppen ein auf die ganze Polis gerichtetes Ziel. Sie umfaßten vor allem jüngere Männer, die meist keine sehr engen Bindungen an die Demokratie mehr hatten.

Es muß allen klar gewesen sein, daß man die Macht nicht einfach an sich reißen konnte, wie das sonst vielfach in Griechenstädten geschah; indem man etwa bestimmte Stellen der Stadt besetzte, Gegner festnahm oder tötete, eventuell für Freunde, die von außen kamen (Verbannte zum Beispiel oder auch ein fremdes Heer) die Tore öffnete. Der Umsturz mußte vielmehr legal vonstatten gehen, nach gehöriger Einschüchterung und Terror.

Die Verhandlungen mit Tissaphernes ergaben nichts. Denn der stellte, von Alkibiades beraten, Forderungen, auf die die Athener beim besten Willen nicht eingehen konnten. Sie fühlten sich verraten; setzten auch keine Hoffnungen mehr auf Alkibiades. Aber den Umsturz betrieben sie weiter.

In Athen hatten die Hetairien dafür gesorgt, daß Androkles und einige andere ermordet wurden. Androkles stand damals beim Volk in höchstem Ansehen. Man streute aus, daß für politische Ämter künftig keine Diäten mehr gezahlt werden sollten. Außerdem müßten die politischen Rechte auf 5 000 Bürger, die mit Körper und Vermögen der Stadt am meisten nützen könnten, beschränkt sein. Das freilich war nur die Version für das Volk. In Wirklichkeit wollte sich ein kleiner Kreis der Herrschaft bemächtigen.

Volksversammlung und Rat der Fünfhundert setzte man gehörig unter Druck. Sie taten zwar weiterhin, wozu sie der geltenden Ordnung nach da waren. Aber die gesamte Tagesordnung wurde von den Oligarchen bestimmt; ihre Leute waren die einzigen, die sich zu Wort meldeten. Die andern wagten es nicht mehr, vielfach aus Angst, denn sie überschätzten, wie alle anderen, die Zahl der Verschworenen. Sie schlossen aus der Bestimmtheit ihres Auftretens und der Nachgiebigkeit vieler ihnen gegenüber auf deren Macht. Dabei waren sie im Grunde nur geschickt und – allerdings – völlig skrupellos. Sofern sich jemand noch gegen ihren Willen äußerte, fand man ihn wenig später »auf irgendeine geeignete Weise« beseitigt. Nach den Tätern wurde nicht gefahndet, selbst wenn dringender Verdacht bestand. Jeder war froh, wenn ihm nichts passierte. Die Angst ging um. Keiner äußerte seine Empörung, weil keinem recht zu trauen war. In der Öffentlichkeit sagte man nichts, weil man in der großen Stadt viele nicht kannte. Aber auch im Privaten hielt man sich zurück, denn manch einer, von dem man es nicht gedacht hätte, setzte sich plötzlich für die Oligarchie ein.

So gelang es einem relativ kleinen Kreis von Bürgern, die ganze Stadt zutiefst zu verunsichern. Nach Peisandros' Rückkehr wählte die Volksversammlung, was sie schon so oft getan hatte, eine Kommission. Ihr Auftrag aber war, Vorschläge auszuarbeiten, wie die Stadt am besten regiert würde. Die Volksversammlung, auf der sie referieren sollten, wurde eigenartigerweise nicht auf die Pnyx, sondern in das Poseidonheiligtum in Kolonos einberufen, anderthalb Wegstunden vor der Stadt. Der kleine Bezirk bot nicht viel Platz. Er mußte wohl auch von Bewaffneten geschützt werden.

Die zehn Männer beantragten nur, jedermann solle frei jeden Antrag stellen dürfen; wer einen Antragsteller wegen Gesetzwidrigkeit vor Gericht ziehe, solle mit dem Tode bestraft werden. Als das angenommen war, waren alle Sicherungen der Demokratie zerbrochen.

Dann wurde vorgeschlagen, die Ämter nicht mehr nach der alten Ordnung zu verwalten, keine Diäten mehr zu zahlen und fünf Vorsitzende zu wählen, die dergestalt einen Rat der Vierhundert zusammensetzen sollten, daß sie hundert Männer selber wählten, von denen jeder weitere drei bestellen sollte. Die Vierhundert sollten mit unbeschränkten Vollmachten regieren, die Liste der 5000 zusammenstellen und diese berufen, wenn es ihnen richtig erscheine.

Unter den Vierhundert fanden sich dann die Verschwörer mit ihren engen Freunden zusammen. Thukydides führt einige der Männer namentlich auf, hebt vor allem hervor, daß Antiphon, der Sohn des Sophilos, den ganzen Plan entworfen habe. Er hebt die Einsicht und Klugheit, bei Antiphon auch die »Tugend« hervor. Daß Peisandros pikanterweise zu denen gehört hatte, die den Hermenfrevel 415 hochgespielt hatten, erwähnt er nicht.

Der neue Rat nahm unter Assistenz von Bewaffneten sowie mit einem Gefolge von 120 jungen Männern das Rathaus in Besitz. Die dort tagenden Fünfhundert wurden aufgefordert, das Gebäude zu verlassen, die Diäten bis zum Ende des Amtsjahres – es waren noch einige Wochen – würden ihnen gezahlt; gleich vor der Tür, auf der Agora, bekamen sie sie auf die Hand und zerstreuten sich dann.

Wenige Männer wurden umgebracht, nicht viele verhaftet oder verbannt. An der bestehenden Ordnung wurde vielerlei geändert, jedoch rief man nicht die unter der Demokratie Verbannten zurück; wegen Alkibiades. Und man bemühte sich um Frieden, indem man Gesandte nach Sparta schickte.

Der Versuch jedoch, die Mannschaften in Samos für die neue Ordnung zu gewinnen, schlug fehl. Die Ruderer waren empört darüber, daß sie die politischen Bürgerrechte verlieren sollten. Sie schmiedeten Pläne gegen die Stadt. Die bisherigen Strategen und einige der Trierarchen setzten sie ab und wählten neue, unter anderm Thrasybul, den Sohn des Lykos, der ein überzeugter Verfechter der Demokratie war. Die Flotte machte sich selbständig. Sie betrachtete sich als die Stadt, die Mehrheit der Bürgerschaft.

So faßte sie dann auch in ihrer »Volksversammlung« Beschlüsse, zunächst einmal den, Alkibiades Straffreiheit und Rückkehr zu bewilligen. Er kam nach Samos, beklagte sich über das Unrecht, das ihm geschehen war, versprach viel und wurde daraufhin zum Strategen gewählt. Am liebsten wollten sie gleich mit ihm zum Piräus aufbrechen, konnten nur mit Mühe davon abgehalten werden; es hätte bedeutet, daß Jonien für Athen verloren gewesen wäre. Der Vorgang wiederholte sich, als eine Gesandtschaft der Vierhundert kam und die Leidenschaften der Matrosen neuerdings zum Sieden brachte. Beide Male stellte sich Alkibiades ihnen in den Weg.

In Athen ließ die Nachricht von diesen Vorgängen die Opposition gegen das neue Regime wieder erwachen. Es kam freilich hinzu, daß die Vierhundert, außer daß sie nun fühlbar ihre Herrschaft ausübten, nichts zuwege brachten. Nichts vor allem, was der Rettung der Polis hätte dienen können. Die Friedensverhandlungen mit den Spartanern erbrachten nichts. Vor allem trat – nach Thukydides – ein Effekt ein, den man schon oft in ähnlichen Fällen hatte beobachten können: die Macht gemeinsam zu erobern fiel den Oligarchen sehr viel leichter, als sie gemeinsam zu behaupten.

Einer von ihnen, Theramenes, der Sohn des Hagnon, eines der Probouloi, scherte aus und begann, gegen die andern zu agitieren. Er fand, die Vierhundert dürften nicht weiterhin allein alle Macht in der Hand haben. Vielmehr seien die 5 000 auszuwählen und am Regiment zu beteiligen. Wie das geschehen sollte, ist nicht ganz deutlich. Es ist die Rede davon, daß der Rat künftig aus ihnen im Turnus bestellt werden sollte.

Die Festlegung der Bürgerschaft auf bestimmte runde Zahlen begegnet in Griechenland häufiger, vor allem in Oligarchien. Hier wurde ein anderes Prinzip damit kombiniert: daß nämlich die, die sich als Hopliten ausrüsten und im Felde dienen konnten, die eigentlichen Bürger der Stadt seien. Der Gedanke knüpfte an die alte große Tradition der griechischen Hopliten an, er nahm aber auch Bezug darauf, daß dieser Kreis die Stadt in besonderer Weise »trug«, während die Theten, die Ruderer, von ihr eher ausgehalten wurden. Als man die Liste der Hopliten zusammenstellte, sollen es 9 000 gewesen sein; wenn die Nachricht stimmt, so weist sie darauf, wie sehr hier Theorie – und nicht die Praxis, die doch wohl leicht über die wirklichen Zahlen belehrt hätte – am Werk war; oder war diese Zahl gar nicht ernst gemeint?

Wie man diese Gedanken mit der Rolle, die die Flotte im damaligen Athen spielte, vereinen wollte, bleibt schleierhaft. Immerhin sollten die Theten aus der Volksversammlung nicht ausgeschlossen sein, sie sollten nur die Ämter sowie die Sitze im Rat, vermutlich auch die im Volksgericht nicht besetzen können. Thukydides fand, die von Theramenes verfochtene Ordnung hätte eine maßvolle Mischung in Hinsicht auf die Wenigen und auf die Vielen dargestellt; das erste Mal, seit er lebe, eine gute Verfassung in Athen.

Doch bevor sie eingeführt werden konnte, gab es noch viel Streit. Er entzündete sich daran, daß die Vierhundert ein Aufgebot von Hopliten die Halbinsel Eetioneia befestigen ließen, welche von Westen her die Einfahrt in den großen Hafen des Piräus, den Kantharos, beherrschte. Es gab eine Mauer, die sie nach außen, gegen Westen und Süden schützte, jetzt sollte sie nach Osten, zum Hafen hin gesichert werden, so daß dort gleichsam ein Kastell entstanden wäre.

Theramenes mutmaßte, die Vierhundert wollten dort eine Besatzung hinlegen, die den Spartanern die Einfahrt in den Piräus ermöglichen sollte. Er verdächtigte sie, Athen dem Feind ausliefern zu wollen. Und zwar mit Recht, so Thukydides.

Ihrer ursprünglichen Absicht hätte das nicht entsprochen. Die Oligarchen wollten am liebsten die Herrschaft der Stadt, soweit möglich, bewahren, wollten zumindest deren Selbständigkeit aufrechterhalten. Doch weil die Spartaner zum Frieden nicht bereit waren und weil nun ihr eigenes Regime durch Theramens'

Agitation bedroht war – und sie die Rache des Demos fürchten mußten –, schien ihnen eine Herrschaft von Spartas Gnaden noch immer die beste der Möglichkeiten.

Theramenes' Verdacht wurde dadurch genährt, daß eine spartanische Flotte im Saronischen Golf kreuzte. Sie war an sich dazu bestimmt, Euböa zum Abfall zu bewegen; aber der nächste Weg dorthin hätte jedenfalls nicht an Ägina und am Piräus vorbeigeführt.

Wie dem auch sei, die Hopliten in Eetioneia meuterten, sie nahmen den Strategen, der im Auftrag der Vierhundert die Arbeiten leitete, gefangen, Theramenes suchte zum Schein zu vermitteln, ließ aber gern zu, daß sie die Mauern wieder einrissen. Dann hielten sie im Dionysos-Theater in Munychia Rat, zogen zur Stadt und waren nur gegen die Zusage, daß zu einem bestimmten Termin eine Volksversammlung einberufen würde, bereit, wieder abzuziehen.

Auf dieser Volksversammlung wurden die Vierhundert abgesetzt, die Macht an die 5000 übergeben, auch jetzt wurde bestimmt, daß keiner für ein Amt Diäten beziehen sollte. Es sollten auch die Gesetze neu niedergeschrieben (und abgefaßt) werden. Wie lange diese Ordnung hielt, ist unbekannt; die der Vierhundert hat etwa vier Monate gedauert.

Theramenes war einer der umstrittensten Männer der damaligen Zeit. Manche Theoretiker verehrten ihn, denn seine Vorstellungen von einer gemäßigten Verfassung leuchteten ihnen sehr ein. Andererseits wurde sein mehrfacher Seitenwechsel scharf kritisiert, man nannte ihn »Kothurn«, einen Schuh, der an jeden Fuß paßt.

Er tat sich in der Demokratie hervor, dann arbeitete er an ihrem Sturz mit, trennte sich aber von den andern, als sie deutlich im Begriff waren, ein enges oligarchisches Regiment zu führen und zu behaupten. Oder als sich erwies, daß sie so unbeliebt waren, daß ihre Herrschaft nicht von Dauer sein konnte. Später, im Jahre 404, war er wiederum unter denen, die die Demokratie abschafften, und trennte sich abermals von den andern, als deren Willkür ihm unerträglich wurde (und das Regime die eigenen Grundlagen zu zerstören drohte). Ganz gewiß war er von großem

Ehrgeiz getrieben, wußte er sich übrigens seiner Haut mit nicht immer feinen Methoden zu erwehren; scheute zumindest in einem Fall auch nicht vor regelrechten Schweinereien zurück, und zwar im ganz persönlichen Interesse. Er war hochgebildet, war bei dem Sophisten Prodikos in die Schule gegangen und hatte wohl auch viel institutionelle Phantasie.

Wahrscheinlich sollte man in seiner Biographie ein Symptom für die damalige Lage sehen: Er war sich bewußt, wie wenig die Demokratie den Anforderungen gewachsen war, die sich ihr stellten, und suchte den Schwierigkeiten, wenn sich Gelegenheit dazu ergab, durch institutionelle Verbesserungen beizukommen. Nur waren ja die Oligarchen, wie sich dann jeweils herausstellte, ebensowenig in der Lage, ein haltbares, vernünftiges Regime zu schaffen. Und da er das sah und von da ab nicht mehr daran teilhaben wollte, scheiterte er mit seinen Bemühungen und büßte am Ende mit dem Leben. Was er wollte, ging nicht, aber daß er es versuchte, ehrt ihn. Und daß er so klug und vorurteilsfrei, daß er sowohl in der Demokratie wie in der Oligarchie als Bundesgenosse begehrt war, spricht für ihn; besonders aber, daß er wußte, von welchem Zeitpunkt an er nicht mehr mitmachen durfte. Er war nicht grundsätzlich gegen Gewalt, gegen die Ermordung von Gegnern, so wenig wie man es damals allgemein war. Aber er wußte, daß man sie nur sehr dosiert und auf bestimmte Zwecke bezogen einsetzen durfte. Man wird ihm das Bewußtsein der Verantwortung für die Stadt und – angesichts seiner Klugheit und Selbständigkeit – den Willen, ihr möglichst sachgerecht zu dienen, nicht absprechen können. Seine Selbständigkeit bedingte es, daß er Einzelgänger blieb.

Wahrscheinlich gilt für ihn wie für Phrynichos, daß sie, wo sie konnten, verantwortliche und vernünftige Politik (und Kriegführung) betrieben, jeder auf seine Art und mit seinen Vorstellungen von rechter Verfassung. Wo sie sich aber bedroht fühlten, waren sie bereit, ohne viel Bedenken und auf Kosten anderer alles zu tun, um sich zu retten. Dann gerieten sie geradezu ins Bodenlose; dann waren sie gleichsam andere als sonst. Daß solche Situationen begegneten, brachte die Nervosität, die Gefährdetheit der Zeit mit sich; daß besonders befähigte Männer so reagierten, war ein Teil der Selbständigkeit, die sie unabhängig zu handeln veranlaßte – und zugleich in einer Weise von Konventionen freisetzte, daß sie zu allem möglichen imstande waren. Man konnte schon recht zerrissen sein in jener Zeit. Was das Vertrauen in die Verhältnisse zusätzlich erschwerte.

In den Tagen des Sturzes der Vierhundert fiel Euböa in die Hand der Spartaner. Es war ein sehr schwerer Schlag für Athen, denn von dort kam ein Gutteil der Versorgung der Stadt; dorthin hatten die Athener auch einen Teil ihres Viehs evakuiert.

Die Demokratie wurde im Jahre 410 wiederhergestellt, vielleicht unter gewissen Modifikationen, die etwa die außerordentliche Knappheit der Mittel erzwang. Auf Antrag des Demophantos sollte künftig jeder, der die Demokratie stürze oder nach dem Sturz ein Amt bekleide, als Feind der Athener betrachtet werden. Er solle vogelfrei sein, ja alle Athener hatten, nach Phylen und Demen geordnet, zu schwören, jeden zu bekämpfen und nach Möglichkeit zu töten, der sich dessen schuldig mache.

Die Vierhundert und ihre Helfer wurden vor Gericht gestellt, vielfach zu hohen Geldstrafen oder zur Minderung ihrer bürgerlichen Rechte verurteilt, einige auch zum Tode.

Kurz bevor die Vierhundert ihre Herrschaft antraten, im Januar 411, war Aristophanes' »Lysistrate« aufgeführt worden, sein bis heute am meisten gespieltes Stück, welches zeigt, wie die Frauen aus den verfeindeten Griechenstädten sich verschwören, um durch gemeinsame Verweigerung des Beischlafs die Männer dazu zu zwingen, endlich Frieden zu schließen.

»Wir ertrugen es stets in der vorigen Zeit und im Jammer des Krieges geduldig, sittsamer Natur, wie wir Frauen nun sind, wie ihr Männer auch immer es triebet. Wir durften nicht mucksen, so hieltet ihr uns! Und ihr ward doch gewiß nicht zu loben! Wir durchschauten euch wohl, und wir ahnten nichts Guts, und da kam denn, wenn wir zu Hause still saßen, zu Ohren uns oft, wie verkehrt ihr die wichtigsten Dinge behandelt! Da fragten wir wohl euch, im Herzen betrübt tief innen, doch lächelnden Mundes: ›Was habt ihr im Rate des Volks heut früh wegen des Friedens beschlossen? Was kommt an die Säule?‹ – ›Was kümmert das *dich*‹ war die brummende Antwort des Mannes, ›Ich rate dir, schweig!‹ – und ich schwieg... Nicht lange, so hörten wir wieder, ihr habt noch verkehrtere Dinge beschlossen! Und so fragten wir wieder:

›Nein, sage mir, Mann, was macht ihr für dumme Beschlüsse?‹ – Da sah er mich an von der Seit und begann: ›Wenn du ruhig nicht bleibst bei dem Webstuhl, dann setz ich zurecht dir den störrischen Kopf! Denn der Krieg ist die Sache der Männer!‹«

Bei aller überwältigenden Komik dieses Stücks: Sollte sich in Worten wie diesen nicht sehr genau spiegeln, wie es damals in Athen zwischen den Geschlechtern zuging? Konnten die Frauen, von denen viele ihre Männer, Väter, Söhne, Brüder im Krieg stehen und zum Teil auch verloren haben, an die politische Weisheit der Männer glauben, an der es – mindestens wenn man es am Erfolg maß – so sehr fehlte? Mußten sie nicht im stillen dagegen aufbegehren? Mehr konnten sie – außerhalb der Komödie – nicht tun. Aber ob sie nicht die Unsicherheit vermehrten? Bildeten die Gespräche zwischen Mann und Frau nicht eine der Bahnen, auf denen sich die Lage der Stadt in politisches Handeln – oder auch Nicht-Handeln – umsetzte?

Freilich kann Unsicherheit auch die Form der Arroganz annehmen. Und wenn sie sich mit jener Hoffnung, die immer wieder den Wünschen Aussicht zu verleihen vermag, paart – und mit all den Bekräftigungen, die eine Menge untereinander erzeugt, kann sie oft zu kühnen Beschlüssen anregen. Eben das scheinen sie hier getan zu haben. Da half es vermutlich, trotz Perikles' anderslautender Meinung, wenig, wenn die Beschließenden eigene Kinder hatten, die sie gegebenenfalls in den Krieg schicken mußten. Euripides hatte es schon in seinen »Hiketiden« sagen lassen, daß keiner, wenn über Krieg Beschluß gefaßt würde, an seinen eigenen Tod dächte – immer nur an den anderer; sonst könnte es ja so leicht nicht zum Krieg kommen.

Die attische Kriegführung hatte einige Erfolge aufzuweisen. Die Kämpfe konzentrierten sich seit dem Herbst 411 in den Propontis. Einerseits war Pharnabazos, der für den Norden Kleinasiens zuständige, in Daskyleion residierende Satrap großzügiger mit Geld als Tissaphernes; und die Spartaner waren sehr schlecht versorgt, die Stimmung unter ihren Mannschaften zum Teil besorgniserregend; so gingen sie gern auf seine Bitte ein, die dortigen Griechenstädte von Athen abspenstig zu machen. Die Spartaner wollten Athen aber wohl auch von den Zufuhren aus dem Schwarzen Meer abschneiden, denn König Agis, der ihre Sache in Dekeleia führte, war zunehmend enttäuscht darüber, daß er ihnen wegen der Zufuhren über See wenig Schaden zufügen konnte.

Doch im Herbst 411 siegten die Athener bei Kynossema, und im Frühjahr 410 gelang es Alkibiades, bei Kyzikos die gesamte spartanische Flotte vernichtend zu schlagen. Fast alle ihre Schiffe wurden erbeutet. »Fort die Hölzer (Schiffe). Mindaros (der Feldherr) tot. Die Männer hungern. Wir wissen nicht, was tun«, lautete kurz und »lakonisch« die Meldung, die die Unterlegenen nach Sparta sandten. Byzanz und Kalchedon konnten zwar nicht wieder eingenommen werden, aber man befestigte gegenüber Byzanz ein Fort, um von dort aus künftig Zölle für die Durchfahrt zu erheben.

Die Spartaner boten Frieden an, der gegenwärtige Besitzstand solle gelten, nur sollten die Athener Pylos, die Spartaner Dekeleia ausliefern. Allein, Kleophon, ein Mann vom Schlage Kleons, Leierfabrikant von Beruf, dessen Einfluß beim Volk damals am größten war, veranlaßte die Mehrheit zur Ablehnung. Genau gesagt forderte er, die Spartaner sollten alle Städte des Seebunds an Athen zurückgeben, was natürlich nicht in Frage kam. Das Volk setzte sein Vertrauen auf Alkibiades.

Kleophon führte damals auch ein, daß die bedürftigen Bürger täglich zwei Obolen von der Polis bekamen. Es könnte sein, daß sich die Einnahmen aufgrund des Siegs bei Kyzikos leicht verbessert hatten. 409 begann man wiederum mit der Arbeit am Bau des Erechtheions. Die Flotte hingegen ernährte sich weitgehend aus Beiträgen und Kriegskontributionen, die sie in ihrem Operationsgebiet eintrieb, sowie aus Beute.

Seit 411 beherrschten die Athener zwar wieder die See (der von den Persern finanzierte Bau einer neuen Flotte der Peloponnesier ging nur langsam voran), aber sie hatten kaum Kraft dazu, Städte zu belagern, geschweige denn, die Front all derer, die inzwischen gegen sie standen, aufzubrechen.

Im Winter 410/9 verloren sie Pylos. Im Sommer 409 eroberten die Megarer Nisaia zurück. Um die gleiche Zeit sagte sich Kerkyra vom Bündnis los: es war wieder in die Hände der Oligarchen gefallen.

Andererseits mußten die Syrakusaner, deren Mannschaften innerhalb der peloponnesischen Flotte besonders tapfer und einfallsreich gekämpft hatten, nach Hause zurückkehren: sie wurden gebraucht gegen die Karthager. Auch dies war eine Folge des großen Krieges, daß auf Sizilien der griechische Einfluß zurückgedrängt wurde; Athen unterhielt zu den Karthagern freundliche Beziehungen. Im Winter 409/8 eroberte Alkibiades Byzanz. Im Sommer 408 wurde Thasos zurückgewonnen – es war abgefallen, als die Athener dort eine Oligarchie eingeführt hatten.

Danach unterbrach Alkibiades seine Operationen. Er wollte nach Athen; seinen Mannschaften wird es ähnlich gegangen sein. Bevor er eintraf, hatte man ihn dort zum Strategen gewählt. Im Juni 408 erwartete ihn eine große Menge im Piräus. Doch fühlte er sich nicht sicher und verließ das Schiff erst, als er seine Verwandten und Freunde ausgemacht hatte. Unter ihrem Schutz begab er sich, gefolgt von unzählig vielen anderen, in die Stadt. Er wies vor Rat und Volksversammlung die einst gegen ihn erhobenen Vorwürfe wegen des Mysterienfrevels zurück; es sei ihm Unrecht geschehen. Keiner widersprach, die Menge hätte es, wie Xenophon schreibt, nicht geduldet. Man wählte ihn zum Oberfeldherrn mit unbeschränkter Vollmacht. Zum Ersatz für das enteignete Vermögen erhielt er eine Ehrengabe.

Vier Monate blieb er in Athen. Wahrscheinlich mußten auch seine Schiffe ausgebessert werden. Im September fand unter seinem Schutz zum ersten Mal wieder die feierliche Prozession nach Eleusis auf der heiligen Straße statt; aus Furcht vor den Spartanern hatte man sich seit 413 über See dorthin begeben.

Um die gleiche Zeit begannen die Athener die kleine Plattform der Bastion an der Akropolis, auf der der Nike-Tempel stand, mit einer Balustrade zu umgeben. Die im »Reichen Stil« gearbeiteten Reliefs, die man zum Teil künftig beim Aufstieg auf die Akropolis rechter Hand zu sehen bekam, stellten Niken dar, die damit beschäftigt waren, in Anwesenheit der Athene Trophäen zu errichten und Rinder zum Opfer zu führen; eine von ihnen löste vor dem Betreten des Heiligtums die Sandalen. Sie feierten den Sieg und huldigten zugleich der Göttin, die ihn verliehen hatte.

*Darstellung der sandalenlösenden Athena Nike. Von der Ballustrade des Heiligen Bezirks des Nike-Tempels. Um 410.*

Um 410 hatte Euripides seine »Phönizierinnen« aufgeführt, die vom Kampf und Ende der Ödipussöhne handelten. Sie boten auf weite Strecken eine Kritik am ungehemmten Machtstreben, der »Ehrsucht«. Die Mutter, die die beiden versöhnen will, beschwört die Gleichheit, die in der Natur herrsche, im Wechsel von Tag und Nacht, in den Zahlen, in den Maßen. Sie stifte unter den Menschen Dauer, verbinde Freund mit Freund, Stadt mit Stadt, Bundesgenossen mit Bundesgenossen: Es klingt wie ein Programm zur Seebundsreform, aber auch zur Einfügung in die Demokratie. Ihr Sohn Eteokles hatte gerade die Macht zur höchsten Gottheit erklärt. Er hatte die Herrschaft mit dem Bruder im (demokratischen) Wechsel zu üben versprochen. Jetzt weigert er sich: »Meine Herrschaft überlasse ich diesem nie. Wenn man nämlich Unrecht tun muß, tut man es am besten um der Herrschaft willen, im übrigen soll man gottesfürchtig sein«.

408 sodann dementierte Euripides' »Orest« gleichsam Aischylos' »Orestie«, auf die er immer wieder sehr deutlich Bezug nimmt. Das Ende des Mythos ist völlig neu konstruiert. Man sieht Orest, kurz nachdem er seine Mutter ermordet hat. Seit Tagen peinigen ihn deren Rachegeister; er ist wahnsinnig, nur mitunter hat er einige lichte Momente. Derweil bereiten die Männer von Argos sich vor, das Urteil über ihn und zugleich auch über seine Schwester Elektra zu fällen. Es sieht schlecht für ihn aus. Nur eine Aussicht auf Rettung scheint sich neuerdings zu eröffnen: Menelaos, der Bruder seines Vaters Agamemnon, ist gerade im Hafen angelangt. Als Orest davon hört, ist er auf einmal wieder handlungsfähig. Der Onkel ist – als tapferer Mann – selbstverständlich bereit zu helfen, bleibt dann jedoch während der Versammlung stumm. Offenbar konnte er nur Soldaten einsetzen, und er hatte keine dabei. So wird Orest mitsamt seiner Schwester zum Tode verurteilt. Der Steinigung kann er sich nur dadurch entziehen, daß er verspricht, er und die Schwester wollten ihrem Leben noch am gleichen Tag ein Ende setzen.

Dazu jedoch kommt es nicht. Pylades, der Freund, findet, sie sollten, da sie schon sterben müßten, vorher noch Menelaos' Frau Helena umbringen, die gerade im Palast eingekehrt ist. Sollten sie büßen lassen dafür, daß sie den Trojanischen Krieg verschuldet hat; dann sei ihnen ewiger Ruhm sicher. Daraus entwickelt sich eine große Intrige. Menelaos' Tochter wird als Geisel genommen,

Orest droht, sie zu ermorden, er will den Palast anzünden, sterben und sterben lassen, da offenbar auf Rettung keine Hoffnung ist. Schließlich greift Apollon als Deus ex Machina ein, um die Dinge neu zu ordnen.

Das Stück muß von beklemmender Aktualität gewesen sein. Die Feigheit des Menelaos, der sich verschanzt hinter der Einsicht, man könne nur das Mögliche tun – und dann auch das nicht versucht. Die Worte klingen gut, aber sie haben nichts zu besagen. Überdies ist er opportunistisch, denn er macht sich Hoffnung auf den Thron. Der Großvater Orests, Tyndareos, tritt auf, schäbig und herzlos, daß es kaum zu überbieten ist. Er kommt eigentlich nur, um Orest vorzuhalten, was er besser hätte tun sollen; malt dann in langen, schönen Worten aus, wie wichtig es doch sei, daß man sich an das Gesetz halte – und hat nur den einen Wunsch, nämlich die Enkel schrecklich bestraft zu sehen. Und zwar nicht, weil er seiner Tochter Klytaimestra nachtrauerte oder sie gar rächen wollte; er will vielmehr mit ihr so wenig zu tun haben wie mit ihrer Schwester Helena. Nur soll, darum geht es ihm, alles seine Richtigkeit haben, und er sagt das her in der Sturheit eines Buchhalters, dem nur daran liegt, daß die Zahlen stimmen, ohne irgendetwas dabei zu fühlen.

In der Volksversammlung sucht sich der alte Herold des Agamemnon bei den Freunden von dessen Mördern beliebt zu machen, ein Gemäßigter plädiert für Verbannung, später will ein schlichter Mann vom Lande Orest geehrt sehen für seine so notwendige Tat. Den Ausschlag aber gibt ein übler Demagoge, der gar kein rechter Argiver ist und den der adlige Tyndareos unterstützt.

Orest selbst, an sich nicht unsympathisch gezeichnet, hält am Ende die billige Untat, die er vorhat, den Mord an Helena und ihrer Tochter, die Bestrafung des Menelaos für ruhmvoll und heroisch; eine völlige Perversion der alten Ideale: »Der heroisch sich fühlende Mensch ist dasjenige Geschöpf, das, statt sich in sein Schicksal zu ergeben, erst noch etwas Entsetzliches anstellen muß« (Reinhardt). Wohl meint Orest gelegentlich, er wolle sich seines Vaters würdig erweisen. Er spricht davon, man müsse ertragen, was einem die Götter gesandt haben. Aber das ist alles nur so dahergesagt, weil es ihm gerade einfällt – oder weil es sich einmal so gehört hat. Auch bei ihm passen die Worte nicht zu den Taten.

Auf die Vorhaltungen des Großvaters antwortet er zum einen mit dem Argument, er habe im Interesse ganz Griechenlands gehandelt; wo nämlich käme man hin, wenn man den Frauen Untreue und Gattenmord durchließe! Zum andern aber sei der Alte selber schuld, denn er habe ja Klytaimestra gezeugt. Und schließlich ist es der Gott, dessen Orakel ihm, Orest, auferlegt habe, für den Vater Rache zu nehmen. Befehlsnotstand, so könnte man sagen, Verschiebung der Schuld auf Dritte.

Ganz ähnlich hat man es schon in andern Stücken des Euripides gesehen: Man nimmt nichts mehr auf die eigene Kappe. Man kann nichts mehr dafür. So macht es ja auch der Demos, der so oft andere für etwas bestraft, was er selbst beschlossen hat, so die Beschuldigten im Klima von Anklage und Gegenanklage (unter Lebensgefahr), wenn sie ihre Schuld auf andere schieben.

Und doch geht der »Orest« sehr viel weiter, als es sonst geschehen ist. Dieses ganze Stück ist ein einziges Debakel. Kein Vollzug eines Schicksals, dessen Sinn, so dunkel er sein mag, nicht angezweifelt wird, sondern eine Unentrinnbarkeit, die sich aus lauter menschlichen Unzulänglichkeiten zusammenbraut. Keiner kann helfen; wer es will, ist zu schwach; nur das Falsche, das Ungerechte, Demagogie und billige Strafsucht setzen sich durch, vom Opportunismus sekundiert. Es verwirklicht nurmehr ein teils feige, teils stumpfsinnig, teils wild auf alte, aber pervertierte Ideale bezogenes Personal sich selbst. Am Schluß muß der Gott alles wieder einrenken. Helena wird an den Himmel versetzt. Ihre Schönheit hatte, so erfährt man, nach dem Willen der Götter nur den Krieg entfachen sollen, damit die Frevel der Menschenmenge von der Erde abgeschöpft werden. Orest soll nach Athen zum Freispruch, und dann sollen die jüngeren Beteiligten einander heiraten.

Mehrere Stücke des Euripides aus der Zeit vor 408 spiegeln das entsetzliche, offenbar tief enttäuschende Versagen gerade der Führungsschicht Athens, an die sich noch große Erwartungen gehängt hatten. Sie waren korrupt, eigensüchtig, ehrlos, unfähig, eitel – und jeder lebte nur noch sich selbst.

Wenn an Aischylos' »Orestie« und so vielen andern Stücken der frühen Zeit mit Händen zu greifen ist, wie sie mit den Problemen, denen sie in der Geschichte ihrer Bürgerschaft konfrontiert waren, rangen; wie der Sinn ihrer Stücke und die grundsätzliche Annahme von Sinn in der Bürgerschaft sich gegenseitig bedingten – wird hier, beim späten Euripides, nicht weniger deutlich, daß die große, zentrale, ordnende Funktion der Tragödie nicht mehr ausgeübt werden konnte. Das Verhältnis zwischen Tragiker und Publikum war vermutlich ähnlich eng, nur: jetzt konnte er nurmehr analysieren, ausdrücken, wie sinnlos alles geworden, daß mit Gerechtigkeit nicht mehr zu rechnen war – und das Publikum wird es primär ästhetisch genossen haben. Es war Zeitkritik in einem Rahmen, der nur noch scheinbar der der Heroenwelt war. Nietzsche schreibt, Euripides habe die Zuschauer auf die Bühne geholt: Sie fanden dort nichts mehr als sich selbst und ihresgleichen.

Bald nachdem Alkibiades im Herbst 408 nach Jonien zurückgekommen war, veränderte sich die Lage gründlich. Die Perser entschlossen sich angesichts der athenischen Erfolge, Sparta entschiedener zu unterstützen. Doch nicht nur das, vielmehr wurde auch auf Betreiben der Königin Parysatis deren etwa siebzehnjähriger Sohn Kyros mit dem Oberkommando an der Küste sowie mit der Satrapie Lydien betraut. Andererseits sandten die Spartaner 407 einen außerordentlich befähigten Mann als Befehlshaber ihrer Streitkräfte, Lysander, und der befreundete sich so eng mit dem Prinzen und dieser war ihm so sehr zu Willen, daß die persischen Gelder für Sparta künftig reichlich flossen.

Lysander war einer jener modernen Spartaner, die mit großer Entschlossenheit bereit und mit Umsicht, ja Ingeniosität in der Lage waren, alle Kräfte, über die sie irgend verfügen konnten, höchst wirkungsvoll zu organisieren und einzusetzen. Er war ein disziplinierter Mann, weder für Ausschweifungen noch für irgendeinen Luxus zu haben; alles, was er war und was er tat, stand im Dienst seiner Aufgabe. Er war ein kalter Rechner, verschmähte kein Mittel, das ihm zu irgend etwas geeignet erschien, schmeichelte und antichambrierte, bestach, betrog, nahm Meineide so zur Hilfe wie brutale Gewalt – das einzige, was zählte, war, daß es seinen Zwecken diente, das heißt dem Sieg Spartas und der Steigerung seiner eigenen Macht.

Er war ein glänzender Politiker, gewandter Diplomat und bedeutender Stratege. Manches an ihm, seine Fähigkeiten, sein außerordentlicher Ehrgeiz, seine herrscherliche Attitüde erinnerten an Alkibiades – nur war er eben sehr viel disziplinierter, geduldiger, viel stärker auf seine Ziele ausgerichtet und zugleich listiger.

Im ersten Jahr seines Oberbefehls vermied er zunächst jeden Kampf und tat alles, um seine Flotte auszubauen und aufs beste zu schulen. Nur einmal kam es zur Schlacht, als nämlich in Abwesenheit des Alkibiades und gegen dessen ausdrückliche Weisung sein Vertreter mit einer attischen Flotte Lysander voller Übermut herauszufordern suchte. Die Athener meinten, er wäre nicht gerüstet, da seine Schiffe zumeist im Trockenen lagen. Doch im Nu wurden alle, die es noch nicht waren, ins Wasser gezogen und schlugen die attische Flotte bei Notion.

Dieser Sieg hatte den unverhofften Erfolg, daß die Athener Alkibiades, nachdem sie ihn gefeiert und mit besonderen Vollmachten versehen hatten, von heute auf morgen wieder absetzten. Er entsprach nicht ihren Erwartungen, und damit war er erledigt. In den Quellen heißt es, seine Gegner hätten sich in Athen durchgesetzt; das ist gewiß richtig, doch wäre das ja nicht möglich gewesen, wenn nicht die Mehrheit ihnen zugeneigt hätte. Immerhin konnte man Alkibiades einen Fehler nachsagen: Der Mann, den er als Vertreter zurückgelassen hatte, war ein ausgesprochen leichter Vogel, Saufkumpan des Oberbefehlshabers und für seine Aufgabe so schlecht geeignet wie möglich.

Lysander berief aus den verschiedensten Griechenstädten Kleinasiens die mächtigsten Männer zu sich, versprach ihnen seine Hilfe und verlangte andererseits von ihnen, daß sie ihre Städte oligarchisch organisierten und untereinander zusammenarbeiteten. So wuchs der Rückhalt, den er im Lande hatte.

Den Konservativen in Sparta war Lysander aber ein Dorn im Auge. Deswegen drangen sie auch besonders stark darauf, daß er nach einem Jahr, wie es im übrigen üblich war, sein Kommando wieder abgab. Sein Nachfolger Kallikratidas war eher im alten Sinne spartanisch geartet, ein vornehmer, auch tatkräftiger Mann, der freilich mit Kyros nicht recht auskam, da es ihm zuwider war, bei dem jungen Prinzen zu warten, bis es dem recht war, ihn zu empfangen; Kyros legte alles darauf an, daß Lysander möglichst rasch zurückkehrte. Übrigens hatte Lysander das Geld, das er noch nicht verbraucht hatte, an Kyros zurückgegeben, damit es nicht an Kallikratidas käme. Die Vorteile, die er Sparta verschafft hatte, sollte kein anderer nutzen.

Immerhin hatte Kallikratidas den Erfolg, daß er den wichtigsten Feldherrn der Athener, Konon, in Mytilene einschloß. Zu diesem Zeitpunkt, im Sommer 406, beschlossen die Athener, nochmals eine große Flotte auszurüsten. Sie schmolzen Weihgeschenke ein, prägten neue Münzen aus Gold und verpflichteten die Bürger, selbst viele Ritter, als Ruderer zu dienen. Denn es mangelte ihnen längst an Personal. Das perikleïsche Bürgerrechtsgesetz wurde nicht mehr streng gehandhabt: Vielmehr durften auch die, die nur von einer Seite athenischer Abstammung waren, künftig Bürger sein. Sklaven wurden mit der Zusage der Freilassung angeworben, sie sollten sogar ein leicht eingeschränktes Bürgerrecht erhalten.

110 Schiffe konnten sie ausrüsten, es waren nicht immer die neuesten; die Mannschaften waren nicht besonders gut geschult. Und doch gelang es ihnen, einen großen Sieg über die Spartaner zu erringen, bei den zwischen Lesbos und dem Festland gelegenen Arginusen-Inseln. Die Peloponnesier verloren 70 Schiffe, die Athener nur 25. Aber das Wetter war so schwierig, daß sie das Gros der Schiffbrüchigen nicht bergen konnten. Ungefähr 2 000 Männer kamen in der Schlacht um.

Verständlich, daß die Freude über den Sieg in Athen durch die Verluste getrübt war. Doch damit nicht genug: Die attische Volksversammlung enthob die Feldherrn ihres Amtes; zwei von ihnen kehrten vorsichtshalber gar nicht nach Athen zurück. Die sechs anderen wurden ins Gefängnis geworfen, und es wurden in der Volksversammlung schwere Anklagen gegen sie vorgebracht, besonders von Theramenes. Er war als Trierarch beauftragt gewesen, zusammen mit andern für die Bergung derer zu sorgen, deren Schiffe untergegangen waren, während die Feldherrn die feindliche Flotte verfolgen wollten. Wegen des Unwetters hatte er nicht auslaufen können und suchte sich nun dadurch vor Vorwürfen zu retten, daß er die Feldherrn schwer beschuldigte.

Diese durften sich zwar äußern, bekamen aber nicht die ihnen vom Gesetz eingeräumte Redezeit zugebilligt. Sie konnten aber trotzdem, auf die Steuermänner als Zeugen gestützt, die Mehrheit der Versammlung von ihrer Unschuld überzeugen. Dies hinwiederum ließ einige, die sie unbedingt bestraft sehen wollten, nicht ruhen. Sie beantragten, die Abstimmung wegen der hereinbrechenden Dunkelheit zu verschieben. Der Rat sollte einen Vorschlag zur Aburteilung vorbereiten.

Inzwischen sah man – zumal gerade das Fest der Apaturien gefeiert wurde, an dem sich die Phratrie-Genossen trafen – Trauernde jeder Sorte (solche nämlich, die jemanden verloren hatten, und solche, die nur Propaganda machen wollten) schwarz gekleidet und kahlgeschoren sich in der Öffentlichkeit verbreiten.

In der Volksversammlung sodann schlug der Rat auf Antrag eines Mannes namens Kallixenos vor, da Anklage- und Verteidigungsrede schon gehalten worden waren, nurmehr über schuldig oder unschuldig abzustimmen. Wenn die Mehrheit für schuldig votiere, sollten die Feldherrn die Todesstrafe erleiden, ihr Vermögen sollte eingezogen werden, ein Zehntel davon an die Göttin gehen.

Einige mutige Männer, unter andern ein Vetter des Alkibiades, Euryptolemos, Sohn des Peisianax, protestierten scharf und erklärten, sie wollten Kallixenos wegen Einbringung eines gesetzwidrigen Antrags vor Gericht ziehen. Dadurch hätte die Abstimmung, dem Gesetz zufolge, aufgeschoben werden müssen, bis das Gericht darüber entschieden hätte. Jeder Angeklagte habe das Recht auf ein gesondertes Verfahren. Die Feldherrn aber sollten summarisch verurteilt werden, sie hätten nicht die angemessene Möglichkeit zur Verteidigung gehabt, und es wäre auch das Stimmgeheimnis nicht gewahrt (denn die Stimmsteine für schuldig und unschuldig sollten in verschiedene Urnen gelegt werden, so daß offenkundig war, wofür jeder votierte).

Es erhob sich ein Schwall von Rufen. Unerhört sei es, das Volk daran hindern zu wollen, zu beschließen, was ihm beliebe. Unter starkem Beifall stellte ein Mann namens Lykiskos den Antrag, Euryptolemos und die ihn Unterstützenden mitsamt den Strategen im gleichen Verfahren mitzuverurteilen, falls sie ihren Antrag nicht zurückzögen.

Als einige der Prytanen, die dem Vorsitzenden der Versammlung beisaßen, sich weigerten, eine derart gesetzwidrige Abstimmung vorzunehmen, bestieg Kallixenos nochmals die Tribüne, um auch gegen sie die gleiche Anklage zu erheben. Sie ließen sich einschüchtern – mit einer Ausnahme: Sokrates, der erklärte, er werde nichts tun, was nicht mit dem Gesetz im Einklang stünde.

Euryptolemos mahnte noch einmal ein gesetzmäßiges Verfahren an. Als die Mehrheit dem zustimmte, eilte ein Mann namens Menekles auf die Tribüne, indem er diesen Beschluß absurderweise wegen Gesetzwidrigkeit aufzuheben beantragte. Die Volksversammlung entblödete sich nicht, für die ursprüngliche Vorlage des Rats zu stimmen. Die Feldherrn wurden zum Tode verurteilt. Einer von ihnen war Perikles' letzter Sohn.

Die Stadt war völlig überreizt, keiner wußte mehr aus noch ein. Die Demokratie schlug über die Stränge. Theramenes soll nicht nur die Feldherrn schwer angeklagt, sondern auch veranlaßt haben, daß möglichst viele Bürger, auch wenn sie persönlich gar nicht betroffen waren, in Trauerkleidung herumliefen. Wie immer man das erklären will – ob er sich beliebt machen wollte, ob er etwa meinte, die Volkswut wolle jedenfalls ein Opfer, so daß sich nur die Alternative zwischen ihm und den Feldherrn stellte – hier nahm er zu übelsten Machenschaften Zuflucht.

Sokrates, der Sohn des Sophroniskos, der sich damals als einziger, wenn auch ohne etwas zu erreichen, bewährte, war spätestens seit den frühen zwanziger Jahren in Athen weithin bekannt. Er fiel auf durch seine Häßlichkeit. Die Portraits, die von ihm überliefert sind, sind zwar stilisiert, doch kann der Eindruck, den sie vermitteln, nicht falsch sein. Auch die Quellen der Zeit deuten darauf, daß er aussah wie ein Silen, ein Satyr; ganz und gar nicht den herkömmlichen Idealen entsprechend. Er war einfach gekleidet, pflegte barfuß zu gehen; übrigens auch auf dem Eis, als er nämlich als Hoplit an der Belagerung von Potidäa teilnahm und es im Winter sehr kalt wurde. Außerdem zog es ihn stets in die Öffentlichkeit, und er trieb sich überall herum, in den Palästren, den Gymnasien, an den Ufern des Ilissos, auf dem Markt. Überall interessierten sich die Leute für ihn, zumal er meist eine Traube von Menschen um sich hatte; zumal viele der Jüngeren, auch aus den allerhöchsten Kreisen der attischen Gesellschaft, ihm gerne folgten. Er faszinierte sie, und sie müssen einen eigenartigen Kontrast zu ihm gebildet haben. Wo immer er konnte, verwickelte er die Menschen, die er traf, in Gespräche, auch die Handwerker, die kleinen Leute – vornehmlich über das, was sie taten, um dann darauf zu kommen, was sie für richtig hielten, was sie dachten.

Sein Beruf, er war Steinmetz wie sein Vater, scheint ihn nicht viel beschäftigt zu haben, obwohl er der dritten, nicht der untersten Zensusklasse angehörte, und dies doch wohl kaum aufgrund der Unterstützung, die seine vornehmen Freunde ihm angedeihen ließen.

Unser Wissen von Sokrates beruht zumeist auf Berichten seines Schülers Platon, zum geringeren Teil auch auf Erinnerungen Xenophons. Beide zeichnen ganz verschiedene Bilder. Xenophon konzentriert sich auf vielerlei praktische Einsichten und Ratschläge (manch anderes, was ihn weniger interessierte, wird er überhört haben), bei Platon geht es durchweg um ein theoretisches Interesse, und da ist es schwer, Sokratisches und Platonisches voneinander zu trennen.

Jedenfalls hatte Sokrates sich zunächst mit Naturphilosophie beschäftigt, sie aber bald belanglos gefunden. Ihn trieb die Frage nach den Menschen um, ganz ähnlich wie die Sophisten, aber es war nur der Ausgangspunkt, der ihnen gemeinsam war, sie bewegten sich von ihm aus in ganz verschiedene Richtungen.

Denn wo die Sophisten angesichts der Entdeckung der Relativität und der Subjektivität aller Ansichten einen festen Punkt in der vom Bewußtsein unabhängigen Natur suchten – wie immer sie sie deuteten – , konzentrierten sich die Fragen des Sokrates ganz auf das Bewußtsein, auf das, was die einfachen Leute sagten und meinten und sein Interesse war offenbar, herauszubekommen, was dem allen zugrunde lag. Er fragte sie, was sie für gerecht hielten, fand heraus, durch sein Fragen, daß ihre Meinungen darüber höchst vage und, wenn man es kasuistisch nahm, auch widerspruchsvoll waren – und suchte folglich nach dem Gerechten, das den vielen Äußerungen zugrunde lag.

Und wo die Sophisten durch ihre Kenntnisse und Entdeckungen dazu kamen, geistige Überlegenheit zu entfalten und Anwendungen zu entwickeln, um ihre Schüler zu allem Möglichen zu befähigen, wo sie ihre Fragen gleichsam immer nur ein Stück weit verfolgten, um am Ende in die Praxis ihrer Lehre, ihrer Vorträge und Reden einzulenken – da fragte Sokrates weiter. Während sie gleichsam virtuos auf ihren geistigen Gerüsten turnten, erfuhr er das Bodenlose, über dem sich alle bewegten. Und er war bereit, sich dieser Erfahrung rückhaltlos zu stellen.

Mag sein, daß er manche praktischen Ratschläge gegeben hat;

*Sokrates. Kopie des ältesten uns bekannten Portraits, das zwei bis drei Jahrzehnte nach seinem Tod entstand. 380/70. Neapel, Nationalmuseum.*

wichtiger war jedenfalls, daß er nicht das Bedürfnis hatte, vor Aporien abzubiegen, daß er keine Ruhe fand, bevor er am Grund angelangt war – und daß ihm dies letztlich nie gelungen ist.

Wenn er sich den Menschen überlegen gefunden haben sollte, so deswegen, weil er wußte, daß er den Fragen, die er stellte, so leicht nicht gewachsen war. Er wußte – als einziger –, daß er nichts wußte. Dahin hatten ihn seine Fragen gebracht. Diese Erkenntnis sollte gewiß nicht das Ende seines Fragens sein, denn er wollte ja in der Tat einen Grund finden, an dem er sich orientieren konnte. Doch blieb sie anscheinend das Äußerste, zu dem er gelangte. Er erfuhr sie immer neu in seinen Fragen, und indem er immer die gleichen Fragen stellte – wiederum im Unterschied zu den Sophisten. Eben dadurch war er innerhalb dieses Athens so einzigartig.

Da er aber so leicht nicht ans Ende kam, da er eine praktische

Anwendung nicht wollte, da er aber auch nicht bereit war, sein Fragen einzustellen, bildete er seine gefürchtete Dialektik aus, für die Zuhörer eine große Kunst, für diejenigen, die seinen Fragen ausgesetzt waren, eher irritierend, wenn es sie nicht geradezu wütend machte in ihrer Hilflosigkeit.

Und so kam er zu seiner berühmten Ironie: Voller Respekt begegnete er den andern, vor allem den großen, klugen Sophisten, befragte sie gleichsam mit bewunderndem Augenaufschlag, stimmte ihnen zu, wo er nur konnte – doch in all der Zustimmung und Bewunderung, die sie geschmeichelt entgegennahmen, steckte immer schon der Zweifel, bis sich schließlich ihr ganzes Gedankengebäude als hohl erwies. Dann aber scheint er nicht triumphiert zu haben, im Gegenteil: dann standen sie sich auf der gleichen Ebene gegenüber, sie freilich zu ihrem Ärger, er, um mit seinen Fragen fortzufahren.

Es war nicht zuletzt ein Rätsel, das Sokrates immer wieder umtrieb: daß die Handwerker und Künstler seiner Zeit ein bewundernswertes Können entwickelt hatten, über technische Probleme ganz genau Bescheid wußten – daß aber von dem Verhalten von Mensch zu Mensch und insbesondere vom politischen Verhalten der attischen Bürgerschaft nicht das gleiche galt. Denn woher wußten die Bürger, was richtig und was falsch war?

Sokrates' Ansatz war in gewissem Sinne demokratischer als der der Sophisten; denn die interessierten sich ja viel stärker dafür, wie sie einzelne Männer befähigten, sich durchzusetzen. Er hingegen interessierte sich vor allem auch für die kleinen Leute. Und wie sie setzte er an den überkommenen Vorstellungen und Anschauungen von Recht und Unrecht an, die er nicht von vornherein in Zweifel zog. Nur kam er dann in der Konsequenz seines Fragens dazu, daß diese Leute, die durch ihre Auftritte auf der Tribüne sowie durch ihre Abstimmungen die Politik lenkten, nicht ausreichend dafür vorbereitet waren. Sie konnten ja etwa seine Fragen nach dem Gerechten nicht hinlänglich beantworten.

Er wußte sehr wohl, daß es notwendig war, zu handeln und Entscheidungen zu treffen. Ja er selbst nahm, als einfacher Bürger, in besonderer Korrektheit am politischen Leben teil. Er erfüllte seine bürgerlichen, auch seine militärischen Pflichten genau; tat alles, was die offizielle Religion von einem Athener verlangte. Ja, wie vermutlich nicht nur der Arginusen-Prozeß zeigte, hielt er sich besonders streng an die Gesetze, da er offenbar erkannt hatte, wie wichtig deren Befolgung, ob sie nun gut oder schlecht waren, für ein Gemeinwesen war – und da er zugleich Unerschrockenheit genug besaß, um dieser Erkenntnis auch in schwierigen Situationen gemäß zu handeln. Aber das alles war gleichsam vorläufig. Es ersparte ihm – und seinen Mitbürgern – nicht die Frage, was das Gerechte sei.

In diesem Mann kamen also die Anstöße des Athens des fünften Jahrhunderts zu ihrer letzten Konsequenz. Die Schnelligkeit der Veränderung dieser Stadt, die Weise, wie sie in raschester Folge immer neuen Erfahrungen und vor allem auch: Entscheidungsnotwendigkeiten ausgesetzt war, die Vielfalt der Gesichtspunkte, die sich da plötzlich auftaten und nicht nur das Handeln und Entscheiden, sondern besonders auch das Denken schwierig machten. Mithin die Erschütterung des ganzen Grundes, auf dem man bisher gelebt hatte.

Dieser häßliche, weise Mann, der keine Rede halten konnte, sondern nur Gespräche führen, der keinerlei System entwerfen, kein großes Werk hervorbringen konnte, sondern sich ständig in den Problemen verfing, bereitete einen Weg vor, der aus all den Versuchen, mit den Problemen der Zeit näher an der Oberfläche fertigzuwerden, herausführte. Wo die Andern Einsichten suchten, Gesetze gaben, die politische Ordnung verändern wollten, dies oder jenes taten, um die ganze Welt neu zu deuten: da bereitete sich hier die Erkenntnis vor, daß dies alles zu wenig war, daß man viel grundsätzlicher ansetzen mußte, und allererst lernen zu wissen, daß man nichts wußte. Wenn man in einem Satz sagen will, was die nachsokratische Philosophie von der vorsokratischen unterscheidet, so muß es wohl dieser sein. Mit ihm begann alles neu.

Aber er führte Sokrates keineswegs in die Resignation, vielmehr sah er es als seine Pflicht an, immer weiter zu fragen; und es war eine innere Stimme, die ihn nötigte, sein Leben der attischen Jugend zu weihen, indem er ihr seine Fragen und, soweit er sie hatte, auch seine Antworten vermittelte. Man fühlt sich entfernt an Solon erinnert, der sich darauf berief, daß sein Geist (*thymós*) ihn genötigt habe, die Athener über seine Erkenntnisse zu belehren. Hier war es ein *daimónion*.

407/6 IST Euripides in Makedonien, wohin er sich bald nach 408 begeben hatte, gestorben. Auf dem Proagon vor den Großen Dionysien von 406, der Versammlung, auf der die aufzuführenden Stücke vorgestellt wurden, erschienen Sophokles und die Schauspieler in dunklen Trauergewändern, das Volk weinte. Die Stücke, an denen Euripides zuletzt gearbeitet hatte, wurden bald danach postum aufgeführt, als letztes die »Bakchen«. Keine andere seiner Tragödien geht so unter die Haut.

Der Gott Dionysos, Zeus' Sohn, kommt in seine Heimatstadt Theben. Seiner Mutter Semele, der Tochter des Stadtgründers Kadmos, hatte man dort die Version, sie habe von Zeus ein Kind empfangen, nie geglaubt. Außerdem war die Schwangere vom Blitz getötet worden. Theben verehrte diesen Gott nicht.

Nun verfallen dem Fremden, der zwar auffällig ist, doch nicht als Gott erkennbar, die Frauen der Stadt: Sie schwärmen in Rehfellen mit dem Thyrsos in der Hand in den Wäldern. Der Wahnsinn grassiert. Dionysos hat sich vorgenommen, seine Macht zu beweisen.

Der junge König Pentheus versucht zu tun, was seines Amtes ist, klug, aufgeklärt, verantwortungsvoll will er die Rasenden zur Raison bringen; wenn alles nicht hilft, soll die Armee ausrücken. Sein Großvater Kadmos und der Seher Teiresias raten ihm zur Diplomatie; es sei ein Fehler, als Sterblicher Götter zu verachten. Sich »für klug zu halten, wenn man zwar meint, die Meinung aber falsch ist«. Die beiden Greise haben sich entschlossen, mitzumachen, zu tanzen, sich jung zu fühlen. Doch dem König erscheint das als lächerlich: Die Stadt ist bedroht; die Ratio der Männergesellschaft, könnte man hinzufügen. Man muß etwas tun.

Der Fremde wird in Ketten gelegt, aber das führt nur dazu, daß er das Haus erbeben und schließlich in Flammen aufgehen läßt, er selbst befreit sich, offenbar sind überirdische Kräfte am Werk. Doch wie will einer den Mann als Gott erkennen? Keiner konnte das in Theben, ein Unterschied bestand nur darin, daß die einen ihn implizit anerkannten, indem sie sich dem dionysischen Treiben hingaben, während der König sich gegen den Wahnsinn zu sperren suchte.

Doch verfiel er dem Fremden auf andere Weise. Er läßt sich ins Gespräch verwickeln, läßt sich raten, vertraut ihm schließlich, so daß er sich vom Theatergott als Frau maskieren läßt; sonst würden die Frauen draußen ihn zerreißen. Er will das Treiben zunächst beobachten. Der Gott aber weiß, daß die Frauen ihn aufspüren. Sie zerreißen Pentheus. Die eigene Mutter kehrt in die Stadt zurück mit dem Kopf des Sohnes stolz aufgespießt; sie meint, einen Löwen erlegt zu haben.

Ein schrecklicher Gott. Was sonst Unterlegene tun, tut er aus der Position der Überlegenheit heraus: Er knüpft Intrigen, kleinlich, nachtragend, rachsüchtig, auf Triumph aus – was griechischen Göttern natürlich nicht fremd ist. Wie oft schon haben sie Menschen absichtlich in die Irre geführt. Aber hier wird Pentheus nicht einfach der Verblendung ausgesetzt – so daß eben Schlimmes als Gutes erscheint, sondern er wird in den Wahn verstrickt. Nicht einmal die Größe des Helden, der dann scheitern mag, ist ihm zugebilligt, sondern der Gott macht ihn lächerlich; und er handelt dabei weder im Zorn noch in hoheitsvoller Geste, sondern in berechnender Verstellung, in Schadenfreude, wie ein leiser Fadenzieher. Er macht den König, wenn man das so sagen darf, einfach fertig. Beifällig sekundiert vom Chor der Bakchen, dessen Kommentare seine wohlfeile Genugtuung darüber spiegeln, daß er auf der Seite des Mächtigen steht.

Es ist nicht nur beklemmend, sondern auch trostlos: Eine ganze Stadt verfällt in Wahnsinn. Wer Verantwortung zu tragen hätte, macht entweder gleich mit, indem er sich klug vorkommt, oder wird, indem er sich zur Wehr zu setzen sucht, hineinverwickelt. Der Wahnsinn ist übermächtig – bis der Rausch vorüber und die Bescherung zu besichtigen ist.

Soviel ist klar. Die Deutung bleibt schwierig. Ist die Geschichte Athens gemeint: Der Rausch, in den seine Bürger geraten sind, daß sie sich nicht – rational – wie Männer, sondern wie Frauen benehmen, wahnsinnig und Trugbilder vor Augen, um schließlich wie Tiere ihnen nachzujagen? Und die Ohnmacht der Aufgeklärten, der Verantwortungsbewußten – denen schließlich nichts übrigbleibt, als die Frauenrolle mitzuspielen und darin umzukommen? Es gibt, nach Musil, Zeiten, da stellt sich als Alternative nurmehr, mit den Wölfen zu heulen oder neurotisch zu werden. Ist der Krieg dieser Rausch? Und Dionysos – der Krieg? Jedenfalls ist er eine Macht, die unerkennbar, unberechenbar ist, wider allen Sinn wirkt, angesichts derer die Stadt außer sich ist und für nichts mehr aufkommen kann. Und wenn dem so ist, ist damit das Theater, die große Zeit der Tragödie, ad absurdum geführt? Und was das Bühnengeschehen angeht: von sich selbst, vom Gott des Theaters?

Nachdem zu Anfang des Kriegs die schreckliche Medea, ihrem Rachedurst gehorchend, die eigenen Kinder getötet hatte, tritt angesichts von dessen Ende die Rachsucht des Gottes auf, der nicht zwei Kinder, eine Braut und einen König vernichtet, sondern alles aus den Angeln hebt. Mit Hilfe des Wahnsinns, gegen den es kein Mittel gibt; der bestenfalls irgendwann vorübergehen kann, auf daß dann die andern Seiten des Dionysos wieder ans Licht kommen können, die ebenfalls im Stück genannt werden, die friedens- und ausgleichsstiftende Macht des Weines, den die Menschen ihm verdanken.

406 folgt Sophokles, etwa 90 Jahre alt, Euripides in den Tod. Seine letzte Tragödie wird 401 von einem Enkel auf die Bühne gebracht. Es ist der »Ödipus auf Kolonos«, der den Helden im Elend der Verbannung kurz vor seinem Tod in Kolonos, der Heimat des Sophokles, dicht vor den Toren Athens, im Hain der Eumeniden Ruhe suchen läßt. Die Großzügigkeit des Königs Theseus gewährt dem Makelbehafteten Aufnahme in Attika. Die Gottheit holt ihn ein, mit Donnerschlägen und schließlich mit dem Ruf: »Du da, Ödipus, was zögern wir zu gehen?« Gemäß einem Orakel wird von Ödipus' Grabe Segen ausgehen für Athen.

Mehr als im König Ödipus, zwanzig Jahre zuvor, wird herausgestrichen, daß er das Schreckliche eher erlitten als getan hatte. Es bleibt offen, warum die Gottheit ihm sein Geschick verhängte, doch wird der Halbschuldige nun, um es mit Goethe zu sagen, »zum Verwandten der Götter, als segnender Schutzgeist eines Landes, eines Opferdienstes wert, erhoben«.

Ein wundervolles Vermächtnis gleichsam des Dichters, der den Sinn der mythischen Geschehnisse, von denen er handelte, nie in Frage gestellt hatte, obwohl er ihn nicht erkannte; der die Größe seiner Helden gerade darin gesucht und aufgewiesen hatte, wie sie all dem, dem sie ausgesetzt waren, standhielten. In ihnen, in ihrem Leiden entfalteten sie ihre höchsten Möglichkeiten; beschränkt auf das, was sie waren, dies aber selbst in ihrem Jammer noch grandios entfaltend.

Zur Größe des Euripides dagegen, hat man gesagt, habe

gehört, daß er die Frage nach dem Sinn des Geschehens stellen, aber nicht hat lösen mögen. Besser hieße es wohl: daß er sie gestellt hat, obwohl er wußte, daß er sie nicht lösen konnte. In Hinsicht auf die Götter sah er sich vor der Alternative, daß sie entweder sind, und dann geht es gerecht zu, oder daß an ihnen zu zweifeln ist: seine Ansprüche an sie waren sehr hoch. Und man findet bei ihm eine beträchtliche Steigerung des Menschenmöglichen – bis zu dem Punkt, daß Herakles, nachdem er seine Kinder getötet hat, weiterleben kann. Im grellen Licht seines Erkennens bricht alle Ehre, alles Heroische entzwei. Auch Heldenleben ist nurmehr kleinlich und schäbig.

Doch waren es nicht nur die Unterschiede der Persönlichkeiten und Geistesrichtungen, sondern auch die der Generationen, die in denen zwischen Sophokles und Euripides zum Ausdruck kamen.

Im Januar 405 sahen die Athener in Aristophanes' »Fröschen« den Theatergott sich in die Unterwelt begeben, eigentlich, um seinen Liebling Euripides von dort zurückzuholen. Dann wird er in einen Streit verwickelt, der zwischen Euripides und Aischylos ausgebrochen ist. Dieser hatte in der Unterwelt den Ehrenplatz für den besten Tragiker inne, jener machte ihm den streitig. Sophokles hatte erklärt, er erhöbe keinen Anspruch darauf – es sei denn, derjenige des Aischylos würde bestritten. Während der Auseinandersetzung ergab sich dann aber, daß die Stadt Athen zumindest einen der Tragiker dringend nötig hatte – in der Not, in der sie sich befand. Und obwohl Dionysos eigentlich dem Euripides zuneigte, fiel die Entscheidung am Ende für Aischylos. Die gute alte Athener-Art wurde gebraucht – nur war sie nicht mehr vorhanden.

Der Chor der Frösche trägt ein offenes Plädoyer für die Angehörigen der Oberschicht vor, die in Folge der Ereignisse von 411 um ihre Ehrenrechte gebracht worden waren. Die Athener hielten es mit ihren besten Bürgern wie mit dem Geld: denn statt der guten alten Silbermünzen benützten sie inzwischen schlechte aus Kupfer (das man eingeführt hatte, weil man an das Silber nicht mehr herankam).

Die Gunst der Lage, in die die Athener durch den Sieg bei den Arginusen geraten waren, konnten sie nicht ausnutzen, es fehlte an den rechten Feldherrn und überhaupt reichten die Kräfte nicht mehr aus.

Das einzige, wozu diese Bürgerschaft sich noch gut verstand, war, jedes Friedensangebot auszuschlagen – denn die Spartaner hatten auch jetzt eine Beendigung des Kriegs angeregt. Und wo sie durch regulären Kampf keinen Erfolg mehr haben konnte, versuchte sie, durch Grausamkeit nachzuhelfen. Sie beschloß zum Beispiel, daß künftig allen Gefangenen die rechte Hand abgehackt werden sollte; wahrscheinlich, weil manch einer, der einmal gefangen gewesen war, wieder gedient hatte; doch reicht eine solche Erklärung ja nicht dazu aus, einen derartigen Beschluß zu rechtfertigen.

Es erscheint als sinnlos, wenn Menschen sich opfern und geopfert werden in einem Krieg, der nicht mehr zu gewinnen ist. Die Vernunft bleibt immer wieder auf der Strecke, kann vermutlich oft gar nicht geäußert werden. Hoffnungen, denen keine Realität entspricht, nehmen ihre Stelle ein – und Trotz. Was wollte man noch retten? Wenn die Aussicht auf Frieden bestand, wäre es unverantwortlich gewesen, sie nicht wahrzunehmen; und jedenfalls wäre es richtig gewesen, auf Frieden hinzuarbeiten. Trotzdem hat das damalige Geschehen sehr wohl seinen guten Sinn gehabt, da die Fortsetzung des Krieges sich aufgrund der damaligen Verhältnisse aufdrängte.

Man hatte von Situation zu Situation zu reagieren. Die Leiden, die Opfer, die Verwüstungen durften nicht umsonst gewesen sein, sie forderten Rache. Die Bürgerschaft war dem ernsthaften Leben so weit entfremdet, daß sie für alle möglichen Illusionen um so offener war. Seit acht Jahren waren die Bauern daran gewöhnt, in der Stadt ihr Leben zu fristen. Da war, wer der Volksversammlung etwas vorgaukelte, allemal im Vorteil gegenüber den Skeptikern. Die Konsequenzen des verlorenen Krieges auszumalen, wäre grausam gewesen.

Die Erwartungen scheinen sich noch auf der alten Höhe bewegt zu haben, und ein Wirklichkeitsverlust trat ein, weil kein Lernvermögen mehr da war. Der Prozeß des »pathologischen Lernens« mußte erst noch an sein Ziel gelangen. Übrigens wäre es ja auch nicht einfach gewesen, Frieden zu schließen, da die Gegensätze sich inzwischen so zugespitzt hatten, daß nurmehr bedingungslose Kapitulation einer Seite, das heißt Athens, in Frage gekommen wäre. Und es war diese Zuspitzung, nicht nur die Tatsache der radikalen Demokratie, die den Frieden so leicht nicht als erreichbar erscheinen ließ.

Vermutlich ist aber das Vorwalten einer schlechten Politik in einer solchen Lage, da man eine erfolgsgewohnte Politik unter zunehmend erfolgsresistenten Umständen weitertreibt, schon deswegen notwendig (und heilsam), weil sich darin die Zukunft vorbereiten muß: eine Zukunft, die nur zu bestehen ist, wenn eine gründliche Ernüchterung eingetreten ist.

Schließlich gelang es Lysander, der faktisch, nicht formal, wieder den Oberbefehl führte, die attische Flotte bei Aigospotamoi fast kampflos in Besitz zu nehmen; er hatte sie überlistet, nämlich in Sicherheit gewiegt. Alkibiades, der an der thrakischen Chersones Güter hatte, hatte die Situation durchschaut und die attischen Feldherrn gewarnt – doch denen fiel nichts anderes ein, als zu erklären, sie und nicht er hätten den Oberbefehl.

Lysander berief nach dem Sieg eine Versammlung der Bundesgenossen ein, in der er diese aufforderte, über das Schicksal der Kriegsgefangenen zu beraten. »Da wurden denn viele Anschuldigungen gegen die Athener laut, was sie bereits für Rechtsbrüche begangen und was sie für den Fall eines Seesiegs beschlossen hätten...; und daß sie nach der Erbeutung zweier Triëren, einer korinthischen und einer von Andros, deren Besatzung sämtlich über Bord gestürzt hätten; es war der athenische Feldherr Philokles gewesen, der diese hatte umbringen lassen. Noch vieles andere wurde vorgebracht und dann der Beschluß gefaßt, die Gefangenen, soweit sie Athener waren, zu töten, mit Ausnahme des Adeimantos, weil er als einziger in der athenischen Volksversammlung gegen den Beschluß über das Abhacken der Hände Einspruch erhoben hatte – er wurde übrigens später von gewissen Leuten angeklagt, die Flotte verraten zu haben«.

Danach hatte Athen praktisch keine Seemacht mehr. Ein bezeichnendes Schlaglicht auf die Situation wirft ein Vertrag, den es damals abschloß: den Bürgern der Stadt Samos wurde auf deren Drängen das attische Bürgerrecht verliehen – unter Beibehaltung ihrer Selbständigkeit. Sie wollten als Gleichberechtigte anerkannt werden. Nun endlich war Athen dazu bereit.

Im Winter 405/4 wurde die Stadt auch von der Küste her eingeschlossen. Man richtete die Stadt auf die Belagerung ein. 150 peloponnesische Schiffe blockierten den Piräus. Die Bürger begannen zu hungern. In der Volksversammlung jedoch gab noch immer Kleophon den Ausschlag, und er dachte nicht daran, daß Athen kapitulieren müsse. Offensichtlich sollte es seiner Meinung nach den Weg, auf dem es sich einmal befand, bis zum bitteren Ende gehen. Und er scheint die Mehrheit der Volksversammlung auf seiner Seite gehabt zu haben. Es spielte dabei, den Berichten zufolge, auch die Angst eine Rolle, daß die Feinde Athen für all das büßen lassen wollten, was es einst den Menschen in den kleineren Städten nicht in berechtigter Vergeltung, sondern in maßloser Willkür angetan hatte; aus keinem andern Grunde, als weil diese mit den Spartanern verbündet waren. Man könnte dazu tendiert haben, dieses Geschick soweit hinauszuzögern, wie es möglich war. Die Vernunft hatte endgültig ausgespielt – bis es gelang, den Leierfabrikanten durch eine fingierte Anklage wegen militärischer Pflichtverletzung vor Gericht zu ziehen; und das Gericht hatte ein Einsehen, es verurteilte ihn zum Tode. Er hatte zuvor noch jeden, der öffentlich zum Frieden riet, mit einer Kapitalklage bedroht. In der Stadt hatte es offene Tumulte gegeben.

Kleophon war der letzte in der mit Kleon beginnenden Reihe derer, von denen es heißt, sie hätten beim Volk den meisten Einfluß besessen. Sie spielten eine bestimmte Rolle, zu der es gehörte, daß sie weiten Teilen des Volkes nach dem Munde redeten, sich irgendwie mit ihnen gemein machten und wohl auch für eine aggressive, die Möglichkeiten der Stadt eher zu hoch veranschlagende Politik eintraten. Deswegen waren sie aber noch nicht Herren der Volksversammlung. Andere wie Nikias, wie Theramenes hatten ebenfalls die Chance, sich durchzusetzen. Viele Bürger werden Wert darauf gelegt haben, sich ihre eigene Meinung zu bilden. Auch konnten sachliche Gesichtspunkte zur Geltung gebracht werden. Die Mehrheiten waren durchaus nicht festgelegt. So konnten auch mäßigende Tendenzen sich durchsetzen. Nur war es wohl öfter der Fall, daß sie gegenüber den andern zurückzutreten hatten, zumal wenn diese alle Mittel, bis hin zum Prozeß anstrengten. Darin lag die Schwäche der attischen Demokratie in dieser Zeit.

*Korenhalle am Erechtheion.*

Im Frühjahr 404 konnte Athen endlich eine Gesandtschaft aussenden, um Frieden zu schließen. Der spartanische König Agis, der vor den Toren Athens stand, verwies sie an die Behörden in seiner Stadt. Diese sandten ihnen Boten entgegen, welche sie fragten, was sie zu vermelden hätten. Und als sie erfuhren, daß die Athener Frieden machen wollten unter der Bedingung, daß man ihnen den Piräus und die Langen Mauern ließe, forderten sie sie auf, umzukehren. Wenn sie wirklich Frieden wünschten, sollten sie mit besseren Vorschlägen wiederkommen. Sparta wollte die bedingungslose Kapitulation. In der Stadt breitete sich daraufhin Entmutigung aus. Denn an die Niederreißung der Mauern wagte niemand zu denken. Als ein Mann namens Archestratos im Rat es vorgeschlagen hatte, hatte man ihn verhaftet, und die Volksversammlung hatte beschlossen, es dürfe nicht gestattet sein, solche Anträge zu stellen.

Theramenes erbot sich daraufhin, zu Lysander zu gehen, um in Erfahrung zu bringen, ob die Spartaner die Schleifung der Langen Mauern nur der Sicherheit wegen verlangten oder um die Athener zu versklaven. Man gab ihm den Auftrag, und er hielt sich drei Monate lang bei Lysander auf – er wollte nichts anderes, als weitere Zeit verstreichen lassen, bis die Nahrungsvorräte völlig erschöpft seien. Als er dann zurückkam und berichtete, Lysander hätte ihn so lange festgehalten, jetzt jedoch aufgefordert, direkt nach Sparta zu reisen, da er selbst zu Verhandlungen nicht befugt sei, gab man ihm endlich unbeschränkte Vollmachten.

Und nun verhandelten auch die Behörden in Sparta. Sie hatten eine Versammlung veranstaltet, in der die Korinther, die Thebaner und andere verlangt hatten, Athen zu vernichten. Dies freilich lehnten die Spartaner ab, man könne nicht eine Stadt versklaven, die Griechenland einst, als es in der äußersten Gefahr schwebte, einen so großen Dienst erwiesen habe. Die Bedingungen, unter denen sie abschlossen, waren, daß die Athener die Langen Mauern und die Befestigungen des Piräus niederreißen sollten, die Flotte mußte bis auf zwölf Schiffe ausgeliefert werden. Ferner mußte den Verbannten erlaubt werden, zurückzukommen. Und außerdem verlor die Stadt die Freiheit ihrer Außenpolitik, denn sie mußte sich verpflichten, die gleichen Feinde und Freunde zu haben wie die Spartaner und diesen militärisch zu folgen, wohin immer sie führten. Es blieb nichts übrig, als diese

Bedingungen anzunehmen. Daraufhin lief die feindliche Flotte unter Führung Lysanders in den Piräus ein, die Verbannten kehrten zurück, und man begann, die Mauern unter der Musik von Flötenspielerinnen mit viel Eifer einzureißen – in dem Glauben, für Griechenland begänne eine neue Freiheit.

Athens Aufstieg und Fall hängen zusammen. Es war ein Zufall, daß die Stadt zu einer solchen Herrschaft gelangte, es ging sehr schnell, und die Herrschaft war infolgedessen unhaltbar. Ihre Sicherheit hatte zur conditio sine qua non, daß Athen und Sparta sich darin einig waren, daß die Perser im Ägäisraum nicht mitzumischen hatten. Sobald die Spartaner dagegen ernsthaft bereit waren, sie wieder am Spiel zu beteiligen, sobald also die Mittel der orientalischen Monarchie nach Griechenland strömten, wurde die Überlegenheit Athens schwierig. Daß es dazu kam, hatte die Stadt freilich selbst verursacht. Es lag in der Konsequenz des maßlosen Strebens nach Ausdehnung ihrer Macht, welches ihrerseits durch deren Instabilität bedingt war. Schließlich mußte die Seeherrschaft Athens die radikale Demokratie heraufführen, konnte sie nur von dieser Demokratie behauptet werden und war sie doch in dem Moment demokratisch nicht mehr zu bewahren, da die Verlockungen zu leichtsinniger Politik unwiderstehlich wurden.

Insofern fügte sich die Geschichte Herodots Bild vom Kreislauf. Das Abenteuer dieser Stadt ging im Jahre 404 zu Ende.

Es hatte allerdings lange genug gewährt und tief genug das ganze Leben, Dichten und Trachten der Griechen aufgewühlt, um eine weitere Geschichte entscheidend zu bestimmen. Denn so, wie die Dinge liefen, war es dieses Athen gewesen, daß es dazu brachte, daß die griechische Kultur wesentlich über das hinauswuchs, was sie vermutlich geblieben wäre, wenn die Perser nicht gekommen oder wenn sie gesiegt hätten: eine reizvolle Blüte im Osten des Perserreichs, fein, rätselhaft, merkwürdig mit ihren kleinen, schwachen Poleis, die als Kultverbände, als Männerbünde organisiert gewesen waren, ihrer bemerkenswerten, anfänglichen Kunst, ihrer Öffentlichkeit, ihren Ansprüchen, ihrer Menschenbildung, ihrer Freiheit und Trauer.

Wenn es auch schon, bevor die Perser kamen, verschiedentlich

Isonomien, ein eigenständiges politisches Denken, eine abstrakt nach allgemeinen Gesetzmäßigkeiten fragende Philosophie gegeben hatte, so hatte doch das Wesentliche noch ausgestanden, was erst das Abenteuer des fünften Jahrhunderts erbrachte: die Demokratie, die willkürliche Verfügung über die politische Ordnung, die Herrschaft nach außen, das Hineingerissenwerden in eine fast atemberaubend schnelle Geschichte, in der man doch mannigfache Mittel und Wege fand, um geistig, um künstlerisch »mitzukommen« – unter den unerhörtesten Spannungen und der ständigen Gefahr, daß wieder ein Stück Boden wegbrach, auf dem man bis dahin gelebt hatte. So kamen all die »Balancierungsakte« zustande, deren Zeugnisse noch heute zum Teil vorhanden sind, die Tragödie, die Geschichtsschreibung, die bildende Kunst, die Architektur, die Philosophie.

Was bedeutete, daß man zwar bereit war, sehr viel Blut zu vergießen und viele Verbrechen zu begehen – aber nicht dazu, dies einfach hinzunehmen. Vielmehr blieb, wenn auch nicht unbedingt unter den politisch Hervortretenden, so doch in der Bürgerschaft die Offenheit, die Kritik, das Fragen nach dem Schrecklichen mit dem Geschehen gleichauf. Und so entstand die Möglichkeit, daß der vorsokratischen die nachsokratische Philosophie folgte; aus der völligen Rat-, der Haltlosigkeit einer ganz ins Belieben fragwürdiger Subjekte gestellten Welt heraus die Philosophie, die die Frage nach dem Gerechten grundsätzlich stellte und damit für alle Zeiten dem Denken ganz neue Dimensionen erschloß.

Diese Welt mit ihren kleinen, selbständigen Poleis, mit »Großmächten«, die auf den damaligen Landkarten kaum zu sehen waren, konnte nur eine Zwischenstufe sein, ja nur im Vorübergehen und, was Athen anging, im ständigen Vorwärtsdrängen sich halten – bis zu dem Punkt, wo sie das Wichtigste hervorgebracht oder doch in Gang gesetzt hatte, was von ihr in Zukunft ausgehen sollte.

Als die Nachricht von der Niederlage bei Aigospotamoi eines Abends spät im Piräus angelangt war, soll, Xenophon zufolge, »ein Jammern vom Hafen durch die Langen Mauern nach der Stadt sich fortgepflanzt haben, vom einen zum andern; so kam es, daß in jener Nacht keiner Schlaf fand, da alle nicht nur die Ermordeten betrauerten, sondern noch viel mehr sich selbst in der Erwartung, sie würden erleiden müssen, was sie einst den Bürgern von Melos, spartanischen Siedlern, angetan hatten, nachdem sie sie durch Belagerung überwältigt hatten, was sie aber auch denen von Histiaia, Skione, Torone, Ägina und vielen andern Griechen angetan hatten«. Es war wie ein Alptraum.

Der Krieg hatte sehr viele Ressourcen verzehrt; man hatte aus dem vollen gelebt, zuletzt wie in einem Rausch, wenn nicht im Wahn, hatte unendlich vieles zerstört; aber für vieles auch neue Voraussetzungen geschaffen. Das große Jahrhundert Athens war zu Ende, aber die Stadt lebte weiter, sie blieb die erste Stadt der Griechen, nur jetzt nicht mehr als Großmacht.

# Nachwort

> Die Antike ist sehr nah,
> ist völlig in uns,
> der Kulturkreis ist noch
> nicht abgeschlossen.
>
> Gottfried Benn

Die Geschichte einer Stadt während vier Generationen ist das Thema dieses Buchs. Da es sich um Athen während des ausgehenden sechsten und des fünften Jahrhunderts vor Christus handelt, in jener Epoche, da dort die Weltgeschichte einen neuen Anfang nahm, mußte zugleich die Vorgeschichte ausführlicher behandelt werden. Denn in jenem Athen entfesselte und konzentrierte sich ja, was lange angelegt war; es spielte sich das entscheidende Stück eines welthistorischen Sonderwegs ab: einer Kulturbildung ohne irgend prägende Rolle von Monarchie oder Religion, die in kleinen Städten statt in großen Reichen ihre politische Form fand und so erstmals die Möglichkeit zur Demokratie entwickelte, das heißt zu vielen und ganz neuen Weisen der Not und – der Freiheit. Zur Geschichte Athens gehört es also, daß der Frage, wie es überhaupt zu den Griechen kam, gründlicher nachgegangen wird als nur in einem einleitenden tour d'horizon.

Die Absicht dieses Buches ist doppelt, sie erstreckt sich ebenso auf die Form wie auf den Inhalt. Denn es geht zum einen um die Sache: den Versuch, ein Bild von diesem Athen und seiner Geschichte zu zeichnen, zu verstehen, was sich da herausbildete und geschah; und das gilt mutatis mutandis auch für die Griechen insgesamt. Zum andern sollte ein historiographisches Experiment unternommen werden: In der Praxis, an einem konkreten Beispiel zu versuchen, wie man heute in Deutschland überhaupt Geschichte schreiben kann.

Geschichte als literarisches Genus nämlich, dem die möglichst anschauliche, umfassende Darstellung von all dem aufgegeben ist, was nach heutiger Kenntnis zu einer solchen Geschichte gehört. Nichts an dem, was die Forschung an Wichtigem zu Tage gefördert hat, soll dem Leser vorenthalten werden – und doch soll er es verstehen, ja es soll sein Interesse soweit geweckt, und nach Möglichkeit befriedigt, werden, daß er bei der Sache bleibt. Einer Sache, die in einem weiten, zuweilen aber auch, wie es scheint, erschreckend engen Sinn auch die unserer Jahre ist. Gottfried Benns ärgerliche Behauptung, wonach das *zoon politikon* eine Balkanidee sei, rückt heute nicht ohne Grund in ein rätselhaft vieldeutiges Licht.

Nachdem die große Tradition der deutschen Historiographie des 19. Jahrhunderts abgebrochen ist, kann man dort nicht einfach wieder anknüpfen. Es muß neu auf die Möglichkeiten und Anforderungen von Geschichtsschreibung reflektiert werden. Mein »Programm einer Geschichtsschreibung« habe ich in der Zeitschrift Merkur, Band 47,1993 vorgetragen (wobei zu den Seitenzahlen die Notwendigkeit der »Vorgeschichte« zu berücksichtigen wäre). Letztlich jedoch ist es eine Frage der Praxis, ob und wie es gelingt.

Zur Geschichte einer Zeit gehören nicht nur die Ereignisse und ihre Zusammenhänge, auch nicht nur die Strukturen und deren Geschichte. Von beidem muß sie sehr vieles enthalten, aber ebenso wenig darf sie es an den Zeitgenossen, die diese Geschichte »gemacht« und erlebt haben, den Großen und den Kleinen fehlen lassen, auch nicht an ihrer Mentalität, an den Nöten, denen sie sich konfrontiert sahen – und denen sie in diesem Fall mit Tragödien und Bildhauerkunst, mit großer Architektur (über die bis in die Einzelheiten hinein in der Volksversammlung Beschluß gefaßt wurde), mit Philosophie, mit Festen, mit einem bestimmten Stil des Lebens und der Sprache begegneten.

Das Buch beruht durchweg auf eigener Forschung. Die Frage, wie es zu den Griechen kam, hat mich dreißig Jahre lang, seitdem sie mir auf bewegende Weise gestellt worden war, beschäftigt – und sie tut es weiter. Überall habe ich sehr dankbar die Ergebnisse anderer benutzt. Ich muß diesen Dank summarisch aussprechen, da es sehr viel Raum kosten würde, ihn genauer zu formulieren. Vielleicht sollte man nur, weil sie öfter in den Zitaten vorkommen, auf Jacob Burckhardts Griechische Kulturgeschichte und Karl Reinhardts Tradition und Geist, Göttingen 1960 sowie: Vermächtnis der Antike, Göttingen 1963 verweisen.

Schwierigkeiten entstanden fast überall aus dem Umstand, daß unsere Quellen nur sehr dünn fließen und daß auf viele ihrer

Aussagen kein rechter Verlaß ist. Daran wird sich auch in Zukunft bestenfalls in Einzelheiten etwas ändern.

Andere Unzulänglichkeiten resultierten daraus, daß es nicht möglich war, in wünschenswertem Ausmaß vergleichende Studien anzustellen. Vieles habe ich versucht, an verschiedenen Stellen wird das auch deutlich. Aber es war bei weitem nicht genug. Hier ließ sich so gut wie nirgends an Vorgänger anknüpfen; am ehesten noch an Max Weber sowie in manchen Abgrenzungen zur Neuzeit an Reinhart Koselleck. Es liegt an dieser Stelle ein von der Sache her völlig unverständliches, von den Institutionen (im weitesten Sinne des Wortes) hingegen leider sehr wohl begründetes Versäumnis heutiger Geschichtsforschung; man muß wohl geradezu formulieren: eine Pflichtvergessenheit, wenn die jedenfalls gegeben ist, sofern man wichtige Erkenntnisquellen einfach links liegen läßt. Insofern könnte sich an dieser Problematik in Zukunft etwas ändern; nur sind die Aussichten darauf erschreckend gering.

Das Buch verzichtet auf Anmerkungen. Die wichtigsten ausführlichen Quellen sind Herodots und Thukydides' Geschichten, am Ende auch die des Xenophon. Für die frühere Zeit: Homers Ilias und Odyssee, Hesiods »Werke und Tage« sowie die Zeugnisse der frühgriechischen Lyrik, die in der Anthologia Lyrica Graeca gesammelt sind (übersetzt in großer Auswahl von Dietrich Ebener, Griechische Lyrik in einem Band. Berlin/Weimar 1976. Wichtig für die Interpretation: Hermann Fränkel, Dichtung und Philosophie des frühen Griechentums. München 1962), auch die Fragmente der Vorsokratiker. Für Solon, Themistokles, Kimon, Perikles, Nikias, Alkibiades und Lysander liegen Biographien Plutarchs vor. Wichtige, vielbenutzte Quellen für die Geschichte des 5. Jahrhunderts stellen auch die Dramen des Aischylos, Sophokles, Euripides und Aristophanes dar. Eine Sammlung vereinzelter Quellenaussagen – sowie späterer Historiographen, vor allem Diodors – findet sich in: G.F. Hill, Sources for Greek History between the Persian and Peloponnesian Wars. 2. Aufl. Oxford 1951. Für die Inschriften ist auf kleinere Sammlungen zu verweisen: R. Meiggs/D. Lewis. A Selection of Greek Historical Inscriptions to the End of the fifth Century B.C., Oxford 1969 (griechische Texte) sowie K. Brodersen/W. Günther/H. Schmitt, Historische griechische Inschriften in Übersetzung I. Darmstadt

1992. Weitere Quellen stellen die Münzen, Architektur und Bildhauerkunst sowie zahlreiche archäologische Funde dar.

Zur näheren Orientierung (insbesondere auch für Hinweise auf weitere Literatur) seien wenige Werke genannt: E. Will, Le Monde Grec et l'Orient. Le V$^{e}$ siècle (510-403). Paris 1972 sowie die neue Auflage der Cambridge Ancient History, Band III 1.2.3. IV. V. 1982. 1988. 1991 und 1992. Für die politische Geschichte im engeren Sinne des Wortes sind die Anmerkungen der Griechischen Geschichte von H. Bengtson (letzte Aufl. München 1977) nützlich, für die athenische Demokratie das Buch unter diesem Titel von J. Bleicken, Paderborn 1985. Die Quellen, bis auf neugefundene Inschriften, sind in größter Ausführlichkeit bei G. Busolt, Griechische Geschichte. 2. Aufl. Gotha 1893 bis 1904 aufgeführt.

Für die Religionsgeschichte: W. Burkert, Griechische Religion der archaischen und klassischen Epoche. Stuttgart/Berlin/Köln/Mainz 1977. (Neuerdings übrigens eine sehr interessante kurze Darstellung bei L.B. Zaidman/P. Schmitt Pantel, La Religion Grecque. Paris 1989).

Zur antiken Wirtschaft wäre das gleichnamige Buch von M. Finley heranzuziehen. 3. Aufl. München 1993. Für die Literatur: A. Lesky, Geschichte der griechischen Literatur. 3. Aufl. Bern 1971 (sowie vom gleichen Autor Die tragische Dichtung der Hellenen. 3. Aufl. Göttingen 1972). Für die Architektur: G. Gruben, Die Tempel der Griechen. München 1976. Zur Mentalitätsgeschichte, vor allem der früheren Zeit: G. Murray, Das frühe Griechenland. München 1982. (Nur daß dort die politische Seite der Sache weithin unverstanden bleibt). Neuerdings auch: P. Schmitt Pantel, La Cité au Banquet. Histoire des Repas Publics dans les Cités Grecques. Paris 1992.

Nicht, weil sie so wichtig wären, sondern weil in ihnen verschiedene Ausführungen des Buches näher begründet (und weil sie anderswo nicht mitaufgeführt) sind, seien abschließend noch folgende eigene Arbeiten aufgeführt: Ch. Meier, Die Entstehung des Politischen bei den Griechen. Frankfurt 1980, zum Teil fortgeführt in: Ch. Meier/P. Veyne, Kannten die Griechen die Demokratie? Berlin 1988 sowie in: Ch. Meier, Die Welt der Geschichte und die Provinz des Historikers. Berlin 1989. Ch. Meier, Politik und Anmut, Berlin 1985 sowie: Die politische Kunst der Tragödie.

München 1988 und: Die Rolle des Krieges im klassischen Athen. In: Historische Zeitschrift 251, 1990 (soll demnächst erscheinen in einer Sammlung: Ch. Meier, Gehegte Gewalt. Frankfurt 1994).

Für die Wiedergabe griechischer Texte habe ich verschiedene vorliegende Übersetzungen benutzt, besonders zu erwähnen vor allem Otto Regenbogens »Thukydides. Politische Reden«, Leipzig 1949 und Peter Steins Übersetzung von Aischylos' Orestie. Aber sofern ich Übersetzungen benutzte, sind sie am Text kontrolliert und zumeist verändert worden; im übrigen sind sie von mir.

Sehr hilfreich für meine Arbeit waren mir ein Jahr am Wissenschaftskolleg zu Berlin und ein Akademiejahr der Stiftung Volkswagenwerk, für die ich vom Freistaat Bayern freigestellt wurde. Ich bin dafür sehr dankbar.

Besonders herzlich möchte ich denen danken, die an diesem Buch persönlich besonderen Anteil genommen haben. Sehr viel Ermunterung habe ich von Hans Jonas erfahren, für die Beschäftigung mit verschiedenen Fragen dieses Buches sind immer wieder Gespräche mit Luca Giuliani, Tonio Hölscher und Paul Zanker für mich wichtig gewesen. (Sie tragen aber keine Schuld an Fehlern, Mißverständnissen und Versäumnissen). Zur Verbesserung des fertigen Manuskriptes haben nicht wenig beigetragen Franziska Meier und Katja Schneider sowie Wolf Jobst Siedler sr. und jr., bei der Suche nach geeigneten Abbildungen hat mich Annette Hupfloher unterstützt, und sehr viel Geduld und Arbeit hat schließlich auch Lilian Utz-Schimkus in das Unternehmen gesteckt.

Indes darf man die Geschichte Athens in seinem großen Jahrhundert nicht abrupt mit dem Jahr 404 abbrechen. Vielmehr sind hier noch einige Bemerkungen hinzuzufügen.

Es könnte sich nach all dem Geschehen, vornehmlich seit 415, die Vermutung nahelegen, daß die Demokratie in Athen stark an Kredit verloren hätte. Doch wäre das falsch. Sie ging im Gegenteil aus dem Niedergang der Stadt erstaunlicherweise gestärkt hervor. Die Athener bewiesen ein bemerkenswertes Ausmaß an politischer Vernunft.

Dazu trug nicht nur die Tradition der großen Zeit ihrer Stadt bei, sondern sehr wesentlich auch das Gewaltregime, das sich gleich nach dem Zusammenbruch in ihr etabliert hatte. Dreißig Männer waren vom Volk gewählt worden, sie sollten die »Gesetze der Väter« aufschreiben, denen gemäß die Polis künftig zu verwalten sei. Doch begnügten sie sich damit, nach Gutdünken einen Rat und Beamte einzusetzen und eine Tyrannis zu errichten. Tonangebend unter ihnen war Kritias, der bei Sophisten, aber auch bei Sokrates in die Schule gegangen war.

Sie erbaten sich von Sparta eine Besatzungstruppe, unter ihrem Schutz und mit ihrer Hilfe brachten sie eine sehr große Zahl von Menschen um, Männer, die beim Volk in Gunst gestanden hatten, aber auch solche, von denen sie Widerstand befürchteten, schließlich persönliche Feinde oder Reiche, auf deren Güter sie wertlegten. 1 500 Männer sollen es gewesen sein, Bürger und Metöken, andere gingen ins Exil oder wurden verbannt. Unbescholtene Bürger machten sie zu Schergen, um sie an ihrem Unrecht zu beteiligen, nur Sokrates verweigerte sich.

Als beschlossen wurde, jeder von ihnen solle einen Metöken greifen, umbringen und sein Vermögen beschlagnahmen – um so die Besatzung zu finanzieren –, setzte sich Theramenes zur Wehr. Er wurde ermordet.

Schließlich sammelten sich die Demokraten unter Thrasybul, der sich schon 411 in Samos als Demokrat bewährt hatte. Sie besetzten den Piräus, schlugen die Armee der Dreißig. Kritias fiel, auch Charmides, ein anderer Schüler und Freund des Sokrates, der unter den 10 Männern gewesen war, die den Piräus regierten. Der Spartanerkönig vermittelte einen Ausgleich. Das Bemerkenswerte an der damaligen Versöhnung und den daran anschließenden Übereinkünften war die Amnestie, der Beschluß der Athener, keinen wegen seiner politischen Taten zu verfolgen außer den Dreißig, den 10 vom Piräus und den Scharfrichtern, die ihnen zu Diensten gewesen waren; und auch diese durften nicht verfolgt werden, sofern sie Rechenschaft ablegten. So wurden die Athener, wie es heißt, »nach allgemeiner Auffassung mit ihren früheren Schwierigkeiten auf die anständigste und politisch beste Weise fertig«. Die Stadt hatte genügend Gewalt erfahren. So bewährte sie sich als Einheit und konnte in den neubegründeten (und modifizierten) Formen der Demokratie weiterleben.

399 wurde Sokrates vor Gericht gestellt. Die Anklage lautete darauf, daß er nicht an die Götter der Stadt glaube, neue Götter

eingeführt habe und die Jugend verderbe. Die beiden ersten Vorwürfe waren offensichtlich falsch. Zum einen war in dieser polytheistischen Religion viel Spielraum gegeben; es kam darauf an, daß man den Göttern die kultischen Ehren erwies, und gerade das hatte Sokrates in aller Korrektheit getan. Daß er sich immer wieder auf sein *daimónion* berief, konnte man beim besten Willen nicht als Mangel an Frömmigkeit ausgeben; schließlich gehörte auch das zum Polytheismus, daß man unter Umständen neue Götter verehrte; der Kult durfte der Stadt nur nicht als gefährlich erscheinen.

Aber gerade hier lag das Problem: Man empfand Sokrates' Wirken offenbar als Gefahr, und seine Berufung auf das *daimónion* war im Grunde nur ein Teil jener Tätigkeit, die die Ankläger als verderblich für die Jugend ansahen.

Warum sie diesen Prozeß damals anstrengten, wird nicht deutlich. Was Sokrates tat, tat er schon seit Jahrzehnten. Gewiß waren einige der Dreißig und ihre engsten Mitarbeiter, Kritias etwa und Charmides, seine Schüler gewesen, wohl auch andere – denn es war ein bestimmter Kreis von Familien, der unter den Dreißig eine besondere Rolle spielte und zu dem Sokrates engste Beziehungen unterhielt. Vermutlich spielte dieser Umstand eine wesentliche Rolle, im übrigen paßte den Herren »die ganze Richtung« nicht, und da die Sophisten von außerhalb kamen und in Athen nicht zu fassen waren, klagten sie Sokrates vielleicht einfach deswegen an, weil er ihrer Meinung nach der »letzte Sophist« war, dessen sie habhaft werden konnten.

Das Gericht befand ihn mit 281 gegen 220 Stimmen für schuldig. Üblicherweise stellte sich danach die weitere Frage, welche Strafe angemessen sei. Die Ankläger plädierten für die Todesstrafe, Sokrates erklärte, daß seine Tätigkeit für Athen so wichtig sei, daß man ihn ehren müsste – mit der höchsten regelmäßigen Ehre, die die Stadt zur Verfügung hatte, der Teilnahme an den Mahlzeiten im Prytaneion. Mit diesem Votum scheint er die Geschworenen zusätzlich verstört und verärgert zu haben. Nach attischem Recht blieb ihnen nur die Möglichkeit, dem einen oder dem anderen Antrag zu folgen, und so ergab sich jetzt eine Mehrheit von 361 gegen 140 Stimmen für die Todesstrafe.

Gewiß kein Ruhmesblatt für die neubegründete attische Demokratie. Verständlich wohl nur als einer der Auswüchse der Restauration. Die Zeit, da man Unbedenklichkeiten zu goutieren wußte, war vorbei, nicht jedoch diejenige der Toleranz – sonst hätte Platon nicht seine Schule im Hain der Akademie aufmachen können, wo wahrhaftig nicht demokratiefreundliche Gedanken verfolgt wurden. Die attische Demokratie wurde brav; die Abgründe wurden so weit zugeschüttet, daß sich auf ihnen leben ließ.

Es wäre für Sokrates nicht schwer gewesen, sich aus dem Gefängnis zu befreien. Aber er wollte nicht. Seinen Freunden, die ihm helfen wollten, erklärte er es einerseits damit, daß er gar nicht wisse, ob der Tod nicht erstrebenswert sei. Er soll sie dann ja sogar dazu aufgefordert haben, dem Heilgott Asklepios einen Hahn zu opfern, zum Dank für die Befreiung von der schweren Krankheit Leben. Andererseits aber fand er, die Gesetze Athens hätten einen Anspruch darauf, daß er sie nicht verletze. Athen sei eine freie Stadt, er habe die Möglichkeit gehabt, sie zu verlassen. Da er aber geblieben sei, nachdem er gesehen habe, welche Gesetze galten, habe er sich auf sie verpflichtet. Schließlich seien es die Gesetze, die ihn zur Welt gebracht hätten, weil durch sie sein Vater seine Mutter bekommen und ihn gezeugt habe. Sie haben ihn aufgezogen, dank ihrer sei er geworden, der er war. Er hat kein Recht, sich ihnen zu entziehen. So trank er, als es soweit war, den Schierlingsbecher, in dem das Gift genau zubemessen war, ging, entsprechend der Anweisung, solange auf und ab, bis ihm die Beine schwer wurden, und ließ dann das Leben hinter sich.

Sein Schüler Platon bekannte später – in seinem »Siebten Brief«, der, wenn er nicht wirklich von ihm selber ist, dann doch aus bester biographischer Kenntnis abgefaßt –, daß es ihm nach all den Erfahrungen, die er in den vorangegangenen Jahren mit Athen gemacht hatte, »zuletzt geschwindelt« habe. Er war knapp dreißig Jahre alt, sah das Gemeinwesen in vollständiger Verwirrung und konnte nicht anders fortleben, als indem er die Fragen seines Lehrers Sokrates immer weiter trieb – bis schließlich jene Philosophie entstand, die, bemißt man sie nur an der fortwirkenden Kraft, doch wohl die bedeutendste Hinterlassenschaft dieses Athens darstellt.

# Zeittafel

| | |
|---|---|
| ca. 750 | Beginn der Kolonisation. |
| ca. 620 | Drakons Gesetzgebung. |
| 594/3 | Solons Archontat (Gesetzgebung entweder gleichzeitig oder 10 bis 20 Jahre später). |
| 566/5 | Stiftung der Panathenäen. |
| ca. 560 | Erste Tyrannis des Peisistratos. |
| ca. 547 | Begründung der dauerhaften Tyrannis. |
| 528/7 | Peisistratos' Tod. Hippias Tyrann. |
| 514 | Hipparchos' Ermordung durch Harmodios und Aristogeiton. |
| 510 | Sturz der Tyrannen. |
| 507 | Beginn der kleisthenischen Reformen. |
| 499-494 | Jonischer Aufstand. |
| 493/2 | Themistokles' Archontat. |
| 490 | Perserzug nach Griechenland: Marathon. |
| 487 | Erster Ostrakismos.<br>Losung der Archonten. |
| 480 | Zweiter Perserzug: Salamis.<br>Platäa (479). |
| 478/7 | Seebund. |
| ca. 471 | Themistokles' Ostrakismos. |
| 465 | Abfall von Thasos. |
| 462/1 | Entmachtung des Areopags. |
| 461 | Kimons Ostrakismos. |
| 459 (?) | Expedition nach Zypern und Ägypten. |
| 458 | Aischylos' Orestie. |
| 457 | Zulassung der Zeugiten zum Archontat. |
| 454 | Überführung der Seebundskasse nach Athen. |
| 451 | Fünfjähriger Frieden zwischen Athen und Sparta. |
| 451/0 | Perikles' Bürgerrechtsgesetz. |
| 450 | Feldzug nach Zypern. Kimons Tod. |

449 (?) Kalliasfrieden.
447 Schlacht bei Koronea.
Parthenon-Bau begonnen.
446/5 Dreißigjähriger Friede zwischen
Athen und Sparta.
443 Thukydides' Ostrakismos.
441/0 Abfall von Samos.
437/6 Gründung von Amphipolis.
433 Bündnis zwischen Athen und Kerkyra.
432 Abfall von Potidäa.
431 Beginn des Peloponnesischen Krieges.
430 Beginn der "Pest" in Athen. Fall Potidäas.
429 Perikles' Tod.
428 Abfall Mytilenes.
427 Erste Expedition nach Sizilien.
425 Landung bei Pylos.
Einnahme von Sphakteria.
424 Brasidas'
Marsch nach Norden. Schlacht bei Delion.
421 Nikiasfriede.
418 Schlacht bei Mantinea.
415 Aufbruch nach Sizilien.
413 Besetzung Dekeleias durch die Spartaner.
411 Umsturz in Athen.
410 Alkibiades' Sieg bei Kyzikos.
Wiederherstellung der Demokratie.
407 Alkibiades' Rückkehr nach Athen.
406 Niederlage bei Notion.
Sieg bei den Arginusen.
404 Niederlage bei Aigospotamoi.
404 Abschluß des Friedens.
399 Sokrates-Prozeß.

# Register

Satz: Bongé + Partner, Berlin
Karten: Ditta Ahmadi und Peter Palm, Berlin
Druck und Buchbinder: Graph. Großbetrieb Pößneck
Printed in Germany 1998
ISBN 3-572-10013-5

Herakleia
MALIS
DORIS
OPUNTISCHE
Opus
Parnaß
Krisa
Delphi
Orchomenos
Chäronea
Kopai
KOPAI
SEE
Kirrha
LOKRIS
PHOKIS
Koronea
Haliartos
Leuktra
Siphai
KORINTHISCHER GOLF
ACHAIA
Geraneia
Sikyon
Isthmos
Lechaion
Krommyon
Korinth
Phleius
Kenchreai
Kleonai
Nemea
ARKADIEN
Mykene
ARGOLIS
Mantineia
Argos